INTERNATIONAL COUNCIL ON MONUMENTS AND SITES
CONSEIL INTERNATIONAL DES MONUMENTS ET DES SITES
CONSEJO INTERNACIONAL DE MONUMENTOS Y SITIOS
МЕЖДУНАРОДНЫЙ СОВЕТ ПО ВОПРОСАМ ПАМЯТНИКОВ И ДОСТОПРИМЕЧАТЕЛЬНЫХ МЕСТ

Matthias Exner (Hrsg.)

Wandmalerei des frühen Mittelalters

Bestand, Maltechnik, Konservierung

Eine Tagung des Deutschen Nationalkomitees von ICOMOS in Zusammenarbeit mit der Verwaltung der Staatlichen Schlösser und Gärten in Hessen Lorsch, 10.–12. Oktober 1996

ICOMOS · HEFTE DES DEUTSCHEN NATIONALKOMITEES XXIII
ICOMOS · JOURNALS OF THE GERMAN NATIONAL COMMITTEE XXIII
ICOMOS · CAHIERS DU COMITÉ NATIONAL ALLEMAND XXIII

ICOMOS, Hefte des Deutschen Nationalkomitees
Herausgegeben vom Nationalkomitee der Bundesrepublik Deutschland
Präsident Prof. Dr. Michael Petzet
Vizepräsident Dr. Kai R. Mathieu
Generalsekretär Dr. Werner von Trützschler
Geschäftsstelle: Bayerisches Landesamt für Denkmalpflege, Hofgraben 4, D-80539 München

Gedruckt mit freundlicher Unterstützung des Bundesministers des Innern, der Sparkassen-Kulturstiftung Hessen-Thüringen und der Verwaltung der Staatlichen Schlösser und Gärten in Hessen

Umschlagabbildung:
Goldbach, Sylvesterkapelle, Schiff, Südwand, Ausschnitt (vgl. Abb. 289): Christus mit zwei Pharisäern (?) und Fragmente der karolingischen Erstausstattung mit gerahmtem Titulus

Umschlagrückseite:
Goldbach, Sylvesterkapelle, Schiff, Südwand, Ausschnitt (vgl. Abb. 289): Erweckung eines jungen Mannes in Naïn und Fragmente der karolingischen Erstausstattung mit gerahmtem Titulus

Redaktion und Gestaltung: Dr. Matthias Exner
Übersetzungen des Vorworts: Margaret Thomas Will M. A., Dr. Beatrice Hernad
Gesamtherstellung: Lipp GmbH, Graphische Betriebe, Meglingerstraße 60, 81477 München
Vertrieb: Karl M. Lipp Verlag, Meglingerstraße 60, 81477 München

ISBN 3-87490-663-9

Inhalt

Vorwort

Mit der Publikation der Lorscher Tagung zu Bestandserfassung, Maltechnik und Konservierungsproblemen frühmittelalterlicher Wandmalerei kann das Deutsche Nationalkomitee von ICOMOS ein gutes Jahr nach dem Erscheinen des Stuck-Bandes (Heft XIX dieser Reihe) zum zweiten Mal einen Beitrag zur Frühmittelalterforschung vorlegen, mit dem sich zugleich eine schwierige und aktuelle Problematik der praktischen Denkmalpflege verbindet.

Seinem Rang als Weltkulturerbestätte gemäß war bereits seit längerem geplant, Lorsch als Veranstaltungsort für eine internationale ICOMOS-Tagung zu wählen; 1996 fügte es sich, daß sich mit diesem Anliegen die Feierlichkeiten zum 50-jährigen Jubiläum des Landes Hessen und seiner Schlösserverwaltung sowie zur Eröffnung eines neuen Museums- und Tagungszentrums in Lorsch verbinden ließen.

Die Reste des Nazariusklosters in Lorsch und natürlich in erster Linie seine berühmte Torhalle sind wie kaum ein anderes Bauwerk in Deutschland außer der Aachener Pfalzkapelle Karls des Großen geeignet, eine Vorstellung von karolingischer Architektur und ihrer Ausstattung anschaulich zu vermitteln. Architektur und Bauplastik, die Inkrustationstechnik der Außenfassaden wie die als Zeugnisse profaner Wandmalerei des 9. Jahrhunderts praktisch singulären Reste der Ausmalung im Obergeschoß sichern der Torhalle einen kunsthistorischen Rang, den die UNESCO 1991 mit der Aufnahme in die Welterbeliste zu würdigen wußte.

Ziel der Veranstaltung war es aber auch, das umfangreiche Programm an restauratorischen oder bauphysikalischen Voruntersuchungen und konservierenden Maßnahmen, das die Verwaltung der Staatlichen Schlösser und Gärten als Baulastträger seit 1983 zur Sicherung der Befunde in der Torhalle in Auftrag gegeben hat, in den Kontext vergleichbarer Anstrengungen an anderen Denkmälern der frühmittelalterlichen Wandmalerei zu stellen und daraus Anhaltspunkte für das weitere Vorgehen in Lorsch zu gewinnen.

Nachdem der interdisziplinäre Ansatz des Projekts unter Einbeziehung naturwissenschaftlicher Grundlagenforschung sowie der Diskussion um die Rezeptur geeigneter Ersatzmörtel schon in einem 1993 publizierten Zwischenbericht Berücksichtigung fand (*Kunst in Hessen und am Mittelrhein* 32/33, 1992/93), konnte unsere neuerliche Beschäftigung mit dem Thema sich verstärkt um einen Überblick über andernorts in den letzten Jahren beschrittene Wege bemühen. Dabei waren bevorzugt solche Objekte zu berücksichtigen, die bislang nicht angemessen erforscht und publiziert waren oder durch den Beispielcharakter von Untersuchungs- und Restaurierungsmaßnahmen von überregionalem Interesse sind.

Die beiden Referate zu Lorsch werden einer im übrigen mehr oder weniger topographisch-chronologisch sortierten Reihenfolge der Beiträge vorangestellt, wobei den großen Wandmalereizyklen von Brescia, Müstair oder Oberzell und ihrer Erforschung naturgemäß besonderes Gewicht zukommt. Zwischen den monographischen Beiträgen stehen überblicksartige Darstellungen der Situation in Bayern und Oberitalien, die angesichts des beschränkten Umfangs die Einbeziehung eines größeren Denkmälerkreises sicherstellen sollten. Leider stand uns bei Redaktionsschluß jedoch nicht von allen Referenten eine schriftliche Fassung der Beiträge zur Verfügung. So wird man insbesondere den eindrucksvollen Überblick über die neuen Funde in der beneventanischen Abtei San Vincenzo al Volturno vermissen, für die jedoch auf eine Folge aktueller Grabungspublikationen verwiesen werden kann (*San Vincenzo al Volturno: The 1980-86 Excavations,* hg. v. Richard Hodges, T. 1, London 1993; T. 2, 1995; T. 3, i.Vorb.; R. Hodges – John Mitchell, *La basilica di Giosue a S. Vincenzo al Volturno,* Montecassino 1995). Auch Hans Rudolf Sennhauser wollte seinen Bericht über die neu entdeckten Malereien der Heiligkreuzkapelle in Müstair noch nicht veröffentlichen. Hier kann wenigstens auf die Abbildungen hingewiesen werden, die Alfred A. Schmid seinem Tagungsbericht beigegeben hat (*Kunstchronik* 51, 1998, S. 9-17, Abb. 6-7). Eine empfindliche Lücke in der Materialübersicht entsteht auch dadurch, daß für die spätkarolingischen Malereien im Westwerk von Corvey lediglich auf die in Vorbereitung befindliche Gesamtpublikation von Hilde Claussen in der Reihe *Denkmalpflege und Forschung in Westfalen* hingewiesen werden kann (zu den Vorberichten vgl. die bibliographischen Angaben in Bd. XIX der Hefte des Deutschen Nationalkomitees, S. 70f.).

Die Art der hier behandelten Fragestellungen und insbesondere die Ausführungen zur Maltechnik machten einen vergleichsweise größeren Anteil an farbigen Reproduktionen erforderlich, so daß die Produktionskosten ohne die großzügige Förderung durch die Kulturstiftung der Sparkasse Hessen-Thüringen wie durch die Verwaltung der Staatlichen Schlösser und Gärten in Hessen nicht zu tragen gewesen wären. Beiden Institutionen sowie den Gastgebern der Tagung, der Stadt Lorsch, dem Land Hessen und allen Mitarbeitern der Schlösserverwaltung und des Museumszentrums Lorsch, die für das Gelingen der Tagung Sorge getragen haben, gilt unser herzlicher Dank.

Michael Petzet

Foreword

With this publication of the Lorsch conference on early medieval wall painting the German National Committee of ICOMOS is able to make a second contribution to early medieval research, one year after publication of the volume on ornamental plasterwork (Journal XIX in this series). Covering issues of listing, painting technique and conservation problems the conference dealt simultaneously with research and with complicated, present-day difficulties in practical preservation work.

There had been plans for some time to select Lorsch as the location for an international ICOMOS conference because of its status as a World Cultural Heritage Site; as luck would have it in 1996 it was possible to combine this wish with ceremonies for the 50th anniversary of the *Land* of Hesse and of its Palace Administration as well with the opening of a new museum and conference center in Lorsch.

With the exception of Charlemagne's Palatine Chapel in Aachen, no other building in Germany is better suited to convey an impression of Carolingian architecture and decoration than the remains of the Nazarius monastery in Lorsch with its famous gatehouse. The architecture and the architectural sculpture, the stone inlay technique on the exterior facades, and the virtually unique remains of the painting in the upper story as evidence of secular wall painting from the 9th century all ensure the gatehouse of its art historical standing, acknowledged by UNESCO in 1991 with inscription in the World Heritage List.

The goal of the conference was to put the extensive program of conservation measures and preliminary investigations into restoration problems and construction physics, contracted out since 1983 by the Administration of State Palaces and Gardens (as the financially responsible institution) to protect the finding in the Gatehouse, in the context of comparable efforts on other monuments with early medieval wall paintings, thus gaining reference points for continued work at Lorsch.

An interim report published in 1993 had already covered the interdisciplinary approach of the project in Lorsch with its incorporation of basic research from the natural sciences and the discussion surrounding the formula for a suitable substitute mortar (*Kunst in Hessen und am Mittelrhein 32/33, 1992/93),* so that the conference's renewed involvement years at other places. Preferential treatment was given to monuments that had not been adequately researched and published to date or that are of supraregional interest because of the exemplary character of the investigative and restoration work.

The two papers on Lorsch precede the other contributions, which follow a more or less topographic-chronological arrangement with particular emphasis naturally being given to studies of the great wall painting cycles from Brescia, Müstair and Oberzell. Between the monographic contributions there are general surveys of the situation in Bavaria and Northern Italy in order to ensure inclusion of a larger group of monuments despite our publication's limited size. Unfortunately at the time of the publication deadline written versions of all the speakers' papers were not available. In particular we are missing the impressive survey of the new findings in the abbey of San Vincenzo al Volturno, although reference can be made to a series of current excavation publications *(San Vincenzo al Volturno: The 1980-86 Excavations,* edited by Richard Hodges, part I. London 1993; part II, 1995; part III in preparation; R. Hodges and John Mitchell, *La basilica di Giosue a S. Vincenzo al Volturno*, Montecassino 1995). Hans Rudolf Sennhauser did not yet want to publish his report on the newly discovered paintings in the Holy Cross Chapel in Müstair. Here we can at least point to the illustrations that accompanied Alfred A. Schmid's report on the conference (*Kunstchronik* 51, 1998, pp. 9-17, illus. 6-7). There is also a critical gap in the survey of materials because for the late Carolingian paintings in the westwork of Corvey we can only point to the general publication that is in preparation by Hilde Claussen for the series *Denkmalpflege und Forschung in Westfalen* (for the preliminary reports see the bibliography in vol. XIX of the Journals of the German National Committee, p. 70f.).

The nature of the problems handled here and in particular the observations on painting technique made it necessary to have a comparatively large number of color illustrations, so that publication would not have been possible without the generous support of the cultural foundation of the Sparkasse Hessen-Thüringen and of the Administration of State Palaces and Gardens in Hesse. We are very grateful to both of these institutions as well as to the hosts of the conference, the city of Lorsch and the *Land* of Hesse. Thanks also go to all the staff of the Palace Administration and the Museum Center of Lorsch who ensured the success of the conference.

Michael Petzet

Avant-propos

Avec la publication des actes du colloque de Lorsch consacré à l'établissement de l'inventaire, aux techniques de peinture et aux problèmes de conservation de la peinture murale du haut moyen-âge, le Comité National Allemand de l'ICOMOS apporte de nouveau son concurs, environ un an après la parution du tome consacré au stuc (Cahier XIX de cette série), à la recherche du haut moyen-âge et répond en même temps ainsi à une problématique complexe et actuelle de l'application pratique de la Sauvegarde des Monuments.

En raison du rang de la ville de Lorsch, site inscrit sur la liste du patrimoine mondial de la Conférence générale de l'UNESCO, il avait été prévu depuis longtemps de réunir un congrès international de l'ICOMOS dans cette ville. On a pu faire coïncider cet évènement en 1996 avec les fêtes du 50e jubilé de l'Etat de la Hesse et de sa Schlösserverwaltung ainsi qu'avec l'ouverture d'un nouveau centre muséal et de congrès. Les vestiges du cloître de Nazaire à Lorsch et naturellement surtout la fameuse « Torhalle » sont, plus que tout autre monument en Allemagne, à l'exception de la chapelle palatine de Charlemagne à Aix-la-Chapelle, à même de transmettre une image concrète de l'architecture carolingienne et de sa décoration. L'architecture et la sculpture architecturale, la technique d'incrustation des murs de façade extérieurs ainsi que les vestiges du décor peint à l'étage supérieur, témoins pratiquement uniques de la peinture murale profane du IXe siècle, justifient le rôle prépondérant assumé par la « Torhalle » dans l'histoire de l'art et auquel l'UNESCO a su rendre hommage en 1991 en inscrivant la bâtiment sur la liste du patrimoine mondial.

Le congrès avait aussi pour objectif de situer, dans le contexte des efforts comparables entrepris pour d'autres monuments de la peinture murale du haut moyen-âge, le vaste programme de recherches préliminaires concernant la restauration ou la statique du bâtiment et les mesures de conservation mis en chantier en 1983 par l'administration des châteaux et jardins de la Hesse, chargée d'entretenir le monument, pour conserver la «Torhalle» dans son état actuel. Il s'agissait aussi de rassembler des points d'appui sûrs pour le développement ultérieur de cette entreprise.

Ce projet, dès l'abord interdisciplinaire, qui a pris en considération aussi bien la recherche fondamentale des sciences physiques et naturelles que le débat contradictoire sur la préparation de mortiers équivalents adéquoits avait fait l'objet d'un rapport provisoire publié en 1993 (*Kunst in Hessen und am Mittelrhein* 32/33, 1992/93). Nous avons pu ainsi nous concentrer dans le cadre du colloque sur la présentation des résultats obtenus ailleurs durant ces dernières années.

L'accent a été porté sur les sites qui n'avaient jusqu'alors pas été l'objet de recherches et de publications suffisantes ou dont le caractère exemplaire, en ce qui concerne les mesures de recherche et de restauration, dépassait le simple niveau régional.

Le deux articles sur Lorsch ont été placés au début, avant les autres contributions qui sont classées suivant un ordre plus ou moins topographico-chronologique. Les grands cycles de peinture murale de Brescia, Müstair ou Oberzell et leur étude sont traités ici naturellement d'une manière plus détaillée. Au milieu des notices monographiques se trouvent des vues d'ensemble de la situation en Bavière et en Haute-Italie qui ont pour objet d'élargir le cercle des Monuments, en raison de leur nombre restreint. Nous n'avons malheureusement pas encore reçu avant la date limite de rédaction la version écrite de tous les exposés du colloque. On regrette ainsi particulièrement l'absence de l'impressionnante vue d'ensemble sur les nouvelles découvertes dans l'abbaye bénéventine de San Vincenzo al Volturno pour laquelle nous pouvons cependant mentionner une série de rapports de fouilles *(San Vincenzo al Volturno: The 1980-86 Excavations,* éd. par Richard Hodges, t.1, Londres 1993; t.2, 1995, T.3, en préparation ; R. Hodges - John Mitchell, *La basilica di Giosue a S. Vincenzo al Volturno,* Montecassino 1995). Hans Rudolf Sennhauser, n'a pas voulu non plus publier déjà sa communication sur les peintures nouvellement découvertes dans la chapelle Sainte-Croix de Müstair. Nous pouvons tout au moins faire ici mention des photos que Alfred A. Schmid a jointes à son rapport sur le colloque (*Kunstchronik* 51, 1998, pp. 9-17, fig. 6-7). Nous déplorons aussi une lacune regrettable dans le cadre de l'inventaire sommaire des peintures ; nous ne pouvons qu'indiquer ici, en ce qui concerne les peintures carolingiennes tardives dans le « Westwerk » de Corvey, la publication d'ordre général de Hilde Clausen, actuellement en cours de préparation, dans la série *Denkmalpflege und Forschung in Westfalen* (pour les rapports préliminaires voir les données bibliographiques dans le tome XIX des Cahiers du Comité National Allemand, p. 70 et suiv.).

Compte tenu de la méthode d'approche et surtout des développements sur la technique de la peinture, il a été nécessaire d'illustrer ce Cahier de nombreuses reproductions en couleurs, ce qui a contribué à une sérieuse augmentation des coûts de production à laquelle nous n'aurions pu faire face sans l'aide généreuse de la Kulturstiftung de la Sparkasse Hessen-Thüringen ainsi que de l'administration des châteaux et jardins de la Hesse. Nous remercions sincèrement ces deux institutions ainsi que les hôtes du colloque, la ville de Lorsch et l'Etat de la Hesse. Nous exprimons aussi nos remerciements à tous les collaborateurs de la Schlösserverwaltung et du Centre muséal de Lorsch qui ont largement contribué à la réussite du colloque.

Michael Petzet

Abb. 1. Lorsch, ehem. Benediktinerkloster, Torhalle. Ansicht von Nordwesten.

Zum Geleit

Im Jahr 1996 blickte die Verwaltung der Staatlichen Schlösser und Gärten in Hessen auf ihr 50jähriges Bestehen zurück. Am 1. April 1946 übernahm sie in dem neu gegründeten Bundesland Hessen die Aufgaben, die der Preußischen Schlösserverwaltung bis 1945 in der preußischen Provinz Hessen-Nassau oblagen.

Die Schlösserverwaltungen wurden nach 1918, nach Abschaffung der Monarchien, als Staatsvermögensverwaltungen für die ehemaligen fürstlichen Residenzen, Sommerschlösser und Gartenanlagen in der Erkenntnis eingerichtet, daß für die übernommenen Gesamtkunstwerke eine Fachverwaltung erforderlich ist, die deren Bestand sowie deren Pflege und Präsentation auf hohem Niveau und für kommende Generationen gewährleistet.

Heute betreut die Verwaltung der Staatlichen Schlösser in Hessen über 40 Kulturdenkmälerliegenschaften, denn zu den Museumsschlössern kamen 1959 zahlreiche staatliche Baudenkmäler hinzu, die bereits nach 1918 aus dem Bereich des Großherzoglich-Hessen-Darmstädtischen Hauses in das Eigentum des Volksstaates Hessen übergegangen und nach 1945 vom Hessischen Minister für Erziehung und Volksbildung unmittelbar verwaltet worden waren. Etliche Liegenschaften wurden darüber hinaus von der Forstverwaltung übernommen. Zu letzteren gehörte auch der überkommene, von großen Abschnitten der ehemaligen Klostermauer heute noch umfriedete Bereich des von Benediktinern im Jahre 764 gegründeten Reichsklosters Lorsch.

1991 wurden die Reste dieser Anlage, in der sich auch die berühmte karolingische Torhalle befindet (Abb. 1), zusammen mit dem nahegelegenen, kleinen Vorgängerkloster, heute Altenmünster genannt, von der UNESCO als erstes Kulturdenkmal in Hessen in die Liste des Weltkultur- und -Naturerbes aufgenommen.

Mit zwei Fragen hatte sich die Verwaltung der Staatlichen Schlösser und Gärten, im Zusammenhang mit der Präsentation und der Pflege des Lorscher Kulturerbes, im letzten Jahrzehnt im besonderen auseinanderzusetzen.

Mit der Zerstörung des Klosters im Jahre 1621 und der bereits früher begonnenen Aufgabe des klösterlichen Lebens im Zuge der Reformation vollzog sich ein Abstieg, der erst im denkmalpflegerisch motivierten Einschreiten von Großherzog Ludwig I. von Hessen-Darmstadt im Jahre 1803 beim Ankauf der zum Abbruch vorgesehenen Torhalle ein Ende fand. Bis zu diesem Zeitpunkt war die einst beeindruckende Klosterstadt, so wie sie auf dem Stich von Matthias Merian aus dem Jahre 1645 überliefert wird, bis auf wenige Gebäude dezimiert; diese waren die Torhalle, der noch dreieinhalb Joche umfassende, jedoch der Seitenschiffe beraubte Rest der romanischen Basilika, die Zehntscheune des 16. Jahrhunderts und das Kurfürstliche Haus aus der Zeit um 1700.

Mit diesen vereinzelt dastehenden und ihrer ursprünglichen Funktion, Einrichtung und Zusammenhänge beraubten Gebäuden war jede Präsentation des ehemaligen Reichsklosters schwierig; das wurde von vielen Besuchern vor Ort auch kritisch empfunden. Erst mit der Einrichtung des Museumszentrums Lorsch, das im Jahre 1995 in unmittelbarer Nachbarschaft der karolingischen Torhalle eröffnet wurde, vollzog sich ein erster Schritt zur Verbesserung der Präsentation. In der klostergeschichtlichen Abteilung dieses Hauses, die von der Verwaltung der Staatlichen Schlösser und Gärten konzipiert und eingerichtet wurde und auch betreut wird, erfährt der Besucher eine konzentrierte Einführung in die Bedeutung, Funktion und Ausstrahlung des karolingischen Reichsklosters, als ein Zentrum des geistlichen, künstlerischen, wissenschaftlichen und wirtschaftlichen Lebens des Reiches.

Weitere Schritte sollen in den nächsten Jahren folgen, darunter die Neugestaltung der Außenanlagen, die Aufwertung und Neueinrichtung des sogenannten Kirchenrestes und die Fortführung im Aufbau eines Zentrums der Frühmittelalterforschung in Lorsch.

Ein anderes war es, den historischen Bestand zu sichern, insbesondere die einzigartige, karolingische Torhalle und darin, im Obergeschoß, die Reste karolingischer und gotischer Wandmalereien.

Aufgrund diverser Schadensbilder hatte die Verwaltung der Staatlichen Schlösser und Gärten seit 1983, neben einer akribischen Dokumentation aller Wandflächen, umfangreiche Untersuchungen veranlaßt, um die Ursachen der Schäden festzustellen und darauf aufbauend, eine adäquate Sicherung der historischen Putz- und Malschichten einzuleiten und durchzuführen. 1993 wurde diese erste Phase von 10 Jahren abgeschlossen und die Ergebnisse in der Zeitschrift „Kunst in Hessen und am Mittelrhein", Nr. 32-33, in einem eigens der Torhalle in Lorsch gewidmetem Heft, veröffentlicht.

Nach den Sicherungsarbeiten wurde mit den Retuschierungen begonnen, um die inselartig im Raum verteilten Zeugnisse mehrerer Mal- und Restaurierungsphasen vom 9. bis zum 20. Jahrhundert in einer behutsamen Weise zusammenzuführen.

Die Verwaltung der Staatlichen Schlösser und Gärten hat die spontane Bereitschaft des Deutschen Nationalkomitees von ICOMOS begrüßt, im Jahre ihres 50. Bestehens in Lorsch gemeinsam ein internationales Symposium zum Thema „Wandmalerei des frühen Mittelalters" durchzuführen. So wurde ein Schwerpunkt wissenschaftlicher und denkmalpflegerischer Arbeit im Rahmen des Jubiläumsprogramms gesetzt und die denkmalpflegerischen Maßnahmen in der karolingischen Torhalle zu Lorsch in die europaweiten Bemühungen zu Sicherung und Präsentation des selten gewordenen, frühmittelalterlichen Kulturerbes eingebunden.

Dr. Kai R. Mathieu
Direktor
Verwaltung der Staatlichen Schlösser und Gärten

Wandmalerei des frühen Mittelalters
Lorsch, 10.–12. Oktober 1996

Tagungsprogramm

Donnerstag, 10. Oktober

14.15 Uhr Begrüßung und Einführung

15.00 Uhr Sektion I
Prof. John Mitchell
Early medieval wall-paintings at San Vincenzo al Volturno:
old problems and new discoveries

15.45 Uhr *Dr. Saverio Lomartire*
Riflessioni sulla decorazione del San Salvatore di Brescia alla luce delle nuove indagine archeologiche

17.00 Uhr *Dr. Alfred Wyss*
Müstair – Zur Pflege der Wandbilder in der Klosterkirche

17.30 Uhr *Prof. Oskar Emmenegger*
St. Johann in Müstair. Maltechnik und Restaurierungsprobleme

18.15 Uhr *Prof. Dr. Hans Rudolf Sennhauser*
Die Wandmalereien der Heiligkreuzkapelle in Müstair

20.00 Uhr Empfang der Hessischen Staatsregierung und Ausstellungseröffnung

Freitag, 11. Oktober

8.30 Uhr Sektion II
Emmanuelle Cadet
Les peintures de Saint-Germain d'Auxerre, nouvelles recherches 1986-1996

9.00 Uhr *Hans Michael Hangleiter*
Zur frühmittelalterlichen Ausmalung der Lorscher Torhalle

9.45 Uhr *Prof. Dr. Hilde Claussen*
Zur Ausmalung des Corveyer Westwerks

11.10 Uhr *Dr. Matthias Exner*
Die Denkmäler frühmittelalterlicher Wandmalerei in Bayern. Bestand, Ergebnisse, Aufgaben

12.00 Uhr *Jürgen Pursche*
Die Wandmalereien der Ringkrypta von St. Emmeram in Regensburg.
Bestandsuntersuchung und Konservierung

14.30 Uhr Sektion III
Hans Peter Autenrieth M. A.
Oberitalienische Wandmalereien vom 9. bis 11. Jahrhundert. Zum Stand der Konservierung, Dokumentation und kunsthistorischen Forschung

15.15 Uhr *Prof. Dr. Adriano Peroni*
Das Baptisterium von Novara.
Architektur und Ausmalung

16.30 Uhr *Dörthe Jakobs M. A.*
St. Georg in Oberzell auf der Reichenau – Ein Pilotprojekt der Denkmalpflege in Baden-Württemberg

17.15 Uhr *Helmut F. Reichwald*
Die Sylvesterkapelle in Goldbach und ihr Malereibestand.
Untersuchung – Technologie – Konservierung

18.00 Uhr *Ulrich Haroska – Christine Kenner*
Die Wandmalereien der Krypta St. Andreas in Fulda-Neuenberg. Bestandsklärung und Konservierungskonzept

Samstag, 12. Oktober

8.30 Uhr Sektion IV
Adrian Heritage
The early Romanesque wall paintings of Hardham Church: an integrated approach to their study and conservation

9.15 Uhr *Prof. Dr. Karl Ludwig Dasser*
Erhaltung historischer Wandmalereien.
Ergebnisse eines Forschungsprojekts an der Fachhochschule Köln

10.30 Uhr Exkursion nach Steinbach

Dr. Thomas Ludwig
Die Einhardbasilika in Steinbach.
Einführung in die Baugeschichte

Hans Michael Hangleiter
Erläuterungen zu den Konservierungsarbeiten an Putz- und Malschichten

19.30 Uhr Öffentlicher Abendvortrag
Dr. Hermann Schefers
Zur kulturgeschichtlichen Bedeutung der karolingischen Königsabtei Lorsch

Hermann Schefers

Zur Kulturgeschichte der karolingischen Königsabtei Lorsch

Die kulturgeschichtliche Bedeutung der karolingischen Königsabtei Lorsch in einem kurzen Aufsatz darstellen zu wollen, muß auf den ersten Blick als gewagtes Unternehmen erscheinen – umso mehr, als der moderne Begriff der Kulturgeschichte weit mehr in sich schließt als zur Zeit seiner Formung im 18. Jahrhundert. Kulturgeschichte ist heute nicht mehr als Gegensatz zur politischen Ereignisgeschichte aufzufassen, sondern als umfassender Begriff für alles, was menschliches Wirken hervorbringt – also auch politische und ökonomische Aspekte, ebenso wie solche, die uns beispielsweise durch die Religions-, Kunst- und Geistesgeschichte erschlossen werden.

Inmitten dieses weitgespannten begrifflichen Rahmens gilt es nun, den Standort der karolingischen Königsabtei Lorsch zu bestimmen, eines Großklosters, das in der verhältnismäßig kurzen Zeitspanne der Jahrzehnte zwischen seiner Gründung (um 764), dem Jahr der Übereignung Lorschs an König Karl den Großen (772) und dem Jahr des Herrschaftsantritts des ersten nichtkarolingischen Königs im Bereich des ostfränkisch-deutschen Reiches (911), einen in der karolingischen Geschichte wohl beispiellos steilen Aufstieg und eine seltene kulturelle Blüte erreicht hat.[1]

Vom Adelskloster zur Königsabtei

Entstanden ist das Kloster als private Gründung des in Lorsch wie auch an anderen Orten des Reiches über Grundbesitz verfügenden Geschlechtes der Rupertiner oder Robertiner,[2] das wir zu den etwa hundert namhaft zu machenden Sippen der sogenannten Reichsaristokratie zählen dürfen, zu einem vielfach untereinander und mit der karolingischen Familie mehrfach verbundenen Verband also, der, zusammen mit den Karolingern groß geworden, ihre auch aus damaliger Sicht nicht eben unproblematische Herrschaftsusurpation ermöglicht und mitgetragen hatte und in der Folge der Jahre und Jahrzehnte danach als großes Reservoir weltlicher wie geistlicher Funktionäre der karolingischen Dynastie diente – eine Wechselbeziehung, die den gewaltigen Aufschwung des Karolingerreiches ermöglichte, zugleich aber auch schon den Keim der inneren Auflösung in sich barg.

Am Anfang der Geschichte des Klosters Lorsch steht also eine private Gründung – rechtlicher Rahmen hierfür ist das erst an der Schwelle zum Investiturstreit, mithin also an der Epochengrenze zwischen Früh- und Hochmittelalter, problematisch gewordene Eigenkirchenwesen,[3] das zugleich den Hintergrund für die weitere Entwicklung der Abtei vom Eigenkloster der Rupertiner zum karolingischen Königskloster abgibt.

Die „traditio" des rupertinischen Abtes Gundeland (reg. 765-778), des Bruders Chrodegangs von Metz (†766), der 764 das Kloster geschenkt bekam, an König Karl im Jahre 772 markiert den entscheidenden Schritt, durch den Lorsch in die herrscherliche Sphäre aufrückte und von nun an Entwicklungen und Zielsetzungen erfuhr, die sich mit denen der „großen Geschichte" dieser Epoche nicht nur parallel setzen, sondern in großen Zügen auch begründen und erklären lassen.

Gewiß: Am Anfang der bemerkenswerten ökonomischen Entwicklung steht die Translation der Reliquien des Märtyrerheiligen Nazarius, die Chrodegang von Metz aus der Hand des Papstes erhalten hatte und nun, 765 schon, an Lorsch, wohin er seinen Bruder Gundeland zusammen mit einer Handvoll westfränkischer Mönche aus Gorze entsandt hatte, weitergab – ein an sich in dieser Zeit weder seltener noch ein die Lorscher Gründungsgeschichte besonders kennzeichnender Akt, wären da nicht die Person des Schenkers und die Authentik der Reliquien zu berücksichtigen: Chrodegang gehört zu den einflußreichsten geistlichen Aristokraten, die dem jungen karolingischen Königtum eine bis dahin entbehrte christlich-sakrale Weihe vermittelt hatten, die fränkische Kirche in Liturgie und Organisation auf Rom ausrichteten und damit dem Papsttum zu einer bisher nicht erreichten Bedeutung verhalfen.

Chrodegang ist eine der Schlüsselfiguren dieses für die weitere abendländische Geschichte zentralen Prozesses gewesen; die aus der Hand des Papstes erhaltenen Reliquien waren materielle Zeichen dieses Vorganges von eminent ideologisch-politischer Bedeutung. Zusätzlich zu den Bedeutungsinhalten, die das frühe Mittelalter Reliquien zugestand, hafteten an den Gebeinen des bekanntlich weder durch Überlieferung noch durch die kirchlich-liturgische Praxis besonders ausgezeichneten Heiligen Nazarius demnach geradezu symbolhafte Bezüge, wir würden heute sagen: europäischer Bedeutung und Dimension. Denn diese Reliquien waren nichts weniger als sichtbare Zeichen einer schon von Zeitgenossen begriffenen Konstellation, die als eine wesentliche Bedingung der in karolingischer Zeit vollendeten Machtausbildung in Mitteleuropa zu erkennen war und ist: der Verbindung von Kirche und Herrscheramt, die Begründung einer im komplizierten Kaisertitel Karls des Großen formulierten Herrschaftskonzeption,[4] die letztlich bis in unser Jahrhundert hineingewirkt hat: die Vorstellung einer in Gottes Heilsplan gegründeten, im augustinischen Konzept als irdisches Pendant des Gottesstaates errichteten Herrschaftsauffassung des karolingischen König- und späteren Kaisertums. Die Reliquientranslation des Jahres 765 war also alles andere als ein Ereignis von nur regionaler und bald verblassender Bedeutung – sie kommt fast einem Staatsakt gleich.

Vielleicht läßt sich so auch am besten erklären, warum gerade Lorsch im Vergleich zu so vielen und mit Reliquien ungleich prominenterer Heiliger gesegneten Klöstern des Frankenreiches in so kurzer Zeit eine so ungewöhnliche Aufmerksamkeit der Menschen gewann, die den Heiligen Nazarius beschenkten und in nur wenigen Jahrzehnten zu einem der namhaftesten Grundbesitzer nördlich der Alpen machten. Und so mag es vielleicht auch weniger mit dem Schutzbedürfnis der Abtei gegenüber den Besitzansprüchen der Gründersippe nach Chrodegangs Tod als vielmehr mit einer schon von Chrodegang vorgezeichneten Intention zusammenhängen, daß gerade Lorsch es war, das sich 772 Karl dem Großen tradierte – als eines der ersten von etwa 20 Klöstern im Frankenreich bis 814.[5] Rein juristisch vielleicht besser begründete Argumente, die Lorsch in der Sphäre des adeligen Eigenkirchenwesens hätten zurückhalten können, verblaßten vor dem Anspruch, der dem in ganz kleinen Anfängen begriffenen Weschnitzkloster von Chrodegang in die Wiege gelegt wurde.

So zufällig sich auch die einzige bezeugte Anwesenheit Karls des Großen in Lorsch anläßlich der Weihe der neuen Basilika im September des Jahres 774 ergeben haben mag, [6] so vielsagend erscheint sie vor dem skizzierten Hintergrund: Denn Karl kommt nicht nur als Herrscher der Franken, sondern auch als König der Langobarden nach Lorsch – die entscheidenden Pfeiler der Kaiseridee sind fundiert.

In den folgenden Jahrzehnten, namentlich während der Abbatiate der geistlichen Reichsfunktionäre Richbod (reg. 784-804) und Adalung (reg. 804-837), konstituiert sich Lorsch als tragende Stütze karolingischer Herrschaftsausübung und Herrschaftsdurchsetzung. Im Umfeld der Aachener Synoden von 816 und 817[7] findet die Abtei wohl Anschluß an das gewaltige Reformwerk Benedikts von Aniane (*ca. 750, †821): Die bisher für die Klöster des Frankenreiches charakteristische Mischverfassung weicht allmählich der Beobachtung des Regelwerkes Benedikts von Nursia (ca. 480-ca. 560), der Klerikalisierung des Mönchtums und der ökonomischen Konsolidierung von Abts- und Konventsgut, deren Trennung eine der wichtigen Neuerungen der Regierungszeit Ludwigs des Frommen (*778, †840) gewesen ist.[8] 819 rangiert Lorsch unter den reformierten Klöstern, die alle wesentliche Aufgaben im Bereich der Herrschaftsorganisation erfüllen können und müssen: den Gebetsdienst für Kaiser und Reich, die *dona annualia*, also die wirtschaftlichen Aufgaben zugunsten des kaiserlichen Fiskus, und vor allem die *militia*, militärische Aufgaben der klösterlichen Hintersassen.[9] Die hierdurch eindrucksvoll konturierte politische Bedeutung des Klosters Lorsch für die karolingische Herrschaftsausübung basierte auf einer anhand des „Lorscher Codex“[10] noch gut nachvollziehbaren ökonomischen Basis und ihrer bemerkenswerten grundherrschaftlichen Organisation. So wichtig der Beitrag der Nazariusabtei in dieser Hinsicht auch gewesen sein mag, so wenig ist er auf der anderen Seite aber ein die Bedeutung Lorschs besonders hervorhebendes Faktum: Lorsch ist eines von vielen Königsklöstern, die solche Servitien leisten, es ist eines von vielen, auf die der Herrscher zurückgreifen konnte und mußte, wenn er sein Großreich zusammenhalten wollte; es ist auch nicht das einzige, an dessen Spitze er Personen seines besonderen Vertrauens setzte, Äbte also, die oft eine gewisse Zeit am Hof gewesen, dort zumeist in irgendeiner Weise mit der Hofkapelle,[11] der herrscherlichen Kanzlei in Berührung gekommen waren und vielleicht schon als Inspekteure, als sogenannte „missi“, als Diplomaten, als Äbte anderer Königsklöster Meriten gesammelt hatten – Persönlichkeiten also, die über das Band der „familiaritas“ mit dem Herrscher verbunden waren.

Politisch kluges Verhalten in den Zeiten der Krisenjahrzehnte seit etwa 830, die Nähe zu der im ostfränkischen Reichsteil sich zunehmend als Hauptresidenz herauskristallisierenden Pfalz Frankfurt am Main, seine sowohl durch die rechtlichen wie auch ökonomischen Rahmengegebenheiten Kontinuität und ein Höchstmaß an Effizienz versprechende Stabilität, wie nicht zuletzt wohl auch die verkehrstechnisch begünstigte Lage inmitten eines seit der Römerzeit gut erschlossenen Altsiedelgebietes, empfahlen Lorsch für die Übernahme einer bis dahin nur wenigen Abteien im Frankenreich zuteilgewordenen Funktion: Lorsch wurde Königsgrablege Ludwigs des Deutschen (*ca. 805, †876) und seiner Dynastie.

Wann genau die Entscheidung hierfür gefallen ist, entzieht sich unserer Kenntnis; sie dürfte vermutlich erst von Ludwig dem Jüngeren (†882) getroffen[12] und unmittelbar nach des Vaters Tod und (provisorischer) Beisetzung umgesetzt worden sein. In dieser Phase wurde die Gruftkirche (in den Quellen *ecclesia varia* genannt) erbaut,[13] die Basilika vielleicht nach Westen erweitert, wohl das große Atrium errichtet, das somit wahrscheinlich den architektonischen Rahmen für das Gebäude darstellt, das als einziges den Niedergang und die neuzeitliche Zerstörung des Klosters überdauert hat: die sogenannte „Königshalle“ (Abb. 1), deren Zeitstellung und Funktion von der Forschung weiterhin diskutiert wird.[14]

Als Königsgrabkloster erreicht Lorsch im letzten Viertel des 9. Jahrhunderts eine herausragende Bedeutung, eine Prominenz, die es östlich des Rheins mit St. Emmeram in Regensburg, westlich des Rheins mit St-Denis, Aachen oder Metz teilt. Fast gleichzeitig erleben wir ein verstärktes Interesse des Klosters an liturgischen Fragen. Als eindrucksvolles Dokument einer auf das Königtum bezogenen Liturgie ist der „Lorscher Rotulus“[15] zu nennen, die älteste erhaltene liturgische Buchrolle des Abendlandes; als Prachthandschrift rangiert sie neben dem berühmten „Lorscher Evangeliar“,[16] das um 810 am Hof Karls des Großen entstanden, irgendwann vor 860, wahrscheinlich als Geschenk des Herrschers, in den Besitz der Abtei gelangte – beide Manuskripte stehen gleichsam stellvertretend für die wechselseitigen Bemühungen zwischen Kloster und Herrscher, ihren engen Verbindungen besondere Ausdrucksformen zu verleihen.

Den Herrschern mußte es in der Folgezeit auf eine Wahrung der Kontinuität ganz besonders ankommen. Wie schon für die Tausende von Wohltätern der Abtei ist der Aspekt der Memoria, das in bestimmten rituellen Formen organisierte Totengedenken der Mönche, ein sehr wichtiger Hintergrund für das Bestreben der Herrscher in spätkarolingischer Zeit, Lorsch immer wieder auf zeitgemäße Wege monastischer Disziplin zu lenken und schließlich auch sogenannte Kommendataräbte mit der Leitung des Klosters zu beauftragen – ein Prozeß, der über die Karolingerzeit hinausreicht und in der Mitte des 10. Jahrhunderts dazu führt, daß Lorsch selbst ein Zentrum der Reform wird.

Lorsch als ein von Anfang an eng mit der Dynastie verbundenes Kloster, als Mittelpunkt eines nicht zuletzt aufgrund seiner politischen Implikationen bedeutsames Kultzentrum, Lorsch als Eckpunkt karolingischer Herrschaftsorganisation, als dynastische Grablege und schließlich als Ziel und endlich als Ausgangspunkt fast nahtlos ineinander übergehender herrscherlicher Bemühungen um die monastische Reform – dies ist im wesentlichen das politische Profil der karolingischen Königsabtei. Ein interaktives Verhältnis zwischen dem privilegiengestützten Kultzentrum am Ober- und Mittelrhein und der herrscherlichen Sphäre: Dies mag ein von Beginn an wirksames religiös-politisches Desiderat gewesen sein, das sich für die Kulturgeschichte der Nazariusabtei als ein wichtiger Aspekt, vielleicht sogar als Auftrag herausschälen läßt.

Die Schenkungen der Marken Heppenheim durch Karl den Großen[17] und Michelstadt[18] durch den kaiserlichen Funktionär Einhard (*ca. 770, †840), den Biographen Karls des Großen, an das Kloster Lorsch lassen auf eine weitere Komponente dessen kommen, was wir als Auftrag an das Nazariuskloster erschließen zu können glauben. Mit diesen Marken, die in sich geschlossene, größere Grundherrschaften und Territorien darstellen, erhält das Kloster zugleich einen bedeutsamen ökonomischen Auftrag: die systematische räumliche Erschließung und Kultivierung einer Landschaft und ihrer Ressourcen – nicht nur für den eigenen Bedarf, sondern auch und gerade für den Königsdienst.

Gerade die Schenkung Einhards ist hier von großer Aussagekraft, denn Einhards persönlicher biographischer Bezug hätte eine Begünstigung des Königsklosters Fulda unter Abt Eigil (*ca. 750, †822), das in unmittelbarer Nachbarschaft, um Bad König und Groß-Umstadt, Besitznachbar der Mark Michelstadt war, weit naheliegender erscheinen lassen als die der Königsabtei Lorsch unter Abt Adalung. Der Vergleich Fuldas mit Lorsch drängt sich förmlich auf, ohne daß er hier auch nur annähernd erschöpfend behandelt werden könnte. Tatsache ist aber, daß Fulda, das als Missionskloster abgeschieden von der Zivilisation *in eremo*,[19] in der Wildnis gleichsam, gegründet worden war, an der Kolonisation unseres Raumes kaum aktiv beteiligt gewesen ist, Lorsch indessen aber schon im 8. Jahrhundert, wie neuere Forschungen das herausgearbeitet haben.[20] Noch beließen Populationsanstieg im engeren regionalen Umfeld der Abtei und ökonomische Bedürfnisse des Königsklosters freilich die Kolonisationstätigkeit Lorschs in einem mehr oder weniger bescheidenen Rahmen; beginnend in den Randlagen des Odenwaldes, weiter entlang der Täler von Mümling, Weschnitz und Gersprenz, ausgreifend auf deren Seitentäler erstreckt sich die räumliche Erschließung des Odenwaldraumes durch Lorsch auf die wenigen lößführenden Täler des im frühen Mittelalter als unwirtlich geltenden Waldgebirges. In diesem Zusammenhang sind die urkundlichen Erwähnungen von Orten zu nennen, die beispielsweise 1995 ihr 1200-jähriges Bestehen feierten: Orte wie Birkenau, Mörlenbach, Rimbach und Fürth. Kleine, planmäßig angelegte Waldhufensiedlungen, bewirtschaftet von vorwiegend unfreien Knechten des Heiligen Nazarius, sind die Ausgangspunkte dieser Kolonisation, die freilich um 820/30 schon relativ rasch saturiert gewesen zu sein scheint – saturiert oder gebunden durch die Konzentration zentrifugal wirkender politischer Kräfte im Frankenreich, die schnell zu einem Auseinanderbrechen des europäischen Karlsreiches führen sollten und langfristig angelegten Projekten ein vorzeitiges Ende bereiteten.

Einhard, dessen Briefwerk diesen für ihn besorgniserregenden und brisanten Prozeß anschaulich nachvollziehen läßt, hat sich ohne Zweifel einen Fortgang der Kolonisationstätigkeit des Klosters, gerade auf seinem ehemaligen Besitz, gewünscht. Es kann nicht in seinem Sinne gewesen sein, daß Lorscher Mönche 1073 seinen einstigen Odenwälder Besitz *deserta et desolata*, verlassen und heruntergekommen,[21] vorfanden. Erst das 11. und 12. Jahrhundert erlebte eine systematische, und – wie es scheint – auf eine veränderte organisatorische Grundlage aufgebaute Fortsetzung der im 9. Jahrhundert steckengebliebenen Rodungstätigkeit des Reichsklosters Lorsch im Odenwald.

Ein Blick auf die im Hochmittelalter gegebenen Besitzverhältnisse lohnt durchaus den Vergleich mit der Karolingerzeit: Denn seit der Mitte des 11. Jahrhunderts ist eine Regionalisierung der ökonomischen Anstrengungen deutlich, nicht zuletzt wohl verursacht durch Entfremdungen von Klosterbesitz, die von Vasallen und Ministerialen der Abtei ausgingen und den geographischen Radius der direkten grundherrschaftlichen Einflußmöglichkeiten zunehmend verkürzt haben dürften und damit auch die ökonomische Leistungsfähigkeit, die durch die Rodungstätigkeit der Lorscher in der näheren Umgebung der Abtei nicht wieder auf den alten Stand gebracht werden konnte.

Der kleine Exkurs auf die Rolle des Nazariusklosters bei der Kolonisationstätigkeit läßt vielleicht deutlich werden, daß auch hier so etwas wie ein Auftrag zu erkennen ist, ein Auftrag, wie er mit jeder Schenkung zugunsten des Klosters verbunden war.

Die Grundherrschaft und der politische Status des Klosters waren die Basis seiner kulturgeschichtlichen Bedeutung; beide entwickelten sich in gegenseitigem Zusammenwirken in einer beispiellosen Geschwindigkeit zu einem im letzten Viertel des 9. Jahrhunderts erreichten Höhepunkt.

Zentrum der Verdichtung und Vermittlung von Wissen

Als Königskloster war Lorsch in der Karolingerzeit Adressat herrscherlicher Aufträge, die sich auch im örtlichen Kulturgeschehen, im Bildungs- und Schulbetrieb der Abtei herausfiltern lassen.

Wenngleich seine Datierung ebenso unsicher ist wie die lange Zeit angenommene Autorschaft des gelehrten Angelsachsen Alkuin, so gehört doch das im Namen Karls des Großen 784/85 an Klöster und Kathedralen des Frankenreichs gerichtete Rundschreiben „De litteris colendis“ zu den bekanntesten Erlassen des Frankenherrschers.[22] Diese Epistel, deren Text mit der urkundlichen Überlieferung der Abtei Fulda tradiert wurde, mag auch Lorsch erreicht haben. Sie gehört zu den Schlüsseldokumenten für eine Beurteilung der karolingischen Bildungs- und Kulturpolitik, die ja – nicht nur dem Zeugnis Einhards zufolge – ein ganz besonderes Anliegen Karls gewesen zu sein scheint. In den wesentlichen Grundzügen geht es in diesem Schreiben um eine wirksame Anhebung des monastischen und klerikalen Bildungsstandes an den Klöstern und Kathedralen des Reiches. Wie so oft in den bildungstheoretischen Schriften der Zeit wird auch in diesem Erlaß, der in vielerlei Hinsicht eine Sonderstellung inmitten der Verordnungstexte Karls des Großen einnimmt, das Ideal eines möglichst tiefen Eindringens in die seit der Spätantike zum Kanon organisierten „septem artes liberales“, die von der Antike bis weit in die Neuzeit hinein Grundlage allen wissenschaftlichen Arbeitens und Strebens gewesen ist. Für die karolingischen Bildungsbemühungen sind die „artes“ oder „disciplinae“, wie sie auch oft genannt werden, aber nur eine Art propädeutischer Unterbau der Theologie und der in ihr zu erstrebenden „sapientia“.

In einer als elektizistisch zu bezeichnenden Weise verstand es das frühe Mittelalter, sich das Bildungsgut nicht nur der christlichen und patristischen Spätantike, sondern auch der heidnischen Klassik zum Zwecke einer verbesserten Klerikerbildung anzueignen: Nicht alles freilich, aber doch sehr vieles von dem, was an Texten römischer Autoren noch verfügbar war, wurde in den Klöstern und Kathedralskriptorien zu Zwecken abgeschrieben, die im wesentlichen schulische gewesen zu sein scheinen. Die Möglichkeit, willkürlich und ohne konkreten Zweck alles abzuschreiben und zu sammeln, was beispielsweise die an antiken Handschriften noch immer reichen Klöster Italiens bereithielten, war kaum einem frühmittelalterlichen Kloster gegeben – Bücher herzustellen war ja noch immer ein außerordentlich kostenintensiver Vorgang, vor allem dann, wenn dabei auf besondere Qualität zu achten war.

Handschriftenreiche Klöster wie Lorsch sind darum durchgehend auch sehr vermögende Orte gewesen; aber nicht nur das, sondern es ist auch davon auszugehen, daß dort über den rein liturgisch-kultischen Bedarf hinausgehend eine Art „Programm“ vorhanden gewesen sein dürfte, nach dem einzelne Klöster charakteristische Bildungsschwerpunkte aufbauten, Spezialitäten gewissermaßen, besondere Fakultäten, wie man heute vielleicht sagen würde, die bildungsbegierige Mönche und Kleriker oft über weite geographische Distanzen anzogen – man denke nur an die Bildungs- und Handschriftenreisen des Einhardfreundes Lupus, der als späterer Abt von Ferrières eine der Schlüsselfiguren des karolingischen Humanismus werden sollte.[23]

Lorsch ist, soweit wir sehen können, ein Ort der Verdichtung vor allem patristischer Literatur gewesen[24] – der Kirchenväterliteratur also, soweit sie in lateinischer Sprache überliefert wurde. In Lorsch konnte man vor allem die exegetischen Werke der „auctoritates" oder „patres" nachschlagen, unter denen der Anteil augustinischer Arbeiten besonders herausragt – die Tradition beginnt hier mit einer Sammlung seltener kleinerer Werke Augustins, zusammengetragen in einer noch antiken, in Italien entstandenen Handschrift des 6. Jahrhunderts (heute Pal. lat. 210), die das Kloster entweder Ende des 8. Jahrhunderts zusammen mit einer Reihe anderer alter Texte irgendwie erworben haben könnte oder vielleicht um 860 erst als Bestandteil des ansehnlichen Büchernachlasses jenes Gerward (†ca. 860)[25] erhielt, der in jüngeren Jahren Mönch in Lorsch war, dann unter Ludwig dem Frommen in künstlerische Zuständigkeiten am Hof aufrückte, zuletzt als Hofbibliothekar tätig war, dann um 830 aus allen seinen höfischen Funktionen ausschied und den Rest seiner Tage in seiner Heimat bei Nijmegen auf Lorscher Besitz zubrachte und dort sehr wahrscheinlich auch die bekannten „Xantener Annalen" verfaßt hat.

Gerward hat mit seiner an Lorsch vermachten Bibliothek nicht nur den patristischen Bestand seines Heimatklosters um einige sehr qualitätvolle und kostbare Werke vermehrt, sondern er hat wohl der Bibliothek auch eine weitere, sehr alte Handschrift mit dem Gesamtwerk des römischen Dichterfürsten Vergil vermacht – das ist der heute im Vatikan verwahrte Palatinus Latinus 1631, der in jeder kritischen Edition als Manuskript P zitierte beste Textzeuge, der vermutlich um das Jahr 500 in Italien entstanden ist. Es spricht einiges dafür, daß dieser Vergilcodex aus dem ja bekanntlich nach dem Tod Karls des Großen verkauften Bestand der kaiserlichen Privatbibliothek des Herrschers in die Hand Gerwards gelangt ist. Dieses Buch wäre dann als eines der wichtigsten und prominentesten Manuskripte im Umfeld der karolingischen Renaissance anzusprechen,[26] die ja, wie kaum eine andere Epoche nach ihr, geradezu im Bann Vergils gestanden hat. Vergil war das Vorbild formvollendeter klassischer Latinität und Sprachbeherrschung; am Hof Karls des Großen gab es nicht wenige Würdenträger, die sich, etwa aus Vergils Aeneis, Namen dort begegnender Personen aneigneten und sich in die Reihe jener illustren Gesellschaft einreihten, die

Abb. 2. Lorsch, Reste der Klosteranlage in einer Ansicht von Nordwesten. Aquarellierte Zeichnung von Johann Heinrich Schilbach, 1817.

Karl den Großen in den achtziger und neunziger Jahren des 8. Jahrhunderts umgab und deren Mitglieder sich untereinander mit Pseudonymen anzusprechen pflegten – mit Pseudonymen biblischer, patristischer, antiker Provenienz, und hier gerade aus dem Werk Vergils.[27] Ein Mitglied dieser Runde ist der Lorscher Abt Richbod gewesen, ein – wenn wir recht sehen – besonders agiler Mann, dem Lorsch vieles zu verdanken hat.[28] Seinem Zutun dürfte die Entstehung der Lorscher Bibliothek und des Skriptoriums zu verdanken sein, einer Schreibstube, deren erste Erzeugnisse unübersehbare Bezüge zu den Manuskripten des Hofes und des Metzer Kathedralskriptoriums erkennen lassen, das Angilramn (†791), dem obersten Hofkapellan, unterstand.

Diese Bezüge lassen aufhorchen. Denn die Anfänge einer Bibliothek und die einsetzende Arbeit eines Skriptoriums bezeichnen immer auch den Beginn einer irgendwie geregelten Vermittlung von Bildung. Die enge Beziehung Richbods zum gelehrten Kreis um Karl den Großen, seine durch Briefe belegte Freundschaft zu Alkuin (*ca. 730, †804), die in die Zeit seines Lorscher Abbatiats zu datieren ist, läßt es als sehr naheliegend erscheinen, daß Richbod eben zu der Zeit des königlichen Rundschreibens an die Klöster und Kathedralschulen des Reiches in Lorsch ein neues Zentrum der Wissensverdichtung und Wissensvermittlung geschaffen hat – nach ihm geläufigen Vorbildern, zu denen ohnehin gute persönliche Verbindungen bestanden, wie dem Hof oder der Kathedrale von Metz. So verlockend es auch sein mag, in Richbod eine der ganz entscheidenden Persönlichkeiten zu sehen, die Lorschs kulturgeschichtliche Bedeutung ganz wesentlich beförderten, so sehr bleibt aber auch mit der Möglichkeit zu rechnen, daß Richbod im Auftrag des Hofes, als Erfüller herrscherlicher Vorgaben, gehandelt hat. Gerade die Lorsch in besonderer Weise kennzeichnende Vergiltradition scheint in diese Richtung zu deuten – Vergil war der am Hof Karls bestbekannte Dichter; die gelehrte Elite kannte das Werk des Römers in- und auswendig, wie das schon allein die zahllosen aus Vergil gewonnenen Anspielungen der von Dieter Schaller als eigene, im wesentlichen höfische Literaturgattung erwiesenen Brief- und Zirkulardichtung der Zeit[29] belegen. Aus Lorsch stammt die älteste östlich des Rheins entstandene Vergilhandschrift, die in der Zeit des Abbatiats Richbods dort geschrieben worden sein muß (Paris, Bibliothèque Nationale, lat. 5018/7906), in Lorsch entstand im 9. Jahrhundert eine weitere Teilabschrift aus der Aeneis und den Georgica (Wolfenbüttel, Herzog August Bibliothek, 66 Gud. lat.), wir haben aus dem Hochmittelalter, sogar aus dem chronikalischen Teil des „Lorscher Codex", weitere, zahlreiche Spuren einer intensiven Vergilrezeption, und selbst unmittelbar vor dem Ende der klösterlichen Zeit, entstand hier noch einmal eine Vergilabschrift auf Papier (Vatikan, Pal. lat. 1635). Richbods persönliche Neigung zu Vergil, die Alkuin in einem liebevoll ungehaltenen Brief dem Lorscher Abt scherzhaft zum Vorwurf machte, mag am Beginn dieser seltenen Rezeptionskontinuität stehen.

Es kann aber andererseits auch kein Zufall sein, daß der Name Vergil am Hof Karls des Großen für einen mühsamen Prozeß steht, sich trotz einer auch am Hof bestehenden, im wesentlichen christlich motivierten Skepsis gegenüber allem als unwahr und somit nichtig bewerteten heidnischen Bildungsgut, sich also trotz dieser Skepsis die dennoch bewunderte lateinische Poesie anzueignen – und das heißt in dieser Zeit: dienstbar zu machen. Ein außerordentlich wichtiges Gedicht Alkuins aus dem Frühjahr 796 markiert den frühesten uns greifbaren Zeitpunkt, zu dem die Diskussion um Wert und Brauchbarkeit der antiken Metrik am Hof geführt wurde.[30] Etwa zwanzig Jahre später fin-

Abb. 3. Lorsch, Torhalle, Obergeschoß, Stuckdecke von 1827 vor dem Rückbau der Jahre 1927-34.

den wir die Metrik wieder, und zwar in einem Traktat des Hrabanus Maurus (*ca. 780, †856) zur Klerikerbildung, „De institutione clericorum“: hier nun schon als festverankerten Bestandteil der Grammatikvermittlung, als oberste erreichbar Stufe, die beim Erwerb der Kultsprache Latein erklommen werden konnte.[31] Ein wenig von dem eine Generation zuvor noch empfundenen Rechtfertigungszwang schwingt allerdings auch noch bei Hrabanus mit, denn er führt aus: *Wenn Schriften nichtchristlicher Gelehrsamkeit in unsere Hände kommen und wir in ihnen etwas nützliches finden können, dann verwenden wir sie zu unserer Glaubensunterweisung; sollten sie aber überflüssigerweise von Götzen, der geschlechtlichen Liebe und von der Sorge um Irdisches handeln, dann löschen wir sie aus.*[32]

Wir sehen also: Die Metrik, und somit die Poesie des heidnischen Altertums, konnte mit Hilfe einer durch den Erweis der Nützlichkeit gebauten Brücke für den christlichen Lehrbetrieb nutzbar werden.

Auch wenn die Argumentation Hrabanus Maurus' nicht sehr ausführlich ist, so bewahrt sie doch den wesentlichen gedanklichen Kern einer Diskussion, die kurz vor 800 am Hof Karls des Großen geführt wurde. Die Lorscher Vergiltradition gehört ganz sicher in diesen Zusammenhang, und es berührt schon ein wenig, wenn man bedenkt, daß eines der ältesten Zeugnisse aktiven Lateins, das wir aus Lorsch besitzen, das Epitaph eines Klosterlehrers des ausgehenden 9. Jahrhunderts ist, das in wohlgesetzten leoninischen Hexametern verfaßt wurde – als zugleich eines der ganz seltenen unmittelbaren Zeugnisse für den schulischen Betrieb in Klöstern befindet sich dieses Epitaph im Museumszentrum Lorsch.[33]

Es wäre nun sehr reizvoll, der hier aufgezeigten Spur weiter nachzugehen und eine Synopse der Lorscher Klassikerüberlieferung aus karolingischer Zeit zu analysieren; aber die ist zum gegenwärtigen Zeitpunkt noch nicht möglich, da der erhaltene Bestand an Lorscher Handschriften noch immer nicht unter inhaltlichen Gesichtspunkten erforscht wurde. Die verdienstvolle und jahrzehntelange Arbeit des bedeutenden Mittellateiners Bernhard Bischoff erstreckte sich bekanntlich nur auf eine Untersuchung paläographischer Befunde, die immerhin den noch greifbaren Lorscher Bestand bekanntwerden ließ. Die inhaltsbezogene Durchforstung der etwa 60.000 mittelalterlichen Buchseiten, die von der Verwaltung der Staatlichen Schlösser und Gärten Hessen in Form eines Mikrofilmarchivs der Forschung zur Verfügung gestellt wurden, bleibt ein dringendes und reizvolles Desiderat der Forschung. Dabei wird man auch auf die wenigen palimpsestierten Texte zu achten haben, die im Besitz der Lorscher Klosterbibliothek gewesen sind – dies sind nämlich in der Tat ausgelöschte antike Texte, abgeschabt vom wertvollen Schreibstoff Pergament und überschrieben mit biblischen Passagen. Das aus vielen Palimpsesten zusammengebundene Konvolut des heute vatikanischen Palatinus Latinus 24 zeigt, wie rigoros antike Überlieferungen ausradiert werden konnten – nicht in Lorsch, wie wir immerhin aufatmend feststellen können, dafür aber im 7. und 8. Jahrhundert in Italien, von wo diese Zimelie wohl Ende des 8. Jahrhunderts nach Lorsch gekommen ist.[34]

So ist es also vorläufig nur das Werk Vergils, das innerhalb der Weitergabe antiker Texte in Lorsch exemplarisch für die Aneignung der klassischen Metrik steht.

Das bedeutet freilich nicht, daß wir keine Kenntnis von anderen, in Lorsch bekannten, gelesenen und abgeschriebenen antiken Autoren hätten; Seneca etwa, Cicero, Livius, Plinius, der große Enzylopädist, der auch im Frühmittelalter eine große Rolle spielte, Sallust und eine Reihe anderer Verfasser haben in den Schränken der Bibliothek des Heiligen Nazarius und sicherlich auch im klösterlichen Bildungsbetrieb ihren Platz gehabt.

In der Spätzeit des Klosters, im 15. und 16. Jahrhundert waren es gerade diese alten Manuskripte, die immer wieder Heidelberger Humanisten nach Lorsch zogen – Sebastian Münster ist einer der bekanntesten von ihnen gewesen. Als er den heute so berühmten Lorscher Vergil in der Hand hielt, versuchte ihm ein Prämonstratenserpater den Bären aufzubinden, dies sei ein Werk von des Dichters eigener Hand[35] – ob Sebastian Münster darauf wohl hereingefallen ist? Tatsache ist immerhin, daß der große damals in Lorsch noch vorhandene Bestand an nichtliturgischen und somit auch für den neuzeitlichen Humanismus interessanten Handschriften gerade wegen seiner stets bewußten Bedeutung nach der Aufhebung des Klosters im Zuge der Reformation im Jahre 1556 als ganzes erhalten blieb und von Ottheinrich, dem gelehrten und bibliophilen Kurfürsten der Pfalz, der Heidelberger Palatina einverleibt wurde.[36]

Doch wollen wir noch einmal auf die Bedeutung Lorschs für die Rezeption antik-heidnischer Texte zurückkommen, zu deren Betrachtung uns die Lorscher Vergilüberlieferung Anlaß gegeben hat.

Wer nach den Spuren des nicht eben bequemen Weges sucht, den die antike Metrik gehen mußte, um in karolingischer Zeit gewissermaßen zum „Schulfach“ werden zu können, wird bemerken, daß die Metrik eine Wegbegleiterin hat – die gelehrte Medizin nämlich. Dasselbe Gedicht Alkuins, das im Frühjahr

Abb. 4. Lorsch, Torhalle. Ansicht von Nordosten vor Rekonstruktion des Nordturms (ca. 1911).

796 für die Metrik eine Lanze bricht, verweist auch auf das verdienstvolle Tun von Ärzten am Hof Karls des Großen.[37] Das wäre an sich nicht weiter verwunderlich, denn Ärzte hat es zu jeder Zeit gegeben, auch am Hof Karls des Großen – und das auch, wenn Einhard uns mitteilt, daß die höfischen Ärzte wegen ihrer ständigen diätetischen Vorschriften und Empfehlungen dem Herrscher auf die Nerven gingen.[38] Was aber in diesem Gedicht auffällt, ist, daß hier von der Hofschule die Rede ist, die in ihren einzelnen Branchen vorgestellt wird, als ein Organismus, dessen Wohlgeordnetheit Alkuin zum Lob seines Königs ausbaut.[39] Die Hofschule ist nun nicht die immer wieder bemühte „Hofakademie" Karls des Großen gewesen, die es in der bis in neuere Zeit immer wieder behaupteten Form so sicherlich nicht gegeben hat: die Hofschule ist der ausbildungsorientierte Zweig der Hofkapelle, unter der wir die Gesamtheit des am Hof versammelten Klerus zu verstehen haben. Die Hofkapelle hat exemplarische Vorbildfunktion für alle anderen Kleriker- und Mönchsgemeinschaften des Reiches; entsprechend auch ihr schulischer Betrieb, der uns in dem Alkuingedicht auch in seinen mit der Liturgie überhaupt nicht zusammenhängenden Inhalten vorgestellt wird.

Und dazu gehört nun auch die Medizin. Noch in den siebziger Jahren vertraten angesehene Medizinhistoriker die Meinung, daß die Zeit Karls des Großen in der Tradition ihrer unmittelbar vorausgehenden Epochen weiterhin an einem christlich motivierten Medizinskeptizismus festhielt[40] und somit die Medizin eben nicht als „ars" oder „disciplina" ansah, deren theoretisch-gelehrte Vermittlung ratsam und nützlich erscheinen mußte. Überblicken wir die vielen Belege für Bewertungen ärztlichen Tuns in der Hagiographie des Mittelalters von Gregor von Tours bis zu den Mirakelbüchern des 15. Jahrhunderts, so scheint dies durchaus zuzutreffen.

Doch die Hagiographie ist ein schlechter Zeuge für die Lebenswirklichkeit des frühen Mittelalters, vor allem, wenn wir den hohen Anteil von literarischen Versatzstücken, sogenannten Topoi, bedenken, die gattungstypisch sind und für charakteristischen Bewertungen – hier des ärztlichen Tuns – nur eben eine von mehreren möglichen Interpretationsmustern zur Wirkung bringen, nämlich ein spezifisch heilsgeschichtlich-theologisches. Betrachtet man nämlich die Anzahl von Handschriften medizinischen Inhalts, so stellt man fest, daß gerade zur Zeit Karls des Großen eine ganz auffällige Vermehrung medizinischer Theorie stattfindet, so plötzlich und mit so breiter Wirkung, daß die Erklärung dieses Phänomens ohne die Einbeziehung eines zentralen Konzepts, das dieser Entwicklung zugrundeliegt, nicht auskommt. Ein Kapitular Karls von 805[41] und die eben schon erwähnten Inhalte klerikaler Ausbildung, wie sie sich in dem Traktat Hrabanus Maurus zu 819 finden, verlangen die Vermittlung theoretischer medizinischer Grundkenntnisse – das genannte Gedicht Alkuins fügt sich also in eine zwar nicht eben durch viele aber doch sehr aussagekräftige Quellenzeugnisse belegte Durchsetzung der medizinischen Wissensvermittlung ein, und es wird deutlich, daß der Hof und seine geistige Elite auch hier hinter dem Beginn einer für die abendländische Geistes- und Wissenschaftsgeschichte außerordentlich bedeutsamen Entwicklung steht oder zumindest sehr wahrscheinlich stehen dürfte.

Was nun die Vermittlung der Schulmedizin betrifft, so können wir die prominente Reihe der Zeugnisse aus dem höfischen Bereich in vorhrabanischer Zeit durch ein Dokument bereichern, das vor einigen Jahren vorgestellt werden konnte: das „Lorscher Arzneibuch".[42] Dieses Buch, das zu einem großen Teil aus einer Kompilation größtenteils antiker Rezepturen besteht, bewahrt uns in seinem Vorwort die wohl umfangreichste Rechtfertigung für die Übernahme einer antik-heidnischen Disziplin in den Kanon frühmittelalterlichen Wissens. Systemimmanent – und das heißt im wesentlichen mit theologischen Argumenten – wird die bis dahin beargwöhnte Medizin im wahrsten Sinne des Wortes „hoffähig" gemacht. Das „Lorscher Arzneibuch" ist mit Sicherheit im letzten Jahrzehnt des 8. Jahrhunderts in Lorsch geschrieben worden,[43] wieder also zur Zeit des Abbatiats Richbods von Lorsch.

Ob Lorsch nun Ausgangspunkt dieses für die Wissenschaftswerdung der Medizin so bedeutsamen Textes gewesen ist oder ob es nur der Ort des einzigen durch die Quellen belegten Argumentations- und Rezeptionsvorganges gewesen ist, wird sich wohl nie mit erschöpfender Sicherheit entscheiden lassen. Die Annahme, daß wir Lorsch als eines der monastischen Zentren der Umsetzung eines höfischen Bildungskonzepts sehen dürfen, kann immerhin als weitestgehend gesichert gelten. Und damit dürfen wir die Reihe möglicher Zeugnisse für einen Anteil Lorschs an der Wissensorganisation im Zuge der karolingischen Bildungsreform, deren Bezeichnung Josef Fleckenstein als Ersatzbegriff für die sogenannte „karolingische Renaissance" vorgeschlagen hat,[44] um ein weiteres Dokument erweitern. Das „Lorscher Arzneibuch" steht sehr weit am Anfang einer Entwicklung der Verwissenschaftlichung der Medizin, die in der Etablierung einer ersten medizinischen Hochschule im 10. und 11. Jahrhundert in Salerno Ausdruck gefunden hat.

Fragen an die Baugeschichte und Zusammenfassung

Wagen wir abschließend den Versuch einer Standortbestimmung der kulturgeschichtlichen Bedeutung des Klosters Lorsch, so wird dieser Versuch nur unter der Prämisse zulässig sein, daß uns die Gunst oder Ungunst der Überlieferungsverhältnisse vielleicht nur Aspekte scharf sehen läßt, die in Wirklichkeit eine eher nebengeordnete Bedeutung hatten, und umgekehrt uns der Zugriff auf weit wichtigere Aspekte verborgen ist und vielleicht sogar für immer verwehrt bleiben wird.

Das einzige aus der Karolingerzeit auf uns gekommene Gebäude, die sogenannte Lorscher „Königs"- oder Torhalle, kann geradezu als Symbol für die hier gegebenen Unsicherheiten gelten. Denn ohne Zweifel hätte auch die Bau- und Kunstgeschichte des Klosters, vertreten durch dieses Gebäude und eine reiche Sammlung bauplastischer Fragmente, unter dem Gesichtspunkt der kulturhistorischen Bedeutung der karolingischen Königsabtei Lorsch behandelt werden müssen. Daß dies hier unterbleibt, liegt auch an dem noch immer unbefriedigten, wenn überhaupt jemals zu befriedigenden Erkenntnisbedarf, der sich mit der Baugeschichte dieses Klosters verbindet. Die sogenannte „Königs"- oder Torhalle entzieht sich nach wie vor beharrlich jeder sicheren Erklärung ihres Alters oder ihrer Funktion; die Periodisierung der baugeschichtlichen Hauptphasen des Klosters ist in Ermangelung einer mitteilungsfreudigeren schriftlichen Überlieferung und des heute nicht oder nur mehr sehr lückenhaft möglichen Wiederaufrollens der Behn'schen Interpretation allenfalls auf hypothetischer Ebene möglich, die Erforschung der Lorscher Bauplastik war lange Zeit, wie es scheint, geradezu ein Stiefkind der kunsthistorischen Forschung – erst die verdienstvollen Arbeiten Werner Jacobsens[45] ließen überhaupt eine begründete Periodisierung der Stücke entstehen und Bezüge zur insgesamt bekannten karolingischen Bauplastik erkennen. Immer wieder wird deutlich, wie schmal die materielle Basis im Laufe der Jahrhunderte geworden, wie wenig aus dieser frühen Zeit auf uns gekommen ist, was uns eine Einordnung der Lorscher Fragmente ermöglichen könnte.

Andererseits schlummert unter dem friedvollen Parkgelände, das heute von der Klostermauer umschlossen wird, noch immer viel Unerforschtes. Georadarmessungen, die 1995 und 1997 im südlichen Geländebereich durchgeführt wurden, ließen immerhin erkennen, daß Reste des einstigen Klausurbereiches und bis dahin völlig unbekannte Spuren weiterer Gebäude aus sicher klösterlicher Zeit im Boden verborgen sind. Es ist sicherlich berechtigt, die Hoffnung zu äußern, daß wir hier der alten Klosterstadt auf der Spur sind und somit einem Phänomen der europäischen Kulturgeschichte, das wesentlich zur Prägung der abendländischen Zivilisation beigetragen hat. Die Klosterstadt, wie sie auch der Zeichner des St. Galler Klosterplans vor Augen hatte, steht am Ende eines jahrhundertelangen Prozesses, der in der Spätantike irgendwo in der oberägyptischen Wüste mit einer Eremitenhütte begonnen hatte. Aus der kultur- und zivilisationsablehnenden Außenseiterbewegung des spätantiken Mönchtums war bis zur Zeit der Karolinger eine kultur- und zivilisationstragende und -vermittelnde Institution geworden – nicht fernab weltlicher Verantwortungen, sondern mitten in einem solchen Verantwortungsgefüge.[46]

Und hier kommen wir zusammenfassend noch einmal auf das Ausgeführte zurück: Kloster Lorsch war, und zwar von Anfang seiner Geschichte an, ein Ort mit besonderen Aufgaben, deren Rahmen die Erwartungen des karolingischen Königtums an die Klöster seines Reiches darstellten. Das Königskloster des frühen Mittelalters – und somit auch Lorsch – ist Zentrum der Herrschaftsorganisation und Herrschaftsausübung. Ob in der Mission oder, wie im Falle Lorschs, bei der Kolonisation des Umlandes: Das Königskloster ist Ausgangspunkt unverzichtbarer Erschließungsaufgaben, die dem Königtum (und natürlich auch dem Kloster selbst) neue und lebensnotwendige Ressourcen eröffnen.

Eng verbunden mit der ökonomischen Bedeutung ist immer der Aspekt der Kontinuität und Stabilität des Kultortes und der dort geübten liturgischen Praxis an der Verehrungsstätte von Reliquien, die nicht nur als Unterpfand der Heilswirksamkeit Gottes auf Erden, sondern auch als Zeugnisse des neuen Herrschaftsverständnisses des im Gegensatz zu den merowingischen nun auch über eine sakrale Fundierung verfügenden karolingischen Königtums nach Lorsch gekommen waren. Als Kultort bot Lorsch die notwendigen Garantien für die Totenmemoria – eine ganz wesentliche Voraussetzung für die Lorsch zugewendeten Schenkungen, und, aus herrscherlicher Perspektive, eine ganz wichtige Voraussetzung für Lorsch als Ort einer dynastischen Grablege.

Ein weiterer Aspekt war eine für Lorsch greifbare Funktion als Ort der Wissensverdichtung und der Wissensvermittlung. Es gibt durchaus Hinweise darauf, daß in der Frühzeit der Lorscher Bibliothek und des Lorscher Skriptoriums enge Bezüge zur karolingischen Bildungsreform festzustellen sind – Bezüge, die sich nicht nur an personellen Überschneidungen des monastischen Lebens in Lorsch und des Hofes festmachen lassen, sondern auch an inhaltlichen Schwerpunkten des klösterlichen Bildungsbetriebes, die in diesen Betrachtungen freilich nur stichpunktartig herauszugreifen waren.

Abb. 5. Lorsch, Torhalle, Obergeschoß, Ansicht nach Norden (ca. 1973).

Anmerkungen

1 Einen noch immer vorzüglichen Überblick über die ereignisgeschichtliche Entwicklung des Klosters in karolingischer Zeit gewährt Josef Semmler, Die Geschichte der Abtei Lorsch von der Gründung bis zum Ende der Salierzeit (764-1125), in: Friedrich Knöpp (Hrsg.), Die Reichsabtei Lorsch. Festschrift zum Gedenken an ihre Stiftung 764, 1. Teil, Darmstadt 1973, S. 75-173; siehe auch Hans-Peter Wehlt, Reichsabtei und König, dargestellt am Beispiel der Abtei Lorsch mit Ausblicken auf Hersfeld, Stablo und Fulda (= Veröffentlichungen des Max-Planck-Instituts für Geschichte 28), Göttingen 1970. Zuletzt Hermann Schefers, Art. Lorsch, in: Lexikon für Theologie und Kirche, Bd. 6, Freiburg i. Br./Basel/Rom/Wien 1997, Sp. 1056-1058.

2 Zu ihnen siehe Karl Ferdinand Werner, Art. Robertiner, in: Lexikon des Mittelalters, Bd. 7, München/Zürich 1994, Sp. 916-918.

3 Zum Eigenkirchenwesen noch immer grundlegend: Ulrich Stutz, Geschichte des kirchlichen Benefizialwesens, Berlin 1895; zuletzt Louis Carlen, Art. Eigenkirchenwesen, in: Lexikon für Theologie und Kirche, Bd. 3, Freiburg i. Br./Basel/Rom/Wien 1995, Sp. 527-528.

4 Zur Kaiseridee siehe etwa Helmut Beumann, Nomen Imperatoris. Studien zur Kaiseridee Karls d. Gr., in: Historische Zeitschrift 158, 1958, S. 515-549.

5 Hierzu Josef Semmler, Traditio und Königsschutz, Studien zur Geschichte der königlichen monasteria, in: Zeitschrift für Rechtsgeschichte 76, kanonistische Abteilung 45, 1959, S. 1-33.

6 Die Zufälligkeit betont zurecht Sebastian Scholz, Die frühe Baugeschichte des Klosters Lorsch im Spiegel der schriftlichen Überlieferung, in: Kunst in Hessen und am Mittelrhein 32/33, 1992, S. 65-70, besonders S. 66.

7 Hierzu Josef Semmler, Die Beschlüsse des Aachener Konzils im Jahre 816, in: Zeitschrift für Kirchengeschichte 74, 1963, S. 15-82.

8 Hierzu jetzt: Josef Semmler, Einhard und die Reform geistlicher Gemeinschaften in der ersten Hälfte des 9. Jahrhunderts, in: Hermann Schefers (Hrsg.), Einhard. Studien zu Leben und Werk, Darmstadt 1997, S. 179-189.

9 „Notitia de servitio monasteriorum“: MGH Capitularia regum Francorum I. 1, Nr. 171, S. 349-352, hier S. 350, Z. 17. Rechts des Rheins sind nur die Klöster Lorsch und Schuttern betroffen.

10 Karl Glöckner (ed.), Codex Laureshamensis, 3 Bde., Darmstadt 1929, 1933 und 1936 (im Folgenden zitiert als CL I-III).

11 Zur karolingischen Hofkapelle noch immer wichtig: Josef Fleckenstein, Die Hofkapelle der deutschen Könige. I. Teil: Grundlegung. Die karolingische Hofkapelle (= Schriften der MGH 16.1), Stuttgart 1959.

12 Hierzu: Johannes Fried, König Ludwig der Jüngere in seiner Zeit, in: Geschichtsblätter für den Kreis Bergstraße 16, 1983, S. 5-32, hier S. 13.

13 CL I 44 (= S. 326, Z. 17-21): *Ludouuico rege Germaniae filio Ludouuici defuncto, et iuxta patrem apud Lauresham in aecclesia quae dicitur Uaria quam ipse huius rei gratia construxerat sepulto (...).*

14 Eine Frühdatierung in die Zeit der ersten Bauphase des Klosters wird heute, soweit ich sehe, nicht mehr vertreten (Ausnahme: Christian Beutler, Das Schatzhaus der Weisheit, in: Frankfurter Allgemeine Zeitung 149/29.6.1996; vgl. hierzu meine Entgegnung dort vom 26.7.1996). Heute konkurrieren eine baugeschichtlich begründete Spätdatierung nach Werner Jacobsen, Die Lorscher Torhalle. Zum Problem ihrer Datierung und Deutung. Mit einem Katalog der bauplastischen Fragmente als Anhang, in: Jahrbuch des Zentralinstituts für Kunstgeschichte 1, 1985, S. 9-75, und eine aus einer Analyse der Malereien im Obergeschoß begründete Datierung in die erste Hälfte des 9. Jahrhunderts nach Matthias Exner, Die Reste der frühmittelalterlichen Wandmalerei in der Lorscher Torhalle. Bestand, Ergebnisse, Aufgaben, in: Kunst in Hessen und am Mittelrhein 32/33, 1992/1993, S. 43-63.

15 Stadt- und Universitätsbibliothek Frankfurt am Main Ms. Barth. 179, Faksimile und Interimskommentar: Graz 1994. Ein Begleitband, herausgegeben von Johannes Fried und Hermann Schefers, befindet sich in Vorbereitung.

16 Alba Iulia, Biblioteca Bathyaneum, II.1, und Città del Vaticano, Biblioteca Apostolica Vaticana, Pal.lat. 50, erwähnt im Lorscher Bibliothekskatalog Vatikan, Pal.lat. 1877, fol. 1: *Euangelium pictum cum auro scriptum habens tabulas eburneas;* Faksimile und Begleitkommentar, hrsg. v. Wolfgang Braunfels, München 1967.

17 CL I 6 (= S. 277).

18 CL I 20 (= S. 301-302) mit wohl zu 819 zu stellender Markbeschreibung CL I 21 (= S. 302-304).

19 Maria-Elisabeth Brunert, Fulda als Kloster *in eremo*. Zentrale Quellen über die Gründung im Spiegel der hagiographischen Tradition, in: Gangolf Schrimpf (Hrsg.), Kloster Fulda in der Welt der Karolinger und Ottonen (= Fuldaer Studien 7), Frankfurt am Main 1996, S. 59-78.

20 Hans-Jürgen Nitz, Die Siedlungstätigkeit der Lorscher Benediktiner im Odenwald. Das früheste Beispiel planmäßiger Neulanderschließung in einem süddeutschen Mittelgebirge, in: Geschichtsblätter Kreis Bergstraße 14, 1981, S. 5-30.

21 CL I 141 (= S. 414-416; hier S. 415, Z. 15 f.) zu 1073: *Sic itaque cella prenominata usque ad hec nouissima tempora permansit quodammodo deserta et desolata.*

22 Luitpold Wallach, Charlemagne's *de litteris colendis* and Alcuin. A Diplomatic-Historical Study, in: Speculum. A Journal of Mediaeval Studies 26, 1951, S. 288-305.

23 Friedrich Prinz, Grundlagen und Anfänge. Deutschland bis 1056 (= Neue Deutsche Geschichte 1), München 1985, S. 349.

24 Bernhard Bischoff, Die Abtei Lorsch im Spiegel ihrer Handschriften, Lorsch (2. Auflage) 1989. Diese für die Kenntnis des Skriptoriums und der Lorscher Bibliothek grundlegende Arbeit befaßt sich allerdings in erster Linie mit paläographischen Aspekten und weniger mit den Inhalten der mit Lorsch zu verbindenden Handschriften.

25 Zu Gerward siehe Heinz Löwe, Studien zu den Annales Xantenses, in: Deutsches Archiv für Erforschung des Mittelalters 8, 1950, S. 59-99.

26 Zur Bedeutung Vergils am Hofe Karls des Großen siehe jetzt Louis Holtz, Alcuin et la réception de Virgile du temps de Charlemagne, in: Hermann Schefers (Hrsg.), Einhard. Studien zu Leben und Werk, Darmstadt 1997, S. 67-80.

27 Zu den Pseudonymen: Josef Fleckenstein, Karl der Große und sein Hof, in: Wolfgang Braunfels (Hrsg.), Karl der Große, Lebenswerk und Nachleben, Bd. 1: Helmut Beumann (Hrsg.), Persönlichkeit und Geschichte, Düsseldorf 1965, S. 24-50, und Dieter Schaller, Vortrags- und Zirkulardichtung am Hof Karls des Großen, in: Mittellateinisches Jahrbuch 6, 1970, S. 14-36.

28 Zu Richbods Pseudonym „Macarius“ siehe Hermann Schefers, *Iste est laudabilis ordo.* Ein Beitrag zum Stellenwert der Medizin am Hof Karls des Großen und zum Problem der karolingischen „Hofschule“, in: Würzburger medizinhistorische Mitteilungen 11, 1993, S. 175-203, hier besonders S. 197 f.

29 Dieter Schaller, Vortrags- und Zirkulardichtung am Hof Karls des Großen (wie Anm. 27), S. 14-36.

30 MGH Poetae Latinie I.1, S. 245 f., hier vor allem die Verse 18 und 19; zu ihnen jetzt Hermann Schefers, Einhard und die Hofschule, in: Hermann Schefers (Hrsg.), Einhard. Studien zu Leben und Werk, Darmstadt 1997, S. 81-93.

31 Jacques-Paul Migne (ed.), Patrologiae cursus completus, series latina, Bd. 107, hier besonders Sp. 377B und Sp. 395D-396A/B.

32 Hrabanus Maurus, ed. Migne (wie Anm. 31), Sp. 396A/B: *quando in manus nostras libri veniunt sapientiae saecularis, si quid in eis utile reperimus, ad nostrum dogma convertimus; si quid vero superfluum de idolis, de amore, de cura saecularium rerum, haec radamus.*

33 Siehe Sebastian Scholz, Die Inschriften des Landkreises Bergstraße (= Die Deutschen Inschriften 38, Mainzer Reihe 4. Band), Wiesbaden 1994, Nr. 3 = S. 7 f. mit Abb. 10: *HIC [..]O | NVLLO STOMACHAN | TE VENENO | BIS BINOS ANNOS | REXERAT HIC PVEROS | MORIBVS ET MONITIS | TRIBVUENIS PIA DOG | MA[TA C]VUNCTIS | [...].*

34 Siehe Bibliotheca Palatina. Katalog zur Ausstellung, Text- und Bildband, Heidelberg 1986, S. 115-116 und Abbildung im Bildband, S. 72 (C 2.2).

35 Sebastian Münster, Cosmographey Oder beschreibung Aller Länder herrschaften und fürnemesten Stetten des gantzen Erdbodens (...), Basel 1592, S. 877: *Lorsch. Cap. cccl. Ein halbe Meil von Benßheim ligt das Closter Laurissa | zu Teutsch Lorsch | das der Groß Keyser Carlen | oder wie etliche meynen | Pipinus gebawen hat. (...) Diß Closter hat gar ein alte Liberey gehabt | dergleichen man in gantzem Teutschlandt nicht gefunden. Aber die alten Bücher sind um mehrertheil darauß verzuckt worden. Ich hab Bücher darinn gesehen | die soll Virgilius mit eigner Hand geschrieben haben.*

36 Walter Berschin, Die Palatina in der Vaticana. Eine deutsche Bibliothek in Rom, Stuttgart/Zürich 1992.

37 MGH Poetae Latini I.1, S. V, S. 245 f., hier vor allem die Verse 12-17: *Accurunt medici mox, Hippocratica secta: | Hic venas fundit, herbas hic miscet in olla, | Ille coquit pultes, alter sed pocula praefert. | Et tamen, o medici, cunctis impendite gratis, | Ut manibus vestris adsit benedictio Christi: | Haec mihi cuncta placent, iste est laudabilis ordo.*

38 Einhard, Vita Karoli Magni c. 22 (= MGH Scriptores rerum Germanicarum in usum scholarum 25, S. 27, Z. 6-9): *Et tunc quidem plura suo arbitratu quam medicorum consilio faciebat, quos poene exosos habebat, quod ei in cibis assa, quibus assuetus erat, dimittere et elixis adsuescere suadebant.*

39 Hierzu H. Schefers, *Iste est laudabilis ordo* (wie Anm. 28), S. 175-203.

40 So beispielsweise Gerhard Baader, Die Anfänge der medizinischen Ausbildung im Abendland bis 1100, in: Settimane di studio del centro italiano di studi sull'alto medioevo 19.2, 1972, S. 669-718 und 725-742.

41 MGH Capitularia regum Francorum I.1, S. 121, Z. 12-18.

42 Ulrich Stoll, Das „Lorscher Arzneibuch“. Ein medizinisches Kompendium des 8. Jahrhunderts (Codex Bambergensis Medicinalis 1). Text, Übersetzung und Fachglossar (= Sudhoffs Archiv, Zeitschrift für Wissenschaftsgeschichte, Beiheft 28), Stuttgart 1992.

43 So Bischoff, Lorsch (wie Anm. 24), S. 32 f.; zum sogenannten älteren Lorscher Stil, dem die Handschrift angehört, s. dort S. 31-37.

44 Josef Fleckenstein, Die Bildungsreform Karls des Großen als Verwirklichung der „norma rectitudinis“, Freiburg i. Br. 1953.

45 Vergleiche Anm. 14.

46 Hierzu wichtig: Friedrich Prinz, Askese und Kultur. Vor- und frühbenediktinisches Mönchtum an der Wiege Europas, München 1980.

Hans Michael Hangleiter – Stefan Schopf

Untersuchung historischer Oberflächen und Farbigkeiten in der Lorscher Torhalle

Zum baulichen Bestand und seinen Veränderungen

Phase 1

In frühmittelalterlicher Zeit darf man sich den Baukörper der Torhalle im wesentlichen ähnlich vorstellen, wie er sich noch heute darstellt (Abb. 1). Die Dachneigung war jedoch wesentlich flacher, wie an den Resten des Konsolgesims an den Giebelwänden noch ablesbar ist. Der Bau hatte wie heute zwei Treppentürme und war horizontal in eine offene Halle im Erdgeschoß und einen geschlossenen Raum im Obergeschoß geteilt. Zum Bestand der Erbauungszeit gehören das Mauerwerk der beiden reich gegliederten Traufseiten, das der beiden Giebelseiten bis in die Höhe der Konsolfriesreste sowie der südliche Treppenturm.

Das Mauerwerk selbst konnte im Rahmen unserer bisherigen Untersuchungen nicht oder nur geringfügig eingesehen werden. Nach der Beschreibung E. Schmidts besteht das „aufgehende Mauerwerk der Schmalseiten mit den Türmen aus grobem Flußgeschiebe und lagerhaften Bruchsteinen ... Die Wandstärken schwanken zwischen 50 und 60 cm, an den Türmen werden bis zu 70 cm ereicht. Die ganze Wand ist als einheitliche Masse behandelt, Verwendung zweier Schalen mit Füllmauerwerk dazwischen wurde nicht beobachtet."[1] Die beiden Traufseiten bestehen überwiegend aus Werksteinen, wobei deutlich nachvollziehbar auch zweitverwendete Steine verbaut wurden. In der Literatur wird von Behn bis Merkel auf die Verwendung von römischen Spolien hingewiesen.[2] Zur Zeit der Klostergründung 767 bis 74 waren auf dem Gelände nachweislich römische Vorgängerbauten vorhanden, und für den im 9. Jahrhundert begonnenen Neubau ist erstaunlicherweise immer noch genügend römisches Baumaterial verfügbar, um für ein Stück des Zahnschnittfrieses das Fragment eines figürlichen römischen Reliefs wiederverwenden zu können.

Auch im Bereich der südlichen Ostecke zeigen Aufnahmen aus der Grabungsdokumentation Behns deutlich die Zweitverwendung großer behauener Quader bei der Fundamentierung. Eine zeitliche Zuordnung dieser Steine ist anhand der Aufnahme allein nicht möglich. Im Bruchsteinmauerwerk des nördlichen Giebels sind ebenfalls einige größere Quader und Spolien vermauert.

Die heutige Lage der erneuerten Geschoßdecke steht in keinem Wiederspruch zu unseren Befunden: Behn hatte offenbar die alten Balkenlöcher gefunden und danach die Geschoßdecke rekonstruiert.[3]

Die Treppe im Inneren des Südturmes wird von Behn eindeutig nachvollziehbar der Bauzeit zugerechnet. Dazu gehört das Tonnengewölbe über dem Treppenlauf, das über der oberen Tür in einem Entlastungsbogen über dem Sturz endet. Von den Türgewänden sind die beiden am Südturm, vom Nordturm die Schwelle sowie die beiden Gewände der unteren Tür noch vorhanden (Abb. 10).

An den Laibungsschrägen der Ostwandfenster sind kleinere Putzflächen der Phase 1 erhalten, die darauf schließen lassen, daß die jetzige Form der Fensteröffnungen der Phase 1 entspricht. Über die bauzeitliche Decke des Raumes im Obergeschoß ist dagegen nichts bekannt.

Phase 2

Die erste bauliche Veränderung fand noch vor dem 14. Jahrhundert statt. Es handelt sich um die Anlage einer Wandnische im Obergeschoß, in der Mitte der Ostwand (Abb. 19, 39). Die Wandflächen wurden gleichzeitig weiß getüncht und links der zentralen Nische wurde eine figürliche Darstellung in roten, gelben und schwarzen Farbtönen aufgemalt (Abb. 35, 42). Matthias Exner erwägt eine Interpretation als Figur mit Waage, eine eventuelle Michaelsdarstellung, was den Schluß erlaubte, mit dieser Umbau- und Veränderungsphase auch die Umnutzung als Sakralraum, nämlich als Michaelskapelle zu verbinden.[4]

Die Zuordnung der zentralen Nische zu der ersten Veränderungsphase im Obergeschoß basiert auf eigenen Untersuchungen sowie auf einer neuen Interpretation des Befundes von Behn (Abb. 11): Rings um die Nische bricht das bauzeitliche Mauerwerk ab, mit der in Tuff gemauerten Laibung findet ein Wechsel des Setzmörtels statt. Die bereits von Behn beschriebenen bemalten Deckmörtelflächen zeigen noch heute Reste einer Bemalung, die technologisch eindeutig der gotischen Ausmalung des 14. Jahrhunderts zugeordnet werden können. Unter dieser Malschicht findet sich jedoch die Oberfläche eines gealterten Putzes, der mit den Charakteristika der gotischen Putze in der Torhalle nichts gemein hat. Diese Beobachtungen zeigen, daß eine Zuordnung der Nische zu den Veränderungen des 14. Jahrhunderts ausgeschlossen werden kann. Die Zuordnung zur oben beschriebenen Malerei (Michaelsdarstellung) ist klar nachvollziehbar, wenn man berücksichtigt, daß auch über dieser Malerei deutliche Reste der gotischen Ausmalung zu finden sind.

Behn hat in einer Aufmaßzeichnung der Nischensituation einzelne Steine und Setzmörtel den Bauphasen zugeordnet (Abb. 11).[5] Da er damals die Phase 2 als eigenständige Veränderungsphase nicht erkannt hatte, mußte er die Veränderungen der Gotik zuordnen. Doch auch mit dieser Interpretation war eine Zuordnung der Nische zur Bauzeit[6] nicht möglich.

Phase 3

Die zweite bauliche Veränderung fand im letzten Viertel des 14. Jahrhunderts statt. Die im Obergeschoß vermutlich bereits vorhandene Kapelle wurde grundlegend umgestaltet. Dach und Decke werden abgebrochen und die Giebelwände werden zu ihrem heutigen Erscheinungsbild erhöht. Zusätzliche Fenster werden über den Dächern der Treppentürme eingesetzt. Als Decke wird eine Holztonne eingebaut (Abb. 8, 24).

Das neue Mauerwerk der Giebel wird zusammen mit der Innenfläche der Westwand verputzt. Im Innenraum werden die noch intakten karolingischen Putzflächen sowie die Flächen der

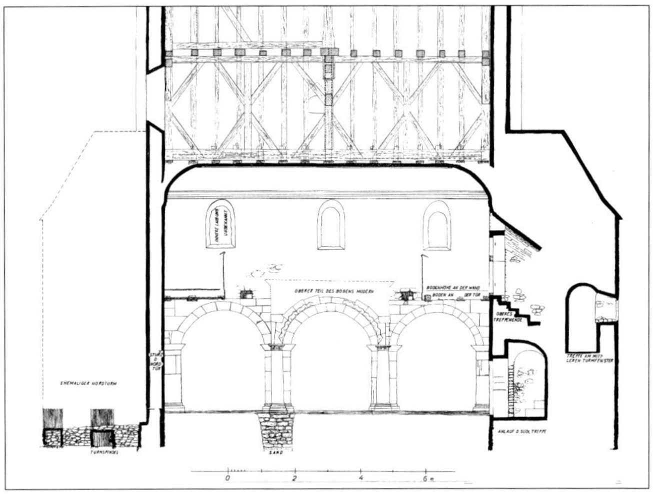

Abb. 6. Lorsch, Torhalle, Längsschnitt gegen Osten mit Aufriß der Innenseite der Ostwand (nach Behn).

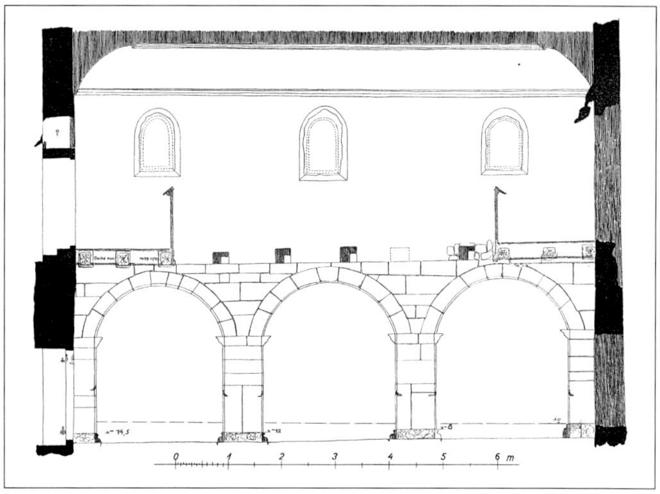

Abb. 7. Lorsch, Torhalle, Aufriß der Innenseite der Westwand (nach Behn).

Nische zusammen mit den neuen Putzflächen mit einer strähnigen, sandigen Schlämme überzogen und bemalt. Der Zustand des Raumes muß vor Beginn dieser Maßnahmen schon ziemlich desolat gewesen sein. An der Westwand blieb von dem bauzeitlichen Mörtel nur noch ein winziger Rest übrig. Die Malerei zeigt an der Nordwand über einem gemalten Sockel von aufgehängten Draperien vier Reihen von musizierenden Engeln auf Mauerzinnen. Den Hintergund bilden aufgemalte Sterne. Oben in der Rundung der Holztonne ist die Marienkönung dargestellt.

Die Südseite zeigt im Mittelbild zwischen den beiden gotischen Fenstern den auferstandenen Christus mit Wundmalen und Dornenkrone. Auf der rechten Seite ist Gottvater dargestellt, der den vor ihm knieenden Christus im Himmel empfängt.

Die spärlichen Reste von gotischer Malerei auf der Westseite sind nicht mehr eindeutig zu deuten.

In der östlichen oberen Wandpartie der Südwand der Erdgeschoßhalle sind ebenfalls historische Verputzoberflächen einsehbar. Die Oberfläche der gotischen Fassungsebene ist stark verschwärzt. Sie ist durch die feinkrakelierte Weißtünche identifizierbar. Zu erkennen ist eine rotbraun angelegte Rankenmalerei. In den Wandbereichen zwischen den eingreifenden Deckenbalken, die mit Bruchsteinmauerwerk gefüllt sind, ist ebenso Bestand an historischem Verputz erhalten. Der Mörtelauftrag endet an der Werksteingrenze. Die zugehörige Weißtünchung liegt direkt auf der karolingischen Werksteinoberfläche. Die Erdgeschoßhalle war somit in gotischer Zeit zumindest ornamental ausgemalt.

Zahlreiche farbige Fassungsreste befinden sich auch auf der Oberfläche der Eckquader und des Konsolgesimses der Nord- und Südfassade. Auffallend sind die erhaltenen roten Fassungsreste auf der Steinoberfläche am abbrechenden Traufgesims.

Phase 4

Bauliche Veränderungen verzichteten auf die Geschoßdecke und fügten an den Stirnwänden Emporen ein, die über die Treppentürme zugänglich waren (Abb. 8). Die Arkadenbögen auf der Westseite wurden durch hölzerne Tore geschlossen, während die Ostarkaden zugemauert wurden (Abb. 2, 4).

Wie eine Inschrift auf der Südseite zwischen den beiden Fenstern zeigte, wurde die Torhalle im Jahre 1697 renoviert. Von dieser Inschrift hatte Behn eine Pause hergestellt, die Inschrift selbst jedoch bis auf kleine Reste entfernt.

Unsere Untersuchungen bestätigten diese Renovierungsphase mit zugehörigem Ausbesserungsmörtel und einer einfachen weißen Tünche. Entlang der Tonne wurde ein breites rotes Band mit einem schwarzen Konturstrich nachgewiesen. In der Erdgeschoßhalle sind ebenfalls zugehörige Verputzoberflächen einsehbar. Die der Renovierungsphase von 1698 zuzuordnende Weißtünche zeigt Reste roter Abfassungen der Architekturgliederungen. Zugehörig ist ein schwarzes Konturband.

Abb. 8. Lorsch, Torhalle, Querschnitt gegen Süden (nach Behn).

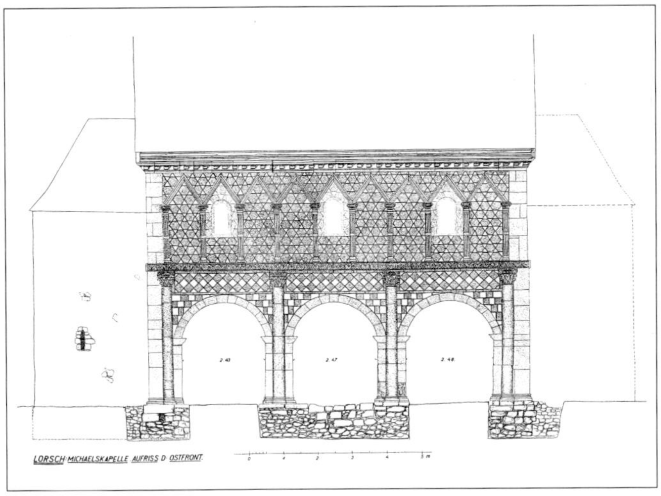

Abb. 9. Lorsch, Torhalle, Aufriß der Ostfassade (nach Behn).

Phase 5

Nach den von Behn zitierten Bauakten des hessischen Finanzministeriums wurde 1724 ein weiterer grundlegender Umbau durchgeführt. Das alte Dach wurde abgebrochen, und durch ein Mansarddach ersetzt. Die Beimauerung des aus profilierten Kanthölzern bestehenden Teiles des Taufgesimses zeigt einen weißen Setzmörtel mit zahlreichen Kalkgallen. Sie belegen die barocke Erneuerung des Daches. Eine Stuckdecke wird eingezogen. Die Wandflächen werden neu verputzt und die Arkaden

Abb. 10. Lorsch, Torhalle, Türgewände des südlichen Zugangs im Obergeschoß. Aufriß, Schnitt nach Osten und Grundriß (nach Behn).

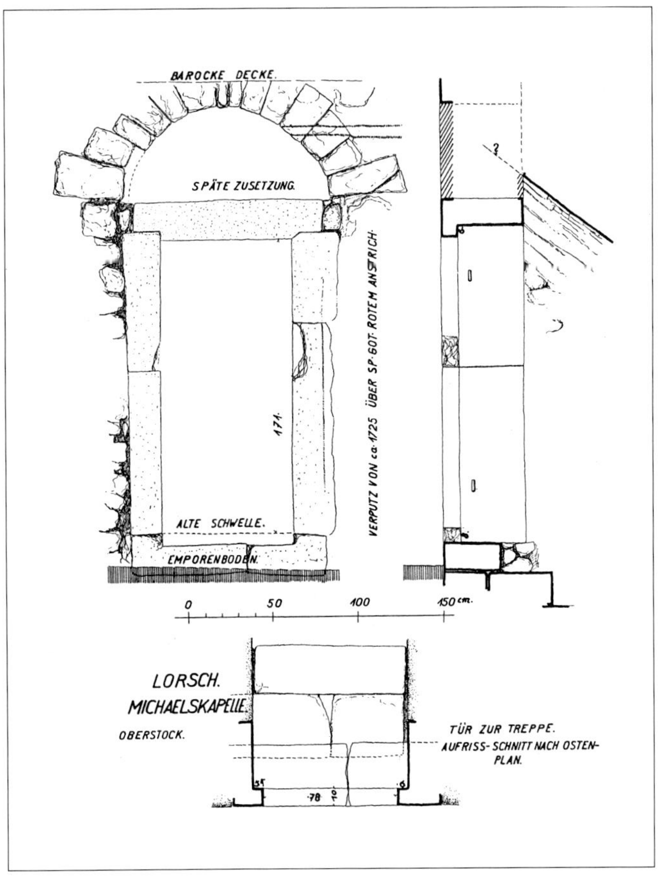

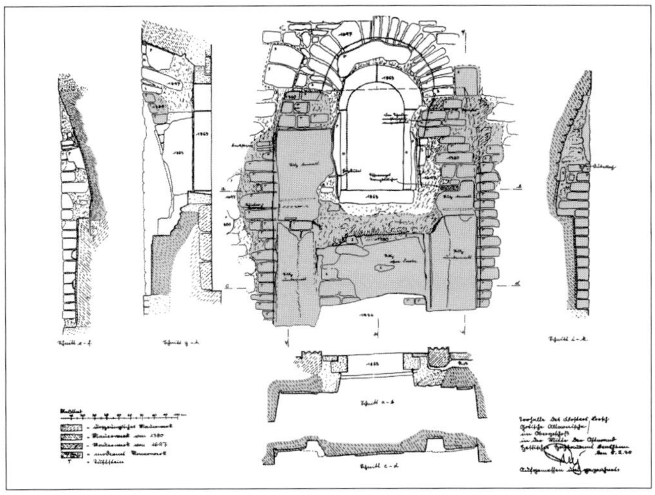

Abb. 11. Lorsch, Torhalle, Ostwand, Nische im Obergeschoß. Bauaufnahme von 1935 mit Kartierung der Veränderungen in Phase II (nach Behn und Hangleiter).

im Erdgeschoß geschlossen. In diesem Zusammenhang waren die älteren Wandputze aufgehackt worden. An der Südfassade an den für Verputz vorgesehenen Wandflächen ist Bestand eines vermutlich nicht erbauungszeitlichen, bräunlichen Deckputzes erkennbar. Auch dieser zeichnet sich durch den hohen Anteil an Kalkklümpchen aus. Auf dessen Oberfläche konnten Reste einer weiß grundierten, gelben Wandfärbelung, vermutlich aus dem 18. Jahrhundert, festgestellt werden. Der gelbe Farbbefund ist auch auf den Werksteinoberflächen in der Erdgeschoßhalle erkennbar.

Im Jahre 1797 wird die Michaelskapelle zum Abbruch verkauft. 1803 kauft Landgraf Ludwig sie wieder zurück. Sie wird wieder in gottesdienstlichen Gebrauch genommen.

Einen Eindruck vom Zustand Ende des 18. Jahrhunderts gibt die Radierung Lamberts von Babo wieder (vgl. Abb. 2).[7]

Eine weitere Instandsetzung des Innenraumes fand 1827 statt. Die in Abb. 3 sichtbare Stuckdecke zeigt wohl die neue Decke von 1827.

Bei Sicherungsarbeiten des Jahres 1842 stürzten der nördliche Treppenturm ein. Zwischen 1861 und 1863 werden Erhaltungsmaßnahmen durchgeführt. Ein Photo um 1911 zeigt die Torhalle ohne Nordturm aber mit neuem Portal im Obergeschoß (Abb. 4).

Zwischen 1876 und 1927 fanden verschiedene Grabungskampagnen statt. Die wichtigste war die von Adamy um 1890.[8]

Phase 6

Zwischen 1927 und 1936 fanden die Grabungen von Behn statt. In diesem Zusammenhang wurde auch die Torhalle grundlegend umgestaltet. Versucht wurde ein Rückbau des mittelalterlichen Baues, indem die Stuckdecke, die Emporen und die Vermauerung der Arkaden entfernt, der nördliche Treppenturm wieder aufgebaut und die Geschoßdecke an ihrer ursprünglichen Stelle wieder eingebaut wurden. Auch eine Tonnendecke im Obergeschoß hat man, entsprechend den Dimensionen der Gotik rekonstruiert.

Im Zusammenhang mit den Rückbaumaßnahmen wurden die Malereien entdeckt und freigelegt. Dabei hat man auf eine vollständige Entfernung der Gotik in den frühmittelalterlich bemalten Bereichen verzichtet.[9]

Das angestrebte Konzept des Rückbaus wird von Behn 1936 folgendermaßen beschrieben: „Es ist H. Velte in vorbildlicher

Weise gelungen, die Reste der karolingischen und der gotischen Malerei so zu behandeln, daß beide in ihrem Bestande voll erhalten bleiben konnten und daß je nach dem Erhaltungszustande bald die eine bald die andere beherrschend hervortritt.[10] Dabei wurde weitgehend rekonstruiert und übermalt (vgl. Abb. 5).

An den **Fassaden** sind im Bereich des mittleren Bogens der Ostarkade der Erdgeschoßhalle mehrere Quader erneuert worden. Es wurde rotbraunes Sandsteinmaterial verwendet. Die ersetzten Quader sind an den verbliebenen Werkspuren des waagerecht geführten Scharriereisens erkennbar. Diese Steinbearbeitung ist für die Werksteine der Instandsetzung der 30er Jahre charakteristisch. Die Ergänzungen stehen im Zusammenhang mit dem Abbruch des romanisierenden Bogens, der sich an dieser Stelle befand (Abb. 6).

Das Bruchsteinmauerwerk der Stirnwände und der Treppentürme wurde mit einem Bestichputz versehen. Die Ausfugung im Werksteinbereich wurde ergänzt. Das verwendete Mörtelmaterial zeichnet sich durch einen buntfarbenen Sandzuschlag aus, der dem erbauungszeitlichen Fugenmörtel angepaßt ist.

Die gestörten Partien der karolingischen Wandinkrustation im Bereich der Fenster wurden dem Original angeglichen und die Fenstergewände erneuert.[11]

Außeninstandsetzung 1976

Im Wesentlichen wurden die Oberflächen gereinigt, Ergänzungen vorgenommen, gesichert und abschließend hydrophobiert. Ein großer Teil der Fugen im Werksteinbereich wurde mit einem hellgrauen, feinsandigen Mörtel erneuert.

Restaurierungskampagnen der Nachkriegszeit

Eine erste Restaurierung im **Innenraum** nach der Wiederherstellung von Behn/Velte kam 1954 durch den Maler Otto Kienzle zustande. Zu den Maßnahmen gehört eine Reduzierung und Patinierung der Rekonstruktionen von Velte. Die Malereien im Giebelfeld der Nordwand wurden damals vollständig lasierend übermalt, wobei die Konturen häufig deckend nachgezogen wurden.

Eine zweite Restaurierung fand 1972 durch Marta Heise statt.[12] Es wurde dabei großflächig fixiert und übermalt (Abb. 5). Typisch sind die groben Strichretuschen.

Abb. 12. Lorsch, Torhalle, Ostfassade, Detail der Wandinkrustation mit Bearbeitungsspuren des Zahneisens.

Abb. 13a. Lorsch, Torhalle, Westfassade, Detail des nördlichen Kompositkapitells mit vollständiger Ausarbeitung.

Abb. 13b. Lorsch, Torhalle, Westfassade, Detail des südlichen Kompositkapitells mit unvollständiger Ausarbeitung.

Zur erbauungszeitlichen Gestaltung der Fassaden

„In drei großen Rundbogen öffnet sich das Untergeschoß nach beiden Fronten; dazwischen steigen Halbsäulen mit Kompositkapitellen auf, die ein zierliches Friesband mit Blattornament tragen. Das Obergeschoß schmückt eine enge Pilasterstellung mit Spitzgiebeln, von denen je drei einem Bogen des Untergeschosses entsprechen. Die mittlere Spitzarkade umrahmt jeweils ein kleines Rundbogenfenster. Ein Konsolengesims schließt die Front gegen die Dachtraufe ab. Die Grundfläche der Schauseiten ist mit dem Mosaik aus roten und weißen Steinen in verschiedenen Mustern belebt."[13]

Werksteine

Das äußere Erscheinungsbild der Torhalle wird in hervorragender Weise durch das Material seiner Außenhaut, dessen Bearbeitung und Farbigkeit bestimmt (Abb. 1, 9). Um die beabsichtigte optische Wirkung zu erzielen wurden drei Steinsorten ausgewählt, die vor allem im Helligkeitswert differieren.

Der rote Sandstein, der für Eckquader, Pfeiler, Bögen, Halbsäulenvorlagen, Pilaster und Blendgiebelleisten sowie zur Musterung der Wandflächen Verwendung fand, variiert in seiner Farbigkeit von mitteltonigem Rotbraun bis zu dunklem Violettrotbraun. Der helle Sandstein, der für Trauf- und Stockwerkgesims, Eckquader sowie zur Musterung der Wandflächen genutzt wurde, variiert in seiner Farbigkeit von hellgrau-gelbbräunlich zu hellgrau-rotbräunlich. Kalkstein wurde den Kompositkapitellen der Halbsäulenvorlagen und den ionisierenden Kapitellen der Pilaster zugeordnet sowie zur Musterung der Wandflächen verwendet. Es standen somit zwei helle Steinsorten für die hell/dunkel kontrastierten Wandmuster zur Verfügung. Diese wurden besonders im Erdgeschoß alternativ eingesetzt.[14]

Die Herstellungstechnik der Werksteine und die damit verbundenen Arbeitsgänge sind durch die verbliebenen Werkzeugspuren ablesbar. Die Zurichtung des bruchrauhen Steinblocks in die gewünschte Quaderform erfordert die Festlegung der Begrenzung mittels Randschlägen. Diese, für die romanische Zeit als gestalterisches Mittel so wichtigen Außenbahnen, sind an den Werksteinen der Torhalle nicht zu beobachten.

Abb. 14a. Lorsch, Torhalle, Nordfassade, Putzdetail mit Kellenritzung im Setzmörtelverstrich.

Abb. 14b. Lorsch, Torhalle, Südfassade, Detail eines Eckquaders mit Stufe für den Deckmörtelanschluß.

An den Stirnflächen der Werksteine der Architekturgliederungen, die aus hellem oder rotbraunen Sandstein bestehen, lassen sich die Spuren des für die karolingische Zeit charakteristischen Zahneisens erkennen (Abb. 12). Die Hiebe wurden nicht regelhaft ausgeführt. Die Werkstücke sind bei diesem Arbeitsgang zum Teil gedreht worden. An den Werkstücken der Gesimse, Kämpfer, Halbsäulenvorlagen, Blendgiebelleisten, Wand-, Eck-, Bogen- und Pfeilerquader verblieb die beschriebene Oberflächenstruktur und wurde nicht mit einem feineren Werkzeug weiter übergangen. Die aus rotbraunem Sandstein gewonnenen sechseckigen und rechteckigen Platten der Wandmusterung aber wurden nach der Erstellung einer ebenen Fläche mit dem Zahneisen in einem zweiten Arbeitsgang glatt geschliffen. Diese Aussage wird belegt durch die Beobachtung, daß die Spuren des Zahneisens nur in den tiefer liegenden Mulden der ansonsten intakten Oberfläche verblieben sind (Abb. 12).

An den hellen Sandsteinplatten der Wandmusterung sind keine Bearbeitungsspuren erhalten. Die Kalksteinplättchen wiesen wie die rotbraunen Sandsteinplatten in der Erbauungszeit eine dichte, geglättete Oberfläche auf. Zu erkennen sind die entstehungszeitlichen Schleifriefen, die parallel zu den Außenkanten der dreieckigen Werkstücke verlaufen (Abb. 15).

Die ionisch-korinthischen *Kompositkapitelle* der Ost- und Westfassade der Torhalle werden zum Qualitätvollsten gerechnet, das sich an karolingischer Bauzier aus dem östlichen Frankenreich erhalten hat.[15] Sie sind alle untereinander etwas verschieden gearbeitet. An den einheitlicher wirkenden Kapitellen der Westfassade sind die Akanthusblätter, die in der oberen und unteren Reihe versetzt zueinander stehen, nahezu gleich ausgeformt. Die Kapitelle der Ostfassade unterscheiden sich besonders deutlich in der Ausformung der Akanthusblätter der unteren Reihe und der Eckblätter der oberen Reihe von denen der Westfassade. Der Ansatz der unteren Blätter ist bis zur Mittelrippe dreieckig eingekerbt, an den gefächerten Eckblättern sind sich verzweigende Stiele angedeutet.

Die Symmetrie zwischen den beiden Hälften der Kapitelle ist nicht streng eingehalten. Die Ausbildung des Eierstabrings der Kapitelle der Westfassade weicht an den nach innen gewandten Seitenansichten der äußeren Kapitelle von der allgemeinen Ausformung der Westfassade leicht ab. Dabei ist die südliche Ansicht des nördlichen Kapitells identisch mit der nördlichen Ansicht des südlichen Kapitells. Dieses zeigt als Einziges an der südlichen Seitenansicht die Besonderheit eines in der Rohform belassenen Blattes (Abb. 13 b). Die Akanthusblätter sind im Allgemeinen auch an den Seitenansichten vollständig durchgearbeitet (Abb. 13 a). Die Außenkanten der Kapitellringe springen in Bezug zur Breite der halbrunden Vorlagen leicht ein.[16] Die Oberfläche der aus Kalkstein gearbeiteten Kompositkapitelle war ursprünglich geglättet. Das verwendete Steinmaterial ist bei einer rein optischen Begutachtung weitgehend identisch mit dem der ionisierenden Kapitelle des Obergeschosses und den Kalksteinplatten der Wandmusterung.

Auch die Oberfläche der aus Kalkstein gefertigten ionisierenden Pilasterkapitelle war ursprünglich geglättet. In einigen Partien, besonders in der Seitenansicht, sind aber noch die fächerförmigen Bahnen der Ansatzstege eines schmalen Glattmeisels zur Ausarbeitung der Form ablesbar. Die Werksteine der Architekturgliederungen wie der Wandmusterung sind mit schmalen Stoß- und Lagerfugen versetzt. Bemerkenswert sind die vereinzelt eingeschlagenen Blendfugen an den hochkant gestellten Großquadern der Pfeilerkörper.[17] Eine durchgängig eingehaltene Konzeption ist aber nicht zu erkennen.

Im Bereich der Eckquader wurde ein großer Prozentsatz der Werksteine auf Spalt gestellt. Die Werksteinblöcke der Eckquader zeigen eine ausgeprägte Stufe für den bündigen Deckmörtelanschluß in vertikal durchlaufender Linie (Abb. 14 b). Die auf Sicht gearbeitete Fläche wurde mit dem Zahneisen geebnet. Der leicht tiefer liegende Teil der Steinblöcke, der überputzt werden sollte, ist mit dem Spitzeisen grob abgearbeitet.[18]

Am südlichen Freipfeiler der Westarkade ist an den beiden Kämpferprofilen in der Aufsicht ein erbauungszeitliches Nacharbeiten der Kämpferhöhe festzustellen: Die Fläche war schon mit dem Zahneisen geebnet, bevor der vordere Teil mit einem Spitzeisen reduziert wurde. Die abgetiefte Partie wurde anschließend mit dem Zahneisen nachgearbeitet.

Wie schon oben beschrieben sind die Stirnflächen der erbauungszeitlichen Werksteine durch die Spuren des Zahneisens charakterisiert. Die nach dem Versetzen vor die Wandebene stehenden Werkstücke oder die windschief versehenen Quaderflächen erforderten eine Überarbeitung während des Bauvorganges. Diese Korrekturen sind auch an der Torhalle nachweisbar. So gibt es z. B. im Bereich der Wandmusterung Werkstücke mit den Spuren eines flüchtig geführten Glattmeisels.

An einigen Häuptern der Pfeiler- und Eckquader sind aufgespitzte Steinoberflächen zu beobachten.[19]

Abb. 15. Lorsch, Torhalle, Ostfassade, Detail der Wandinkrustation mit entstehungszeitlichen Schleifriefenspuren.

Die Kompositkapitelle der Westfassade sind stimmig zu den Halbsäulenvorlagen eingefügt. An der Ostfassade springen die Außenkanten der Kapitellringe in Bezug zur Breite der halbrunden Vorlagen deutlich ein. Es fällt auch auf, daß die Kapitelle in Bezug zur Mittelachse zu tief und leicht gekippt eingesetzt sind, da die seitlichen Abakusblüten und zwei der drei Ovale des Eierstabs hinter die Wandebene zu liegen kommen.[20]

Verputzte Wandflächen

Das nicht lagig sondern im unregelmäßigen Verband gesetzte Mauerwerk der Schmalseiten und des südlichen Treppenturmes besteht aus Sandstein- und Granitblöcken. An den Schmalseiten zeigen die Werksteinblöcke der Eckquader, die zum Teil weit in das Bruchsteinmauerwerk eingreifen, eine ausgeprägte Stufe für den Anschluß der Putzmörtellage. Die auf Sicht gearbeitete Fläche wurde mit dem Zahneisen geebnet. Der leicht tiefer liegende Teil der Steinblöcke, der überputzt werden sollte, ist mit dem Spitzeisen grob abgearbeitet. Zum Teil sind auf der grob abgearbeiteten Partie Reste des erbauungszeitlichen Deckputzes vorhanden (Abb. 14 b).

Die ursprüngliche Oberfläche ist nicht erhalten. Der Anteil an feinkörnigen Kalkgallen und die hellgraue Putzfarbigkeit ist für den karolingischen Deckputz charakteristisch. Im westlichen Teil der Südfassade sind wie am östlichen Teil der Nordfassade und an der Südwand der Erdgeschoßhallel größere Partien des originalen Setzmörtelverstrichs vorhanden. Sie zeichnen sich durch eine bogig gezogene, waagrechte Kellenritzung aus (Abb. 14 a). Das Werkzeug wurde dabei flach gekippt angesetzt. Zum Teil sind auch auf der Oberfläche des Setzmörtels Reste des erbauungszeitlichen Deckputzes vorhanden.

Zur frühmittelalterlichen Ausmalung

Das Erscheinungsbild des frühmittelalterlichen Raumes im Obergeschoß wird zunächst durch seine bauliche Struktur bestimmt. Von dieser fehlt jede Information zur Decke, an der Ostwand ist statt des mittleren Fensters der Rest eines jüngeren Nischeneinbruchs vorhanden. Der Fußboden ist zwar auf dem ursprünglichen Niveau, der Belag und damit die optische Wirkung des Fußbodens ist heute aber nicht mehr nachvollziehbar.

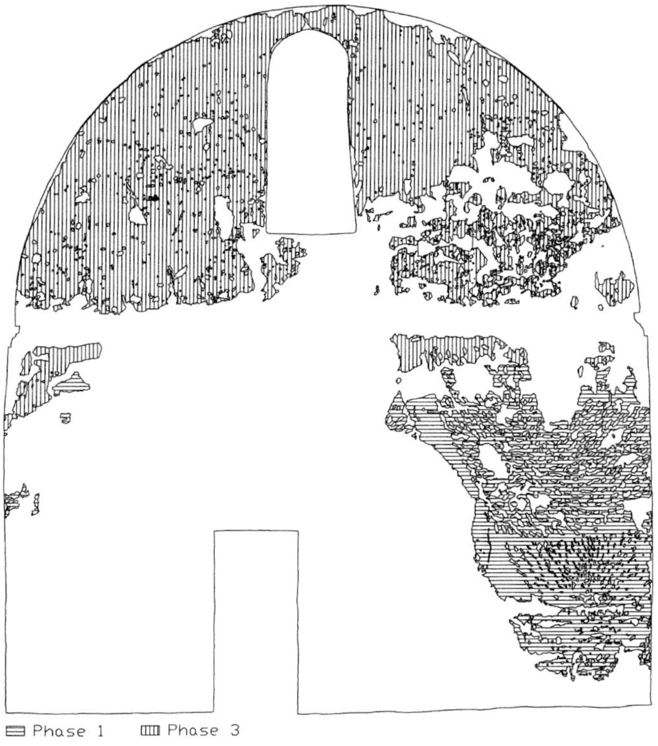

Abb. 17. Lorsch, Torhalle, Obergeschoß, Nordwand. Bestandskartierung.

Mauerwerk

Der Träger für den bemalten Deckschutz ist das 60 cm starke Bruchsteinmauerwerk. Der Setzmörtelverstrich im Innenraum hat partienweise den Charakter eines Unterputzes, er deckt das Mauerwerk jedoch nicht überall vollständig ab. Die Mörtelfarbigkeit ist weiß-gelblich. Es sind Spuren von Auftragswerkzeugen vorhanden. Der Mörtel ist wenig geebnet ode geglättet.

In einem kleinen Bereich im südlichen Teil der Ostwand sind direkt auf dem Mauermörtelverstrich, also unter dem eigentlichen Deckputz, Schriftzeichen aufgetragen worden (Abb. 20). In der oberen Zeile sind die Zeichen S, N, B und fragmentarisch M und A zu erkennen. In der unteren Reihe, ebenfalls fragmentarisch erhalten, sind die Zeichen E, V und Y vorhanden. Oberhalb des Schriftzeichens N ist ein Farbspritzer und oberhalb des Schriftzeichens B ein Teil eines weiteren Buchstabens zu sehen.

Abb. 16. Lorsch, Torhalle, Obergeschoß, Westwand. Bestandskartierung.

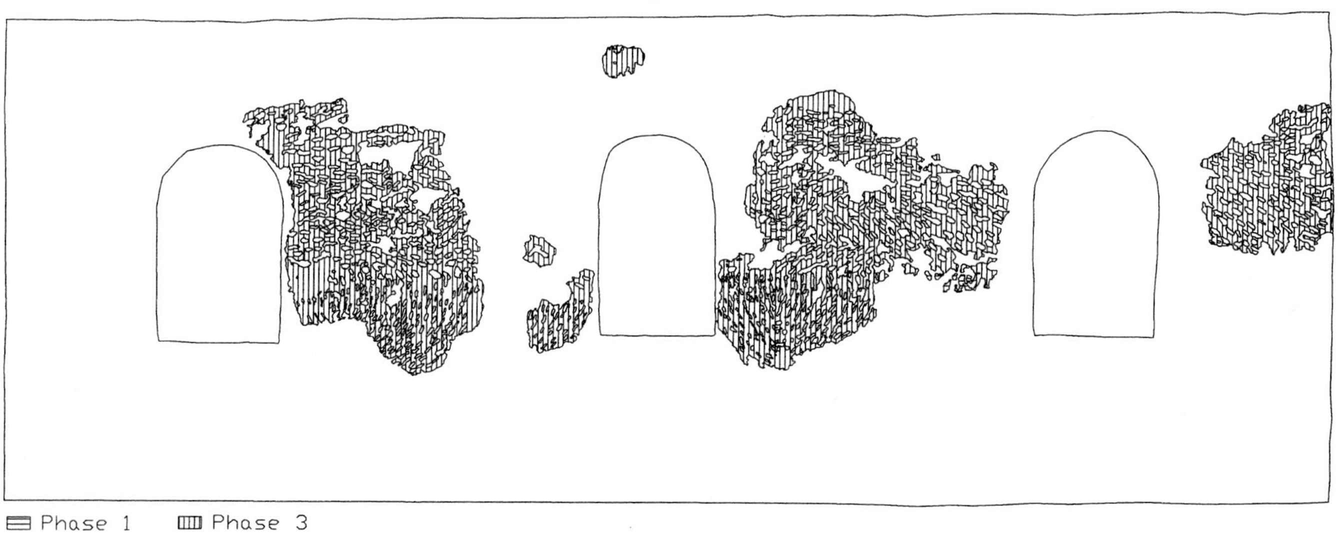

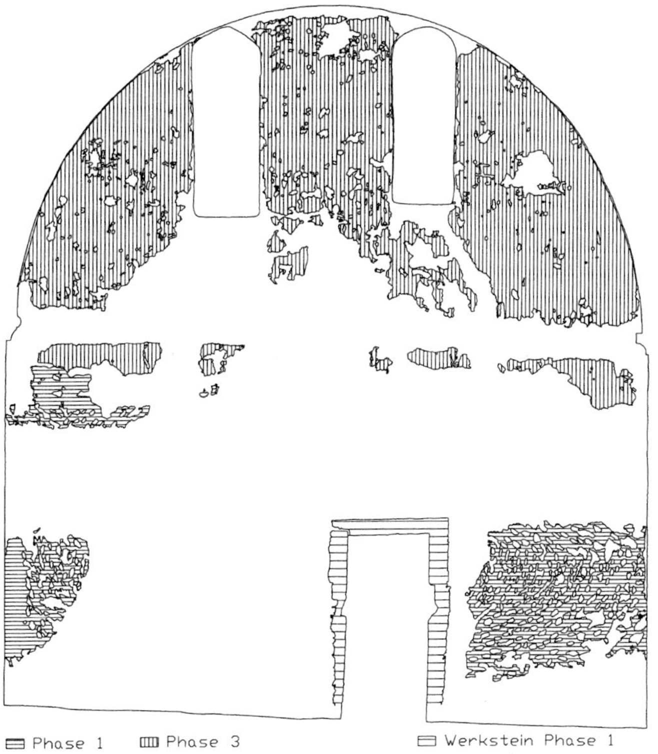

Abb. 18. Lorsch, Torhalle, Obergeschoß, Südwand. Bestandskartierung.

Dieser konnte nicht bestimmt werden. Der Farbton der Schriftzeichen ist schwarz bis rotbraun.[21]

Verputz

Der karolingische Deckputz kommt an der Süd- und Nordwand bis zur Höhe des hölzernen Gesimses der Tonnendecke vor. An der Ostwand befindet sich Bestand an Deckputz der Erbauungszeit überwiegend in den unteren Bereichen zwischen den Fenstern. An den Laibungsschrägen der Ostwandfenster sind kleinere Putzflächen der Erbauungszeit erhalten, die darauf schließen lassen, daß die jetzige Form der Fensteröffnungen weitgehend der der Phase 1 entspricht. Die Fensterbänke der Ostwand sitzen zu hoch, da sie den erbauungszeitlichen Deckputz überschneiden. An der Westwand gibt es nur noch geringste Reste des Deckputzes der Erbauungszeit (Abb. 16-19).

Die Mörtelfarbigkeit ist weiß-gelblich. Als Zuschlag kommen Holzkohlesplitter vor. Es sind zahlreiche kleinere Kalkgallen enthalten. Der Deckputz wurde in einer Stärke von ca. 1,5 cm aufgetragen. Eine Arbeitsgrenze ist an der Nordwand an der Unterkante des Architravs nachweisbar; sie verläuft waagerecht. Es wurde von oben nach unten gearbeitet, infolgedessen überlappt die untere Putzmörtelfläche die obere.[22]

Die Putzoberfläche ist geglättet und weitgehend eben. Es sind keine deutlichen Spuren von Auftragswerkzeugen sichtbar. Im Bereich des Architravs an Nord- und Südwand sind waagerechte, in den Deckputz eingedrückte Linien von Schnurschlägen zu erkennen. Die Wickelung zeichnet sich deutlich ab (Abb. 33). Zugehörige Farbspuren sind nicht vorhanden. Die Linien dienten als Malhilfe für die Architravmalerei. Sie gaben die Grundgliederung der Strichfolge vor. Nur noch an einer Fensterfasche an der Ostwand ist eine ähnlich eingedrückte, aber sehr schwach ausgeprägte Linie belegbar. Ansonsten sind keine weiteren sich in der Putzoberfläche abzeichnenden Vorgaben für die Architekturmalerei (Säulen und Quader), die sich mit der Malerei decken, zu beobachten.[23]

In keinem Zusammenhang mit der Gliederung der ausgeführten Malerei stehen in der nördlichen Sockelzone der Ostwand die waagerecht durch den Quader laufenden, eingedrückten Linien.[24]

Beschreibung der Malerei

Die plastisch ausgebildete Gliederung der durch die natürliche Farbigkeit des verwendeten Steinmaterials bestimmten Gestaltung der Ost- und Westfassade wird in der Innenansichte des Obergeschosses mit Hilfe illusionistischer Malerei weitergeführt. Auf einem zweireihig quadrierten Sockel stehen Säulen, auf denen der Architrav aufliegt (Abb. 24).

Für die Ausführung der karolingischen Scheinarchitekturmalerei wurden 13 Farbtöne einschließlich des weißen Flächentones der Interkolumnien benützt. Von Frau Prof. Dr. Jägers, Bornheim, wurden als Pigmente gelber Ocker, roter Ocker, rotes Eisenoxid, Grüne Erde und Pflanzenschwarz sowie Calciumcarbonat nachgewiesen.[26] Im Vergleich mit den Analyseergebnissen ist zu vermuten, daß einige Farbtöne in ihrer optischen

Abb. 19. Lorsch, Torhalle, Obergeschoß, Ostwand. Bestandskartierung.

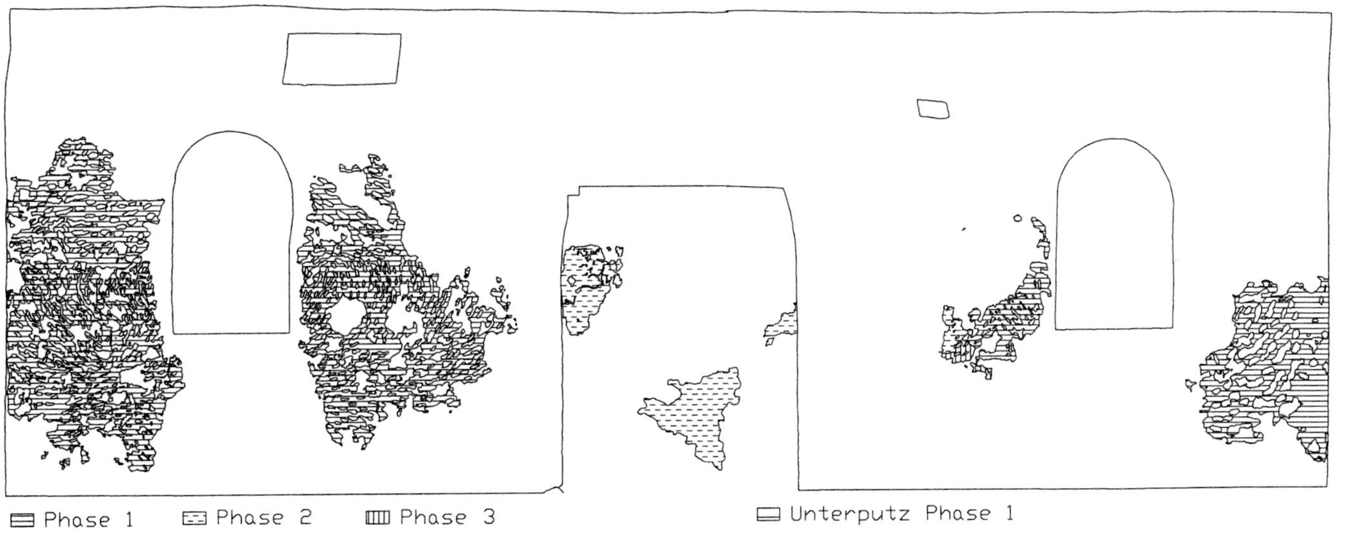

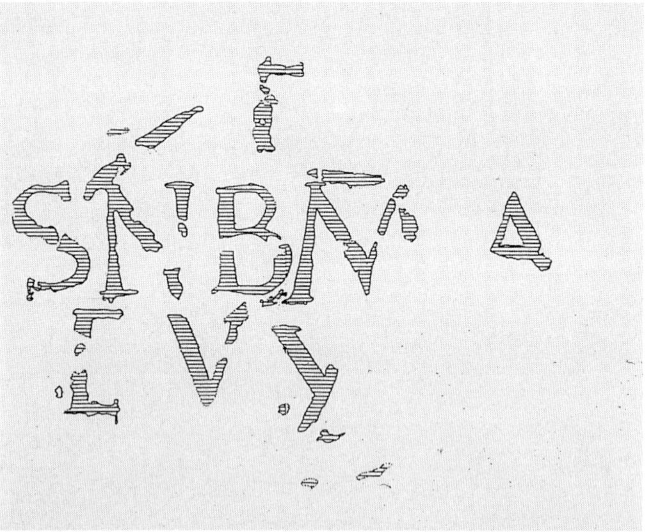

Abb. 20a-b. Lorsch, Torhalle, Obergeschoß, Ostwand, bauzeitliche Schriftzeichen auf dem Setzmörtelverstrich. Bestandsaufnahme durch H. Velte (1934; a) und Hangleiter (b).

Wirkung stark verändert sind. Dies trifft besonders auf die Brauntonigkeit des Architravs sowie der Basen und Kapitelle zu. Nicht dem ursprünglich konzipierten Erscheinungsbild entsprechen die dunkelgrauen Säulenschäfte, die im Helligkeitswert von hellgrau bis schwarz variieren.[27] Im weiteren Text werden die Farbtöne in ihrem heutigen Farbwert benannt.

Folgt man den Analyseergebnissen, ergibt sich ein ungleichgewichtiger Dreiklang von grau, rot und gelb getönten bzw. abschattierten Flächen, die zusammen mit den weiß gefaßten Interkolumnien die Malerei ausmachen.

Die grau ausgemischten Farbtöne sind Malschichtpartien der Sockelquader und der Säulenschäfte vorbehalten. Der gelbe Farbklang erscheint mit geringer Rotabtönung in seiner am geringsten farbig gebrochenen Variante nur im Bereich der Sockelquader der Schildwände. Durch das gelbe Pigment bestimmt sind aber auch die Grundflächen des Architravs und der Säulenbasen und -kapitelle. Allerdings ist der Farbwert durch Weiß aufgehellt, mit Rot abgetönt und mit Schwarz gebrochen. Zur Abschattierung und Modellierung dieser Partien kommen noch eine stärker ausgemischte Variante des gebrochenen Gelbtones und dunkel ausgemischte Farbtöne aus dem Rotbereich vor.

Rot in leichter Abtönung mit Schwarz ist wieder den Sockelplatten und den Säulenschäften zugeordnet. Ein nahezu unvermischtes, ins Gelbliche spielende Hellrot schließt als Band die Sockelzone ab und bindet die Fensteröffnungen ein. Stark mit Schwarz gebrochene Rottöne bilden die dunkelsten Schattierungstöne des im Grundton gelblich erscheinenden Architravs.

Die karolingische Malerei unterliegt offensichtlich nicht strengen Maßverhältnissen. So variieren nicht nur die Quadergrößen und Säulenhöhen sondern auch die Architravhöhe erheblich. Bei den Quaderplatten der Sockelzone ergeben sich Unterschiede von 45-50 cm in der Breite und 40-60 cm in der Höhe. Sie sind in vier Grundfarbtönen ausgeführt: hellgrau,[28] dunkelgrau,[29] dunkelrot[30] und gelbrot.[31]

Es konnten Sequenzen der Regel des Farbwechsels ermittelt werden. In der oberen wie der unteren Reihe ergeben sich Folgen von dunkelgrauen, hellgrauen und buntfarbigen Quaderplatten, von rechts nach links oder umgekehrt laufend. Die Sequenz der zwei übereinander liegenden Reihen ist um einen Farbton versetzt (Abb. 40). Gelbrote Quaderplatten sind den Stirnwänden und dunkelrote Quaderplatten der Längswand zugeordnet (Abb. 38-41). Diese Grundordnungen wurden aber nicht in allen Bereichen konsequent durchgehalten, so z. B. in der Süd-Ostecke.

Durch Sprenkelung sind diese Grundfarbtöne, um eingesetzte Platten wertvoller Steinsorten zu imitieren, weiter differenziert. Auf den hellgrauen Flächen liegen hellrote und dunkelgraue Sprenkel (Abb. 26), auf den dunkelgrauen Flächen grüne (Abb. 25),[32] auf den dunkelroten Flächen hellrote (Abb.32 a) und auf den gelbroten Flächen hellgelbe Sprenkel (Abb. 29 b). Die Quaderflächen werden durch weiße Fugenstriche getrennt (Abb. 28, 29 a).

Das obere, hellrote Abschlußband, 6 bis 7 cm breit,[33] begleitet auch in gleicher Breite die Außenkante der Laibung der Fenster. Mit dem dunkelroten Farbton in einer Breite von 20 cm sind die Werksteine der Türgewände gefaßt (Abb. 32 b).

Auf der beschriebenen Sockelzone stehen die ca. 170 cm hohen Säulen, unten ca. 16 cm breit und sich nach oben auf 15 cm verjüngend, mit attischen Basen (Abb. 37) und ionisierenden Kapitellen (Abb. 27, 36) im umlaufenden Farbwechsel von dunkelroten und dunkelgrauen Schäften (Abb. 38-41). Der Schaft der dunkelgrauen Säulen ist durch ein schwarzes Band rechts

Abb. 21. Lorsch, Torhalle, Obergeschoß, Ostwand, Sockelzone der Südseite. Verworfene Skizze auf dem Deckputz (Umzeichnung). Nach Velte und Behn.

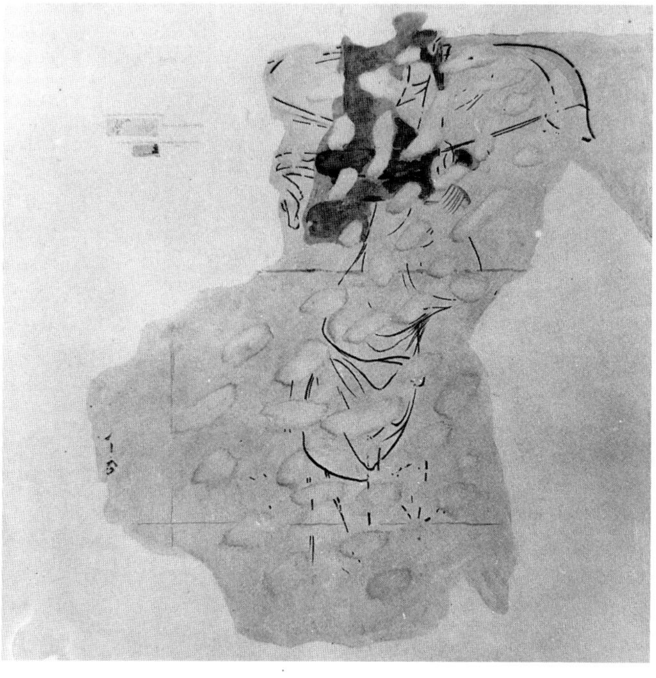

und einen schwarzen Abschlußstrich links plastisch modelliert (Abb. 30, 31).[34] Bei den dunkelroten Säulen ist ein schwarz-rötliches Band rechts zugehörig (Abb. 32 a). Ein dunkler Konturstrich links ist nicht befundet aber wie bei den dunkelgrauen Säulenschäften anzunehmen. Die grüne Sprenkelung der dunkelgrauen Säulen und die hellrote der dunkelroten Säulen, diente wie in der Sockelzone der Imitation von wertvollem Steinmaterial.[35]

Es kann als sicher angenommen werden, daß sich auf den Längsseiten jeweils sechs und auf den Stirnseiten jeweils fünf Säulen befanden (Abb. 38-41). Die Säulen an den Längswänden flankieren die Fensteröffnungen in weitem Abstand, obwohl die Maße der Abstände zu den Laibungskanten deutlich variieren. Auf Grund der nicht mittigen Lage des einzigen Säulennachweises an der Westwand sind an den Längswänden zwischen den Fenstern zwei Säulen in Doppelstellung anzunehmen. An der Ostwand ist die engere Säulenstellung durch den Befund von Resten der Malschicht des Schaftes und der Basis einer dunkelgrauen Säule links neben der Nische ebenfalls belegbar. Fünf gleichmäßig gestellte Säulen an den Giebelwänden ergeben sich durch die drei nachgewiesenen und den regelmäßigen Farbwechsel dunkelroter und dunkelgrauer Säulenschäfte zwingend (Abb. 38). Das nur ex negativo erschließbare Säulenpaar flankierte in nicht exakt zu benennendem Abstand die Türen der Aufgänge, da im angrenzenden Altbestand unter dem weißen Farbton der Interkolumnien nur vereinzelte Spritzer der Schaftsprenkelung festgestellt werden können.

Die Grundform der Basen und Kapitelle ist durch den erhaltenen hellen gelbbraunen Farbton des ersten Farbauftrages bestimmbar (Abb. 27).[36] Auf dieser Fläche liegen Reste der dunkleren rot- und gelbbraunen Farbtöne des weiteren Malschichtaufbaus und der plastischen Modellierung. Diese sind mit denen des Architravs vergleichbar. Auch hier ist die beabsichtigte Imitation eines bestimmten Steinmaterials zu vermuten.[37]

Abb. 22. Lorsch, Torhalle, Obergeschoß, Ostwand, Sockelzone der Südseite. Verworfene Skizze auf dem Deckputz, Detail (Zustand ca. 1990).

Abb. 23. Lorsch, Torhalle, Obergeschoß, Nordwand mit Architekturmalerei im Freilegungszustand (Ostecke) und Treppenaufgang in den Dachboden (vor 1934).

Die weiß-gelblich gefaßten Wandflächen zwischen den Säulen sind nicht weiter aufgeteilt.

Die 45-50 cm hohe Architravzone (Abb. 27, 33) ist, wie schon erwähnt, durch sieben waagerechte Schnurschläge vorgegliedert. Daraus ergeben sich acht, ungleich breite Streifen. Auf einem hellen gelbbraunen Grundton ist die weitere Schattierung der Streifen aufgetragen. Dazu wurden die Farbtöne Dunkelrotbraun,[38] Rotbraun, Gelbbraun[39] und Weiß für die Höhungen benutzt. Durch diese fünf Farbtöne, deren Sequenzen sich in bestimmter Folge wiederholen, entsteht die Illusion eines reich profilierten Architravs (Abb. 33, 34). Die Maße der Aufgliederung und die Farbtöne des Architraves sind an der Südwand für die oberen fünf Streifen eindeutig zu belegen. Die unteren drei Streifen können anhand der Befunde der Nordwand ergänzt werden. Die farbige Aufteilung der unteren zwei Streifen ist aber nicht vollständig rekonstruierbar.

Die ursprüngliche Oberflächenwirkung der opaken Malerei war vermutlich matt. Bei mehrschichtigem, oft pastosem Auftrag ist ein ausgeprägtes Farbrelief zu erkennen.

Skizzen

In der Sockelzone der Ostwand sind direkt auf der Oberfläche des Deckputzes in den Bereichen rechts und links des südlichen Fensters, unter der Quadermalerei liegend, figürliche Pinselzeichnungen mit einem rotbraunen Farbton ausgeführt worden (Abb. 21-22). Optisch ist keine Zwischengrundierung zur Quadermalerei feststellbar. Es handelt sich vermutlich um nebenbei

Abb. 24. Lorsch, Torhalle, Obergeschoß, Ansicht nach Norden (Zwischenzustand 1997).

Abb. 25. Lorsch, Torhalle, Obergeschoß, Ostwand, Sockelzone: Detail der dunkelgrauen Quaderung.

Abb. 26. Lorsch, Torhalle, Obergeschoß, Ostwand, Sockelzone: Detail der hellgrauen Quaderung.

Abb. 27. Lorsch, Torhalle, Obergeschoß, Nordwand, Detail der zweiten Säule von Osten.

Abb. 28. Lorsch, Torhalle, Obergeschoß, Südwand, Sockelzone: Detail mit Fugenbefund zwischen hell- und dunkelgrauer Quaderung.

Abb. 29a-b. Lorsch, Torhalle, Obergeschoß, Südwand, Sockelzone: Details mit Fugenbefund zwischen hellgrauer und gelber Quaderung (a) und Farbbefund der gelben Quaderung (b).

Abb. 30. Lorsch, Torhalle, Obergeschoß, Südwand, Detail des östlichen Säulenschafts.

Abb. 33. Lorsch, Torhalle, Obergeschoß, Nordwand, Architrav, Detail aus dem westlichen Bereich.

Abb. 31. Lorsch, Torhalle, Obergeschoß, Südwand, Detail des östlichen Säulenschafts mit Anschluß des Flächentons.

Abb. 32a. Lorsch, Torhalle, Obergeschoß, Nordwand, Detail eines roten Säulenschafts mit Sprenkelung.

Abb. 32b. Lorsch, Torhalle, Obergeschoß, Südwand, Detail des rot gerahmten Türgewändes.

Abb. 34. Lorsch, Torhalle, Obergeschoß, Südwand, Architrav, Detail aus dem östlichen Bereich.

Abb. 35. Lorsch, Torhalle, Obergeschoß, Ostwand, Detail mit Resten der figürlichen Malerei aus Phase II (vgl. Abb. 42).

Abb. 36. Lorsch, Torhalle, Obergeschoß, Nordwand, Detail: Kapitell im Freilegungszustand (vor 1934).

Abb. 37. Lorsch, Torhalle, Obergeschoß, Nordwand, Detail: Säulenbasis im Freilegungszustand (vor 1934).

Abb. 38. Lorsch, Torhalle, Obergeschoß, Nordwand, Dekorationssystem der Phase I: Bestand (farbig) und Rekonstruktion (H.M. Hangleiter).

entstandene Skizzen, da sie in keinem inhaltlichen Zusammenhang mit der ausgeführten Architekturmalerei stehen. Zudem ist die deutlicher zu erkennende figürliche Pinselzeichnung im Bereich rechts des südlichen Fensters so knapp über dem nachweislichen Bodenniveau der Erbauungszeit plaziert, daß die Beine ins Erdgeschoß reichen müßten.[40]

Aufbau und Auftrag der Malerei

Die Architekturmalerei der Wände wurde mit dem Architrav begonnen, dessen Grundgliederung man schon im Putz vorgegeben hatte. Auf einem Grundton folgte der weitere Farbauftrag in untereinanderliegenden Streifen. Dabei lassen sich, wie oben schon beschrieben, fünf verschiedene Farbtöne unterscheiden.

Nach Abschluß der Architravmalerei wurden die Säulenschäfte ausgeführt. Zuerst erfolgte der Auftrag des Grundtones einer Säule unter Berücksichtigung von Freiflächen für die Basen und Kapitelle. Unter dem stellenweise abgeplatzten hellen gelbbraunen Grundton der Basis ist im Anschlußbereich fallweise der Farbton des Säulenschafts zu sehen. Anschließend wurde der Grundton der Säule rechts durch ein dunkleres Band abschattiert. Ebenfalls mit einem dunklen Band ist die Kehle am leicht vorspringenden oberen und unteren Ende des Schaftes abgesetzt. Es trennt, leicht gerundet, den Säulenschaft vom Kapitell wie auch von der Basis.

Als nächster Arbeitsschritt wurde die Sprenkelung des Säulenschafts ausgeführt. Im Quader- und Basenbereich sind heute Spritzer, die von der Sprenkelung des Säulenschafts herrühren, zu erkennen. Nach der Fertigstellung der Säulenschäfte wurden die Interkolumnien mit dem weißem Flächenton gefüllt. Das

Abb. 39. Lorsch, Torhalle, Obergeschoß, Ostwand, Zwischenzustand (1997).

Abb. 40. Lorsch, Torhalle, Obergeschoß, Nordwand, Dekorationssystem der Phase I: Rekonstruktion mit digitaler Montage des Bestandes (H.M. Hangleiter).

läßt sich daraus schließen, daß zum Beispiel links neben der grauen Säule der Nordwand grüne Sprenkelungsspritzer unter dem weißen Wandflächenton zu erkennen sind. Schießlich wurde als Trennung zwischen Flächenton und Säulenschaft ein dunkler schmaler Konturstrich aufgetragen. Dieser überlappt sowohl den Flächenton der Säule als auch den Wandflächenton.

Die Form der Basen und Kapitelle wurde, nachdem die Wandfelder mit dem Flächenton ausgefüllt waren, mit einem Grundton vorgelegt. Alle über die Breite des Säulenschafts hinausreichenden Partien sind vom Wandflächenton unterlegt. Auf dem Grundton erfolgte dann der weitere Farbauftrag mit der plastischen Modellierung der Form in dunkleren Farbtönen.

Nach Fertigstellung der Säulenmalerei wurden die Quaderplatten im Grundton angelegt. Dies zeigen die Farbläufer des Wandflächentons die unter dem Quadergrundton liegen. Ein gesonderter Arbeitsgang war die Sprenkelung.

Anschließend wurde das hellrote Abschlußband ausgeführt. Dieses schließt die Quaderzone nach oben hin ab. Es wurde, die Quader überlappend, weitgehend auf dem Wandflächenton aufgetragen. Die Ausführung der hellroten Fensterfaschen und die Türgewändefassung erfolgte vermutlich zusammen mit dem Abschlußband. Abschließend wurden die weißen Fugenstriche auf die Stöße der Quaderplatten gesetzt.

Bestand der Malerei

Bestand an Architravmalerei der karolingischen Raumdekoration ist im östlichen Randbereich der Südwand und im östlichen und westlichen Randbereich der Nordwand vorhanden. Die Ost- und Westwand weisen keinen Bestand dieser Malschichtpartie mehr auf. Im Vergleich mit den Analyseergebnissen ist zu ver-

Abb. 41. Lorsch, Torhalle, Obergeschoß, Ostwand, Dekorationssystem der Phase I: Rekonstruktion (H.M. Hangleiter).

muten, daß die Brauntonigkeit des Architravs in den östlichen Bereichen der Wände in ihrer optischen Wirkung nicht der ursprünglichen entspricht. Von deren Brauntonigkeit abweichend, zeigt die kleine westliche Partie der Nordwand rosa bis rotbraune und hellgelb-bräunliche Farbtöne.

Im Allgemeinen ist die Abstufung der Striche und Bänder an den Streichkanten klar zu erkennen. Malerische Übergänge sind bei gutem Erhaltungszustand nicht zu vermelden. Die Striche variieren innerhalb der duch die Schnurschläge vorgegebenen Streifen in der Breite nur leicht. Die Höhe des Architravs ist durch die unklare untere Abschlußkante nicht exakt zu bestimmen. Möglicherweise wurde der Farbauftrag des Architravs mit dem Weißton der Interkolumnien nochmals beschnitten, da sich sonst kein Freiraum für den allerdings nur angenommenen Abakus der Kapitelle ergeben würde. Die mutmaßliche Differenzierung der unteren zwei, durch die Schnurschläge markierten Streifen ist nicht vollständig zu ermitteln bzw. sie ist nicht zu begrenzen, da der Befund in dieser Zone nur sehr undeutlich und stark verbräunt vorliegt.

Säulenstellungen sind an der Ostwand in den Bereichen links vom nördlichen Fenster, rechts vom nördlichen Fenster (in Doppelstellung) und rechts vom südlichen Fenster nachgewiesen. An der Nordwand sind drei Säulenstellungen vorhanden, im Westen und Osten an die Ecken angelagert und im mittleren Bereich der östlichen Hälfte. An der Südwand ergibt sich nur der Befund der zwei an die Ecken angelagerten Säulen. Die Westwand belegt nur eine Säulenstellung zwischen dem mittleren und dem nördlichen Fenster.

Zumeist ist nur der Farbton des Säulenschaftes nachweisbar und die Befunde der Sprenkelung, der Abschattierung, der Kapitelle und Basen fehlen völlig. Der linke Konturstrich, das dunkle Abschattierungsband rechts und am Fuß ergibt sich an den dunkelgrauen Säulen nur an der östlichen Säule der Südwand. Nur die östliche Säule der Nordwand belegt die dunkle senkrechte Abschattierung für die dunkelroten Schäfte und deren hellrote Sprenkelung.

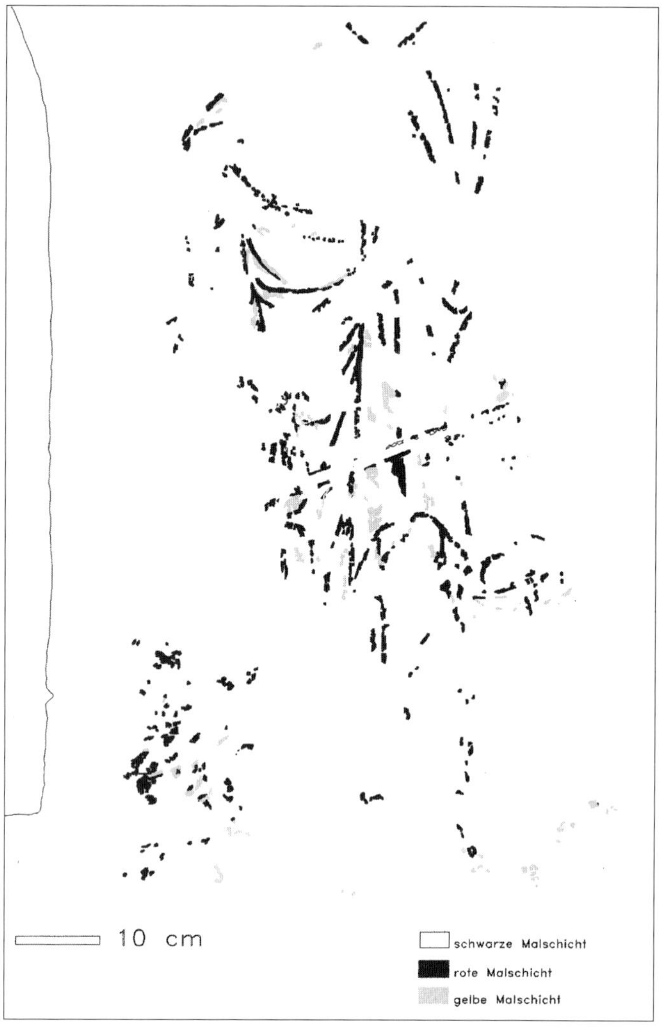

Abb. 42. Lorsch, Torhalle, Obergeschoß, Ostwand, Wandfläche zwischen Mittelnische und nördlichem Fenster. Reste einer figürlichen Malerei (Hl. Michael ?) aus Phase II (Umzeichnung H.M. Hangleiter).

Anmerkungen

1 Erich Schmidt, Baubeschreibung, in: Friedrich Behn, Die karolingische Klosterkirche von Lorsch an der Bergstraße nach den Ausgrabungen von 1927-1928 und 1932-1933, Berlin – Leipzig 1934, S. 71; s. auch die Kurzfassung: F. Behn, Die Ausgrabungen im Kloster Lorsch, in: Zeitschrift für Denkmalpflege 3, 1928/29, S. 20-35.

2 Behn, 1934 (wie Anm. 1), S. 112 ff.; Vorromanische Kirchenbauten. Katalog der Denkmäler bis zum Ausgang der Ottonen, hg. v. Zentralinstitut für Kunstgeschichte, München 1966-71 (Ndr. 1990), S. 183; Nachtragsband, München 1991, S. 252 f. (mit der älteren Lit.); Kerstin Merkel, Die Antikenrezeption der sogenannten Lorscher Torhalle, in: Kunst in Hessen und am Mittelrhein 32/33, 1992/93, S. 23-42, hier S. 26.

3 „Im Innern fanden sich über den Quadern des unteren Geschosses an beiden Seiten die Balkenlöcher der ehemaligen Decke. Wie besonders das Loch neben der Nordempore an der Westwand zeigt, sind diese Löcher zugleich mit dem Mauerwerk entstanden, also nicht etwa später eingebrochen. In einigen sind Abdrücke des Holzes im Mörtel erkennbar. Sie sind also Teile des Gründungsbaues, dagegen später zugemauert, in manchen lag noch Brandschutt und verkohltes Holz, und der barocke Putz ging über die Vermauerungen hinweg.“: Schmidt/Behn, 1934 (wie Anm. 1), S. 75.

4 Matthias Exner, Die Reste frühmittelalterlicher Wandmalerei in der Lorscher Torhalle. Bestand, Ergebnisse, Aufgaben, in: Kunst in Hessen und am Mittelrhein 32/33, 1992/93, S. 43-63, hier S. 55 f.

5 Behn, unveröff. Zeichnung (für Abb. 11 überarbeitet und ergänzt).

6 So Merkel (wie Anm. 2), S. 37.

7 Vgl. Konrad Dahl, Historisch-topographisch-statistische Beschreibung des Fürstenthums Lorsch, Darmstadt 1812, Abb. Titelbild.

8 Vgl. Rudolf Adamy, Die Fränkische Thorhalle und Klosterkirche zu Lorsch an der Bergstraße, Darmstadt 1891.

9 Hermann Velte schrieb dazu: „Einige Spuren von Wandmalereien gaben die Veranlassung zur vollständigen Freilegung. Im Obergeschoß wurde eine Malerei gefunden, die den ganzen Raum in gleichmäßige Säulenarchitektur aufteilt... Diese Malerei ist jedoch nicht die älteste, denn bei einer genaueren Untersuchung waren unmittelbar unter dieser Malschicht Spuren einer noch älteren Bemalung erkennbar.“ (Behn, 1934, wie Anm. 1, S. 82).

10 Friedrich Behn in: Starkenburg in seiner Vergangenheit 7 (Kloster Lorsch), Mainz 1936, S. 13..

11 Die in den 30er Jahren erneuerten Kalkplättchen im Bereich der Fensteröffnungen sind scharfkantig gearbeitet und glatt geschliffen. Die rotbraunen Sandsteinplatten wurden in zwei Varietäten eingesetzt.

12 S. Heinz Biehn – Marta Heise, Restaurierungen an der Ausmalung der karolingischen Torhalle in Lorsch, in: Deutsche Kunst und Denkmalpflege 29, 1971, S. 79-82.

13 Reclams Kunstführer Deutschland IV, fünfte Aufl.: Stuttgart 1978, S. 388.

14 Vgl. Behn, 1934 (Anm. 1), Plan 9 u. 10.

15 Vgl. hierzu Werner Jacobsen, Die Lorscher Torhalle. Zum Problem ihrer Datierung und Deutung, in: Jahrbuch des Zentralinstituts für Kunstgeschichte 1, 1985, S. 9-75, hier S. 23 ff.

16 Ebd., S. 25. Diese Unstimmigkeit entsteht im Konflikt mit den schmalen Sandsteinrahmen der angrenzenden Wandmusterung. Diese Rahmen schließen sowohl eng an die Kapitelle als auch, an ihrem Fußpunkt, an die halbrunden Vorlagen der Kapitelle an. Die erforderliche Aussparung für den nach oben hin breiter werdenden Kegelstumpf der Kapitelle ist somit nicht vorgegeben und mußte vermittelt werden. Man half sich im oberen Bereich dadurch, daß die Breite der anschließenden Rahmenplatte reduziert wurde bzw. abbricht.

17 Ostfassade, nördl. Freipfeiler, unterer hochkant gestellter Quader, links neben der Halbsäulenvorlage: Blendfuge an der Stirn- und Laibungsfläche vorhanden, wird von Fassungsresten überlappt.

18 In einem Fall an der Nordfassade ist zu erkennen, daß die gesamte Fläche sorgfältig mit dem Zahneisen bearbeitet war, bevor sie beim Einsetzen in einem zweiten Arbeitsgang bündig zum Bruchsteinmauerwerk abgespitzt wurde.

19 Der unterste hochkant gestellte Quader im rechten Teil des südlichen Freipfeilers der Ostfassade zeigt an der Leibungsfläche die Spuren des Zahneisens, ist aber an der Stirnfläche nur aufgespitzt.

20 Die beim Einsetzen der Kompositkapitelle sich ergebenden Schwierigkeiten durch die oben beschriebenen Vorgaben (insbesondere der Wandgliederung) wurden in unterschiedlicher Art gelöst. Die auch an der Seitenansicht vollständig durchgearbeiteten Akanthusblätter wurden zum Teil mittig abgeschlagen oder in die Wand eingreifend eingesetzt. Dann mußte der anschließende Rahmenstein gekürzt oder der Eckquader in der Negativform des Kegelstumpfes des Kapitells behauen oder aber aus dem anschließenden Stein die Negativform des überstehenden Blattes herausgearbeitet werden; vgl. Jacobsen, 1985 (wie Anm. 15), S. 24 mit Abb. 34, 35.

21 Zur Interpretation vgl. Behn, 1934 (wie Anm. 1), S. 76; Exner, 1992/93 (Anm. 4), S. 43 mit Abb. 1 a/b; Sebastian Scholz, Die Inschriften des Landkreises Bergstraße (Die Deutschen Inschriften, 38), Wiesbaden 1994, S. 4-7 Nr. 2.

22 Im Bereich der Architravmalerei an der Südwand ist keine in der Höhe entsprechende Arbeitsgrenze zu erkennen. Auf einer fotografischen Aufnahme der Südwand, die während der Instandsetzung der 30er Jahre entstand, deuten zwei waagerecht den Entlastungsbogen der Türe überschneidende Linien möglicherweise die dortige Höhe der nicht mehr erhaltenen Antragsgrenze an. Weitere Arbeitsgrenzen sind nicht zu erkennen.

23 In der südlichen Säulenzone der Ostwand sind zwei senkrechte, parallel laufende Eindrückungen von Schnurschlägen vorhanden, die die Säulenbreite angeben. Die ausgeführte Säule ist jedoch deutlich von der Ecke weg nach Norden verschoben.

24 Vgl. unten, S. 25 zu den Skizzen.

25 Vgl. zuletzt Hans Michael Hangleiter – Stefan Schopf, Optische Untersuchung der Mörtel- und Malschichten im Innenraum des ersten Obergeschosses der Torhalle in Lorsch, in: Kunst in Hessen und am Mittelrhein 32/33, 1992/93, S. 83-90.

26 Gutachten von 1990, s. Anhang S. 33 f.

27 An der östlichen Säule der Südwand sind die schwarzen Schattierungsbänder und der dunkle Konturstrich dadurch deutlich ablesbar, daß der Grundton überwiegend hellgrau erscheint. Innerhalb dieser Fläche sind auch dunkelgraue Malschichtpartien eingestreut. – Die dunkelgraue Säule der Ostwand, links des nördlichen Fensters, und die zweite Säule von Osten an der Nordwand zeigen nur einen nahezu schwarzen Flächenton. Abschattierungen zeichnen sich hier nicht mehr ab.

28 Der Farbton entsteht durch eine helle Ausmischung von Pflanzenschwarz und Calciumcarbonat; vgl. Jägers, 1990 (s. Anhang, S. 34), Nr. VIII.

29 Der Farbton entsteht durch eine dunkle Ausmischung von Pflanzenschwarz und Calciumcarbonat; vgl. ebd. Nr. II.

30 Der Farbton entsteht durch eine Ausmischung von Eisenoxidrot (Hämatit) mit Spuren von Schwarz; vgl. ebd. Nr. IV.

31 Der gelbrote Farbton besteht aus einer Ausmischung von gelben und roten Ockerpigmenten sowie Anteilen an Eisenoxidrot; vgl. ebd. Nr. IX.

32 Der Farbton besteht aus grüner Erde mit grünen und blaugrünen Farbpartikeln; vgl. ebd. Nr. VII.

33 Der optisch wirksame, hellrote Farbton des zweischichtigen Aufbaus besteht aus hellroten Ockerpigmenten mit roten bis gelbroten Eisenoxid-Partikeln; vgl. ebd. Nr. VI.

34 Der schwarze Farbton besteht aus Pflanzenschwarz; vgl. ebd. Nr. V.

35 Vgl. Exner, 1992/93 (wie Anm. 4), S. 44, Merkel (wie Anm. 2), S. 24 f.

36 Der helle gelbbraune Farbton besteht aus einer Ausmischung von gelben Ockerpigmenten mit roten Eisenoxiden, Pflanzenschwarz und Calciumcarbonat; vgl. Jägers, 1990 (s. Anhang, S. 34), Nr. X.

37 Der hellbeige bis rosafarbene Grundton legt die Imitation eines roten Sandsteins nahe.

38 Der dunkelrotbraune Farbton besteht aus einer dunklen Ausmischung von roten Eisenoxidpigmenten mit Pflanzenschwarz; vgl. Jägers, 1990 (s. Anhang, S. 34), Nr. XI.

39 Der gelbbraune Farbton besteht wie der helle gelbbraune aus einer Ausmischung von gelben Ockerpigmenten mit roten Eisenoxiden, Pflanzenschwarz und Calciumcarbonat, er ist jedoch stärker ausgemischt und damit farbkräftiger im Ton; vgl. ebd. Nr. X.

40 Vgl. hierzu Exner, 1992/93 (wie Anm. 4), S. 43 f. mit Abb. 2 a-d.

Anhang

Ehemaliges Kloster Lorsch – Malereien in der Torhalle.

Naturwissenschaftliche Untersuchungen zur Bestimmung der Pigmente

von Elisabeth Jägers

Für die naturwissenschaftliche Untersuchung zur Bestimmung der Pigmente und des maltechnischen Aufbaus der Malereien in der Torhalle sowie zur Bestimmung etwaiger Pigmentveränderungen standen insgesamt 14 Proben von der karolingischen Malerei zur Verfügung.
Die Analysen zur Identifizierung der Malmaterialien (Pigmente und Füllstoffe) wurden mit Hilfe mikroskopischer und mikrochemischer Methoden durchgeführt. Der maltechnische Aufbau zeigte sich an Anschliffen ausgewählter Proben.

Zusammenfassung der Ergebnisse

Die Proben zeigen einen weitestgehend übereinstimmenden Malschichtenaufbau: Über einer reinweißen Tünche, zusammengesetzt aus Calciumcarbonat, Calciumsulfat und feinem farblosem Quarzsand liegen die meist einlagig aufgebauten Farbschichten.

Als Pigmente wurden nachgewiesen:
Calciumcarbonat
Calciumsulfat
Gelber Ocker
Roter Ocker
Eisenoxid-Rot, Hämatit
Grüne Erde
Pflanzenschwarz mit unterschiedlichem Feinheitsgrad

Einzelergebnisse:

Probe I

Weiß	Hintergrund	Bereich E.5.4.6 – 0010

Weiße, sehr feinteilige Farbschicht mit Spuren eines Rotpigments. Sehr schwach erkennbare Oberfläche (sehr leichte Vergrauung). Calciumcarbonat, Calciumsulfat, feinteiliger farbloser Quarzsand, Spuren von Eisenoxid-Rot, Hämatit.

Probe II

Grau Dunkel	Säule, Quader	Bereich F.6.4.6 – 0010

Graue Farbschicht mit Resten von Weiß.
Ausmischung aus wenig Weiß mit feinstem Schwarzpigment eingebettet in einen farblos transparenten Bindemittelfilm.
Calciumcarbonat, Calciumsulfat und feinstes Pflanzenschwarz mit deutlicher (Holz)Faserstruktur.

Probe III

Schwarz	Säulengliederung	G.7.3.6 – 0011

Relativ dünne, fest gebundene scheinbar unvermischt aufgetragene Farbschicht über einer reinweißen Tünche, auf der Oberfläche Reste einer reinweißen, leicht transparent wirkenden Schicht.
Feines Pflanzenschwarz mit deutlicher (Holz)Faserstruktur in einem farblos transparenten Bindemittelfilm.

Probe IV

Rot Dunkel	Säule Quader	G.7.3.5 – 0013

Kompakte, rotbraune, mit Spuren von Schwarz ausgemischte Farbschicht über Resten einer weißen Schicht.
Eisenoxid-Rot, mit feinteiliger kugelig-glänzender Hämatitstruktur, versetzt mit wenig farbloser Tonerde, feinem Quarz und Spuren von Schwarz (nicht bestimmt), eingebettet in einen farblos transparenten Bindemittelfilm.

Probe V

Schwarz (rötlich)	Säulengliederung	G.7.4.6 – 0012

Die Probe ist in Aufbau und Zusammensetzung identisch mit Probe 4: Rotbraun über Weiß. Die Oberfläche der rotbraunen Schicht ist jedoch deutlich geschwärzt. Die Verschwärzung ist auf eine (irreversible) Veränderung des Rotpigments zurückzuführen.

Probe VI

Rot hell	Sprenkel Abschlußband	G.7.3.6 – 0010

Mehrlagig aufgebaute Farbschicht:
Über einer weißen Tünche liegt eine hellrosa Farbschicht mit recht grobem hellroten Pigment ausgemischt, darüber eine kompakte farbkräftige hellorangerote Schicht.
Rosa: Calciumcarbonat, Calciumsulfat, roter Ocker mit hellroten bis gelbroten Eisenoxid-Partikeln und feinen Tonerdebestandteilen, eingebettet in einen farblos transparenten Bindemittelfilm.
Rot: Hellroter Ocker mit roten bis gelbroten Eisenoxid-Partikeln, farblosen Tonerdebestandteilen und feinstem Quarz.

Probe VII

Grün	Sprenkel	D.4.6.5 – 0011

Blaßgrüne wenig farbkräftige Farbschicht über einer reinweißen Tünche (s. o.)
Grüne Erde mit grünen bis blaugrünen Farbpartikeln und farblosen Tonerdebestandteilen und feinem Quarzsand.

Probe VIII

Grau hell	Quader	D.4.6.5 – 0010

Über Putz und reinweißer Tünche (s. o.) liegt eine helle Ausmischung aus z. T. recht grobem Schwarz und Weiß, verunreinigt (?) mit Spuren von kräftig roten Pigmenten.
Pflanzenschwarz, Calciumcarbonat, Calciumsulfat und feiner Quarzsand.

Probe IX

Gelb-Rötlich	Quader	G.7.3.5 – 0012

Über dem Putz und der sehr dünnen reinweißen Tünche liegt die zweilagig aufgebaute Farbschicht: die untere Lage ist hellgelb, leicht rotstichig, die obere dünnere, halbtransparente bindemittelreichere ist rot gefärbt.
Gelb: Gelber und roter Ocker mit wenig Eisenoxid-Rot vermischt.
Rot: Gelber und roter Ocker mit deutlichem Anteil an Eisenoxid-Rot.
Es ist nicht eindeutig festzustellen, ob es sich tatsächlich um einen zweischichtigen Aufbau handelt oder um eine Bindemittel- bzw. Pigmentabsetzung.

Probe X

Rotbraun hell	Grundton, Kapitell, Basis, Architrav	G.7.3.8 – 0012

Über dem Putz und der sehr dünnen reinweißen Tünche liegt eine hellgelbe, mit leuchtend roten und schwarzen Pigmenten ausgemischte Farbschicht, darüber eine weiße Schicht mit wenig Schwarz. Die Farbschichten wirken bindemittelreich, halbtransparent.
Gelb: Gelber Ocker, ausgemischt mit Calciumcarbonat und Calciumsulfat, feinteiligen leuchtend roten Eisenoxid-Rot Pigmenten (Hämatit) und Pflanzenschwarz.
Weiß: Calciumcarbonat, Calciumsulfat, wenig Pflanzenschwarz.

Probe XI

Rotbraun	Architravschattierung	G.7.3.7 – 0010

Die Probe stimmt in Aufbau und Zusammensetzung mit der Probe X genau überein. Die gelbe Schicht ist jedoch kräftiger im Farbton, stärker ausgemischt.

Probe XII

Schwarz-Braun	Architravschattierung	G.7.3.7 – 0011

Die Probe zeigt einen vielschichtigen Aufbau: Über Putz und weißer Tünche liegt eine hellgelbe Schicht (vgl. Probe X), darüber eine rotbraune Farbschicht (vergleichbar mit Probe IV), eine sehr dünne schwarze Schicht (eher eine Pigmentanreicherung?) und schließlich eine weiße Schicht.
Gelb: Gelber Ocker, ausgemischt mit Calciumcarbonat und Calciumsulfat, feinteiligem leuchtend roten Eisenoxid-Rot (Hämatit) und Pflanzenschwarz.
Rotbraun: Ausmischung aus Calciumcarbonat, Calciumsulfat, kräftig rotem Eisenoxid-Rot (Hämatit) und in deutlichen Mengen Pflanzenschwarz.
Schwarz: Pflanzenschwarz.
Weiß: Calciumcarbonat und Calciumsulfat.

Probe XIII

Weißhöhung		G.7.3.8 – 0011

Über Putz und weißer Tünche liegt eine hellgelbe Schicht (vgl. Probe X ff.), darüber, über einer sehr dünnen farblos transparenten Bindemittelschicht (?), eine reinweiße Farbschicht. An der Oberfläche ist eine grau wirkende transparente Schicht mit Spuren von Rot und Schwarz zu erkennen, Bindemittelabsetzung aus der weißen Schicht?
Gelb: Vgl. Probe X.
Weiß: Calciumcarbonat, wenig Calciumsulfat.
Grau: Wohl keine eigene Schicht, Bindemittelanreicherung, leicht verschmutzt.

Gian-Pietro Brogiolo

La sequenza altomedievale della cripta di San Salvatore in Brescia

Premessa

Gaetano Panazza, scavando l'interno della basilica nel 1958-60, mise in luce una chiesa più piccola di quella conservata in alzato, fino ad allora unanimamente ritenuta fondazione del duca longobardo Desiderio avvenuta intorno alla metà dell'VIII secolo. Lo studioso, pur tra dubbi e ripensamenti, mise in crisi questo generale convincimento, attribuendo l'edificio più antico a Desiderio e spostando la datazione dell'altro agli inizi del IX secolo.[1] Punto di forza della sua ipotesi era l'attribuzione alla prima chiesa della cripta, che, dopo la demolizione del primo edificio, sarebbe stata inserita nella successiva basilica. Tali conclusioni coinvolgevano anche l'apparato decorativo: la più antica dipintura a fresco della cripta veniva collegata alla prima chiesa, mentre una fase succesiva era ritenuta contemporanea al ciclo di affreschi della basilica reputata carolingia.

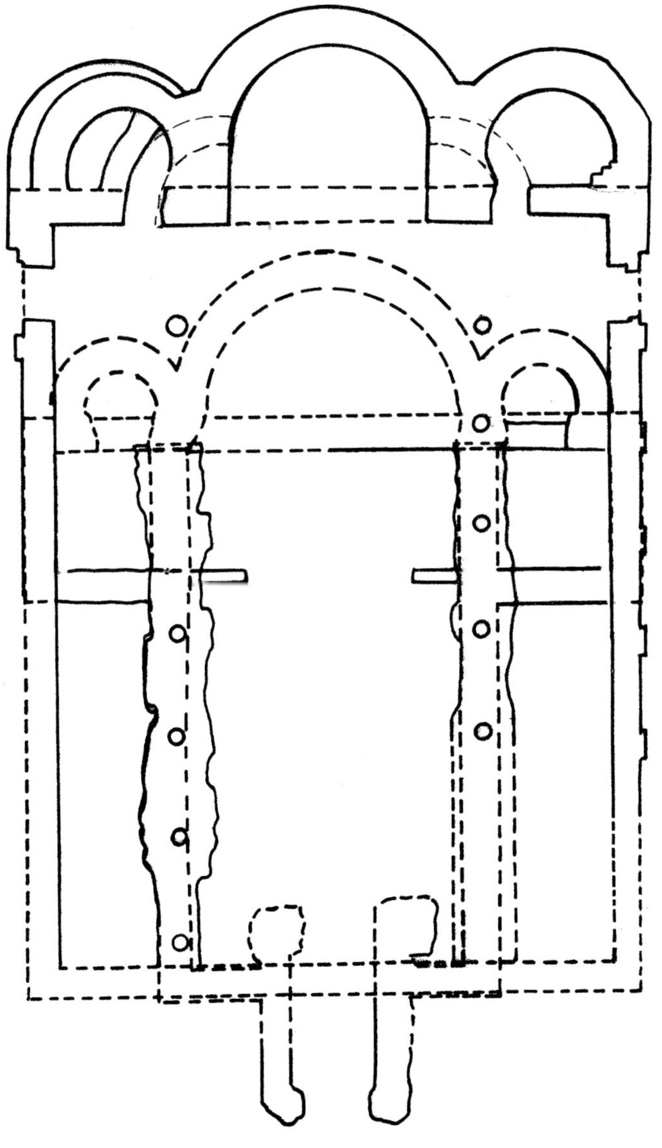

Abb. 43. Brescia, San Salvatore, Grundriß mit Rekonstruktion von Bau I / fasi altomedievali della chiesa (G.P. Brogiolo).

Da parte mia, analizzando i soli rapporti stratigrafici orizzontali tra le murature, ero giunto a conculusioni assai diverse:
- la chiesa più antica (che d'ora in avanti definirò come S. Salvatore I) aveva una semplice pianta a T con tre absidi,[2]
- la seconda chiesa venne progettata con una sola abside; la cripta e le absidi laterali della chiesa attuale furono aggiunte in un secondo momento.[3]

In base a questa sequenza, proponevo, sulla scorta anche dei risultati degli scavi da me condotti negli anni '80 nei chiostri del monastero, per la prima chiesa una datazione alla fine VII; attribuivo la seconda alla fondazione desideriana; ipotizzavo altresì che la cripta fosse stata realizzata al momento della traslazione nel monastero del corpo di S. Giulia (ante 766).

Questa revisione portava conseguenze non solo per le vicende architettoniche del monumento, ma anche del suo apparato decorativo.

In primo luogo, la fase più antica degli affreschi della cripta non poteva appartenere alla prima chiesa, e dunque l'intero ciclo di decorazioni della basilica andava distribuito a partire da una fase non anteriore al 760. Ed inoltre, se la seconda fase degli affreschi della cripta fosse stata, come proposto sia da Panazza che da Peroni, contemporanea a quella della navata, nella prima fase solo la cripta sarebbe stata decorata, mentre la chiesa sarebbe stata rivestita da intonaco bianco.

Analisi stratigrafica della cripta

La cripta altomedievale è composta da un vano semicircolare provvisto di una copertura piana. Subì radicali modifiche nel XII secolo, quando venne ampliata ad oratorio e fu creato un collegamento diretto, che si affiancò ai due cunicoli laterali che costituivano il precedente sistema di accesso.

Dai risultati preliminari dello studio in corso[4] risulterebbe che:
- le strutture della cripta, compreso il sistema di copertura, sono anteriori alla prima fase di decorazioni, che rivestì, oltre al giro absidale, anche gli archi;
- la cripta ha più fasi di affreschi, non meno di tre;
- della seconda fase rimangono solo alcuni limitati lacerti, probabilmente perché rivestirono solo gli archi Ovest;
- gli stucchi, che Peroni giudica del XII secolo, sono tutti in realtà più antichi dell'ampliamento;
- quelli *in situ* presentano inoltre due distinte fasi, la più antica delle quali riguarda i soli archi centrali e orientali;
- solo più tardi anche gli archetti occidentali vennero decorati con ghiere in stucco.

Prima di discutere in dettaglio i rapporti stratigrafici e le interpretazioni che mi inducono a queste conclusioni, è indispensabile fare alcuni cenni sulle strutture.

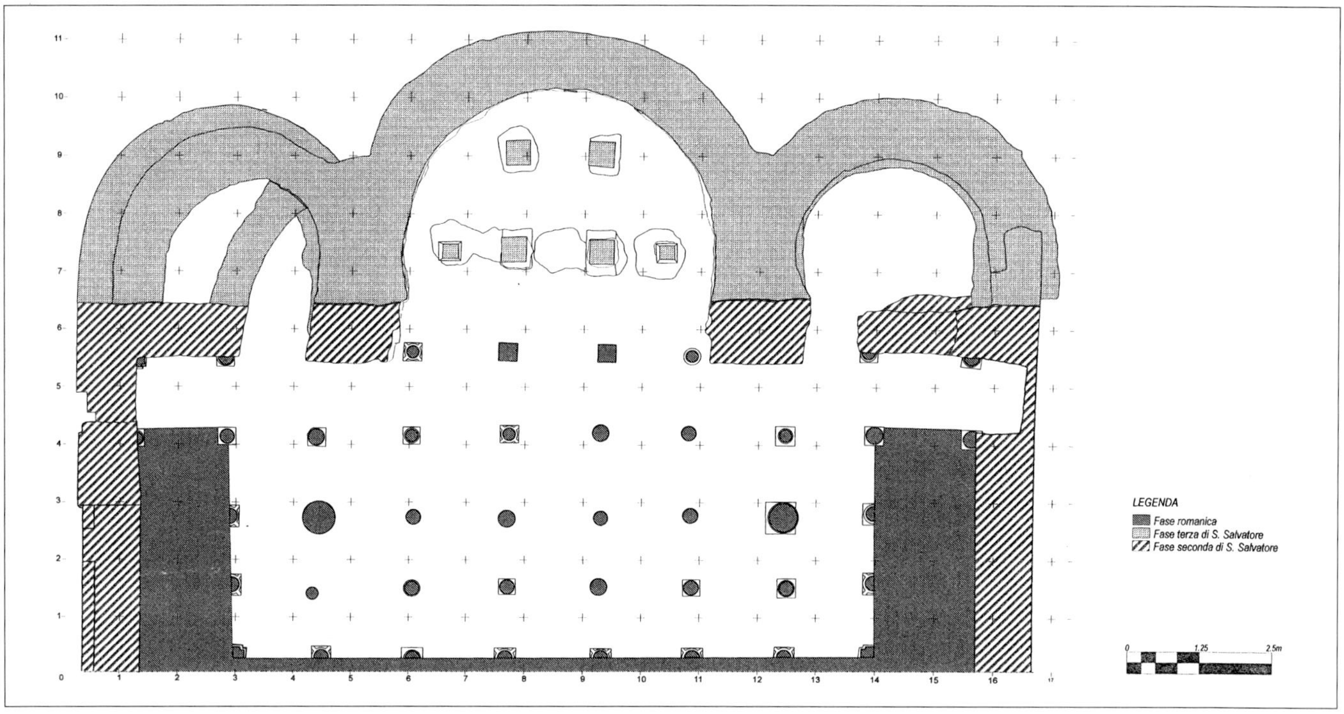

Abb. 44. Brescia, San Salvatore, Krypta, Grundriß mit Bauphasenscheidung / pianta della cripta (Zeichnung: A. Maifreni, D. Baldini).

Le strutture

La seconda chiesa di San Salvatore venne estesa verso oriente di sette o otto metri in un terreno che declinava in quella direzione; la cripta venne perciò a trovarsi solo in parte interrata e poté ricevere luce dall'esterno mediante tre finestrelle. La posteriorità della costruzione di questa e delle absidi laterali e la necessità di realizzare un collegamento con la navata richiesero alcuni accorgimenti[5] producendo un andamento planimetrico peculiare, con attacchi a V all'esterno tra le absidi, che si modificano a poco più di un metro da terra.[6]

Nella costruzione vennero utilizzate, con una tecnica costruttiva diversa rispetto a quella della navata, pietre di cava locale spaccate in blocchi irregolarmente rettangolari, disposti in corsi suborizzontali, più regolari in corrispondenza delle aperture: due porte-finestre[7] e tre finestrelle.[8]

Degno di nota, per il nostro discorso, è il sistema di copertura che associa due serie di tre archi in muratura, di esecuzione assai più grossolana rispetto a quelli della navata, a due pilastri marmorei con eleganti capitelli fogliati, che insieme sorreggono due travi di marmo. Il Panazza, sottolineando la disomogeneità del sistema, ritenne fossero il frutto di una radicale trasformazione della copertura originaria, che denoterebbe i caratteri di un'opera imprevista e stilisticamente impacciata. In particolare egli fondava questa asserzione sulla presenza di basi che non coincidono con quelle dei sostegni attuali.[9] In realtà si può osservare che, mentre il pilastro marmoreo Nord si imposta su una di queste basi, quello Sud è separato dalla preesistente base da uno strato di terra. Questo significa che, nel momento in cui venne eretto, la base non era visibile e se ne ignorava l'esistenza. E' perciò impossibile dire quale delle due evidenze, tra loro contrarie, sia corrispondente alla realtà. E pertanto non è chiaro se vi sia stata o meno una risistemazione della copertura, come aveva ipotizzato Gaetano Panazza. Del resto l'apparato attuale, sebbene complicato e poco elegante, appare coerente con la struttura muraria.

Nella parte centrale del catino absidale, tra le due porte-finestre, a partire da q.2,32 dal livello di fondazione venne infatti lasciata una risega (larga 15 cm per un'altezza di m 0,90) quale piano d'imposta degli archi Est-Ovest, realizzati in mattoni romani frammentati. Al centro della cripta, gli archi appoggiano ora su pilastri moderni (XVII sec.?) in muratura, ma è plausibile che in origine fossero sorretti da colonnette o pilastrini in pietra, simili ai due che ancora li affiancano. A occidente dovevano poi saldarsi alla muratura della cripta, ma, tagliati in età romanica, vennero per due terzi rifatti e collegati a tre nuovi archi nord-sud.

E' infine da rilevare come nella terminazione alta orizzontale sporgano lievemente dei mattoni con il lato lungo tagliato obliquamente, a formare una sorta di cornice che, unitamente a due travi marmoree orizzontali,[10] contribuiva a sorreggere l'assito pavimentale.[11]

Potrebbe rafforzare l'ipotesi che il sistema di copertura attuale sia quello originario, il fatto che, ad oriente, gli archi facciano tutt'uno con il paramento in laterizi che si appoggia sulla risega della muratura. Né pare che la risega potesse sorreggere una copertura piana, perché questa si sarebbe trovata ad una quota incompatibile con gli accessi ai cunicoli. Ma per risolvere il problema, occorrono ulteriori indagini, non escluso uno scavo che chiarisca se esistano altre strutture collegabili a queste basi.

La sequenza degli affreschi

Fase 1

Gli affreschi della fase più antica interessarono sia il catino absidale che gli archi; vennero stesi su una preparazione di malta grigio-chiara sulla quale si notano tracce di colature gialle e rosse.

Il *catino absidale* era interamente decorato, tranne forse in corrispondenza delle porte-finestre alle quali doveva appoggiarsi (lo si deduce dal risvolto della malta) una scala per scendere nella cripta. Tra le due porte-finestre, al livello inferiore si notano ancora cinque riquadri suddivisi in campi rettangolari con finte crustae marmoree. Un sesto, ma con colori e motivi diversi (perché posteriore o perché appartenente ad un distinto settore della cripta: *infra*) è al limite Sud, in prossimità della chiusura occidentale. Di un settimo, in posizione giustapposta, non rimangono che un paio di frammenti. Al di sopra, incorniciato da bande e riquadri ora non più ricostruibili,[12] era invece raffigurato un giardino fiorito con sfondo giallo e fiori rossi con steli marrone, sul quale probabilmente si stagliavano figure di santi (sopravvive forse un unico frammento).[13]

Su *quattro archi* (i due centrali e quelli ad Est), le ghiere in stucco sono applicate direttamente sulla muratura. I sott'archi vennero dunque dipinti dopo la realizzazione degli stucchi, evidenza che si coglie anche nel sott'arco centrale Nord, dove si conserva l'affresco con toni giallo rosa.

Allo stato della ricerca e in attesa di eseguire specifiche analisi, non possiamo essere certi che questi frammenti di affresco, piuttosto sbiaditi, siano contemporanei di quelli del catino absidale e di conseguenza non possiamo dire se gli stucchi di questi quattro archi siano stati realizzati nella prima fase di decorazione. L'ipotesi mi pare sostenibile, pur non essendovi al di sotto alcuna traccia di affresco.

I rimanenti *due archi occidentali* vennero invece interamente dipinti fin dalla fase più antica, in quanto non si prevedeva una decorazione in stucco. Nell'arco di Nord-Ovest, si conserva un minuscolo frammento con fasce che si addossa, nella faccia Nord, alla trave marmorea e un lacerto più consistente sul lato opposto, dove si coglie una campitura gialla delimitata in alto da una duplice fascia (Abb. 45: Nr. 44).

Nell'arco di Sud-Ovest rimangono ancora tre frammenti: uno con fascia scura e sottostante girale sulla faccia Nord, in appoggio alla trave marmorea; un secondo di maggiori dimensioni, sulla faccia opposta, con fascia bruna e sottostante girale del medesimo colore con fiore rosso su sfondo grigio in alto e giallo in basso; un terzo, nel sott'arco, con steli zigzaganti su fondo giallo e rosso mattone che risvoltava sulla faccia Sud dell'arco collegandosi ad una fascia viola mattone. Questi affreschi sono confrontabili con quelli del catino absidale per il medesimo motivo del giardino fiorito, per i medesimi toni di colore, per il particolare degli steli a zig zag che ritroviamo anche in uno dei riquadri a finte crustae.

Fase 2

Una seconda fase di affreschi, stratigraficamente posteriore è ben documentata negli archi occidentali.

Nell'arco di Nord-Ovest, sulla faccia Nord, al di sotto di una fascia grigio scura si vedono un campo giallo ed uno grigio sul quale si delinea un panneggio. In quella Sud (Abb. 45), sopravvive solo un frammento (Nr. 43) di fascia grigio scura con sottostante campo giallo. Nel sott'arco si nota un motivo più complesso (Nr. 42) con fasce grigio scure delimitanti un campo bruno violaceo con motivo a cerchi parzialmente sovrapposti.

Nel sottarco di Sud-Ovest, troviamo un identico motivo, con fasce laterali scure che risvoltano sull'arco con una fascia bianca cui segue un'altra fascia scura.

Fase 3

Nell'arco di Nord-Ovest, sull'affresco di fase 2 viene applicata una ghiera in stucco che per il diverso andamento delle foglie e per l'inserimento di perline in vetro si distingue dalle ghiere più antiche.

Anche sull'affresco dell'arco di Sud-Ovest vennero fissate le ghiere in stucco come conferma un intonaco con affresco rosso mattone, che ne reca l'impronta.

Conclusioni

La cripta costituisce uno dei punti nodali per il problema degli affreschi e degli stucchi dell'intera chiesa di S. Salvatore. Sia Panazza,[14] sia Peroni,[15] sia la Anderson[16] ritenevano che gli affreschi della navata del S. Salvatore II fossero simili a quelli della seconda fase della cripta. Per i primi due studiosi quelli più antichi avrebbero avuto analogie con quelli rinvenuti sul pavimento in cocciopesto pertinente alla chiesa più antica. Venuta meno la possibilità che la cripta sia mai stata in uso con tale chiesa, è ora evidente che tutte le decorazioni della cripta siano coeve del S. Salvatore II.

I risultati preliminari dell'analisi stratigrafica in corso offrono peraltro nuove informazioni e pongono soprattutto nuovi problemi. Quattro sono i punti che mi pare valga la pena di sottolineare:

1. Non si sono conservate decorazioni anteriori alla sistemazione attuale della copertura, né vi sono motivi, allo stato, per ipotizzare una precedente diversa sistemazione.
2. Il ciclo pittorico più antico della cripta comprende la decorazione dell'intera a superficie muraria disponibile e forse (ma manca al momento la prova della contemporaneità degli affreschi nei sottarchi centrali con quelli del catino absidale) le ghiere in stucco di quattro archi.
   L'esclusione dalla decorazione in stucco dei due archi a Ovest determina una distinzione in due settori: quello a Est delle porte finestre, destinato all'accesso dei visitatori, e quello a Ovest, dove erano presumibilmente custodite le reliquie.
   Conferma di questa articolazione interna ci può venire anche dai pilastri marmorei allineati agli altri pilastri occidentali che, più che per una funzione di sostegno, sembrano compatibili con una struttura divisoria. Già il Panazza, aveva fatto notare la presenza su di essi di incisioni regolari che presuppongono l'aggancio con una struttura a parete (una grata?).[17] Né è forse privo di significato il fatto che l'ultimo riquadro verso Sud (che si trova nel settore occidentale della cripta) presenti colori diversi rispetto a quelli più vivaci degli altri cinque superstiti (tutti nel settore orientale).
3. Un confronto per gli affreschi della prima fase può essere proposto con quelli della cripta della chiesa, dedicata anch'essa a San Salvatore, che la regina Ansa fece costruire a Sirmione, unitamente all'omonimo monastero, in un periodo compreso tra il 760 e il 772.[18] Nella cripta sirmionese sopravvivono alcuni frammenti di un ciclo di affreschi che presenta analogie con quello bresciano: nel tema (il giardino fiorito che fa da sfondo a immagini di santi), nei toni di colore (predominano le campiture gialle, rosse, rossobrune), nel particolare delle rose rosse. Certo la suggestione è forte nel proporre un collegamento tra i due cicli, oltre che per le somiglianze, anche per la medesima committenza. L'arco cronologico, già di per sé ristretto, dell'impresa sirmionese, potrebbe essere ulteriormen-

te ridotto per la cripta di Brescia ad un periodo compreso tra 759 e 766, se si interpretasse il noto passo del documento del 766 che indica l'avvenuta sistemazione delle reliquie,[19] come termine *ante quem* non solo per il completamento della cripta, ma anche per l'esecuzione del primo ciclo decorativo. Ma anche questa ipotesi è ben lontana dall'esser provata.

4. La problematicità delle mie osservazioni non ha sfiorato la questione nodale del rapporto tra il primo ciclo di decorazioni della cripta e quello delle navate, dove, come è ben noto, stucchi e affreschi sono realizzati contemporaneamente.[20]

Osservo solo che la seconda fase di affreschi della cripta, che alcuni studiosi hanno confrontato con quelli della navata, è nettamente inferiore per qualità e appare limitata (almeno per quanto si è conservato) agli archi occidentali. Mentre la terza fase, che comprende le ghiere in stucco delle arcate occidentali, è sintomo di una riorganizzazione degli spazi e della probabile fine della divisione della cripta in due settori. I nuovi stucchi non hanno alcun confronto, come ha rilevato Peroni,[21] con quelli delle navate e rappresentano dunque un intervento circoscritto, avvenuto in un arco di tempo compreso tra il IX e il XII secolo, quando, all'atto dell'ampliamento romanico, gli archi Ovest vengono tagliati e poi ricostruiti collegandoli a quelli della nuova cripta.[22]

Se vi è una fase di affreschi della cripta contemporanea a quelli delle navate, questa non può che essere la più antica, la sola confrontabile non solo per qualità, ma anche per alcuni particolari esecutivi, come nel trattamento delle finte crustae marmoree che ritroviamo in un riquadro alla base della parete nord della basilica. Se questa ipotesi è corretta, il problema degli affreschi del San Salvatore torna a proporsi in modo unitario e richiede uno studio analitico dell'intero apparato decorativo (affreschi, stucchi, elementi in pietra), non dimenticando le iscrizioni, in primo luogo quella letta come REGNANTEM DESIDERIVM THIRO HLU (dovicvs), che ha suggerito una datazione degli affreschi all'età di Ludovico il Pio o addirittura di Ludovico II.[23]

Anmerkungen / Note

1 PANAZZA 1962.

2 Esiste infatti ancora una parte dell'abside sud di questa primitiva chiesa, tagliata dalle costruzioni successive (Abb. 1).

3 Absidi e cripta vennero costruite *contemporaneamente* (le murature delle absidi laterali sono ben connesse con la muratura della cripta, quantunque all'esterno modifichino l'angolo di raccordo) e *in addosso al perimetrale ovest* del S. Salvatore II. L'inserimento a posteriori era stato generalmente accettato nel seminario del 1981 (SEMINARIO 1983), ma rispetto al San Salvatore I. L'evidenza stratigrafica di posteriorità rispetto alla seconda chiesa è osservabile in tre punti nodali. Nella cripta, dove del perimetrale est del S. Salvatore II venne lasciata la sola fondazione per un'altezza di circa un metro. Contro questa, ma a partire da una quota inferiore, venne addossata la muratura della cripta che si impostò poi anche sulla rasatura del perimetrale. Non vi è invece alcuna traccia dell'abside della fase precedente. Nell'absidiola meridionale, la muratura sormonta la fondazione del perimetrale ovest e un arco in laterizio (coevo alla costruzione dell'abside e in rottura nell'innesto con il perimetrale) lega le due strutture. Analoga soluzione venne adottata nell'absidiola settentrionale.

4 Quando lo scorso anno accettai l'invito al convegno, non pensavo di aver nulla di nuovo da presentare rispetto a quanto già pubblicato in precedenza (BROGIOLO 1989a) e proposi pertanto una sintesi sui dati archeologici e architettonici emersi da un quindicennio di ricerche (1980-1995). Nel giugno 1996, nell'ambito della pubblicazione degli scavi, ho ripreso lo studio del S. Salvatore con un progetto che prevede l'analisi delle stratificazioni in alzato.

5 Per i quali vedi PANAZZA 1983 e BROGIOLO 1989a.

6 Utilizzato anche in un'altra costruzione degli anni '60 dell'VIII secolo, il San Salvatore di Sirmione, fatto costruire anch'esso dalla regina Ansa: BROGIOLO 1989b; *infra,* nelle conclusioni.

7 Le due porte finestre, interamente originarie, danno accesso a due cunicoli che permettevano di salire nella navata della chiesa. Il cunicolo nord, ben conservato, è stato costruito in appoggio ai muri dell'abside settentrionale e della cripta. E' rivestito da un intonaco fino alla quota della soglia della porta finestra con la quale era collegato. Non fu abbandonato al momento dell'ampliamento romanico, come dimostra il fatto che l'intonaco fu completato fino al livello del nuovo pavimento. Rimane aperta la questione: perché in età romanica sfondarono il perimetrale E del San Salvatore II, rendendo insicura la costruzione, quando già era stato aperto l'accesso diretto alla cripta altomedievale?
Anche il cunicolo sud, conservato solo nel profilo settentrionale, si appoggia alle murature dell'abside e della cripta ed è rivestito da intonaco, molto più grossolano rispetto a quello del corrispettivo nord.

8 Nessuna delle tre finestrelle attuali è conservata integralmente. Di quella settentrionale, rimangono sulla spalla strombata due frammenti di intonaco, presumibilmente di età romanica e nulla di più antico. Di quella centrale sopravvive parte della spalla interna sud, mentre la restante è stata rifatta sempre in età romanica. Della terza si conservano consistenti parti originarie: la spalla interna nord e l'intera strombatura esterna.

9 PANAZZA 1962 e 1983. Ipotesi che avevo anch'io accettato (BROGIOLO 1989a).

10 La trave ovest è sostenuta, oltre che dai pilastri e dalla muratura absidale, anche da pilastrini in marmo con capitelli cubici a foglie grasse e una sorta di pulvino.

11 Lo dimostra la terminazione orizzontale dell'intonaco affrescato, osservabile in più punti della muratura.

12 Il Panazza, nella ricostruzione pubblicata nel 1962, proponeva un'articolazione, anche al livello superiore, in tre riquadri, mentre ora la sola finestrella centrale appare incorniciata da bande colorate.

13 Sono invece posteriori i frammenti con figure di santi: PANAZZA 1962, fig. 26.

14 Vi è contraddizione tra PANAZZA 1962, pp. 36-37 e PANAZZA 1983 nell'attribuire gli affreschi della cripta a due fasi distinte. Per PANAZZA 1962 p. 38, i frammenti di decorazione pittorica che «si collegano assai bene con i frammenti ricuperati sopra il pavimento della prima chiesa», e che sono «di particolare importanza per determinare pertanto che la prima chiesa (...) aveva nell'abside mediana la cripta», corrispondono ai seguenti frammenti: (1) a W della porta finestra Sud, tracce di vario colore (rosso, lievemente azzurrognolo, bianco ecc.) con iscrizione... VIC... (fig. 26); (2) nell sottarco SW, dec. a superficie ruvida: fondo giallo oro a grandi girali rossi bordati di bruno, con viticci e nastri (fig. 27); (3) nel sottarco SE, decorazione a superficie ruvida: gialla a righe rosse e dischetti bianchi; (4) nel pennacchio verso Sud del pilastro SW: decorazione a superficie ruvida con motivi «molto sciolti liberi, con colori di tonalità chiara, quasi acquea»; fondo bianco, girale verde azzuro con viticci, foglioline, nastri; il pennacchio termina verso l'alto con bordo orizzontale verde azzuro (fig. 29); (5) nel pennacchio verso sud del pilastro NW: fasce orizzontali ed elementi vegetali nel campo interno (fig. 30).
Per PANAZZA 1983, pp. 60-61, gli affreschi collegabili a quelli della seconda chiesa, comprenderebbero invece: a) incrostazioni marmoree nella parte inferiore; b) prato fiorito in quella mediana; c) teste aureolate in alto. Mentre negli archetti: sull' «affresco a fiori e a girali in toni chiari e di fattura larga», che ha «elementi di somiglianza» con i frammenti trovati sul pavimento di San Salvatore I, si

Abb. 45. Brescia, San Salvatore, Krypta, Schichtenabfolge im Bereich der nordwestlichen Arkade: Reste der Fassungen aus Phase I (Nr. 44), Phase II (Nr. 42) und der jüngeren Stuckausstattung / sequenza degli affreschi nel sottarco di nord-ovest.

sostituirebbe poi l'affresco (che si appoggia anche alle travature marmoree) dalle tonalità scure con prevalenza di verdi e di azzurri, simili a quelli del San Salvatore II e «ai resti dipinti sulla parete della cripta».

Per PANAZZA 1983 solo il frammento di «affresco a fiori e a girali in toni chiari e di fattura larga», sarebbe dunque pertinente alla fase più antica. Ma anche questo, come si è visto, ha motivi simili a quelli degli elementi decorativi nei riquadri della cripta.

15 PERONI 1983, p. 33.

16 ANDERSON 1976, pp. 64-65.

17 PANAZZA 1983, p. 61.

18 In BROGIOLO 1989b sono giunto alla conclusione che le parti più antiche di quell'edificio, compresa la cripta, sono assegnabili alla costruzione di Ansa.

19 Diploma di Adelchi del 766, mar. 3 (CDL, III, 38: *in ipso sancto cenobio humata quiescunt*). Evidenza che suggerisce «that monastic church had a confessio by 766 to which such relics as those of saint Juia and others eight have been entrusted» (ANDERSON 1976, 36, nota 44). Secondo un documento tradotto e pubblicato dalla BAITELLI (1657, p. 104) la chiesa sarebbe stata consacrata nel 763, al 29 di ottobre, quando «furono riposte con solennità le arche (di S. Giulia e dei martiri romani) sotto terra e negli altari».

20 Per PERONI 1962, p. 278, la decorazione «risponde con tale aderenza sistematica al supporto architettonico da far escludere l'identificazione con un adattamento a grande distanza nel tempo. Se ciò fosse si creerebbe nella «stratigrafia» complessa e ininterrotta del monumento un'incomprensibile lacuna». Analogamente in PERONI 1983 e 1996.

21 Gli stucchi delle arcate Ovest sono diversi (PERONI 1962, motivo b) rispetto a quelli delle arcatelle Est (motivo a) stesi direttamente sulla muratura.

22 Peroni attribuiva alla decorazione della cripta il frammento di ghiera (con motivo c), «rinvenuto in testa alla navata settentrionale della Basilica, appena sotto il pavimento, vicino alla cripta» (PERONI 1962, p. 233); frammento che, richiamando confronti con Münster-Müstair e Civate al Monte, è stato datato al XII secolo, trascinando con sé l'intero ciclo degli stucchi della cripta (ibidem).

23 Ipotesi sostenute rispettivamente da PANAZZA 1962 e BERTELLI 1992. Ulteriori precisazioni in BROGIOLO in stampa.

Verzeichnis der abgekürzt zitierten Literatur / Bibliografia:

A. BAITELLI, *Annali Historici dell'Edificazione et Dotazione del serenissimo Monastero di S. Salvatore et S. Giulia di Brescia,* Brescia 1657; rist. anastatica in un volume dal titolo *Annali di s. Giuilia,* Brescia, s. d.

Gaetano PANAZZA, *Gli scavi, l'architettura e gli affreschi della chiesa di San Salvatore in Brescia,* in: Atti dell'ottavo congresso di studi sull'arte dell'Altomedioevo, Milano 1962, II, pp. 5-205.

Adriano PERONI, *La ricomposizione degli stucchi preromanici di S. Salvatore a Brescia,* in: Atti dell'ottavo congresso di studi sull'arte dell'alto Medioevo, Milano 1962, II, pp. 229-315.

Barbara ANDERSON, *The frescoes of San Salvatore at Brescia,* Ph. D., University of California, Berkeley, 1976 (Ann Arbor 1977).

Seminario Internazionale sulla decorazione pittorica del San Salvatore di Brescia (Brescia 1981), Atti, Pavia 1983.

Gaetano PANAZZA, *Problemi della cripta,* in: *Seminario Internazionale sulla decorazione pittorica del San Salvatore di Brescia* (Brescia 1981), Atti, Pavia 1983, pp. 55-64.

Adriano PERONI, *Problemi della decorazione pittorica del S. Salvatore di Brescia,* in: *Seminario Internazionale sulla decorazione pittorica del San Salvatore di Brescia* (Brescia 1981), Atti, Pavia 1983, pp. 17-46.

Gian Pietro BROGIOLO, *Civitas, chiese e monasteri,* in: G.P. BROGIOLO, S. LUSUARDI SIENA, P. SESINO, *Ricerche su Sirmione longobarda* (Ricerche di archeologica altomedievale e medievale 16), Firenze 1989 (= Brogiolo 1989).

Gian Pietro BROGIOLO, *Analisi stratigrafica del S. Salvatore di Brescia. Nota preliminare,* in: Dai civici musei d'arte e di storia di Brescia Studi e Notizie, 3, 1987 (stampato 1989), pp. 25-40 (= Brogiolo 1989a).

Carlo BERTELLI, *La pittura a S. Salvatore nel contesto carolingio,*in: S. Giulia di Brescia *Archeologia, arte e storia di un monastero regio dai Longobardi al Barbarossa* (Convegno Brescia 4-5 maggio 1990), Atti, Brescia 1992, pp. 217-230.

Adriano PERONI, *Riflessioni sul rapporto tra architettura e stucchi nella basilica eufrasiana di Parenzo e nel San Salvatore di Brescia,* in: Scritti in onore di Gaetano Panazza, Brescia 1996, pp. 101-115.

Gian Pietro BROGIOLO, *La nuova architettonica e il problema degli affreschi del San Salvatore di Brescia,* in volume in onore di A.M. Romanini (in stampa).

Saverio Lomartire

Riflessioni sulla decorazione del San Salvatore di Brescia alla luce delle nuove indagini archeologiche

La ricerca più che trentennale sul complesso di S. Salvatore e S. Giulia di Brescia ha visto una notevole concentrazione di contributi scientifici, a iniziare già dall'avvio, alla metà degli anni Cinquanta, delle campagne di scavo e di recupero delle testimonianze altomedievali, e soprattutto negli anni Sessanta e Settanta[1]. Un simile poderoso apparato di studi può essere paragonato, per l'Alto Medioevo italiano, solo a quello relativo a Castelseprio, anche se bisogna ammettere che la discussione critica sul monumento bresciano ha certamente avuto uno svolgimento un poco meno articolato e agitato.

Nello scorso decennio gli studi su S. Salvatore, e in misura speciale quelli sul complesso di stucchi e pitture murali, hanno raggiunto una specie di «stato di equilibrio», a seguito dell'importante «Seminario internazionale» promosso dall'Università di Pavia e tenutosi a Brescia nel 1981,[2] un incontro che voleva riassumere l'insieme delle ricerche e delle riflessioni accumulatesi dopo la fondamentale monografia di Gaetano Panazza e di Adriano Peroni uscita nel 1962[3] e, al tempo, indicare alcune direttrici di ricerca.

Il merito maggiore del Seminario del 1981 fu certamente quello di vagliare i risultati già acquisiti con il supporto di nuove indagini, anche sulle tecniche, che nel frattempo si erano prodotte, ma anche quello di valutare il complesso bresciano alla luce del progresso degli studi sull'arte dell'altomedioevo italiano, in modo particolare con riferimento a Castelseprio e Cividale.

Nonostante talune affinità indicate tra i dipinti bresciani e quelli di Santa Maria foris Portas, dove si stavano conducendo campagne di scavo (oggi non ancora concluse),[4] proprio il Tempietto di Cividale, che poteva ormai giovarsi dal 1977 dell'approfondita monografia di Hans Peter l'Orange e Hjalmar Torp,[5] forniva infatti, come è noto, i maggiori elementi di somiglianza con il S. Salvatore, e (ciò che più conta sopra ogni altro tipo di valutazione critico-stilistica), in particolar modo per quanto concerne non solo il corredo pittorico (che ha, a mio modo di vedere, in questo caso un peso relativo), ma anche quello plastico, e persino le tecniche murarie.[6]

In sostanza, si trattava cioè di rivolgere gli sforzi all'analisi d'insieme, alla valutazione complessiva di architettura e decorazione. Certamente una simile impostazione metodologica non era mai mancata già dal primo momento; possiamo anzi dire che già nei primi anni Sessanta essa venne portata a fondo, fra l'altro raccogliendo una mole cospicua di dati materiali che oggi sarebbero altrimenti irrecuperabili, soprattutto dopo che le lacune degli intonaci, che avrebbero forse permesso ancora qualche osservazione sulle murature e sulle modalità di sovrapposizione delle malte antiche, sono state colmate con intonaco nuovo.[7]

È sulla scia di un rinnovato interesse (rinnovato cioè nelle prospettive) che sono da qualche anno riprese le indagini sul complesso. Queste indagini sono indirizzate ai pochi elementi non scandagliati dalle indagini precedenti, ma in qualche caso riconsiderano anche talune sequenze architettoniche e decorative, proponendo nuove cronologie. Parallelamente, sono riprese le ricerche sulla notevole quantità di materiali frammentari rinvenuti negli scavi, cioè brandelli di intonaco dipinto e di rilievi in stucco.[8]

Le ricerche archeologiche di Gian Piero Brogiolo hanno permesso in questi ultimi anni di pervenire ad un'idea alquanto diversa sulla struttura della chiesa abbaziale: anzi, delle chiese abbaziali denominate S. Salvatore I e S. Salvatore II, persino introducendo ora l'eventualità che talune trasformazioni possano consentire di parlare di un S. Salvatore III, che poi altro non sarebbe che una sorta di variante del S. Salvatore II (Abb. 43, 46 a).[9]

Per ogni più approfondita analisi rinvio alla bibliografia e al contributo di Brogiolo in questi stessi Atti. Mi proverò tuttavia brevemente, per ragioni di chiarezza, a riassumere lo stato della questione e i punti di novità, per passare poi ad alcune brevi osservazioni particolari e a qualche riflessione.

È noto che gli scavi degli anni 1956-62 hanno messo in luce evidenze murarie riferibili ad una chiesa (chiamata ormai convenzionalmente S. Salvatore I) precedente l'attuale (S. Salvatore II), localizzata approssimativamente sul suo stesso perimetro e avente identico orientamento.[10] Un primo dato offerto dagli

Abb. 46a. Brescia, San Salvatore, Südwand, Arkadenstellung mit stuckierten Bogenlaibungen / parete sud.

scavi di Brogiolo permette in primo luogo di correggere la planimetria di questo primo edificio e la sua relazione con il S. Salvatore II. Ne risulta una planimetria «a T» che è nota attraverso altri esempi, ai quali peraltro già Torp aveva accennato.[11]

In secondo luogo, diversamente inteso è risultato anche il supposto rapporto cronologico tra i due edifici. Le precedenti ipotesi datavano la più antica chiesa intorno all'VIII secolo, all'epoca della fondazione, più volte attestata, da parte del duca Desiderio e di Ansa sua moglie, e cioè agli anni intorno al 753; il S. Salvatore II sarebbe quindi da riferire ad epoca successiva, e cioè necessariamente ad una data che scavalca quella fatale del 774 che segna la fine della dominazione longobarda in Italia settentrionale. La cronologia del S. Salvatore II si è poi venuta nel corso degli studi precisando agli inizi del IX secolo – con la possibilità di collocarla sotto il principato di Ludovico il Pio – in base a considerazioni affinatesi sullo studio del ricco corredo plastico in pietra e in stucco, quest'ultimo conservatosi soprattutto in forma frammentaria,[12] ma anche sulla base della nota iscrizione che cita il nome di Desiderio ([...]*regnantem Desiderium*) e l'inizio di una parola che sarebbe da ricondurre al nome di un Ludovico (*Hlu*[douicus]). Cercherò più tardi di fare un piccola osservazione al proposito.

La chiave di volta nella nuova interpretazione ha origine da ulteriori osservazioni non tanto sulla struttura della basilica oggi esistente o sulla sua decorazione, bensì sulle modalità di collegamento tra le murature delle absidi (che sono conservate solo a livello delle fondamenta), e la testata orientale dell'edificio. Le tre absidi infatti si presentano chiaramente addossate al corpo della struttura basilicale. Ciò lascia naturalmente il campo aperto ad alcuni interrogativi, in particolare riguardo alla possibilità che in un primo tempo la basilica fosse dotata di una sola abside, e inoltre riguardo alle dimensioni di questa eventuale unica abside originaria, che avrebbe necessariamente dovuto essere più piccola. Infatti, le estremità dell'abside attuale, così come si osservano nella cripta, appaiono chiaramente addossate alla muratura rettilinea con andamento nord-sud, che costituiva parte della terminazione orientale della basilica (Abb. 44).

Ne conseguono alcuni osservazioni preliminari, che riassumo:

1) La cripta e le absidi laterali furono aggiunte alla basilica già costruita.
2) La basilica in origine doveva avere una sola abside (S. Salvatore II).
3) L'abside originaria fu distrutta e ricostruita, per consentire la costruzione della cripta, e ad essa vennero affiancate le due absidi laterali.
4) Poiché ci sono dati documentari circa l'esistenza della cripta nel 763 (vedi nota 15), si deve concludere che la cripta costituisce la fase più tarda dell'attuale basilica, in una forma che potremmo denominare S. Salvatore III.
5) La chiesa attuale di conseguenza sarebbe da identificare con l'edificio fondato da Desiderio e Ansa.
6) La struttura del S. Salvatore I risulterebbe dunque più antica, e probabilmente databile al VII secolo, in base a confronti planimetrici.

Va ricordato che questa sequenza era già da tempo stata proposta da Bòna e da Torp, soprattutto sulla base delle risultanze degli scavi.[13]

Come Brogiolo afferma nel suo contributo in questo volume, il lavoro di analisi della cripta, che è ancora in corso, fornisce l'occasione per alcuni approfondimenti in questo senso.

Bisogna intanto osservare che alle fasi decorative e alla struttura stessa della cripta è sempre stato riconosciuto un ruolo cruciale per la storia edilizia dell'intera basilica.[14] Infatti, individuato nel più antico nucleo della cripta (quello corrispondente all'abside centrale) un intervento edilizio successivo alla costruzione dell'edificio basilicale a colonne, ne consegue che la datazione della cripta agli anni Sessanta dell'VIII secolo, in base alla nota tradizione dell'esistenza di una *confessio* nel 763,[15] ma anche in relazione all'acquisizione delle reliquie di Santa Giulia e di altri martiri sotto il regno di Desiderio, finirebbe per costituire un saldo termine *ante quem* per l'edificazione della basilica.

Se poi ci interroghiamo, più o meno legittimamente, sul tipo planimetrico al quale riferire la cripta stessa, dobbiamo osservare che la difficoltà a collocare la struttura in un preciso ambito tipologico gioca a favore proprio dell'antichità della struttura. Va infatti ammesso che la definizione di «cripta ad oratorio» ben poco si addice a questa struttura particolare, che definirei piuttosto una variante del tipo a deambulatorio. Infatti, i due cunicoli di accesso e di uscita, che in modo per ora imprecisato salivano originariamente nelle navate laterali (probabilmente a ridosso del colonnato), si uniscono nel centro della cripta a formare un percorso unitario, solo un poco dilatato nella *confessio* vera e propria. Qui i sostegni sono così a ridosso della parete absidale che difficilmente si potrebbe crederli immaginati per la sosta dei fedeli.

Credo che sotto questo aspetto vada valutato anche il sistema di copertura piana (per il quale penserei a lastre di pietra, piuttosto che a un assito ligneo) che permetteva un diverso rapporto tra ingombro dei sostegni e volumi verticali.

Abb. 46b. Brescia, San Salvatore, Krypta, Westjoch, Bogenlaibung mit Glaspastendekor in den Resten der Stuckierung / resti di stucco con paste vitree su uno degli archi della zona occidentale.

Abb. 47a. Brescia, San Salvatore, Krypta, Apsis, Reste gemalter Sockelinkrustationen /particulare delle *crustae* dipinte nel giro absidale.

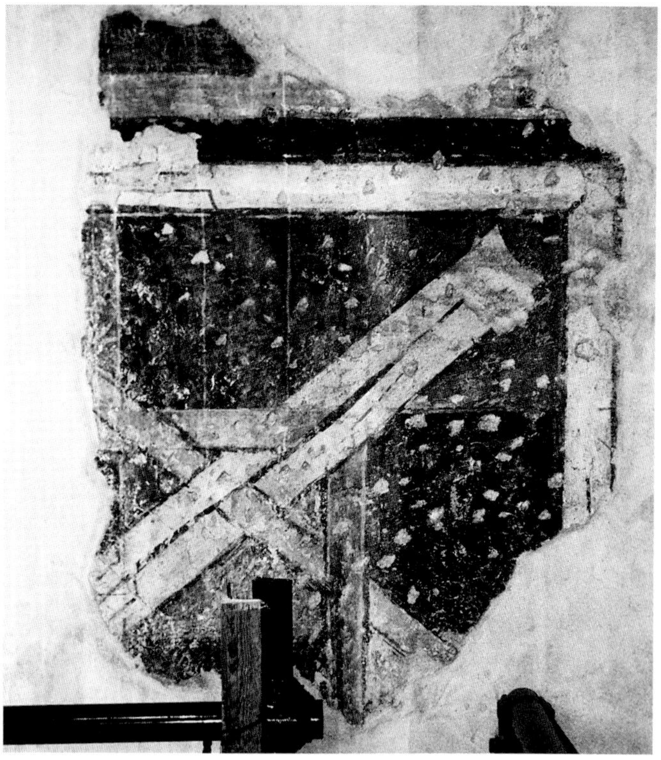

Abb. 47b. Brescia, San Salvatore, nördliches Seitenschiff, gemalte Sockelinkrustation / navata nord, particolare della decorazione della zoccolatura a finte *crustae*.

Abb. 48. Brescia, San Salvatore, Südwand, unteres Register, Detail / parete sud: scena di fuga da una città.

Come possiamo immaginarci la collocazione delle arche contenenti le reliquie, e soprattutto di quelle più importanti, che erano in numero di tre, come ricorda ancora il Rituale, del 1438, della basilica?[16]

Forse un aiuto ci può venire, suggestivamente, dal caso del S. Felice di Pavia (una chiesa del tipo del *Dreiapsidensaal,* che a Pavia ha altre testimonianze), dove la sistemazione delle arche-reliquiario nella cripta è per il vero più tarda (probabilmente del X secolo), ma che cito poiché parte del cosiddetto «monasterium regine» dedicato al Salvatore anch'esso fondato, secondo un'antica tradizione, dalla regina Ansa e dipendente dall'omonimo cenobio bresciano (Abb. 57a).

Se immaginiamo una soluzione simile per la cripta di Brescia, non potremo che individuare il luogo di collocazione delle arche-reliquiario nella serie di tre piccole campate opposte alla curva dell'abside (Abb. 57b).[17] I quattro sostegni (due di laterizio, moderni, e due pilastrini di marmo con capitello) avrebbero così costituito, con l'eventuale ausilio di transenne, i setti divisori tra il vano delle reliquie e il percorso compreso tra i due cunicoli. Il fatto poi che nella risistemazione romanica della cripta si siano praticate tre aperture in modo che dalla chiesa fosse possibile intravedere i reliquiari fa pensare che anche in origine potessero qui trovarsi altrettante *fenestellae confessionis.* La demolizione del muro di fondo avvenuta nel pieno XII secolo per creare un collegamento con la nuova parte ad oratorio della cripta, non avrebbe però mutato la tradizionale collocazione delle arche.

Quanto abbiamo visto è a mio avviso importante ai fini di una valutazione degli apparati decorativi. Si constata infatti che in questa zona la decorazione a finte *crustae* che ricopre, pur gravemente lacunosa, le pareti dell'intera cripta, si stacca dal resto per l'uso di cromie diverse, che privilegiano i toni grigio-bluastri (Abb. 47a). Inoltre, gli archetti di sostegno della copertura

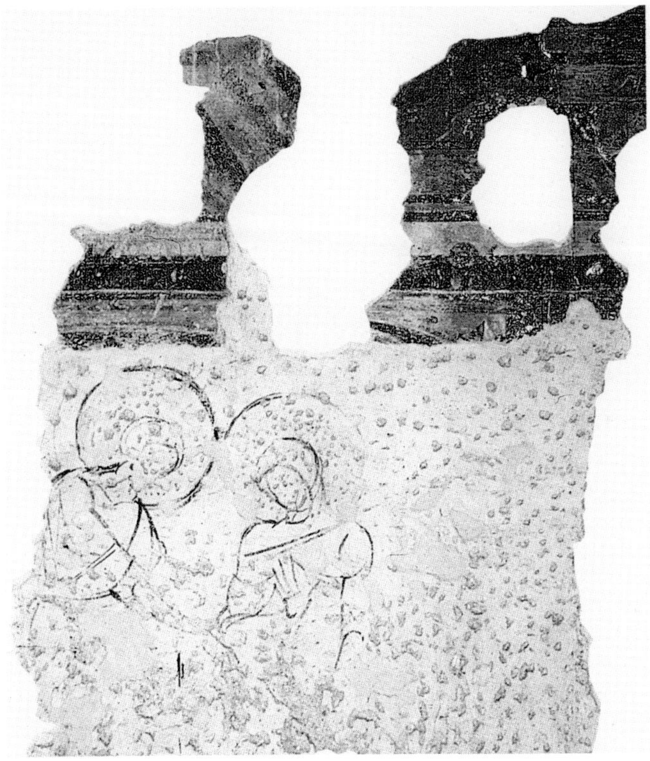

Abb. 49a. Brescia, San Salvatore, Nordwand, oberes Register: Konsolfries und Sinopie einer Darstellung der Hochzeit zu Cana / parete nord: Sinopia delle *Nozze di Cana* e fregio terminale.

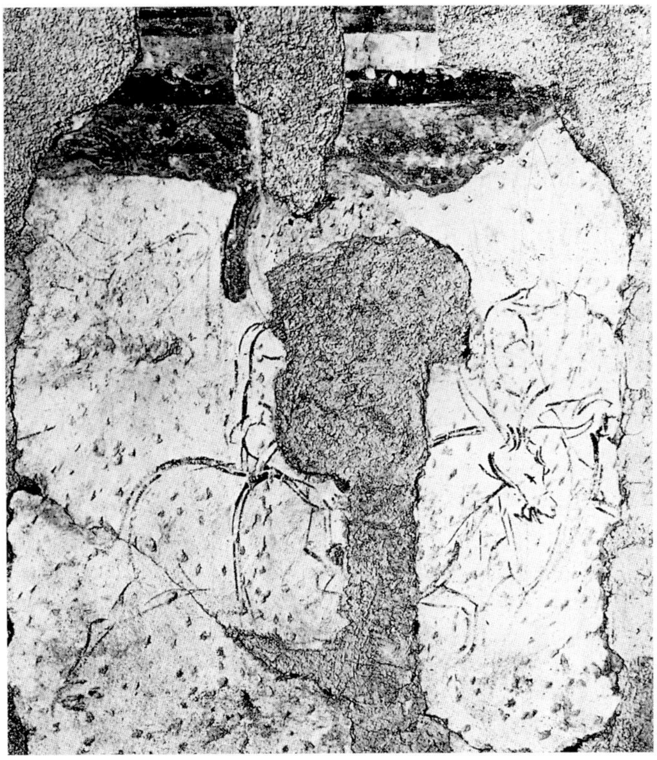

Abb. 49b. Brescia, San Salvatore, Nordwand, oberes Register: Sinopie einer Darstellung der Flucht nach Ägypten / parete nord: Sinopia della *Fuga in Egitto*.

presentano qui, come si è visto, almeno tre interventi decorativi stratificati, l'ultimo dei quali comprende le ghiere in stucco (Abb. 45, 46b).

Resta dunque da determinare quale sia la più antica veste decorativa della cripta. Riflettendo un poco sui dati già noti e sulle osservazioni di Brogiolo, e in attesa che venga avviata una campagna di analisi dei materiali, potremmo pensare che la semplice intonacatura delle pareti, almeno in parte con malta di cocciopesto, abbia costituito una prima finitura del vano, poi probabilmente sostituita, almeno in parte, da un intonaco grigiochiaro preparatorio alla decorazione pittorica. Resta incerto se a quest'epoca la zona dove erano collocati dei reliquiari abbia ricevuto una decorazione; se così fu, non ne restano tracce chiare. Invece ciò accadde certamente un poco più tardi, al momento dell'aggiunta dell'intonaco dipinto a finte *crustae,* il quale, pur nella generale omogeneità, mostra l'impiego di una diversa gamma cromatica, come abbiamo visto, proprio nella zona ovest. Inoltre, nella stessa zona è testimoniato un ulteriore intervento decorativo sugli archi che reggono il soffitto. Solo in una terza fase si aggiunsero le ghiere in stucco a fregi fogliacei, accompagnate da nuove decorazioni dipinte nei sottarchi.

La questione degli stucchi della cripta si presenta piuttosto complessa. Alla datazione tarda (XII sec.) attribuita a questi stucchi da Peroni[18] si contrappone ora quella di Brogiolo, che tende a considerarli parte dell'arredo altomedievale. In effetti, va evidenziato che gli stucchi degli archetti più a ovest si interrompono proprio in corrispondenza dell'innesto dei nuovi archi della cripta romanica. Gli archetti originari furono infatti in parte demoliti e ricostruiti con una maggiore ampiezza. I residui fregi in stucco aderiscono alla parte non demolita degli archetti e ne conservano la curvatura originaria.

Personalmente non sono però dell'idea che negli stucchi rimasti nella cripta debbano individuarsi due distinte fasi deco-

Abb. 50. Castelseprio, S. Maria foris portas, Apsis, oberes Register: Reise nach Bethlehem, Detail / abside: il *Viaggio a Betlemme*, particolare.

Abb. 51. Brescia, San Salvatore, Südwand, unteres Register, Detail (vgl. Abb. 48) / parete sud, particolare.

Abb. 52. Müstair, Klosterkirche St. Johann, Westwand, Apostel, Detail / parete ovest, apostolo, particolare.

rative: infatti, la presenza di elementi in paste vitree colorate incastonate nelle ghiere corrispondenti alla collocazione dei reliquiari va intesa ancora una volta come segno di deferenza per questa zona privilegiata della cripta (Abb. 46b). Per il resto, il repertorio ornamentale nei diversi fregi mostra elementi di assoluta omogeneità.

D'altra parte, è anche vero che, a differenza degli archetti verso ovest, sotto lo stucco dei restanti archetti non restano tracce apparenti di precedenti intonacature; in ogni caso, le modalità di applicazione dello stucco sono qui diverse. È questo certamente uno degli aspetti che attendono più accurate verifiche.

Ora, ci si potrebbe chiedere quale sia il punto di collegamento tra le fasi decorative della cripta, o meglio, tra una delle sue fasi decorative e la decorazione dell'intera basilica. È già stato a suo tempo chiarito da Adriano Peroni che dal complesso decorativo del S. Salvatore non può essere espunta la cripta, che rientra in un piano decorativo omogeneo.[19] Diversi elementi testimoniano in favore di tale affermazione, come ad esempio l'uso delle marmorizzazioni o dei girari vegetali che compaiono anche nello sguancio delle finestre delle navate. Mi permetto solo di aggiungere un elemento più preciso, costituito da un particolare ornamentale significativo, che si incontra nelle finte *crustae* della cripta e nella meglio conservata zoccolatura sulla parete perimetrale nord della basilica (Abb. 47a-b). Non è molto, ma mi sembra che sia sufficiente a confermare l'ipotesi, già da tempo sostenuta da Panazza e Peroni, che una delle fasi decorative della cripta abbia corrisposto alla esecuzione dei dipinti murali e degli stucchi della chiesa.[20]

Ormai non può più essere messo in dubbio che le sinopie e i dipinti conservati sui diversi strati di intonaco stesi sulle pareti della basilica appartengano ad un solo ciclo figurativo, e non a due differenti cicli, come pure è stato proposto.[21]

È però ancora lecito interrogarsi sul rapporto tra primo strato di intonaco grossolano (arriccio) e intonaco superiore dipinto (intonachino).[22] Certamente l'intonaco imbiancato costituì la prima finitura dell'interno dell'edificio, come constatiamo in altri esempi: a Castelseprio, a Mals, a Torba, a S. Felice di Pavia, ed è testimoniabile anche in epoche più recenti.[23] Negli esempi citati di Torba e di Pavia questa intonacatura prevede la presenza di una zoccolatura in colore diverso, per lo più rossa, ad indicare che l'intervento, per quanto provvisorio, costituiva un reale momento di conclusione della costruzione.[24]

Un caso analogo, anche se potrebbe essere di senso opposto, è quello del «Tempietto» di Cividale, dove l'intonacatura iniziale si estendeva solo a parte del presbiterio, mentre il resto dell'interno rimaneva in mattone a vista. Tuttavia, la particolare cura nell'apparecchiatura del laterizio, già minutamente descritta da Torp, fa pensare che anche qui la finitura delle pareti fosse considerata provvisoria a tempo indeterminato, fintanto che non fossero stati disponibili i mezzi per una decorazione «ordinaria», più o meno sontuosa.[25]

Appare certo dunque che a Brescia l'intonaco imbiancato sia stato eseguito per ricevere una decorazione pittorica (Abb. 46a). Ma possiamo dire che fosse stato predisposto per la decorazione che ci è rimasta? È difficile dirlo. Tuttavia, va osservato che venne rimosso l'intonaco dell'intradosso degli archi della navata centrale per consentire la presa degli strati di stucco, che erano rinforzati agli angoli per mezzo di una struttura in cannucce fissata con chiodi in ferro. Adriano Peroni ha dimostrato che stucchi e pitture furono eseguiti contemporaneamente, e la modellazione delle ghiere in stucco avvenne solo dopo la sovrapposizione alla parete dell'intonaco affrescato.[26] Posso solo aggiungere che probabilmente la modellazione degli intradossi degli archi poté iniziare già nella fase di preparazione delle superfici, dal momento che alcune colature di colore interessano in qualche caso parti delle sezioni degli stucchi degli intradossi (Abb. 58).

Va ricordato a questo proposito che con l'applicazione dello stucco negli intradossi degli archi venne regolarizzata a semicerchio la forma di questi ultimi, che avevano in origine un

Abb. 53. Brescia, San Salvatore, Südwand, Arkadenzwickel: Imago clipeata / parete sud, frammento di una imago clipeata.

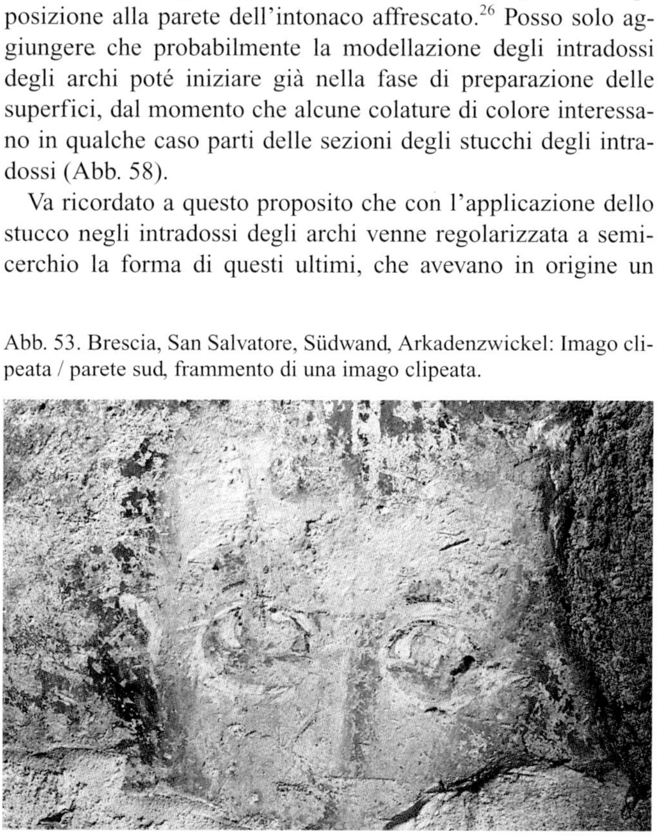

Abb. 54. Brescia, San Salvatore, Südwand: Rest der gemalten Inschrift / parete sud: resti dell'iscrizione.

Abb. 56. Castelseprio, S. Maria foris portas, Apsis-Stirnwand: Imago clipeata (Brustbild Christi) / imago clipeata del Pantocratore.

profilo ad arco oltrepassato, introducendo dunque, almeno ai nostri occhi, una variante ottica e spaziale di non poco conto. Inoltre, mentre la decorazione modellata si adattò alla presenza di catene di legno che legavano gli archi, al tempo stesso ricoprì i corti pulvini sopra i capitelli, che sebbene assai semplificati e non rifiniti, presentano tuttavia spesso un bordo modanato.

L'assenza, che è stata osservata, di polvere tra il primo intonaco imbiancato e quello sovrapposto con i dipinti non sembra poi un argomento risolutivo, poiché tanto a maggior ragione la superficie dell'intonaco preparatorio dovette essere, oltre che martellata, anche spazzolata, per migliorare l'adesione dello strato successivo, qualora fosse stata esposta per lungo tempo; senza considerare il fatto che in ogni caso, al momento della sovrapposizione di un altro strato di malta, anche a breve distanza di tempo, l'intonaco di fondo dovette, come di norma, venire bagnato.

Sembra dunque che gli interventi decorativi, e soprattutto la plastica in stucco, siano intervenuti a modificare, o a riconfigurare, un assetto che probabilmente era stato pensato in modo diverso. Ma ammetto che l'insieme di elementi che ho elencato sarebbe un argomento ancora troppo debole per postulare uno stacco cronologico molto dilatato tra la stesura dell'intonaco e la sovrapposizione dell'affresco.

Infatti, il nesso di collaborazione che possiamo intuire, e che bisognerà riconsiderare in maniera più approfondita, tra il corredo di pitture e stucchi (non preceduti, questo sia ormai chiaro, da altri contesti decorativi) e gli arredi strettamente funzionali alla liturgia (ad esempio transenne scolpite e *pergulae*) – i quali necessariamente dovettero essere messi in opera, per ovvie ragioni di utilizzo, entro un tempo ragionevolmente – conduce a postulare una contiguità esecutiva non eccessivamente differita.

Abb. 55. Cividale, S. Maria in Valle (sog. Tempietto), Nordwand: stehender Heiliger, Detail / parete nord: particolare della figura di un santo.

Da tutto questo, considerato nell'ottica dei primi risultati delle nuove analisi stratigrafiche (peraltro ancora in corso) della struttura, parrebbe naturale ricavare, almeno come suggerimento, qualche indicazione utile sulla cronologia dell'edificio.

Ma al momento possiamo solo dire che lo slittamento cronologico che la struttura architettonica del S. Salvatore subisce, riapre teoricamente la possibilità di una certa retrodatazione del ciclo decorativo di pitture e stucchi. Ma, aggiungo, non ne postula la necessità.

Mi sembra però che la prima conseguenza che se ne dovrebbe ricavare è che appare ormai difficilmente sostenibile la cronologia molto ritardata che ancora recentemente è stata proposta per il ciclo bresciano, alla metà e oltre del IX secolo, vale a dire, al regno di Ludovico II.[27]

Non vorrei banalizzare la complessa questione, ma mi sembra che l'impegnativo, eppure legittimo, quesito dei rapporti tra il S. Salvatore e altri importanti contesti architettonici e decorativi altomedievali, dai quali soprattutto ci si aspetta l'ausilio ad una qualsivoglia determinazione cronologica, abbia come risultato un inevitabile e mutevole gioco delle parti, dal momento che i termini di confronti restano ancora pochi ed incerti.

Basterebbe da sé considerare quale ruolo singolarissimo, tanto da apparirci persino rivoluzionario, abbia a Brescia il caso delle aureole rilevate in stucco nel congegno figurativo e plastico, persino in rapporto con contesti concettualmente analoghi (come Cividale), per farci riflettere su quanto labili siano le nostre conoscenze su un panorama lacunoso e già di per sé viziato dalla antistorica e malcerta contrapposizione Longobardo – Carolingio. Risulta utile in questo senso riflettere sul rapporto tra le pitture di S. Vincenzo al Volturno e quelle dell'Italia del nord.

Neppure si può trascurare il fatto, persino ovvio, che la comprensibilità stilistica di complessi anche gravemente lacunosi, come quello bresciano, e ben al di là della leggibilità dei contenuti, risulta enormemente ampliata dalla comprensione dell'originario corredo decorativo complementare, come quello configurato dal complesso degli stucchi.

Lo sforzo di inserire almeno idealmente i cicli figurativi in contesti decorativi normalmente assai ricchi e variegati, anche se quasi sempre perduti, dovrebbe avere la prevalenza, sotto l'aspetto metodologico, anche di fronte all'attrazione esclusiva esercitata dalle raffigurazioni dipinte.

D'altra parte l'interazione dei cicli pittorici con elementi di corredo allusivi alla tridimensionalità può essere colto costantemente, anche se conseguito in modo imitativo con mezzi più propriamente pittorici. È il caso, a Brescia, delle cornici sommitali con archetti in prospettiva e fasce a perle (Abb. 49a). Anche contesti per così dire più «poveri» ne conservano elementi chiarissimi: ad esempio a Castelseprio (nella zoccolatura illusionistica) o a Torba, dove su tre pareti sono simulate transenne scolpite.

Sul problema dei rapporti tra Brescia e altri contesti mi limito a una brevissima riflessione conclusiva, che non pretende di individuare soluzioni, né stilistiche né, tanto meno, cronologiche, ma vuole solo indicare taluni punti che ancora, nonostante una bibliografia sterminata, potrebbero essere utilmente riesaminati.

Si impone tra tutti il rapporto con il ciclo di Castelseprio, che può essere emblematicamente rappresentato dall'affinità, che è già stata più volte sottolineata, esibita ad esempio dalla sinopia bresciana (interpretata come la *Fuga in Egitto*) e dalla scena del *Viaggio a Betlemme* di Castelseprio (Abb. 49b, 50).[28]

Il rapporto è evidente, ma dobbiamo chiederci fino a che punto sia lecito aspettarsi da questo risposte a quesiti di cronologia, dal momento che la sinopia era destinata ad essere ricoperta.

Ciò induce a considerazioni sul concetto, tanto vago quanto insidioso, di «qualità». Una più precisa nozione in tal senso può essere a mio avviso per ora fornita in modo più tranquillizzante dal contesto bresciano, poiché implicita nell'alto rango del monastero. Questo almeno fino a quando non saranno sciolti i dubbi sulla effettiva funzione della chiesa di Castelseprio. Infatti, anche solo la limitatezza della gamma cromatica rilevabile nei dipinti di Santa Maria Foris Portas può farci immaginare quale possa essere stato il livello espresso da quel pittore «straordinario» in opere di maggiore impegno, che purtroppo non ci sono pervenute (Abb. 186).

Non diversa è la nostra ammirazione per talune sinopie bresciane, come quella delle *Nozze di Cana* (Abb. 49a): potremmo persino spingerci ad immaginare, in modo certo provocatorio, che la effettiva realizzazione della scena di Brescia – dove sarebbero state applicate formule stilistiche nelle quali hanno parte determinante complicati procedimenti tecnici di sovrapposizioni cromatiche – si sarebbe sottratta ad un rapporto oggi così evidente con la scena di Castelseprio.

L'adozione invece di affini soluzioni iconografiche e formali, rilevabili a Brescia e in altri contesti, da parte sua non deve indurre a troppo facili deduzioni dal punto di vista stilistico e cronologico. Anche se tali affinità non vanno trascurate, non può essere dimenticato che esse vanno ricondotte il più delle volte ad una lunga continuità di procedure esecutive alle quali la pittura si mostra saldamente ancorata.

In tal senso va a mio avviso interpretata l'affinità tra la cornice ad arcate prospettiche recentemente evidenziata da Caecilia Davis Weyer a Brescia e a S. Martino ai Monti di Roma alla metà del IX secolo.[29]

Lo stesso può dirsi per certe strutture architettoniche in scorcio e con archi ribassati che si ritrovano a Castelseprio (Abb. 50), a Brescia (Abb. 48), a Müstair (Abb. 62).

Abb. 57a. Pavia, S. Felice, Krypta / veduta della cripta con le arche-reliquiario.

In particolare per quanto riguarda il ciclo di Müstair, che Caecilia Davis Weyer tende oggi a collocare verso gli anni Quaranta del IX secolo, certi particolari esecutivi ad esempio della trama delle lumeggiature o della esecuzione delle barbe (Abb. 51, 52) appartiene ad un lessico tecnico comune, che ancora più tardi si potrà riconoscere nel lessico della *Schedula diversarum artium* di Teofilo con i termini *implere, incidere, undare*.[30]

Ben più stretti rapporti, a quali abbiamo già accennato, legano come è noto il ciclo bresciano alla decorazione del Tempietto di Cividale. Essi sono esibiti in modo eclatante sia dalla integrazione tra corredo plastico e pittorico (entro il quale va intesa anche una sorta di specializzazione decorativa implicita nell'impiego complementare del mosaico, del quale a Brescia non c'è traccia), sia dal comune accento di forte classicismo.[31]

Proprio per questo non si può che concordare pienamente con Adriano Peroni, quando afferma che il problema di Brescia non può essere disgiunto da quello di Cividale.[32] Fra l'altro, i problemi di rapporto, anche cronologico, tra la struttura architettonica e la decorazione si presentano a Cividale (per il quale si deve ormai accettare una cronologia alla metà dell'VIII secolo) nello stesso modo con cui si presentano a Brescia. Per quanto riguarda la pittura varrà però la pena di chiedersi quanto le strette affinità tra le figure cividalesi e bresciane – in particolare con le *imagines clipeatae* tra gli archi delle navate del S. Salvatore (Abb. 53, 55) – debbano alla comune aderenza al cosiddetto «stile dell'icona»: allo stesso modo nella fissità delle rigide pose frontali, nella fitta trama di velature e lumeggiature e persino nell'uso di codificate procedure esecutive. La forza trasfigurante di questo «stile dell'icona», può essere peraltro colto persino nel caso-limite di Castelesprio (Abb. 56);[33] e non meno esplicito esso si mostra a Brescia, nel confronto tra le figure nelle scene narrative e le citate imagines clipeatae, alle quali, probabilmente per la stessa ragione, non furono applicate aureole in stucco (Abb. 51, 53).

Con tutto ciò non ho voluto certo smantellare la massa considerevole di autorevoli acquisizioni critiche su quello resta della pittura italiana dell'alto medioevo, ma solo saggiare sul campo le insidie di una materia multiforme, e sulla quale conosciamo ancora troppo poco.

Proprio per questo, in conclusione, non posso tralasciare almeno un cenno alla famosa iscrizione sulla parete sud della navata maggiore (Abb. 54), nella quale, come si sa, compare il nome del re Desiderio[34] e, si ritiene, di Ludovico il Pio.[35]

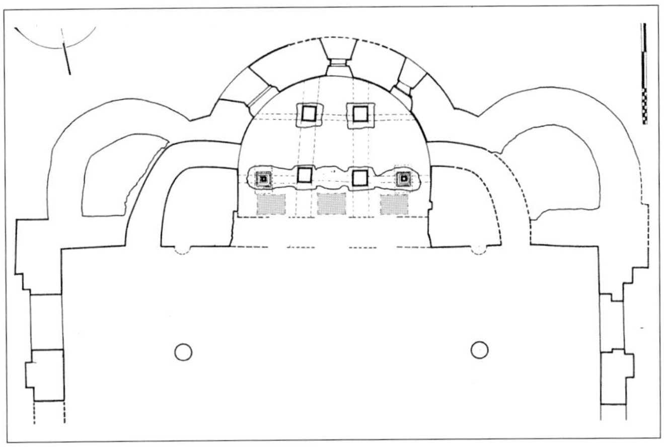

Abb. 57b. Brescia, S. Salvatore, Krypta, Grundriß mit hypothetischer Lokalisierung von Reliquienschreinen / ipotetica collocazione delle arche-reliquiario (S. Lomartire).

Tuttavia, bisogna ammettere che non sono mai state proposte alternative alla lettura delle lettere «HLU[...]», a suo tempo concordemente riconosciute da pressoché tutti gli studiosi e interpretate come iniziali di Hludovicus, o anche, come è stato proposto, Hludarius.[36]

Se può sembrare ormai chiaro che almeno la prima parte di questo frammento di iscrizione appare riferito in termini storici a fatti avvenuti sotto il regno dell'ultimo re longobardo (come l'arrivo di importanti reliquie a Brescia), l'integrazione del nome di uno dei monarchi carolingi (Ludovico o Lotario) solleva gravi incertezze sulla questione della cronologica dell'intero ciclo.

Dal punto di vista paleografico, già da tempo gli studiosi si sono espressi concordemente sulla plausibilità di una collocazione dell'iscrizione bresciana (e di altri frammenti paleograficamente affini) tra VIII e IX secolo.[37]

Posso concludere osservando quanto le ricerche recenti sul San Salvatore di Brescia siano in costante evoluzione e quanto la ricerca sul campo tenda a mutare continuamente la prospettiva di valutazione del complesso bresciano, che certamente ci riserverà in futuro altre sorprese. Questo incessabile mutamento di prospettiva rappresenta forse l'aspetto più enigmatico, e, mi si permetta di dire, più affascinante del San Salvatore; al tempo stesso costituisce un segnale di vitalità della ricerca attuale e una fonte, forse inesauribile, per le discussioni e gli studi futuri.

Anmerkungen / Note

Dedico queste pagine alla memoria di mia madre e di Gaetano Panazza.

1 Gaetano Panazza – Adriano Peroni, La chiesa di S. Salvatore in Brescia (Atti dell'VIII convegno di studi sull'altomedioevo), Milano 1962; S. Salvatore di Brescia. Materiali per un museo, Brescia 1978; Adriano Peroni, Gli stucchi decorativi della Basilica di S. Salvatore in Brescia. Appunti per un aggiornamento critico nell'ambito dei problemi dell'arte altomedievale, in: Colloquium über Frühmittelalterliche Skulptur (Heidelberg, 10.-12. Mai 1968), Mainz 1970, pp. 25-45; Barbara Anderson, The Frescoes of S. Salvatore at Brescia, Ph. D. Dissertation, University of California, Berkeley 1976; Adolf Weis, Die Langobardische Königsbasilika von Brescia. Wandlungen von Kult und Kunst nach der Rombelagerung von 756, Sigmaringen 1977.

2 Seminario internazionale sulla decorazione pittorica del San Salvatore di Brescia (Brescia, 10-20 giugno 1981), Pavia, 1983.

3 V. nota 1.

4 Adriano Peroni, O Svjazi fresko cerkvi Santa Marija c Kastel'seprio i baziliki San Salvatore v Bresii (Osservazioni sul rapporto tra gli affreschi di Santa Maria di Castelseprio e di San Salvatore di Brescia), in: Vizantija, Juznje e slaviane i drevnjaja Rus Zapadnaja Evropa. Studi in onore di Victor Lasareff, Moskva 1973, pp. 375-387.

5 Hjalmar Torp – Hans Peter L'Orange, Il «Tempietto» longobardo di Cividale, I,II,III (Acta ad archaeologiam et artium historiam pertinentia, VII, 1-3), Roma 1977-1979.

6 Adriano Peroni, Problemi della decorazione pittorica del S. Salvatore di Brescia, in: Seminario internazionale (n. 2), pp. 17-46 (pubblicato con il titolo: San Salvatore di Brescia: un ciclo pittorico altomedievale rivisitato, in: Arte medievale I, 1983, pp. 53-80).

7 Il riempimento delle lacune con malta di cemento fu effettuato già nei primi interventi di restauro all' edificio nei primi anni Sessanta.

8 Le ricerche sono attualmente condotte da G. P. Brogiolo e da C. Bertelli.

9 Gian Piero Brogiolo, Analisi stratigrafica del San Salvatore di Brescia. Nota preliminare, in: Dai Civici Musei di Arte e Storia di Brescia. Studi e Notizie 3, 1987, pp. 25-40; G. P. Brogiolo, Brescia altomedievale. Urbanistica ed edilizia dal IV al IX secolo (Documenti di Archeologia, 2), Mantova 1993, pp. 98-102.

10 V. Panazza, 1962 (n. 1); per le nuove proposte ricostruttive si rinvia al testo di G. P. Brogiolo (Abb. 43).

11 Torp, L'architettura del Tempietto di Cividale, in: Torp – L'Orange, Il Tempietto (n. 5), pp. 121-126.

12 Adriano Peroni, La decorazione a stucco nel S. Salvatore a Brescia, in: Arte Lombarda V, 1960, pp. 137-220; A. Peroni, La ricomposizione degli stucchi preromanici di S. Salvatore a Brescia, in: Panazza – Peroni, La chiesa di S. Salvatore (n. 1), pp. 229-321; Gaetano Panazza – Amelio Tagliaferri, La Diocesi di Brescia (Corpus della scultura altomedievale, III), Spoleto 1966; Peroni, Gli stucchi decorativi (n. 1).

13 I Bòna, Bemerkungen zur Baugeschichte der Basilika San Salvatore zu Brescia, in: Acta Archaeologica Academiae Scientiarum Hungaricae 18, 1966, pp. 327-333; Torp, L'architettura del Tempietto di Cividale, in: Torp – L'Orange, Il Tempietto (n. 5), p. 126.

14 G. Panazza – A. Peroni, La chiesa di S. Salvatore (n. 1), p. 106 ss.; G. Panazza, Problemi della cripta, in: Seminario internazionale (n. 2), p. 55 ss.; A. Peroni, Problemi della decorazione pittorica (n. 6), p. 39.

15 Gaetano Panazza, La documentazione storica del complesso architettonico, in: S. Salvatore di Brescia. Materiali per un Museo (n. 1), pp. 14-40 (16); la notizia, ancorché verosimile, è tarda: A. Baitelli, Annali historici dell'edificazione et dotazione del serenissimo Monastero di S. Salvatore e S. Giulia di Brescia, Brescia 1657, p. 104.

16 Panazza, La documentazione storica (n. 15), p. 20.

17 Si osservi che un caso simile può essere forse individuato a Pavia, nella chiesa monastica di S. Marica alle Cacce (primi anni dell'VIII secolo). Qui, nella cripta, le tre piccole nicchie nel muro occidentale opposto al giro dell'abside maggiore sono forse da considerare repositori per reliquie; su S. Maria alle Cacce: Hugo Blake, S. Maria delle Cacce: lo scavo archeologico del 1979 (con una nota storica di D. Vicini), in: Archeologia urbana a Pavia, Parte Prima, Pavia 1995, pp. 162-192.

18 Peroni, La ricomposizione degli stucchi (n. 12), p. 233.

19 Anderson, The Frescoes of S. Salvatore (n. 1), pp. 64-65; Peroni, Problemi della decorazione pittorica (n. 6), p. 33; Id., nella Discussione sulla comunicazione di G. Panazza, in: Seminario internazionale (n. 2), pp. 69-70.

20 Gaetano Panazza, Gli scavi, l'architettura e gli affreschi della chiesa di S. Salvatore in Brescia, in: Panazza – Peroni, La chiesa di S. Salvatore (n. 1), pp. 106-110; G. Panazza, Problemi della cripta, in: Seminario internazionale (n. 2), pp. 55-64.

21 Le ipotesi circa la presenza di due distinti cicli pittorici avanzate da B. Anderson, The Frescoes of S. Salvatore (n. 1) e da A. Weis, Die Langobardische Königsbasilika (n. 1) sono state confutate da A. Peroni, Problemi della decorazione pittorica (n. 6); Barbara Anderson si è poi dichiarata a favore del riconoscimento di un unico ciclo pittorico (discussione in: Seminario Internazionale, n. 2, p. 79).

22 Tralascio di menzionare taluni strati intermedi di inonaco sporadicamente rimasti, in quanto essi sono già stati correttamente interpretati come probabile segnale di pentimenti o di adattamenti all'aggetto delle aureole in stucco. Per osservazioni particolareggiate, v. M. Sorteni, Affreschi di S. Salvatore, in: Seminario Internazionale (n. 2), pp. 75-77; Alessandra Perugini, I frammenti di affresco del S. Salvatore. Saggio di catalogazione, ibid., p. 103-118; si vedano inoltre, negli atti dello stesso Seminario, i contributi di O. Ermenegger e A. Arnold, (pp. 91-102).

23 Per *Castelseprio:* Marco Franzini – Corrado Gratziu, Relazione finale sullo studio di malte e intonaci dell'abside di S. Maria foris portas (Castelseprio), in: Bisanzio, Roma e l'Italia nell'Alto medioevo. Atti della XXXIV settimana di studio del Centro Italiano di Studi sull'Alto Medioevo (Spoleto, 3-9 aprile 1986), Spoleto 1988, pp. 907-914; per *Mals:* N. Rasmo, Gli affreschi carolingi di Malles, in: Arte in Europa. Scritti in onore di Edoardo Arslan, Milano 1966, pp. 189-202 (p. 219); per *Torba:* Carlo Bertelli, Gli affreschi della torre di Torba, Milano 1989; Saverio Lomartire, Scheda: Torba, in: Pittura tra Ticino e Olona. Varese e la Lombardia nord-occidentale, a cura di Mina Gregori, Milano 1992, p. 215.

24 A Brescia mancano tracce di una simile zoccolatura, semplicemente per il motivo che mancano resti consistenti dell'intonacatura nelle zone vicine al pavimento. In ogni caso, dobbiamo ammettere che comunque non riusciremmo a trarre dalla presenza o meno di una eventuale zoccolatura preesistente una risposta certa (così come non ne abbiamo per Castelseprio e Torba) sull'intervallo di tempo trascorso prima della stesura dell'intonaco che doveva ospitare i dipinti.

25 Torp, L'architettura del Tempietto di Cividale, in: Torp – L'Orange, Il Tempietto (n. 5), pp. 95-101.

26 A. Peroni, Problemi della decorazione pittorica (n. 6), pp. 32-33.

27 Carlo Bertelli, La pittura a S. Salvatore nel contesto carolingio, in: S. Giulia di Brescia. Archeologia, storia e arte di un monastero regio dai Longobardi al Barbarossa (Brescia, 4-5 maggio 1990). Atti, Brescia 1992, pp. 217-230; Caecilia Davis Weyer, Müstair, Milano e l'Italia carolingia, in: Il millennio ambrosiano. Milano, una capitale da Ambrogio ai Carolingi, a cura di Carlo Bertelli, Milano 1987, pp. 202-237; vedi anche Jacobsen (n. 36).

28 Peroni, O Svjazi fresko (n. 4); Peroni, Problemi della decorazione pittorica (n. 6), pp. 35-36; Bertelli, La pittura a S. Salvatore (n. 27), p. 220.

29 Davis Weyer, Müstair (n. 27).

30 Theophilus, Schedula diversarum artium, ed. C. R. Dodwell, London 1961.

31 Peroni, O Svjazi fresko (n. 4).

32 Ibid; Peroni, Problemi della decorazione pittorica (n. 6), p. 36.

33 Peroni, O Svjazi fresko (n. 4); Hj.Torp, nella Discussione conclusiva al Seminario internazionale (n. 2), pp. 85-86; Carlo Bertelli, Mosaici a Milano, in: Atti del 10° Congresso internazionale di studi sull'alto medioevo, Spoleto 1986, pp. 333-351 (346); Id., Castelseprio e Milano, in: Bisanzio, Roma e l'Italia nell'alto medioevo. XXXIV Settimana di studio del CISAM (Spoleto 1986), Spoleto 1988, pp. 869-906; Id., La pittura a S. Salvatore (n. 27).

34 La locuzione [...] *regnantem Desiderium* ha in sé requisiti prosodici tali da far pensare ad un'iscrizione metrica o in prosa ritmica. Qualora si trattasse del primo caso, penserei ad un esametro.

35 Non va innanzitutto nascosto che l'idea molto seducente di riconoscere il nome di un altro monarca è certamente stata indotta, per una sorta di attrazione semantica, dalla presenza del nome del re Desiderio.

36 La lettura Hlu[douicus] era stata convalidata da Berhard Bischoff, il quale notava che il predicato *«tiro»* che appare precedere il presunto nome dell'imperatore, non ha solo il significato di «principiante», ma fu spesso usato, nella letteratura coeva, nell'accezione di «eroe»: v. G. P. Bognetti, Brescia carolingia, in: Storia di Brescia, I, Brescia 1961, pp. 447-483 (458-459). Contro la lettura da Bischoff si è espresso Weis (n. 1), pp. 18-19; la validità della lettura di Bischoff è stata però ribadita da Peroni 1983 (n. 6). – La proposta di lettura alternativa Hlu[darius] è stata avanzata da Florentine Mütherich, nella Discussione conclusiva al Seminario internazionale (n. 2), pp. 80-81 e accolta da Werner Jacobsen, San Salvatore in Brescia, in: Studien zur mittelalterlichen Kunst, 800-1250. Festschrift für Florentine Mütherich zum 70. Geburtstag, hrsg. von K. Bierbrauer, P. K. Klein, W. Sauerländer, München 1985, pp. 75-80.

Abb. 58. Brescia, S. Salvatore, Südwand, Detail mit stuckierter Bogenlaibung / particolare degli stucchi sugli archi della navata.

37 G. Panazza, Problemi della cripta (n. 20), p. 63. Proprio su questo aspetto, ritengo utile segnalare una importante testimonianza venuta alla luce nell'aprile del 1996 a Pavia. Si tratta di due sepolture dipinte rinvenute, con altre, nel pavimento della già citata chiesa del monastero di S. Felice, già intitolato al Salvatore. La loro posizione rispetto al nucleo più antico della chiesa, fa pensare che esse si trovassero in un atrio, inglobato nell'XI secolo con l'ampliamento della chiesa verso ovest. Inoltre, la notevole vicinanza alla chiesa, fondata con il monastero dalla regina Ansa nella seconda metà dell'VIII secolo, suggerisce una datazione piuttosto precoce di queste tombe. Il fatto che esse siano anche tra loro quasi coeve, è indicato – oltre che dall'adozione nelle iscrizioni dipinte, anche se in misura diversa, dello stesso passo del libro di Giobbe (19,25): «Scio enim quia redemptor meus vivat, et in novissimo die de terra surrecturus sim» – anche dai caratteri paleografici. Questi ultimi, considerato il fatto che il pittore lavorava in posizione molto scomoda, presentano tuttavia alcune analogie con le iscrizioni bresciane, ad esempio nell'alternanza della «E» capitale e onciale, o nella forma particolare della «G». Posso solo aggiungere che la presenza di certe particolarità linguistiche, come *vigela* al posto di *vigila,* o di *Redimptor* per *Redemptor,* riconduce a fenomeni grafici, e forse fonetici testimoniati nell'VIII secolo, anche se non si può escludere che siano continuati anche dopo. La tomba più importante delle due, quella che presenta figurazioni più sontuose, e uniche, per quanto ne so io (tra l'altro sono raffigurate delle rose, che alludono, come avveniva nelle cripte di Brescia e di Sirmione, al Paradiso), tramanda anche il nome della badessa sepolta: Ariperga. Sino a questo momento non sono riuscito a reperire notizie su questa badessa. Il famoso Necrologio altomedievale di Santa Giulia di Brescia, così prodigo di notizie anche sulla Reichenau, non riporta elenchi di religiose del monastero pavese, che pure dipendeva da quello bresciano. Ma già da ora, visti gli stretti e molteplici legami che uniscono i tre monasteri (Brescia, Sirmione, Pavia) fondati da Ansa, possiamo forse sperare che un giorno Ariperga possa aiutarci anche a fare una qualche luce anche sull'enigma del S. Salvatore di Brescia. Gli studi sul complesso e sui ritrovamenti sepolcrali sono attualmente in corso di studio da parte della Soprintendenza Archeologica della Lombardia, e in particolare della dott. Rosannina Invernizzi, che ha diretto gli scavi, oltre che da parte di un gruppo di studio dell'Università di Pavia.

Alfred Wyss

Müstair, Kloster St. Johann

Zur Pflege der Wandbilder in der Klosterkirche

Geschichte und Bestand[1]

Die Gründung erfolgte im ausgehenden 8. Jahrhundert als Männerkloster der Benediktiner in einem bereits in der späten Bronzezeit (um 1000 v. Chr.) besiedelten Gebiet;[2] Karl der Große gilt als legendärer Stifter. Zum erstenmal ist die Gemeinschaft im ersten Viertel des 9. Jahrhunderts im Verbrüderungsbuch der Abtei Reichenau belegt.[3] Sie wird vor 1157, wie andere Niederlassungen der Diözese, in einen Frauenkonvent umgewandelt (bis 1810 Abtei, heute Priorat).

Die Klosterkirche ist wohl im letzten Viertel des 8. Jahrhunderts entstanden. Äbtissin Angelina von Planta baute in den Jahren vor 1492 den ursprünglichen Dreiapsidensaal in eine Hallenkirche um. Kleinere Eingriffe, vor allem an den Fenstern, erfolgten später in barocker Zeit.

Dies mag zur Geschichte in unserem Zusammenhang genügen.

Der Dreiapsidensaal, der im Osten an den karolingischen Nordflügel des strengen Klostergevierts anschloß[4] , war ursprünglich flach gedeckt.[5] Die Wandbilder sitzen auf einem Intonaco, der über einen geschlämmten Putz gelegt wurde; sie sind deshalb wohl etwas später als der Bau selbst entstanden.

Die Ikonographie in Kürze: Im Schiff waren in mit bandumwundenen Blattstäben eingefaßten Feldern 82 Einzelbilder in fünf Registern angebracht: unter der ehemaligen Decke die Geschichte Davids; darunter an den Seitenwänden das Leben Jesu; im untersten Fries wird das Martyrium von Aposteln vermutet. An der Ostwand über den Apsiden die Himmelfahrt Christi; in den Apsiden selbst in der Mitte das Leben des Klosterpatrons Johannes unter der Darstellung des Salvators, dem die Johanneskirche wohl ursprünglich geweiht war (Abb. 59b); in der Nordapsis Peter und Paul unter der Traditio Legis; in der Südapsis, unter der Crux Gemmata, nach Marèse Sennhauser Szenen aus dem Leben nicht genau bestimmbarer Heiliger, ev. des hl. Vigilius – sie werden in der Regel wegen der Darstellungen der darüberliegenden romanischen Schicht als Stephanusvita interpretiert (Abb. 63). An der Westwand das Jüngste Gericht mit der Einrollung des Himmels nach Apokalypse 6,14, und Jesaia 34,4 (Abb. 59a). Die einzelnen Bildfelder waren mit Tituli versehen, von denen sich nur spärliche Reste erhalten haben.

Für die stilistische Einordnung des an die klassizistische Wandmalerei der späten Kaiserzeit anknüpfenden Hauptmeisters und der oberitalienischen Werkstatt, und für die komplexe Frage der benützten Vorlagen sei auf die Einordnungsvorschläge von Marèse Sennhauser-Girard[6] verwiesen.

In diesen Malereien sind mit groben Pinselzügen applizierte Reparaturen wohl des 11. und 12. Jahrhunderts festzustellen. Die Apsiden wurden im letzten Drittel des 12. Jahrhunderts neu ausgemalt; davon haben sich in den unteren Partien einige Felder erhalten. Die Themen entsprechen, mit Ausnahme der Südapsis, den alten Darstellungen (Abb. 59b, 63). Die karolingischen Bilder im Schiff blieben offenbar bis zum Umbau zur Hallenkirche am Ende des 15. Jahrhunderts sichtbar, nur zum Teil durch einzelne Bildfelder des 14. oder 15. Jahrhunderts abgedeckt. Der Bau des Turmes im 16. Jahrhundert brachte den Verlust der meisten Malereien an den östlichen Teilen der Südwand. Die Apsismalereien, in welche 1597 die Heiligblutlegende (in der Mittelapsis) eingefügt wurde, übertünchte man erst im 17. Jahrhundert. 1878-1879 wurde die Kirche (von Heinrich Kluibenschedl) neu dekoriert. Zu erwähnen sind für die Beurteilung des Erhaltungszustandes auch die Schäden von Bränden im Schiff u.a. im 11. Jahrhundert und um 1499, also vor und nach der Überdeckung der Bilder im Schiff.

Restaurierungsgeschichte

Robert Durrer und Joseph Zemp, zwei für die Schweizer Kunstgeschichte und Denkmalpflege wichtige Forscher, entdeckten in den 90er Jahren des letzten Jahrhunderts Reste des Malereizyklus über dem Gewölbe, den sie zunächst als romanisch mit gotischen Übermalungen einstuften;[7] Sie legten auch Teile der Vorhangmalerei in den Apsiden frei; doch schon in der ausführlichen Publikation von 1906-10 korrigierten sie auf karolingisch. 1908/09 wurden die damals bekannten Reste über dem gotischen Gewölbe mit einem Strappoverfahren abgenommen: eine romanische Malerei mit Kain und Abel über der Mittelapsis, mit den beiden Johannes über der Nordapsis und mit dem Sündenfall und der Austreibung aus dem Paradies im Süden. Auch die darunterliegende Schicht mit der karolingischen Himmelfahrt und die Davidsgeschichte des obersten Frieses an den Schiffswänden wurden damals ins Schweizerische Landesmuseum überführt. Am Ort blieb die Untermalung mit einzelnen Resten des ursprünglichen Aufbaus (Abb. 72).

1947-51 wurden die Kirche unter der Leitung von Architekt Walther Sulser und des damaligen Präsidenten der eidgenössischen Kommission für Denkmalpflege, Linus Birchler, restauriert und die Malereien freigelegt. Linus Birchler berichtet 1954:[8] „Die Kirche St. Johann in Müstair ist eine Klosterkirche der Benediktinerinnen, die täglich für die Meßfeier und die kanonischen Tagesstunden benützt wird und die am Sonntag die ganze Dorfbevölkerung aufzunehmen hat. Deshalb war es unmöglich, die Fresken nur rein konservierend zu behandeln, d.h. sie genau so zu belassen, wie sie ans Licht traten. Eine conditio sine qua non lautete dahin, daß die Bilder im Wesentlichen farbig zusammengehängt würden, besonders dort, wo die Nonnen sie beim Chorgebet ständig vor Augen haben und wo sie sich an den Sonntagen den Blicken des die Kirche bis zum letzten Winkel füllenden gläubigen ramontschen Volkes aufdrängen..." Birchler beschreibt dann das Flicken der Fehlstellen mit helleren Farbtönen und fährt fort:" Bei einzelnen Szenen mußte rein farbig und in verschwommenen Andeutungen weitgehend vervollständigt werden (z.B. die Verklärung Christi), um sie für den frommen Betrachter auf Distanz inhaltlich verständlich zu ma-

Abb. 59a. Müstair, Klosterkirche St. Johann, Westwand mit Darstellung des Jüngsten Gerichts.

chen. Natürlich wurde nirgends linear ergänzt. Ein geschultes Auge kann die Originalpartien leicht von den farbigen Ergänzungen trennen, die mit einer grauen Linie abgegrenzt sind..." Die Arbeiten konnten nur finanziert werden, weil die Klosterfrauen bei der Freilegung selbst Hand anlegten. Im übrigen hat damals der Restaurator Franz Xaver Sauter den Aufbau der als Fresco angetragenen Wandbilder, die er allerdings als Emulsionsmalerei ansah, recht gut beobachtet.

Was haben wir von den karolingischen Malereien vor uns?[9] Die Untersuchungen haben ergeben, daß der Restaurator nicht nur die von Linus Birchler berichteten durch hellere Töne erkennbaren Retouchen der alten Pickelhiebe und der Ergänzungen angesetzt hat, sondern daß er im wesentlichen die Hintergründe überlasiert und Konturen und Binnenlinien zum Teil verfälschend nachgezogen hat. Warum dies? Zunächst sind die älteren Schadensereignisse zu bedenken, die Schlaglöcher für die Haftung der Überputzungen, die Farbverluste und die Farbveränderungen durch Oxydation und die Folgen der Brände, welche die Rottönigkeit verstärkten, ferner die Umwandlung von Weißhöhungen in Schwarz. Bei der Freilegung wurde zwar mit sanfter Hand, aber mit den damals üblichen Hämmerchen und Spachtel von Laien (den Klosterfrauen) gearbeitet: es gab Farbverluste und es blieben Kalkschleier bestehen. Der Restaurator hat deshalb mit Lasuren und mit dem Nachziehen von Linien ein Gesamtbild geschaffen, das die Malereien in ihrer Erscheinung nicht verfälscht, wie ein Vergleich mit den abgenommenen und seither schon zweimal restaurierten Wandbildern im Landesmuseum, und mit den Originalen im Dachstuhl zeigt. Allerdings ist das Original weitgehend verdeckt und in Einzelheiten verändert. Die „verschwommenen Andeutungen" bei den Ergänzungen allerdings mögen dem Kenner heute unangenehm ins Auge stechen.

Zum Zustand der Wandbilder

Anläßlich einer Reinigungskampagne wurde 1987 der Versuch einer zeichnerischen Dokumentation unternommen. „Es hat sich bei unseren Probeaufnahmen gezeigt, daß eine gültige zeichnerische Dokumentation des karolingischen Originals und älterer Übermalungen erst dann möglich ist, wenn die Malerei-

Abb. 59b. Müstair, Klosterkirche St. Johann, Mittelschiff, Ansicht nach Osten.

Abb. 60. Müstair, Klosterkirche St. Johann, Südapsis, oberes Register: Weihe des Stephanus (Zustand 1987).

en re-restauriert werden, weil Übermalungen des Restaurators Franz Xaver Sauter in den Jahren 1947-53 (sic) mehrfach die alten Farbschichten überdecken".[10] Oskar Emmenegger hat 1988 zwei Felder genauer untersucht und mit kleinen Probefreilegungen seine bisherigen Beobachtungen, denen bereits Pigment- und Bindemittelanalysen zugrundeliegen, ergänzt. Hier für unser Thema das Wichtigste: Die Schlaglöcher im Putz sind von Sauter mit einem Gemisch von Kalk und Gips geflickt worden, das auch über deren Ränder verstrichen wurde – Ursache von Ausblühungen und Abstoßungen. Die Retouchen sitzen auf einer über die ganze Malerei gezogenen Fixierung, einer Emulsion mit Öl-Anteilen, Kaseinen und Vollei – wohl als Folge der falschen Einschätzung der Maltechnik (als Emulsionsmalerei) durch den damaligen Restaurator. Diese Schicht bildet einen hervorragenden Nährboden für Pilze, die in der Tat in geringem Maße vorhanden sind.[11] – Zu weiteren Beobachtungen zum Zustand der Malereien siehe den Text O. Emmeneggers.[12]

Aus den Untersuchungen ist zu schließen, daß für die Malereien im Schiff keine unmittelbare Gefahr besteht und daß eine Konservierung – eine ständige Kontrolle vorausgesetzt – nicht dringlich ist. Dies trifft sich mit den Beobachtungen von ausländischen Kollegen, die in den 70er Jahren Gelegenheit hatten, die Malereien näher zu betrachten – die Übermalungen sind, wie damals, noch löslich. Dies gilt allerdings nur teilweise für die Fixierungsemulsion selbst, die eine Trennschicht bildet, aber jetzt noch vor allem ein ästhetisches Problem darstellt. Die Frage des Pilzwachstums ist im Zusammenhang mit den Klimabedingungen in der Kirche im Auge zu behalten.

Anders steht es mit den Malereien in den Apsiden.

Linus Birchler stellte 1954 fest: „An einigen Stellen ist Salpeterbildung festzustellen". Man ersetzte das Schindeldach der Apsiden durch eine Kupfereindeckung und legte um die Apsiden einen Lüftungsschacht zur Austrocknung der Mauern an, der später und im Zusammenhang mit der Abwehr von Grundfeuchte und Dachwasser verbessert wurde.[13] Seit 1982 finden systematische Untersuchungen statt,[14] deren bisherige Resultate wie folgt zusammengefaßt werden können: „Die karolingischen und romanischen Wandmalereien in den Apsiden der Klosterkirche zerfallen seit ihrer Restaurierung in den Jahren 1947-51 rascher als früher. Folgende Hauptschäden wurden beobachtet: 1. Schmutzablagerungen; 2. Abtrennung der romanischen von der darunterliegenden karolingischen Malerei; 3. Salzverwitterung; 4. Biogener Befall".[15] Die Schadenssituation zwang zum Handeln. Es seien hier nur die wichtigsten Maßnahmen angedeutet: Klimamessungen, Untersuchung der Salze und ihrer Aktivitäten, Entsalzungskampagnen an den betroffenen Partien,[16]

Abb. 61. Müstair, Klosterkirche St. Johann, Nordwand, Bereich über dem Gewölbe: Absalom vor David (Aquarellkopie von Robert Durrer, 1894, vor der Abnahme).

planmäßige Aufnahmen der Hohlstellen an den romanischen Wandbildern und Sicherung der vom Absturz bedrohten Partien mit Stiften. Seit 1987 wird die Kirche auf Grund der Klimamessungen nicht mehr beheizt, so daß die relative Feuchtigkeit den auf Grund der Salzanalysen definierten kritischen Wert von 60 % in der Regel nicht unterschreitet. Die Salzausblühungen konnten so auf ein tolerierbares Minimum reduziert werden. Allerdings sind wir mit dieser relativen Feuchtigkeit in einem Bereich, in dem es den Pilzen nicht unwohl ist – ein Dilemma, das wir auch von anderen Objekten her kennen. Die Heizung, die 1951 eingerichtet worden war und Salzschäden sowie eine starke Verschmutzung verursachte, wurde 1987 demontiert und den Nonnen ersatzweise eine würdige Winterkapelle in der Südostecke des südlichen Klosterhofes eingerichtet. Im übrigen werden unsere Bemühungen um ein konstantes Klima durch die Immissionen des starken Kunsttourismus gestört. Hier sind noch Lösungen zu suchen – etwa in der Richtung von Besichtigungsregime, Belüftung u. ä.

Schluß

Die Wandbilder sind zwar durch die Übermalungen entwertet; eine Restaurierung der Kirche, die noch vor wenigen Jahren im Restaurierungsprogramm enthalten war, ist für die nächste – überschaubare – Zeit aus finanziellen Gründen und wegen der beschränkten Arbeitskapazitäten nicht vorgesehen.[17] Sie müßte, auch wegen der notwendigen Ausgrabungen, den Arbeiten an den Wandbildern vorausgehen. Im Schiff sind die Malereien nicht akut gefährdet; sie verlangen aber eine Kontrolle des Pilzbewuchses vor allem im Bereich der Fixierung, die als Trennschicht zwischen Original und Übermalungen wirkt. In den Apsiden ist nach den bisherigen Maßnahmen mit geringfügigen Salzausblühungen, die sich in einem verantwortbaren Maß halten, weiterhin zu rechnen. Nicht gelöst ist aber die Frage der Hohlstellen im Bereich der romanischen Malereien: Hier, also in den unteren Partien der Apsiden, besteht die Gefahr des Absturzes. Das Thema ihrer Erhaltung wurde bereits 1954 von Linus Birchler angesprochen: „Die Versuchung liegt nahe, die romanischen Fresken, die jetzt in den drei Apsiden noch wichtige Partien der karolingischen Malereien verdecken, abzudecken, um die karolingische Ausmalung völlig freizulegen. Dagegen bestehen aber wichtige Bedenken: Diese Malereien sind von ganz ungewöhnlicher Qualität; sie vertreten in der jetzt räumlich durch die Spätgotik geprägten Kirche, in der auch Zeugen des früheren und späteren Barocks nicht fehlen, die hochromanische Epoche. Es ist bis zu einem gewissen Grade wahrscheinlich, daß die von ihnen verdeckten karolingischen Male-

Abb. 62. Müstair, Klosterkirche St. Johann, Nordwand: Christus segnet die Kinder (Zustand 1987).

reien schlecht erhalten sind, so daß die Freilegung ein Risiko bedeutet".[18] Ein Risiko, weil, wie wir heute wissen, die karolingischen Malschichten am romanischen Intonaco haften. Es wird versucht, die romanischen Bilder an der Wand zu halten, ein heikles Unterfangen, das die Verantwortlichen mehr als nur beunruhigt.

Unsere Methode, oder besser unser Verhalten, kann man folgendermaßen zusammenfassen: Fortführung der Klimamessungen, sichern was zu sichern ist, beobachten, kontrollieren und dokumentieren, um jene Grundlagen bereitzustellen, die für allfällige weitere Maßnahmen bis hin zur Restaurierung der Wandbilder notwendig sind.

Anmerkungen

1 Aus der umfangreichen Literatur vgl. Josef Zemp – Robert Durrer, Das Kloster St. Johann zu Müstair in Graubünden, Genf 1906-1911; Linus Birchler, Zur karolingischen Architektur und Malerei in Müstair, in: Frühmittelalterliche Kunst in den Alpenländern, Actes du IIIe congrès international pour l'étude du haut moyen âge, Olten-Lausanne 1954 S. 167-252; Marèse Sennhauser-Girard, Die Ikonographie der karolingischen Fresken von Müstair in Graubünden, polygraphiert 1966 (Kurzfassung der Dissertation Basel 1959); P. Iso Müller, Geschichte des Kloster Müstair von den Anfängen bis zur Gegenwart, Disentis 1978 ([3]1986 mit Nachträgen); Lucas Wüthrich, Wandgemälde von Müstair bis Hodler. Katalog der Sammlung des Schweizerischen Landesmuseums, Zürich 1980, S. 17-46 (mit Zusammenfassung der bisherigen Forschung); Das Benediktinerinnenkloster St. Johann in Müstair, Graubünden, Schweizerische Kunstführer, Bern 1986; Andreas Arnold, Konrad Zehnder und Andreas Küng, Deterioration and preservation of carolingian and mediaeval mural paintings in the Müstair convent (Switzerland), in: Case Studies in the Conservation of Stone and Wall Paintings. IIC Congress, Bologna 1986, S. 190-199; A. Arnold, K. Zehnder, A. Küng und O. Emmenegger, Wandmalereizerfall, Salze und Raumklima in der Klosterkirche von Müstair, in: Zeitschrift für Kunsttechnologie und Konservierung 5, 1991, S. 171-200; Vorromanische Kirchenbauten. Katalog der Denkmäler bis zum Ausgang der Ottonen (Veröffentlichungen des Zentralinstituts für Kunstgeschichte in München III/1, 2), München 1966-71 (Ndr. 1990), S. 227f.; Nachtragsband, München 1991, S. 295 f. (mit der älteren Lit.); Luise Gnädinger – Bernhard Moosbrugger, Müstair. Das Kloster St. Johann in Müstair, Zürich 1994 (Abbildungen); Hans Rudolf Courvoisier und

Abb. 63. Müstair, Klosterkirche St. Johann, Südapsis, zweites Register, teilweise abgedeckt durch romanische Neuausmalung: Aussendung und Predigt des Stephanus (Zustand 1987).

Hans Rudolf Sennhauser, Die Klosterbauten, eine Übersicht, in: Müstair, Kloster St. Johann (Veröffentlichungen des Institutes für Denkmalpflege an der ETH Zürich Bd. 16.1. Teil I, Zur Klosteranlage), Zürich 1996, S. 9-65;
Archivalien: Dokumentation des Restaurators Oskar Emmenegger, dem ich für vielfältige Auskünfte herzlich danke.

2 Wohl im Rahmen der karolingischen Passpolitik vermutlich durch den Bischof von Chur, Constantius oder Remedius (795-820).

3 Verbrüderungsbuch der Abtei Reichenau (Zürich, Zentralbibliothek; vor 824), p. III: „monasterium tuberis"; p. XVII: „nomine fratrum de monasterio qui vocatur tuberis", vgl. Das Verbrüderungsbuch der Abtei Reichenau, hrsg. v. Johanne Autenrieth, Dieter Geuenich und Karl Schmid (MGH Libri Mem. et Necr., n. s. 1), Hannover 1979; zur Identifikation mit St. Johann in Müstair vgl. I. Müller (Anm. 1).

4 Zur Klosteranlage vgl. Müstair, Kloster St. Johann (wie Anm. 1).

5 Maße der Kirche ohne Apsiden: L 19,5 m, B 12,7 m , H ca. 12,5 m, also im Grundriß etwa im Verhältnis 2:3, im Querschnitt quadratisch.

6 Siehe Anmerkung 1.

7 Robert Durrer, Das Kloster St. Johannes Baptista in Müstair, in: Anzeiger für Schweiz. Altertumskunde, Bd 7, 1892-95, S. 385-388.

8 Linus Birchler (wie Anm. 1), S. 184 f.

9 Das Folgende stützt sich auf die Beobachtungen des verantwortlichen Restaurators Oskar Emmenegger, der sich seit über dreißig Jahren mit den Wandbildern befaßt.

10 Courvoisier-Sennhauser, in: Müstair, Kloster St. Johann (wie Anm. 1).

11 1997 wurde die Nordwand erneut eingerüstet und untersucht; Die bisherigen Befunde wurden bestätigt. Der Pilzzerfall ist sehr gering; an einzelnen Stellen haben sich Hohlstellen gebildet, die weiter zu beobachten sind.

12 S. unten, S. 60ff.

13 Ersatz der Wasserspeier durch Fallrohre, Verbesserung des Anschlusses der Abdeckplatten des Lüftungsschachtes 1972 f.

14 Bei dieser Gelegenheit wurden in den unteren Partien der Apsiden, die vom Boden aus erreichbar sind, Kunstharzfixierungen unbekannter Herkunft festgestellt, welche zu schollenförmigen Abplatzungen der Malschicht führten – sie sind durch Restaurator Emmenegger entfernt worden.

15 Arnold u. a., Wandmalereizerfall (wie Anm. 1), S. 199.

16 1982 und 1987.

17 Nach der Aufdeckung der Wandbilder 1947-51 sind immer wieder Arbeiten an den Klostergebäuden ausgeführt worden. Seit 1969 sind Sanierungs- und Restaurierungsarbeiten am ganzen Komplex im Gange, die von einer Stiftung (Pro Kloster St. Johann in Müstair) gefördert und im Wesentlichen getragen werden.

18 Vgl. Linus Birchler (wie Anm. 1), S. 242.

Oskar Emmenegger

Klosterkirche St. Johann in Müstair. Maltechnik und Restaurierungsprobleme

Die karolingischen und romanischen Wandmalereien der Klosterkirche begeistern nicht nur durch den großen Bestand und die Qualität. Viele maltechnischen Beobachtungen fügen sich zu einem nahezu lückenlosen Bild von der Art und Weise, wie diese Malereien geschaffen wurden.

Das Folgende beruht auf Beobachtungen der letzten 30 Jahre, die wir bei Zustandsuntersuchungen und Konservierungsarbeiten gesammelt haben. Wertvolle Informationen erhielten wir auch von den Archäologen über die Westwand der Kirche.

Die naturwissenschaftlichen Untersuchungen von Andreas Arnold, Heide Härlin, Hermann Kühn und Franz Mairinger sind in Bezug auf Material, Putzaufbau und Malschichtenabfolge von großer Bedeutung. Trotz der vielen gesicherten Befunde bleiben Fragen offen, die wir vielleicht nie beantworten können, denn wir haben keine werkstattfrische Malerei vor uns. Diese ist durch natürliche, materialspezifische Alterung, Verwitterung und mechanische Verletzungen beschädigt; auch Brände haben sie farblich verändert.

Wir beschränken uns hier auf die Malereien im Kircheninnern. Beschrieben wird in einem ersten Teil die Maltechnik mit besonderem Schwerpunkt auf Pontate, Arbeitseinheiten, Module und Markierungen mit der Schlagschnur bei den karolingischen Wandbildern.

Der zweite Teil ist den Konservierungsproblemen gewidmet. Dabei liegt der Hauptakzent auf dem hohlliegenden Bildträger.

Die Maltechnik der figürlichen karolingischen Malerei

Die karolingische Malerei ist in Freskotechnik ausgeführt worden. Allerdings entspricht das Vorgehen der Maler im Detail nicht ganz der Malweise des „fresco buono" wie sie Cennini und spätere Autoren beschrieben haben. Es ist eine Freskotechnik mit Anteilen von Kalk- und wenigen Anteilen von Seccomalereien. Es handelt sich um eine Vorstufe, die schlußendlich zu einer Malweise führte, wie sie die Maler des byzantinischen Einflußbereiches im 12. und 13. Jahrhundert pflegten. Dies belegen nicht nur die festgestellten Malschichtabfolgen, sondern auch die stereotype Kalligraphie der Lichter und Schatten, die europaweit angewendet wurde.

Allerdings erkennt man auch eine gewisse Unbeholfenheit der Müstairer Maler. Sie malten auf dem halbfrischen Putz zu einem Zeitpunkt weiter, als man denselben bereits durch ein frisches Intonaco hätte ersetzen müssen. Mehrschichtige Malabfolgen konnten daher nie vollständig abbinden. Diese maltechnische Unzulänglichkeit ist eine der Hauptursachen der Verluste, welche bei den Freilegungen in den 50er Jahren entstanden. Trotzdem ist aber zu erkennen, daß die Arbeit der Maler vom ersten Konzept bis zum endgültigen Erscheinungsbild klar durchdacht und eingeübt war.

Die karolingische Malerei liegt auf einem Mauerwerk aus Lesesteinen mit einzelnen Bruch- und Bollensteinen. In Pietra rasa-Technik wurden die Mauerfugen und großen Löcher geschlossen. Der an den Außen- und Innenwänden applizierte 9 bis 32 mm starke Einschichtputz wurde mit einer bis zu 1 mm dicken Kalkschlämme überzogen. Er trägt am Äußeren, an Architekturgliedern, Dekorationsmalereien, die Ziegelsteine wiedergeben.[1] Am Traufgesims befinden sich Blattranken. Im Innern wird derselbe Verputz mit der Kalkschlämme als Arriccio benutzt. Schwarze Sinopien, welche der Orientierung bei der Malereiausführung dienten, liegen auf der bereits verschmutzten Schlämme und sind daher wohl wenig später als der Innenputz entstanden.[2] Darüber wurde als Träger der Malerei der Intonaco in Arbeitseinheiten aufgetragen. Auf einzelne Arbeitsschritte soll im folgenden kurz eingegangen werden.

Das Gerüst

Das Gerüst hat den Malprozeß wesentlich beeinflußt. Dies belegen die an der Nordwand und in den Apsiden gefundenen „Pontate"; dies sind horizontalverlaufende Putznähte. Sie entstanden, wenn der Mörtel eines gemalten Bildfrieses bereits an der Oberfläche abgebunden war und der neue Anschlußmörtel des darunter angefügten Bildfrieses sich nicht mehr sauber anschließen ließ.

Für die fünf übereinanderliegenden Bildfriese und deren Rahmungen wurden vier Gerüstgänge erstellt. Der Maler arbeitete von oben nach unten. Die Höhenabstände variierten bei den einzelnen Pontate zwischen 2,1 m und 2,2 m. Die Putznähte dieser wellig verlaufenden Pontate befanden sich jeweils cirka 20-25 cm über einem Gerüstgang.

Die erste Putznaht läuft entlang dem unteren Rahmen des obersten Bildfrieses. Die nächsten Gerüstgänge, und somit auch die Pontate, rückten nach unten immer mehr in die Bildfläche hinein, weil die Bildfriese inklusive der darüber liegenden Rahmen weniger hoch sind als die Abstände der Gerüstböden.

Arbeitseinheiten

Es ist praktisch unmöglich, ein Bildthema auf eine große, in einem Zug verputzte Fläche einwandfrei in Fresko auszuführen. Daher wurde der Verputz, mit einer Korngrößenverteilung von 0 bis 3 mm für Bereiche von Figuren und anderen Bildteilen in unterschiedlich großen Einheiten appliziert, geglättet und sofort bemalt. Die Unterteilung in zu verputzenden Arbeitseinheiten richtete sich nach den Sinopien (Arricciozeichnungen), nach der Kompliziertheit und den künstlerischen Anforderungen des zu bewältigenden Bildthemas. Es sind aber nicht – wie oft fälschlicherweise bezeichnet – „Tagwerke", denn eine an einem Tag gemalte Fläche setzt sich aus mehreren Arbeitseinheiten zusammen. Manchmal umfaßte eine Arbeitseinheit z.B. nur einen Kopf oder eine Hand. Solche Einheiten sind aufgrund überlappender Putznähte zu erkennen. Man muß davon ausgehen, daß

Abb. 64. Müstair, Klosterkirche St. Johann, Nordapsis, zweites Register: Simon Magus und die Apostel Petrus und Paulus vor Nero, Detail.

Abb. 65. Müstair, Klosterkirche St. Johann, Dachraum über dem Nordannex: Blendnischenfläche der äußeren Nordwand als charakteristisches Beispiel einer abgekellten Putzoberfläche.

Abb. 67. Müstair, Klosterkirche St. Johann, Nordwand, Bereich über dem Gewölbeansatz: feiner abgekellte Intonacofläche als Bildträger der karolingischen Malerei.

in der Klosterkirche Müstair an einem Bildfeld mehrere Tage gemalt worden ist.

Konstruktions- und Zeichnungshilfen

Alle großflächigen Malereien, insbesondere solche, die in übereinanderliegenden Friesen angeordnet sind, verlangen ein Konstruktionssystem, damit sie maßgerecht in den vorgegebenen Raum eingefügt werden können.

In der Klosterkirche haben wir auf dem Intonaco der Apsiden Elemente eines solchen Systems gefunden. Es sind kurze, in den frischen Intonaco geritzte horizontale Linien oberhalb des horizontalen Rahmenfrieses, der die Darstellungen in den Kalotten

Abb. 66. Müstair, Klosterkirche St. Johann, Nordwand, Rahmen unterhalb Bild 46 (Taubstummenheilung): karolingischer roter Schnurschlag mit Schnurknoten und Farbspritzern.

von denen an den Wänden trennt. Ab diesen geritzten Linien wurde mit rotem Schnurschlag eine horizontale Achse markiert. Von dieser Achse aus hat man nach unten die Bandbreiten des ersten horizontalen oberen Rahmenfrieses und die anschließende Bildhöhe mit roten Modulen festgehalten. War ein Bildfries gemalt, diente dessen unterer Rand als neue horizontale Achse, von der aus mit Modulen die Höhenabstände des nächsten, darunterliegenden Rahmen- und Bildfrieses festgehalten wurden. Die gemalten Module markierten die Stellen, an denen die mit rotem Ocker getränkte Schlagschnur mit den Fingern festzuhalten und die Schlagschnurmarkierung anzubringen war (Abb. 66). In regelmäßigen Abständen von 55 cm finden sich in den Apsiden Abfolgen solcher Module und nach diesen ausgeführte rote Schnurschläge. Auf jeder horizontalen Achse, wurde jeweils auch die Breite der senkrechten Rahmenbänder zu den Bildfeldern mit Maßmodulen bestimmt (Abb. 74). Besonders eindrückliche Beispiele von Maßmodulen und Kompositionselementen sind auf der Fensterschräge in der Südapsis zu erkennen. Es sind kleine, geritzte Kreuze und kurze Linien und das Negativ einer in den frischen Intonaco gepreßten Schnur. Die mit einer Spachtel oder einem Messer geritzten Kreuzchen und Linien sind Module, mit denen die Kreuzungen und Breitenmaße der Flechtbandornamente bestimmt wurden. Zugleich dienten sie, wie die gemalten, als Fixpunkte, an denen die Schnur mit den Fingern festgehalten worden ist. Von den Fingern haben sich viele Abdrücke auf dem Intonaco erhalten (Abb. 68).

In den Kalotten finden sich in den frischen Intonaco geritzte Zirkelschläge für die Nimben der Christus- und Heiligendarstellungen, für die Medaillons der Kreisscheiben des Gemmenkreuzes und der Evangelistensymbole. Weitere geritzte Zirkelschläge markieren rapportierende Blütenstäbe in den Fensterlaibungen der Nordapsis (Abb. 69, 75) und die sich wiederholenden Bögen der Wolkenfriese in der Südapsis, aber auch die runden Masken in den Kreuzungen der Rahmenfriese im Schiff. Solche geritzte Zirkelschläge dienten während des ganzen Malprozeßes als eine immer sichtbare Orientierungshilfe.

Als Rationalisierungsverfahren verwendeten die Maler zudem Abdeckschablonen für Gesichts- und Fußformen (Abb. 70).

Abb. 68. Müstair, Klosterkirche St. Johann, Südapsis, maltechnische Details: geritzte Module (Kreuze) und Schnurnegative sowie Fingerabdrücke vom Andrücken der Schnüre und Negativ eines Gewebes (oben rechts).

Abb. 69. Müstair, Klosterkirche St. Johann, Nordapsis, Fensterlaibung, Rahmendekor: geritzte Zirkelschläge.

Malabfolge

Außergewöhnlich ist der nächste Arbeitsgang, der sich allerdings nur in den Bildfeldern der Apsiden nachweisen läßt: das Anlegen einer Veneda (Grauuntermalung) über das ganze Feld, die üblicherweise nur als Untermalung für Blau und Grün dient.[3] Erst auf ihr folgten mit rotem Ocker die gemalten Figurenachsen, Maßmodule und Vorzeichnungen, die normalerweise direkt auf dem Intonaco liegen. Die geritzten Zirkelschläge wurden auf der Veneda wiederholt. Diesmal aber mit gemaltem Zirkelschlag, wozu ebenfalls roter Ocker verwendet worden ist.

Erst jetzt erfolgte der eigentliche Malprozeß. In die vorgezeichneten Flächen der Arbeitseinheiten wurden die Lokaltöne gesetzt. Mit rotem Ocker legte man Architektur, Rahmenbänder, Gewänder und teilweise die Haare flächig an, wobei das Rot der Gewänder mit Kalk aufgehellt wurde. Gelb diente für die Nimben und teilweise als Lokalton für Haare, vor allem aber – stark mit Kalk aufgehellt – für Inkarnate. Für weiße Gewänder benutzte man Kalklasuren als Lokalton, der über der Veneda hellgrau erscheint. Auf diesem optischen Hellgrau bedurfte es nur noch weniger weißer Lichter und dunkelgrauer Schattenlinien. Darüber folgten ein paar rote Schattenfalten und teilweise auch rote Stickmuster. Dasselbe zeigt sich auf dem hellroten Lokalton an den Gewändern, die ähnlich wie die Architektur, mit weißen Lichtern und dunkelroten Schattenlinien modelliert sind.

Im Gegensatz zu den einfach, spontan und schnell gemalten Gewändern und Architekturen zeigen die Gesichter eine dem Stil entsprechende aufwendige Malweise. Hier finden wir auf dem gelben Inkarnatston neben den streng gesetzten Lichtern und Schattenlasuren auch das zeichnerische Verdaccio.[4] Für das Verdaccio wurden zweierlei Grün verwendet: Grüne Erde für alle großformatigen Gesichter in der Apsis und ein Gemisch aus Schwarz und gelbem Ocker für die übrigen Köpfe in den Apsiden und im Schiff.

Der Malvorgang in den Gesichtern war der Folgende: Auf die Veneda mit den roten Vorzeichnungen folgte der gelbe Lokalton für das Inkarnat. Im nassen Zustand des Lokaltones ist die rote Vorzeichnung auf der Veneda noch zu erkennen. Sie wurde daher schnell auf dem gelben Inkarnatston wiederholt. Mit grüner Erde oder dem Gemisch aus Schwarz und Gelb malte man das zeichnerische Verdaccio. Es wurde linear, breit schattierend, Linie neben Linie, lasierend gelegt. Vertiefte Schatten entstanden durch Übereinanderlegen der Linien. Diese Schattenlasuren finden sich entlang der Nase, um die Augenhöhlen, unterhalb des Mundes, am Kinn und entlang der Gesichtssilhouette. Wo Lichter vorgesehen waren, erfolgte kein Verdaccio; der hellgelbe Lokalton blieb ausgespart. In die ausgesparten Flächen malte man mit Kalk die Lichter mit krähenfußartigen Falten bei den Augenhöhlen und Mundwinkeln, den Nasenflügeln und bei den Stirnfalten. Zuletzt wurden die roten Wangen, der Mund und die dunkelbraunen Augen aufgesetzt (Abb. 71, 73). Trotz der streng angewendeten kalligraphischen Anordnung der Lichter und dem als Schatten dienenden „Verdaccio“ ist eine virtuose Malweise

Abb. 70. Müstair, Klosterkirche St. Johann, Nordwand, Bild 46 (Taubstummenheilung), linker Fuß des Taubstummen: mit Abdeckschablone ausgesparte Fußsilhouette (in der Aussparung rote Intonacozeichnung).

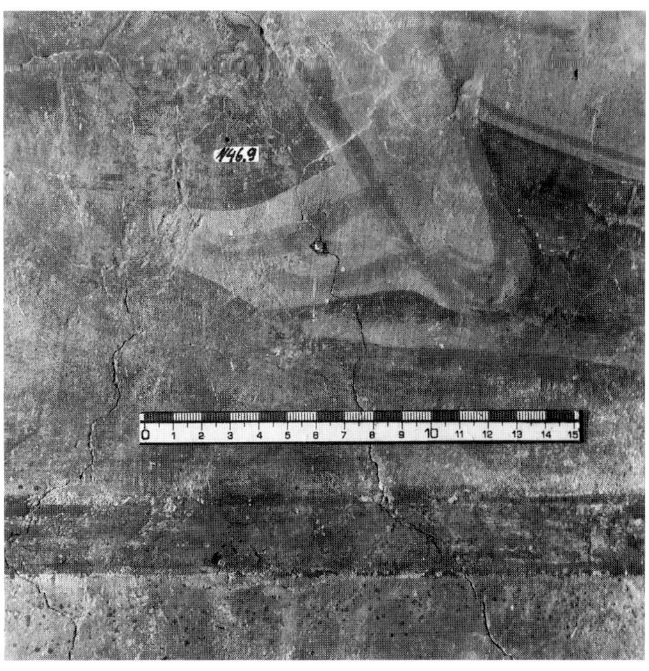

zu erkennen, deren Wirkung erst auf Distanz voll zur Geltung kommt. Abschließende schwarze Konturen, wie sie für die romanischen und gotischen Malereien typisch sind, wurden nicht ausgeführt.

Verwendete, Pigmente

Weiß:	Sumpfkalk, Bianco San Giovanni, Kalkstein- und Quarzmehl
Gelb:	Gelber und braungelber Ocker, Massicot (Bleiglätte)
Rot:	Roter Ocker, Mennige, roter Farblack
Grün:	Grüne Erde
Blau:	Aegyptischblau, Lapsislazuli
Schwarz:	Pflanzenschwarz

Verwendete Mischungen

Grau:	Pflanzenschwarz und Sumpfkalk (Veneda)
Inkarnatston:	Kalk mit viel aufgehelltem gelben Ocker, teilweise Anteile von Massicot
Grün:	Gemisch aus gelbem Ocker und Pflanzenschwarz (Verdaggio)
Weiß:	Mischung aus Sumpfkalk, Bianco San Giovanni, Kalkstein- und Quarzmehl für pastose Lichter
Hellrot:	roter Ocker und Sumpfkalk für hellrote Gewänder

Die Maltechnik der romanischen Malereien

Die romanischen Malereien sind, bis auf die schwarzen Binnen- und Konturzeichnungen, die Augen und Schuhe, technisch hervorragende Freskomalereien. Weil das Schwarz der Konturen und Binnenzeichnungen als letzter Arbeitsgang oft zu spät erfolgte, ist von dieser Farbe nicht mehr viel erhalten. Offen ist noch, ob die verschwärzte Mennige und der vergraute Zinnober al secco aufgetragen worden sind. Durch die Veränderungen von Mennige und Zinnober und das weitgehende Fehlen von Schwarz wirken die ursprünglich farblich viel kontrastreicheren Malereien heute gedämpft. Zu diesem Erscheinungsbild hat die stark vergilbte Temperafixierung von Sauter (1947-52) zusätzlich beigetragen. Sie verlagerte die Lichtbrechung von der Oberfläche der Malerei in die Tiefe der Malschicht. Die Fresken erhielten dadurch den Charakter einer Temperamalerei.[6]

Als Arriccio benutzten die Maler das karolingische Intonaco. Damit der neue Bildträger auf seiner Unterlage besser haftet, wurde die karolingische Schicht mit vielen Schlaglöchern aufgerauht. Zugleich benutzte man die karolingische Malerei als Sinopien. Man richtete sich beim Intonacoauftrag und Malen nicht – wie bei den karolingischen Vorbildern – nach dem Gerüst, sondern nach den geplanten Bild- und Dekorationsfriesen.[7] Der 1-8 mm stark aufgetragene kalkreiche Mörtel enthält wenig Sand, etwas Glimmer und nach byzantinischer Gepflogenheit kurz geschnittenes Gras als Zuschlagstoff. Schon kurz nach dem Putzauftrag bildeten sich wegen des sehr hohen Anteils an Kalk und des teilweise zu starken Auftrages Schwundrisse, welche die Maler durch intensives Glätten zu schließen versuchten. Weil es sowohl zeitlich als auch technisch gar nicht möglich ist, ein Feld mit fünf bis sechs Figuren zwischen 1.10 und 1.40 m Größe, inklusive Hintergrund und Architektur in einem Tag zu bemalen, hat man, wie bei den karolingischen Fresken, den Mörtel in relativ kleinen Arbeitseinheiten aufgetragen. Der Mörtel wurde mit 2-4 Kellenportionen appliziert, geglättet, darauf die rote Vorzeichnung und dann sofort die Untermalungen und Lokaltöne ausgeführt. Für horizontale Einteilungen bedienten sich die Maler auch hier der mit rotem Ocker getränkten Schlagschnur oder benutzten für gradlinige Motive, z.B. Sarkophage, das in den frischen Intonaco gedrückte Schnurnegativ als Orientierungshilfe.

Um die Nimben festzulegen verwendeten sie den mit dem Pinsel gezogenen roten Zirkelschlag. Für die Köpfe, Hände- und Fußformen benutzten sie, wie die karolingischen Maler, Umrißschablonen. Dies ließ sich mit exakten Pausen der 2-3 verschiedenen Kopf- und Handtypen belegen, deren Silhouettenumrisse höchstens um 1 mm abweichen.

Für die grünen und blauen Hintergründe wurde zuerst die Veneda (Grauuntermalung) angelegt, wobei die Silhouetten der Figuren, Bauten usw. ausgespart blieben. Die Gewänder und Architekturen erhielten in der Regel sofort einen mit Weiß aufgehellten Lokalton; z.B. hellgelb, hellrot und hellgrau. Nur dunkelrote und braune Gewänder weisen eine Untermalung auf. So zeigt in der Mittelapsis das Gewand der Salome als Lokalton ein Gemisch aus rotem Ocker und Pflanzenschwarz und der Umhang des Herodes unter vergrautem Zinnober eine Untermalung aus rotem Ocker, der mit Kalk aufgehellt wurde. Die Gewänder erhielten Lichter und Schatten mit langen fließenden Linien in Parallellagen. Bei dunkelroten Gewändern verzichtete man auf Lichter; statt ihrer wurden Brokatmuster aus Kreisformen und Rauten verwendet.

Als Lokalton für Gesichter diente mit viel Kalk aufgehellter gelber Ocker. Auf ihm wiederholte der Maler sorgfältig die ausführliche Binnenzeichnung der Intonacoskizze mit rotem Ocker. Darüber folgte das zeichnerische Verdaccio, bestehend aus einem Gemisch von gelbem Ocker, etwas Pflanzenschwarz und wenig Rotpigment. In die vom Verdaccio ausgesparten Stellen wurden Weißhöhungen und Schattenlasuren eingesetzt. Als letztes zog man in den Gesichtern und Händen die Binnenzeichnungen mit rotem Ocker und die Wimpern mit Schwarz nach. Mit Lapsislazuli sind die mit einer Veneda vorgelegten Hintergründe blau bemalt worden. Aus Spargründen erfolgte der Auftrag teilweise nicht deckend, sondern mit horizontalen und senkrechten Linien. Abschließend hatte man mit Schwarz die Konturen der Gesichter, Haare, Gewänder, Architekturen und Dekorationen nachgezogen (Abb. 63, 76 a-b).

Verwendete Pigmente: Pflanzenschwarz, Sumpfkalk, Bianco San Giovanni, gelber und roter Ocker, grüne Erde, Bleizinngelb, Hämatit, Zinnober, Mennige, dunkelrotes Eisenoxyd, Lapsislazuli, künstliches Kupferchlorid.

Konservierungsprobleme

Bei der Konservierung der Wandmalereien im Innern der Kirche gibt es drei Hauptprobleme.

- Salze, ab Bodenniveau bis cirka 3 m Höhe, verursachen Schäden und große Verluste an den Malereien (Abb. 78, 80, 81).
- Starker Pilzbefall auf originaler Malerei und Ergänzungen, vor allem in den Apsiden.
- Sich ablösende bemalte Putzschichten (Abb. 77).

Diese Schadensformen finden wir an den karolingischen wie an den romanischen Malereien.

Abb. 71. Müstair, Klosterkirche St. Johann, Südapsis, Weihe des Stephanus, Detail (vgl. Abb. 60): Kopf des Petrus mit charakteristischem Verdaccio aus Gelb und Schwarz und durch Brandeinwirkung gerötetem Inkarnat (an Stirn und Mund Ergänzungsputze von 1947-51).

Abb. 72. Müstair, Klosterkirche St. Johann, Nordwand, Reste abgenommener Malereien über dem Gewölbe: Kopf König Davids (vgl. Abb. 61).

Abb. 73. Müstair, Klosterkirche St. Johann, Südapsis, Weihe des Stephanus, Detail (vgl. Abb. 71): rechtes Auge des Petrus mit gut erhaltener Partie originaler, pastos aufgetragener Lichter.

Abb. 74. Müstair, Klosterkirche St. Johann, Nordapsis, Rahmen des untersten Registers: vier übereinanderliegende rote Module für Schnurschlagmarkierungen.

Abb. 75. Müstair, Klosterkirche St. Johann, Nordapsis, Fensterlaibung, Rahmendekor (Detail aus Abb. 69): geritzte Zirkelschläge.

Weil sich die romanische Malerei vom Untergrund getrennt hat und großflächig hohlliegt, ist sie wesentlich stärker gefährdet als die karolingische Malerei. Restaurator Sauter hat während der Restaurierung 1947-51 in den Apsiden romanische Wandbilder abgelöst. Aus seinen Monatsrapporten ist zu entnehmen, daß an der Rückseite der romanischen Bilder Malereireste aus karolingischer Zeit haften. Mit endoskopischen Untersuchungen der Hohlräume wurde dieser Befund bestätigt (Abb. 79).[8]

Es mögen vor allem drei Ursachen das Abheben des romanischen Bildträgers von seinem Untergrund bewirkt haben:

1. Der vielschichtige und nicht durchgehend carbonatisierte Aufbau der karolingischen Malerei fördert die Trennung. Nur Zeichnung und Untermalung haften auf dem karolingischen Bildträger. Die oberste Malschicht hingegen hat sich stellenweise mit dem romanischen Intonaco innig verbunden. Dazwischen liegen die Lokaltöne und Schattenlasuren, welche nie durchcarbonatisierten; sie pudern und wischen noch heute. – Genau in diesem ungenügend abgebundenen, labilen Schichtenbereich haben sich die Malereien bei entsprechender Belastung getrennt.

2. Schon kurz nach der Applikation des zu fett gebundenen romanischen Intonacos bildeten sich viele Frühschwundrisse, an denen sich der Mörtel schüsselförmig abgehoben hat. An diesen Stellen sind Spannungen zum Untergrund entstanden.

3. Ein weiterer Grund dazu war das Aufbeilen der karolingischen Bildoberfläche zur Schaffung einer Haftbrücke für das romanische Intonaco. Beim Anbringen dieser Schlaglöcher zersplitterte an vielen Stellen die karolingische Putzschicht. Diese losen Putzsplitter wurden nicht entfernt, sondern überputzt, sie bildeten Hohlstellen unter dem romanischen Intonaco und haben bei späteren mechanischen Belastungen zur Trennung beigetragen.

Weitere Ursachen:

- Die Ausbrüche für barocke Fenster in den Apsiden verursachten, neben großflächigen Verlusten, auch starke Erschütterungen.
- Wiederholtes Eindringen von Regen- und Schneeschmelzwasser bei undichten Stellen in den Apsidenabdeckungen führte zur Zerstörung der karolingischen und romanischen Malerei, besonders in den Apsidenkalotten.
- Die Malereien wurden 1947-51 mit Hämmerchen und Spachteln freigelegt. Bei dieser mechanischen Belastung entstanden nicht nur Verluste an der Malerei (Hack- und Schabspuren); auch der Trennungsprozeß der beiden Intonacoschichten wurde gefördert.
- 1947-51 wurden Schlaglöcher und großflächige Fehlstellen mit Gipsmörtel geschlossen. Gips expandiert während dem Abbinden um 1 bis 2%. Durch diesen Prozeß wurde der oft nur 1 mm starke romanische Intonaco vom Untergrund abgestoßen.
- Auch Salze haben am Trennungsprozeß mitgewirkt. 1972 ist in der Nordapsis ein handgroßer Bereich der romanischen Weiheinschrift heruntergefallen. Hinter dem heruntergefallenen Fragment und dem inzwischen abgelösten Anschlußbereich haben sich bis zu 5 mm stark gewachsene Hydromagnesite gebildet. Sie haben den romanischen Intonaco förmlich von der Wand weggedrückt.[9]
- Es sind auch Schäden durch Erdstöße (Erdbeben) nicht auszuschließen.

Aufgrund regelmäßiger Beobachtungen seit 1972, mußten wir feststellen, daß sich die Hohlräume nicht stabil verhalten. Dies belegen die folgenden Feststellungen:

- Die von Sauter 1947-51 den Bildrändern entlang angebrachten Gipssicherungen und die mit dem gleichen Material aus-

Abb. 76a. Müstair, Klosterkirche St. Johann, Südapsis, Steinigung des Stephanus, Kopf des Stephanus mit charakteristischen Gestaltungsmitteln der zweiten, romanischen Ausmalung, insbesondere bei der starken Zeichnung der Konturen.

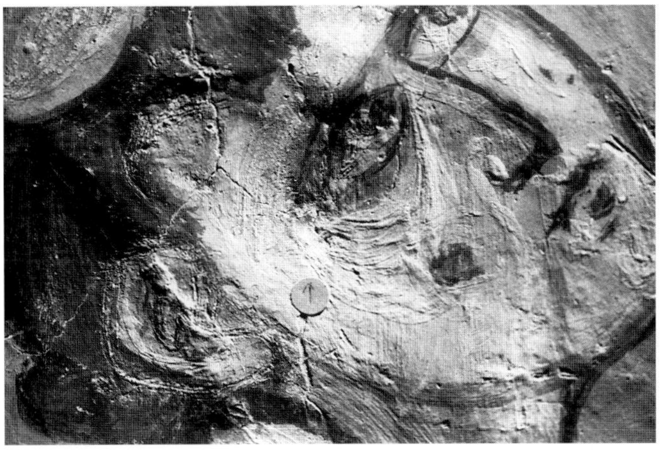

Abb. 76b. Müstair, Klosterkirche St. Johann, Südapsis, Steinigung des Stephanus (Detail aus Abb. 76a): geritzte Markierung für die pastosen Weißhöhungen im Bereich der Nasenwurzel und des Ohrs.

gegossenen Kavernen haben sich vom Grund gelöst und bis zu 4 mm abgehoben.

- Beim Entfernen loser Gipssicherungen waren Abstände von 2 bis 17 mm zwischen dem karolingischen und romanischen Intonaco zu beobachten. Der in diese Hohlräume gegossene Gips hatte sich weitgehend losgerissen und ist teilweise in tieferliegende Hohlstellen gefallen (Abb. 79).
- Die losen und abgefallenen Gipsanböschungen wurden laufend mit Kalkmörtel ersetzt. Dieser hat sich teilweise wieder vom Untergrund abhoben.

Die Kartierungen von 1984 bis 1992 zeigen deutlich, daß die Hohlräume an den romanischen Wandmalereien wachsen. Besonders gravierend sind die beulenartig von der Wand weggedrückten Intonacobereiche in der Süd- und Nordapsis. Beim Letzeren ist der Intonaco entlang von Rissen stellenweise zu kleinen Fragmenten zerbrochen. Diese sind durch das Gewicht der höherliegenden und von der Wand gelösten Intonacoflächen aus der ursprünglichen Position weggedrückt worden.

Auch die karolingischen Intonacoschichten lagen teilweise gefährlich hohl. Es sind vor allem Stellen, die überhängend in den Apsidenkalotten und den Laibungsbogen der Fenster plaziert sind, sowie Ergänzungsputze aus Gips, die an baustatisch bedingte Risse und eiserne Fensterrahmen angrenzen. Bereiche, die von Rissen durchquert sind und an denen sich Putzinseln gebildet haben, drohten herunterzufallen. Der Arriccio lag meistens nicht hohl. Die Ursachen dieser Schäden waren das Expandieren der Gipsputzergänzungen sowie Frostsprengungen im Bereich der Dachanschlüsse und der eisernen Fensterrahmen. Die Fensterrahmen leiteten im Winter Kälte zu den wärmeren Innenwänden, wodurch Kondenswasser entstand, das bei entsprechender Temperatur gefror. Der schlechte Haftverbund des Intonaco zu dem teilweise bereits verschmutzten Arriccio begünstigten diese Schäden.

Außer dem Hauptproblem „Hohlräume", führen Salze und Pilze zu weiteren Schäden. Vor allem auskristalisierende Salze führten zu erheblichen Verlusten an der Malerei der Apsiden. Dies allerdings nur bis auf eine Höhe von cirka 3 m über dem Boden.

Für den Transport der im Mauerwerk angereicherten Salze zur Malerei sorgten die Grundfeuchte und die am Mauerwerk außen anliegenden feuchten Erdmassen. Das von den Apsidendächern fließende Regenwasser und das Schmelzwasser des hoch an den Mauern anliegenden Schnees sorgten, bis zur Anlage eines Luftschachtes längs der Fundamente und der Montage von Dachrinnen für dauerhafte Durchfeuchtungen. Starke Klimawechsel, z.B. durch Heizen, oder der Wechsel von der warmen zur kalten Jahreszeit, ließen im Innern der Kirche leicht- und mittelschwerlösliche Salze kristallisieren, die zur Absprengung von Malschichten führten.[10]

Nicht alle Wandmalereien zeigen Pilzbefall, und die konzentrierten Vorkommen sind unterschiedlich verteilt. Einen auffallend starken Befall weisen die Apsiden auf: besonders die östlichen Bereiche der Wände. Es handelt sich um Außenwände. Sehr dicht gewachsen sind die Pilze in den Kalotten. Auf den darunter anschließenden Bildfriesen konzentrieren sie sich auffallend stark auf die retuschierten Gipsausbesserungen und die stark deckend ausgeführten Übermalungen. Bildflächen, die nicht auf einer Außenwand liegen, zeigen nur selten Pilzbefall. Es fällt auf, daß auch dort wo die Apsiden stark verschmutzt sind, starker Pilzbefall zu beobachten ist.

Maßnahmen

Die Hauptaufgabe während der 60er Jahre bis zu Beginn der 80er Jahre war die periodische Kontrolle der Wandmalerei in der Kirche, wobei in Absprache mit der Denkmalpflege bei Bedarf Sicherungsarbeiten durchgeführt wurden. So wurden die losen, von Sauter 1947-1951 entlang der Bildränder angebrachten Gipsmörtelanböschungen (Randsicherungen) entfernt und mit Sumpfkalkmörtel ersetzt. Hinter den Gipsanböschungen kamen jeweils stark wischende karolingische Malschichten zum Vorschein, die vor dem Anbringen der Kalkmörtelanböschungen mit Kieselsäureester gefestigt werden mußten. Ferner haben wir in den Apsiden mindestens zwei Mal pro Jahr die neuen Salzausblühungen trocken entfernt. Im Sockelbereich wurden innerhalb der gemalten karolingischen und romanischen Vorhänge und der romanischen Inkrustationen Kunstharzfixierungen entfernt, weil sie Schollenbildung verursachten. Am Äußeren der Kirche wurden Sanierungsmaßnahmen von 1947-51 verbessert; am sogenannten Sulsergraben, einem Entlüftungsschacht, wurde die fehlende Durchlüftung eingebaut.[11]

An den Apsidendächern hatte man 1947-51 aus ästhetischen Gründen keine Wasserrinne montiert, aber in die Apsidenzwickel je einen Wasserspeier eingesetzt. Sie waren viel zu kurz und daher für die großen, in das Mauerwerk verfrachteten Wassermengen verantwortlich. Die reichende Höhe bis zu 80 cm des an die Wand gespritzten Wassers ist markiert durch die grüne Verfärbung der Kupfersalze der Kupferabdeckung.

Die im nachhinein angebrachten Dachrinnen, führten zu einem erheblichen Trocknungsprozeß der Apsidenwände. Schon nach einem Jahr war der Boden im Innern der Apsiden nicht mehr permanent naß. Die Menge der Salzausblühungen ging deutlich zurück. Seit Anfang der 80er Jahre werden jeweils im November die Apsiden außen mit Schalbrettern abgedeckt, was sich als sehr wirkungsvoll erweist: Sie halten den oft hoch anliegenden Schnee von den Mauern fern und verhindern das Eindringen von Schmelzwasser in das Gebäude.

1987 wurde der gesamte Bestand der karolingischen und romanischen Malerei mit Silikonschwämmen (Wisch-ab) trocken gereinigt, ferner wurden zwei Salzextraktionen an den unteren beiden Bildfriesen in den Apsiden durchgeführt. Vorhandene Salzausblühungen wurden zuerst trocken entfernt. Bei einer ersten Behandlung verwendeten wir als Kompressen Löschblätter, die, an der Wand appliziert, eine halbe Stunde lang wiederholt befeuchtet wurden. Nach cirka 7 Stunden lösten sich die Kompressen von der Wand. Auf diese Weise wurden pro m^2 16 Gramm Salze extrahiert. Die zweite Behandlung führten wir mit Buchenzellstoff aus. Diese Kompressen hafteten mehrere Wochen an der Wand. Dementsprechend größer war die extrahierte Salzmenge: 64 Gramm pro m^2.[12]

Danach konnten die Salzschäden durch die Stabilisierung des Raumklimas, das über längere Zeit gemessen wurde und weiterhin kontrolliert wird, auf ein verantwortbares Maß reduziert werden. Der Kirchenraum wird seit dem Winter 1989 nicht mehr beheizt, so daß die Luftfeuchtigkeit bei 60% sich eingependelt hat. Damit wird die gefährliche Kristallisation vorhandener Salze reduziert.

Seit 1982 wurde vor allem die Malerei an den Apsiden systematisch untersucht und dokumentiert. Die Kartierungen der romanischen Malerei erfolgten etappenweise zwischen 1984 bis 1987 und wurden 1992 wiederholt.[13] Das Ergebnis dieser Kontrolle belegt, daß sich die Hohlstellen teilweise großflächig erweitert haben. Leider mußten wir 1984 feststellen, daß die bisherigen Sicherungen mit Randanböschungen nicht mehr genügten. Trotz dieser Feststellung bleibt es unser Ziel, die romanischen Wandbilder an Ort und Stelle zu erhalten. Ein Zurückbinden durch Hintergießen ist wegen des Zustandes der darunterliegenden karolingischen Malerei – die wir nicht gefährden wollen – nicht möglich. Es mußten andere Wege gesucht werden.

Abb. 77. Müstair, Klosterkirche St. Johann, Nordapsis, Streitgespräch des Simon Magus, Freilegungsschnitt: fortgeschrittene Abhebung des romanischen Intonaco von der karolingischen Malschicht (ca. 4 mm), funktionslose Gipsanböschung von 1947-51 und Sicherung mit Baumwollgewebe.

Abb. 78. Müstair, Klosterkirche St. Johann, Mittelapsis, Sockel: durch Salzausblühungen bedingte Malschichtverluste sowie Selbstfreilegung karolingischer Oberflächen durch Abplatzen des romanischen Intonaco im Rißbereich.

Die äußerst gefährdeten Intonacoschichten wurden mit Stützstiften gesichert. Dazu entfernten wir an ausgesuchten Stellen Retuschen, Übermalungen und Gipskittungen. Diese freigelegten Fehlstellen dienten dazu, ohne Verluste an romanischer Malereisubstanz zu bohren und die Stützstifte zu setzen (Abb. 82).[14]

Abb. 79. Müstair, Klosterkirche St. Johann, Südapsis, endoskopische Aufnahme zur Überprüfung der Schichtentrennung: 17 mm breiter Spalt zwischen karolingischer und romanischer Schicht sowie in diesen Hohlraum geflossene Gipsläufer.

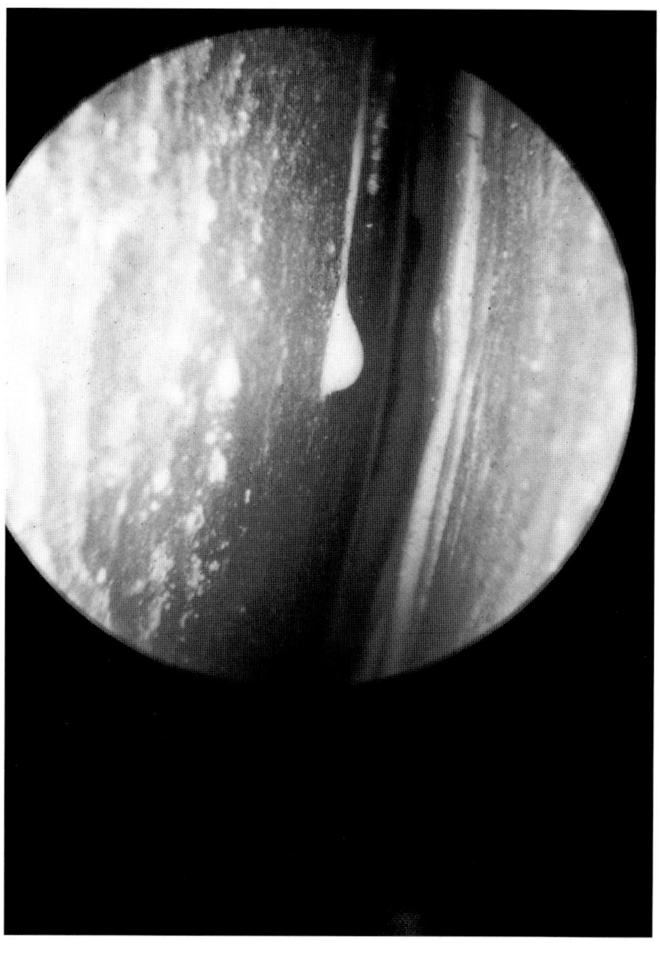

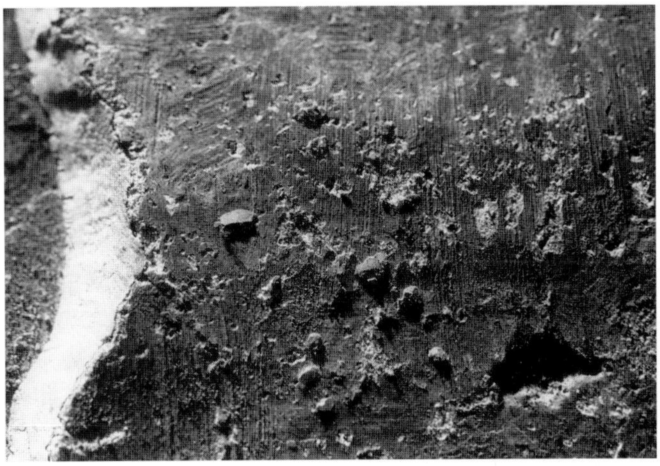

Abb. 80. Müstair, Klosterkirche St. Johann, Mittelapsis, Sockel, Oberflächendetail mit durch Salzsprengung bedingten Malschichtschäden (Zustand 1980).

Die Stärke des Intonacos und die Tiefe des Hohlraumes bestimmten die Länge der selbsthergestellten Stifte aus Glasfasern und Epoxydharz. Sie stecken 3,5 cm tief im karolingischen Arriccio. Nur am romanischen Intonaco erfolgte punktuell eine reversible Verklebung.[15] Die Stifte ragen 2 bis 3 mm aus der Bildoberfläche, damit sie bei Bedarf entfernt werden können. Es ist uns klar, daß diese Art der Sicherung mit Stiften keine hundertprozentige Lösung ist. Mit dieser Methode können wir jedoch vorläufig das Ablösen von Teilen romanischer Malerei verhindern.

Hingegen konnte die freiliegende, teils stark gefährdete karolingische Malerei durch Hintergießen konserviert werden. Dazu wurde eine Schlämme bestehend aus Sumpfkalk, Quarzsand mit geringer Zugabe von Weißzement verwendet. Hinter dem dicht geglätteten und mit Temperafilm verschlossenen Intonaco (1947-1951) kann das Calciumhydroxid einer reinen Kalkschlämme nur schwer carbonatisieren. Deshalb wird auch kein Haftverbund zum losen Intonaco, entstehen. Mit geringen hydraulischen Zusätzen, in diesem Fall etwas Weißzement, läßt sich eine Verbindung jedoch erzielen.

Vereinzelt mußte man mit einem Gewebe gesicherte Fragmente abheben, um Gipsreste entfernen zu können, die in die Hohlräume geflossen sind (1947-1951).

Schluß

Die bisherigen Konservierungsarbeiten haben die Eingriffe in den Bestand auf ein Minimum reduziert und auch die Restaurierung von 1947/51 respektiert; es wurde der überlieferte Bestand gepflegt. Ob einmal tiefgreifende Maßnahmen notwendig

Abb. 81. Müstair, Klosterkirche St. Johann, Mittelapsis, Sockel, Salzausblühungen im Bereich der karolingischen (links) wie der romanischen Malerei (Zustand um 1980).

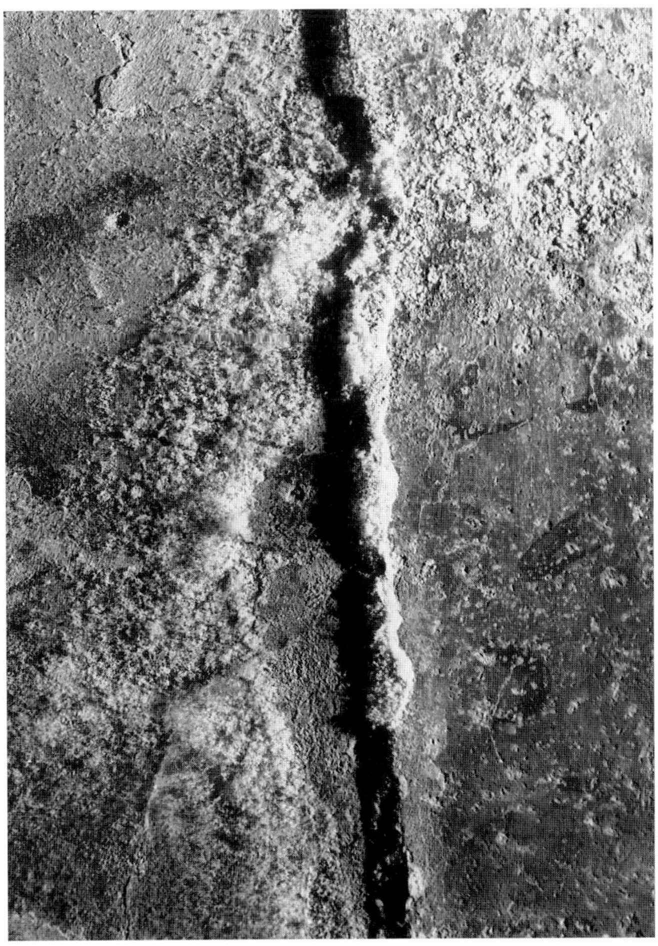

Abb. 82. Müstair, Klosterkirche St. Johann, Nordapsis, Streitgespräch des Simon Magus, Detail: Sicherung des abgehobenen romanischen Intonaco durch Stützstifte.

werden oder gar – aus konservatorischen oder ästhetischen Gründen – eine Entfernung der über der Sauter`schen Fixierung liegenden Retuschen ins Auge gefaßt werden muß, wird aufgrund der weiteren Betreuung in der Zukunft zu entscheiden sein.[16]

Die kurzfristigen, künftigen Maßnahmen sind das weitere Beobachten der Malerei, um bei Bedarf entsprechend handeln und auftretende Salzkristalle trocken entfernen zu können. Ob längerfristig eingehende Maßnahmen angegangen werden, wie z. B. das Auftragen eines Fungizides, Entfernen der Temperafixierung, die den Nährboden der Pilze darstellt, etc. ist abhängig von den Untersuchungsergebnissen der Biologen und den Entscheidungen von Denkmalpfleger und Restaurator. Die Konsequenzen dieser Maßnahmen wären, daß viele Retuschen und Übermalungen mitentfernt würden. Die dadurch wieder sichtbaren Fehlstellen würden sicherlich die Lesbarkeit der Malereien stark beeinträchtigen, was erneut Retuschen verlangen würde. Dafür ist aber im Moment kein Geld verfügbar.

Anmerkungen

1 Solche Ziegelsteinabfolgen sind typisch für karolingische Kirchen und Kapellen im Kanton Graubünden und im oberen Vinschgau, Südtirol; Beispiele: San Vittore GR; die Rotunde San Lucio, Alvaschein GR; St. Peter in Mistail; Mals/Südtirol, St. Benedikt; Burgeis/Südtirol, St. Stephan; ferner St. Martin Serravalle im Veltlin; vgl. Helmut Stampfer und Hubert Waldner, Die Krypta von Marienberg, Bozen 1982, S. 13; Oskar Emmenegger und Helmut Stampfer, Die Wandmalereien von St. Benedikt in Mals. in: Die Kunst und ihre Erhaltung, Worms 1990, S. 247-268.

2 Die schwarzen Sinopien der karolingischen Malereien in Brescia, San Salvatore, dürfen für Müstair als Vergleichsbeispiel dienen; vgl. O. Emmenegger, Communicazione sulla Tecnica degli Affreschi, in: Seminario internazionale sulla decorazione pittorica del San Salvatore di Brescia (19-20 giugno 1981), Pavia 1983, S. 92f. In der Kapelle St. Benedikt in Mals, Südtirol, finden sich ebenfalls schwarze Sinopien: Emmenegger-Stampfer (Anm. 1), S. 248.

3 Gleiches fanden wir an den karolingischen Nischenbildern in der Kapelle St. Benedikt in Mals, Südtirol. Die Malereien sind Werke derselben Werkstatt (vgl. Emmenegger-Stampfer, Anm. 1). Dasselbe Vorgehen haben wir auch an Malereien der Heiligkreuzkapelle in Müstair, entdeckt.

4 Das Verdaccio ist eine Grünuntermalung für Inkarnatstöne. Das zeichnerische Verdaccio liegt jeweils auf dem gelben Inkarnatston und entspricht der byzantinischen Tradition. Es wurde vom 8. bis 13. Jahrhundert im mediterranen Bereich und den Alpen verwendet.

5 Franz Mairinger – M. Schreiner, Deterioration and preservation of carolingian and mediaeval mural paintings in the Müstair convent (Switzerland). Part II: Materials and rendering of the Carolingian wall paintings, in: Case Studies in the Conservation of Stone and Wall Paintings. IIC Congress, Bologna, London 1986, S. 195-196. Hermann Kühn, Untersuchungsbericht München, 1977. MS Archiv O. Emmenegger, Zizers.

6 Restaurator X. Sauter verwendete eine Emulsion aus Vollei, Kasein und trocknenden Ölen als Fixiermittel.

7 Dies ließ sich aufgrund vorhandener Putznähte belegen. Sie befinden sich jeweils unterhalb der Bild- und Dekorationsfriese.

8 Die endoskopischen Untersuchungen wurden durchgeführt von Helmut Reichwald vom Landesdenkmalamt Baden-Württemberg, Stuttgart.

9 Diese Salze (Hydromagnesite), die eine Blumenkohlstruktur aufweisen, wurden von Dr. A. Arnold, ETH Institut für Denkmalpflege, untersucht.

10 Andreas Arnold, Andreas Küng und Konrad Zehnder, Deterioration and Preservation of Carolingian and Mediaeval Mural Paintings in the Müstair Convent (Switzerland) Part I: Decay Mechanisms and Preservation: In Case Studies in the Conservation of Stone and Wall Paintings. Preprints of the Contributions to the Bologna Congreß, (21-26 September 1986), London 1986, S. 190-194.

11 „Sulsergraben“: außen, am Mauerfuß entlang verlaufender Schacht, der tiefer ausgehoben ist als das Mauerfundament. Die in 80 cm Abstand davor angebrachte Schachtmauer verhindert, daß feuchtes Erdmaterial den Grundmauern anliegt. Platten decken den Schacht ab und die zementierte Schachtsohle leitet eindringendes Wasser weg. Ist der Schacht richtig gebaut, fördert er eine einwandfreie Trocknung. Er bietet den Vorteil, daß eine ständige Kontrolle seiner Funktion möglich ist; er muß aber auch periodisch gereinigt werden. Geeignet ist er nur, wenn keine baustatischen Probleme vorliegen.

12 Je länger die Kompressen an der Wand haften, desto größer ist die extrahierte Salzmenge. Je nach Fall wird die Extraktion verbessert, wenn dem Kompressenmateiral Ionenaustauscher beigemischt werden. Jedoch sind die Anteile der Anionen und Kationen durch den Naturwissenschaftler den Salzen entsprechend zu bestimmen. Die extrahierten Salzmengen wurden von Dr. Arnold aufgrund von Proben aus den Kompressen bestimmt.

13 Als Grundlage für die Dokumentation der romanischen Malereien dienen präzise 1:1 Zeichnungen, von denen im reprographischen Verfahren Tochterpausen auf Acetatfolien im Maßstab 1:10 angefertigt wurden. Auf diesen wurden Hohlstellen, Pilzverteilung, maltechnische Beobachtungen, Referenzbeispiele von Befundstellen, Fotos und Maßnahmen kartiert. Die Kartierungen der karolingischen Malerei erfolgten auf Folien über Farbfotos 32 x 40 cm. Diese Kartierungen dokumentieren nicht nur den Zustand zur Zeit der Untersuchung, sondern sind Arbeitsgrundlagen zum Nachprüfen eventueller Veränderungen.
Das Thema „Salze“ wurde nicht von uns bearbeitet und kartiert, sondern von Dr. A. Arnold behandelt, ETH- Expert-Center (Inst. für Denkmalpflege).

14 Gebohrt wurde mit diamantbesetzten Schleifköpfen, die pneumatisch betrieben werden (Extraanfertigung). Der Durchmesser der Bohrlöcher beträgt 2,7 bis 2,8 mm und der Stift mißt 2,5 bis 2,8 mm.

15 Als Klebstoff diente Zementit, der aus Nitrozellulose und Alkydharzen besteht. Er läßt sich jederzeit wieder mit Aceton lösen.

16 Vgl. den Beitrag von A. Wyss in diesem Band.

Thomas Ludwig

Die Einhards-Basilika in Steinbach im Odenwald

Einhard errichtete seine Basilika in Steinbach zwischen den Jahren 815 und 827. Ich vermute im Aufenthalt des kaiserlichen Hofes in Frankfurt am Main im Winter 822/23 den Anlaß für Einhard, konkret mit ihrer Planung zu beginnen. In diesem Winter war der Hof beunruhigt über die Zukunft des Reiches durch die Schwangerschaft Judiths, der zweiten Frau Kaiser Ludwigs des Frommen, und die Geburt ihres Sohnes Karl (des Kahlen) am 13. Juni 823, da jeder am Hofe wußte, daß dies die mühsam festgelegte Erbfolge gefährden würde. Einhard war zu diesem Zeitpunkt bereits über 50 Jahre alt und damit in einem Alter, in dem es angelegentlich erscheint, an seinen Ruhesitz zu denken. So gehe ich davon aus, daß Einhard die Basilika in den Jahren 824 bis 826 errichtete.[1] Im Folgenden stelle ich die Architektur der Basilika in ihren Grundzügen, ihre malerische Ausgestaltung ausführlicher dar.[2]

Das Äußere der Basilika

Der beherrschende Baukörper der Basilika war das Mittelschiff, das alle anderen Bauteile überragte. An das Mittelschiff von Süden und von Norden wie herangeschoben wirkten die Nebenchöre über quadratischem Grundriß und mit Satteldächern, deren Firste bis an die Traufen des Mittelschiffdaches reichten. Von Osten waren die halbrunde Hauptapsis an das Mittelschiff und halbrunde Nebenapsiden an die Nebenchöre angesetzt, deren flache Kegeldächer ebenfalls unterhalb der Dächer von Mittelschiff und Nebenchören endeten. Die Seitenschiffe waren schmaler als die Nebenchöre, ihre recht flachen Pultdächer endeten unter der Traufe der Nebenchordächer.

Die Architektur der westlichen Teile der Basilika ist nur in ihrem Grundriß bekannt (Abb. 83). Mittig vor dem Mittelschiff lag ein quadratischer Raum von gleicher Größe wie die Nebenchöre, im Süden wie im Norden flankiert von schmaleren Räumen in Seitenschiffsbreite, die mit der Außenkante der Seitenschiffe endeten. Im Grundriß also wiederholt sich die Situation des Anschlusses der Seitenschiffe an die Nebenchöre, und Otto Müller überträgt in seiner Rekonstruktion auch deren Aufriß auf die Westseite. Die Pultdächer der seitlichen Räume fallen nach seiner Vorstellung nach Westen und bilden an der Überschneidung mit den Pultdächern der Seitenschiffe einen Grat.[3] Da an den erhaltenen Bauteilen der Basilika keine Anzeichen für einen Gratsparren oder den darunterliegenden Lagerbalken zu erkennen sind, folge ich Otto Müllers Rekonstruktion nicht, sondern gehe davon aus, daß die beiden seitlichen Vorräume durch Pultdächer in gleicher Höhe und Neigung wie die der Seitenschiffe überdeckt waren und ihre Lagerbalken und Sparren in das Mauerwerk des mittleren Vorraumes eingriffen (Abb. 84). Dieser mittlere Vorraum wäre dann etwas höher als die Nebenchöre zu rekonstruieren, hoch genug, um eine Empore aufzunehmen, deren Zugang mit Treppenläufen in den seitlichen Vorräumen zu suchen wäre.[4]

Die einzelnen Baukörper waren architektonisch nicht gegliedert, vom Boden bis zu den Dachansätzen hatten sie völlig flache Außenflächen. Ein Sockel fehlte ebenso wie Lisenen, Blenden oder Gesimse; lediglich an den drei halbrunden Apsiden gab es Gesimse als Vermittlung zum Dachansatz. Die Fenster waren nicht durch Fenstergewände herausgehoben, in der Mauerfläche vermutlich jedoch durch Bögen aus hellerem Tuffstein betont; die Fensterverschlüsse lagen wahrscheinlich bündig mit den Außenflächen.

An den erhaltenen Bauteilen der Basilika läßt es sich ablesen und für die abgebrochenen weitgehend nachweisen, daß sie

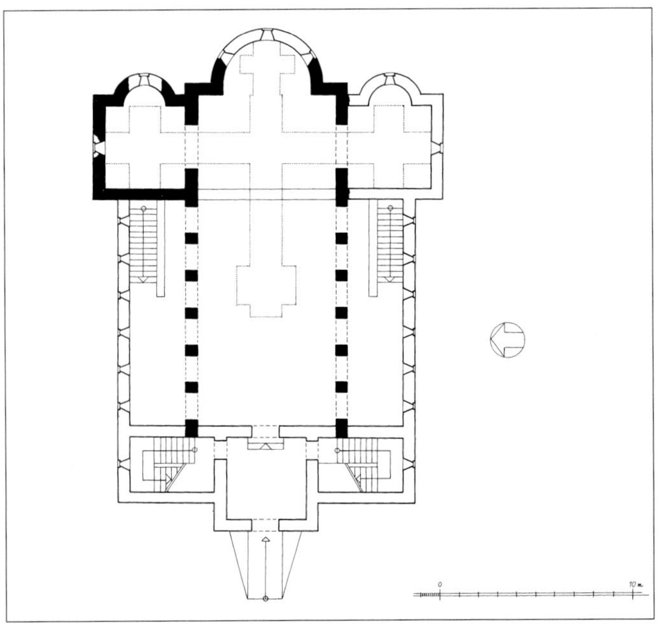

Abb. 83. Steinbach im Odenwald, Einhards-Basilika, Grundriß mit Rekonstruktion einer mittleren Vorhalle unter einer Empore und seitlichen Treppenzugängen in den beiden anschließenden westlichen Vorräumen (Thomas Ludwig).

Abb. 84. Steinbach, Einhards-Basilika, Modell des Rekonstruktionsvorschlags mit mittlerer westlicher Vorhalle und seitlichen Zugängen (Thomas Ludwig). Ansicht von Nordwesten.

Abb. 85a. Steinbach, Einhards-Basilika, nördliche Arkadenreihe, Kämpfer des 1. Pfeilers von Osten (Mittelschiffsansicht): Spuren der Steinbearbeitung mit dem Zahneisen als Hinweis auf ein Abarbeiten vor dem Versetzen.

Abb. 85b. Steinbach, Einhards-Basilika, Scheidbogen zum nördlichen Nebenchor, östlicher Kämpfer (Mittelschiffsansicht): gegenüber der Profilierung der Langhauskämpfer deutlich gerundetes Karniesprofil.

außen aus steinsichtigem Mauerwerk errichtet worden waren. Die Quaderschichten waren etwa 13 bis 15 cm hoch, und es wurde große Sorgfalt auf einen regelmäßigen Steinschnitt und eine gleichmäßige Anordnung der Stoßfugen gelegt, ganz besonders an den Gebäudekanten. Lagerfugen und Stoßfugen waren zwei bis drei Zentimeter hoch bzw. breit und wurden wohl erst beim Abbau des Gerüstes sorgfältig bündig mit dem Mauerwerk ausgestrichen, ohne die Sandsteine des Mauerwerkes zu verschmutzen. Reste von karolingischen Tünchen, Schlämmen oder Verputzen fanden sich auf dem erhaltenen Mauerwerk mit regelmäßigem Steinschnitt nicht. Die Basilika war also außen fast vollständig durch das einheitlich rötlich-braune Sandsteinmauerwerk gestaltet, das von einem dichten, regelmäßigen Netz aus weißen Fugen überzogen war.

Am Ostgiebel des Mittelschiffes brach dieses steinsichtige Mauerwerk etwa in Höhe der Traufe des Mittelschiffsdaches unvermittelt ab, darüber setzte mit einem Rücksprung in Putzstärke Bruchsteinmauerwerk an, auf dem sich ein Rest karolingischen Putzes bis heute erhalten hat. Es ist kaum vorstellbar, daß an dieser architektonisch nicht hervorgehobenen Stelle der Materialwechsel sichtbar bleiben sollte. Ich gehe davon aus, daß die verputzte Fläche ebenso gestaltet wurde wie das darunterliegende steinsichtige Mauerwerk, daß man aber auf Grund der Höhe und der Entfernung vom Betrachter eine weniger aufwendige Technik wählte. Die Anpassung an das darunterliegende Mauerwerk kann nur durch eine entsprechende Bemalung geschehen sein, von der sich aber – trotz sorgfältiger Untersuchung – keine Spuren fanden.

Auch der Obergaden des Mittelschiffes war verputzt. Ich nehme an, daß er ebenso wie die Spitze des Ostgiebels mit einer Quadermalerei versehen war, von der aber ebenfalls – trotz genauer Suche – keinerlei Reste, auch keine Vorzeichnung oder Vorritzung gefunden wurden.[5] Die Vermutung, daß auf den verputzten Außenflächen der Basilika Quadermauerwerk mit weißen Fugen aufgemalt war, beruht also auf gedanklichen Rückschlüssen, nicht auf konkreten Befunden.

Die Innenräume der Basilika

Wie am Äußeren, so lassen sich auch im Inneren der Basilika die einzelnen Baukörper deutlich ablesen. Von Westen gelangte man über eine Freitreppe oder Rampe in den mittleren Vorraum. Im Osten lag der Eingang zur Basilika, rechts und links Türen zu den seitlichen Vorräumen. Die äußere Gestalt der drei westlichen Vorräume können wir weitgehend erschließen, über ihre Ausstattung im Inneren, auch die der vermuteten Empore, wissen wir nichts.

Vom mittleren westlichen Vorraum trat man in das Mittelschiff der Basilika, einen hohen und weiten, kubischen, vollständig verputzten und weiß getünchten Raum, vermutlich mit flacher verputzter Decke (Abb. 94). Das östliche Drittel des Mittelschiffes wurde durch eine halbhohe Chorschranke abgeteilt (Abb. 96), hinter der der Ostgiebel, die Wölbung der Hauptapsis und seitlich die Bögen der Durchgänge zu den Nebenchören zu erkennen waren. Vor der Chorschranke durchbrachen rechts und links je sechs Arkaden die Mittelschiffsmauern, durch die hindurch man in die nur spärlich belichteten Seitenschiffe hineinsah. Achsial über den Arkaden saßen trichterförmige, tiefe Fensternischen mit Fensterverschlüssen an der Außenseite der Mauer, durch die das Tageslicht nur gedämpft eindrang.

Abb. 86. Steinbach, Einhards-Basilika, Krypta, westliches Ende des Längsstollens mit seitlicher Arkosolnische.

Abb. 87. Steinbach, Einhards-Basilika, Mittelschiff, Nordwand, Vorzeichnung des Konsolfrieses im Bereich der vierten Konsole von Osten (Zustand 1934).

Fenster und Arkaden sind in die völlig flache Wandfläche eingeschnitten. Die trichterförmigen Fensternischen geben dem Obergaden eine gewisse Räumlichkeit, die Arkaden wirken mit ihren völlig flachen Mittel- und Seitenschiffsseiten und den nur in den Leibungen vorhandenen Sockel- und Kämpferprofilen wie Scherenschnitte.[6] Vielleicht waren die Sockel- und Kämpferprofile auf den Mittel- und Seitenschiffsseiten malerisch angedeutet (Abb. 85a).

Die Kämpfer der Bögen zu den Nebenchören dagegen liefen dreiseitig um (Abb. 85b). Ihr klassisches, harmonisch aufgebautes Profil mit liegendem Karnies zwischen Plättchen unterscheidet sich zudem deutlich von den Profilen der Arkadenkämpfer mit ihren langgezogenen Karniesen. Kämpfer mit klassischem Profil gliedern auch den Apsisbogen, ihr Profil knickt vom Ostgiebel in die Apsisrundung hinein. Deutlich ist an den höher und deshalb später eingebauten und wohl auch etwas später entstandenen Kämpfern der Wille zu einer anderen Gestaltung der architektonischen Elemente als an den Arkadenkämpfern zu erkennen.

Die Wandmalereien

Bis auf einen schmalen farbigen Streifen unterhalb der Decke waren die Wände des Mittelschiffs vollständig in einem leicht gelblichen Weiß getüncht. Dieser Farbstreifen ist an der Nord-, Ost- und Südseite nachgewiesen und war wohl auch über die Westseite (oberhalb der Öffnung(en) der vermuteten Westempore) weitergeführt. Es ist die Darstellung eines architektonischen Elementes, ein Konsolenfries. Die einzelnen Konsolen zeigten vom Betrachter her gesehen immer nach rechts: So wandten sich die Konsolen auf der südlichen Mittelschiffsmauer dem im westlichen Eingang stehenden Betrachter zu, die Konsolen auf der nördlichen Mittelschiffsmauer wandten sich von ihm ab. Wenn auch versucht wurde, mit einfachen malerischen Mitteln einen räumlichen Eindruck durch die Konsolen zu erzeugen, eine zentralperspektivische Auffassung war nicht angestrebt oder erreicht.

Der Konsolenfries war im ganzen etwa 65 cm hoch und in elf waagerechte Streifen unterteilt, deren unterster etwa 8 cm, die darüberliegenden gleichmäßig je 5 cm hoch waren.[7] Zunächst waren die Trennlinien mit einer eingefärbten, gestrafften Kordel auf dem noch weichen Putz markiert worden. Abdrücke der gedrehten Kordel und der Fingerkuppen sind an einzelnen Stellen im Putz noch zu erkennen; die Putzarbeiten waren also bei der Anlage der Linien wohl gerade erst begonnen worden – jedenfalls stand das Gerüst noch, von dem aus verputzt wurde -, und es ist möglich, daß die gleichen Handwerker den Putz und die Malereien aufbrachten. Unmittelbar danach wurde die Vorzeichnung der Konsolen angelegt, ebenfalls auf der noch nicht abgebundenen Putzoberfläche, denn die Farbe verband sich freskal mit dem Untergrund (Abb. 87, 90-93). Zügig und mit recht sicherer Hand wurden die 12 waagerechten eingedrückten Linien mit einem spitz zulaufenden Pinsel und roter dünnflüssiger Farbe nachgezeichnet, anschließend in regelmäßigen Abständen senkrechte Unterteilungen angebracht: Ein senkrechter Strich von der 7. Linie von unten hinunter zur 3. Linie gab den unteren Ansatz der Konsole auf dem Linienband an, zwei weite-

Abb. 88. Steinbach, Einhards-Basilika, Mittelschiff, Südwand, Wandmalereien verschiedener Epochen im Bereich des dritten bis fünften Fensters von Osten (Zustand 1934).

re Striche in einem Abstand von jeweils 26 bis 29 cm rechts daneben, jedoch weiter oben – von der 11. Linie von unten hinunter zur 7. Linie – markierten den Konsolenkopf. Durch schräge, von links unten nach rechts oben geführte Pinselstriche wurden nun die schrägen seitlichen Streifen und die Unterseite der Konsole festgelegt, wobei jeder Schrägstrich drei waagerechte Streifen überquerte. Nicht immer gelang der vorzeichnende Strich auf Anhieb, vor allem nicht die schräg verlaufenden Striche. Da es sich um eine Vorzeichnung handelte, die später überdeckt werden sollte, wurde der richtige Strich unbekümmert danebengezeichnet. Wohl auf Zeichenungenauigkeit, nicht auf einen Versuch der perspektivischen Darstellung, ist zurückzuführen, daß an mehreren Stellen der untere Ansatz der Konsole bis zu 6 cm breiter war als der dazugehörende Konsolenkopf.

Die Konsolendarstellungen wiederholten sich im Abstand von etwa 84 cm. Auf Grund der erhaltenen Fragmente vermutet Otto Müller auf der südlichen Mittelschiffsmauer 22 gemalte Konsolen, auf der nördlichen Mittelschiffsmauer nur 21.[8] Spuren auf der östlichen Mittelschiffsmauer zeigen, daß hier 8 oder 9 Konsolen gemalt waren. Die Konsolen auf dem Westgiebel können nur in Analogie zu den vorhandenen Resten auf der Süd-, Ost- und Nordmauer erschlossen werden, da der karolingische Westgiebel im Jahre 1182 abgetragen wurde.

Die Unterseiten der Konsolen und der unterste Streifen des Frieses auf der Nordseite, der zweitunterste auf der Südseite, erhielten in der endgültigen Fassung ein kräftiges Rot (Abb. 90-93). Sie wurden unmittelbar nach der Vorzeichnung angelegt, so daß sich die Pigmente auch hier weitgehend freskal mit dem Putz verbinden konnten und so die Farbe gut erhalten blieb. Die übrigen Streifen wurden anschließend mit pastoseren Pigmentmischungen übertüncht. Zu diesem Zeitpunkt war die Oberfläche des Putzes so weit abgebunden, daß die Farbe in weiten Teilen secco auf ihm lag und im Laufe der Jahrhunderte abwitterte. Auf der Nordseite wurden von unten nach oben folgende Farben gewählt: Kräftiges Rot, Rosa, zwischen den Konsolen Ockergelb, Weiß, Rot und nochmals Weiß. Auf der Nordseite steigen diese Farben auch die schrägen Streifen auf der Seitenansicht der Konsole hoch und knicken auf den Kopf der Konsole um. Auf der Südseite wandelte sich der untere weiße Streifen zwischen den Konsolen auf der Seitenansicht der Konsole zu einem Orange, um in der Kopfansicht wieder zu einem weißen Streifen zu werden. Über den Konsolenköpfen liegt ein breiter, durchlaufender roter Streifen, in den über den Zwischenräumen zwischen den Konsolenköpfen von unten Segmentbögen eingeschnitten sind; dadurch scheinen flache Bögen über die Zwischenräume der Konsolen gespannt zu sein. In diese Segmentbögen greift das Ocker, das die Fläche zwischen den Konsolenköpfen vollständig ausfüllte. Neuere Untersuchungen lassen vermuten, diese ocker gefaßte Fläche sei einst durch eine Kassettierung gegliedert gewesen.[9] Über dem roten Streifen mit den Segmentbögen lag ein ocker gefärbter Streifen, der an die Decke angeschlossen haben muß.

Die Architektur des Konsolenfrieses gliederte die Zone unterhalb der Decke nicht nur dekorativ, sie erweckt auch den Ein-

Abb. 89. Steinbach, Einhards-Basilika, Mittelschiff, Südwand, zeichnerische Dokumentation des 1915 angetroffenen Bestandes an gotischen Wandmalereien (Hermann Velte).

druck, etwas zu tragen. Vermutlich war die Malerei an der Decke weitergeführt, zumindest in einem außen umlaufenden Streifen, doch ist völlig unbekannt, was das sein könnte.[10]

Der Chorraum bildete mit dem Mittelschiff eine räumliche Einheit, trotz seiner Abtrennung durch die halbhohe Chorschranke. Putz, Tünche und Konsolenfries umfaßten den ganzen Raum, der leicht gelblich-weiß getünchte Putz bedeckte auch die Hauptapsis. Auf den erhaltenen karolingischen Putzflächen zwischen den Apsiskanten und den Apsisfenstern finden sich die Spuren einer roten Vorzeichnung, die Figurengruppen in halblangen Gewändern und in den Fensternischen geometrische Muster zeigen. Bei der Figurengruppe in der südlichen Apsisrundung handelte es sich offenbar um gekrönte Figuren, die in den Kirchenraum hineinblicken (Abb. 107, 110). Regelmäßig angeordnete kleine Nägel über ihren Köpfen dienten wohl zum Befestigen vergoldeter Folie in Form von Kronen. In der nördlichen Apsisrundung sind noch die Füße und Beine einer Figurengruppe zu erkennen (Abb. 104). Zum Bildprogramm einer Apsis gehört auch der Ostgiebel des Mittelschiffes mit dem Apsisbogen. Waagerechte Ritzlinien auf den verputzten Mauerwerksstreifen rechts und links der Hauptapsis zeigen, daß auch hier Malerei vorgesehen und vorhanden war, deren Gestalt nicht mehr zu rekonstruieren ist. Die Kämpfer des Apsisbogens, architektonisch hervorgehobener Teil der Apsis, waren schwarz, mit Übergang zu rot, getüncht.

Die figürliche Vorzeichnung in der Apsis liegt auf der gelblich-weißen karolingischen Tünche. So scheint es zunächst, die Malerei könne keinesfalls der Bauzeit der Basilika zuzurechnen sein. Die Nägelchen dagegen erwecken den Eindruck, als seien sie in den noch leicht feuchten Putz eingeschlagen worden, da sie fest im Putz sitzen ohne kleinere Ausbrüche, die beim Einschlagen eines Nagels in vollständig abgebundenen Putz leicht entstehen. Geht man davon aus, daß der eher einfach anzulegende Konsolenfries von den Putzern und Weißbindern gemalt wurde, die anschließend den darunterliegenden Putz gelblich-weiß tünchten und damit auch ihre Farbspritzer überdeckten, die figürliche Malerei jedoch von Kunstmalern aufgebracht wurde, die erst einige Zeit nach dem Abzug der Putzer und Weißbinder auf die Baustelle kamen, so ließe sich die gelblich-weiße Tünche unter einer karolingischen Vorzeichnung der Figuren erklären.

Ein mögliches Datum der Entstehung der figürlichen und geometrischen Malerei der Hauptapsis kann auch das Jahr 1072 sein, in dem das Kloster Lorsch Mönche nach Steinbach schickte, um dort eine Propstei einzurichten und die seit Jahrhunderten vernachlässigten Gebäude instandzusetzen. Im Jahr 1072 wurden wohl die großen Putzflächen auf den Mittelschiffswänden im Bereich der Anschlüsse von nördlichem und südlichem Nebenchor angelegt. Sie gehören zur zweiten Putzphase, aufgebracht nach dem Verlust des karolingischen Verputzes, den das über den Anschluß der Nebenchordächer eindringende Regenwasser zerstörte. Die Arbeitsfläche, auf der dieser Putz angemischt wurde, konnte bei den in den Jahren 1968-73 durchgeführten Grabungen im Norden der Basilika aufgedeckt werden.

Auch die Ritzlinien auf den Mauerstreifen des Ostgiebels seitlich der Apsis können nicht mit Sicherheit einer bestimmten Zeit zugeordnet werden. Mir scheinen sie in den noch frischen karolingischen Putz und seine gelblich-weiße Tünche eingeritzt zu sein. Die schwarze Fassung der Apsiskämpfer liegt wie die Vorzeichnung der figürlichen Darstellung in der Apsis über der karolingischen Tünchschicht. Zeitlich gehören sie wohl zusammen.

Auch die spärlichen Putzreste im nördlichen Nebenchor und seiner Apsis geben keinerlei Hinweise auf eine Bemalung. So lassen sich von hier aus keine Rückschlüsse auf die Malerei in der Hauptapsis ziehen. Auf der Seitenschiffsseite der nördlichen Mittelschiffsmauer haben sich größere Putzflächen erhalten; auch hier gibt es keine Spuren von Malerei. Die Seitenschiffe waren vermutlich einheitlich verputzt und ohne zusätzliche Wandmalerei gelblich-weiß getüncht.

Eine zuverlässige zeitliche Einordnung der figürlichen und geometrischen Malerei in der Apsis und auf dem Ostgiebel ist nur durch eine stilkritische Analyse zu erwarten, die als Grundlage eine genaue Kartierung aller Farbpigmente und ihrer Schichtenfolge benötigt. Eine solche Untersuchung ist vorgesehen. Bevor die Ergebnisse dieser Untersuchungen vorliegen, läßt sich über die malerische Ausgestaltung der Apsis in karolingischer Zeit nichts mit Gewißheit sagen.

Die Gestaltung der Krypta

Von den Seitenschiffen aus erreichte man die Krypta, die aus einem langgestreckten, von Norden nach Süden verlaufenden Quergang und einem etwa ebenso langen, von Osten nach Westen verlaufenden Mittelgang bestand. Nördliches und südliches Ende des Querganges sind kreuzartig ausgebildet, in die östlichen Kreuzarme ist jeweils ein Altar mit darüberliegender kleinen Nische eingefügt. Der Mittelgang stößt im Osten unterhalb der Hauptapsis auf eine kreuzartige Erweiterung. Ich vermute, daß hier ein Reliquienschrein aufgestellt war, der auch von außen hinter einer Außennische durch eine fenestella zu sehen und zu berühren war. Am westlichen Ende des Mittelganges, schon westlich der Chorschranke unter dem Mittelschiff gelegen, gibt es zwei Arkosolnischen, die seit der Zuschreibung der Basilika an Einhard durch Georg Schaefer fast einmütig als Grablege für Einhard und seine Gemahlin Imma gedeutet werden.[11]

Nur an diesem westlichen Ende des mittleren Kryptaganges findet sich die Putzschicht der Phase 1, die sich durch ihre Stärke und ihren gleichmäßigen Auftrag deutlich von der dünneren Putzschicht der Phase 2 unterscheidet (Abb. 86). Der regelmäßige und saubere Abschluß der Putzschicht der Phase 1 läßt vermuten, daß mit dem Verputzen am äußersten Ende der Krypta begonnen wurde – vom praktischen Arbeitsablauf her gesehen das Naheliegendste -, daß aber kurz darauf die Arbeiten abgebrochen und nicht wieder aufgenommen wurden. Die Gründe dafür sind nicht bekannt, auch entspricht der Befund nicht der schriftlichen Überlieferung, da Einhard schreibt, die Arbeiten an der Basilika seien beendet gewesen, als er sich mit Deusdona in Aachen traf, um mit ihm über die Beschaffung von Reliquien für seine Steinbacher Basilika zu verhandeln.[12] Die wenigen erhaltenen Putzreste der Phase 1 in der Krypta lassen jedenfalls keine Rückschlüsse auf eine möglicherweise geplante Ausstattung mit Wandmalereien zu.

Wandmalereien aus späteren Veränderungen

Die Basilika wurde bis ins 16. Jahrhundert kirchlich genutzt, zunächst als Gemeindekirche, ab 1072 für die in Steinbach eingerichtete Propstei des Klosters Lorsch, der nach 1224 und vor 1232 ein Nonnenkloster folgte, das 1535 aufgehoben und in ein Spital umgewandelt wurde. In diesen Jahrhunderten wurden Architektur und Innenraumgestaltung mehrfach verändert. Die späteren Wandmalereien seien hier zusammenfassend vorgestellt.[13]

Romanischer Rankenfries

Der karolingische Konsolenfries wurde in romanischer Zeit mit einem etwa gleich hohen Rankenfries übermalt. Der Rankenbogen war gelb, die Akanthusblätter weiß-blaugrünlich, auf den Blättern finden sich Spuren einer roten Vorzeichnung der Blattrippen. Die Zwickel waren durch kleine grüne Palmetten gefüllt, aus dem Rankenbogen wuchsen grüne spitze Fruchtkapseln. Unten wurde der Fries von einem gelben und einem roten Band begrenzt (Abb. 105).[14]

Der Fries kann Teil der Instandsetzungen sein, die Lorscher Mönche im Jahre 1072 durchführten. Es ist also nicht ausgeschlossen, daß er gleichzeitig mit der figürlichen Malerei der Hauptapsis entstand. Vielleicht wurde er aber erst nach der Erneuerung des Dachwerkes im Jahre 1168 zusammen mit Ausbesserungsarbeiten am Putz der Mauerkrone angebracht. Auf jeden Fall entstand er vor dem Jahre 1182, als der karolingische Westgiebel und die westlichen Vorräume abgebrochen und durch eine Doppelturmfassade ersetzt und das Mittelschiff nach Westen erweitert wurde. In dieser Erweiterung fehlt der Rankenfries.

Gotische Wandmalereien

Alle weiteren Wandmalereien lassen sich der Zeit des Nonnenklosters zuordnen. Wohl unmittelbar nach dessen Einrichtung zwischen 1224 und 1232 wurden die südlichen Mittelschiffsarkaden vermauert, um Kloster und Kirche voneinander zu trennen. Im Westen wurde eine hölzerne Empore eingebaut. Die umfangreichsten Reste gotischer Wandmalereien befinden sich auf der südlichen Mittelschiffsseite.

Auf der verputzten Ausmauerung der 2., 5. und wohl auch der 3. südlichen Arkade von Osten befinden sich spärliche Reste großfiguriger Szenen, möglicherweise eine Kreuzigung. Otto Müller schlägt eine Datierung in das 14. Jahrhundert vor.[15] Die Wimperge und Schriftbänder über und auf den Pfeilern der nördlichen Arkadenreihe entstanden wohl im gleichen Zeitraum (Abb. 106). Die von ihnen bekrönten und bezeichneten Heiligenfiguren sind heute völlig vergangen. Die nördlichen Arkaden wurden erst in der Mitte des 16. Jahrhunderts vermauert.

Am Fenstergewände des 1. Fensters von Osten der südlichen Mittelschiffsmauer finden sich geringe Reste einer geometrischen Malerei, deren Gesamtzusammenhang nicht mehr faßbar ist. Otto Müller schlägt auch hier eine Datierung ins 14. Jahrhundert vor.[17]

Etwas später, wohl im 15. Jahrhundert, wurde auf der südlichen Mittelschiffsmauer ein großes Bilderfeld gemalt, unterteilt in drei Reihen mit je zehn Einzelbildern (Abb. 88-89). Ihr Inhalt war schon zu Anfang dieses Jahrhunderts nicht mehr erkennbar, vermutlich handelte es sich um Szenen aus dem Leben Mariae.

△ 90

△ 92

91 ▽

93 ▽

94 ▽

Abb. 90. Steinbach, Einhards-Basilika, Mittelschiff, Südwand, Detail des Konsolfrieses im Bereich des östlichen Obergadens.

Abb. 91. Steinbach, Einhards-Basilika, Mittelschiff, Nordwand, Detail des Konsolfrieses über dem vierten Fenster von Osten.

Abb. 92. Steinbach, Einhards-Basilika, Mittelschiff, Nordwand, Detail des Konsolfrieses über dem ersten Fenster von Osten.

Abb. 93. Steinbach, Einhards-Basilika, Mittelschiff, Südwand, Detail des Konsolfrieses über dem Scheidbogen zum südlichen Nebenchor.

Abb. 94. Steinbach, Einhards-Basilika, Mittelschiff (Ansicht nach Nordosten), räumliche Darstellung der erhaltenen Befunde zur karolingischen Raumschale unter Einbeziehung der nur nach Lage, Höhe und Tiefe bekannten Chorschranke (Thomas Ludwig).

Das Bilderfeld schließt oben mit einem breiten roten Streifen dicht unterhalb der Fensterbänke ab, sein unterer Teil überdeckt die vermauerten Arkaden.[18] Dieses Bilderfeld wurde nachträglich von einer Rankenmalerei umrahmt, die die ganze südliche Mittelschiffsmauer ausfüllt und sich bis in die Fenstergewände hineinzieht, deren Innenkanten von breiten roten Bändern eingefaßt sind. Unterhalb einer damals noch vorhandenen Flachdecke lag ein roter Nasenbogenfries mit schwarzen Schattierungen und gegen die Decke mit einem breiten roten Band abgesetzt (Abb. 109).[19]

Anmerkungen

1 Eine ausführliche Begründung dieses späten Baudatums findet sich in der zweibändigen Monographie der Steinbacher Einhards-Basilika: Thomas Ludwig – Otto Müller – Irmgard Widdra-Spieß, mit Beiträgen von Suzanne Beeh-Lustenberger, Holger Göldner, Wolfgang Heß und Friedrich Knöpp, Die Einhards-Basilika in Steinbach bei Michelstadt im Odenwald, hrsg. vom Landesamt für Denkmalpflege Hessen unter Mitwirkung der Einhards-Arbeitsgemeinschaft, Mainz 1996 (abgekürzt: Ludwig – Müller – Widdra-Spieß, 1996).

2 Der Beitrag versteht sich als Zusammenfassung von Überlegungen, die sich neben den Beobachtungen am Bauwerk selbst auf die bisher geleisteten Untersuchungen zur Steinbacher Einhards-Basilika stützen. Die wichtigsten Publikationen hierzu sind: Georg Schaefer, Die Einhards-Basilika bei Michelstadt im Odenwald, in: (Lützow's) Zeitschrift für bildende Kunst 9, 1874, S. 129-145; Friedrich Schneider, Die karolingische Basilika zu Steinbach-Michelstadt im Odenwald, in: Annalen des Vereins für nassauische Alterthumskunde und Geschichtsforschung 13, 1874, S. 99-134; Rudolph Adamy, Die Einhards-Basilika zu Steinbach im Odenwald, Hannover 1885; Friedrich Behn, Neue Ausgrabungen und Untersuchungen an der Einhards-Basilika zu Steinbach im Odenwald, in: Mainzer Zeitschrift 27, 1932, S. 1-15, Taf. I-V; Otto Müller, Die Einharts-Basilika zu Steinbach bei Michelstadt im Odenwald, Seligenstadt 1937; Werner Jacobsen, Gab es die karolingische „Renaissance" in der Baukunst, in: Zeitschrift für Kunstgeschichte 51, 1988, S. 313-347; Vorromanische Kirchenbauten. Katalog der Denkmäler bis zum Ausgang der Ottonen, Nachtragsband (Veröffentlichungen des Zentralinstituts für Kunstgeschichte in München III/2), München 1991, S. 399 (mit weiterer Lit.).

3 Müller 1937 (Anm. 2), S. 24 f.

4 Adamy 1885 (Anm. 2), S. 19 f., und Behn 1932 (Anm. 2), S. 9, schlagen einen niedrigeren bzw. höheren mittleren Raum vor als Müller, die Pultdächer der seitlichen Vorräume fallen auch bei ihnen nach Westen. Meine Rekonstruktion stelle ich hier zum ersten Mal vor. Ich werde sie an anderer Stelle ausführlich erläutern und begründen.

5 Günther Stanzl, Mainz, wies mich freundlicherweise auf Ritzspuren einer Quaderbemalung an den äußeren Putzflächen von St. Castor in Koblenz hin, die aus karolingischer Zeit stammen.

6 Ich teile nicht die Auffassung von Hans Michael Hangleiter und Stefan Schopf, die Kämpferplatten der Mittelschiffsarkaden seien zunächst mit vierseitig umlaufenden Profilen versetzt, vor dem Verputzen aber auf den Mittel- und Seitenschiffsseiten abgearbeitet worden (vgl. unten, S. 75). Verschiedene Gründe sprechen m.E. dagegen:

1. Das Motiv des Kämpferprofiles nur in den Arkadenleibungen ist für karolingische Zeit nicht ungewöhnlich. Es findet sich u.a. an den Arkaden der sog. Königshalle in Lorsch und in der Kaiserpfalz von Ingelheim.
2. Die Mittel- und Seitenschiffsflächen der Kämpferplatten sind mit dem Zahneisen (ein in karolingischer Zeit – auch in Lorsch – verwendetes Werkzeug, das später mehrere Jahrhunderte lang an Werksteinen für Bauwerke nicht mehr verwendet wurde) so sorgfältig geglättet, daß dies nur am noch nicht versetzten Stein auf dem Werkplatz geschehen sein kann. Auch ist zu erkennen, daß die Flächen mal von unten, mal von oben bearbeitet wurden, der Steinmetz also um den hochkant gestellten Stein herumgehen konnte. Das liegend versetzte Werkstück hätte er mal links-, mal rechtshändig bearbeiten müssen.
3. Es ist nicht nachzuvollziehen, warum man zunächst Kämpfer mit umlaufender Profilierung hätte versetzen sollen, um sie noch vor der Fertigstellung des Gebäudes – während des Verputzens, wie Hangleiter/Schopf nahelegen – zweier Profile wieder zu berauben, und das an 14 Kämpferplatten. Und warum hätte man dann nur die Profile der Arkadenkämpfer an den Stirnseiten abgearbeitet, die Profile der Kämpfer der Nebenchorbögen und der Apsis an ihren Stirnseiten jedoch belassen?
4. Hangleiter/Schopf führen als Beweis für ihre Deutung den profilierten Kämpfer am westlichen Halbpfeiler der nördlichen Arkadenreihe – Seitenschiffsseite – an. Es handelt sich jedoch nicht um eine Kämpferplatte, sondern um einen Hakenstein, dessen in der Westmauer des Seitenschiffes sitzendes Profil einst nicht vor der karolingischen Wandfläche saß, sondern zurückgesetzt im Mauerwerk und vollständig überputzt war. Das auf der Außenseite der Mittelschiffsmauer sitzende Profil des Hakensteines muß vor dem Versetzen abgeschlagen worden sein.
Es handelt sich um einen schwer zu deutenden Befund, vielleicht ein verschlagenes Werkstück, möglicherweise als Abdeckplatte der Eckpunkte der Chorschranke angefertigt, falls diese zunächst in Höhe der Arkadenkämpfer enden sollte, dann aber höher geplant wurde. Otto Müller deutet dieses Werkstück ähnlich (Ludwig-Müller-Widdra-Spieß 1996 (wie Anm. 1), S. 158).

7 Diese und die folgenden Angaben nach Otto Müller, in: Ludwig-Müller-Widdra-Spieß 1996 (Anm. 1), S. 166 ff. und den Untersuchungsberichten der Restauratoren Hans-Michael Hangleiter und Stefan Schopf. Müller stützt sich bei seiner Beschreibung auf Untersuchungen der Restauratoren Hermann Velte sen., Helmut F. Reichwald, Dietrich von Scholley und Peter Laros.

8 Ludwig-Müller-Widdra-Spieß 1996 (Anm. 1), S. 167, 172.

9 Befund Hangleiter/Schopf 1992 (vgl. unten, S. 77).

10 Die Wertigkeit der Decke als Bildträger beschreibt Hilde Claussen an Hand der – in einem ganz anderen bildnerischen Zusammenhang stehenden, und ebenfalls nicht erhaltenen – Decke im Westwerk der Corveyer Kirche: „So könnte die Decke wohl Hauptträger des ikonographischen Programmes gewesen sein. Für die Darstellung himmlischer Herrlichkeit bot sie sich jedenfalls an erster Stelle an." Hilde Claussen, Karolingische Stuckfiguren im Corveyer Westwerk. Vorzeichnungen und Stuckfragmente, in: Kunstchronik 48, 1995, S. 534; auch in: Stuck des frühen und hohen Mittelalters. Geschichte, Technologie, Konservierung (ICOMOS-Hefte des Deutschen Nationalkomitees, XIX), München 1996, S. 70.

11 Schaefer, 1874 (Anm. 2), S. 144; Schneider, 1874 (Anm. 2), S. 121; Adamy, 1885 (Anm. 2), S. 15; Behn, 1932 (Anm. 2), S. 2; Müller, 1937 (Anm. 2), S. 56. Nicht so Albrecht Mann, Karolingische Baukunst, in: Karl der Große. Werk und Wirkung. Zehnte Ausstellung unter den Auspizien des Europarates, hrsg. von Wolfgang Braunfels, Aachen 1965, S. 416.

12 Einhard, Die Übertragung und Wunder der Heiligen Marzellinus und Petrus, eingedeutscht von Karl Esselborn, Darmstadt 1925 (zit. nach dem unveränderten Ndr. Darmstadt 1977, S. 4).

13 Eine ausführliche Beschreibung findet sich in: Ludwig-Müller-Widdra-Spieß 1996 (Anm. 1).

14 Ebenda, S. 70, 176 f., Taf. 70.

15 Ebenda, S. 79, S. 165, Taf. 83.3 – 5.

16 Ebenda, S. 80, S. 165, Taf. 59.1.

17 Ebenda, S. 165, Taf. 81.2 – 3.

18 Ebenda, S. 80, S. 165, Taf. 81.1; 82.1.

19 Ebenda, S. 80, S. 165, Taf. 81.1,4; 82; 83.1.

Stefan Schopf

Die Wandmalereien der Einhardsbasilika in Steinbach

Untersuchungen zum Bestand an historischen Putzen, Fassungen und Malschichten

Der erhaltene bauliche Bestand aus der Erbauungszeit

Aus der karolingischen Bauphase ist das aufgehende Mauerwerk der nördlichen und südlichen Hauptschiffwand erhalten. Ebenfalls zugehörig sind im Osten die Ansätze der halbrunden Apsis mit den anschließenden Teilen der Ostwand sowie der nördliche Nebenchor mit seiner Apsis. Die unter dem östlichen Teil des Mittelschiffes und dem nördlichen Seitenchor sich befindenden Kryptastollen sind ebenfalls der karolingischen Bauphase zuzurechnen.

Das Erscheinungsbild der Fassaden in karolingischer Zeit

Obergaden:
Die für Verputz konzipierten Wandflächen des nördlichen und südlichen Obergadens sowie des Ostgiebels des Hauptschiffes zeigen regelmäßige horizontale Sandsteinlagen. Der verstrichene Setzmörtel überlappt die Stirnflächen der Hausteine. Die rundbogigen Fenster am Obergaden des Hauptschiffes und an der Mittelapsis sind mit Tuffsteinen gewölbt. An der außen liegenden Leibungskante ist ein Wechsel von Sand- und Tuffsteinen vorgenommen worden.

Eine horizontal verlaufende Zäsur im Obergadenmauerwerk ergab sich durch den Wechsel im Material des Fugenverstriches der obersten fünf Steinlagen. Der Befund ist außen an der Nord- und Südwand des Mittelschiffes nachweisbar. Der karolingische Deckmörtel überdeckt diese Zäsur und schließt an mehreren Fensteröffnungen ungestört zur ersten Putzmörtellage innen an. Die erhaltene Eckkante des karolingischen Putzmörtels am Obergaden der Nordwand belegt das westliche Ende des Mittelschiffes und den Ansatz der romanischen Erweiterung im Westen. Der Befund bedeutet, daß auch der Westgiebel ursprünglich verputzt war.

Die waagrechten Auftragsgrenzen, die durch die Gerüsthöhen bedingt sind, können auch außen nachgewiesen werden. Nach dem einschichtigen Mörtelauftrag einer Pontata wurde diese weiß geschlämmt. Durch Befunde begründete Aussagen über die Art der Fassung der verputzten Wandflächen außen sind durch die Abwitterung der Oberfläche des Deckmörtels nicht möglich. In die Überlappungszonen der Putzmörtelstreifen der Pontate ist nur eine erste Weißtünchung eingeschlossen.

Eine farbig gegliederte Fassung wurde demzufolge nicht auf dem noch frischen Putzauftrag ausgeführt. Sie müßte in einem gesonderten Auftrag erfolgt sein.

Ostpartie:
Abweichend von diesem für Verputz konzipierten Mauerwerk ist die Außenschale der Wände der Apsiden und der daran anschließenden Ostwandteile des Hauptschiffes und des nördlichen Nebenchores behandelt. Der Setzmörtel der in regelmäßigen horizontalen Lagen versetzten Sandsteinquader endet unter dem Niveau der Stirnflächen. Diese unterschiedlich tiefen Fugen wurden mit einem Fugenmörtel, dessen Füllmaterial Ziegelsplitt enthält, geschlossen. Der Fugenmörtel überlappt die Kanten der Kleinquader nicht und ist bündig glatt gezogen. Auffallend ist die Breite der Stoß- und Lagerfugen im Verhältnis zu den Maßen der Kleinquader (Abb. 95).

Die oberste Steinlage dieses Sichtmauerwerks befindet sich in Traufhöhe der Apsiden. Oberhalb dieser Linie springt das anschließende für Verputz konzipierte Mauerwerk um Putzstärke ein, so daß ein bündiger Anschluß möglich wurde.

Eine Besonderheit der Mauertechnik bildet die Verzahnung in der oberen Zone der nördlichen Ostwand mit dem anschließenden Apsidenmauerwerk. Da die Steinlagen nicht mehr wie in den unteren Zonen auf derselben Höhe aufeinandertreffen, wurden – um das Ineinandergreifen der Steine zu erreichen – die rechten bzw. linken Quaderhälften blattartig ausgeklinkt.

Das Erscheinungsbild des Innenraumes in karolingischer Zeit (Phase 1)

Mauerwerk:
Die für Verputz konzipierten Wandflächen zeigen regelmäßige horizontale Sandsteinlagen. Die Stirnflächen der Hausteine sind teilweise durch den verstrichenen Setzmörtel überdeckt. Die Pfeilerkörper der Arkaden wurden mit Ziegelplatten geschichtet. Der Mörtel in den breiten Fugen wurde bündig abgezogen und geglättet. Die Mittelschiffarkaden wurden mit Tuffsteinbögen überwölbt. Ebenso wurde für die Bogenkante der Apsidenkalotten Tuff verwendet.

Kämpferprofile
Die Kämpfer der Mittelschiffarkaden sind nur in den Leibungen profiliert ausgebildet. Auf der Oberfläche der glatten Stirnseiten sind die Werkspuren eines Zahneisens ablesbar (Abb. 85 a).

Am Kämpfer des ersten westlichen Halbpfeilers der Arkaden der Nordwand ist in der Seitenschiffansicht nachweisbar, daß die Pfeiler ursprünglich mit umlaufendem Profil konzipiert waren. Dieser Kämpfer zeigt den Ansatz des Profils am Anschluß der abgängigen westlichen Seitenschiffwand, in deren Mauerverband er eingriff. Der ursprünglich aus der Wand ragende Teil des Werksteines wurde nachträglich abgearbeitet, während der unter dem Setzmörtelverstrich der Westwand verborgene Teil noch den Ansatz des Profils erhalten hat (Abb. 98).

Deutlich zu erkennen ist an allen abgearbeiteten Kämpfern, daß die Bearbeitung der Stirnfläche nicht am Werkblock sondern im vermauerten Zustand vorgenommen wurde. Die Werkspuren des Zahneisens sind auch auf den Kämpferprofilen des Chores und Nebenchores schwach ausgebildet vorhanden.

Die Oberflächen dieser Werkstücke wurden nach der Ausarbeitung der plastischen Form glatt geschliffen.

Die Abarbeitung der Kämpferprofile erfolgte während der Erbauungszeit, da die karolingische Putzlage von den Pfeilerkörpern aus die mit dem Zahneisen abgearbeitete Stirnfläche überlappt. Nach den Befunden zu schließen, wurde diese Maßnahme durchgeführt, als die Wandflächen des Mittelschiffes bis zur Oberkante des Kämpfers bereits verputzt waren, jedoch vor dem Verputzauftrag der Pfeiler.

Wandverputz:
Der Verputz auf dem Fugenverstrich des Bruchsteinmauerwerks der Wände und des Ziegelmauerwerks der Arkadenpfeiler ist identisch. Die Putzlage zeichnet sich durch eine ebene und stark geglättete Oberfläche aus. Zahlreiche Spuren der Glättungswerkzeuge sind erkennbar. Wie die Überlappung an den waagrechten Auftragsgrenzen zeigt, die den Gerüsthöhen folgten, ist der Deckmörtelauftrag von oben nach unten ausgeführt worden. Begonnen wurde bei jeder Gerüstlage mit der Nordwand, es folgten Ost- und Südwand. Nach dem einschichtigen Mörtelauftrag einer Pontata wurde diese geschlämmt, wobei die Putzoberfläche in manchen Partien der Überlappungszone feinkörnig aufgerissen wurde.

Abb. 96. Steinbach, Einhards-Basilika, Mittelschiff, Nordwand, Mauerwerk im Bereich der ersten Arkade von Osten und Narbe der ehemaligen Chorschranke.

Konsolfries:
Ein umlaufend aufgemalter Konsolfries bildet den oberen Abschluß der Mittelschiffswände (Abb. 90-93).

Mit diesem wurde die erbauungszeitliche Gestaltung des Innenraumes begonnen. Die quaderförmigen Konsolen sind gleichmäßig gereiht und durch Flachbögen miteinander verbunden. Die perspektivische Ansicht der Konsolen von links unten bleibt an jeder Wandansicht dieselbe.[1]

Nach dem Antrag des ersten Pontatastreifens folgten die mit roter Farbe ausgeführten dreizehn Schnurschläge. Sie teilen die zu bemalende Fläche in zwölf waagerechte Streifen. Die schwachen Eindrücke der Schnur lassen deren Wickelung erkennen (Abb. 92). An den Ansatzstellen der Schlagschnur sind rote Spritzer entstanden und bedingt durch den noch weichen Mörtel, fingerkuppenförmige Eindrücke entstanden. Die senkrecht und schräg verlaufenden Vorzeichnungslinien sowie die Bogenzeichnung sind frei ohne Hilfsmittel gezogen. Im selben Arbeitsgang wurden, zumindest an der Südwand, die rautenförmigen Flächen der Konsolenuntersichten und die beiden Streifen des unteren Abschlußbandes mit roter Farbe angelegt. Auffallend ist der transparente schlierige Farbauftrag. Die als senkrecht zu sehenden Teile der Konsolen und die trapezförmigen Flächen dazwischen sind in vier gleich breite Streifen geteilt. Diese sind, von oben beginnend, im ersten Farbauftrag durchlaufend (weiß), hellrot, hellgelb und dunkelgelb angelegt (Abb. 93).

Der zweite Farbauftrag setzt die Flankenansicht und die Fläche zwischen den Konsolen ab. Von oben beginnend sind auf den vier Streifen (hellgelbe), dunkelrote, gelb-rötliche und schwarze Malschichtreste erkennbar (Abb. 91).

Die Beschreibung beruht auf dem nur optisch erstellten Befund. Das obere der beiden über den Konsolenköpfen liegenden

Abb. 95. Steinbach, Einhards-Basilika, nördlicher Nebenchor, Nordwand, Detail des Kleinquadermauerwerks der ehemaligen Außenansicht (vom Vorraum des Winterchores aus).

Abb. 97. Steinbach, Einhards-Basilika, Winterchor, Südwand, Detail des Mauerwerks mit Setzmörtelverstrich und Kellenritzung (Phase 4 zugehörig).

Abb. 98. Steinbach, Einhards-Basilika, nördliches Seitenschiff, Südwand, erster Halbpfeiler von Westen, Detail mit partiell erhaltener Profilierung der Stirnfläche des Kämpfers.

Abschlußbänder, ist einschichtig hellgelb, das untere einschichtig hellrot gefaßt. Die die Konsolen verbindenden perspektivischen Flachbogenuntersichten sind teilweise aus dem hellroten Band ausgespart. Die Fläche der Bogenuntersicht setzt an der Flanke der rechts liegenden Konsole an. Die Kante der gewölbten Fläche ist rötlichgelb gefaßt und weiß gehöht. Aufliegende dunkelgelbe Malschichtreste in dieser Partie können als ehemalige Kassettierung gedeutet werden.

Die von der Wölbung und den mehrfarbig gefaßten Streifen der Konsolen begrenzte Fläche ist im ersten Farbauftrag gelb angelegt. Es sind dunkle (schwarze) Malschichtreste des zweiten Farbauftrags erkennbar. Der untere Streifen des unteren Abschlußbandes ist durch einen zweiten dunkelroten Farbauftrag abgesetzt.

Die Malschicht, insbesondere die des zweiten Farbauftrags, ist stark reduziert. Im westlichen Teil der Südwand ist an wenigen Stellen die ursprüngliche Pastosität, die ein ausgeprägtes Pinselstrichrelief zeigte, erhalten.

Wandfassung:
Die zugehörige bräunlich-weiße Schlämme der Wandfassung beschneidet die Unterkante des Konsolenfrieses. Mit ihr wurden die zahlreichen Farbspritzer auf der Deckmörteloberfläche, die beim Malvorgang des Frieses entstanden waren, abgedeckt.

Nach dem Mörtelauftrag der weiteren Pontate wurden diese weiß geschlämmt, wobei die Putzoberfläche in manchen Partien der Überlappungszone feinkörnig aufgerissen wurde. Die Oberfläche der Wandfassung zeigt ein charakteristisches Bürstenstrichrelief.

Die vermutlich nicht in der Erbauungszeit entstandene älteste Malereischicht der Apsis und der Ostwand ist auf dieser Schlämme ausgeführt worden (vgl. unten, zu Phase 3). Ebenso liegt die Streichkante der ersten Rotfassung der Kämpferprofile des Chorraumes auf dieser Weißtünchung.

Krypta:
In der Krypta ist ein nach Auftragscharakter und Zusammensetzung erbauungszeitlicher Putzbestand nur im westlichen Teil des Mittelstollens auszumachen (Abb. 86). Die übrigen Wand- und Gewölbeflächen wurden erst in späterer Zeit verputzt.

Die erste Überarbeitung am Wandverputz (Phase 2)

Die großflächigen Mörtelergänzungen in der Chorzone der südlichen und nördlichen Hauptschiffwände liegen weitgehend in Verlustflächen des erbauungszeitlichen Deckmörtels auf dem Fugenverstrich des karolingischen Mauerwerks. An der Südwand ist die Bezugnahme des Putzes auf die Chorschranke durch eine Mörtelkante nachweisbar. Der Deckmörtel zeichnet sich durch eine stark geglättete weitgehend ebene Oberfläche aus. Der einschichtige Mörtelauftrag wurde bräunlich-weiß geschlämmt. Die Oberfläche gleicht in Farbe und Struktur der Wandfassung der Erbauungszeit. Die kleinflächigen Mörtelergänzungen auf den Kämpferstirnflächen der Hauptschiffwände sind ebenfalls geglättet und weiß geschlämmt. Der dünne Mörtelauftrag läuft auf der erbauungszeitlichen Wandfassung aus (Abb. 103).

Das Erscheinungsbild der Basilika in romanischer Zeit (Phase 3)

Wandverputz:
Für die erste Änderung der Gestaltung des Innenraums ist ein Zusammenhang mit dem aus dem Jahre 1168 (d) stammenden Dachwerk anzunehmen, da sich im Innenraum die Mörtelergänzungen vorrangig in der Zone der Mauerkrone befinden (Abb. 101, 103). An der Nordwand außen ist der direkte Anschluß eines vergleichbaren Ausbesserungsmörtels an die Mauerlatte vorhanden. Dieser Mörtel, der nur noch in Resten vorhanden ist, entspricht optisch den Mörtelergänzungen im Innenraum. Die Fehlstelle des karolingischen Deckmörtels außen, in der dieser Mörtel zu finden ist, entspricht in Bezug auf Lage und Größe der Fehlfläche des Innenraumes. Die Mörtelausbesserungen an der Mauerkrone der beiden Längswände ergänzen Verlustflächen des erbauungszeitlichen Deckmörtels. Sie zeichnen sich durch die unebene, stark geglättete Putzoberfläche aus. Wenige Spuren des Glättungswerkzeuges sind erkennbar.

Abb. 99. Steinbach, Einhards-Basilika, nördliches Seitenschiff, Südwand, dritter Freipfeiler von Westen, Detail mit eingesetztem Sockelprofil.

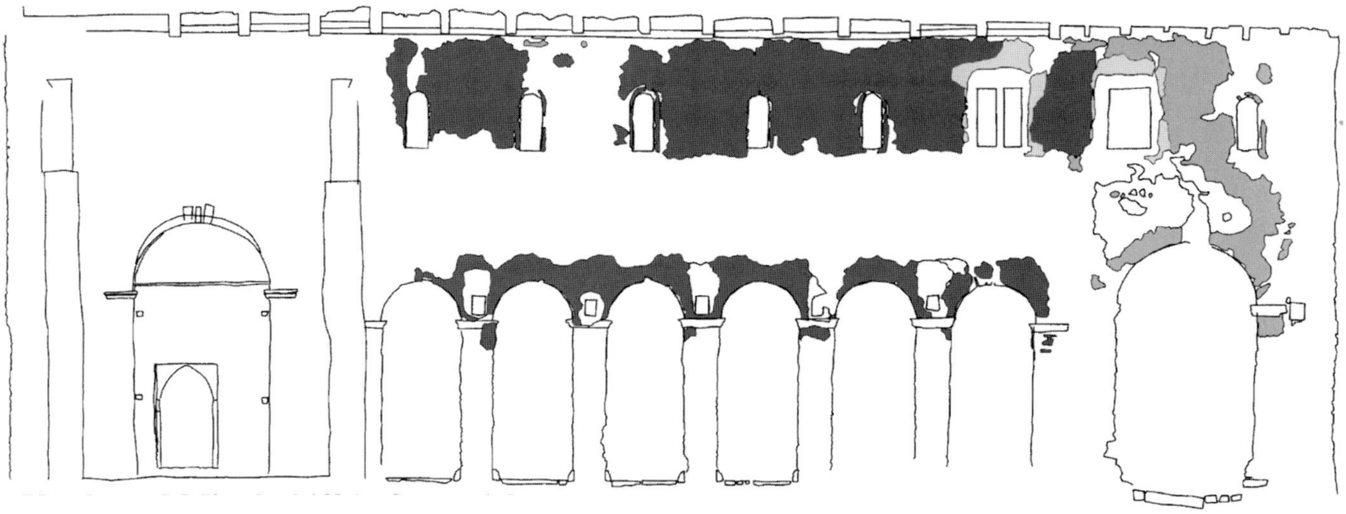

Abb. 100. Steinbach, Einhards-Basilika, Mittelschiff, Nordwand, Außenansicht mit Kartierung des Bestandes an historischen Putzen (S. Schopf / S. Lang).

Blattfries:
Nach der Ergänzung der Fehlstellen im karolingischen Deckmörtel wurde der Raum neu gefaßt. Begonnen wurde mit dem Malschichtauftrag am Blattfries, der nun den oberen Abschluß der Mittelschiffswände bildete (Abb. 105).

Eine fortlaufende, sich verzweigende und verschränkende Blattranke bildet das Hauptmotiv. Nach unten wird der Fries von einem gelben und roten Band begrenzt. Eine auch auf der angrenzenden Wandfläche liegende Grundierung ist nicht vorhanden. Es wurden die Farbtöne Grün und Weiß für die Blattranke, Gelb und Schwarz für Rankenbogen und Hintergrund sowie Rotbraun für das Rahmenband verwendet. Reste einer roten Vorzeichnung der Blattrippen liegen auf dem weiß-grünlichen Grundton der Rankenblätter. Die Rippen sind grün nachgezogen. Die ehemals deckende Malschicht ist stark reduziert. Eine Bindung im zugehörigen Putz ist nicht gegeben.

Malereien der Apsis und der Ostwand:
Neben den überwiegend nicht interpretierbaren Malschichtresten der Ostwand sind rechts und links in der Apsisrundung stehende figürliche Darstellungen zu erkennen (Abb. 104, 107)[2]. Bemerkenswert sind die zugehörigen Messingnägel (Kupfer?), die im Bereich der Nimben der Figuren eingeschlagen wurden. In den Fensterleibungen sind geometrische Muster in den Farbtönen rot, gelb und schwarz zugehörig (Abb. 110).

Der rote Farbton diente auch als Pinselzeichnung der figürlichen Partien und für die Konstruktionslinien des geometrischen Ornaments. Als Grundton wurde die vermutlich nicht zugehörige weiß-gelbliche Schlämme der erbauungszeitlichen Wandfassung benützt. Diese ist erkennbar am Bürstenstrichrelief und an der teilweise feinkörnig aufgerissenen Putzoberfläche. Die Malschichtreste sind im Bereich der südlichen Ostwand bis an den Anschluß der Südwand zu verfolgen und scheinen dort auf die Schlämme des anstoßenden Putzmörtels der ersten Überarbeitung des erbauungszeitlichen Verputzes zu lappen. Dieser Befund schließt die Einordnung der Ostwandmalerei in die Erbauungszeit der Basilika aus. Die Befunde können aber nur einen groben Zeitrahmen für die Entstehung der Malerei der Apsis an-

Abb. 101. Steinbach, Einhards-Basilika, Mittelschiff, Nordwand, Innenansicht mit Kartierung des Bestandes an historischen Putzen (S. Schopf / S. Lang).

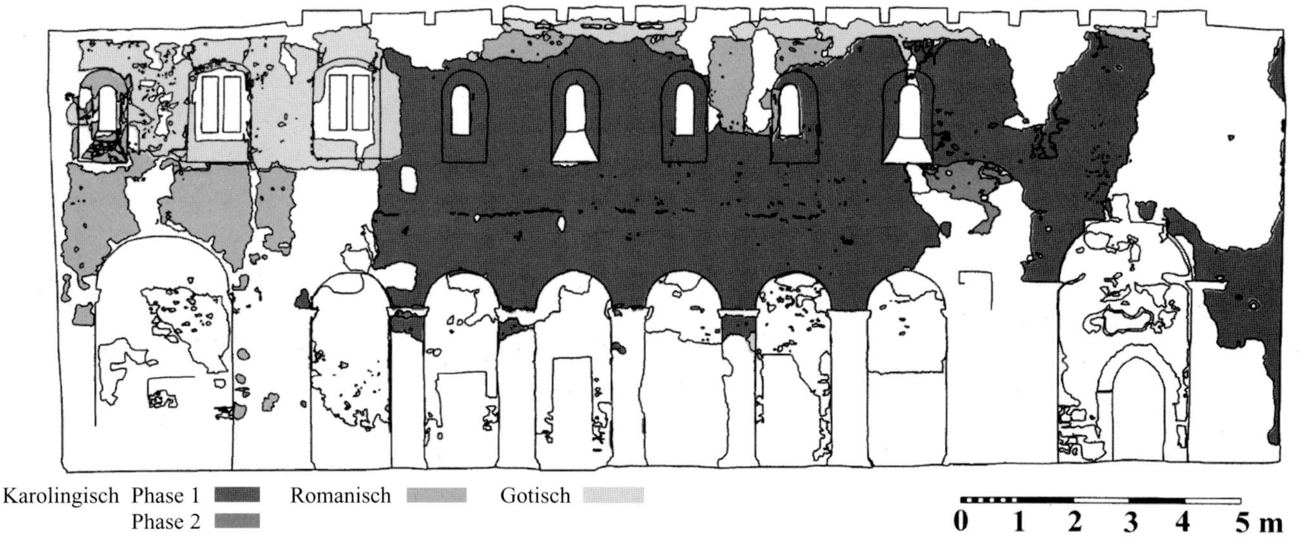

Abb. 102. Steinbach, Einhards-Basilika, Mittelschiff, Südwand, Außenansicht mit Kartierung des Bestandes an historischen Putzen (S. Schopf / S. Lang).

geben. Dieser reicht vom erbauungszeitlichen Abschluß der Weißfassung der Wände bis einschließlich der ersten Veränderungsphase der Raumdekoration in der Romanik[3]. Diese Annahme wird durch die Beobachtung gestützt, daß die weiße Wandschlämme der Phase 3 auf den Wandflächen der Ostwand und der Apsis nicht ausgeführt, die Malerei des Konsolenfrieses hingegen offenbar aufgegeben wurde. Die Kämpferprofile der Chorzone wurden zur Malerei zugehörig rot abgefaßt. Die Streichkante liegt auf dem Wandton der karolingischen Wandtünchung.

Wandfassung:
Die weiß-bräunliche Schlämme der Wandfassung beschneidet die Unterkante des Blattfrieses. Mit ihr wurden die zahlreichen Farbspritzer,die beim Farbauftrag des Frieses entstanden sind, abgedeckt. Sie bildet die zweite durchgängig aufgetragene Wandfassung der beiden seitlichen Mittelschiffwände, ist auf den Altputzflächen von Ostwand und Apsis jedoch nicht vorhanden. Ihre Oberfläche zeigt eine strähnige Struktur.

Die Erweiterung der Basilika nach Westen (Phase 4.1 und 4.2)

Das Mauerwerk der westlichen Bauerweiterung und der zugehörige Deckmörtelbestand kann durch die aus dem Jahre 1182 (d) stammende Dachkonstruktion datiert werden. In der unmittelbaren Folgezeit wurde mit großer Wahrscheinlichkeit auch die erste östliche Südwandarkade vermauert und der Abriß des Maueranschlusses der Chorschranke an die Südwand vorgenommen.

Wandverputz und Erscheinungsbild:
Die Putzlage dieser Bauphase ist im westlichen Gebäudeteil an der Außen- und Innenansicht der zugehörigen Längswände und im Bereich der ersten östlichen Südwandarkade erhalten. Die Mörtelflächen zeichnen sich innen und außen durch eine stark geglättete, wellige Oberfläche aus, chrakteristisch sind die zahlreichen Spuren der Glättungswerkzeuge. Der einschichtige, besonders in den zugehörigen Fensterleibungen sehr dünne Mörtelauftrag ist nicht gesondert gefaßt worden.

Abb. 103. Steinbach, Einhards-Basilika, Mittelschiff, Südwand, Innenansicht mit Kartierung des Bestandes an historischen Putzen (S. Schopf / S. Lang).

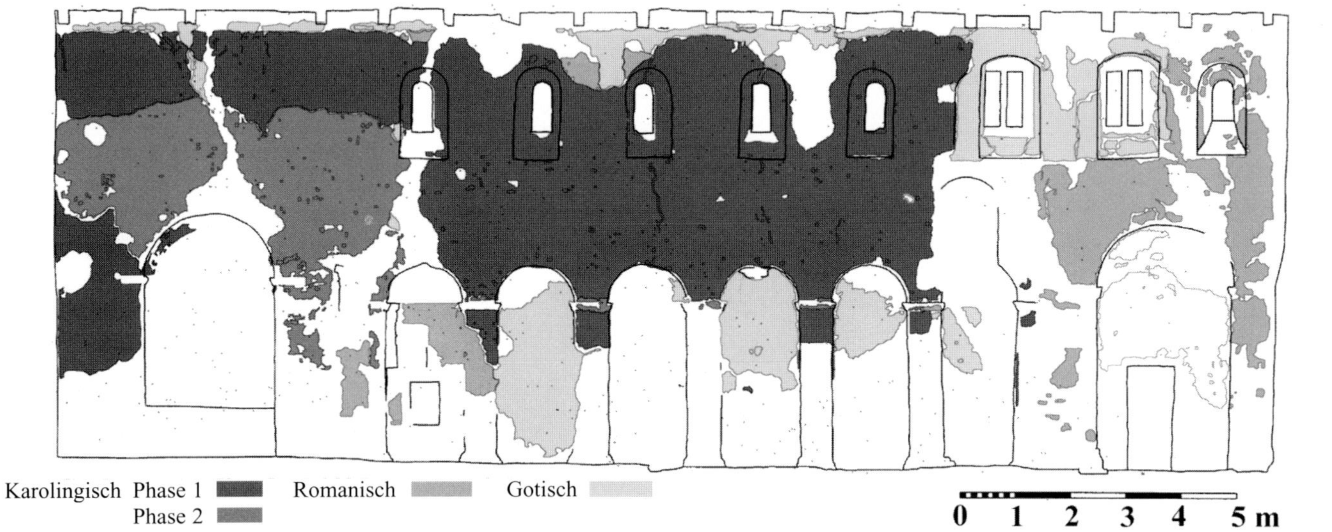

Abb. 104. Steinbach, Einhards-Basilika, Hauptapsis, Nordseite, Reste figürlicher Malerei auf einer nachträglichen Tünchung des bauzeitlichen Putzes (Phase 3 ?).

Abb. 107. Steinbach, Einhards-Basilika, Hauptapsis, Südseite, Reste figürlicher Malerei auf einer nachträglichen Tünchung des bauzeitlichen Putzes (Phase 3 ?).

Abb. 105. Steinbach, Einhards-Basilika, Mittelschiff, Nordwand, Reste eines romanischen Rankenfrieses über dem vierten Fenster von Osten (Phase 3).

Abb. 108. Steinbach, Einhards-Basilika, Mittelschiff, Südwand, Reste gemalter Rahmenbänderung im Bereich des ersten Fensters von Osten (Phase 6).

Abb. 106. Steinbach, Einhards-Basilika, Mittelschiff, Nordwand, Reste von Architekturmalerei über dem zweiten Freipfeiler von Osten (Phase 5).

Abb. 109. Steinbach, Einhards-Basilika, Mittelschiff, Südwand, Reste von Rankenmalerei im Bereich des vierten Fensters von Osten (Phase 7).

Der Zusammenschluß von innerer und äußerer Deckmörtellage ist am nördlichen Fenster des westlichen Anbaus gegeben. Der Putzauftrag in Höhe der Seitenschiffdächer (Außenansicht) läßt Schlüsse auf die Dachzone der Begleiträume des romanischen Hauptschiffes zu. In diesem Bereich zwischen den Arkadenbögen und dem Obergaden ist der Putz wesentlich dünner aufgetragen worden, so daß die Steinköpfe teilweise sichtbar blieben. Auf dem an das romanische Mauerwerk direkt angrenzenden ersten Arkadenpfeiler wurde innen ebenfalls eine Verlustfläche des erbauungszeitlichen Deckmörtels ergänzt. Der Putzauftrag lappt auf dessen Ziegelmauerwerk.

Der Sandsteinrahmen und dessen darüber gestellte Verschlußplatte, die in die Vermauerung der ersten Arkade integriert wurden, sind in die verputzte Fläche ungestört eingebunden. Auf der Narbe der ehemaligen Chorschranke befinden sich ebenfalls Reste des Verputzes. Dagegen hat sich außen auf der Vermauerung der ersten östlichen Südwandarkade kein Deckmörtel erhalten.

Zugehörige Reste von Fassung wurden nicht festgestellt. Die sorgfältig geglättete weiße Oberfläche war somit innen wie außen auf Sicht konzipiert.

Der Anbau des sogenannten Winterchores an den nördlichen Nebenchor

Dieser Bau ist im äußeren Erscheinungsbild gekennzeichnet durch das sauber gesetzte Mauerwerk aus sorgfältig gearbeiteten Werksteinquadern mit Randschlag und Spiegelmusterung. Im Inneren fällt das Tonnengewölbe des Hauptraumes im ersten Obergeschoß auf.
Die Abdrücke der Schalungsbretter sind ablesbar. Die mit Bruchsteinen gesetzte Innenschale des Mauerwerks zeigt einen Setzmörtelverstrich, in den mit der Kelle Fugen in der Art einer „Pietra rasa"-Oberfläche eingeritzt wurden (Abb. 97).

Daß diese Gestaltung indes nicht auf Sicht konzipiert war, belegt der großflächig erhaltene Deckmörtel aus der Erbauungszeit. Die Portal- und Fensteröffnungen wurden mit Werksteinen in der Art des Quadermauerwerks der Außenschale gefaßt.

Zwischenschicht

Auf Höhe der Hauptschiffmitte sind an der Nord- und Südwand rote Farbläufer von der Mauerkrone bis in die Arkadenzone auf der Schichtenebene des Blattfrieses und der weiß-bräunlichen Wandschlämme der Phase 3 zu beobachten. Außerdem ist die rote Farbschicht in Verlustgebieten der älteren Putzmörtel direkt auf dem Fugenverstrich des Mauerwerks nachweisbar.

Das Erscheinungsbild des Innenraumes in gotischer Zeit (Phase 5)

Die Vermauerung der Südwandarkaden:
Die 2., 3., 5. und 6. der Arkadenöffnungen der südlichen Mittelschiffwand wurden in dieser Phase zugesetzt. Zum Vermörteln der Bruchsteine wurde ein mit Lehm gebundenes Material verwendet.

Der auf den Zusetzungen liegende Deckmörtel überlappt an den Rändern die älteren Schichten nur wenig. Auf den Altputzflächen der Arkaden setzt er sich mit einer dicken bräunlichen Schlämme fort. Der Auftrag war auf die Arkadenzone der Südwand beschränkt.[5] Der Deckmörtel zeichnet sich durch einen unebenen Auftrag aus. Bestimmend für die Oberflächenstruktur ist eine dicke strähnige Grundierungsschlämme. Sie zeigt außerdem Nasen und Spritzer, die beim Auftrag entstanden.

Auf weißem Flächenton wurde die *Malerei der Arkadenzone* mit großfigürlichen Szenen ausgeführt. Die Farbtöne Gelb für die Haare, Rot für die Pinselzeichnung, Rotbraun für die Gewänder und Grau (Pigmentveränderung) für Lippen und Gewand sind noch feststellbar. In der darüber anschließenden Wandzone zwischen Obergaden und Arkadenbögen sind ebenso Malschichtreste in derselben Farbskala und im selben Charakter aufgetragen. Die Zusammengehörigkeit ist jeoch nicht eindeutig zu belegen, da eine durchgängig aufgetragene, weiße Wandfassung auf den Mittelschiffwänden nicht ausgeführt wurde. Die Wandflächen der Mittelschifferweiterung der romanischen Zeit waren nicht in die Raumdekoration einbezogen.

Die Nordwandarkaden:
Die zugehörigen kleinflächigen Putzausbesserungen liegen in Verlustflächen des karolingischen Mörtels an den Arkadenpfeilern. Der Deckmörtel zeichnet sich durch einen unebenen Auftrag aus. Die Weißtünchung der teils geglätteten teils feinkörnigen Oberfläche ist auf diese beschränkt.

Die erhaltene *Wimpergmalerei* über den Pfeilern wurde auf den vorliegenden älteren Wandfassungen ausgeführt. Die ehemals deckende Malschicht ist stark reduziert, erkennbar die Farbtöne Gelb für die Wimperge sowie Rot und Schwarz (Abb. 106).

Die Vermauerung der 4.Südwandarkade (Phase 6)

Die 4. Arkade der Südwand von Osten wurde in einer sechsten Phase vermauert. Der im Gegensatz zur Vorgängerphase verwendete kalkhaltige Setzmörtel enthält Sand als Füllmaterial.

Der Deckmörtel ist auf dem zugehörigen Mauerwerk sowie auf einer der Arkadenvermauerungen der Phase 5 vorhanden. Weitere Mörtelausbesserungen befinden sich in Verlustflächen der Altputze besonders im Bereich der Mauerkrone der Südwand.

Der Deckmörtel ist auf den Arkadenvermauerungen einschichtig und eben aufgetragen worden. Er zeichnet sich durch eine feinkörnige, gebürstete Oberfläche aus.

Reste zugehöriger *Malerei* sind an der Südwand erhalten.[6] Die für Malerei vorgesehenen Flächen wurden rot oder grau grundiert. Inhaltlich beschreibbar ist eine gemalte, auf räumliche Wirkung zielende Quaderung auf roter Grundierung im Bereich der Zusetzung der ersten Arkade von Westen und in der Zone oberhalb des ersten Fensters von Osten. Um den weißen quadratischen Quaderspiegel liegen links und unten schwarzbraune, oben und rechts grau-rötliche Seitenflächen. Flächig roter Farbauftrag kann auf dieser Schichtenebene auch im Bereich oberhalb der ersten Arkade von Westen bis zur Mauerkrone nachgewiesen werden. Die Quaderung im Bereich des ersten Obergadenfensters von Osten schließt nach links (in Verlängerung der abgängigen Chorschranke) mit drei senkrechten Rahmenbändern ab. Das rechte, innere Band zeigt auf weißem Grund liegende schwarze Ornamente, das mittlere Band ist gelb und das linke, äußere rotbraun. Nach rechts schließt die Quaderung mit gelben und rotbraunen Rahmenbändern ab. Die angrenzenden Flächen des Obergadens sind grau grundiert und zeigen rotbraune, gelbbraune und grüne Farbreste, die inhaltlich nicht mehr interpretiert werden können (Abb. 108).[7]

Auch die erhaltenen Malschichtreste an Ostwand und Apsis sind inhaltlich nicht mehr deutbar. Sie liegen ohne Grundierung direkt über einer älteren Malerei. Der Farbauftrag widerspricht besonders im Bereich der Kantenfaschen des Apsisbogens und des Fensters der Malereigliederung der älteren Schicht. Die erkennbaren Farbtöne dunkelrotbraun, gelbbraun, grün und schwarz entsprechen der Malschicht im Bereich des Obergadens der südlichen Mittelschiffwand. So sind auch die grünen Flächen mit den schwarzen Linien im Bereich der Fensterleibung hier wie dort mit einer dünnen weißen Grundierung unterlegt.

Die letzte Raumgestaltung vor dem Ende der sakralen Nutzung (Phase 7 und 8)

Die Arkaden der Nordwand und die seitlichen Rundbogenöffnungen der westlichen Basilikaerweiterung waren zu dieser Zeit noch nicht zugesetzt. Der Fassungsauftrag endete im Westen in Höhe der ersten Freipfeiler. Im westlichen Teil des Mittelschiffs war somit spätestens zu dieser Zeit eine mehrstöckige Empore vorhanden.

Wandverputz/Wandfassung:
Die vorgenommenen kleinflächigen Mörtelausbesserungen liegen überwiegend im Anschluß an die Mauerkrone. Der batzige Mörtelauftrag blieb ungeglättet. Die angetroffenen größeren Verlustflächen an älteren Verputzen wurden nicht aufgefüllt, sondern nur übertüncht. Auf einer an Nord-, Ost- und Südwand der Basilika durchgängig aufgetragenen weißen Grundierungstünche liegt der dünne, weiß-gräuliche Flächenton der Raumfassung. Die Wandflächen der Mittelschifferweiterung der romanischen Zeit waren nicht in die Wandfassung einbezogen. Die inneren und äußeren Leibungskanten der Fenster wurden mittels roter Faschenbänder abgesetzt.

Schwarze Konturstriche und hellrote sowie schwarze Fugenstriche gliedern die roten Faschenbänder. Reste der zugehörigen Rankendekoration und der roten Fensterfaschen sind auch an den Leibungen der Apsisfenster nachweisbar.

Malerei Südwand:
Breite rote Bänder umrahmen die schemenhaft ablesbaren Bildfelder in der Zone oberhalb der Arkaden. Die Rahmen- und Feldereinteilung ist in die Vorgängerfassungen eingeritzt. Nur Fragmente, so z. B. mehrere Darstellungen von Köpfen, haben sich von dem Malereizyklus erhalten. Sie sind in roter Zeichnung ausgeführt. Die Bildfelder werden durch angrenzende Flächen mit roten und schwarzen Blumenranken umfaßt. Zugehörig ist ein roter Nasenbogenfries mit schwarzen Konturen im Anschluß zur Mauerkrone (Abb. 109). Dieser endet in Höhe der abgängigen Chorschranke, da er nur über den bemalten Zonen der Südwand ausgeführt wurde.

Decke:
Das Vorhandensein einer Flachdecke kann spätestens zu diesem Zeitpunkt vorausgesetzt werden. Die Aussage wird durch die Beschneidung der Malschicht mittels Streichkante mehrere Zentimeter unterhalb der Balkenunterkanten belegt.

Empore:
Im westlichen Teil der Basilika sind im Obergaden der Nord- und Südwand je zwei segmentbogig überwölbte, hochrechteckige Fensteröffnungen vorhanden.
Auffällig ist, daß im Bauteil der romanischen Mittelschifferweiterung nach Westen keine Fassung oder Dekoration auf dem dortigen Deckmörtel bis zum Einbau der hochrechteckigen Fenster ausgeführt wurde. Eine Empore im Westen wird mit dieser Veränderung der Belichtung im Obergaden nachweisbar.[8]

In der westlichen Obergadenzone der Nord- und Südwand wurde die Oberfläche des zugehörigen und des angrenzenden romanischen Deckmörtels weiß getüncht. Die Wandfassung zeigt an der Oberfläche eine starke Bürstenstrichstruktur. Sie ist auf den nach unten anschließenden Flächen nicht vorhanden.

Die Vermauerung der Nordwandarkaden (Phase 9)

Erst nach Aufgabe der Nutzung der Basilika als Kirchenraum wurden die Vermauerungen der Nordwandarkaden, des nördlichen Nebenchorbogens und der beiden westlichen Arkaden der Basilikaerweiterung vorgenommen.

Der Deckmörtelauftrag auf den Zusetzungen blieb weitgehend ungeglättet und wurde nicht gefaßt. Auch an den heutigen Außenansichten haben sich mehrere, unterschiedlich zusammengesetzte Deckmörtelreste erhalten, die bauliche Maßnahmen an der Dachhaut und am Baukörper in der Zeit nach Aufgabe der Nutzung der Basilika als Kirchenraum und vor Einsturz der Hauptapsis belegen. In diesem Zusammenhang ist der Einbau von Konsolen direkt über den Pfeilerkämpfern der karolingischen und romanischen Mittelschiffarkaden besonders hervorzuheben. Diese Baumaßnahme setzt vermauerte Arkaden voraus.

Anmerkungen

1 Vgl. Hilde Claussen – Matthias Exner, Abschlußbericht der Arbeitsgemeinschaft für frühmittelalterliche Wandmalerei, in: Zeitschrift für Kunsttechnologie und Konservierung 4, 1990, S. 261-290, hier S. 283-285 (mit der älteren Lit.); s. auch den Beitrag Ludwig in diesem Band.
2 Zur Deutung s. oben, S. 71, den Beitrag Ludwig.
3 Zur Datierung vgl. den Beitrag Exner, unten, S. 114.
4 Die Verputze der beiden genannten Bereiche sind hier zusammengefaßt, obwohl kein direkter Anschluß zwischen den beiden Vorkommen besteht, da sie sich in Bezug auf Bearbeitung und Oberfläche signifikant gleichen.
5 Auf den jetzigen Außenansichten der Vermauerungen hat sich kein Putzmörtel erhalten.
6 Die Wandflächen der Mittelschifferweiterung der romanischen Zeit waren nicht in die Dekoration einbezogen.
7 Die graue Grundierung erstreckt sich bis zum ersten Obergadenfenster von Westen und grenzt dort, nach einem gelben, senkrechten Zwischenband, an die rote Unterlegung der dortigen Quaderung. In der Wandzone unterhalb der Sohlbänke der Fenster des Obergadens, seitlich begrenzt durch die Quaderung, gibt es rotbraune Malschichtreste vermutlich eines zugehörigen Bildprogramms. In dem sich darunter anschließenden Bereich der Arkadenzone sind graue Malschichtreste, vergleichbar der gleichfarbigen Grundierung im Obergaden, nachweisbar.
8 Sie reichte bis auf Höhe der ersten Freipfeiler von Westen der Mittelschiffarkaden. Die erwähnten hochrechteckigen Fenster besitzen Gewändeeinfassungen mit Mittelpfosten. Die Werksteinoberflächen zeigen die Schlagbahnen eines schräg angesetzten Scharriereisens.

Abb. 110. Steinbach, Einhards-Basilika, Hauptapsis, Südseite, Reste figürlicher Malerei auf einer nachträglichen Tünchung des bauzeitlichen Putzes (Phase 3 ?; Zustand 1934).

Klaus-Peter Schmidt

Zur Restaurierungsgeschichte und zu den laufenden Sicherungsmaßnahmen in der Steinbacher Basilika

Von den zahlreichen Steinbauten, die im Zeitalter Karls des Großen im Fränkischen Reich gebaut wurden, sind nur wenige erhalten geblieben. Unter ihnen ist die kleine Basilika in Steinbach von besonderer Bedeutung, da hier in seltener Unberührtheit der ursprüngliche Bestand weitgehend erhalten ist.[1]

Im Obergaden des Mittelschiffs sind umfangreiche Reste eines karolingischen Konsolfrieses (Abb. 90-93) und in der Hauptapsis Reste einer Figurengruppe zwischen Apsisansatz und seitlichen Apsisfenstern erhalten (Abb. 104, 107, 110).[2]

Ferner sind im Mittelschiff romanische, gotische und spätgotische Architekturmalereien und figürliche Darstellungen vorhanden (Abb. 105-109). Kalktünchen aus der Zeit nach 1500 überdecken noch große Wandflächen im Mittelschiff.[3]

Sicherungsmaßnahmen bis 1953

Zu keiner Zeit war für die Steinbacher Malereireste an Ergänzungen und verdeutlichende Zutaten gedacht. Nach dem Erlöschen der kirchlichen Nutzung und dem Abbruch der Seitenschiffe wurde die Steinbacher Basilika gelegentlich als Ruine bezeichnet. Die ehemalige Klosterkirche war jedoch immer überdacht. Nach 1820 stand die Hauptapsis ohne Dach und Gewölbe da. Nachdem 1855 der mittlere Teil des Ostgiebels eingestürzt war, ließ daraufhin der Graf zu Erbach-Fürstenau diese beschädigten Teile mit Rohmauerwerk ergänzen.

Der Denkmalrat des Großherzogtums Hessen, eine wegweisende Einrichtung von 1902, befürchtete die vollständige Vernichtung der Ausmalungsreste. Auf Veranlassung des zuständigen Denkmalpflegers erfolgte eine Bestandsaufnahme 1915. Der Kirchenmaler H. Velte kopierte die Malereireste für das Denkmalarchiv in Darmstadt. Vermutlich sind zur Vorbereitung dieser umfangreichen Arbeit abstehende lose Teile der bemalten spätgotischen Kalkschicht mit gelöstem Gummi arabicum behandelt worden, um sie bei dem Pausvorgang vor dem Abstoßen durch angedrücktes Transparentpapier zu schützen.

Ob Velte sen. 1934, als er den romanischen Rankenfries zu pausen hatte, mit Gummi arabicum festigte oder statt dessen wegen des labilen Oberflächenzustandes von Putz- und Malschichten das Einsprühen mit einer Caparolverdünnung vorzog, oder ob beides nebeneinander angewandt wurde, ist nicht bekannt.

Von Otto Kienzle und dessen Helfer wurde 1952 holzgebrannter Sumpfkalk von Altmannstein und Quark verarbeitet. An der Mauerkrone ist zunächst der hohl liegende Verputz mit Kalkmörtel hintergossen, an den freien Putzrändern das gleiche Material angekittet worden. Nach vorsichtigem Abstauben der Verputzfläche und Entfernen von Kalktüncherückständen auf der Friesmalerei wurde die Oberfläche 1952 mit Kalk-Kaseinwasser besprüht, nach dem Anziehen mit reinem Wasser abgewaschen.

An dem Abschnitt des spätgotischen Bogenfrieses und im Bereich der Rankenmalerei in der südlichen Fensterzone, wurde sporadisch das Niederlegen der abblätternden spröden Kalkschicht mit einer elastischen, dünnen Paraffinbindung versucht. Als Ausweg aus dem endlosen partiellen Festigen wurde eine flächige Einbettung aller Schollen in einem Paraffinüberzug gewählt. Die Verwendung von Kalk-Kasein und Paraffin zur Sicherung der losen Schichten muß für Kienzle eine Notlösung gewesen sein. Er vermied beide Materialien 1953 bei seinenArbeiten an der Nordwand des Mittelschiffs.

Sicherungsmaßnahmen bis 1986

Den Beschreibungen des verantwortlichen Restaurators Reichwald zufolge, waren die Wandflächen um 1973 stark verschmutzt und die Putz- und Mörtelschichten zum Teil schwer in Mitleidenschaft gezogen. Der Karolingische Konsolfries war mit einem braunen Überzug versehen, der zur Ablösung der Malerei vom Untergrund führte. Bei den Konservierungsarbeiten in den Jahren 1972-73 reinigte man die Putzoberflächen zum Teil trocken oder mit destilliertem Wasser, die hochstehenden Schollen legte man thermoplastisch nieder. Die Kaseinfixierung auf der Malerei konnte mit Alkohol und einer Amoniakzugabe vorsichtig reduziert werden.

Die karolingischen, romanischen und gotischen Wandmalereien im Mittelschiff der Basilika zerfielen seit ihrer Sicherung im Jahre 1972-73 rascher als erwartet (Abb. 111-114).

Bei den im Rahmen der laufenden Bauunterhaltungsarbeiten durchgeführten Untersuchungs- und Sicherungsarbeiten an den Putzschichten zeigte sich, daß bis 1986 weder Bestandspläne von den einzelnen Putz- und Malschichten vorhanden waren, noch Kartierungsunterlagen über die bisher an den Putz- und Malschichten durchgeführten Restaurierungsarbeiten vorlagen.

Abb. 111. Steinbach, Einhards-Basilika, Schadensdokumentation: pudrige Malschicht der Phase I in Fehlstellen der Phase 7.

Aufgrund der rapiden Zunahme der Schäden in den letzten Jahren war deshalb eine intensivere Auseinandersetzung mit diesem einzigartigen Wandmalereibestand mehr als sinnvoll.

Vor der Aufnahme der eigentlichen Arbeiten zur Substanzerhaltung galt es zu klären, welche Ursachen zu den erheblichen Schäden im Putz- und Tünchebereich geführt hatten.

Instandsetzungskonzept

Wir haben uns die Aufgabe gestellt, sowohl das klimatische Umfeld des Bauwerks als auch die am Baugefüge vorhandenen Materialgegebenheiten und deren technische Beschaffenheiten und Zustände zu erforschen.[4] Seit 1990 wurden daher die Putz- und Tüncheschichten von der Arbeitsgemeinschaft Belk/Hangleiter kartiert, ihr technischer Aufbau beschrieben und die einzelnen Schadensbilder sowohl qualitativ als auch quantitativ untersucht und erfaßt.[5]

Von den beteiligten Gutachtern wurden im einzelnen die in den Putz- und Malschichten angetroffenen Festigungs- und

Abb. 112. Steinbach, Einhards-Basilika, Schadensdokumentation: sich trennende und deformierte Malschichten der Phasen 1, 3 und 8.

Fixierungsmaterialien in oberflächennahen Bereichen wie in den vorhandenen Krusten analysiert.[6] Die Materialproben enthielten außer Schadsalzen zum Teil auch Reste von Wasserglas und Reste eines Paraffinüberzuges. An den vergrauten und geschwärzten Tünche- und Putzflächen im Obergadenbereich und in der Apsis wurde getestet, ob die dichte schwarze Gipskruste sich reduzieren läßt, ohne dabei weitere Schäden zu verursachen. Die Bestimmung der Bindemittel und der Pigmente an den Wandmalereien des karolingischen Frieses im Langhaus und an den Malereiresten der Apsis ermöglichte einen Vergleich der Maltechniken, zudem sind Parallelen zu den Analyseergebnissen der Torhalle Lorsch zu sehen und zu bewerten (Abb. 115 zeigt die Kartierung der an der Nordwand durchgeführten Beprobungen).

Die im Anschluß durchgeführten laufenden Klimamessungen in der Basilika erbrachten erste Hinweise auf die im Innenraum vorhandenen Luft- und Feuchtigkeitsbedingungen.[7] Durch die

Abb. 113. Steinbach, Einhards-Basilika, Schadensdokumentation: aufgebrochene und absandende Mörteloberflächen im Bereich der Apsis (Phase 1).

teilweise erheblichen Schwankungen der relativen Luftfeuchtigkeit im Innenraum finden in den Putzoberflächen Sorptionsvorgänge statt, die zu einem ständigen Schwinden und Quellen der Putzmaterialien führen. Des weiteren erbrachten die Messungen Nachweise über die Häufigkeit von Tauwasserbildungen und die Wanderungsbewegungen von gelösten Salzen.

Nach der Auswertung aller Voruntersuchungsergebnisse entwickelte Prof. Dr. Knöfel spezielle Putzfestigungsmaterialien und Randsicherungsmörtel, um die für die Erhaltung der bedeutenden karolingischen Wandmalereien und karolingischen Putze geeignetsten Restaurierungsmaterialien zu gewinnen.[8]

Abb. 114. Steinbach, Einhards-Basilika, Schadensdokumentation: aufgebrochene und absandende Mörteloberflächen (Phase 2).

Abb. 115. Steinbach, Einhards-Basilika, Nordwand, Kartierung der Probenahmestellen für Materialanalysen (1992).

Die Mörtel- und Tünchefestigungsmaterialien wurden in den Jahren 1992 in der Basilika an kleinen Probeflächen getestet, um ihre Wirksamkeit und ihre Verträglichkeit in einer Winter- und Frühjahrsperiode beobachten zu können.

Seit 1993 laufen nun die Festigungsarbeiten an den Mal- und Tüncheschichten im Mittelschiff (Abb. 116). Diese Maßnahmen schließen eine Oberflächenreinigung der Schichten mit ein. Da der tatsächliche Umfang und die Vielfalt der Schäden an allen vorhandenen Putz- und Malereischichten größer als angenommen war, konnten die Sicherungsarbeiten noch nicht vollständig abgeschlossen werden. Ebenfalls stehen die erforderlichen Konservierungsarbeiten an den Putzschichten der Krypta noch an.

Jedes Werk einer Kunstgattung ist aus verschiedenen Materialien zusammengesetzt, die in ihrer „Vita" den unterschiedlichsten Zerfallerscheinungen unterliegen. Es war daher naheliegend, die Materialien und die raumklimatischen Gegebenheiten in Steinbach zu untersuchen, um so wichtige Aspekte der am Baukörper vorherrschenden Materialbeschaffenheiten zu erfassen und zu begreifen. Aus der Fülle der Informationen galt es die Hinweise herauszufiltern, die zur Verlängerung der Lebensdauer des Bauwerkes und zur Wahrung des unverfälschten materiellen Bestandes beitragen.

Instandsetzung des Dachstuhles

Das zum Teil desolate Tragwerk und die durch Mazeration zerstörte Dachlattung wurden inzwischen ebenfalls untersucht und die Schäden kartiert. Der vorliegende, von Gutachtern ausgearbeitete Maßnahmenkatalog wird zur Zeit erörtert. Es wäre wünschenswert, wenn es in absehbarer Zeit gelänge, den Dachstuhl fachgerecht instandzusetzen und die Dacheindeckung dabei größtenteils zu erhalten.

Abb. 116. Steinbach, Einhards-Basilika, Nordwand, Kartierung der zur Putzsicherung eingebrachten Materialmengen.

Anmerkungen

1 Das Mittelschiff hatte allerdings bis zum 16. Jahrhundert beide Seitenschiffe, den südlichen Nebenchor sowie die westliche Eingangshalle mit zwei Seitenräumen verloren; vgl. zum Baubefund den Beitrag Ludwig in diesem Band.

2 S. oben, S. 69 ff. und S. 76 ff.

3 Eine Übersicht über den Bestand bei Schopf, oben, S. 77 ff.

4 Dr. H. Ettl – Dr. H. Schuh (München), Einhardsbasilika, Steinbach: Klimamessungen, 1992-1994; H. Ettl – H. Schuh, Mörtel- und Salzanalysen, 1990; H. Ettl – H. Schuh, Prüfung der Oberflächenfestigkeitswerte. Bestimmung der Wasserdampfdiffusionswerte, 1991-1992.

5 H. M. Hangleiter – G. Belk, Untersuchung, Kartierung der Putz- und Malschichten, 1990-1991; H. M. Hangleiter, Untersuchung, Kartierung der Putz- und Malschichten sowie Erfassung der Substanzschäden, 1992-1996.

6 Prof. Dr. E. Jägers (Bornheim), Untersuchung von Putzen, Tünchen und Malschichtproben, 1991-1992.

7 Prof. Dr. Blaschke (Amtliche Materialprüfungsanstalt, Bremen), Untersuchung der Basilika in Steinbach, 1991.

8 Prof. Dr. rer. nat. D. Knöfel – Dipl.-Ing. B. Jungermann (Ingenieurbüro für Baustoffe und Bauwerkserhaltung), Entwicklung und Prüfung von Injektionsmörtel, 1992; Entwicklung und Prüfung von Mörtel, 1992.

Emmanuelle Cadet – Christian Sapin

Les peintures de Saint-Germain d'Auxerre, nouvelles recherches 1986-1996.

Introduction

La découverte en 1927 dans les cryptes de Saint-Germain d'Auxerre d'un ensemble peint carolingien[1] a mis en lumière un site qui était connu jusqu'alors pour son architecture et une partie des inscriptions étudiées à la fin du XIXe siècle.[2] Une des chances d'Auxerre est de posséder en plus du monument les témoignages contemporains du moine Heiric qui permettent de situer précisément l'ensemble entre 841 et 859;[3] Le programme de recherche interdisciplinaire mis en place en 1986 afin de comprendre les liens entre l'École d'Auxerre et les vestiges monumentaux subsistant a inscrit progressivement et systématiquement à partir de 1990 l'étude des peintures dans le cadre historique et archéologique global. La fouille archéologique de l'avant-nef de l'abbatiale et d'une partie des cryptes s'est déroulée parallèlement aux investigations sur les enduits et peintures murales. Il s'agit là d'une rare expérience en France de confrontation entre les données archéologiques portant sur la construction de l'édifice, sur les peintures conservées en élévations et sur les fragments peints retrouvés en fouille. La multiplicité des informations recueillies depuis l'inventaire des sources iconographiques et photographiques jusqu'aux résultats des analyses physico-chimiques ouvre de nombreuses voies pour comprendre la place des peintures d'Auxerre dans l'histoire de l'art carolingien. En attendant une publication complète des résultats,[4] cet article rend compte du travail en cours d'achèvement et surtout des méthodes développées sur ce site exceptionnel.[5] Le lieu des peintures encore in situ dans les cryptes n'apparaît pas toujours d'emblée au visiteur. Dans sa déambulation, il ne perçoit souvent que des zones plus ou moins étendues ou conservées. En réalité sur le plan (Abb. 117), on peut voir que les peintures les plus anciennes se répartissent suivant une disposition rigoureuse : dans les deux oratoires latéraux qui accueillaient les fidèles, Saint-Laurent au sud et Saint-Étienne au nord, puis dans le couloir oriental avec aux angles les représentations d'évêque, deux au nord, deux au sud, ainsi que les inscriptions que l'on retrouve également dans le passage vers le tombeau de Germain à l'est de celui-ci et dans la confession. Il s'agit d'inscriptions se rapportant à Germain, aux inhumations des évêques, ou à la présence de reliques. Dans ces espaces et principalement dans les oratoires et la confession, on trouve également des motifs végétaux et des bandes peintes souvent jaune ou rouge soulignant les éléments architecturaux (voûtes d'arêtes, doubleaux) ou les passages d'un espace à l'autre.

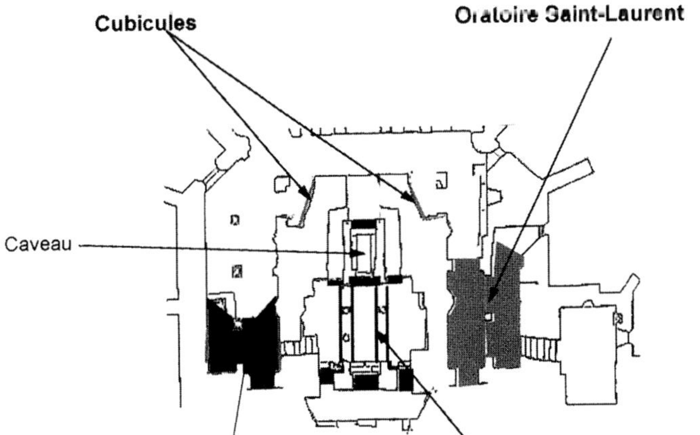

Abb. 117. Auxerre, Saint-Germain, Krypta, Grundriß mit Kartierung der karolingischen Fassungsbestände / Localisation des peintures carolingiennes.

Les *problématiques* de nos recherches résidaient en particulier dans l'identification des étapes du décor. Les formes de celui-ci étaient bien connues pour les ensembles iconographiques mais très peu ou pas du tout dans les zones secondaires. D'autre part, il n'avait pas été établi jusqu'à présent de chronologie sûre des zones picturales, ne serait-ce pour les premiers états d'application des peintures jugées carolingiennes. Cette chronologie était d'autant plus importante que par l'étude des maçonneries (taille des pierres, mortier, chronologie relative), il était possible d'établir une chronologie de la construction des cryptes où apparaissaient ici et là des repentirs, ou des modifications d'un plan probablement idéal. Ainsi dans cette démarche archéologique, il était nécessaire de progresser dans une connaissance systématique, depuis les enduits de supports établis sur les maçonneries jusqu'à la mise en place du décor, avant tous les repeints encore décelables malgré les nombreux grattages modernes.

En cherchant à mieux définir les phases originelles et proprement carolingiennes des peintures, nous avons voulu également comprendre les choix de programme et de décor qui ont privilégié telle ou telle partie et ainsi structuré l'espace. Ce travail en cours s'insère également dans la réflexion commune à l'ensemble de l'équipe CNRS d'Auxerre sur le rôle de l'École carolingienne – et de ses célèbres disciples Heiric, Haymon, Remi... –[6] dans les choix théologiques et plastiques opérés dans le site.

Principe d'enregistrement

L'étude archéologique des peintures murales doit considérer en premier lieu les maçonneries qui les supportent en tant qu'Unité Stratigraphique, termes définis selon les principes adoptés en archéologie depuis plusieurs années. Le fondement de cette étude est de décrire techniquement et stratigraphiquement les enduits qui recouvrent une US de maçonnerie, puis par la même approche les couches picturales de chaque enduit. Dans ce travail l'enduit est considéré comme le revêtement de mortier d'une maçonnerie, support du badigeon ou de la couche picturale qui constitue un décor peint. Ce travail est mené principalement à partir d'observations macroscopiques qui font l'objet d'un enregistrement manuel, puis informatique dans une base de données commune.[7]

L'étude des enduits

Un enduit est identifié comme un objet d'une US de maçonnerie. Sa position stratigraphique par rapport à d'autres enduits sur la même US est également relevée. Des indications chronologiques établies dans un premier temps ont été affinées au cours de l'étude.

Une première description macroscopique rend compte des principales caractéristiques des enduits. La couleur de la pâte est appréciée par l'auteur de l'étude relativement aux autres couleurs de pâte. Les propriétés physiques telles que la texture, la résistance apparente, la porosité – décrites par la taille, la teneur et la forme des vides – sont notées ici. L'inventaire des granulats s'apprécie par les mêmes critères, la taille la teneur et la forme, et la répartition de ceux-ci dans l'ensemble.

Lorsque le prélèvement est possible, une lame mince de ces enduits est réalisée. L'observation microscopique permet d'affiner les précédents critères.

Cette étude s'attache également à rapporter des informations concernant la mise en oeuvre de l'enduit et la préparation de sa surface pour recevoir badigeon(s) ou peinture(s). La fonction de l'enduit est déterminée, à savoir premier enduit sur la maçonnerie ou enduit de rebouchage, de ragréage, ou encore mortier de maçonnerie et enduit à la fois. Les traces d'outils d'application et les joints de fin de travail sont enregistrés, ainsi que les décors les plus directement associés.

Les principaux enduits carolingiens de la crypte de Saint-Germain d'Auxerre

Les enduits qui recouvrent les maçonneries carolingiennes sont datés soit grâce aux informations stratigraphiques par rapport à d'autres maçonneries ou par rapport à d'autres enduits, soit par la datation des peintures et des inscriptions qu'ils supportent (Abb. 118, plan des enduits).

Les parois de l'oratoire Saint-Laurent sont majoritairement recouvertes d'un enduit de couleur beige pâle, que l'on nomme arbitrairement enduit carolingien A. Il présente une granulométrie fine (inférieure ou égale à 1 mm de diamètre) de grains siliceux transparents, avec des nodules de liant, du charbon de bois et des fibres végétales. L'application a été effectuée à la truelle puis a été suivie d'un lissage de la surface à l'aide d'un petit outil à extrémité plate. Cet enduit est repris par endroit avec un autre avant l'application des premières couches de peintures carolingiennes. Il s'étend vers l'est dans les parties hautes et se retrouve en première couche dans le déambulatoire Est.

Deux types d'enduits apparaissent directement sur les maçonneries de l'oratoire Saint-Étienne. Ces enduits semblent avoir été mis en oeuvre au cours d'une même campagne, puisqu'ils se chevauchent mutuellement en stratigraphie.

L'enduit carolingien B est de couleur beige pâle et présente une forte proportion de chaux par rapport aux agrégats. La taille des minéraux présents dans cet enduit varie de 0,5 à 3 mm. Ils sont de couleurs variées du rouge ou brun foncé, et certains sont des petits cailloux calcaires plats et lisses de l'ordre du centimètre. Des petites particules de tuileau, des nodules de chaux, du charbon de bois, des esquilles de bois font partie de la composition.

L'enduit appelé C est de couleur plus variable selon la proportion de sable ocreux jaune ajouté mais présente principalement plus d'agrégats et une forte proportion de partie fine siliceuse. Il possède quelques coquilles d'escargots, des nodules de liants, des nodules ferrugineux, du tuileau.

L'enduit B se trouve généralement dans les parties basses des parois verticales et sur les piliers. Alors que l'enduit C se trouve sur toutes les voûtes et les arcs.

Nous verrons plus loin que cette campagne de décoration apparaît très homogène. Les peintures carolingiennes sont appliquées directement sur les deux enduits sauf dans le cas d'un pilier enduit de B, qui a reçu un badigeon intermédiaire avant la peinture. L'étude des applications des portions d'enduits des différentes maçonneries étudiées a montré de façon générale une progression verticale des voûtes vers les parois inférieures, et des parois nord vers les parois est et sud.

La coexistence de ces deux enduits au cours d'une même campagne de décoration n'est pas encore comprise. La présence de l'enduit comprenant moins d'agrégats dans les parties basses peut-elle s'expliquer par des raisons techniques, par exemple la nature ou la situation des parois ? La présence de sable ocreux dans les parties hautes et peintes joue-t-elle un rôle technique ou bien esthétique en tant que support des peintures ?

Principalement deux enduits carolingiens couvrent les parois et les voûtes de la Confession. Ils sont directement appliqués sur la maçonnerie et se partagent les parties est et ouest de l'espace.

Le premier enduit, appelé D, se différencie du second par la présence de coquilles d'escargots d'environ 5 mm de diamètre, blancs ou marbrés blanc et brun. La couleur de la pâte est beige pâle et il présente une granulométrie assez variée de 0,5 à 6 mm avec des grains majoritairement pâles et des cailloux mesurant jusqu'à 2,5 cm. Il contient des nodules de liants, des esquilles de bois et des bouts de charbon de bois. Il se trouve dans la partie est de la Confession.

Le second appelé E le chevauche sur la voûte de la nef centrale. Il est plus jaune et plus foncé, présente un type assez semblable d'agrégats que le précédent, excepté l'absence de coquilles d'escargots et la présence de nodules de sable ocreux. Des repri-

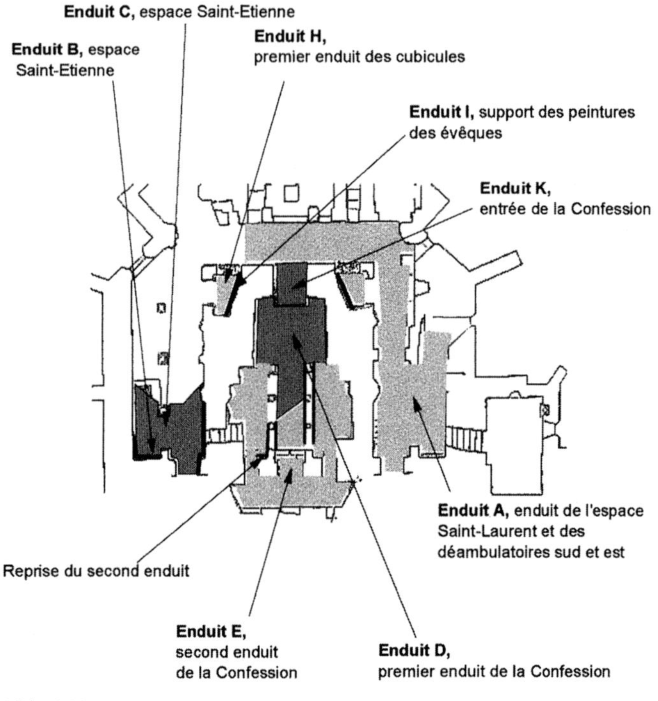

Abb. 118. Auxerre, Saint-Germain, Krypta, Grundriß mit Kartierung der karolingischen Putze / Localisation des enduits carolingiennes de la crypte.

ses carolingiennes de ces enduits sont visibles avant l'apparition des peintures.

Les cubicules nord et sud ont été dans un premier temps recouverts par un enduit de pâte blanc cassé, appelé enduit carolingien H.

Les peintures des évêques sont sur un enduit I qui vient en seconde position. Elles sont contemporaines de cet enduit, puisque des marques d'application de cordeaux dans l'enduit frais ont servi à leur construction. L'enduit I est de couleur beige, de granulométrie moyenne (2-3 mm), de sable calcaire, et contient des morceaux de charbon de bois, quelques coquilles d'escargots, des nodules de liant et de sable ferrugineux. Il est impossible de voir des joints d'applications de l'enduit mais des marques de truelle et de lissage par pinceau sont visibles.

Après l'application des enduits des espaces de la Confession, de Saint-Laurent, de Saint-Étienne et des cubicules, l'entrée de la Confession est recouverte d'un enduit de couleur de pâte blanc cassé, l'enduit K. Il est constitué d'une granulométrie variable de particules fines à des petits cailloux arrondis de l'ordre du centimètre, en silice et en calcaire. Il comprend également quelques rares charbons de bois, des nodules de liant et de sable ferrugineux jaune, enfin des coquilles d'escargots blanches et marbrées. Cet enduit a reçu au moins deux badigeons blancs avant l'application d'inscriptions du XIe siècle. Il a été employé en reprise du cubicule nord après l'inscription du IXe siècle, qui elle-même est peinte après la peinture des évêques.

La construction d'un niveau inférieur du caveau abritant dans une période troublée le tombeau de saint Germain, intervient après la pose des enduits D et E de la Confession et sa décoration carolingienne. Le mortier jaune qui a servi à sa maçonnerie est lissé en surface pour servir de support à un badigeon blanc. Il a été alors repris par un enduit blanc cassé qui a reçu directement une peinture murale actuellement à l'état de traces.[8] Ce court inventaire des enduits carolingiens illustre l'activité de l'aménagement des parois de la crypte. Il semble que celles-ci aient été recouvertes par étapes avec des enduits différents. Malheureusement nous n'avons pas suffisamment d'élément de stratigraphie entre les enduits des différents espaces, pour établir une chronologie relative complète de l'enduction.

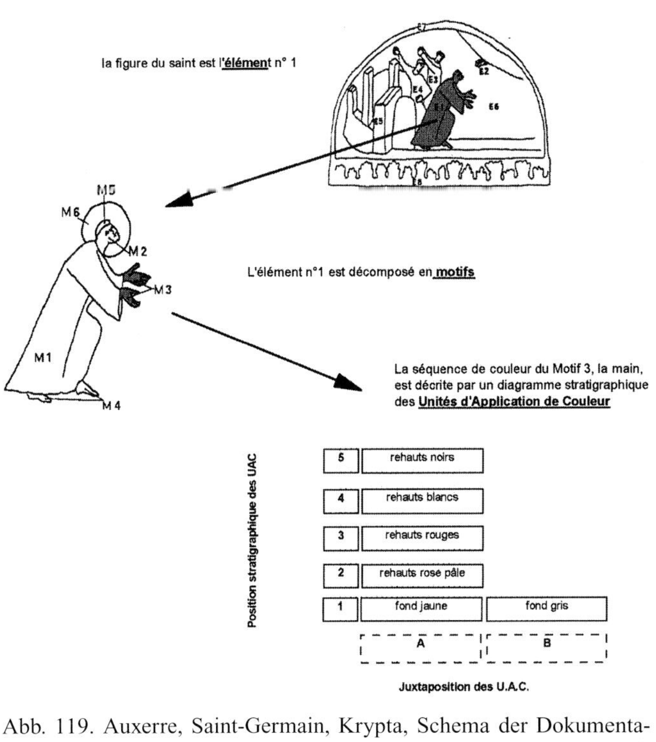

Abb. 119. Auxerre, Saint-Germain, Krypta, Schema der Dokumentationsschritte zur Erfassung der Maltechnik / Explication des trois niveaus de description de la stratigraphie des applications de couleur.

Les enduits du site de Saint-Germain peuvent être caractérisés par les éléments techniques suivants : retenons tout d'abord la présence de coquilles d'escargots blancs et marbrés blanc et brun. Ces coquilles ont été rencontrées sur des enduits peints gallo-romains auxerrois (fouilles archéologiques du Boulevard Vaulabelle) et se retrouvent dans des enduits gothiques et modernes de la crypte. Ceci laisse supposer l'origine locale d'un sable qui en contiendrait. Sur ce sujet les recherches sont en cours.[9] Une autre particularité locale est l'utilisation de sable ocreux, de nature siliceuse. Il sert à colorer l'enduit et apparaît souvent concentré en nodules ferrugineux. Ce type d'enduit se rencontre également aux périodes plus tardives représentées à Saint-Germain. La proximité du bassin ocrier de Puisaye peut expliquer la récurrence de ce sable ocreux. Nous reviendrons sur l'étude de l'ocre en fin d'article. Remarquons également que la présence de morceaux de charbon de bois est systématique.

Plusieurs enduits des différents espaces carolingiens présentent le traitement particulier de lissage après application à la truelle. Il s'agit de stries légères mesurant 1,7 à 2 cm de large et parfois jusqu'à 20 cm de longueur. Elles apparaissent dans les zones où la peinture est suffisamment usée.

Les enduits carolingiens de Saint-Germain sont différents des mortiers des maçonneries qu'ils revêtent, ils sont indifféremment utilisés pour les parties hautes – les voûtes et les arcs – comme pour les parois verticales et les piliers engagés.

L'étude des couches picturales

L'étude des couches picturales ne vient qu'après l'étude systématique du support. En amont de l'observation macroscopique des peintures, une recherche historique est menée pour connaître les mentions des peintures dans les textes anciens et toutes les campagnes de restauration que ces peintures ont subies. D'anciens fonds photographiques encore en cours de dépouillement permettent d'expliquer la présence de traces de décors postérieurs ou d'identifier des structures sous-jacentes actuellement rebouchées (clichés Phéliphot avant les dégagements des peintures en 1927 et clichés Zodiaque vers les années 1950).

Méthode d'enregistrement

Grâce au système d'enregistrement des peintures qui sont considérées comme dépendantes de l'enduit qui les supporte, lui-même étant un objet de la maçonnerie, une première datation relative de celles-ci est possible. Ces données sont affinées par les informations stratigraphiques des décors superposés et bien entendu par les critères stylistiques et iconographiques. Les observations et enregistrements sont menés différemment selon la complexité de la stratigraphie et l'état de conservation des décors.

Lorsqu'un enduit supportent les traces de décors différents, l'étude stratigraphique est développée vers l'inventaire et la chronologie relative de celles-ci. Le mur sud de la Confession illustre parfaitement ce type d'étude. L'observation et l'enregistrement ont été réalisés en même temps qu'un relevé archéologique sur lequel les différents décors sont identifiés. Nous avons ainsi pu reconnaître les traces de onze niveaux de décors, dont

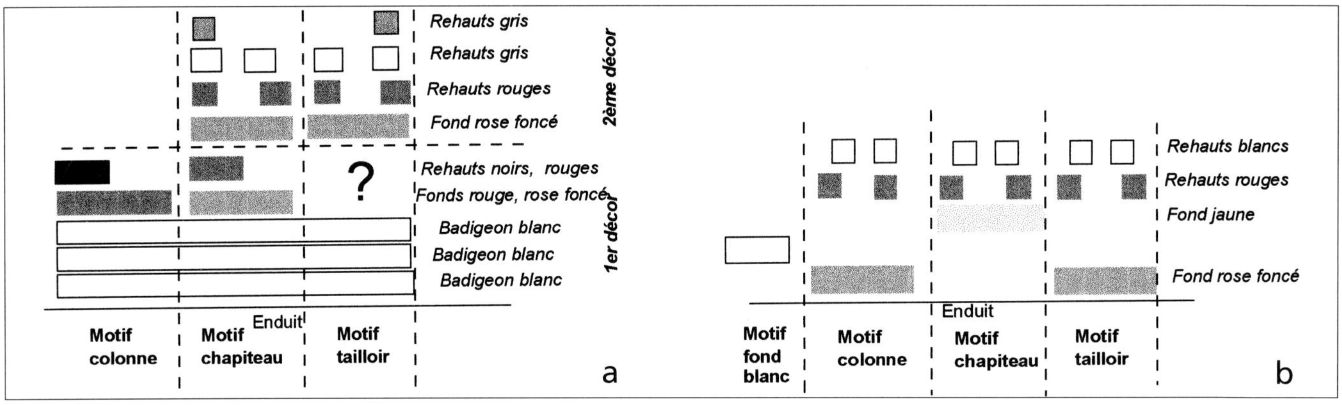

Abb. 120. Auxerre, Saint-Germain, Krypta, schematisierte Dokumentation der Beobachtungen zur karolingischen Maltechnik am Beispiel gemalter Kapitelle aus dem Laurentius- (a) und dem Stephanus-Oratorium (b) / Diagrammes stratigraphiques bruts des applications de couleur de chapiteaux peints carolingiens: espace Saint-Laurent, face est du pilier engagé de la paroi ouest (a); espace Saint-Etienne, face nord du pilier central de la paroi ouest (b).

deux inscriptions carolingiennes. – Cependant lorsque le décor est plus complet et lisible, il est possible d'étudier ses étapes de réalisation. Les conditions préparatoires à la peinture sont décrites pour l'ensemble de celle-ci (enduit préexistant ou non, reprise de l'enduit, décor(s) inférieur(s), badigeon intermédiaire, incision de l'enduit, tracés préparatoires, etc).

Puis selon les lacunes et l'usure des couches picturales, les niveaux d'étude de la mise en couleur sont plus ou moins complexes. Nous utilisons trois niveaux de description de la stratigraphie des applications de couleurs (Abb. 119):

Avant toute observation macroscopique des couches picturales, nous décomposons l'image de la peinture en différents objets iconographiques. Tout d'abord les éléments qui la composent sont inventoriés, par exemple les personnages, les représentations architecturales, les objets, les animaux, les éléments spatiaux qui entourent les figures, etc.

Puis pour chaque élément sont décrits les motifs iconographiques qui les constituent, par exemple dans le cas d'un personnage, une main, un vêtement, la tête, un attribut. Un motif doit présenter sur une surface continue une mise en couleur identique.

Enfin au niveau des motifs nous étudions la stratigraphie des applications de couleur. Pour cela nous utilisons le terme d'Unité d'Application de Couleur (UAC). Une unité est définie par une couleur qui a été appliquée en une seule fois. Elle est caractérisée par un code, sa fonction – fond, rehaut contour, reprise – et sa couleur. Il peut ainsi s'agir du fond rose d'une main, ou de rehauts rouges de celle-ci.

Chaque UAC est décrite selon des critères d'état de conservation, de mise en oeuvre (aspects des traces de pinceaux, épaisseur de l'application, observations macroscopiques sur sa nature), et sa position stratigraphique par rapport aux UAC voisines. – En effet l'enregistrement des UAC d'un même motif est codifié de manière à reproduire leur position stratigraphique relative automatiquement par informatique. Les premières UAC portent le nombre 1, les secondes le 2, etc. Si elles sont plusieurs au même niveau stratigraphique elles sont différenciées par des lettres, A, B, C, etc. – Ainsi sur l'exemple donné le fond jaune se nommera 1A, les rehauts blancs 4A.

Ce premier diagramme interne au motif étudié, présente un type de séquence de couleur : jaune, rose, rouge, blanc, noir. L'enregistrement de ces séquences informe sur l'utilisation des couleurs sur les peintures au Moyen Âge. La diversité de ces séquences aide à caractériser un style.

Nous verrons que ces observations sont confirmées par des mesures colorimétriques.

Lorsque l'état de conservation des peintures le permet, il est possible de réaliser un diagramme stratigraphique des UAC des motifs entre eux. Cela permet, pour reprendre notre exemple, de savoir si la main a été réalisée avant ou après ou bien en même temps que le vêtement – c'est-à-dire si la mise en couleur est progressive sur tous les motifs d'un même élément ou bien si la réalisation d'un motif est terminée avant que le motif voisin ne soit mis en couleur. Au niveau des éléments, dans le cas d'une bonne conservation des couches picturales, la même question peut être posée – un élément a-t-il été peint avant, après ou en même temps que le voisin. Toutes les étapes de l'élaboration d'une peinture ainsi définies peuvent être présentées en autant d'images.

Présentation des principales campagnes

Nous présentons dans un premier temps les décors décrits par espace, en réservant pour la fin l'étude des inscriptions de l'ensemble de la crypte.

Les peintures carolingiennes de *l'oratoire Saint-Étienne:*
Cet espace se caractérise par une campagne de peinture très homogène. Le dégagement des décors supérieurs en 1927 n'a laissé qu'un seul niveau de décor. Trois lunettes présentent la vie de saint Étienne. Des décors végétaux couvrent les voûtes et les arcs. Des colonnes et des chapiteaux prolongent ceux-ci dans les parties inférieures. Le chapiteau de la face nord du pilier central engagé dans la paroi ouest a été peint directement sur l'enduit de type C, qui est incisé verticalement avec un trait rouge central. La palette contient du jaune, du rose foncé, du rouge, du blanc, du noir. Les motifs étudiés sont le tailloir, le chapiteau, la colonne. L'étude stratigraphique (Abb. 120) montre que les fonds jaunes de la colonne et du tailloir ont été réalisés en premier, puis le fond du chapiteau, puis les rehauts rouges qui dessinent en négatif sur ce fond le détail du décor. Les rehauts blancs viennent librement redéfinir ce motif.

L'étude de la frise qui couvre l'intrados de l'arc central de l'oratoire est également réalisée à même l'enduit C (Abb. 121, 126). La frise est composée de motifs végétaux qui présentent la même mise en couleur et les mêmes formes. Des tracés préparatoires servent de guide de mise en place. Il s'agit de traits rouges

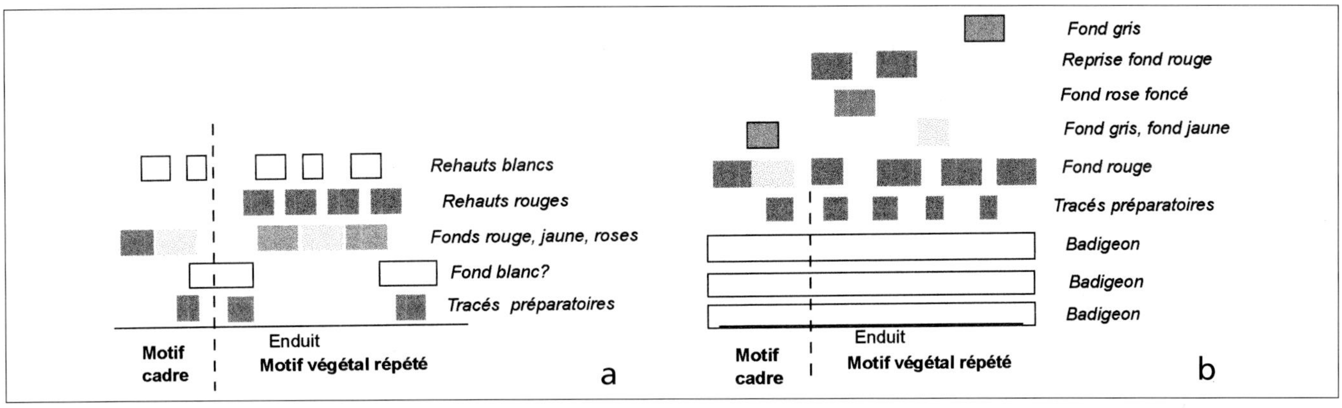

Abb. 121. Auxerre, Saint-Germain, Krypta, schematisierte Dokumentation der Beobachtungen zur karolingischen Maltechnik am Beispiel gemalter Friese aus dem Stephanus-Oratorium (a) und der Confessio (b) / Diagrammes stratigraphiques bruts des applications de couleur de frises carolingiennes: espace Saint-Etienne, intérieur de l'arc est-ouest central (a); Confession, intérieur de l'arc entre la nef centrale et le couloir occidental (b).

d'1,2 cm de largeur en moyenne. Les traces des poils de pinceau utilisé pour cela sont dispersées montrant qu'ils n'étaient pas correctement réunis lors de l'application de la couleur.
La palette utilisée comprend du blanc, du rouge, du rose foncé, du jaune, du gris.

À la suite des tracés préparatoires, les fonds rose foncé et jaunes sont posés puis les rehauts rouges qui dessinent le motif en négatif et enfin les rehauts blancs.

La peinture de la lapidation de saint Étienne se trouve sur la paroi nord de l'oratoire. Elle a été effectuée directement sur l'enduit de type C. L'enduit a été incisé pour l'emplacement de l'auréole du saint alors qu'il était encore frais, au vu des traces molles d'incisions. Des tracés au cordeau trempé dans de la peinture rouge ont été employés pour la mise en place des bandes horizontales.

Quelques tracés préparatoires rouges servent de guide grossier – comme dans le cas de la frise végétale – et ne présentent pas les caractères d'une étape préparatoire bien définie.
Le jaune, le jaune pâle dégradé de façon aléatoire, le rose pâle, le rouge, le blanc, le gris, le rose foncé, le noir ont été employés.

De façon générale ces peintures figuratives carolingiennes utilisent de façon prépondérante le jaune en fond. L'élaboration du dessin est progressive (Abb. 122), il n'y a pas de véritable esquisse préparatoire comme sur les peintures romanes bourguignonnes.[10] Le mélange de blanc semble se faire directement sous la peinture, la liberté du dessin est manifeste.

La décoration de la *Confession:*
L'espace de la Confession présente une campagne de décoration relativement homogène. Elle est constituée uniquement de décors végétaux, de bandes juxtaposées, de colonnes et de chapiteaux peints. Le style de ces peintures est différent de ceux de Saint-Étienne. Elles sont réalisées sur deux ou trois couches de badigeon blanc et sont dans l'ensemble très usées.

La frise sur l'arc entre la nef centrale et le couloir occidental illustre ce type de peinture (Abb. 121).

Elle est partiellement recouverte d'un décor postérieur et apparaît dessous très usée. Cette frise se constitue de rinceaux jaunes sur lesquels viennent se greffer des feuilles en forme de grandes langues. Il n'y a pas de systématisation de la structure de ces motifs qui sont répétés avec beaucoup de liberté.

La mise en couleur s'est faite sur deux badigeons préexistants et sur le badigeon propre à cette campagne. Des tracés préparatoires rouges ont mis en place les feuilles de ce décor. La palette employée se compose de jaune, de blanc, de gris, de rose foncé, de rouge. Il est vraisemblable qu'il manque des rehauts noirs – au vu de quelques traces actuelles sur des peintures voisines –.

Malgré l'usure générale, l'étude stratigraphique de la peinture a mis en évidence une chronologie systématique de la mise en couleur. Le fond général est appliqué avant les rinceaux jaunes. Puis les feuilles rose foncé sont peintes avant une reprise du fond et les feuilles grises.

Les décors végétaux de la Confession se caractérisent par cette irrégularité des formes des motifs et la récurrence de l'utilisation de feuilles en forme de langue dans le vocabulaire végétal (Abb. 124). Mais malgré la liberté prise dans la répétition des motifs, l'application des couleurs reste systématique.

Les peintures de *l'espace Saint-Laurent:*
Cette zone est moins homogène que les deux précédentes (Abb. 127). La décoration carolingienne s'est faite en plusieurs phases que nous présentons simplifiées ici, l'étude n'étant pas terminée.

Abb. 122. Auxerre, Saint-Germain, Krypta, schematisierte Dokumentation der Beobachtungen zur karolingischen Maltechnik am Beispiel von Inkarnaten aus dem Stephanus- (a) und dem Laurentius-Oratorium (b) sowie eines jugendlichen Bischofs (c) / Diagrammes stratigraphiques bruts des applications de couleur de carnations: espace Saint-Etienne, paroi nord, visage du saint sur la lunette de la lapidation (a); espace Saint-Laurent, cul-de-four, visage d'un des saints de la Bénédiction (b); cubicules nord, visages du jeune évêque (c).

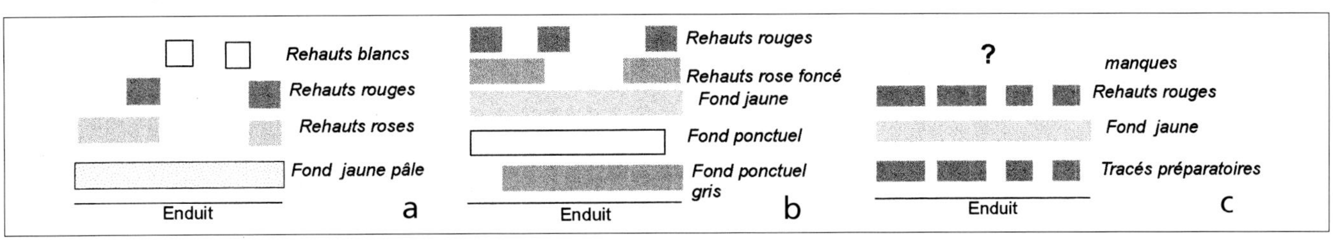

Abb. 123. Auxerre, Saint-Germain, Krypta, Laurentius-Oratorium, Wölbungsbereich, Detail: Kopf eines Heiligen / espace Saint-Laurent, cul-de-four, détail de la peinture de la Bénédiction.

Abb. 125. Auxerre, Saint-Germain, Krypta, nord-östliche Außenwand der Confessio, Darstellung eines stehenden Bischofs (Detail) / cubicule nord, détail de la peinture des évêques.

Abb. 127. Auxerre, Saint-Germain, Krypta, Laurentius-Oratorium, Ansicht nach Südwesten / espace Saint-Laurent. ▷

Abb. 124. Auxerre, Saint-Germain, Krypta, Confessio, Blattfries der nördlichen Scheidbogenlaibung / frise sur l'intrados de l'arc entre la nef et le passage nord.

Abb. 126. Auxerre, Saint-Germain, Krypta, Stephanus-Oratorium, Blattfries der mittleren Bogenlaibung / espace Saint-Etienne, frise sur l'intérieur de l'arc est-ouest central.

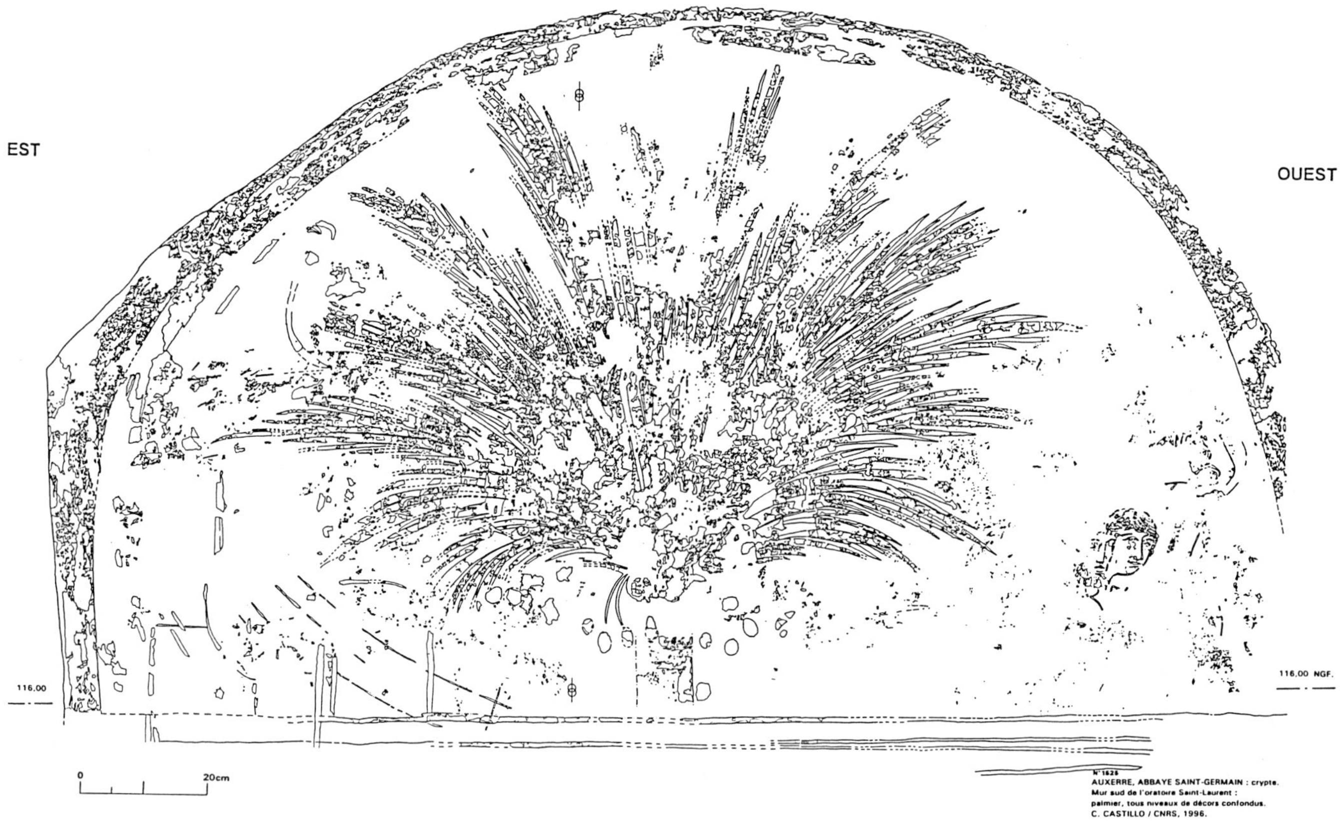

Abb. 128. Auxerre, Saint-Germain, Krypta, Laurentius-Oratorium, Südwand, West-Lunette, Bestandskartierung / espace Saint-Laurent, lunette de la paroi sud (relevé C. Castillo).

Une première campagne est décomposable en différents états qui semblent rapprochés dans le temps.

Après la pose de l'enduit A, le premier état présente un badigeonnage épais en blanc de toutes les parois verticales et des voûtes de la moitié nord de l'espace Saint-Laurent.

Puis à la suite cet enduit reçoit, dans la partie sud, des incisions et tracés préparatoires des décors végétaux, couvrant sans badigeon intermédiaire les voûtes et les arcs. Les parois inférieures ont été badigeonnées avant de recevoir un premier type de chapiteau, qui est directement repris par un autre type sur un des piliers engagés de l'espace (Abb. 120). La forme des rehauts de ce dernier chapiteau rappelle ceux de l'espace Saint-Étienne. Les frises végétales que l'on trouve sur les arcs sont très différentes de celles de la Confession. Malgré l'usure générale de ces parois il est parfois possible de reconstituer leur motif. Ils diffèrent de façon générale de ceux de l'espace Saint-Étienne mais présentent tout de même des similitudes microstylistiques.

Sur la lunette ouest de l'élévation sud de cet espace ont été identifiés, au cours du relevé archéologique, deux types de décors, un palmier et des têtes humaines, qui ne présentent aucune relation stratigraphique entre eux, du fait de l'usure des couches (Abb. 128). Malgré celle-ci ces têtes apparaissent en traits rouges sur un fond jaune et ressemblent à celles des juifs du tribunal que subit saint Étienne dans l'oratoire symétrique. Il est possible de noter trois couches de décors différents à certains endroits de cette lunette, mais sans que l'on puisse mettre celles-ci en rapport avec les éléments figurés. Lorsque l'information stratigraphique n'est pas utilisable, nous tentons de réexaminer les parois en décrivant les formes et associations des traits de pinceau qui constituent les rehauts. Ce catalogue microstylistique est en cours et nous espérons qu'il nous permettra de mieux définir ces étapes de décoration.

La peinture de la Bénédiction de saint Laurent et saint Vincent sur le cul-de-four de l'oratoire est actuellement très usée. Une couche grise a été majoritairement passée sur la surface de l'enduit après l'application de quelques tracés préparatoires rouges dont on ne lit plus le dessin actuellement. Cette couche sert partiellement de fond au décor (Abb. 122). Elle est reprise par endroit et sous les visages par un badigeon blanc. Ces derniers sont réalisés sur un fond jaune spécifique et avec une mise en couleur qui est semblable à celle des carnations des peintures de l'oratoire Saint-Étienne, des rehauts roses pâles sont suivis de rehauts rouges. L'écriture des visages et des vêtements est également identique. L'utilisation spécifique de traits larges et fins pour le traitement du vêtement d'un des saints se retrouve dans le saint Étienne de la Lapidation, de même les traits fins des visages et la manière de réaliser l'oeil et les paupières (Abb. 123).

Il semble que l'on peut parler de véritable campagne autonome au sujet du décor des voûtes de la partie nord de l'espace Saint-Laurent. Ils sont peints sur leur badigeon propre et sur le badigeon qui a été appliqué en tout premier lieu. Ces décors végétaux présentent une composition centrale qui rappelle vaguement celle des voûtes de Saint-Étienne. Ils se caractérisent par l'utilisation de la couleur verte qui n'existe pas dans le reste des peintures carolingiennes de la crypte (excepté un cadre d'inscription de la Confession). Ce vert n'a pas encore été analysé mais il se présente sous faible grossissement comme un mélange de particules vertes et d'autres plus foncées. Des traces de ce vert ont été découvertes sur un chapiteau peint de Saint-Laurent qui ressemble à ceux de l'espace Saint-Étienne, ce qui confirme la postériorité de ce décor. Il ne nous est pas possible actuellement de lui associer une limite basse de datation.

La complexité des premiers décors de cet oratoire, ses reprises d'enduits et de décors et le mauvais état général de ses parois pourraient s'expliquer par des phénomènes climatologiques. En effet nous constatons l'ouverture de baies dès l'époque carolingienne, de passage vers la chapelle extérieure sud au XIe puis au XIVe siècle, autant de modifications d'ouverture qui n'existent pas au Nord où apparaissent moins de dégradations.

La bicompartimentation de cet oratoire apparaît dès le début de la décoration, alors qu'elle n'existe pas sur les parois de son homologue symétrique. La suite de l'étude des enduits et des couches picturales devrait pouvoir éclaircir ces différentes phases.

Les *cubicules* nord et sud:

Le second enduit carolingien des cubicules sud et nord reçoit directement les peintures des évêques. La technique et le style de ces figures diffèrent des précédentes qui présentent des caractères communs. Les peintures des évêques sont très usées et offrent actuellement un état de la mise en couleur avant les rehauts, en laissant deviner les premiers fonds de motifs (Abb. 125). Elles ont été réalisées directement sur l'enduit qui les supporte. Contrairement aux autres il existe ici une étape nette de tracés de construction et d'esquisses préparatoires à la mise en couleur. Le dessin a été construit en s'appuyant sur un module d'environ 27,5 cm, qui est reporté en largeur et en hauteur au moyen de tracés préparatoires et de cordeaux trempés dans de la peinture rouge. Une esquisse poussée des personnages et de l'architecture est alors réalisée. Contrairement aux simples schémas de mise en place des peintures de l'oratoire Saint-Étienne, les dessins des visages, des doigts, des vêtements sont détaillés à l'aide de traits rouges (Abb. 122).

L'observation des traces picturales informe sur l'étendue de la palette. Il est ainsi possible de compter outre le blanc, le jaune, le rouge et trois dégradés de rose, des traces de vert et de gris.

Les étapes de la mise en couleur ne sont pratiquement plus lisibles mais les fonds qui restent témoignent d'une application de couleur bien homogénéisée, sans mélange aléatoire. Sur un fond jaune recouvrant les tracés préparatoires, les carnations des évêques sont réalisées à l'aide de rehauts rouges qui reprennent le dessin inférieur.

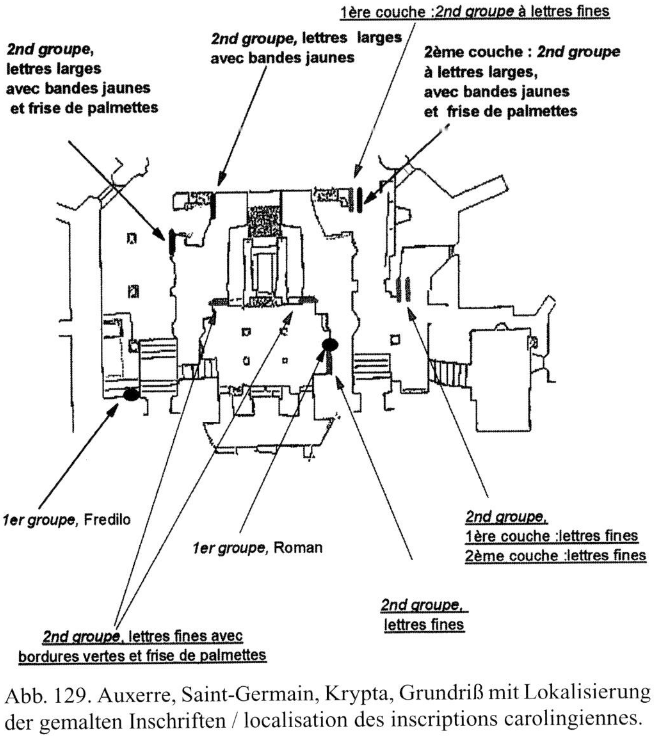

Abb. 129. Auxerre, Saint-Germain, Krypta, Grundriß mit Lokalisierung der gemalten Inschriften / localisation des inscriptions carolingiennes.

Les *inscriptions* carolingiennes:

L'épigraphie a permis d'identifier deux principaux groupes d'inscriptions carolingiennes[11] (Abb. 129).

Le premier groupe comprend sur le mur sud de la Confession les lettres ROMAN au premier niveau stratigraphique de décor de la paroi, ainsi qu'une signature FREDILO réalisée directement sur le tailloir en pierre d'une colonne peinte sous la peinture de l'extase de saint Étienne. Leur caractère commun est la forme de leurs lettres, peintes en rouge avec un dessin peu rigoureux.

Un groupe de neuf inscriptions décore diverses zones de la crypte. Elles se caractérisent par leur forme en écriture capitale et leur technique. Sur un badigeon épais blanc de fines gravures ont établi le cadre et les lignes du texte ainsi que l'épaisseur de chacune de ses lettres peintes en rouge. Cependant il apparaît deux mises en couleur différentes de ces lettres gravées. Une première manière remplit scrupuleusement les contours imposés et offre ainsi des lettres fines, parfois encadrées de bandes vertes et de frises de palmettes comme cela est le cas dans la Confession. Une seconde est de peindre les lettres en débordant largement et spécialement aux extrémités de celles-ci. Ces dernières sont toujours sur des lignes séparées entre elles par une bande jaune. Le deuxième groupe d'inscriptions carolingiennes est daté par la stratigraphie. L'étude stratigraphique situe les inscriptions fines après la décoration de Saint-Laurent, et avant les piliers romans de la Confession. Sous la Bénédiction de saint Laurent et saint Vincent deux inscriptions fines se superposent séparées par deux couches de badigeon épais blanc. Dans le déambulatoire sud une inscription fine a été refaite par une inscription large, avec une reprise de l'enduit A et un badigeon entre les deux mises en couleur. Dans le cubicule nord, les larges lettres ont été peintes après la peinture des évêques, gravées sur un badigeon blanc qui vient mourir sur l'extérieur du cadre des figures.

En regardant le plan qui localise ces inscriptions il est tentant de faire apparaître deux voire trois phases de réalisation d'inscriptions carolingiennes. Néanmoins la chronologie de celles-ci reste ouverte tant que l'étude complète n'est pas achevée.

Pour conclure cette présentation des décors carolingiens, nous insisterons à nouveau sur la pluralité de leurs campagnes de réalisation. Une énumération géographique de ces peintures rend en partie compte de la chronologie de ces campagnes. Les décors usant de frises végétales de la Confession sont caractérisés par leur réalisation sur badigeon et par leur dessin aléatoire en forme de langues. Ces décors sont différents de ceux de l'espace Saint-Étienne. Les peintures de l'oratoire Saint-Étienne sont généralement en meilleur état de conservation que l'ensemble des décors de la crypte. C'est pourquoi il nous est possible de les caractériser par la forme de leurs rehauts, en décrivant les traits de pinceau qui les composent. Sur les lunettes de cet espace sont peintes des figures mises en place sans une étape préparatoire nette, généralement sur des fonds jaunes.

L'espace Saint-Laurent pourrait avoir reçu des décors relevant de ces deux campagnes, mais présente sans ambiguïté des décors semblables à ceux de Saint-Étienne. Le rapprochement est flagrant pour deux chapiteaux et pour la représentation de la Bénédiction sur le cul-de-four de l'oratoire. Un dernier décor à fond vert n'est actuellement comparable avec aucun autre dans la crypte. Enfin les cubicules présentent des peintures figuratives dont la technique de mise en couleur est très différente des autres. Les inscriptions du second groupe sont toujours stratigraphiquement appliqués après les décorations carolingiennes voisines, sur des badigeons propres ponctuellement posés sur les parois.

La palette des couleurs employées pour ces différents décors ne permet pas de les distinguer, sauf par la présence de vert, pour le dernier décor de l'espace Saint-Laurent et pour les peintures des évêques. Sont systématiquement rencontrés un jaune, un rouge, un rose foncé, un blanc, un noir. Le gris est régulièrement présent à l'état de traces. Les décors figurés comportent en outre des variations dans les roses et dans les jaunes.

L'étude des séquences de couleur des motifs permet déjà de présenter des caractères communs. Les fonds des motifs carolingiens peuvent être jaunes, rouges, rose foncé, gris, mais les rehauts sont principalement rouges puis blancs puis noirs. Le jaune et le rose foncé sont utilisés de façon assez semblables dans les motifs végétaux, bien que le second soit généralement peint après le premier. De même lorsque le gris est présent en fond de motif, il est appliqué après les fonds rose foncé et jaunes.

Étude analytique des matériaux

Parallèlement au précédent type de recherche, qui emploie des moyens macroscopiques, ont été mené des travaux d'analyses sur mortiers, enduits et couches picturales de l'abbaye Saint-Germain. Nous vous présentons une étude actuellement en cours.

Auxerre se trouve à proximité d'un bassin ocrier qui traverse du Nord au Sud la Puisaye. Les premières exploitations connues d'ocre dans cette région ne datent que de la seconde moitié du XVIIIe, bien que la Bourgogne témoigne de nombreuses réalisations de décors muraux au cours du Moyen Âge. Cependant il n'existe aucune étude tentant un rapprochement entre les matériaux bruts locaux et les pigments de ces décors.

L'étude du site de Saint-Germain offre l'occasion d'appliquer à ces décors muraux une méthode de caractérisation originale combinant la colorimétrie et la caractérisation des pigments utilisés.[12] Elle intervient après que l'étude stratigraphique ait défini le contexte technique de la peinture.

Rappelons qu'une couleur se caractérise par trois paramètres, la teinte qui différencie le rouge du jaune, la saturation qui distingue le rouge du rose foncé ou du rose, et la luminosité par exemple entre le rouge vif et le rouge sombre. Ces trois paramètres sont mesurables. Une méthode consiste à envoyer une lumière incidente blanche sur la couche picturale et à effectuer l'analyse trichromatique qu'elle réfléchit. Les valeurs obtenues servent de base de calcul de différents jeux de trois paramètres, chacun adapté à la représentation des couleurs dans un espace colorimétrique particulier[13] (Abb. 130).

Nous utilisons un colorimètre Minolta qui mesure une aire de 8 mm de diamètre, et nous avons choisi la représentation de l'espace CIE 1931, ou, plus exactement et très classiquement, sa projection sur un plan (dit xOy).

Ce plan est perpendiculaire à l'axe des luminosités : l'axe noir-blanc se projette au point (W). Les paramètres x et y, fonctions complexes de la teinte et de la saturation, sont tels que les points représentatifs des lumières colorées monochromatiques se trouvent répartis sur la courbe en fer à cheval. Celle-ci peut être graduée en longueur d'onde du bleu au rouge. La couleur d'un pigment est située à l'intérieur de l'aire ainsi déterminée. L'ensemble des couleurs des peintures que nous mesurons se répartissent sur une petite surface de cet espace colorimétrique.

Le mélange de deux pigments de couleurs différentes A et B produit toute une série de couleurs qui se répartissent sur une courbe reliant les points A et B. Si une de ses deux couleurs est le blanc, la courbe isotonale décrit la désaturation de la couleur. C'est une géodésique de cet espace colorimétrique.

L'application de la colorimétrie aux peintures murales permet tout d'abord de passer du subjectif à l'objectif et ainsi de pouvoir comparer les couleurs des peintures de lieux différents, indépendamment de la nature de la lumière qui les éclairent. Elle autorise également de préciser certaines particularités de techniques picturales, dont la richesse de la palette chromatique employée, le nombre de couleurs de base utilisées, les types de mélanges effectués.

L'interprétation est néanmoins délicate et il est utile de décrire avant chaque mesure de couche picturale la couleur à l'oeil nu et les caractéristiques techniques. Il convient de repérer les repeints et les récentes interventions sur la peinture originale, mais aussi de distinguer les juxtapositions et superpositions de couches picturales avec celles qui traduisent un véritable mélange de pigments. Bien entendu les mesures doivent être effectuées sur des portions de couches picturales non endommagées. L'aire mesurée est cependant parfois trop importante pour l'étude de rehauts fins, ou de peintures très lacunaires.

Nous venons de voir que les peintures carolingiennes des peintures de l'oratoire Saint-Étienne constituent un ensemble homogène, qui présente à l'oeil nu une palette chromatique composée de quatre couleurs de base : jaune, rouge, blanc et noir, à partir desquelles semblent avoir été réalisés un jaune, un jaune pâle, un rouge, un rouge brun, un rose, un rose foncé, un gris. Il n'y a ni trace de bleu ni trace de vert.

Le diagramme colorimétrique de cet ensemble présente les mesures de couleur organisées autour de deux géodésiques (Abb. 131). L'une correspond à un pigment jaune et à ses mélanges avec un pigment blanc, l'autre à un pigment rouge et à ses mélanges avec un pigment blanc. L'étendue des mesures de mé-

Abb. 130. Graphik zur Farbspektrumsmessung / Plan xOy de l'espace colorimétrique CIE 1931: Le rectangle situe la surface occupée par les couleurs des peintures sur ce plan; la courbe est ponctuée par les longueurs d'onde des teintes visibles par un oeil humain (E. Cadet).

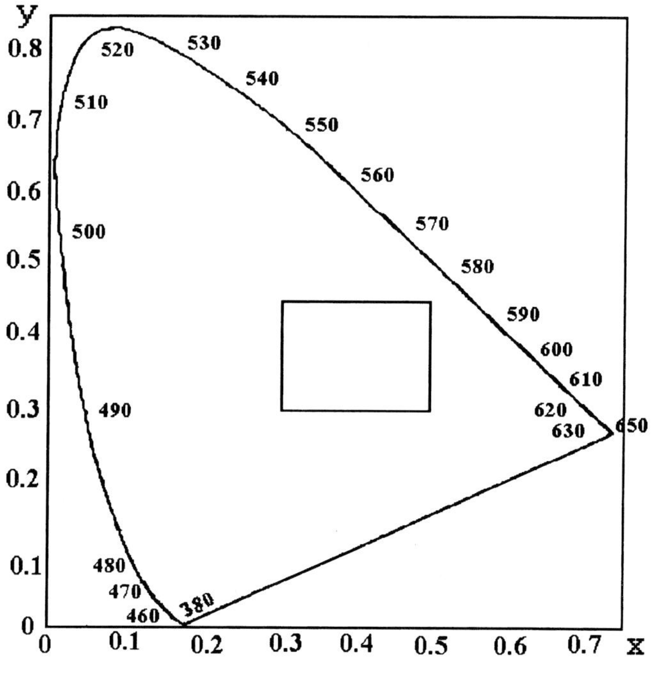

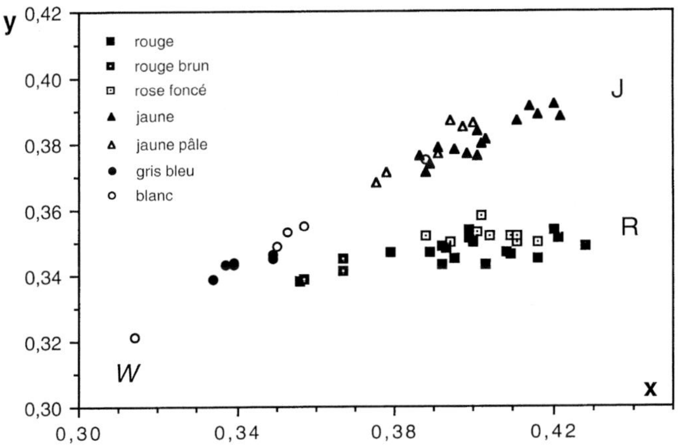

Abb. 131. Auxerre, Saint-Germain, Krypta, Diagramm zur kolorimetrischen Verteilung der im Stephanus-Oratorium gemessenen Farben / Répartition dans le plan x0y de l'espace colorimétrique CIE 1931 des points repésentatifs des couleurs mesurées sur les peintures carolingiennes de l'espace Saint-Etienne: Les points se répartissent suivant deux courbes isotonales (JW et RW; E. Cadet).

langes jaunes et de rouges laisse à penser que le peintre ne les préparait pas à l'avance, mais les effectuait en petites quantités au cours de la mise en couleur – ce qui confirme les observations macroscopiques précédemment développées –. Aucun mélange de pigments jaunes avec des pigments rouges n'apparaît.

La superposition des couleurs carolingiennes et de couleurs d'ocres brutes actuellement disponibles montre que les pigments employés peuvent être des ocres (Abb. 132).

L'identification des constituants de ces pigments permet de compléter ces premiers résultats. À cette fin, l'observation au microscope électronique à balayage à haute résolution couplée à une microanalyse élémentaire en dispersion d'énergie EDXS s'est avérée une méthode concluante.

Afin de savoir si la comparaison des produits bruts avec les échantillons archéologiques était viable nous avons comparé une ocre brute broyée de Puisaye (carrière des Perchers de Saint-Amand en Puisaye) avec un prélèvement jaune d'un chapiteau peint carolingien de l'oratoire Saint-Étienne, qui a été débarrassé de carbonates par un léger traitement à l'acide.

L'ocre se définit géologiquement par un minéral d'origine sédimentaire constitué par l'association d'oxydes de fer (goethite FeOOH et hématite Fe_2O_3), d'argiles (kaolinite, le plus souvent et parfois illite) et de silice. L'ocre jaune de Saint-Amand est d'une qualité exceptionnelle du fait de la faible quantité de silice qu'elle possède. Elle peut ainsi être directement utilisée après simple broyage (Abb. 133a).

L'image MEB (Microscope Électronique à Balayage) montre l'arrangement des plaquettes de kaolinite et des baguettes de goethite à un grossissement de 7000 fois, la silice est absente. Remarquons que la taille des cristaux est bien inférieure au micron.[14] L'étude du pigment jaune de Saint-Germain a mis en évidence des composants semblables – kaolinite et goethite – avec également une absence notable de silice (Abb. 133b).

L'analyse de la couche picturale rouge du faux chapiteau carolingien permet d'affirmer qu'un sable ocreux rouge a été employé, car du quartz, de la kaolinite et de l'hématite ont été identifiés.

L'association de ces deux moyens analytiques pour l'étude de cas des peintures carolingiennes de l'oratoire Saint-Étienne d'Auxerre autorise déjà quelques remarques. Les pigments rouges et jaunes de ce décor sont des ocres au sens géologique du terme. Les pigments ocres rouges ne proviennent pas d'un traitement du matériau ocre jaune employé pour les peintures jaunes, du fait de leur composant siliceux. Les ocres rouges sont mélangées à du blanc, les ocres jaunes également. Mais il n'y a pas de mélanges d'ocres jaunes avec des ocres rouges. Cela semble impliquer une sélection des matériaux bruts puisque la nature offre de nombreuses nuances rouges et jaunes. Enfin la teinte des ocres de Puisaye pourrait convenir pour la préparation de ces pigments carolingiens.

À la suite de cette expérience nous avons initié un programme de recherche qui développera cette problématique. L'étude se mène sur deux fronts. La prospection de produits naturels régionaux susceptibles d'avoir été employés comme pigments doit permettre la constitution de références colorimétriques et physico-chimiques. Parallèlement la même méthode analytique est appliquée à l'étude de peintures murales médiévales bourguignonnes, mais complétée par une étude des liants organiques. Le but de ce programme est de connaître davantage la nature des pigments ferrugineux utilisés sur ces peintures, ainsi que les traitements qu'ils ont subis et la façon dont ils ont été mis en oeuvre. Comme dans le cas de Saint-Germain les résultats d'analyses sont effectués après l'étude stratigraphique des peintures et sont croisés avec ces premiers résultats.

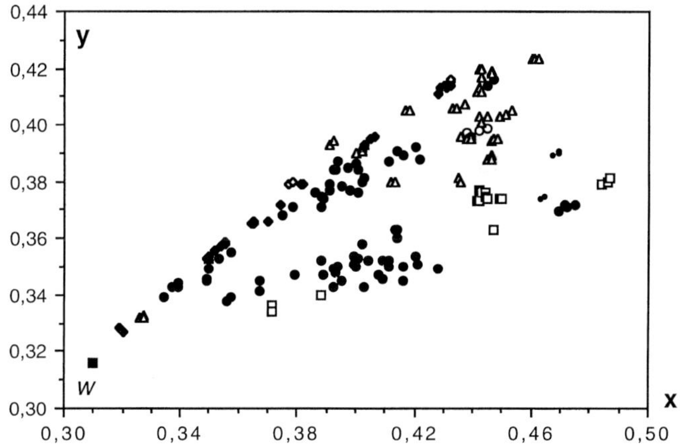

Abb. 132. Diagramm zur Überlagerung von Abb. 131 mit der Verteilung der im Bereich von Provence und Puisaye gewöhnlich verfügbaren Ocker / Superposition de la figure précédente avec la répartition des couleurs d'ocres couramment disponibles, de Provence et de Puisaye: Les couleurs des peintures sont repésentées par des cercles noirs pleins; elles ont pu être obtenues avec les ocres jaunes les plus jaunes et avec les ocres rouges les plus rouges (F. Delamare).

Conclusions et perspectives

L'étude systématique des enduits et couches picturales des cryptes de Saint-Germain d'Auxerre ont permis d'acquérir des résultats dans plusieurs domaines. Grâce à la *stratigraphie* générale croisant les maçonneries, enduits, couches picturales, on peut voir que si le plan des cryptes est cohérent et son édification relativement rapide, l'établissement de son épiderme et de son décor s'est opéré en plusieurs tranches de travaux avec des changements importants. On sait désormais[15] qu'un premier état de peinture existe sous celle des évêques, ou que le caveau recevant le tombeau de Germain a été peint dans un second temps. D'autre part les *relevés* des inscriptions comme des peintures montrent que de nombreuses informations non enregistrées jusqu'à présent, par l'oeil ou la photographie, modifient lecture et inter-

Abb. 133a. Elektronenmikroskopaufnahme eines Ockers aus der Gegend von Saint-Amand (Puisaye) / Image prise au Microscope Electronique à Balayage d'une ocre brute provenant de la carrière des Perchers, à Saint-Amand en Puisaye (Grossisement environ 7000 x).

Abb. 133b. Auxerre, Saint-Germain, Elektronenmikroskopaufnahme eines Gelbpigments aus dem Stephanus-Oratorium / Image prise au Microscope Electronique à Balayage d'un prélèvement jaune d'un chapiteau peint dans l'espace Saint-Etienne (Grossisement environ 7000 x).

prétation (référence aux reliques dans la Confession, changement d'iconographie dans la chapelle Saint-Laurent où l'adoration des mages devient la Bénédiction de Saint-Laurent et Saint-Vincent, ou encore figures carolingiennes nouvelles sous le Palmier). Enfin l'étude fine des *applications de couleurs* et des stratigraphies techniques comme celles des pigments détermine aujourd'hui une caractérisation des niveaux carolingiens qu'il est possible de distinguer quel que soit l'endroit des repeints plus tardifs. Le même type d'étude est développé pour la connaissance des enduits et décors postérieurs. Ce travail s'oriente à présent vers une étude analytique des matériaux par différentes approches colorimétrique et physico-chimiques et plus spécialement par une caractérisation minéralogique des matériaux ferrugineux.

En poursuivant un tel programme sur plusieurs années, grâce à une équipe interdisciplinaire, nous avons voulu assurer les restaurations, consolidations et mises en valeur futures (qui ont débuté en 1997-98) d'une approche documentaire et scientifique sérieuse en amont, en évitant les coupures trop grandes et souvent générales en France entre connaissances historiques et archéologiques d'un site et de ses peintures murales, et projet de présentation ou de restauration.

Anmerkungen

1 Edward King, The Carolingian Frescoes of the Abbey of Saint-Germain d'Auxerre, in: Art Bulletin 11, 1929, p. 359-375 ; René Louis, Autessiodurum christianum, les églises d'Auxerre des origines au XIe siècle, Paris 1952, p. 69-85 ; Madeleine Hardy-Alain Labbé, En marge du conflit entre Charles le Chauve et Girart de Vienne, Loup de Ferrières, Rémi d'Auxerre et Frédilo, in : La chanson de geste et le mythe carolingien. Mélanges René Louis I, Mayenne 1982, p. 119-169.

2 Maurice Prou, Inscriptions carolingiennes des cryptes de Saint-Germain d'Auxerre, in : Gazette archéologique 1888, p. 299-303.

3 Sur l'origine historique et sur la confirmation de la datation par dendrochronologie cf. Saint-Germain d'Auxerre, Intellectuels et artistes dans l'Europe Carolingienne (IXe-XIe siècle), Auxerre 1990.

4 La publication des travaux du groupe de travail sur les peintures occupera un des volumes consacrés aux dix années de recherche sur le terrain. Cette équipe sous la responsabilité de Christian Sapin, se réunit trois fois par an et discute les conclusions des relevés ou des analyses. Elle comprend pour l'iconographie: François Héber-Suffrin, Marie-Gabrielle Caffin, pour les enduits: Bénédicte Bertholon, pour les mortiers et la géologie des matériaux: Stéphane Büttner, pour les analyses RAMAN des pigments: Claude Coupry, pour l'étude plus stratigraphique et technique, à la suite d'Anne Boussotrot et de Véronique Rossignol, c'est Emmanuelle Cadet qui reprend l'ensemble des données. Sont également associées pour études et comparaisons: Juliette Rollier, Françoise Perrot. Les relevés sont faits par Carlos Castillo pour les peintures et par Olivier Juffard pour les maçonneries et fonds de plan. L'ensemble sous la direction de Ch. Sapin donnera lieu à une exposition en 1999 qui montrera en particulier les relevés originaux des peintures, ceux de 1927 par Ypermann et ceux de 1990-97.

5 Rappelons que les peintures de Saint-Germain sont les seules conservées en France témoignant des activités des peintres dans les grands sites monastiques ou épiscopaux à côté des grands sites européens comme Lorsch, Müstair, Brescia ... Cf: Jean Hubert-Jean Porcher-Wolfgang F. Volbach, L'empire Carolingien (L'univers des Formes), Paris 1968; La Pittura in Italia. L'Altomedioevo, Milan, 1994.

6 Sur l'École d'Auxerre, cf. Saint-Germain d'Auxerre, op .cit. (n. 3) et L'École carolingienne d'Auxerre de Murethach à Rémi 830-908, éd. Beauchesne, Paris 1991.

7 Cette base de données a été élaborée en collaboration avec Emmanuelle Cadet et Yves Petident.

8 Une étude récente plus précise de la palette et des techniques de mise en couleur de cette peinture a pu montrer qu'elle n'est pas comparable à celles de l'espace Saint-Étienne comme il avait été supposé en 1992 à la suite d'analyses de pigments. Cf. Christian Sapin et Claude Coupry, Les peintures de Saint-Germain d'Auxerre, état des recherches en cours et découvertes récentes, in : Édifices et Peintures aux IVe-XIe siècles, Actes du colloque CNRS, 7-8 novembre 1992 (sous la dir. de Ch. Sapin), Auxerre 1994, p. 81-98.

9 Bénédicte Bertholon, thèse en cours (Université de Lyon II) «Enduits et mortiers entre les IXe et XIe siècles à Auxerre, Mâcon, Saint-Jean-de-Maurienne».

10 Juliette Rollier-Hanselmann, D'Auxerre à Cluny : technique de la peinture murale entre le VIIIe et le XIIe siècle en Bourgogne, in : Cahiers de civilisation médiévale, 1997, p. 57-90.

11 La chronologie des inscriptions et l'existence de deux phases chronologiquement distinctes est actuellement en cours d'étude. L'une de ses phases pourrait se situer au moment de l'insertion des tombes des évêques d'Auxerre dans les cryptes au troisième quart du IXe siècle.

12 Ce travail est le fruit d'une coopération entre Emmanuelle Cadet, Centre d'Études Médiévales et François Delamare, École des Mines de Paris – Sophia Antipolis. Cf. E. Cadet et F. Delamare, Étude colorimétrique de peintures murales carolingiennes et romanes de Bourgogne, in : Revue d'Archéométrie, 1998, à paraître.

13 Cf. F.W. Jr Billemeyer, M. Saltzman, Principles of color technology, 1981 (J. Wiley and sons, 2nd ed.); François Delamare, Vision et mesure de la couleur, in: Datation-Caractérisation des peintures pariétales et murales, Pact 17 (éd. par F. Delamare ...), Louvain 1987, p. 195-222 ; R. Sève, Physique de la couleur, Paris 1996.

14 Étant donné la taille de ces éléments, l'analyse ponctuelle n'est pas possible. Elle est principalement réalisée par cartographie.

15 Sapin – Coupry, Les peintures de Saint-Germain, op. cit. (n. 8).

Matthias Exner

Denkmäler frühmittelalterlicher Wandmalerei in Bayern. Bestand, Ergebnisse, Aufgaben.

Bei den Denkmälern frühmittelalterlicher Wandmalerei in Bayern handelt es sich, gemessen an dem sonst hier zusammengetragenen Material, um relativ unspektakuläre, rudimentäre Reste, die in einem mehr oder weniger fragmentierten Zustand überliefert und nur in Ansätzen bearbeitet und publiziert sind.[*] Eine Auflistung der Orte, die diese Spuren bewahrt haben, nennt mit Regensburg und Bamberg neben Solnhofen, Füssen und Frauenchiemsee jedoch durchaus Stätten von großer historischer und kultgeschichtlicher Bedeutung für das frühe Mittelalter, und bei der Ausmalung der Ringkrypta von St. Emmeram in Regensburg geht es immerhin um die ältesten bekannten Reste mittelalterlicher Wandmalerei in Deutschland, die in situ erhalten blieben.[1]

Das Wenige, das der Literatur zu diesem Thema bisher zu entnehmen ist, ist geprägt von den Kontroversen um die Datierung der einzelnen Objekte, namentlich die Einordnung der Torhalle auf Frauenchiemsee, des einzigen Denkmals von allgemeinerem Bekanntheitsgrad – ein Streit, der so alt ist wie die Entdeckung der Fresken selbst und das sind mittlerweile schon mehr als drei Jahrzehnte.[2] Vor der Formulierung weitergehender Fragestellungen muß deshalb erneut der Versuch einer zeitlichen Einordnung der einzelnen Objekte stehen, die freilich zum Teil mehrere Malperioden aufweisen und deshalb in einer chronologisch geordneten Übersicht mehrfach vorkommen müssen.

Abb. 134. Solnhofen, Sola-Basilika, nördliches Seitenschiff, Blick nach Osten mit der Stirnseite der Sola-Tumba (Zustand 1997).

Geht man vom Forschungsstand aus, so müßten ergrabene Fragmente aus der sog. Sola-Basilika von Solnhofen in der Diözese Eichstätt am Beginn des Überblicks stehen. Es handelt sich um einen größeren Bestand an ornamentalen und figürlichen Wandmalereifragmenten, die in den 60er-Jahren unter der Leitung von Vladimir Milojčić ergraben und mittlerweile in die Prähistorische Staatssammlung nach München verbracht wurden. Aus stratigraphischen Gründen wird der Großteil dieser Fragmente den vom Ausgräber ins 8. Jahrhundert datierten Bauphasen zugewiesen,[3] nach der heutigen Zählung von Peter Marzolff wären dies die Phasen C oder D1.[4] Eine kleine Auswahl der in 33 Kisten verwahrten über 1000 Fragmente wurde von Mitarbeitern der Prähistorischen Staatssammlung für die Schausammlung zu einer Figur zusammengesetzt (Abb. 136), die als Zeugnis der Wandmalerei des 8. Jahrhunderts 1988 Bestandteil der Bajuwarenausstellung war.[5] Über die Vorbehalte gegenüber den zu didaktischen Zwecken eingebrachten Ergänzungen des Gesamtkonturs hinaus muß klargestellt werden, daß weder die Zusammengehörigkeit der hier vereinigten Fragmente zu einer einzigen Figur noch die Ergänzung des zu S[anc]TE SIMO(NE) verbundenen Buchstabenbestandes gesichert ist. Unter diesen Umständen bleibt natürlich auch die stilistische Bewertung der nimbierten frontalen Figur mit der angedeuteten Kopfwendung in Dreiviertelansicht ein kühnes Unterfangen. Eine Klärung kann hier nur von der Gesamtheit des überlieferten Bestandes wie von der Einbeziehung aller übrigen datierenden Befunde ausgehen, wobei zunächst festgehalten sei, daß das geborgene Material an Wandmalereiresten, der komplizierten mehrphasigen Baugeschichte gemäß, maltechnisch, farblich und gegenständlich differenzierbare Komplexe unterscheiden läßt. So gibt es neben zahlreichen planen Fragmenten auch Eckstücke mit Laibungs(?)-Kanten, neben einfachem Streifendekor auch florale Elemente, unter den figürlichen Stücken Gewandpartien, Nimbus- und Fingerabschnitte und mindestens zwei Fragmente mit einem Auge (Abb. 137a-b). Die maltechnischen Unterschiede hat eine restauratorische Voruntersuchung und Sortierung ausgewählter Stücke im Bayerischen Landesamt für Denkmalpflege aufgelistet.[6] Eine systematische Beschäftigung mit der Gesamtheit des Materials und dessen Sortierung nach zusammengehörigen Gruppen steht jedoch noch aus.

Leider ist auch für die übrigen Fundkomplexe, insbesondere für die zu Datierungszwecken unentbehrliche Keramik die Auswertung noch nicht abgeschlossen. Man ist deshalb bis auf weiteres auf knappe Vorberichte angewiesen, die Peter Marzolff vom Institut für Vor- und Frühgeschichte der Universität Heidelberg in den letzten Jahren veröffentlicht hat.[7] Er kann sich dabei außer auf die Funde und Grabungstagebücher aus den 60er-Jahren insbesondere auf Nachgrabungen von 1974, 1976 und

Abb. 135a-c. Solnhofen, Sola-Basilika, Tumba, zeichnerische Rekonstruktion der Bauphasen I (b) und II (c; A. Arasli / Th. Hacklberger).

1978/79 stützen, deren Ergebnisse einige Probleme der umstrittenen, auf Milojčić fußenden Darstellungen der Baugeschichte zurechtrücken lassen. So ist mittlerweile klargestellt, daß es die einem ersten steinernen Kirchenbau angeblich folgende Holzkirche, Bau II in der Chronologie der Vorromanischen Kirchenbauten, nie gegeben hat.[8] Von Milojčić wurden seinerzeit offenbar Pfostenlöcher, die in verschiedene Phasen gehören und teils als Gerüstlöcher, teils als Reste einer verlorenen liturgischen Ausstattung erklärt werden müssen, zu Grundrißlinien eines weiteren Kirchenbaus zusammengezogen.[9] Auch die sog. große Apsis, die als Bau Ia auf die gesicherte und im Grundriß klar erkennbare Doppelapsis von Bau I gefolgt wäre, ist offenbar Fiktion. Auf die Doppelapsis folgte nach Marzolff ein Rechteckchor.[10] Ein korrekt periodisierter Grundriß, der diesen Erkenntnissen bereits Rechnung trüge, ist jedoch noch nicht greifbar, schon deshalb nicht, weil 1994/95 neuerliche Ausgrabungen westlich des bisher bekannten Komplexes, die durch die Fundamentierung für ein neu errichtetes Schutzdach notwendig wurden, den Westabschluß der Basilika klären konnten und damit weitere Befunde zu synchronisieren und einzuarbeiten sind.[11]

Ungeachtet dieses klärenden Zugewinns ist jedoch der Hauptangelpunkt für die Periodisierung der Solnhofer Kirchenbauten, die Datierung der großen dreischiffigen Basilika, deren Nordschiff die Tumba des als Gründer und Titelheiliger verehrten Sola überbaut und inkorporiert (Abb. 134), nach wie vor umstritten. Seit gut drei Jahrzehnten steht nunmehr der Position des Ausgräbers und der ihm mehr oder weniger geschlossen folgenden Prähistoriker die Stellungnahme der Kunstgeschichte gegenüber, die einer karolingischen Datierung der großen Basilika, Bau E nach Marzolff, in ihrer überlieferten Gestalt nach der Beurteilung von Bauzier, Stuckplastik und Wandmalerei nicht folgen kann.[12] Gerade mit Blick auf die bauplastischen Einzelformen hat die Forschung neuerdings wieder die traditionelle Identifizierung der überkommenen Basilika mit dem zwischen 1065 und 1071 vom Eichstätter Bischof Gundekar geweihten Kirchenbau erwogen[13] und die verschiedentlichen Versuche einer karolingischen Datierung[14] als nicht überzeugend zurückgewiesen.[15] Andererseits wurde jüngst versucht, den jetzigen, „dem linearen Stilbild des 10. Jahrhunderts“ entsprechenden Zustand der Kapitelle auf tiefgreifende Überschneidungen und Abarbeitungen der Oberflächen zurückzuführen und daraus Argumente für eine Frühdatierung des erschlossenenen Erst-

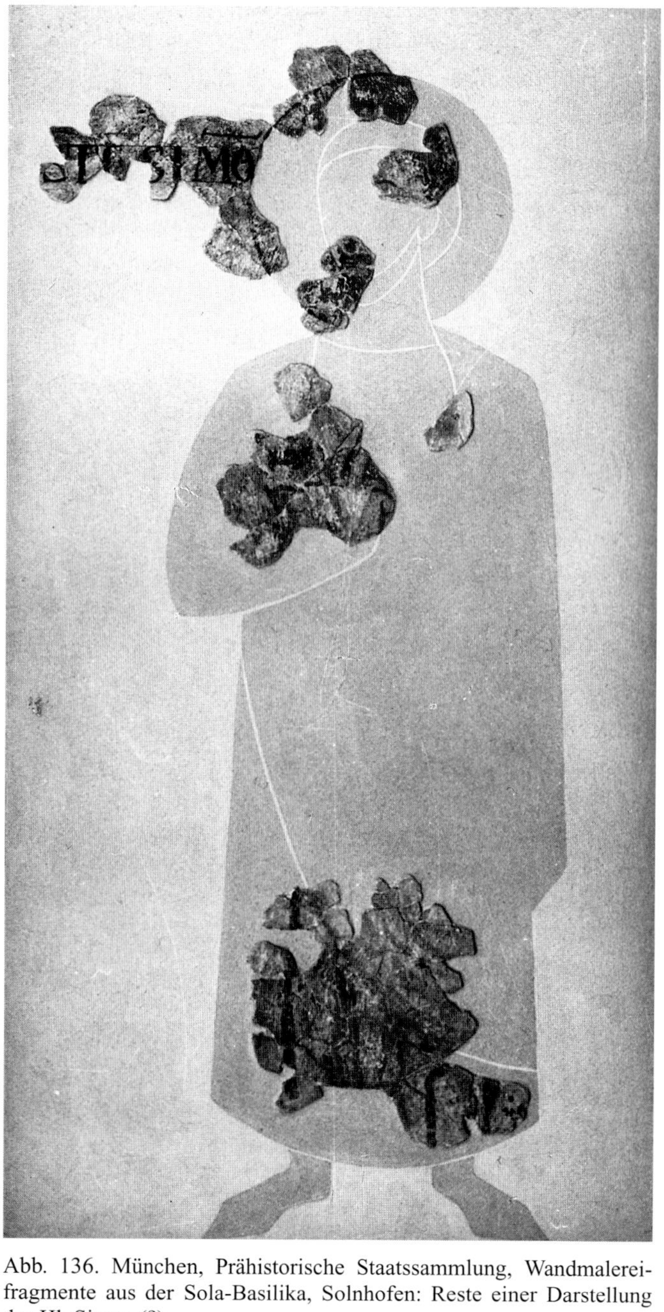

Abb. 136. München, Prähistorische Staatssammlung, Wandmalereifragmente aus der Sola-Basilika, Solnhofen: Reste einer Darstellung des Hl. Simon (?).

Abb. 135d-f. Solnhofen, Sola-Basilika, Tumba, zeichnerische Rekonstruktion der Bauphasen III (d), IV (e) und V (f; A. Arasli / Th. Hacklberger).

Abb. 137a-b. München, Prähistorische Staatssammlung, Wandmalereifragmente aus der Sola-Basilika, Solnhofen: florales Motiv (a) und Fragment einer Hand (b).

zustands abzuleiten.[16] Aus heutiger Sicht darf ergänzend nachgeschoben werden, daß eines der wichtigsten Argumente für Milojčić' Frühdatierung der nördlichen Kirchenwand, die schriftgeschichtliche Einordnung einer dort über der Sola-Tumba aufgemalten Inschrift in das frühere 9. Jahrhundert, kritischer Überprüfung offenbar nicht standhält (s. unten, S. 115).

Nun ergibt sich aber ein mit dem derzeit publizierten archäologischen Befund nicht auflösbarer Widerspruch zur kunsthistorischen Datierung der Basilika durch die Einbeziehung der Schriftquellen. Und zwar nicht so sehr durch die erst in neuzeitlichen Werken überlieferte Nachricht, 819 sei eine dreischiffige Kirche geweiht worden, eine „Basilica ... a fundamentis instaurata" und mit zwei Säulenreihen versehen,[17] denn der Wert dieser Aussage ist schon dadurch herabgesetzt, daß dem Datum 819 der Name eines erst zwei Jahrzehnte später amtierenden Bischofs zugeordnet wird;[18] vielmehr durch einen Widerspruch zu der einzigen zeitgenössischen und im ganzen wohl glaubwürdigen Quelle, einem Erhebungsbericht in der Sola-Vita des Ermenrich von Ellwangen.[19] Die Lebensbeschreibung des Hl. Sola selbst wie die Angaben zum Auftritt Karls des Großen in Solnhofen und zahlreiche Wunderberichte bezog der Verfasser aus mündlicher Tradition und damit aus zweiter Hand. Im 10. Kapitel jedoch berichtet er als Augenzeuge von einem an der Nordseite der Kirche gelegenen Grabmal des Sola sowie anschließend, relativ detailgenau, das Ereignis einer Reliquienerhebung, zu der er Zeitgenosse war. Demnach wurde mit Zustimmung des Bischofs Altwin von Eichstätt um 838/39 der in einem Erdgrab bestattete Sarkophag des Heiligen gehoben und geöffnet und anschließend an derselben Stelle etwas erhöht wieder beigesetzt.[20] Das offenbar erst seitdem durch eine oberirdische Tumba ausgezeichnete Grab, in der Quelle „monumentum" genannt, hat er selbst noch gesehen. Falls man auch die freilich toposverhaftete Mitteilung in Betracht ziehen möchte, bei der Öffnung des Sarkophags habe süßer Wohlgeruch die ganze Kirche erfüllt,[21] müßte man annehmen, daß die Tumba gegen 840 bereits in den sukzessive nach Westen verlängerten und erweiterten Kirchenbau integriert gewesen wäre. Geht man ferner von der aus kultgeschichtlichen Gründen wahrscheinlichen Beibehaltung des Begräbnisorts aus und berücksichtigt die der Lagebeschreibung des Ermenrich entsprechende Situierung im nördlichen Seitenschiff der Basilika, so müßte die überlieferte Tumba, genauer gesagt die durch fünf nachweisbare Umbauphasen entstandene Konstruktion (Abb. 135 a-f, 138),[22] mit dem in der Quelle von 840 beschriebenen monumentum identisch sein. Dem widerspräche die These entschieden, erst ein Kirchenbau des 11. Jahrhunderts hätte die verehrte Grabstätte inkorporiert. An die Auswertung und Publikation der Grabungsbefunde wird deshalb auch die Frage zu richten sein, ob es nicht Hinweise dafür gibt, daß eine bereits im frühen 9. Jahrhundert zur Größe der in Teilen erhaltenen Basilika angewachsene Anlage später in den Formen des 10. bis 11. Jahrhunderts erneuert wurde.

Nach diesem langen Exkurs nochmals ein Blick auf die Wandmalereifragmente. Nach gut drei Jahrzehnten und mehrfachem Ortswechsel ist eine exakte stratigraphische Einordnung der ergrabenen Fragmente offenbar nicht mehr möglich. Für einzelne Schachteln mit ausgewählten Stücken, die erst 1992 im Zuge einer Zusammenführung des Gesamtbestandes aus Heidelberg nach München überstellt wurden, konnte Marzolff summarische Angaben zur Fundsituation aus den Grabungstagebüchern rekonstruieren.[23] Demnach gehört offenbar der Großteil der Fragmente und zumindest das reicher bemalte Material einer Phase zwischen dem durch Brand zerstörten Bau II und der in Resten noch bestehenden Basilika an. Ein kleinerer Teil der Putzbrocken mit lediglich geglätteter und weiß getünchter Oberfläche ohne Bemalungsreste läßt sich dagegen dem Bau I zuweisen, der kleinen Saalkirche mit Zwillingsapsis. Ganz grob haben wir es demzufolge offenbar mit drei deutlich unterscheidbaren Komplexen zu tun:

Erstens mit den Resten eines vermutlich sehr bescheiden ausgestatteten ersten Kirchenbaus, dessen Wände ganz oder überwiegend weiß getüncht waren, zweitens mit der in situ erhaltenen Wandmalerei im nördlichen Seitenschiff der großen Basilika, die weiter unten als Bestand des 11. Jahrhunderts behandelt wird (Abb. 140), und drittens mit einem noch ungeordneten Komplex von mehreren hundert farbig gestalteten Fragmenten, die sich nach Mörtelstruktur und -farbigkeit sowie Maltechnik und Motiv in mindestens zwei bis drei Gruppen unterteilen lassen und den Bau- bzw. Umbauphasen III bis IV zuzuweisen wären, darunter auch jene Stücke, die zu der fragmentierten Figur eines Hl. Simon zusammengesetzt wurden (Abb. 136). Die Stücke mit figürlichem Dekor weisen einen mehrschichtigen Farbauftrag über einer als Grundierung aufgebrachten Kalktünche auf, mit weißen Lichtern und Abschattierungen (Abb. 137a-b), und zumindest bei einem der Fragmente mit Auge mit einer Art Verdaggio im Inkarnat. Die spärlichen Reste von Faltenzeichnung bei der rekonstruierten Figur geben für eine kunsthistorische Einordnung zu wenig her, lassen aber jedenfalls eine motivisch schlichtere, weniger fein gefältelte Gewanddrapierung erkennen als beispielsweise die thematisch vergleichbaren Unterkörper stehender Heiliger in der Krypta von Esslingen, die Hilde Claussen mit guten Gründen in das 3. Viertel des 9. Jahrhunderts datiert hat.[24] In beiden Fällen ist ja kaum mehr als die Vorzeichnung erhalten. Zur besseren Lesbarkeit des Solnhofer Motivs vergleiche man einen der Engel von Frauenchiemsee,[25] bei dem sich der Kontur der Unterschenkel unter dem Stoff in ähnlicher Weise abzeichnet und der Stoffüberschuß sich zwischen den Beinen gleichfalls in vertikalen Falten sammelt (Abb. 161b). Die Solnhofer Fragmente verraten demgegenüber freilich eine größere Weichheit im Duktus, die ebensosehr für eine Datierung in karolingische Zeit sprechen dürfte wie der hohe Anteil von Rosétönen in der Farbpalette. Derlei im Kontext einer Baumaßnahme des frühen 9. Jahrhunderts anzusiedeln, etwa nach dem Übergang der Sola-Cella in Fuldischen Besitz und der Erhebung zur Propstei (nach 794), würde aus kunsthistorischer Sicht wohl keine Probleme machen.[26] Vielleicht bringt hier die Gesamtauswertung der erhaltenen Fragmente eines Tages weitere Klarheit. Daß mit dieser auch maltechnisch relativ aufwendigen und professionellen Malerei die Einsiedlerzelle des 8. Jahrhunderts geschmückt gewesen sei, erscheint jedenfalls wenig glaubwürdig.

Auf vergleichsweise sicherem Boden bewegt man sich demgegenüber bei der zweiten in das 8. Jahrhundert zurückrei-

Abb. 139. Solnhofen, Sola-Basilika, nördliches Seitenschiff, Nordwand, Detail: Reste figürlicher Malerei über der Tumba (Zustand 1992).

Abb. 138. Solnhofen, Sola-Basilika, nördliches Seitenschiff, Nordwand und Tumba von Süden (Zustand 1998).

Abb. 140. Solnhofen, Sola-Basilika, nördliches Seitenschiff, Nordwand, Wandmalerei mit Darstellung der zu Bischof Altuin geschickten Boten (Zustand 1962). ▷

chenden Anlage, der Ringkrypta von St. Emmeram in Regensburg, obgleich bauforscherische Untersuchungen der letzten Jahre gezeigt haben, daß die baugeschichtlichen Zusammenhänge auch hier komplizierter sind als früher angenommen.[27] Ohne auf die in der Forschung umstrittene Interpretation der aus späterer Überlieferung zusammengetragenen Angaben zur Bautätigkeit des 8. Jahrhunderts einzugehen,[28] ist als Basis aller weiteren Überlegungen festzuhalten, daß die erste urkundliche Erwähnung einer „cripta sancti Emmerami" im Jahr 791 einen zuverlässigen terminus ante quem für die Datierung der Ringkrypta bietet.[29] Damit gewinnen jene Nachrichten, denenzufolge Abtbischof Sintpert (768-91) Bauherr der karolingischen Klosterkirche war, an Wahrscheinlichkeit.[30]

Wichtigstes Ergebnis der jüngsten restauratorischen Befunduntersuchungen zur ursprünglichen Gestalt der Ringkrypta ist nun der Nachweis, daß innere und äußere Mauerschale des Ringgangs nicht gleichzeitig entstanden, sondern der tonnengewölbte Ringgang erst durch eine nachträgliche Zufügung an den inneren Mauerblock geschaffen wurde.[31] Die daraus abzuleitende Frage, ob die innere Mauerschale demnach noch dem von Sintpert angetroffenen Vorgängerbau zuzuweisen wäre oder ob hier nicht eher eine Zweiphasigkeit des Sintpertbaus vorliegt, soll an dieser Stelle nicht weiter erörtert werden. Für die hier zu behandelnden Fragen genügt die Feststellung, daß die Ringkrypta als Bestandteil dieses Sintpertbaus angesprochen werden darf, für den die Überlieferung der Annalen das Baujahr 783 bereithält.[32]

Bekanntlich wurden im Ringgang sowie im Vorjoch des südlichen Eingangs zur Krypta 1952 und 1962-64 punktuelle Freilegungen vorgenommen, die Teile einer unfigürlichen frühmittelalterlichen Ausmalung der Ringkrypta erkennen lassen (Abb. 144).[33] Die Suchschnitte erlauben die Vermutung, daß das Dekorationssystem mit rot, weiß und grau ablinierten Friesen am Wölbungsansatz und entsprechend gefaßten Fensterlaibungen durch die Teilfreilegung weitgehend erfaßt ist. Zu den Motiven gehören Flechtornamente am Gurtbogen und auf der Innenseite des Ringgangs, Rankendekor im Vorjoch und gerahmte Schriftbänder am äußeren Wölbungsansatz (Abb. 141-147, 165-168).

Aufgrund massiver bauphysikalischer Probleme, verursacht nicht zuletzt durch fehlgeleitete Maßnahmen der 60er-Jahre, war der Zustand der Malereien Mitte der 80er-Jahre besorgniserregend. Ausgelöst durch eine Initiative der seinerzeit von der VW-Stiftung getragenen Arbeitsgemeinschaft für frühmittelalterliche Wandmalerei kam seit 1986 ein langjähriges Programm von Untersuchungs- und Konservierungsmaßnahmen zur Ausführung,[34] das zeitweise vom Bundesministerium für Technik intensiv gefördert wurde und dessen Ergebnisse von Jürgen Pursche in einem eigenen Beitrag vorgestellt werden.[35]

Zum maltechnischen Befund nur soviel: Entgegen früheren Angaben handelt es sich bei den Malereien der Ringkrypta nicht um eine freskale Anlage im eigentlichen Sinn sondern trotz der umfangreich vorhandenen Vorritzungen um eine Kalkseccomalerei über einer sekundär aufgebrachten Kalktünche.[36] Der Abstand zur Bauzeit scheint dem technischen Befund zufolge aber nur unerheblich zu sein (s. unten, S. 124). Geht man von einer Errichtung der Krypta in ihrer überlieferten Gestalt um 783 und einem Abstand der Malerei zur Bauzeit von maximal einer

Abb. 141. Regensburg, St. Emmeram, Ringkrypta, nördlicher Ringgang, Außenwand (Zustand 1988).

Abb. 142. Regensburg, St. Emmeram, Ringkrypta, nördlicher Ringgang, Außenwand (Zustand 1995).

Generation aus, so ergibt sich eine Datierung um 800 oder im frühen 9. Jahrhundert, was aus kunsthistorischer Sicht durchaus plausibel erscheint. Unmittelbare Vergleiche, die diesen Ansatz stützen könnten, sind im Bereich der Wandmalerei bislang allerdings nicht bekannt.[37]

Unter den freigelegten Flechtornamenten lassen sich drei verschiedene Motive unterscheiden, bei denen es sich durchwegs um „streifenförmiges Flechtornament" handelt:[38]- Die Gurtbogenlaibung am Übergang vom Ringgang zum südlichen Vorjoch füllt eine „Kette" aus fünf „verflochtenen formverschiedenen zentrierten Bändern", die durch Zweifarbigkeit der Bänder (weiß-rot, weiß-gelb) bzw. durch eine farbige Mittellinie unterschieden sind (Abb. 145a-b, 165a). Der Rapport beginnt auf der Innenseite mit regelmäßig verflochtenen Gliedern, das (von innen gezählt) vierte Glied weist eine Unregelmäßigkeit auf und ist nicht in sich geschlossen, das fünfte (äußere) Glied der Kette ist durch eine größere Fehlstelle so weit gestört, daß die Verflechtung nicht mehr rekonstruiert werden kann.- Von dem schmäleren Flechtornament, das auf der Innenseite des Ringgangs den Wölbungsansatz begleitet, sind nur Teilstücke freigelegt, denenzufolge es sich an dieser Stelle um eine „Kette aus verflochtenen formgleichen zentrierten Bändern" handelt (Abb. 147a-b, 165b). Die einzelnen Glieder, die jeweils ein schlaufenförmiges und ein brezelartig verschlungenes Ende haben, sind mit wechselnder Richtung gegenständig ineinander verschlungen.- Beim dritten Motiv, das offenbar die Wölbung des Ringgangs überspannte, derzeit aber nur in einem kurzen Abschnitt am südlichen Ende der äußeren Ringmauer nachvollzogen werden kann, handelt es sich um zwei miteinander „verflochtene Taue", in deren Kreuzungen kreisförmige Motive aus zentrierten Bändern eingeflochten sind (Abb. 146a-b, 168b).

In Teilbereichen ging das Flechtornament offenbar auch in florale Gebilde über, wie eine Befundstelle am Gewölbe des südlichen Vorjochs belegt: Durch Erweiterung und Begradigung eines älteren Suchgrabens wurde hier 1996 der Ausschnitt einer Rankenmalerei sichtbar, in deren spiralige, von einem Herzblatt und einer fünfblättrigen Blüte begleitete Windung ein kleiner Vierfüßler eingebunden ist, halb Lamm, halb Hund, ohne daß die schlichte Konturzeichnung in gelbem Ocker die Chancen für eine stilgeschichtliche Einordnung der Malerei verbessern würde (Abb. 167).[39]

Die differenzierende Gestaltung der Flechtbänder durch Farbteilung oder durch ein bis zwei farbige Mittellinien, die sich auch in den Blattranken fortsetzt, belegen für das 8. Jahrhundert ergrabene Fragmente aus der Madeleine in Genf (Abb. 148).[40] Mögliche Analogien in einer Vorgängerdekoration der spätkarolingischen Ausmalung der Krypta von St. Maximin in Trier sind dagegen mittlerweile verloren und durch die Vorkriegsdokumentation zu undeutlich überliefert.[41] Und auch die Buchmalerei, wiewohl durch die Untersuchungen zur Initialornamentik vor- und frühkarolingischer Handschriften des südostbayerischen Raums gut erschlossen, bietet bislang keine konkreten Anhaltspunkte.[42]

Das Dekorationssystem mit der Betonung des Wölbungsansatzes durch einen gemalten Fries bei darunter lediglich getünchtem Mauersockel begegnet in karolingischer Zeit freilich öfter, und auch so allgemeine gestalterische Elemente wie

Abb. 143. Regensburg, St. Emmeram, Ringkrypta, nördlicher Ringgang, freigelegte Reste einer bauzeitlichen Fensterlaibung mit Fassungsbefund im Bereich der Sohlbank.

Abb. 144. Regensburg, St. Emmeram, Ringkrypta, südlicher Ringgang mit teilfreigelegten Wandmalereien (Zustand 1962).

Abb. 145a-b. Regensburg, St. Emmeram, Ringkrypta, Gurtbogenlaibung zwischen Ringtonne und südlichem Vorjoch: Flechtornament (Zustand 1989) und Umzeichnung mit Hervorhebung der einzelnen Bänder (M. Vaeßen).

Abb. 147a-b. Regensburg, St. Emmeram, Ringkrypta, südlicher Ringgang, Fries am inneren Wölbungsansatz der Ringtonne: Flechtornament (Zustand 1998) und Umzeichnung mit Hervorhebung der einzelnen Bänder (M. Vaeßen).

die rot abgefaßte Laibungskante an einer der originalen Fensterlaibungen haben in der Zeit Parallelen (Abb. 143). Wegen der zeitlichen Nähe sei auf entsprechende Fragmente aus der Domgrabung von Paderborn hingewiesen, die Hilde Claussen mit baugeschichtlichen Argumenten in die Jahre um 777/780 datieren konnte.[43] Schließlich kann zur Bestätigung einer von der Bauzeit nicht zu weit abweichenden Datierung auf den epigraphischen Befund verwiesen werden, nachdem Sebastian Scholz die stark fragmentierten Reste an den Außenwänden des südlichen und nördlichen Ringgangs neuerdings transkribiert und analysiert hat:

Die Buchstaben sind einzeilig in schwarzer Farbe auf das weiße, gelb und rot ablinierte Schriftband gemalt (Abb. 168a). Die Lesung eines längeren, identifizierbaren Abschnitts ist aufgrund des stark beschädigten Zustands und der vielen Fehlstellen bislang nicht gelungen, Scholz erkannte jedoch die Wortkombination „... MO[R]TIS AMARE...“, eine Wendung, die im Zusammenhang von Totengedenken wiederholt vorkommt.[44] Die Suche nach zuverlässig datierten Vergleichsbeispielen hat zwar auch hier weder im monumentalen Schriftbestand noch unter den Auszeichnungsschriften der Handschriften einen positiven Beweis für eine Datierung der Inschrift in das ausgehende 8.

Abb. 146a-b. Regensburg, St. Emmeram, Ringkrypta, südlicher Ringgang, Fries am Südende der Ringtonne: Flechtornament (Zustand 1989) und Umzeichnung mit Hervorhebung der einzelnen Bänder (M. Vaeßen).

Abb. 148. Genf, La Madeleine, ergrabene Wandmalereifragmente der Schrankenanlage von Bau III.

Abb. 149. Füssen, St. Mang, Krypta, Westwand, Detail der Südseite mit freigelegter Quadermalerei der Phase I (Endzustand).

oder frühe 9. Jahrhundert erbringen können, da sie jedoch „keine Merkmale der ... karolingischen Kapitalis zeigt," weisen nach Scholz „alle Beobachtungen zusammengenommen auf ihre Entstehung vor 830 hin".[45]

Noch ein drittes Objekt in Bayern kann neuerdings vermutlich dem 9. Jahrhundert zugewiesen werden, das vorzustellen mir hier in Lorsch besonders wichtig ist, weil es der spektakulären Architekturmalerei der Torhalle die annähernd gleichzeitige Lösung einer prinzipiell ähnlichen Aufgabe auf einem eher handwerklichen und jedenfalls weniger anspruchsvollen Niveau gegenüberstellt. Gemeint ist die Westwand der Krypta von St. Mang in Füssen (Abb. 150), auf der kürzlich eine Quadermalerei freigelegt wurde, die nicht Bestandteil einer Architekturdarstellung in einer szenischen Komposition gewesen sein kann, sondern gleichfalls von einem im wesentlichen offenbar anikonischen Dekorationssystem Zeugnis gibt. Es handelt sich um mehrere Reihen roter, ockergelber und grauer Quader, die sich beiderseits einer zentralen Treppenverbindung zur Vierung als Reste der Erstfassung erhalten haben und offenbar den einzigen Dekor der Westwand bildeten (Abb. 149). Sie zeigen eine relativ schmale Farbpalette aus Eisenoxydpigmenten und Pflanzenschwarz, Reste des Fugenstrichs und nicht mehr sicher deutbare Anhaltspunkte für eine differenziertere Oberflächengestaltung, zu der offenbar eine weiße Lichtkante gehörte.[46]

Eine kunsthistorische Einordnung im engeren Sinne ist von daher nicht möglich, eine Datierung nur annäherungsweise über die baugeschichtliche Stellung des Mauerwerks möglich, das nach einer ersten, kaum verschmutzten Tünchung wohl relativ bald die Fassung mit der Quadermalerei aufnahm.[47] Nach den jüngsten bauforscherischen Untersuchungen darf die Westwand dem ältesten Baubestand der Magnuskrypta zugerechnet werden, deren Gestalt angesichts der geringen Befunde aus Phase I allerdings noch nicht geklärt werden konnte.[48] Auch wenn dadurch noch keine typologische Einordnung möglich ist, wird man die Anlage doch mit jener „cripta" identifizieren dürfen, in die laut Translationsbericht die Gebeine des hl.Magnus um 845 transferiert wurden.[49] Ob die hier vorgestellte Quadermalerei bereits für diesen Anlaß entstand oder eine nachträgliche Ausschmückung darstellt, muß offenbleiben. Die Restaurierung ist hier mittlerweile abgeschlossen,[50] ohne daß die Fragen an den Befund wenigstens in der Hauptsache geklärt wären.[51]

Damit fehlen auch nach wie vor zuverlässige Anhaltspunkte für die Baugestalt jener Krypta, zu der das seit den 50er-Jahren bekannte Wandmalereifragment mit den inschriftlich bezeichneten Gestalten der Heiligen Magnus und Gallus gehört (Abb. 151). Um den Grundriß dieser älteren Krypta wenigstens in seinen Hauptzügen zu verstehen, muß man wissen, daß die starken und regelmäßigen Umfassungsmauern zu einem roma-

Abb. 150. Füssen, St. Mang, Krypta, Ansicht nach Westen (Zustand 1998).

Abb. 151. Füssen, St. Mang, Krypta, östliche Stirnfläche der Südwand aus Phase I mit Wandmalerei der Phase III: Fragment einer Szene der Magnus-Legende.

nischen Neubau gehören, der, wie Walter Haas jüngst dargelegt hat, die vorromanische Anlage zunächst offenbar vollständig ersetzen sollte, nach einem Planwechsel jedoch die Teile des Vorgängerbaus, die durch die Bauarbeiten noch nicht beseitigt waren, respektierte und mit einigen Anpassungen und Ergänzungen integrierte, so daß aus den Säulen des älteren Baldachins die Stützen einer romanischen Hallenkrypta wurden.[52] Das Verhältnis der südlichen Längswand, die zusammen mit der oben behandelten Westwand offenbar den einzigen Rest der karolingischen Anlage darstellt, zu der von Hundbiß im Setzmörtelvergleich unterschiedenen Nordwand wie zum zentralen Baldachin und die Konsequenzen für die Zustände der vorromanischen Magnuskrypta sind jedoch nach wie vor ungeklärt.[53]

Die Wandmalerei (Abb. 151), die sich nur im Bereich der älteren Südwand erhalten hat, markiert deren usprüngliche Erstreckung nach Osten. Der linke Bildrand ist vollständig, wie eine Befundstelle mit um die Ecke gezogener Putzkante beweist, nach rechts hin suggeriert die willkürlich beschnittene Darstellung eine Fortsetzung nach Norden. Augenscheinlich knickte die Südwand der Phase I hier um, wobei mindestens zwei gefaßte Oberflächen unter dem Wandbild für diese Situation einen längeren Bestand belegen: In einer Fehlstelle der Malerei ist durch einen roten Flächenton mit grauer Ablinierung eine ältere Malschicht auf derselben Putzebene bezeugt, eine andere Fehlstelle erlaubt den Blick auf die darunterliegende, dem Verputz der Westwand gleichende erste Putzschicht, für die in diesem Bereich eine erste Fassung lediglich durch gelbe Farbspritzer auf weißer Tünche erschlossen werden kann.[54] Die figürliche Darstellung gehört also mindestens einer Phase III an.

Der erhaltene Bildausschnitt zeigt die beiden namentlich bezeichneten Heiligen ohne Nimbus, bekleidet mit Tunika und geschürzter Kukulle, einen Wanderstab in der Rechten, wie sie von einer ungenannten, durch die turmartige Architekturabbreviatur veranschaulichten Örtlichkeit weggehen. Die nicht identifizierte Gestalt vor ihnen, die durch die baulichen Veränderungen beschnitten ist, entsprach offenbar bis auf die Armhaltung den beiden St. Galler Mönchen in Haltung und Tracht. Walther Bertram, der die Malerei 1950 publiziert hat, deutete das Bild etwas phantasievoll als Verehrung des heiligen Columban durch Gallus und Magnus.[55] Da es sich jedoch weder um einen Verehrungsgestus der beiden Mönche noch um eine zentrierte Komposition handelt, ist in den verschiedenen Fassungen der Magnus-Vita nach einer mit dem szenischen Fragment besser vereinbaren Begebenheit zu suchen.[56] Daß Gallus und Magnus keine Zeitgenossen waren, Magnus vielmehr erst ein halbes Jahrhundert nach dem Tod des Columbanschülers und Klostergründers aus dem Galluskloster nach Füssen zog, stellt offenbar keinen Hinderungsgrund dar, da die Legende in der Fassung des Otloh von St. Emmeram zumindest zwei Begebenheiten nennt, bei denen Gallus und Magnus in Begleitung einer dritten Person gemeinsam auf Wanderschaft waren: Als eine der Aufnahme ins Kloster vorausgehende Prüfung erlegt Columban dem Novizen Magnus einen Gang in die Wüste auf, an dem außer Columban selbst noch der hl. Gallus und ein Jüngling namens Soniarius teilnehmen.[57] Nach dem Tod des Columban wird eine Begebenheit geschildert, bei der Magnus in Begleitung von Gallus und einem gewissen Theodor einen Priester namens Willimar aufsuchen, eine Reise, in deren Verlauf die drei auch zum Alemannenherzog Gunzo gerufen werden.[58] Die Reihenfolge der benannten Gestalten läßt eher vermuten, daß es sich um die erste Szene handelt, den Beginn der Magnus-Vita, die beschnittene Figur mithin als Darstellung des hl. Columban anzusprechen wäre; doch läßt sich dies nicht sicher entscheiden.

Erwartungsgemäß handelt es sich um eine der ältesten Darstellungen des Kirchenpatrons. Die einzige wohl annähernd gleichzeitige Wiedergabe ist eine Federzeichnung in einem nach St. Gallen lokalisierbaren Collectar aus dem Augsburger Dom, die mit dem halbfigurigen Bild des Heiligen die Initiale O zum Fest des Hl. Magnus füllt (Abb. 153). Die Handschrift, die durch das Fehlen des Hl. Ulrich in die Zeit vor 993 datiert werden kann,[59] führt in etwa in den Zeitraum, in dem das Wandbild entstanden sein wird, wobei Vergleichbarkeiten zwischen der kleinformatigen Federzeichnung und der Wandmalerei naturgemäß sehr begrenzt bleiben. Der südwestdeutsch-alemannische Kunstkreis des letzten Drittels des 10. Jahrhunderts ist jedoch zweifellos die stilistisch-künstlerische Heimat des Füssener Bildes, wie der Vergleich mit Miniaturen der Reichenau oder aus Einsiedeln zeigen kann. Auf der Reichenau sind es jedoch weniger die Figuren der Ruodprechtgruppe und schon gar nicht die der Liuthargruppe, die den etwas vergröberten Figurenstil des Füssener Bildes erklären können, sondern am ehesten die der Anno- und Eburnantgruppe, die sowohl die Massigkeit und Schwere der Körper im ganzen wie auch die etwas geblähte Wulstigkeit der Einzelformen haben.[60] Bei Hauptwerken wie dem Gero-Codex ist der künstlerische Abstand indessen so groß, daß das Verbindene zurücktritt, ein im Figürlichen schwächerer Sonderfall wie das Pariser Missale-Fragment aus Worms mit seinen beiden auch ikonographisch ungewöhnlichen Bildseiten bietet im graphisch aufgelegten Faltenduktus wie in

Details der Gesichtszeichnung mit den großen, markant verformten Augen und dem übermäßig betonten Oberlippengrübchen zwar besser vergleichbare Details, greift aber auf einen etwas zierlicheren und schlankeren Figurentypus zurück.[61] Am weitesten kommt man deshalb vielleicht mit gleichfalls nicht auf der Reichenau selbst hergestellten Werken wie dem Gregor-Kommentar zu Ezechiel aus Einsiedeln, der mit einer Datierung um 970/80 nur wenig jünger ist als die Hauptwerke der Annogruppe.[62] Hier bietet vor allem der schreibende Schüler des Kirchenvaters in der Bildung der Hände wie der Gewandfalten am Oberkörper Parallelen, die über die gattungs- und formatbedingten Unterschiede hinweg Hinweise zur Einordnung des Füssener Wandbildes geben können (Abb. 152).

Mit einem Datum um 980 ergibt sich zeitliche Nähe zu einem Werk aus dem südostbayerischen Raum, das aus erkennbar anderen Wurzeln gespeist ist und den Blick zurücklenkt auf Regensburg, das neben der Reichenau als das bedeutendste künstlerische Zentrum der Ottonenzeit in Süddeutschland gelten darf. Es geht erneut um die Abteikirche St. Emmeram, an deren karolingischen Chor der aus Trier nach Regensburg gelangte Abt Ramwold nach Osten hin eine zweigeschossige Außenkrypta nach dem Vorbild von St. Maximin in Trier[63] anfügen ließ, deren Weihe für das Jahr 980 zuverlässig bezeugt ist.[64] Sie ist durch einen tonnengewölbten Stichgang mit der älteren Ringkrypta verbunden und war offensichtlich mit einem umfangreichen Zyklus figürlicher Wandmalereien ausgestattet, von dem nach dem Verlust der ursprünglichen Oberflächen durch eine tiefgreifende Barockisierung nur noch am Gewölbe des Verbindungsgangs einige Reste festgestellt werden konnten (Abb. 164).[65]

Abb. 153. München, Bayerische Staatsbibliothek, Clm 3913 (Collectar), fol. 144r, Ausschnitt: Initiale O mit Brustbild des Hl. Magnus.

Abb. 152. Einsiedeln, Stiftsbibliothek, Cod. 156 (Gregor der Große, Homilien zu Ezechiel), pag. 2, Ausschnitt: Autorenbild mit Schreiber.

Es handelt sich um eine vom Wölbungsansatz bis zum Scheitel reichende Fläche auf der Nordhälfte der Tonne, die nach Westen durch den Durchbruch zur Ringkrypta, nach Osten durch eine Fensterlaibung begrenzt wird. Der durch die Freilegung erkennbare Bildausschnitt zeigt unterhalb eines mittig gliedernden Schriftbands zwei Gruppen halbfiguriger, nach Osten gewandter Figuren, deren Zug vorne und hinten von je einem nimbierten Engel geleitet wird, und darüber einen weiteren, ganzfigurigen Engel in fliegender Haltung (Abb. 154, 157). Die Identifizierung der Szene ist durch den Inhalt des Inschriftfragments gegeben: Der Mt 25,34 entlehnte Text [...VE]NITE BENEDICTI PATRIS ME[I] [PE]RCIPI[TE...], zu ergänzen wäre „paratum vobis regnum a constitutione mundi", ist Teil der sog. Wiederkunftsrede Jesu mit der Ankündigung des Jüngsten Gerichts und verweist eindeutig auf eine Weltgerichtsthematik. Es handelt sich also um Gruppen von Engeln geleiteter Seliger, wie sie zu einer Weltgerichtsdarstellung gehören. Der Vollständigkeit und guten Lesbarkeit wegen vergleiche man das vielleicht berühmteste Beispiel in der Wandmalerei bis zum Ausgang des 11. Jahrhunderts, die Westwand von Sant'Angelo in formis in Süditalien, wo die Seligen gleich auf zwei Zonen verteilt sind.[66] Sie werden durch dasselbe Bibelzitat geladen, wie das Schriftband des linken Engels zeigt (Abb. 156).[67] Wie vollständig das Gerichtsszenarium demgegenüber in St. Emmeram war und wie es auf die Flächen des kleinen Tonnengewölbes verteilt gewesen sein könnte, läßt sich nicht mehr klären. Unmittelbar gegenüber, auf der Südseite der Wölbung wäre entweder für eine Gruppe

Abb. 154. Regensburg, St. Emmeram, Ringkrypta, Verbindungsgang zur Ramwoldkrypta, Nordwand, Detail: Engel und Selige einer fragmentierten Darstellung des Jüngsten Gerichts (Zustand 1998).

Verdammter oder aber für eine zweite Gruppe von Seligen Platz, mit der schon deshalb zu rechnen ist, weil das erhaltene Fragment nur weibliche Figuren zeigt: hinter einer Einzelfigur mit rotem Kopftuch zwei dichtgedrängte Gruppen zu je drei Frauen mit gelblich-weißen bzw. hellroten Kopftüchern. Geht man deshalb von einer weiteren Gruppe von Seligen aus, so müßte man gleichfalls mit zwei spiegelbildlich angeordneten Gruppen von Verdammten rechnen, vermutlich dann am östlichen Ende des Verbindungsgangs. Zur Rekonstruktion des Textpendants, das jenen wohl auf einem gleichartigen Inschriftstreifen zugeordnet war, darf man wiederum nach Sant'Angelo in formis blicken, wo der rechte Engel das Matthäus-Zitat „Ite maledicti in ignem eternum“ entrollt (s. Anm. 66). Unklar bleibt jedoch bereits, an welcher Stelle des Gewölbes der Weltenrichter dargestellt war, ob er von Aposteln und weiteren Figurengruppen begleitet war etc.

Das Wandbild ist durch die Hacklöcher einer jüngeren Überputzung in seiner Lesbarkeit erheblich gestört und angesichts der gravierenden Verluste der Maloberfläche nur noch bedingt für stilistische Vergleiche heranzuziehen (vgl. unten, S. 121). Aus maltechnischer Sicht handelt es sich gleichfalls um Kalkseccomalerei (allerdings ohne jeden Hinweis auf freskale Bindung zur Kalktünche), wobei sich auch hier bei der Begrenzung des Schriftbands wie bei den Nimben Vorritzungen feststellen lassen.[68] Eine zwingende Verknüpfung mit dem Erstverputz der zum Weihedatum von 980 gehörigen Bauphase läßt sich demnach aus dem Befund selbst nicht ableiten, immerhin ergaben sich aber auch keine Beobachtungen, die dagegen sprechen. Das kunstwissenschaftliche Problem liegt darin, daß sich das durch die Baugeschichte nahegelegte Datum mit Mitteln der vergleichenden Stilkritik kaum erhärten läßt, da weitere Wandbilder dieser Zeit aus Südostbayern nicht bekannt sind und die Regensburger Buchmalerei der Zeit offenbar andere Wege geht.

Wo die Malerei der Ramwoldzeit anknüpft, zeigt nichts zuverlässiger als Ramwolds eigenes Bildnis, das er einer den Stil des Codex Aureus aus der Hofschule Karls des Kahlen imitierenden Zierseite einfügen und der karolingischen Prachthandschrift vorbinden ließ.[69] Doch weder dieses sozusagen programmatische Bildnis noch die wenigen übrigen Beispiele figürlicher Darstellungen, die von der Frühphase der Regensburger ottonischen Buchmalerei Zeugnis geben, wie das Regelbuch aus Niedermünster,[70] lassen in ihrer graphischen Strenge Zusammenhänge mit den vergleichsweise malerischen Formen des Wandbildes erkennen. Und doch kann man Anhaltspunkte für den retrospektiven Charakter dieser Miniaturen auch in der Wandmalerei erkennen. Die Halbfiguren der unteren Reihe sind motivisch zu unspezifisch und auch zu schlecht erhalten, um entsprechende Aussagen zu ermöglichen. Der fliegende Engel über der Inschrift jedoch dürfte mit seiner markanten Drehung des Kopfes und dem hoch aufgeblähten Faltenmotiv eine Idee von der dahinterstehenden Vorlagenschicht vermitteln. Beide Gewandstücke, die Tunika wie der Mantel, werden unterhalb von Hüfte bzw. Knie in einem wohlgerundeten Schwung nach hinten, genauer nach oben geführt und vermitteln so die Vorstellung eines im Fluge vom Wind geblähten Stoffes (Abb. 154). Diese Art von Illusionismus ist uns aus der Regensburger Malerei des ausgehenden 10. und frühen 11. Jahrhunderts sonst nicht bekannt, wohl aber von den karolingischen Quellen, aus denen man im Skriptorium von St. Emmeram bekanntlich schöpfte. Der Codex Aureus bietet zwar keine wirklich passende Analogie, aber doch entsprechende Tendenzen, so im Thronbild Karls des Kahlen, bei den flankierenden Tugenden (Abb. 155a-b),[71] deren motivische Nähe zum Wandbild insbesondere im Vergleich mit der ottonischen Kopie im Regensburger Sakramentar Heinrichs II. deutlich wird.[72] Es kann kein Zweifel sein, daß das Wandbild der Ramwoldkrypta, wenn man nicht eine völlige Autonomie der Gattungen annehmen will, von den reifen oder späten Werken des Skriptoriums denkbar weit entfernt und folglich so früh wie aus baugeschichtlicher Sicht möglich anzusetzen ist, und das wäre um 980. Dem entspricht, daß auch Form und Duktus der gemalten Inschrift aus epigraphischer Sicht im Ramwold-Bildnis des Codex Aureus oder in dem unmittelbar nach 1000 entstandenen steinernen Epitaph Ramwolds relativ mehr stilistische Nähe finden als in den jüngeren Zeugnissen Regensburger Inschriftenproduktion.[73]

Augenscheinlich gelang den Wandmalern das Anknüpfen an den Figurenstil der Werke, deren Ornamentik die Handschriften so getreu kopierten, besser als den gleichzeitig tätigen Miniatoren. Man darf allerdings eine zweite wesentliche Quelle für das ottonische Regensburg nicht vergessen, und das ist Byzanz. Die Vorlagen, die hier konkret zur Verfügung standen, kennen wir nicht, doch macht der Vergleich einer in das frühe 10. Jahrhundert datierten Wandmalerei in Tatev, in Armenien, mit dem Kopf eines fliegenden Engels deutlich, daß durch im weitesten Sinn byzantinische Vorbilder der Stil der Ramwoldzeit auch in der Wandmalerei geprägt gewesen sein dürfte.[74]

Abb. 156. Sant'Angelo in Formis, Basilika, Westwand, Detail: Engel mit Spruchband aus Darstellung des Jüngsten Gerichts.

Abb. 155a-b. München, Bayerische Staatsbibliothek, Clm 14000 (Codex Aureus aus St. Emmeram), fol. 5v (Thronbild Karls des Kahlen), Details: den Thron flankierende Tugenden.

Byzantinisierende Vorlagen müssen auch zur Erklärung des nächstjüngeren hier zu behandelnden Werkes bemüht werden, zur Einordnung der berühmten Engel in der Torhalle von Frauenchiemsee (Abb. 161a-b). Es handelt sich um Zeichnungen monumentaler Figuren mit Sphaira und Zeremonialstab, die im Chor des als Michaelskapelle genutzten Obergeschosses aufgereiht waren, wie wir dies auch von anderen frühmittelalterlichen Denkmälern kennen.[75] In der Torhalle sind oder besser waren es drei Engelpaare, die auf den drei Seiten des kleinen quadratischen Chores jeweils das zentrale Fenster flankierten, getrennt von gemalten Säulen in den östlichen Ecken (Abb. 163).[76] Es handelt sich um monochrome, breitlinige Umrißzeichnungen in Rot ohne Spuren einer ehemaligen Polychromie unterhalb des den oberen Wandabschluß begleitenden Mäanders, was seit ihrer Entdeckung und Freilegung zwischen 1961 und 64 zu der Vermutung Anlaß gab, die Pinselzeichnung stellte bereits den intendierten Endzustand dar.[77] Seitdem haben sich allerdings keine zweifelsfreien Hinweise dafür ergeben, daß es den Typus der ins Monumentale gesteigerten Federzeichnung in der frühmittelalterlichen Wandmalerei überhaupt gab. Dagegen ist der Befund der roten Pinsel-Konturzeichnung als einziger erhaltener Rest vergangener Wandmalereien auch sonst bei frühmittelalterlichen Denkmälern belegt.[78] In manchen Fällen ließen sich die Reste ehemaliger Polychromie zwischen den roten Umrißzeichnungen nur noch in winzigen Partikeln und zum Teil nur durch mikroskopische Untersuchungen nachweisen, so in Teilbereichen des Meerwesenzyklus im Corveyer Westwerk.[79] Demgemäß wandte sich bereits Otto Demus gegen Sedlmayrs These einer monochromen Pinselzeichnung und betrachtete die Engel von Frauenchiemsee als mehr oder weniger freskale Vorzeichnung einer verlorenen Secco-Malerei.[80]

Eine Schlüsselstelle zur Beurteilung dieser Frage bietet der Übergang der Konturzeichnung der Engel zu dem polychrom angelegten Mäanderfries am oberen Wandabschluß (Abb. 163). Nach freundlicher Mitteilung von Sven Oehmig ist hier in einem geschützten Bereich ein nahtloser Übergang auf derselben Malschichtebene gegeben, bei dem mit Resten ehemals vorhandener Pigmente gerechnet werden müßte, wenn es sie gab.[81] Hier sollten mit den Mitteln der modernen Technologie ergänzende naturwissenschaftliche Analysen stattfinden, um nach Spuren eingewanderter Bindemittel aus potentiellen Seccoschichten zu suchen und die Frage der Monochromie erneut zu überprüfen.

Nicht minder heikel ist die kunsthistorische Einordnung des Bestandes: Seit ihrer Entdeckung galten die Engel von Frauenchiemsee in der Literatur zumeist als karolingisch.[82] Die Gründe waren wohl in erster Linie historischer Natur: Die Torhalle gehört zu einem nach jüngerer Überlieferung von Herzog Tassilo III. um 770 gegründeten Frauenkloster, dem im mittleren 9. Jahrhundert Irmingard, eine Tochter Ludwigs des Deutschen, als Äbtissin vorstand.[83] Die Idee, den Torbau mit seinen Kapellen zusammen mit dem ergrabenen Vorgängerbau der bestehenden romanischen Kirche in die Zeit der seligen Irmingard zu datieren, war verlockend.[84] Daß die Buchmalerei der Zeit, insbesondere die im zuständigen Bistum Salzburg, für eine karolingische Datierung der Engel jedoch nicht den geringsten Anhalt bietet und auch die Byzantinismen der ebenso sicheren wie kühlen Zeichnung dort keine Parallele haben, suchte man mit der Hypothese einer von der vorikonoklastischen justinianischen Kunst geprägten „zweiten karolingischen Renaissance am Hofe Ludwigs des Deutschen" zu entkräften.[85] Demgegenüber hat schon Demus auf die nähere Verwandtschaft zu ottonischen Werken hingewiesen[86] und Carl Nordenfalk charakterisierte zutreffend den von Sedlmayr bemühten Vergleich mit dem Engel einer karolingischen Sammelhandschrift aus Lorsch[87] als Nachweis des in einer „für die ottonische Kunst typischen Weise" Abweichenden im Stil von Frauenchiemsee.[88] Uwe Lobbedey konkretisierte diese Einschätzung in seiner Rezension der Grabungs-Publikation mit dem Hinweis auf eine ottonische Salzburger Handschrift in New York.[89] Es handelt sich um das ältere der beiden nach New York gelangten Evangeliare aus St. Peter, ein um 1020 datierbares Hauptwerk der ottonischen Salzburger Buchmalerei,[90] das zumindest in der Darstellung der Epiphanie mit den von den verhüllten Händen der Könige herabfallenden Faltenkaskaden in der Tat große motivische Ähnlichkeit mit den Gewandmotiven der Engel erkennen läßt (Abb. 161 a, 162). Daß die Zeichnung von Frauenchiemsee dabei freier, illusionistischer wirkt als die Vollminiatur, entspricht einem Phänomen, das auch von anderen Objekten der Wandmalerei bekannt ist.[91] Zudem gilt es natürlich auch den Gattungs- und Maßstabsunterschied zu bedenken. Unabhängig von punktuellen motivischen Übereinstimmungen im zufällig überlieferten Material wird mit diesem Vergleich jedenfalls eine Spur gelegt, die die Byzantinismen der Wandbilder plausibel erklären kann, in denen sich eine wesentliche Qualität der von Regensburg befruchteten ottonischen Salzburger Buchmalerei artikuliert.

In der Zwischenzeit wurden auch archäologische, historische und bauforscherische Argumente gegen die Frühdatierung vorgebracht: Werner Jacobsen erinnerte an die dem Torbau vorangehenden Handwerksbetriebe am Ort, die nach Scherbenfunden noch im 10. Jahrhundert bestanden, was der Vermutung entspricht, der Ersatz der Wirtschaftsgebäude durch einen Torbau mit Kapelle sei sinnvollerweise erst im Kontext einer Verlegung der Klausur nach Süden, im Anschluß an einen Brand des ausgehenden 10. Jahrhunderts erfolgt.[92] Die paläographische Bestimmung einer Weiheinschrift belegt für die Zeit um 1100 eine erste Renovierungsphase der Torkapelle als sicheren terminus ante quem.[93] Der Nachweis mehrerer Graffiti, die nach Bernhard Bischoff dem 10. bis 11. Jahrhundert angehören,[94] auf derselben Putzebene wie die Wandbilder spricht für ein Datum im späten 10. oder frühen 11. Jahrhundert, sicher noch vor dem wohl gegen 1020 entstandenen Evangeliar aus St. Peter in New York, ein Ansatz, zu dem nach Lobbedey und Jacobsen auch die bauplastischen Einzelformen passen.[95]

Für die 1. Hälfte des 11. Jahrhunderts wäre daneben aus Bayern nur noch das abgenommene Fragment einer gemalten Inschrift aus der Alten Hofhaltung zu Bamberg zu nennen (Abb. 160), die als aufwendig gestalteter Weihe-Titulus in der Apsis der ehemaligen Thomaskapelle freigelegt und von der Forschung auf eine Weihe durch den 1020 in Bamberg weilenden Papst Benedikt VIII. bezogen wurde.[96] Die Einordnung dieses ungewöhnlichen Befundes einer monumentalen Purpurinschrift in den historischen Kontext bleibt jedoch einem eigenen Beitrag vorbehalten.[97]

Abschließend ist aber noch auf das eingangs aus dem Kontext karolingischer Denkmäler ausgeschiedene Wandbild an der Nordwand der Sola-Basilika in Solnhofen zurückzukommen, das ich mit jenem Neu- oder tiefgreifenden Umbau der Klosterkirche in Verbindung bringen möchte, der zwischen 1065 und 71 durch Bischof Gundekar II. von Eichstätt geweiht wurde.[98]

Es handelt sich um einen schmalen, nur etwa 80 cm breiten Bildstreifen von ca. 2 m Höhe an der Innenseite der Nordwand, am östlichen Ende der Tumba, der bis zum Beginn der Bauuntersuchungen in den 60er-Jahren durch einen nachmittelalterlichen nord-südlichen Mauerzug in Gestalt einer Doppelarkade abgedeckt war und so Spuren der im übrigen bereits vergangenen frühmittelalterlichen Oberflächen bewahrte.[99] Zu Tage kamen die Reste einer figürlichen roten Pinselzeichnung (Abb. 138, 140), deren Lesbarkeit sich im wesentlichen auf den Nachweis einer Gruppe dicht gedrängter, nach Osten gewandter Figuren über einem Inschriftfragment beschränkt.[100] Die Bernhard Bischoff verdankte Lesung der auf den Eichstätter Bischof Altwin bezogenen Inschrift belegte den thematischen Zusammenhang mit der Vita des Hl. Sola, die seinerzeitige paläographische Datierung in das 9. Jahrhundert führte zur karolingischen Datierung des zugehörigen Wandbildes.[101] Die erheblichen kunsthistorischen Probleme, den Stil der fragmentierten Zeichnung mit den überlängten Gestalten und knickbrüchigen Falten im frühen 9. Jahrhundert unterzubringen, veranlaßten in den Jahren 1992/93 eine sorgfältige restauratorische Befunduntersuchung und eine Überprüfung des epigraphischen Urteils, deren Ergebnisse hier kurz referiert werden sollen:

Abb. 157. Regensburg, St. Emmeram, Ringkrypta, Verbindungsgang zur Ramwoldkrypta, Nordwand (Zustand 1989). ▷

Abb. 158. Regensburg, St. Emmeram, Ringkrypta, Verbindungsgang zur Ramwoldkrypta, Nordwand, Detail: Kopf des fliegenden Engels (Zustand 1995).

Abb. 159. Regensburg, St. Emmeram, Ringkrypta, Verbindungsgang zur Ramwoldkrypta, Nordwand, Detail: Köpfe der Seligen (Zustand 1998).

Abb. 160. Bamberg, Residenz, Vorraum zur Altdeutschen Galerie, abgenommene Weiheinschrift aus der Thomaskapelle in der Alten Hofhaltung.

△ 157

158 ▽

159 ▽

160 ▽

Abb. 161a. Frauenchiemsee, Torhalle, Michaelskapelle im Obergeschoß, Chor, Ostwand, nördlicher Engel (Zustand 1998).

Die Befunddokumentation von Thomas Hacklberger entstand im Kontext bauforscherischer Untersuchungen an der Sola-Tumba durch Hacklberger und Azer Arasli, in Zusammenarbeit mit den Restaurierungswerkstätten des Landesamts für Denkmalpflege unter der Leitung von Jürgen Pursche. Wichtigstes Ergebnis ist der Nachweis einer sekundären Aufbringung der Malerei und ihrer Trägerschicht, d.h. einer definitiven chronologischen Trennung von Architektur und Malerei, ohne daß der zeitliche Abstand allerdings technisch näher definierbar wäre. Demnach wies das Bruchsteinmauerwerk zunächst eine Pietrarasa-Oberfläche auf, die bereits verschmutzt war, als eine – offenbar ungefaßte – erste Putzglätte aufgebracht wurde.[102] Verschmutzungsspuren in erst vom Restaurator getrennten Schichtenpaketen sichern auch dieser Ebene einen gewissen Bestand, bevor eine zweite Putzschicht aufgebracht wurde, die durch eine horizontale Putzkante oberhalb der Tumba ihren zonenweisen Auftrag von oben nach unten im Sinn klassischer Pontate erkennen läßt.[103] Sie war bereits restlos abgebunden und trocken, als eine sämig-dickschichtige Kalktünche aufgebracht wurde, die zum eigentlichen Träger der Malerei wurde. Fehlstellen in dieser teilweise offenbar bereits reduzierten Schicht wurden zu Beginn des Malvorgangs durch eine dünne, lasurartige Kalktünche ausgeglichen, und nur mit dieser Kalktünche ging die rote Pinselzeichnung eine in Ansätzen freskale Bindung ein.[104] – Dem entspricht, daß Arasli und Hacklberger in der Chronologie der Tumbabauphasen zwei ältere Zustände rekonstruieren konnten, die der Ebene mit der Pinselzeichnung zeitlich vorangehen, was in einer maltechnischen Übereinstimmung farbiger Dekorationsreste der dritten Tumba-Phase mit der Pinselzeichnung der Nordwand eine Bestätigung findet.[105] – Wir können die Malereireste demnach weitgehend losgelöst von der eingangs referierten Debatte um die Datierung der Architektur betrachten.

Es handelt sich, dem zweizonigen Putzauftrag gemäß, um ein Bildsystem mit zwei Registern bildlicher Darstellungen, die durch ein horizontales Inschriftband getrennt sind.[106] Von der unteren Zone sind allerdings nur noch ein Nimbusfragment mit undeutlichem Schulteransatz, östlich unterhalb der Inschrift, und nicht mehr deutbare Reste in dem schmalen Streifen über der Tumba erhalten, zu denen offenbar Darstellungen kleiner behufter Tiere, vielleicht Ziegen oder Schafe gehörten (Abb. 139). Die Figurengruppe über dem Schriftzug dürfte allerdings zu der Inschrift gehören und deshalb auf jene [NU]NCII zu beziehen sein, die zu einem Bischof geschickt sind, dessen Name zu Altuin ergänzt werden darf (Abb. 140). Da sich die Darstellung in unmittelbarer Umgebung der Tumba befindet, darf man annehmen, daß sie sich auf die durch Ermenrich von Ellwangen so ausführlich überlieferte Reliquienerhebung bezieht, für die, wie ausdrücklich berichtet wird, das Einverständnis des Bischofs Altwin von Eichstätt eingeholt wurde.[107] Vermutlich ist dies der konkrete Inhalt der Szene, an die sich demnach nach Westen und Osten weitere Episoden der Sola-Vita anschlossen.

Im Grunde ergibt sich damit schon aus der Deutung ein Argument gegen die ältere Frühdatierung, denn sofern illustrierte Viten lokaler Heiliger überhaupt ein Gegenstand der karolingischen Malerei waren,[108] dürfte die im mittleren 9. Jahrhundert von einem Zeitgenossen erst aufgezeichnete Reliquienerhebung kaum gleichzeitig schon bildwürdig gewesen sein. Für das mittlere 11. Jahrhundert jedoch könnte man sich eine illustrierte Redaktion der Vita am Ort des verehrten Heiligengrabes durchaus vorstellen, und in diese Zeit dürfte am ehesten auch eine Figu-

Abb. 162. New York, Pierpont Morgan Library, Codex Morgan 781 (Evangeliar aus St. Peter in Salzburg), fol. 39v, Detail: Anbetung der Könige.

rengruppe gehören, die den Fragmenten von Solnhofen in Proportion und Faltenzeichnung recht nahesteht (Abb. 107, 110): es handelt sich um Fragmente einer ungedeuteten Szene in der Apsis der Einhard-Basilika von Steinbach im Odenwald, die von den Resten der karolingischen Ausmalung am Obergaden zu trennen sind.[109]

Abb. 163. Frauenchiemsee, Torhalle, Michaelskapelle im Obergeschoß, Chor, Nordwand (Zustand 1998). ▷

Wer angesichts des erheblich reduzierten Zustands dem kunsthistorischen Befund nicht traut, mag sich an das revidierte epigraphische Urteil halten, das auf der Grundlage zwischenzeitlich bekanntgewordener Funde ebenfalls für das 11. Jahrhundert spricht.[110] So scheint sich zumindest für diesen Rest einer nachträglichen Ausmalung der Sola-Basilika die Argumentationskette für die Spätdatierung einigermaßen zu runden. Dies einzubinden in die Vielzahl archäologischer, bauforscherischer und historischer Beobachtungen der letzten Jahre, bleibt jedoch weiteren Überlegungen vorbehalten, für die interdisziplinäre Zusammenarbeit unerläßlich ist.

Abb. 161b. Frauenchiemsee, Torhalle, Michaelskapelle im Obergeschoß, Chor, Ostwand, südlicher Engel (Zustand 1998).

Anmerkungen

* Für vielfältige praktische Hilfe und wertvolle Auskünfte danke ich Thomas Hacklberger, Utting, Martin Muth, Regensburg, Peter Marzolff, Heidelberg, Charles Bonnet, Genf, Sebastian Scholz, Mainz, und Sven Oehmig, Wasserburg.

1 Vgl. Hilde Claussen – Matthias Exner, Abschlußbericht der Arbeitsgemeinschaft für frühmittelalterliche Wandmalerei, in: Zeitschrift für Kunsttechnologie und Konservierung 4, 1990, S. 261-290.

2 Einen auf die bayerischen Denkmäler ausgerichteten Überblick bieten: Herbert Schindler, Große Bayerische Kunstgeschichte, Bd. 1: Frühzeit und Mittelalter, München 1963, S. 75ff.; Wilhelm Messerer, Vorromanische und romanische Kunst, in: Handbuch der Bayerischen Geschichte, hg. v. Max Spindler, Bd. 1, München 1967, S. 536-52; Richard Strobel – Markus Weis, Romanik in Altbayern, Würzburg 1994, S. 18, passim.

3 Vgl. Vladimir Milojčić, Ergebnisse der Grabungen von 1961-1965 in der Fuldaer Propstei Solnhofen an der Altmühl (= Sdr. aus 46.-47. Bericht der Röm.-Germ. Kommission 1965-1966), Berlin 1968; ders., Die Propstei Solnhofen an der Altmühl in Mittelfranken. Untersuchungen 1961-1966 und 1974, in: Ausgrabungen in Deutschland, T. 2, Mainz 1975, S. 278-312; s. auch Waltraut Schrickel, Solnhofen. Solabasilika und Propstei. Entstehung und Entwicklung eines kirchlichen Zentrums, Gunzenhausen 1987, S. 15.

4 Vgl. Peter Marzolff, Solnhofen. Solabasilika, in: Führer zu archäologischen Denkmälern in Deutschland, Bd. 15. Landkreis Weißenburg-Gunzenhausen, Stuttgart 1987, S. 152-164, hier: S. 157f.

5 S. Hermann Dannheimer, Zur Ausstattung der Kirchen, in: Kat. Die Bajuwaren. Von Severin bis Tassilo 488-788, Ausst. Rosenheim und Mattsee 1988, München-Salzburg 1988, S. 299f. mit Abb. 198, 463 zu Kat.nr. R 191.

6 Fiorenza Colonella, Befundprotokoll 1992 (Ms. masch., Bayer. Landesamt für Denkmalpflege).

7 Vgl. Marzolff (Anm. 4); Ders., Kellenstrich in allen Etagen. Vorstellung eines Glockenturmes, in: Architectura 24, 1994 (=Festschrift für Walter Haas), S. 150-160; zuletzt: Ders., Solnhofen und der Heiligenberg bei Heidelberg, in: Wohn- und Wirtschaftsbauten frühmittelalterlicher Klöster (Symposium Zurzach und Müstair 1995), hg. v. Hans Rudolf Sennhauser, Zürich 1996, S. 107-125.

8 Vgl. Vorromanische Kirchenbauten. Katalog der Denkmäler bis zum Ausgang der Ottonen, hg. v. Zentralinstitut für Kunstgeschichte (Veröffentlichungen des Zentralinstituts für Kunstgeschichte in München, III), München 1966-71, S. 315-317 (Friedrich Oswald); Nachtragsband, München 1991, S. 392f. (Werner Jacobsen).

9 Freundl. Mitteilung Peter Marzolff, Heidelberg, vom 25. 5. 1992; die in den Vorromanischen Kirchenbauten (Anm. 8) referierte relative Chronologie der Bauten ist entsprechend zu modifizieren.

10 Vgl. Marzolff, 1996 (Anm. 7), S. 112 Abb. 6; Herrn Marzolff ist für seine bereitwillig gegebenen Erklärungen zum gegenwärtigen Stand der Auswertung an dieser Stelle herzlich zu danken.

11 Bauaufnahme Azer Arasli, München.

12 Vgl. Vorromanische Kirchenbauten (Anm. 8), Nachtragsband, S. 392f. (W. Jacobsen) mit Hinweis auf eine vergleichbare Kryptenanlage in Unterregenbach, 10./11. Jh. (ebd. S. 428ff.); Ulrich Rosner, Die ottonische Krypta (40. Veröffentlichung der Abteilung Architekturgeschichte des Kunsthistorischen Instituts der Universität zu Köln), Köln 1991, S. 103ff., 278f. mit Datierung „10./11. Jh.“; Werner Jacobsen, Der Klosterplan von St. Gallen und die karolingische Architektur. Entwicklung und Wandel von Form und Bedeutung im fränkischen Kirchenbau zwischen 751 und 840, Berlin 1992, S. 119; ohne Entscheidung die Argumente der Kontroverse referierend: Strobel-Weis (Anm. 2), S. 261-65.

13 Jacobsen (Anm. 12); die ältere Forschung zusammengefaßt in: Die Kunstdenkmäler von Bayern, Reg.bez. Mittelfranken, Bd. V. Stadt und Bezirksamt Weißenburg, bearb. v. Felix Mader und Karl Gröber, München 1932, S. 426-37; s. auch unten, Anm. 98.

14 Christian Beutler, Das Grab des Hl. Sola, in: Walraff-Richartz-Jahrbuch 20, 1958, S. 55-68; ders., Bildwerke zwischen Antike und Mittelalter. Unbekannte Skulpturen aus der Zeit Karls des Großen, Düsseldorf 1964, S. 143-153; ders., Die Entstehung des Altaraufsatzes. Studien zum Grab Willibrords in Echternach, München 1978, S. 85ff.

15 Victor H. Elbern, Rez. v. Chr. Beutler, Bildwerke (Anm. 14), in: Zeitschrift für Kunstgeschichte 28, 1965, S. 261-269, hier: S. 267f.; Willibald Sauerländer, Medaillon mit Gestirnsgottheit, in: Kat. Bayern Kunst und Kultur, Ausst. München 1972, S. 314 Nr. 64; zuletzt: Rosner (Anm. 12), S. 103 Anm. 49.

16 Ruth Meyer, Frühmittelalterliche Kapitelle und Kämpfer in Deutschland. Typus – Technik – Stil, hg. v. Daniel Herrmann, Berlin 1997, S. 388-98 und 515, hier: S. 397 mit einer aus dem zitierten Vergleichsmaterial nicht plausibel werdenden Datierung „E. 8./A. 9. Jh." und einer aus dem Vergleich mit gemalten Kapitellen in Fuldaer Handschriften (!) abgeleiteten Lokalisierung nach Fulda; für die aus einer Vermessung der Kapitelle entwickelte Abarbeitungstheorie gibt es keine Bestätigung aus steinrestauratorischer Sicht.

17 „Qua occasione etiam Basilica ibidem a fundamentis instaurata, ac duplici columnarum ordine aucta, postmodum ac Altuvino Eistetensi Episcopo solemni ritu consecrata est, ut testatur sequens Epigraphe, quam ex veteri membrana eruimus": Johann Friedrich Schannat, Dioecesis Fuldensis Hierarchia, Frankfurt a.M. 1727, cap. XV, S. 142-147, hier: S. 143.

18 „Altwin regierte von 837?-847? als Bischof von Eichstätt": Andreas Bauch, Quellen zur Geschichte der Diözese Eichstätt, Bd. 1 (Eichstätter Studien, N.F. XIX), ^{2}Regensburg 1984, S.245 Anm. 58.

19 Ermanricus (Ermenrich von Ellwangen), Sermo de vita S. Sualonis dicti Soli (ca. 840): ed. Oswald Holder-Egger, MGH SS XV, 1, Hannover 1887 (Ndr. Stuttgart-New York 1963), S. 151-163.

20 „... carissimus Deo Solus, cuius tu hic ex aquilonali oratorii latere monumentum aspicis ... levavimus sarcofagi operculum ... subtus terram positum ... perspeximus non solum sancti viri ossa integra ... Post haec vero ... statuimus beati viri memoriam aliquantulum altius quam pridem fuisset, non tamen in alio quam pene in eodem loco": ebenda, S. 162.

21 „ut tota basilica suavissime ex eo redoleret impleta": ebenda.

22 Vgl. Azer Arasli – Thomas Hacklberger, Berichte zur Bauforschung und Befunduntersuchung ... (Ms. masch. 1992; Bayer. Landesamt für Denkmalpflege), S. 55-71.

23 Briefliche Mitteilung vom 31.7.1992.

24 Claussen – Exner (Anm. 1), S. 268-70; s. jetzt: Hilde Claussen, Die Wandmalereifragmente in der Krypta von St. Vitalis II, in: Die Stadtkirche St. Dionysius in Esslingen a.N. Archäologie und Baugeschichte I (Forschungen und Berichte der Archäologie des Mittelalters in Baden-Württemberg, 13/1), Stuttgart 1995, S. 531-542.

25 Vgl. unten, S. 111 ff.

26 Angemerkt sei aber immerhin, daß von epigraphischer Seite mit dem Vorkommen des unzialen E in der Namensbeischrift nicht vor der 2. Hälfte des 10. Jahrhunderts gerechnet wird: freundliche Mitteilung Sebastian Scholz, Mainz, vom 14.4.1993.

27 Martin Muth, Bestandsdokumentation Ringkrypta in der Basilika St. Emmeram, Regensburg (Ms. masch. 1993; Bayer. Landesamt für Denkmalpflege, München).

28 Zum Forschungsstand vgl. Vorromanische Kirchenbauten (Anm. 8), S. 273-276 (F. Oswald); Nachtragsband, S. 336-339 (W. Jacobsen); Jochen Zink, Zur frühen Baugeschichte der ehem. Benediktinerklosterkirche St. Emmeram in Regensburg, in: 1250 Jahre Kunst und Kultur im Bistum Regensburg. Berichte und Forschungen, München-Zürich 1989, S. 79-176, hier: S. 87ff.; ders., Neue Forschungen zur Baugeschichte von St. Emmeram und St. Rupert, in: St. Emmeram in Regensburg. Geschichte – Kunst – Denkmalpflege (Beiträge des Regensburger Herbstsymposiums 1991; = Thurn und Taxis-Studien, 18), Kallmünz 1992, S. 117-162, hier: S. 125ff.; Udo Osterhaus, Ausgrabungen bei St. Emmeram, in: ebenda, S. 41-48.

29 Traditionsnotiz zu einem „sub cripta sancti Emmerammi" vollzogenen Rechtsgeschäft: Die Traditionen des Hochstifts Regensburg und des Klosters St. Emmeram, hg. v. Josef Widemann (Quellen und Erörterungen zur Bayerischen Geschichte, N.F. 8), München 1943, S. 5 Nr. 6; Max Piendl, Fontes monasterii S. Emmerami Ratisbonensis. Bau- und kunstgeschichtliche Quellen, in: Thurn und Taxis-Studien 1, 1961, S. 1-183, hier: S. 16 Nr. 9.

30 „Sintpertus ... qui beato Emmerammo baslicam novam amplioribus spatiis et propensiore sumptu construxit atque ornavit" (Arnold von St. Emmeram [1. Hälfte 11. Jh.], De miraculis et de memoria S. Emmerammi lib. II. De memoria beati Emmerammi et eius cultorum: ed. Georg Waitz, MGH SS IV, Hannover 1841 [Ndr. 1982], S. 543-574, hier: S. 565); vgl. Piendl (Anm. 29), S. 15 Nr. 8.

31 Muth (Anm. 27), S. 5f. – Die Ergebnisse der Bauforschung hier näherhin vorzustellen, wäre ein eigenes Thema; einstweilen muß der Hinweis genügen, daß die unter der Leitung von Heike Fastje erarbeiteten Ergebnisse zusammen mit dem restauratorischen Abschlußbericht in einem eigenen Arbeitsheft des Bayerischen Landesamts für Denkmalpflege vorgelegt werden sollen.

32 Das Datum 783 überliefern u.a. die Annales Ratisponenses (um 1130-67): Piendl (Anm. 29), S. 15 Nr. 8; die daraus abgeleitete Datierung um 780/90 auch bei Zink, 1992 (Anm. 28), S. 126.

33 Walter Haas, Max Piendl und Hans K. Ramisch, Beiträge zur Baugeschichte von St.Emmeram in Regensburg, in: Thurn und Taxis-Studien 2, 1962, S. 127-156, hier S. 146-153: Die Wandmalereien in der Ringkrypta und im Verbindungsgang zur Ramwoldkrypta (Ramisch); vgl. Werner Bornheim gen. Schilling, Bemalte und gemalte karolingische Architektur, in: Deutsche Kunst und Denkmalpflege 36, 1978, S. 7-20 (wiederabgedr. in: Denkmalpflege in Rheinland-Pfalz. Jahresberichte 31-33 [1976-78], 1979, S. 31-51), hier S. 12 (40) und 15 (44); Hans Ramisch, Die Flechtbandmalereien in der Ringkrypta von St. Emmeram in Regensburg, in: Kat. Ratisbona Sacra. Das Bistum Regensburg im Mittelalter, Ausst. Regensburg 1989, München-Zürich 1989, S. 200f. Kat.nr. 106, Farbabb. S. 409; Claussen-Exner (Anm. 1), S. 279-282 mit Abb. 18-21; Strobel-Weis (Anm. 2), S. 55f. mit Abb. 1, 3.

34 Claussen-Exner (Anm. 1), S. 282.

35 S. unten, S. 119-128. Ich kann mich hier deshalb auf den kunsthistorischen Part beschränken.

36 Muth (Anm. 27), S. 48, 49f. weist zudem auf Ausbruchstellen in der Kalktünche hin, in denen die Vorzeichnung gefunden wird.

37 Wegen der Seltenheit der Erhaltung wurde im RDK-Artikel „Flechtornament" auf die Erfassung gemalten Baudekors verzichtet, über verlorene Farbfassungen skulpierten Flechtornaments ist kaum etwas bekannt: Reallexikon zur Deutschen Kunstgeschichte, Bd. IX, Lief. 103/104, 1995, Sp. 851-980, hier: Sp. 873.

38 Die Benennungen entsprechen der durch den RDK-Artikel festgelegten Terminologie: ebenda, Sp. 855-862.

39 An eine etwaige Erweiterung der Freilegungsachsen kann allenfalls gedacht werden, wenn die in den letzten Jahren begonnenen Konservierungsmaßnahmen einen stabilen Erfolg gezeitigt haben werden.

40 Genf, La Madeleine, Schrankenanlage von Bau III (7./8. Jh.): Vorromanische Kirchenbauten (Anm. 8), Nachtragsband, S. 140f. (H.R. Sennhauser); „ces quatre fragments devaient être datés du VIIe ou du VIIIe siècle (plutôt VIIIe siècle) car il s'agissait de couches antérieures à la réorganisation carolingienne" (freundl. Mitteilung Charles Bonnet vom 30.4.1993).

41 Vgl. Matthias Exner, Die Fresken der Krypta von St. Maximin in Trier und ihre Stellung in der spätkarolingischen Wandmalerei (Trierer Zeitschrift, Beiheft 10), Trier 1989, S. 56f. mit Abb. 50.

42 Vgl. Katharina Bierbrauer, Die Ornamentik frühkarolingischer Handschriften aus Bayern (Bayerische Akademie der Wissenschaften, Philos.-hist. Kl., Abhandlungen N.F. 84), München 1979; dies., Die vorkarolingischen und karolingischen Handschriften der Bayerischen Staatsbibliothek (Katalog der illuminierten Handschriften der Bayerischen Staatsbibliothek in München, Bd. 1), Wiesbaden 1990; s. auch RDK (Anm. 37), Sp. 910ff.

43 Bauperiode Ia/b: Hilde Claussen, Die Wandmalereifragmente (mit Beiträgen von Günter Goege und Gerald Großheim), in: Uwe Lobbedey, Die Ausgrabungen im Dom zu Paderborn 1978/80 und 1983 (Denkmalpflege und Forschung in Westfalen, 11,1), Bonn 1986, Teilbd. 1, S. 247-279, hier: S. 251; vgl. Claussen-Exner, 1990 (Anm. 1), S. 274-76.

44 Sebastian Scholz, Die Wandmalereiinschriften der Ringkrypta von St. Emmeram. Eine paläographische Untersuchung, Ms. masch. 1996 (Bayerisches Landesamt für Denkmalpflege, München).

45 Ebenda; vgl. demnächst: Matthias Exner – Sebastian Scholz, Gemalte monumentale Inschriften. Kunsthistorische und paläographische Einordnung ausgewählter frühmittelalterlicher Denkmäler aus Bayern, in: Inschrift und Material/Inschrift und Buchschrift. Fachtagung für mittelalterliche und neuzeitliche Epigraphik (Ingolstadt 1997), München 1998/99 (Drucklegung i. Vorb.).

46 Erwin Wiegerling, Füssen, St. Mang, Krypta. Untersuchung des baulichen Bestandes und der Fassungen der Raumschale (Bearb. Stefan Hundbiß), Ms. masch. 1991/92; dgl., Südliche Hälfte der

Westwand. Befund/ Maltechnik, Ms. masch. 1994 (Bayer. Landesamt für Denkmalpflege).

47 Ebenda, S. 12f.

48 Zum Forschungsstand vgl. Vorromanische Kirchenbauten (Anm. 8), S. 83f. (F. Oswald); Nachtragsband, S. 131f. (W. Jacobsen); Rosner (Anm. 12), S. 58-61, 206f., 295-300; Jacobsen, Klosterplan (Anm. 12), S. 113f.; Strobel-Weis (Anm. 2), S. 321-25.

49 Translatio S. Magni: ed. Georg Heinrich Pertz, MGH SS IV, Hannover 1841 (Ndr. Stuttgart 1981), S. 425f.; vgl. Vorromanische Kirchenbauten (Anm. 8), Nachtragsband, S. 131 (W. Jacobsen).

50 Das Restaurierungskonzept für die Westwand mit einem ohne Kenntlichmachung der Retusche verdeutlichend nachgezogenen Fugennetz wurde leider am Landesamt für Denkmalpflege vorbei entwickelt.

51 Daß hier beispielsweise ein viel zu aufwendiger neuer Fußboden eingebracht wurde, ohne an den entscheidenden Stellen nach dem Verlauf aufgegebener Mauerzüge der ersten Bauphasen zu suchen, muß man als herben Verlust für die Forschung werten.

52 Walter Haas, Zur mittelalterlichen Anlage des Klosters St. Mang in Füssen. Krypta – Kreuzgang – Kapitelsaal: Beobachtungen und Überlegungen, in: Denkmalkunde und Denkmalpflege. Wissen und Wirken. Festschrift für Heinrich Magirius zum 60. Geburtstag, Dresden 1995, S. 73-92.

53 Für eine in Aussicht genommene Publikation des Bayerischen Landesamts für Denkmalpflege soll versucht werden, die Ergebnisse der restauratorischen Beobachtungen von Stefan Hundbiß in die bauforscherischen Untersuchungen von Walter Haas einzubinden.

54 Wiegerling, 1991 (Anm. 46), S. 12.

55 Walther Bertram, Ein ottonisches Wandbild in der St. Magnus-Krypta in Füssen, in: Münchner Jahrbuch der Bildenden Kunst, 3.F. 1, 1950, S. 23-25; daneben wurde eine Identifizierung der 3. Figur als hl. Benedikt oder Theodor erwogen: Strobel-Weis (Anm. 2), S. 324.

56 Vgl. Gebhard Spahr, Der heilige Magnus. Leben – Legende – Verehrung, Kempten 1970; Lexikon der christlichen Ikonographie, Bd. 7, Freiburg u.a. 1974, Sp. 471-73 (F. Zoepfl).

57 Otloh von St. Emmeram, Vita Sancti Magni Confessoris: ed. Maurice Coens, Analecta Bollandiana 81, 1963, S. 184-227, hier: S. 188.

58 Ebenda, S. 197f.

59 München, Bayerische Staatsbibliothek, Clm 3913 (Collectar; St. Gallen, vor 993), fol. 144^{r}: Hartmut Hoffmann, Buchkunst und Königtum im ottonischen und frühsalischen Reich (Schriften der Monumenta Germaniae Historica, 30), Stuttgart 1986, S. 386f. Abb. 200.

60 Vgl. Darmstadt, Hessische Landesbibliothek, Cod. 1948 (Gero-Codex; Reichenau, kurz vor 969), fol. 6^{v}, 7^{v}, 86^{r}: Adolf Schmidt, Die Miniaturen des Gerokodex. Ein Reichenauer Evangelistar des 10. Jahrhunderts, Leipzig 1924, Taf. 11, 13, 26; Anton von Euw, Der Darmstädter Gero-Codex und die künstlerisch verwandten Reichenauer Prachthandschriften, in: Kaiserin Theophanu. Begegnung des Ostens und Westens um die Wende des 1. Jahrtausends, Köln 1991, Bd. 1, S. 191-225, hier: Abb. 1, 7.

61 Paris, Bibliothèque de l'Arsenal, lat. 610 (Sakramentar; Reichenau, um 960-80), fol. 25^{v}, 55^{v}: Hoffmann (Anm. 59), S. 167, 336, 382; v. Euw (Anm. 60), S. 204, 211-15, 225 Nr. 5 mit Abb. 25f.; vgl. auch Niels K. Rasmussen – Eric Palazzo, Messes privées, livre liturgique et architecture. A propos du ms. Paris, Arsenal 610 et de l'église abbatiale de Reichenau-Mittelzell, in: Revue des Sciences philosophiques et théologiques 72, 1988, S. 77-87; Ausst.kat. Vor dem Jahr 1000. Abendländische Buchkunst zur Zeit der Kaiserin Theophanu, Köln 1991, S. 125f. Nr. 33 (A. v. Euw).

62 Einsiedeln, Stiftsbibliothek, Cod. 156 (Gregor d.Gr., Ezechielhomilien; Einsiedeln, um 970-80), pag. 2: Anton von Euw, Liber Viventium Fabariensis (Studia Fabariensia, 1), Bern-Stuttgart 1989, S. 201ff. Nr. 4; Kat. Vor dem Jahr 1000 (Anm. 61), S. 114f. Nr. 29 (A. v.Euw).

63 Zu der im Jahre 952 geweihten, durch barocke Ansichten sowie durch die Ergebnisse der Grabungen von 1958/59 überlieferten Außenkrypta von St. Maximin in Trier s. Warren Sanderson, Die frühmittelalterlichen Krypten von St. Maximin in Trier, in: Trierer Zeitschrift 31, 1968, S. 7-172; zur Deutung der Befunde vgl. Vorromanische Kirchenbauten (Anm. 8), S. 348f. (F. Oswald); Nachtragsband, S. 424f. (W. Jacobsen/M. Exner); Exner (Anm. 41), S. 32ff.; Rosner (Anm. 12), S. 86ff., 95f.; Adolf Neyses, Die Baugeschichte von St. Maximin in Trier, in: Die ehem. Abteikirche St. Maximin in Trier. Geschichte, Renovierung, Umnutzung, Trier 1995, S. 7-16.

64 Abt Ramwold aus St. Maximin in Trier begann 978 den Bau einer fünfschiffigen, ursprünglich zweigeschossigen Außenkrypta, die 980 durch Bischof Wolfgang geweiht wurde, s. Notae S. Emmerammi: ed. Oswald Holder-Egger, MGH SS XV, 2, Hannover 1888 (Ndr. 1991), S. 1094f.; Piendl, Fontes (Anm. 29), S. 22-25 Nr. 23; vgl. Haas – Piendl – Ramisch (Anm. 33), S. 129-145; Walter Haas, Zur Ramwoldkrypta bei St. Emmeram in Regensburg, in: 26. Bericht des Bayerischen Landesamts für Denkmalpflege 1967, S. 39-50; Vorromanische Kirchenbauten (Anm. 8), S. 273-276 (F. Oswald); Nachtragsband, S. 336-339 (W. Jacobsen); Zink, 1989 (Anm. 28), S. 100ff.; Rosner (Anm. 12), S. 90ff., 245f.

65 S. Ramisch (Anm. 33), S. 150ff.; Strobel-Weis (Anm. 2), S. 73 mit Abb. 2.

66 Sant'Angelo in Formis (Campania), Basilika (1072-87?): Ottavio Morisani, Gli Affreschi di S. Angelo in Formis, Cava dei Tirreni 1962, Abb. 66; Francesco Saverio Paradiso, Sant'Angelo in Formis, Capua 1995, Abb. 31; vgl. Otto Demus, Romanische Wandmalerei, München 1968, S. 114-117; Gian Marco Jacobitti – Salvatore Abita, La basilica benedettina di Sant'Angelo in Formis, Neapel 1992; Valentino Pace, La pittura medievale in Campania, in: La Pittura in Italia. L'Altomedioevo, hg. v. Carlo Bertelli, Mailand 1994, S. 243-260, hier: S. 247ff.

67 Als räumlich und zeitlich näherliegender Beleg kann etwa auch die Bamberger Apokalypse zitiert werden, Bamberg, Staatsbibliothek, Msc. bibl. 140 (Reichenau, Anf. 11. Jh.), fol. 53^{r}: Alois Fauser, Die Bamberger Apokalypse, Wiesbaden 1958, Taf. 48; vgl. Percy Ernst Schramm – Florentine Mütherich, Denkmale der deutschen Könige und Kaiser I. Ein Beitrag zur Herrschergeschichte von Karl dem Großen bis Friedrich II. 768-1250 (Veröffentlichungen des Zentralinstituts für Kunstgeschichte in München II), 2. erg. Aufl., München 1981, Nr. 136, S. 165, 485; Ulrich Kuder, Die Ikonographie der Bilder, in: Das Perikopenbuch Heinrichs II. Clm 4452 der Bayerischen Staatsbibliothek München. Begleitband zur Faksimile-Ausgabe, hg. v. F. Mütherich und K. Dachs, Lachen 1994, S. 106 mit Abb. 96.

68 Muth (Anm. 27), S. 52; vgl. den Beitrag Pursche, unten, S. 124f.

69 München, Bayerische Staatsbibliothek, Clm 14000, fol. 1^{r}: Georg Leidinger, Der Codex Aureus der Bayerischen Staatsbibliothek in München, München 1921-25 (Faksimile-Ausgabe); vgl. Wilhelm Koehler (†) – Florentine Mütherich, Die Karolingischen Miniaturen, Bd. V. Die Hofschule Karls des Kahlen, Berlin 1982, S. 176f.; Kat. Regensburger Buchmalerei. Von frühkarolingischer Zeit bis zum Ausgang des Mittelalters, Ausst. Regensburg 1987, München 1987, S. 24 (F. Mütherich) und S. 31 Nr. 13 (U. Kuder) mit Taf. 91.

70 Bamberg, Staatsbibliothek, Msc. Lit. 142, fol. 4^{v}, 5^{v}, 58^{v}, 65^{r}: ebenda, S. 31 Nr. 14 (U. Kuder) mit Taf. 3, 92.

71 Clm 14000 (Anm. 69), fol. 5^{v}: Koehler-Mütherich (Anm. 69), Taf. 46; Kat. Das Evangeliar Heinrichs des Löwen und das mittelalterliche Herrscherbild (Bayerische Staatsbibliothek, Ausstellungskataloge 35), München 1986, Taf. 3.

72 München, Bayerische Staatsbibliothek, Clm 4456 (Regensburg, 1002-1014), fol. 11^{v}: ebenda, S. 44f. Nr. 9 (F. Mütherich) mit Taf. 18; Kat. Regensburger Buchmalerei (Anm. 69), S. 32f. Nr. 16 (U. Kuder) mit Taf. 7.

73 Sebastian Scholz, vgl. Anm. 44/45.

74 Vgl. Nicole et M. Thierry, Peintures murales de caractère occidental en Arménie: Eglise Saint-Pierre et Saint-Paul de Tatev (début du Xe siècle). Rapport préliminaire, in: Byzantion 38, 1958, S. 180-242 mit Abb. 5 (Zusammenfassung: Gazette des Beaux-Arts 1967, S. 58f. mit Abb. 1).

75 Eine gleichartig ausgestattete Gruppe von Erzengeln umgibt etwa die Mittelnische der Epiphanius-Krypta von San Vincenzo al Volturno (Hans Belting, Studien zur Beneventanischen Malerei, Wiesbaden 1968, S. 30f. mit Taf. 2, XIII) oder den Chor von Sant'Angelo in formis (Demus, Anm. 66, Taf. 16; Paradiso, Anm. 66, Abb. 23; Pace, Anm. 66, Abb. 310).

76 Freigelegt wurden noch fünf der ehemals sechs Figuren: Hans Sedlmayr, Die Fresken. I. Der Engelszyklus in der Michaelskapelle des Torbaues, in: Vladimir Milojčić, Bericht über die Ausgrabungen und Bauuntersuchungen in der Abtei Frauenwörth auf der Fraueninsel

im Chiemsee 1961-1964 (Bayerische Akademie der Wissenschaften, Philos.-Hist. Kl., Abhandlungen N.F. 65), München 1966, S. 253-261, hier: S. 253.

77 Ebenda, S. 254; Johannes Taubert, Bericht über die Arbeiten und Untersuchungen der Restauratoren von 1961 bis 1965. V. Die Michaelskapelle im Torbau, in: ebenda, S. 231-252, hier: S. 236; s. auch Hans Sedlmayr, Kriterien zur Chronologie der Wandmalereien auf der Fraueninsel im Chiemsee, in: Zeitschrift für bayerische Landesgeschichte 35, 1972, S. 3-30, hier: S. 8.

78 Man vergleiche etwa die bereits genannten Palliati neben der Confessio der Krypta von Esslingen (s. oben, Anm. 24).

79 S. Hilde Claussen, Corvey (Denkmalpflege und Forschung in Westfalen; i. Vorb.); vgl. einstweilen die Bibl. in Bd. XIX der Hefte des Dt. Nationalkomitees von ICOMOS, S. 70f.

80 Demus (Anm. 66), S. 189f.

81 Mündliche Mitteilung vom Oktober 1996.

82 Sedlmayr/Milojčić (Anm. 76), S. 261; Wilhelm Jung, Deutsche Malerei der Frühzeit, Königstein i.T. 1967, S. 15; Erich Kubach – Victor H. Elbern, Das frühmittelalterliche Imperium, Baden-Baden 1968, S. 123 mit Fig. 5 (Elbern); Sedlmayr, 1972 (Anm. 77), S. 9-18; Hermann Dannheimer, Torhalle auf Frauenchiemsee, München-Zürich 1980, S. 18; Hans Belting, Engel in Bayern oder: Bayerische Engel in der Kunst?, in: Aufsätze zur Kunstgeschichte. Festschrift für Hermann Bauer zum 60. Geburtstag, hg. v. Karl Möseneder und Andreas Prater, Hildesheim – Zürich – New York 1991, S. 43-67, hier: S. 45ff.

83 Hartmut Atsma, Die schriftlichen Quellen zur Geschichte der Chiemsee-Klöster bis zur Errichtung des Augustinerchorherrenstiftes auf der Herreninsel, in: Milojčić (Anm. 76), S. 43-57, hier: S. 52.

84 Sedlmayr suchte seinen Ansatz „um 860-65" mit dem Hinweis auf den Klassizismus einiger Werke aus dem Kloster Lorsch zu begründen, die in der Forschung mit Ludwig dem Deutschen in Verbindung gebracht wurden und ihn zur Annahme einer „Palastschule" am Hof zu Regensburg veranlaßten, aus der schließlich der Maler von Frauenchiemsee hervorgegangen wäre (1966, Anm. 76, S. 260f.; 1972, Anm. 77, S. 11f.); zu Lorsch vgl. jetzt: Matthias Exner, Die Reste frühmittelalterlicher Wandmalerei in der Lorscher Torhalle. Bestand, Ergebnisse, Aufgaben, in: Kunst in Hessen und am Mittelrhein 32/33, 1992/93, S. 43-63.

85 Sedlmayr, 1972 (Anm. 77), S. 13.

86 Demus (Anm. 66), S. 190.

87 Rom, Bibl. Vat., Pal. lat. 1719 (Lorsch, um 860-70), fol. 1b^r: Milojčić (Anm. 76), Bd. 2, Taf. LXXVb; Jochen Goetze, Ein Herrscherbildnis der karolingischen Zeit aus einer Lorscher Handschrift, in: Archiv für Diplomatik 18, 1972, S. 130-142, Taf. III; Exner, 1992/93 (Anm. 84), Abb. 6.

88 Carl Nordenfalk, Karolingisch oder ottonisch? Zur Datierung und Lokalisierung der Elfenbeine Goldschmidt I, 120-131, in: Kolloquium über spätantike und frühmittelalterliche Skulptur III (Heidelberg 1972), Mainz 1974, S. 45-58, hier: S. 46 Anm. 4.

89 Uwe Lobbedey, Rezension von Milojcic (Anm. 76), in: Zeitschrift für Kunstgeschichte 31, 1968, S. 238-245.

90 New York, Pierpont-Morgan-Library, Codex Morgan 781, fol. 39^v: Georg Swarzenski, Die Salzburger Malerei von den ersten Anfängen bis zur Blütezeit des romanischen Stils (Denkmäler der süddeutschen Malerei des frühen Mittelalters, II), Leipzig 1908-13 (^{2}Stuttgart 1969), S. 35, Taf. XV, Abb. 45; vgl. jetzt Martina Pippal, Der Stil. Das „Salzburger Perikopenbuch" und sein künstlerisches Umfeld, in: Das Salzburger Perikopenbuch. Kommentar zur Faksimile-Ausgabe der Handschrift Clm 15713 der Bayerischen Staatsbibliothek München, hg. v. Hermann Fillitz, Luzern 1997, S. 101-124, hier S. 117ff.

91 Auch in Brescia beispielsweise erreicht die Vorzeichnung zur berühmten Flucht nach Ägypten eine stilistische Nähe zum illusionistisch-antikischen Castelseprio, die in den ausgeführten Malereien nicht in gleicher Weise deutlich wird (Abb. 49b, 50), vgl. Adriano Peroni, Problemi della decorazione pittorica del S. Salvatore di Brescia, in: Seminario Internazionale sulla decorazione pittorica del San Salvatore di Brescia (Brescia 1981), Atti, Pavia 1983, S. 17-46, hier: S. 27ff.; Florentine Mütherich, Discussione, in: ebenda, S. 81.

92 Vorromanische Kirchenbauten (Anm. 8), Nachtragsband, S. 125f.

93 Bernhard Bischoff, Bemerkungen zu den Chiemseer Inschriften, in: Milojčić (Anm. 76), S. 276f.

Abb. 164. Regensburg, St. Emmeram, Ringkrypta, Verbindungsgang zur Ramwoldkrypta, Blick nach Westen zur Scheitelnische des Ringgangs (Zustand 1988).

94 Ebenda, S. 275f.

95 Vgl. Anm. 89 und 92; s. jetzt auch Strobel-Weis (Anm. 2), S. 373.

96 Bamberg, Vorraum zur Altdeutschen Galerie; die Nennung des Papstes in dem lückenhaft überlieferten Text ist nicht gesichert, eine entsprechende Ergänzung der Dedikationsinschrift jedoch plausibel, s. Rudolf Rauh, Die Dedikationsinschrift der Thomaskapelle in der Alten Hofhaltung zu Bamberg, in: Deutsche Kunst und Denkmalpflege 1936, S. 202-204; zum baulichen Befund vgl. Vorromanische Kirchenbauten (Anm. 8), S. 33 (F. Oswald).

97 Exner – Scholz, 1998/99 (wie Anm. 45).

98 Vgl. Brun Appel, Die Altar- und Kirchenweihen der Bischöfe Gundekar und Otto, in: Das „Pontifikale Gundekarianum". Faksimile-Ausgabe des Codex B4 im Diözesanarchiv Eichstätt, Kommentarband, hg. v. Andreas Bauch und Ernst Reiter, Wiesbaden 1987, S. 148ff., hier: S. 166 (fol. 60^r,Sp. a: „Solenhouen").

99 Zum Vorzustand vgl. Die Kunstdenkmäler (Anm. 13), Abb. 323.

100 Beschreibung des Freilegungszustandes bei Beutler, 1964 (Anm. 14), S. 148f.

101 Briefliche Mitteilung an Milojčić vom 25.4.1961: ebenda, S. 148; Milojčić, 1968 (Anm. 3), S. 152; 1975 (Anm. 3), S. 298.

102 Thomas Hacklberger, Berichte zur Bauforschung und Befunduntersuchung der Tumba und Nordmauer-Südseite im nördlichen Seitenschiff (Ms. masch. 1992; Bayer. Landesamt für Denkmalpflege), S. 63.

103 Jürgen Pursche, Gutachten der Restaurierungswerkstätten zu den Wandmalereien der Sola-Basilika vom 11.5.1992 (Ms. masch; Bayer. Landesamt für Denkmalpflege), S. 3.

104 Ebenda, S. 10f.

105 Hacklberger (Anm. 102), S. 64ff.

106 Zum Nachweis einer Vorlinierung des Schriftbandes mittels Schnurschlag (Farbspritzer) s. Pursche (Anm. 103), S. 15.

107 S. oben, S. 101 mit Anm. 19.

108 In den Handschriften begegnen entsprechende Zyklen nicht vor dem 10. Jahrhundert, zu den Beispielen aus dem Bereich der Wandmalerei vgl. Barbara B. Anderson, The Frescoes of San Salvatore at Brescia, Diss. Berkeley 1976, S. 89ff.

109 S. Claussen – Exner (Anm. 1), S. 283-85 (mit der älteren Lit.); vgl. jetzt: Thomas Ludwig, Otto Müller, Irmgard Widdra-Spiess, Die Einhards-Basilika in Steinbach bei Michelstadt im Odenwald, hg. v. Landesamt für Denkmalpflege Hessen unter Mitwirkung der Einhard-Arbeitsgemeinschaft e.V., Mainz 1996, S. 172ff., Taf. 72-76; s. auch oben, S. 78f.

110 Nach freundlicher Mitteilung von Sebastian Scholz, Mainz, lassen sich Übereinstimmungen mit einer Dedikationsinschrift aus der Eichstätter Domgrabung feststellen, so insbesondere bei der auffälligen und im 9. Jahrhundert nicht nachweisbaren Form des A, für die aus epigraphischen und stratigraphischen Gründen eine Entstehung im mittleren 11. Jahrhundert postuliert werden kann; vgl. jetzt Anm. 45.

Jürgen Pursche

Zur Konservierung der frühmittelalterlichen Wandmalereien in der Ringkrypta von St. Emmeram in Regensburg

Aufgrund der vielschichtigen, teilweise erst im Ansatz gelösten Erhaltungsprobleme an den Wandmalereien in der Ringkrypta ist derzeit noch keine gesamtheitliche Darstellung eines schlüssigen Konzeptes mit gültigen konservierten Endzuständen möglich, sondern es können lediglich verschiedene Lösungsansätze aufgezeigt werden. Eine umfassende Bearbeitung zusammen mit den baugeschichtlichen und kunstwissenschaftlichen Fragestellungen ist in einem Arbeitsheft des Bayerischen Landesamtes für Denkmalpflege geplant.

Vorgeschichte

Das Pfarrblatt von St. Emmeram erwähnt die provisorische Freilegung von Wandmalereien in der Rinkrypta sowie im Verbindungsgang zur Ramwoldkrypta erstmals 1952.[1]

Dazu zählten Malereifragmente im südwestlichen Vorjoch, auf der nördlichen und südlichen Außenmauer am Beginn der Wölbungszone der Ringtonne, auf der nördlich aufsteigenden Wölbungshälfte des Verbindungsganges sowie auf der Außenseite einer im Scheitel der Grablege Emmerams versetzten Steinplatte („Salvator mundi").

Etwa zehn Jahre später wurde die „Renovation" der Ramwoldkrypta seitens der Kirchenverwaltung beschlossen und seit 1962 in Form von Sanierungsarbeiten zur Entfeuchtung der bodennahen Mauerzonen fortgeführt, unter Einbeziehung der nördlichen und südlichen Außenmauer der Ringkrypta. Die Entfeuchtungsfrage bereitete der bezüglich dieser Entscheidung letztlich allein gelassenen Kirchenverwaltung zunächst wohl große Sorge, wie dem Pfarrblatt zu entnehmen ist. Bis zu diesem Zeitpunkt waren die unansehnlich gewordenen Wände der Ramwoldkrypta bis in Kapitellhöhe mit einem „steinharten Zementmörtel" versehen, durch den die Feuchtigkeit zwar nicht mehr hindurchkame, dafür aber in der Mauer fast bis zur Decke aufgestiegen sei – wie das Pfarrblatt diese auch für andere Fälle zutreffende Beobachtung korrekt vermerkte. Erst nachdem die Kirchenverwaltung entschieden hatte, zur Behebung der Feuchtigkeitsprobleme das sog. „Vandex-Verfahren" einzusetzen, wurden in einem Schreiben des Bayerischen Landesamts für Denkmalpflege vom Februar 1963 „die Maßnahmen zur Trockenlegung" zusammenfassend formuliert.[2]

Als die Ringkrypta im Rahmen eines durch das Bundesministerium für Forschung und Technologie geförderten Projektes 1992 den Status eines „Pilotobjektes" [3] erhalten hatte, erfolgte neben einigen profunden Untersuchungen und Messungen u.a. auch die „Bewertung der Fundamentabdichtung von Ring- und Ramwoldkrypta einschließlich Verbindungsgang im Jahr 1962" durch Ch. Herm[4], der die Informationen von 1963 mit den aktuellen Befunden in Bezug bringt, s. Anhang I, unten, S. 127.

Die Gefahr umfangreicher salzinduzierter Beschädigungen vornehmlich der karolingischen Wandmalereien in der Ringkrypta, mutmaßlich durch die sogenannte „Mauer-Trockenlegung" Anfang der sechziger Jahre in Gang gesetzt, ist jedoch seit 1980 Anlaß sowohl restauratorischer Beobachtungen und Dokumentationen als auch – bei Handlungsbedarf – punktueller Sicherungen gewesen. Zwischenzeitlich erfolgte 1985/86 die Abnahme des Zement-Sperrputzes im Sockelbereich von Ringkrypta und Verbindungsgang. [5]

Um eine schrittweise Annäherung an die Konsolidierung der Wandmalereifragmente in der Ringkrypta bzw. im Verbindungsgang zur Ramwoldkrypta mit Hilfe gründlicher Untersuchungen der bauwerksbedingten Einflüsse und durch restauratorische Befundsicherungen an den Putzschichten wie an der Malerei zu erreichen, startete 1992 ein Konservierungs-Programm, das zunächst nur eine Kompensation der schädigenden Einflüsse durch punktuelle Salzextraktion sowie Sicherungen von Putz und Malschicht vorsah. Als Fernziel wird jedoch in kompatibler Weise zu den bauphysikalischen Bedingungen eine Konsolidierung angestrebt, deren Anforderungsprofil am Zustand der Wandmalereifragmente orientiert ist.

Genese der Schäden

Wie bei jeder salzgeschädigten bzw. -belasteten Wandmalerei (Mauerwerk) stellt sich auch in der Ringkrypta nicht nur aus „diagnostischen", sondern eben auch aus Gründen der Ursachenbeseitigung die Frage nach der Herkunft von Salzen, deren Beantwortung neben dem Erkennen und der Abschaffung von Feuchtigkeitsquellen ein wichtiger erster Schritt für die Bestandserhaltung ist.

In der Regel werden die wäßrigen Salzlösungen aus dem anstehenden Erdreich aufgenommen und durch Kapillartransport im Mauerwerk (Mauermörtel, Baumaterial) in die bodennahen Zonen eingetragen. Abhängig von ihrem Habitus konzentrieren sich die gelösten Salze vor allem an den Verdunstungshorizonten der im Mauerwerk und im Verputz kapillar transportierten Flüssigkeit, wo sie klimaabhängig auskristallisieren können.[6] Um von den Wandmalereien diese Gefahr fernzuhalten und den Kristallisationssaum der Salze vom originalen und bemalten Putz weg in eine Zone steinsichtigen Mauerwerks abzusenken, wurde 1985 begonnen, den betonharten Sperrputz auf dem bauzeitlichen Mauerwerk abzuarbeiten (Abb. 141, 164).

Eine 1990 durchgeführte Salzkartierung im Bereich der Ringkrypta[7] konnte neben Nitraten und Chloriden vor allem Alkalisalze nachweisen. Das Vorkommen von Alkalikarbonaten und -sulfaten wird in diesem Bericht von C. Bläuer auf die Verwendung moderner alkalischer Baustoffe zurückgeführt, im vorliegenden Fall auf das „Vandex"-Material der Bohrlochsperre sowie auf den Zement-Sperrputz der Bauwerks-Sanierung und Trockenlegung von 1962.[8] Spätere Untersuchungsberichte bestätigten die Darlegungen von C. Bläuer grundsätzlich, machten darüberhinaus aber deutlich, daß im unteren Randbereich der Malereien in der Ringkrypta (entspricht der Verdunstungszone) vor allem Natriumsulfat in seinen beiden Zustandsformen Mira-

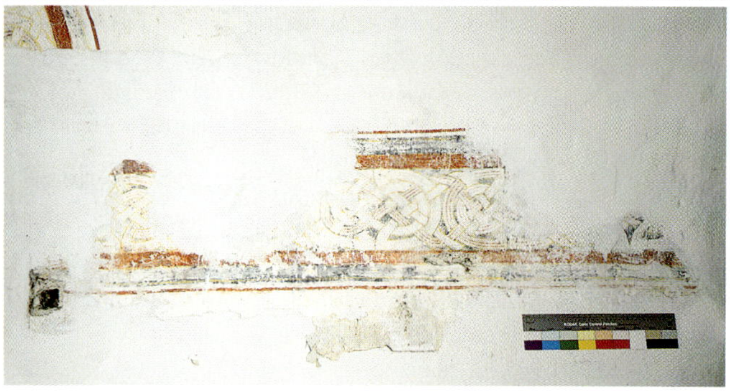

Abb. 165a. Regensburg, St. Emmeram, Ringkrypta, Gurtbogenlaibung zwischen Ringtonne und südlichem Vorjoch (Zustand 1989).

Abb. 165b. Regensburg, St. Emmeram, Ringkrypta, Fries am inneren südlichen Wölbungsansatz der Ringtonne (Zustand 1989).

Abb. 166. Regensburg, St. Emmeram, Ringkrypta, südlicher Ringgang, Flechtornament am inneren Wölbungsansatz, Detail: Vorritzungen (Zustand 1998).

Abb. 167. Regensburg, St. Emmeram, Ringkrypta, südliches Vorjoch, Detail: Gewölbescheitel mit Rankenmalerei (Zustand 1998).

Abb. 168a. Regensburg, St. Emmeram, Ringkrypta, nördlicher Ringgang, gerahmtes Schriftband am äußeren Wölbungsansatz (Zustand 1989).

Abb. 168b. Regensburg, St. Emmeram, Ringkrypta, südlicher Ringgang, Fries am Südende der Ringtonne (Zustand 1998).

Abb. 169. Regensburg, St. Emmeram, Ringkrypta, südlicher Ringgang, Flechtornament am äußeren Wölbungsansatz, Detail: Vorritzung, gelbe Vorzeichnung und Reste schwarzer Konturierung (Zustand 1998).

Abb. 170a-d. Regensburg, St. Emmeram, Ringkrypta, Verbindungsgang, Schadensbilder: kristalline Gipsablagerungen, beginnende Pustelbildung (a-d) und pudrige Auflösung der Farbschicht (d; 1993).

bilit und Thenardit zur Auskristallisation kommt, also ein Salz mit dem höchsten gefügezerstörenden Potential.[9]

Der konkrete Bezug der Salzprobleme zum Feuchtehaushalt des Mauerwerks sowie zu den Klimazyklen konnte durch Klima- und Feuchte-Messungen im Zusammenhang der Projekt-Aktivitäten nachgewiesen werden. Die uneinheitliche Mauerwerksstruktur mit ihrem unterschiedlichen Steinmaterial, das auf der Südseite außen ca. 1,20 m über dem Fußbodenniveau der Ringkrypta anbindende Erdreich, eine Betonvormauerung auf der Nordseite sowie die jahreszeitlich bedingten Kondensationsereignisse sowohl auf den Kalksteinplatten der Fußböden als auch auf den kalten, bodennahen Wandzonen bilden zusammen mit den Salzen das äußerst kompliziert vernetzte Szenario, dessen kausale Zusammenhänge für einen Teil der Wandmalereien ein außergewöhnlich aggressives Schädigungspotential bedeuten (Abb. 171 a-c).

Ein weiteres salzinduziertes Schadensphänomen besteht vor allem an den Malereien im Verbindungsgang sowie am „Salvator mundi" in Form einer Vergipsung der Malschichten, deren Hauptursache in der chemischen Umwandlung der oberflächennahen Kalkbindungen durch schwefelhaltige Luftverunreinigungen liegt. Diese Schadenskategorie wird erst nach einer „Inkubationszeit" wirksam, wenn das Kalziumsulfatdihydrat durch günstige klimatische Bedingungen unter vorübergehendem Feuchtigkeitseinfluß zu kristallisieren beginnt. Hochgradig „vergipste" Malschichten bilden gegenüber anderen Salzschäden eine eigene Kategorie. Die vergleichsweise geringe Löslichkeit, die sich erst in Gesellschaft leichtlöslicherer Salze ändert, machen Gips eher längerfristig zu einem potentiellen Schadensfaktor. So geht Vergipsung im allgemeinen mit einer Vergrauung kalkreicher heller Farbschichten einher. Andererseits können bei der Verdichtung winziger Gipskristalle auf dunkleren Farbflächen weißliche sog. Gipsschleier erkennbar werden, sehr deutlich beispielsweise auf den meist dunkleren Farbflächen des Bildfragments im Verbindungsgang (Abb. 170 a-b). Darüberhinaus kann sich die Vergipsung kalkgebundener Farbpigmente unter Einfluß von Feuchtigkeit zu einer Art von Versinterung entwickeln und dann auch zu punktueller Farbvertiefung führen, wenn im Umfeld quarziger Sandkörner Gips zur Lösung kommen sollte. Dieses Phänomen ist die erste Phase der Entwicklung punktueller plättchenförmiger Verhärtungen von Farbschichten, die schließlich das Abstoßen solcher Aggregate aus dem Malschichtverband bewirken können (Abb. 170 b).[10] In engem Zusammenhang mit gipskristallinen Treibphänomenen dürfte auch die sog. Pustelbildung stehen, deren Wechselbeziehung zum Putzgefüge und Zuschlagskorn unübersehbar ist. Bei anhaltend ausreichendem Feuchtigkeitseinfluß läßt sich langfristig die Gefahr nicht ausschließen, daß derartige Entwicklungen fallweise zur Auflösung fester Malschichtstrukturen führen (Abb. 170, 172).

Langfristig ist die Vergipsung kalkgebundener Wandmalereien ein existentielles Problem, weil sich die Konservierungsmethoden der Gipsumwandlung bei Mischtechniken oder Secco-Malereien nur bedingt durchführen lassen.[11]

Durch Einlagerung von Gips und die teilweise totale Lockerung des Malschichtgefüges war die zersetzte Malschicht der Malerei im Verbindungsgang dann auch gekennzeichnet durch alle Merkmale vergipster Farbschichten im fortgeschrittenen Stadium, zumal sich in den aufgelockerten Strukturen zusätzlich eine hohe biogene Besiedelung nachweisen ließ (Abb. 170 d, 172).[12] Diese mikrobielle Besiedelungsdichte ist andererseits ein untrügliches Indiz für ausreichende Nahrungsquellen in Form organischen Bindemittels, das schon Bestandteil des Farbauftrags war (s. Maltechnik) und nach der vermutlich wenig sachgerechten Freilegung als Fixativ eingesetzt worden sein dürfte. Angesichts dieser so verschiedenartig gestörten Malschicht muß angenommen werden, daß der Einfluß des inzwischen weitestgehend abgebauten organischen Bindemittels auch auf die Vergipsung und deren Folgen vergleichsweise hoch war.

Konservierungskonzept

Die in den letzten Jahren vorgenommenen restauratorischen Beobachtungen und Kartierungen sowie die große Menge der verfügbaren Daten und Informationen, Analysen und Gutachten[13] führen zu einer Schadenssystematik und erlauben darüberhinaus eine gesamtheitliche Betrachtungsweise der Vernetzung bzw. der Bedingtheiten von Schadensprozessen.

Das Fallbeispiel Ringkrypta belegt exemplarisch, daß besonders Wandmalereischäden immer im Kontext zur Umgebung, zum Bauwerk, zu Baumaterialien, zu den in der Vergangenheit bereits eingebrachten Konservierungsstoffen[14] sowie zur Maltechnik zu bewerten sind.

Deshalb ist eine grundlegende, in umfassender Weise die bauphysikalische Problematik (Klima,Feuchte) aufzeigende Schadensforschung die Voraussetzung restauratorischer Interventionen gewesen. In der Visualisierung der salzinduzierten wie auch der biogenen Schadensprozesse, die in Abhängigkeit von den zyklisch einwirkenden klimatischen Bedingungen bis heute die teilweise existentielle Gefährdung der bedeutenden Wandmalereifragmente bewirken, lagen die Schwerpunkte der Forschungsarbeit.

Durch die restauratorische Arbeitsdokumentation, die Notsicherungen und partielle Salzextraktion, die Vorversuche und Materialtests[15] im Fall der Wandmalereien des Ringkryptabereichs sind die Kenntnisse nun auf einem Stand, der die Ausführung der erforderlichen Konservierungsarbeiten zuläßt.[16]

Folgende Arbeiten sind seit 1990 durchgeführt worden:

- An den in der Auskristallisationszone der Salze gelegenen Teilen originalen Putzes wurden Entsalzungen vorgenommen, gelockerte Malschicht erhielt durch Injektion bzw. durch Hinterfüllung wieder Kontakt zum Träger. Zur Verwendung kamen ausschließlich mineralische, vorzugsweise kalkgebundene Materialien.
- 1994 erneuter Verputz der Sockelzone mit herkömmlichem Kalkmörtel (plus porenbildendem Zusatz); Integration dreier Musterfelder eines industriell gefertigten, nicht hydrophob eingestellten Kompressenputzes, um dessen Funktionalität und Effizienz hinsichtlich der Salzeinlagerung sowie seiner Eignung für die Ringkrypta zu prüfen (Abb. 142, 173).[17]
- Die Nahtstellen zwischen den neuen Putzergänzungen und originalem malereitragenden Putz erhielten zweimal putzgestützte Zellstoffkompressen (Sandwich-Kompressenputz), um die erwartete Auskristallisation bzw. die Aufkonzentration der Salze von der originalen Oberfläche weg in die Kompresse zu verlegen.[18]
- Die abschnittsweise total zermürbten Farbflächen in der Tonnenwölbung des Verbindungsganges, bedurften vor allem bezüglich der geplanten Gips-Konvertierung einer ausreichenden Vorfestigung, die – auf Ergebnissen von Labortests an Prüfkörpern aufbauend – mit einem Kieselsäureester zufriedenstellend durchführbar war.[19]

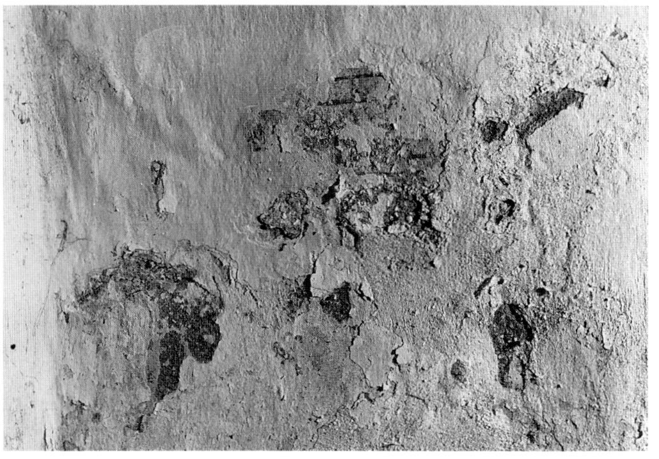

Abb. 171a. Regensburg, St. Emmeram, Ringkrypta, südlicher Ringgang, Außenwand, salzinduzierte Putz- und Malschichtschäden im Bereich des gerahmten Inschriftstreifens vor der Konservierung (Zustand 1987).

Die chemisch-mineralogischen Untersuchungen der Malschichten bezüglich ihrer Vergipsung bestätigten den phänomenologischen Befund, der in Form von weißlichen Ablagerungen, Pustelbildung und punktuellen Farbveränderungen die gipsinduzierte Verwitterung und damit auch die alterungsbedingten Veränderungen vor allem des Bildes im Verbindungsgang erkennen ließ (vgl. Abb. 170). Besonders deutlich wird hier die Rolle der Maltechnik: Während die auf nahezu ausgeglätteter Putzoberfläche und Kalkgrundierung ansatzweise freskal gebundenen, dünnschichtigen Malereien (Kalkfresko) innerhalb der Ringkrypta trotz Nachweis von Gips die aggressiven Verwitterungseinflüsse seit ihrer Aufdeckung überstanden, war die pigmentreiche dickschichtigere Sekkomalerei in der Tonnenwölbung des Verbindungsganges zur Ramwoldkrypta aufgrund des Putzgefüges sowie ihrer ausschließlich organischen Farbenbindung anfälliger und bei Beginn der Konservierungsarbeiten gekennzeichnet durch einen äußerst fragilen Zustand ihrer malerischen Substanz. Aufgrund der verletzlichen Beschaffenheit dieses Malereifragments (wie auch des „Salvator mundi") konnten die thermo-hygrischen sowie anthropogen durch Raumklima und Luftschadstoffe verursachten Einflüsse die nachweisbaren biogenen und vergipsungsbedingten Schadensprozesse auslösen.

Für die Erhaltung dieser überaus wichtigen Wandmalereidokumente unter den bauphysikalischen Bedingungen der Ringkrypta gewinnt eine Auseinandersetzung mit der Vergipsungsproblematik außerordentliche Bedeutung und macht die verfahrenstechnische Anwendung der sozusagen neutralisierenden Gipsumwandlung zwingend erforderlich.[20] Dabei muß die biogene Belastung der Malerei mit berücksichtigt werden. Seit 1995 wird diese Intervention unter Beteiligung des Gemeinschaftslabors Herm/Simon methodisch vorbereitet, wobei in den Vorversuchen durch die Restauratoren Angelika Porst und Robert Zenger bereits eine deutliche Reduzierung von Gips in der Malschicht nachweisbar war.[21]

– Zum Zweck der mechanischen Sicherung, der Verringerung von Salzausblühungen sowie zur Verbesserung des Erscheinungsbildes vor allem in der großflächigen Malerei des Verbindungsganges wurde die restauratorische Ergänzung der Hacklöcher mit einem geeigneten Mörtel erwogen. Innerhalb der Putzflächen originaler Malerei wurden dann aufgespitzte Löcher (Haftbrücke für barocken Neuverputz) oder Putzfehlstellen zur Stabilisierung der offen liegenden, teilweise sandenden Ränder geschlossen und ergänzt. Als Nebeneffekt werden diese Kittungen und Putzergänzungen durch die Grenzflächen hindurch gegebenenfalls auch Salzeinlagerungen ermöglichen, sodaß eine Destabilisierung der originalen Putzränder durch auskristallisierende Salze kompensiert werden dürfte.[22]
– Aus einigen bereits 1994 erarbeiteten grundlegenden Erkenntnissen über die Feuchteprofile von Fundamenten und aufgehendem Mauerwerk im Bereich der Krypten resultierten konsequenterweise bauseitige Neugestaltungen in der Drainierung des Tag- und Regenwassers. Zu den wesentlichen Verbesserungen zählt dabei die Herstellung eines Grabens mit kapillarbrechender Kiesbeschüttung im Umgriff der Kryptengrundmauern, der vor allem den direkten Feuchteeintrag durch das teilweise hoch anstehende Erdreich in die Grund- und aufgehenden Mauerwerkszonen verhindert.
– Seit Beginn der systematisch durchgeführten Konservierungsarbeiten wurde auch außerhalb der restauratorischen Kernzeiten eine Wartung vorgesehen, die sich gezielt um „Entsorgung" der auf der Oberfläche des Kalkputzes auskristallisierenden Salze bemühte. Obwohl in deren Ballungszonen, hier vor allem Teilflächen der nördlichen Ringkrypta-Außenmauer, mit Versinterungen durch Lösungs- und Rekristallisationsprozesse, in der Folge mit „Trocknungsblockade" und der Gefahr weiteren Ansteigens des Verdunstungshorizontes gerechnet werden mußte[23], bewährt sich dieses Putzsystem bis heute: In den für Auskristallisation relevanten Zeiten wurden die Salze mit Schwerpunkt Krypta-Nordseite abgekehrt – und zunächst gesammelt, was bislang zu dem beachtlichen Volumen von 343 g geführt hat. Daran überzeugt nicht so sehr die Salzmenge, sondern die Gewißheit, daß dem Mauerwerk auf kontrolliertem Weg Schadenspotential definitiv entzogen wurde.

Diskussion der Probleme

Es dürfte eine Illusion sein, innerhalb kürzester Zeit schädigende Vorgänge und Wirkungsmechanismen erfolgreich steuern zu können oder gar aufzuheben, die sich – aus dem Gleichgewicht

Abb. 172. Regensburg, St. Emmeram, Ringkrypta, Verbindungsgang zur Ramwoldkrypta, Nordwand, Detail: hohlliegende und teilweise abgängige Kalkgrundierung mit Malschicht, im unteren Bildbereich Pustelbildung durch Gipskristallisation (1993).

Abb. 171b. Regensburg, St. Emmeram, Ringkrypta, südlicher Ringgang, Außenwand, salzinduzierte Putz- und Malschichtschäden im Bereich des gerahmten Inschriftstreifens vor der Konservierung (Detail aus Abb. 171a).

Abb. 171c. Regensburg, St. Emmeram, Ringkrypta, südlicher Ringgang, Außenwand, salzinduzierte Putz- und Malschichtschäden im Bereich des gerahmten Inschriftstreifens vor der Konservierung (Detail aus Abb. 171b).

gebracht durch unsachgemäße Operationen – über einen Zeitraum von nahezu eintausend Jahren eingestellt haben. In der Ringkrypta bewährt sich nun das Konzept, durch folgerichtig koordinierte Eingriffe und Arbeitsschritte Zeit zu gewinnen für die Beobachtung der Reaktionen im Anschluß an eine Intervention. Vor diesem Hintergrund hat das jährlich begrenzte restauratorische Arbeitsprogramm sämtliche Vorteile überschaubar dimensionierter Eingriffe durch deren Kontrollmöglichkeit vor Beginn eines neuen Arbeitschritts.

Die logischen Zusammenhänge zwischen klimatischen Einflüssen und dem enormen Schadenspotential an einem wesentlichen Teil der Wandmalereien in der Ringkrypta bzw. im Verbindungsgang sind hinlänglich nachgewiesen und grundsätzlich bekannt. Vor allem angesichts der Unmöglichkeit, die durch eine „Sanierungsmaßnahme" der 60er Jahre ausgelöste Versalzung des Mauerwerks innerhalb eines berechenbaren Zeitraums zu „entsorgen", läßt sich nicht ausschließen, daß die im Mauerwerk bis zur unteren Wandmalereigrenze der Ringkrypta aufgestiegenen Salze unter den bestehenden Klimabedingungen zyklisch immer wieder aktiviert werden, obwohl derzeit die Gefahr salzinduzierter Beschädigungen aufgrund der konservatorischen Leistungen gering ist. Erwiesenermaßen sind Salzaktivitäten nur über ein definiertes Raumklima zu steuern. Die Unterbrechnung der logischen Zusammenhänge von Raumklima und Salzdynamik ist das erklärte Ziel, dem schon durch Reduzierung der Klimaspitzen Rechnung getragen würde. Zu den nächsten programmatischen Aufgaben zählt die Klimaproblematik in der Ringkrypta unter dem Gesichtpunkt technischer Lösungsmöglichkeiten. Zweifellos werden die Schwierigkeiten einer den Rahmenbedingungen angemessenen und verträglichen Lösung groß sein. Unter Zugrundelegung der erarbeiteten Daten und naturwissenschaftlichen Erkenntnisse sowie durch Hinzuziehung geeigneter Klimatechniker und Nutzung aktueller technischer Möglichkeiten könnten Lösungsmodelle zunächst entworfen und dann auch projektiert werden.

Solange die Gesetzmäßigkeit destabilisierend miteinander vernetzter Schadensprozesse nicht aufgehoben und unerwünschte Einflüsse oder Reaktionen nicht verhindert bzw. verlangsamt werden können, ist ein Schadensverlauf auch nicht als beendet anzusehen. Die Schadensbilder visualisieren gleichsam das Prinzip von Ursache und Wirkung durch die bekannten äußeren Einflüsse auf die Schwachstellen des Bauwerks wie auf die Wandmalereitechnik. Als erschwerend für die Findung sachgerechter Konzeptionen stellen sich in der Ringkrypta allemal die vorangegangenen Sanierungseingriffe dar, sodaß besonders hier Fehler im richtigen Ansatz sowie in der Dimensionierung der Interventionen folgenschwere Reaktionen auslösen können.

Auch die Behebung verlustreicher Schäden ist in der Regel noch nicht gleichbedeutend mit einer Beendigung von Schadensprozessen. Viele der noch nicht störend auffallenden Sanierungen, Alt-Restaurierungen oder deren Entrestaurierungen, aber auch jüngere Eingriffe befinden sich, zumindest an Teilflächen der Malereien, vermutlich in einer Zustandsform der Schadens-Inkubation, d.h. in der Entstehungsphase nur sehr langsam sichtbar werdender Schäden, wie das beispielsweise bei vergipsten Malschichten anzunehmen ist. Die Vergipsung kalkgebundener Wandmalereien ist möglicherweise ein existentielles Problem, zumal sich Konservierungsmethoden durch Gipsumwandlung bei Mischtechniken oder Secco-Malereien nur bedingt durchführen lassen. Leichtlösliche Salze in den porösen Wandmalereistrukturen zeichnen sich in der Regel durch ein größeres, schneller arbeitendes Schadenspotential aus.

Wenn das destruktive Zusammenwirken unangemessener und nicht kompatibler Sanierungs- und Konservierungsmethoden mit klimatischen Verwitterungseinflüssen – diese unglückliche Koinzidenz ist ja bei Wandmalereien fast immer schadensauslösend – Substanzverluste herbeiführt, können nur eine Entrestaurierung, die Beseitigung von schädigenden Stoffen (Salze, ungeeignete Konservierungsmittel) und/oder Veränderungen am Bauwerk Abhilfe schaffen. Zunächst sind dann die unpassenden, schadensrelevanten „Konservierungsmittel" in Form von Baustoffen, Fixativen, Festigungsmitteln und anderen unzweckmäßigen Materialien zu beseitigen bzw. zu entsorgen und zu „entrümpeln" – wie dieser Vorgang bildhaft umschrieben werden kann.

Wie aber läßt sich die chronische Aneinanderreihung von Restaurierung und Entrestaurierung vermeiden? Die methodische Umsetzung der Schadensbehebung im Kontext der Schadensverhütung ist heute im Ansatz durch eine komplexere Sehweise bei der Schadensanalyse gegeben, obwohl das nicht allzu umfassende Wissen über Kunsttechnologien sowie der materialwissenschaftliche Kenntnisstand Fehlentscheidungen nicht ausschließen. Nach dem „Prinzip der Verantwortung" sollten aber, wenn Zweifel an der Sinnfälligkeit einer Sanierungsmethode oder eines Konservierungsmittels bestehen, Eingriffe am Kunstwerk vermieden werden. Zur Vermeidung von Fehlleistungen können nur ganzheitliche Betrachtungsweisen nach dem Grundsatz einer „Würdigung des einzelnen Phänomens im Zusammenhang des zugehörigen Ganzen" beitragen; die „Lehre des Zusammenwirkens" leitet daraus das Prinzip „kooperativer Phänomene" ab, die besonders unter den Gegebenheiten der Ringkrypta einen höchst negativen Wirkungsgrad erreichen.[24] Aufbauend auf dem Grundsatz der Reparatur unter weitestgehender Zuhilfenahme traditioneller und dem originalen System verwandter, kompatibler Materialien[25] läßt sich eine werkgerechte Erhaltung sicherstellen, deren Stabilität bei entsprechender Objektpflege langfristig auch geringeren Erhaltungsaufwand erfordern dürfte und wesentlicher Bestandteil einer Vermeidungsstrategie von Restaurierungsschäden sein sollte.[26] Unter diesem Gesichtspunkt versteht sich auch eine jährliche Wartung der Wandmalereien als zweckmäßig, unabhängig von einer angepaßten Regelung der klimatischen Verhältnisse. Doch insbesondere dann, wenn es diesbezüglich zu keiner befriedigenden Lösung kommen kann, ist eine kontinuierliche und in der Folgezeit nach Abschluß der Konservierungsarbeiten systematische Betreuung und Beobachtung zwingend erforderlich. Für eine solche Regelung werden u.a. repräsentative Flächen auszuwählen und nach festgelegten Parametern in bestimmten Zeitabständen bezüglich erkennbarer Veränderungen kritisch zu bewerten sein.

Die erklärte Absicht ist die Bewahrung des Quellenwertes der Wandmalerei in ihrer künstlerischen, historischen und materiellen Bedeutung als Bestandteil des Baudenkmals.

Anmerkungen zur Maltechnik

Ringkrypta, südlicher Gang (Abb. 165-169):

Restauratorische Befunde[27] belegen, daß in die heutige Form der Ringkrypta auch älteres vorhandenes Mauerwerk integriert ist, was vor allem durch die nachträgliche mauertechnische Abstützung und Einbindung der Tonnenwölbung in die innere Ringmauer sowie die Anbindung an ältere Teile des südlichen Eingangsbereichs deutlich wird: Während sich also die Malereien im Bereich des Wölbungsansatzes bzw. am südlichen Rand der Tonne auf dem Putz der Umbauphase befinden, liegt die Flechtbandornamentik des durchgehenden Bogens auf älterem Putz- und Mauerwerksbestand. Gemeinsam ist der gesamten Malerei eine neue Kalktünche als Grundierung, die auf der neuen Putzfläche als Erstfassung und auf dem bereits weißgetünchten Altputz als Zweitfassung zu liegen kam.[28] Diese Erkenntnisse erklären die unterschiedlichen Befunde und die voneinander abweichende Beschaffenheit von Putzoberfläche und Grundierung.

Der bauzeitliche Verputz der Ringkrypta-Tonne ist sorgfältig geglättet. Die erste, flüssig aber kompakt aufgelegte Kalktünche mit erkennbarer Schichtstärke besitzt zwar die Texturen des Pinselauftrags, doch aufgrund der etwas verlaufenden Strukturen kann der Putz nicht total trocken, d.h. saugend gewesen sein, weil sich unter solchen Bedingungen ein vergleichsweise groberes Strukturbild eingestellt hätte wie es im Bereich des auf dem Altputz ausgeführten Flechtornaments spürbar wird.

Eine Disposition der vorgesehenen Gestaltung trug der Maler erst auf die weitestgehend abgebundene, druckfeste Kalkschicht mit ockergelben Pinsellinien auf: im wesentlichen die horizontalen Begrenzungslinien der geplanten Ornamentfriese. Für die Ausführung der geometrischen Motive innerhalb dieser Rahmung setzte sich der Künstler konstruktive, auch den Rapport berücksichtigende Hilfslinien, mit Lineal und Zirkel in die bereits fest gewordene Kalktünche eingetieft. Diese vermutlich mit einem Metallstift hergestellten Gravuren lassen sich noch sehr gut lesen, weil sie in der Regel eine präzise Kantenausbildung besitzen und nur teilweise durch spätere, möglicherweise bei der Freilegung der Malereien entstandene Ausbrüche beeinträchtigt sind (Abb. 166).[29] Erst dann erfolgte die Komplettierung der ornamentalen Formen mit ockergelber Vorzeichnung, weil an den Überschneidungen gelbe Farbe in der Ritzung liegt. In der Folge erhielten die gelb vorgezeichneten Ornamentformen und Restflächen durch kräftig-rote, hellrote, ockergelbe und graue Auslegung von Binnenflächen und Bänderungen sowie rote, vornehmlich aber schwarze Konturierung ihre gültige farbige Erscheinungsweise (Abb. 169).

Darüberhinaus finden sich innerhalb bestimmter Ornamentsegmente Farbbefunde, die auf eine Verwendung organischer, nun veränderter Farbmittel schließen lassen. Bislang war eine Identifikation jedoch noch nicht möglich. Es ist anzunehmen, daß Teile der gelben Vorzeichnung sichtbar blieben und die Farbgestaltung mitprägten, obwohl kleine und kleinste Farbbefunde eine durchgängige Schwarzkonturierung der Ornamente vermuten lassen. Jedenfalls war der Eindruck ursprünglich sicher mehrfarbiger als der erste Eindruck heute glauben macht.

Der gute Erhaltungszustand besonders der gelben und roten Farbflächen dürfte mit der fast lasierenden Auftragsweise auf den vielleicht noch baufeuchten bindungsfreundlichen Grund zurückführbar sein, sodaß sich wie auch bei der gelben Vorzeichnung eine gute Verbindung zur Kalkgrundierung einstellte – im Gegensatz zu den mit Kalk ausgemischten hellen Farbtönen bzw. zum fast gänzlich verlorenen Schwarz der Konturen. Dieser Befund ist insgesamt für die Malereien in der Tonnenwölbung der Ringkrypta zutreffend.[30] Von freskaler Malerei im konkreten Sinne kann hier nicht ausgegangen werden, dennoch erlauben die maltechnischen Befunde sowie die Beschaffenheit und innige Verbindung des Systems von Putz, Kalkgrundierung und Malschicht davon auszugehen, daß zumindest der Verputz der Ringkrypta und die Anlage der Malereien ohne bedeutende zeitliche Unterbrechungen ausgeführt wurden.

Verbindungsgang, Wölbungszone (Abb. 157-159):

Etwas anders als im Umgang der Ringkrypta erfolgte hier über glattem Putz eine gut erkennbare ein- bis zweimalige Kalkgrundierung. Ob diese länger unbemalt offen stand, läßt sich nicht mehr nachvollziehen; jedenfalls gibt es zwischen den Farbschichten und der Weißkalkschicht auch nicht ansatzweise Befunde für freskale Bindungsqualitäten.

Zunächst erfolgte die rote Vorzeichnung der Figuren, daraufhin die konkrete Plazierung für den Nimbus des Engels sowie das Schriftband mit Hilfe geritzter konstruktiver Hilfslinien (Zirkel, Lineal). Das Inkarnat wird ockergelb vorgelegt und beim Engel erfolgt dann ohne definitiv nachweisbare Binnenzeichnung auf der hell-ockergelben Grundierung die Modellierung des Gesichtes mit helleren und dunkleren Gelbtönen sowie dunklem Rot für Schatten, die Augenpartie, die Haarfläche und die Gesichtskonturierung. Das Haar wird gelb auf dem dunkelroten Grund angegeben, worauf Farbreste hindeuten. Darüberhinaus kann nicht ausgeschlossen werden, daß bestimmte Schattierungen der Gesichter mit grüner Farbe angelegt wurden, vergleichbar mit der Verdaccio- bzw. Pseudo-Verdacciotechnik (Abb. 158).

Für die blauen und grünen Hintergrundflächen ist eine schwarz-graue Unterlegung (Veneda) nachweisbar. Farbbefunde deuten auch auf Blauunterlegung mit Ocker über grau-schwarzer Veneda. – Die wesentlichen Pigmentbefunde konnten Bleiweiß, Azurit, gelben und roten Ocker, Pflanzenschwarz und ein grünes vermutlich künstliches Kupferpigment (Kupferchlorid / Paratacamit ?) nachweisen, wodurch sich die Wandmalerei maltechnisch nur als Secco-Malerei verstehen läßt.[31]

Anmerkungen

1 Pfarrblatt von St. Emmeram, April 1952, S. 60, 64.

2 Pfarrblatt von St. Emmeram 1963, S. 104-105. Der Text des Pfarrblattes bezieht sich wohl auf die zusammenfassende Darstellung der „getroffenen Maßnahmen", die das Landesamt Anfang 1963 aktenkundig machte, Schreiben BLfD vom 14.2.1963.

3 BMFT-Projekt Wandmalereischäden, Pilotobjekt Regensburg, Wandmalerei St. Emmeram, Bericht zur 1. Folgekonferenz am 30.11.1993.

4 Gemeinschaftslabor Konservierung und Denkmalpflege Consulting, Christoph Herm, Stefan Simon, Michael Kocher, Olching.

5 Vgl. Bericht Herm im Anhang, unten, S. 127. In der Tat sind es häufig die einstmals beflissen durchgeführten Sanierungen sowie auch damit meist verbundene Restaurierungen, die schadensgeschichtlich relevant sind und bei der Ursachenforschung von Schadensprozessen einen enormen Stellenwert besitzen; vgl. auch Jürgen Pursche, Die Kirche St. Jakobus in Urschalling. Materialien für die Geschichte der Gebäudesanierung als Fallstudie, in: Historische Technologie und Konservierung von Wandmalerei, Bern 1985, S. 132 ff.

6 Vgl. dazu verschiedene Autoren in: Salzschäden an Wandmalereien, Arbeitshefte des Bayerischen Landesamtes für Denkmalpflege, Band 78, München 1996.

7 Untersuchung Dr. Christine Bläuer-Böhm, Januar und Mai 1990.

8 Andreas Arnold, Auswirkungen moderner alkalischer Baustoffe auf den Zerfall von Wandmalerei, in: Historische Technologie und Konservierung von Wandmalerei, Bern 1985, S. 40 ff.; ders., Die Verwitterung von Bau- und Kunstwerken aus mineralischen Materialien, in: ebenda, S. 1 ff.; ders., Moderne alkalische Baustoffe und ihre Probleme bei der Konservierung von Denkmälern, in: Natursteinkonservierung, Arbeitshefte des Bayerischen Landesamtes für Denkrnalpflege, 31, 1985, S. 152-162; Konrad Zehnder, Andreas Arnold, H. Spirig, Zerfall von Wandmalerei durch lösliche Salze am Beispiel der Krypta des Grossmünsters Zürich, in: Historische Technologie und Konservierung von Wandmalerei, Bern 1985, S. 14 ff.; Andreas Arnold, Naturwissenschaft und Denkmalpflege, in: Deutsche Kunst und Denkmalpflege 45, 1987, S. 2-11; Konrad Zehnder, Andreas Arnold, New experiments on salt crystallization, in: Preprint: 6th International Congress on Deterioration and Conservation of Stone, Torun, 1988, S. 320-329; Christine Bläuer, Salze und Salzkrusten, in: Wandmalereischäden, Arbeitshefte zur Denkmalpflege in Niedersachsen 8, Hannover 1990, S. 110-114; Andreas Arnold, Konrad Zehnder, Monitoring wall paintings affected by soluble salts, in: The Conservation of Wall Paintings. Proceedings of a symposium organized by the Courtauld Institute of Art and the Getty Conservation Institute (London, July 13-16, 1987), Malibu 1991, S. 103-135; Andreas Arnold, Konrad Zehnder, Andreas Kueng, Oscar Emmenegger, Wandmalereizerfall, Salze und Raumklima in der Klosterkirche von Müstair, in: Zeitschrift für Kunsttechnologie und Konservierung 5, 1991, S. 171-200; Andreas Arnold, Gefährdung des Baudenkmals durch Verwitterung, in: „Internationale Tagung der Dombaumeister, Münsterbaumeister und Hüttenbaumeister 1992", Basel 1993, S. 83-98; ders., Methodology of the study on decay, weathering and conservation of monuments, in: Stone material in monuments: diagnosis and conservation, second course (Heraklion 1993), Bari 1994, S. 11-16; Andreas Arnold, Altération et conservation d'oeuvres culturelles en materiaux poreux affectés par des sels, in: Le dessalement des materiaux poreux, 7es Journees d'etudes des La SFIIC (Poitiers, 9-10 mai 1996), Champs-sur-Marne 1996, S. 3 ff.

9 Diese Zerstörungskraft ist zurückzuführen zum einen auf den Kristallisationsdruck des Mirabilits und auf die Hydratisierung bzw. Dehydratisierung des Thenardit/Mirabilit Salzgemisches, s. dazu Anm. 8.

10 Im Zusammenhang eines Förder-Projektes „Wandmalereischäden" des Bundesministers für Forschung und Technologie konnte dieser Vorgang durch H. Rösch/H.-J. Schwarz für vergipste Malsubstanz modellhaft visualisiert werden: Heinrich Rösch, Hans-Jürgen Schwarz, Salz – der Intimfeind von Wandmalereien, in: Berichte zur Denkmalpflege in Niedersachsen 2, 1991, S. 68-71; s.a. H. Rösch, H.-J. Schwarz, Mineralogische und anorganisch-chemische Untersuchungen zur Klärung der Schadensursachen an romanischen Wandmalereien, in: Forschungsprojekt Wandmalerei-Schäden. Ein Förderprojekt des Bundesministers für Forschung und Technologie. Arbeitshefte zur Denkmalpflege in Niedersachsen 11, Hannover 1994, S. 104-114; Manuela Tennikat, Wandmalereischäden durch Salzkristallisation, Diss., Hannover 1992; M. Tennikat, Mechanismen der Zerstörung von Wandmalereien durch wasserlösliche Salze, in: Forschungsprojekt Wandmalerei-Schäden, a.a.O., S. 93-98; s.a. Jürgen Pursche, Zur Schadensproblematik salzbelasteter Wandmalereien, in: Salzschäden an Wandmalereien, Arbeitshefte des Bayerischen Landesamtes für Denkmalpflege 78, 1996, S. 6 ff.; Ivo Hammer, Salze und Salzbehandlung in der Konservierung von Wandmalerei und Architekturoberfläche, in: Salzschäden an Wandmalereien, a.a.O., S. 81 ff.

11 Vgl. dazu u. a: Salzschäden an Wandmalereien (Anm. 10), mit weiterführenden Literaturangaben und einer „Bibliographie zur Salzproblematik in der Konservierung von Wandmalerei und Architekturoberfläche" (von Ivo Hammer und Christoph Tinzl), S. 107. Die Ursachen- und Schadensforschung der hier angesprochenen Problematik war ein erklärtes Ziel eines Forschungsprojektes des Bundesministeriums für Forschung und Technologie, siehe: Arbeitshefte zur Denkmapflege in Niedersachsen, 8/1990 und 11/1994.

12 Karin Petersen, Untersuchungsbericht zur mikrobiellen Besiedelung der Wandmalereien in St. Emmeram, Regensburg, Ringkrypta, v. 29.8.94.

13 Sämtliche Gutachten und Darstellungen BMFT-Projekt im Akt Regensburg, St. Emmeram, Bayerisches Landesamt für Denkmalpflege, München, Restaurierungswerkstatt.

14 S. Jürgen Pursche, Die „Entsorgung" restauratorischer Eingriffe an Wandmalereien. Zum Problem der Entrestaurierung, in: Das Denkmal als Altlast? (ICOMOS Hefte des Deutschen Nationalkomitees, Bd. XXI), S. 77 ff.

15 Gemeinschaftslabor Konservierung und Denkmalpflege Consulting, Chistoph Herm, Stefan Simon, Olching.

16 Die Konservierungsarbeiten wurden durchgeführt von Dirk Böhme, 1992, Angelika Porst/PeterTurek, 1994 und Angelika Porst/Robert Zenger seit 1995.

17 Stefan Simon, Christoph Herm, Angelika Porst, Jürgen Pursche, Desalination and control of salt transport phenomena experiences with compress renderings in the ring crypt of St. Emmeram, Regensburg, in: Le dessalement des materiaux poreux, 7es Journees d'etudes des La SFIIC (Poitiers, 9-10 mai 1996), Champs-sur-Marne 1996, S. 145 ff.

18 Stefan Simon, Christoph Herm, Untersuchungsbericht KOSAL1.-DOC/0196/Si, 3.1.96, Regensburg, St. Emmeram, Ringkrypta und Verbindungsgang zur Ramwoldkrypta, hier: Zwischenbericht Kompressenentsalzung; s. auch Ivo Hammer, Salze und Salzbehandlung in der Konservierung von Wandmalerei und Architekturoberfläche, in: Salzschäden an Wandmalereien (Anm. 10), S. 96.

19 Stefan Simon, Gemeinschaftslabor Konservierung und Denkmalpflege Consulting Olching, Untersuchungsbericht 03/93051/0796/Si vom 1.3.97, Regensburg St. Emmeram, Ringkrypta und Verbindungsgang zur Ramwoldkrypta, Bauabschnitt XI, hier: Überprüfung und Bewertung von Schutzstoffen zur Malschichtfestigung.

20 S. dazu: Mauro Matteini, Maria Rosa Nepoti, Controllo analytico dei metodi di desolfatazione per la rimozione del gesso nelle pitture murali e in altri manufatti litici, in: OPD Restauro, Rivista dell'Opificio delle Pietre Dure e Laboratori di Restauro di Firenze, 8/1996, S. 66 ff., mit weiterführender Bibliographie; s. auch: Ivo Hammer, Christoph Tinzl, Bibliographie zur Salzproblematik in der Konservierung von Wandmalerei und Architekturoberfläche, in: Salzschäden an Wandmalereien (Anm. 10), S. 107.
Mauro Matteini, In Review: An Assessment of Florentine Methods of Wall Painting Conservation based on the use of mineral treatments, in: The Conservation of Wall Paintings. Proceedings of a symposium organized by the Courtauld Institute of Art and the Getty Conservation Institute, London (July 13-16, 1987), Malibu 1991, S. 137 ff.
Im Zusammenhang der Gipsumwandlung mit Bariumhydroxid sei an dieser Stelle auf eine bemerkenswerte Mitteilung in den „Technischen Mitteilungen für Malerei" von 1893 hingewiesen, deren inhaltliche Aussage exakt auf die Möglichkeiten eingeht, Gips mit Hilfe von Bariumhydroxid bzw. Oxalsäure! (eine von Matteini bearbeitete Problematik) in einen unlöslichen Zustand zu versetzen, s. unten, S. 128, Angang III.

21 Christoph Herm, Stefan Simon, Gemeinschaftslabor Konservierung und Denkmalpflege Consulting Olching, Untersuchungsbericht GI0396.DOC/0496/Si vom 8.4.96, Regensburg St. Emmeram, Ringkrypta und Verbindungsgang zur Ramwoldkrypta, hier: Zwischenbericht Gipskonvertierung – Nullmessungen; Untersuchungsbericht RWGI1197.DOC/1197 vom 3.11.97, Regensburg St. Emmeram, Ringkrypta und Verbindungsgang zur Ramwoldkrypta, hier: Gipskonvertierung Erfolgskontrolle.

22 Christoph Herm, Gemeinschaftlabor Herm/Simon, BMFT-Pilotobjekt Regensburg, Wandmalerei St. Emmeram, Untersuchungsbericht Hacklochergänzung vom 31.12.94: „...Vor allem die ottonische Wandmalerei im Verbindungsgang von der Ringkrypta zur Ramwoldkrypta von St. Emmeram, aber auch manche der kleineren Partien der Wandmalerei in der Ringkrypta sind durch Löcher stark geschädigt. Die Löcher wurden absichtlich im Zuge einer Überputzung der Wandmalereien eingehackt, vermutlich im 17. Jh. Diese Fehlstellen sind nicht nur eine optische Beeinträchtigung, sondern geben aufgrund der mechanischen Schwächung und der Inhomogenität in der Oberfläche Anlaß zu einer Häufung der folgenden Schadensbilder: Salzausblühungen, abgedrückte Putzschollen und abstehende Grundierungs- / Malschichten. Zum Zweck der mechanischen Sicherung, der Verringerung von Salzausblühungen und der Vereinheitlichung des Erscheinungsbildes vor allem in der großflächigen Malerei des Verbindungsganges wird die restauratorische Ergänzung der Hacklöcher mit einem geeigneten Mörtel erwogen. Voraussetzung für die Auswahl eines Ergänzungsmaterials ist die Kenntnis der Zusammensetzung des Bestandes. Daraus lassen sich mechanisch-physikalische Kennwerte ableiten und das Ergänzungsmaterial entsprechend einstellen. Besonders wichtig sind hier Festigkeit bzw. E-Modul, Wasserdampfdurchlässigkeit und kapillarer Feuchtetransport.
Mit der vorliegenden Untersuchung, die eine spezielle Mörtelanalyse darstellt, sollten die Daten für eine Nachstellung des historischen Materials gewonnen werden. An Prüfkörpern können anschließend die genannten Kennwerte ermittelt werden. Damit kann auch entsprechendes Alternativmaterial gesucht werden. Darüber hinaus können Prüfkörper aus dem nachgestellten Material zu Vortests von Konservierungsverfahren (z.B. Klimatests) dienen."

23 Christoph Herm, Stephan Simon, Regensburg, St.Emmeram, Ringkrypta und Verbindungsgang zur Ramwoldkrypta, Untersuchungsbericht SOSAL1.DOC//1295/Si vom 20.12.95, hier: Zwischenbericht Sockelputz, S. 8.

24 Wolfgang Wild, Naturwissenschaften und Geisteswissenschaften – immer noch zwei getrennte Kulturen?, in: Universitas 1/1987, S. 25.

25 Als Metapher für Reversibilität!?, siehe: Michael Petzet, Reversibilität – das Feigenblatt in der Denkmalpflege?, in: Reversibilität – das Feigenblatt in der Denkmalpflege?, Arbeitshefte des Sonderforschungsbereichs 315 „Erhalten historisch bedeutsamer Bauwerke" Universität Karlsruhe, Heft 11/1992 bzw. ICOMOS – Hefte des Deutschen Nationalkomitees VIII, München1992, S. 9-14.

26 Manfred Koller, Vom Zeitproblem in der Restaurierung, in: Konservieren Restaurieren. Aktive Substanzerhaltung. Der konservatorische Eingriff am Objekt, Arbeitsgespräch Linz 1994, in: Mitteilungen des Österreichischen Restauratorenverbandes, 5, 1995, S. 75.

27 Martin Muth, Regensburg, 1992/93 (Ms. masch).

28 Die innere Ringmauer war zum Zeitpunkt der Kryptaeinwölbung mutmaßlich die Außenmauer eines schon bestehenden apsidialen Baukörpers. Die Frage nach dessen Oberflächenbeschaffenheit, kann nur weiterführende Bauforschung durch Öffnung des Fußbodens oberhalb der Ringkrypta und Einblick in den Bereich aufgehenden Mauerwerks beantworten.

29 Diese Beschädigungen lassen sich von wenigen sozusagen bauzeitlichen, von der Malerei überarbeiteten Verletzungen der Kalkgrundierung dadurch unterscheiden, daß die Aufdeckung der Malereien konkret zu Fehlstellen in der Malschicht führte.

30 Möglicherweise rührt die Farbfrische dieser Wandmalereifragmente auch von einem langsamen, regenerierenden Nachsintern her, wodurch die Malerei auf der glatteren Oberfläche die meist rüden Freilegungsprozeduren überstand. Die später aufgelegten hellen Farbtöne in Kalkausmischung sowie die empfindlichen schwarzen Konturen (und weißen Linien (?) auf dem dunkelroten Grund von Begleitbändern) sind in der Regel wohl auch durch höheren Anteil organischen Bindemittels störanfälliger, was die umfangreichen Verluste bei ihrer über vierzig Jahre zurückliegenden Freilegung erklärt; s.dazu auch Hans K. Ramisch, Die Wandmalereien in der Ringkrypta und im Verbindungsgang zur Ramwoldkrypta, in: Thurn und Taxis Studien, 2, 1962, S. 146.

31 Christoph Herm, St.Emmeram, Wandmalerei, Pigmentanalysen zur freigelegten Wandmalerei im Verbindungsgang, Untersuchungsbericht 26.9.94; E. Föllen, M. Langenfeld, 1. Untersuchungskampagne in der Ringkrypta, der Scheitelnische sowie im Verbindungsgang zur Ramwoldkrypta vom 16.-18.05.1994 mit dem Labormobil, Untersuchung der MPA Bremen im Rahmen des BMFT-Wandmalereiprojektes, Pilotobjekt Regensburg, St. Emmeram Ringkrypta.

Abb. 173. Regensburg, St. Emmeram, Ringkrypta, nördlicher Ringgang, Außenwand mit gerahmtem Inschriftstreifen am Wölbungsansatz (Teilfreilegung), im unteren Bereich mit Zellstoff-Putz-Kompresse (Zustand 1998).

Anhang I

Das Gemeinschaftslabor Herm/Simon/Kocher, Vertragspartner des vom BMFT getragenen Verbundprogramms zur Schadenserforschung an Baudenkmalen war in die Arbeiten an der Ringkrypta integriert.
Bearbeiter: Christoph Herm
Pilotobjekt Regensburg, Wandmalerei St. Emmeram
Bericht zur 1. Folgekonferenz am 30.11.1993
Bewertung der Fundamentabdichtung von Ring- und Ramwoldkrypta einschließlich Verbindungsgang im Jahr 1962

1. Sanierung 1962

In einem Schreiben des damaligen Bayerischen Generalkonservators Dr. Kreisel vom Februar 1963 werden Maßnahmen zur Trockenlegung der Ramwold- und Ringkrypta einschließlich des Verbindungsgangs beschrieben. Zusamengefaßt läßt sich folgendes nachvollziehen:

- An den Innenwänden wurde der Putz entfernt (in der Ramwoldkrypta bis in 3 m Höhe, in der Ringkrypta in 70 – 90 cm Höhe). Nach der Bohrlochinjektion (siehe unten) wurden die Flächen unterhalb der Injektionszone mit einer zweistufigen Salzblockade bestrichen und mit dem Injektionsmaterial bedeckt. Darauf kam eine Neuverputzung, teilweise mit Dickenausgleich durch „Heraklith"-Platten.
- In der Ramwoldkrypta und im Verbindungsgang wurden von innen ca. 20 cm über dem Fußbodenniveau mit leichtem Gefälle nach außen in die Außenwände eine Bohrlochinjektion eingebracht. Die Außenmauern der Ringkrypta wurden von außen gebohrt und wohl auch von außen injiziert.
- Die Außenmauern wurden bis auf das Fußbodenniveau innen freigegraben und wie folgt behandelt: Salzblockierung, Kunststoffolie, Betonschale und Isolierung (vermutlich Bitumen).

Weitere Einzelheiten über die Art der Arbeiten sowie über die Materialien konnten noch 1993 in Erfahrung gebracht werden:
Die Bohrlöcher wurden mit **„VANDEX-Bohrlochschlämme"** gefüllt, die auch 1993 – nach Auskunft des Herstellers – in unveränderter Zusammensetzung angeboten wird. Laut Datenblatt handelt es sich um einen zementgebundenen Mörtel mit Zusätzen. „Die Wirkungsweise beruht auf einer Reaktion der Aktivchemikalien mit dem Bindemittel durch Bildung von schwerlöslichen Verbindungen, die den Kapillarwasserstrom unterbrechen".
An einer Probe des Injektionsmörtels, die im Verbindungsgang gefunden wurde, ist mittels Röntgen-Pulverdiffraktometrie (XRD) der kristalline Phasenbestand analysiert worden.
Ergebnis: Quarz, Kalkhydrat, Calcit, Feldspat (Microklin, Albit), wenig Gips und Ca-Aluminat-Sulfat ($Ca_4Al_6O_{12}SO_4$) und ein Silicat vom Granat-Typ [(Fe,Mn)3Al2(SiO4)3]
Letzteres könnte auf die Verwendung von Hochofen-Zement hindeuten. Zur Aufklärung der Zusammensetzung sollte nicht abgebundener Vandex-Mörtel analysiert werden.
Der telefonischen Auskunft durch die Fa. Vandex (Hr. Pfundt, am 22.11.93) zufolge besteht die Möglichkeit, daß die Schlämme als Zement/Gips-Erzeugnis im feuchten Zustand Sulfate abgibt. Deshalb ist bei der Anwendung der Injektion die Abdichtung der Wände mit einem Sulfat-Blockierungsmittel vorgeschrieben. Auf die sichtbaren Ausblühungen von Natriumsulfat angesprochen wurde erklärt, daß die Sulfatsperre erschöpft sein könnte und deren Erneuerung empfohlen. Um die Rolle der Vandex-Schlämme als Sulfatquelle abzuschätzen, sollte auch der Salzgehalt nicht abgebundenen Vandex-Mörtels analysiert werden.

2. Befund 1993

Der Beschreibung von 1963 zufolge liegt der Injektionshorizont in der Ramwoldkrypta und im Verbindungsgang knapp über dem Fußboden. Abb.la zeigt schematisch die vermutete Lage der Injektionen in diesem Bereich. Im Verbindungsgang sind heute noch einige der Bohrlöcher zu sehen. Sie haben ca. 3,5 cm Durchmesser und sind mit einem sehr harten, dunkelgrauen Mörtel gefüllt – wohl die Vandex-Bohrlochschlämme. Durch Augenschein wurde im November 1993 anhand einer dunkleren Verfärbung und Grünalgenbewuchs festgestellt, daß die Mauer unterhalb dieser Löcher feuchter ist als oberhalb. Die Injektion scheint hier also kapillar aufsteigende Feuchte abzuhalten. Auf der Nordseite des Verbindungsgangs wurde ein entsprechendes Bohrloch in ca. 60 cm Höhe, 40 cm östlich des Anschlusses zum Ringgang, gefunden. Hier sind auf der ganzen Länge Mauerfugen im unteren Bereich mit dem Injektionsmittel ausgefüllt. Auf beiden Seiten des Verbindungsgangs sind die stärksten Salzausblühungen in unmittelbarer Nähe des Injektionsmittels zu finden. Die Salzausblühungen in der Ramwoldkrypta und die sie begleitenden Schäden am Anstrich liegen überschlagsmäßig unter einem Meter Höhe über Fußbodenniveau. Im BLfD-Schreiben ist dagegen von durchfeuchtetem Innenputz die Rede, der bis in eine Höhe von ca. drei Metern entfernt wurde. Auch hier scheint die Injektion die kapillar aufsteigende Feuchte zu unterdrücken. An der Innenseite der Außenmauern der Ringkrypta soll die Injektionszone in einer Höhe von 70 cm (N-Seite) bis 90 cm (S-Seite) über dem Fußboden liegen. Auf der freigelegten Innenwand sind keine Anzeichen der Injektion zu finden. Unklar ist der Verlauf der Bohrlöcher und deren Höhe in den Außenmauern der Ringkrypta. Im Schreiben von 1963 wird berichtet: „Die Bohrlöcher setzen [...] außen in der ersten Schicht des aufgehenden Mauerwerks an und führen steiler nach oben". Aus Platzgründen war nur ein Bohren vom Bodenniveau außen möglich. Ein Anzeichen dafür ist, daß der ältere Putz an der südlichen Fassade der Apsis bis ca. 40 cm über dem Boden durch einen dünneren, grauen Putz ersetzt ist. Die Bohrlöcher sind wohl in dieser Höhe zu suchen.

Außenisolierung:

Nach Aussagen der Abteilung B des BLfD/Außenstelle Regensburg (Dr. Osterhaus, Dr. Wintergerst) existiert die Außenisolierung nachweislich an weiten Teilen der Außenmauern nicht mehr (Ring-, Verbindungsgang, Nord-Seite und Teile der Südseite der Ramwoldkrypta). Mit den Ausgrabungen 1990-92 wurde also die im Schreiben Kreisels erwähnte Vorblendung aus Beton mit Isolierungsschichten entfernt und nicht mehr erneuert. An den Außenmauern der Ringkrypta wurde nach Angaben von Dipl.-Ing. K. Schnieringer bei den Grabungen keine Isolierung mit Beton gefunden. Diese ist wohl auch nie ausgeführt worden, da sie ja unterhalb der Injektion keine sinnvolle Funktion gehabt hätte. Die Außenschale der Fundamente (barocker Mauervorsprung zumindest in Bereich Ringkrypta Süd) wurde an Fehlstellen mit Kalkmörtel ergänzt. Beim Auffüllen wurde eine Drainage mit kapillarbrechendem Kies um das Mauerwerk gelegt.

Salzblockierung:

Im Schreiben des BLfD von 1963 ist belegt, daß die vom Putz freigelegten Mauern der Ramwold- und Ringkrypta und des Verbindungsganges innen und außen mit einer „Salzblockierung gegen das Ausblühen von Sulfaten und Nitraten" angestrichen worden sind. Nach telefonischer Auskunft durch Hr. Groß sen., der seinerzeit in der ausführenden Firma Hifinger/Regensburg beschäftigt war, wurden für die Maßnahme ausschließlich Produkte der Fa. Vandex verwendet. Somit handelt es sich vermutlich um eine zweistufige Behandlung der Mauern mit

1. Vandex „Hardstone": ein „Verfestiger" ... „auf Fluoridbasis" (vermutlich ein Hexafluorosilicat) und danach
2. Vandex „ZB 61 forte" Es ist ein „Antisulfatmittel, das mit Sulfaten wasserunlösliche Verbindungen bildet..." Vermutlich handelt es sich um ein Barium-Salz.

Beide Mittel werden heute noch angeboten.

Bewertung:

Zusammenfassend kann die Maßnahme von 1962 wie folgt bewertet werden: Die Isolierung der unteren Mauerpartien führte wohl zu einer verminderten Feuchtebelastung durch kapillar aufsteigende Feuchte und verringerte die Steighöhe der Salzausblühungen. Andererseits hat man eine zusätzliche Quelle für Sulfat eingebracht, die nicht wirksam eingedämmt werden konnte. Mit zunehmender Austrocknung der Mauern im Inneren – gefördert durch das Entfernen des Putzes – kommen die Salze, vor allem Natriumsulfat und Natriumcarbonat, zur Ausblühung."

Anhang II

Jürgen Pursche, Zur Schadensproblematik salzbelasteter Wandmalereien, in: Salzschäden an Wandmalereien, Arbeitshefte des Bayerischen Landesamtes für Denkmalpflege 78, 1996, S. 7-10, hier: S. 8.

Auszug:

Wie erklärt sich die mit dem Begriff"Salzverwitterung" umschriebene Aggression der bauschädlichen Salze u. a. auch auf Farb- und Malschichten? Grundsätzlich kann wohl davon ausgegangen werden, daß die meisten Salze innerhalb der porösen Systeme, in die sie gelangen, auf einem zwischen Kristall und Untergrund befindlichen Lösungsfilm „schwimmen" und von diesem unter bestimmten Wachstumsbedingungen auch genährt werden. Auf diesem Erklärungsmodell aufbauend, lassen sich typologisch gesehen drei verschiedene Schadensmechanismen ableiten, die begriffflich als Hydrostatischer Kristallisationsdruck, Linearer Wachstumsdruck und Hydratationsdruck bestimmt sind. Voraussetzung für die Entstehung von Salzkristallen sind in der Regel übersättigte, in bestimmter Wechselbeziehung zum Umgebungsklima stehende Salzlösungen. Dabei verursacht die bloße Bildung kristalliner Festkörper im Putz-Malschicht-Gefüge schon Platzmangel, wodurch sich im Ansatz bereits Kristallisationskräfte innerhalb von Putz und Malschicht auswirken. Das den Druck und die Sprengwirkung auslösende, einer Reihe physikalischer Gesetzmäßigkeiten folgende „klassische" Kristallwachstum basiert einerseits auf weiterer Bereitstellung übersättigter Salzlösungen, andererseits auf der Volumenvergrößerung beim Phasenwechsel in eine wasserreichere Kristallform (Hydratation). Ob an Wandmalereikunstwerken die komplexe Gesamtheit der einwirkenden Kristallisationskräfte derzeit überhaupt dargestellt werden kann, bleibt zu bezweifeln.
Mit den bauschädlichen Salzen und ihrem Habitus verbinden sich bei Wandmalereien deutliche Wirkungsweisen, deren Erscheinungsform und Mechanismus weitgehend vom Salztyp sowie der Kristallgestalt beeinflußt wird. Diese hängt vom Feuchtegehalt der Oberflächen poröser Materialien ab (vgl. Beiträge A. Arnold, K. Zehnder) und damit auch von den thermo-hygrischen Einflüssen des Umgebungsklimas einer Wand-/Deckenmalerei. Abgesehen vom individuellen Lösungsverhalten der Salze haben die Beschaffenheit und Porosität der Materialien des Verbundsystems aus Putz- und Farbschichten, insbesondere das Gefüge der Putzhaut sowie Struktur und Dichte der Malschicht, beträchtlichen Einfluß auf die Verdunstungsbedingungen und somit auf die Auskristallisationsweise löslicher Salze unter, an und auf der Oberfläche. Die Putz-Farbschicht-Zone wird in den meisten Fällen charakterisiert von der Art und Verteilung der Sandkörner im Kalkbindemittel sowie von der Dichte des Farbauftrags. Offensichtlich nimmt der Salztransport an eine Verdunstungszone den Weg des geringsten Widerstands. Erst ein Wechsel des Wassers in seine Dampfphase schafft die Voraussetzung zur Aufkonzentrierung und Auskristallisation, d.h. zur Salzdeposition. Diese Verwitterungform fußt letztlich auf mikroklimatischen Einflüssen sowie Bindemittel- und oder Salztransport innerhalb von Riß- und Porenstrukturen, wo die verdunstende Feuchtigkeit zur Übersättigung der Salzlösungen führt. Mit diesen Prozessen eng verbunden ist die sog. Alveolarverwitterung. In festem Putz- und Malschichtgefüge beschränkt sich der flüssige Salztransport möglicherweise nur auf eine bestimmte Qualität verfügbarer Kapillaren oder auf Gefügestörungen. So kann es passieren, daß eine maltechnisch bedingt mehr oder weniger dichte Versinterung der Oberfläche die Auskristallisationsneigung steuert. Doch erst nach einer Phase zyklischer Anlösungen und Rekristallisierungen ist wohl mit der flächigen Verteilung der Salze und den damit verbundenen Zerstörungen zu rechnen ... In kompakter Putzmatrix dagegen und bei inniger (freskaler) Farbbindung zur Putzhaut können, offenbar an oberflächennah gelegene Quarzkörner des Sandes gebunden, punktuelle Kristallisationen entstehen, die das Sandkorn durch den dabei entstehenden Druck zusammen mit der darüber befindlichen Malereisubstanz herauszuhebeln vermögen, oder die Matrix im Umgriff des Sandkorns zermürben.

Anhang III

Verfahren, aus Gypsstein hergestellte Gegenstände zu härten und wetterbeständig zu machen.
Von Felix Wachsmuth in Querfurt i. S.—D. R.-P. Nr. 63715.
(aus: Technische Mitteilungen für Malerei, 10. Jahrgang Nr. 161, München 1893, S. 224)

Zum Härten von aus Gyps geschnittenen Gegenständen sind bereits verschiedene Methoden vorgeschlagen worden, welche sämtlich darauf beruhen, dass der Gyps zunächst entwässert und dann in gewisse Salzlösungen, z. B. eine Lösung von Alaun, Eisenvitriol u. dgl., eingetaucht wird. Die nach den bisher bekannten Methoden hergestellten Produkte besitzen zwar eine beträchtliche Härte, sind aber gegen die Einwirkung des Wassers nicht wesentlich widerstandsfähiger als der rohe Gips.
Dagegen wird durch das nachstehend beschriebene Verfahren der Gyps nicht nur gehärtet, sondern auch an der Oberfläche in unlösliche Verbindungen verwandelt, so dass er einen Ersatz für den natürlichen Marmor zu bieten vermag.

Das Verfahren besteht in folgendem:

Die zu härtenden Gypsstücke werden zunächst durch mechanische Bearbeitung in die gewünschte Form gebracht und alsdann durch Erhitzen auf 100 bis 150°C entwässert. Hierauf taucht man sie in eine erwärmte Lösung Baryumhydrat, in welcher sie je nach ihrer Stärke längere oder kürzere Zeit liegen bleiben. Hierbei tritt eine allmähliche Erhärtung des Gypses ein. Nachdem diese vollendet ist, werden die Gegenstände durch Schleifen etc. geglättet und sodann in eine ca. 10prozentige wässerige Oxalsäurelösung getaucht. Nach einigen Stunden werden sie herausgenommen, getrocknet und poliert. Sie besitzen alsdann eine Härte, welche die des Marmors übertrifft, und werden von Wasser nicht angegriffen. Auch die Politur leidet bei Behandlung mit Wasser nicht, während die nach dem gewöhnlichen Verfahren gehärteten Gypsstücke in Wasser nach wenigen Minuten ihre Politur einbüssen.
Der chemische Vorgang bei diesem Verfahren ist folgender: Durch die Imprägnierung mit Barytlösung wird der Gyps zum Teil in Bariumsulfat und Aetzkalk übergeführt. Ersteres ist bekanntlich in Wasser unlöslich. Bei der nun folgenden Behandlung mit Oxalsäurelösung verwandelt sich der Aetzkalk in oxalsauren Kalk, welcher gleichfalls unlöslich ist.

$$Ca\,S\,0_4 + Ba\,(0\,H)_2 = Ba\,S\,0_4 + Ca\,(0\,H)_2\,,$$
$$Ca\,(0\,H)_2 + C_2\,H_2\,0_4 = Ca\,C_2\,O_4 + 2\,H_2\,O\,.$$

Die auf die beschriebene Weise hergestellten Gegenstände besitzen die natürliche Farbe des angewendeten Gypses. Man kann aber auch mit der Härtung eine Färbung des Gypses verbinden, indem man den entwässerten Gyps vor der Behandlung mit Barytlösung in die Lösung eines gefärbten Metallsulfats, z. B. Eisensulfat, Kupfersulfat, Chromsulfat, oder in die Lösung irgend eines Farbstoffes taucht. Auch können dem Barytwasser oder der Oxalsäurelösung solche Farbstoffe zugesetzt werden, welche in diesen Flüssigkeiten löslich sind.

Patent-Ansprüche:

1. Ein Verfahren zum Härten und Wetterbeständigmachen von aus Rohgyps geschnittenen Gegenständen, darin bestehend, dass man:
   a) die in die gewünschte Form gebrachten Gegenstände aus Rohgyps durch Erhitzen entwässert und dann zwecks Erhärtens des Gypses in eine Lösung von Baryumhydrat taucht,
   b) die sonaoh a gehärteten Gegenstände mit Oxalsäurelösung behandelt, um sie wasserbeständig zu machen.
2. Die Erzeugung gefärbter Gegenstände nach dem unter 1 gekennzeichneten Verfahren, indem der Gyps entweder vor der Behandlung mit Barytwasser mit Farbstofflösungen imprägniert wird oder indem der Barytlösung oder der Oxalsäurelösung Farbstoffe zugesetzt werden.

Hans Peter Autenrieth

Oberitalienische Wandmalereien vom 9. bis 11. Jahrhundert

Zum Stand der Konservierung, Dokumentation und kunsthistorischen Forschung

Anders als Deutschland oder Frankreich besitzt Italien zahlreiche frühchristliche und mittelalterliche Wanddekorationen, die seit ihrer Entstehung immer sichtbar blieben, zum Beispiel die Mosaiken in Ravenna, Venedig und Palermo, die Fresken in Assisi oder in der Arenakapelle von Padua. Den Malereien des frühen und hohen Mittelalters erging es allerdings in Italien kaum anders als bei uns: fast alle wurden irgendwann einmal übertüncht. Ein Grund dafür waren Schäden an der Malerei selbst, die sie schon früh unansehnlich machen konnten,[1] dann die Gegenreformation des 16./17. Jahrhunderts, der manche mittelalterliche „Abstrusität" nicht gefiel,[2] ein dritter lag im veränderten Geschmack der späteren Jahrhunderte, der die alten, finsteren Innenräume heller und lichter wünschte (1732 deckte man die Wände von Sant'Angelo in Formis mit einem weißen Anstrich zu[3]). Verwahrlosung und Profanierungen nach der Französischen Revolution zeitigten schließlich die nachhaltigsten Folgen: So wurde zum Beispiel der Basilika von S. Vincenzo in Galliano[4] (Cantù, Prov. Como; Abb. 181, 185, 190) mit ihren damals noch gut erhaltenen Malereien 1801 der Schutz als *„monumento d'arte"* ausdrücklich verweigert, – durch eine Kommission von „Experten", gegen den Protest des Pfarrers, dessen Nachfolger wir eine bewundernswerte, frühe Edition dieser Malereien verdanken.[5] Die Kirche diente dann bis 1910 als Wohnhaus und Scheune.[6] Aber selbst bei einem amtlich anerkannten Monument, das auch von der Profanierung verschont geblieben war, S. Pietro al Monte oberhalb Civate[7] (Abb. 175, 193), fand die Comune nichts dabei, das Innere tünchen zu lassen. 1844 waren jene Malereien zum großen Teil noch gut lesbar, um 1865 nicht mehr zu erkennen.[8] Man machte, hier in der Provinz, kurzen Prozeß mit dem lästigen Erbe, – zu einer Zeit, da anderswo mittelalterliche Freskenzyklen schon wieder mit viel Aufwand freigelegt worden waren (1834 Saint-Savin-sur-Gartempe, 1844 Braunschweig). Vier Jahrzehnte später begann auch in Civate die Restaurierung.[9]

Der „Ricupero"

Die Wiedergewinnung der früh- und hochmittelalterlichen Malereien ist – in Italien wie in den meisten anderen Ländern – ein langer und bis heute nicht abgeschlossener Prozeß. Nach Intention oder Motivation möchte ich drei verschiedene Arten des *Ricupero* unterscheiden:

1. Historisierende Rekonstruktionen oder Entbarockisierungen mittelalterlicher Bauwerke, in deren Verlauf auch Wandmalereien gefunden wurden (auf die man es natürlich immer auch abgesehen hatte): Für den Dom zu Modena wurde 1853 eine Gesellschaft zur Entdeckung von Wandmalerei gegründet („Società per lo scoprimento e pel ristauro delle antiche pitture murali in Modena"[10]). Ihr gelang es, einen Christophorus und eine Verkündigung freizulegen, was die Verantwortlichen allerdings nicht davon abhielt, 1888 fast die gesamte dazugehörende nichtfigürliche Ausmalung des Domes zu vernichten.[11] In S. Ambrogio in Mailand (1857-76) und in S. Abondio in Como entdeckte man bei der Wiederherstellung des mittelalterlichen Raumbildes (1865-87) trotz einiger Mühe allerdings kaum Malerei aus der Erbauungszeit, oder man ignorierte sie; bloße Farbfassungen oder bescheidene Ornamentmalereien waren nicht sonderlich gefragt.[12]

Die Rückverwandlung barockisierter Innenräume in den vermuteten mittelalterlichen Zustand war bezeichnend für den Historismus des späten 19. und frühen 20. Jahrhunderts, aber noch nach dem zweiten Weltkrieg gelangen spektakuläre Freskofunde im Zuge ähnlicher Aktionen: In S. Salvatore di Brescia trat während einer großen Rekonstruktions- und Forschungskampagne unter Gaetano Panazza (1958-1961) eine bedeutende karolingische Dekoration zutage, übrigens erstaunlich spät, war das Monument doch schon seit Jahrzehnten Gegenstand der Forschung (Abb. 46-49).[13]

Nahezu gleichzeitig gelang im Baptisterium zu Novara die Aufdeckung eines meist „ottonisch" genannten Zyklus der Apokalypse (Abb. 202, 209).[14] Dieser Zyklus wurde 1963 in gut drei Monaten freigelegt; dabei sah der Kostenvoranschlag pro Quadratmeter bemalter Fläche 20 Restauratorenstunden vor, für Freilegung und Konservierung zusammen. Tatsächlich schaffte es Augusto Cecconi mit einem Gehilfen sogar in weniger als der vorgesehenen Zeit, – schon wegen dieser Geschwindigkeit kann man die Restaurierung gewiß nicht als eine moderne bezeichnen.[15]

2. Waren diese Entdeckungen eher das erwünschte „Nebenprodukt" einer durchgreifenden Baurestaurierung,[16] so wurde in anderen Fällen umgekehrt das Bauwerk gerade deswegen restauriert, weil man Malereien gefunden hatte; es galt dann, einen historisch passenden Rahmen für die Bilder zu schaffen.

Allen voran ist hier der Zyklus in der Apsis von Castelseprio, S. Maria foris portas (Varese) zu nennen (Abb. 50, 56, 186). Im Mai 1944 erkannte G. P. Bognetti anhand einer Inschrift das sehr hohe Alter der schon 1934 teilweise aufgedeckten Fragmente, gleich im nächsten Monat wurde die Apsis freigelegt; die etwa 25 qm bemalter Fläche bewältigte man hier in 29 Arbeitstagen.[17]

Erstaunlich gut – besonders für die Kriegszeit – war die fotografische Dokumentation. Die in der Mailänder Soprintendenza erhaltenen Glasplatten[18] zeigen einige Male den „Zwischenzustand", öfters natürlich den „Endzustand". Viele der Fotos fanden Eingang in die umfangreiche Publikation von Bognetti, Chierici und Capitani d'Arzago,[19] und alsbald erregte die überragende Qualität der Malerei weltweites Interesse.[20] Gerade ihre Einzigartigkeit ist freilich der Grund dafür, daß sich die Fachwelt bis heute nicht auf eine Datierung und kunsthistorische Einordnung einigen konnte: Die Vorschläge reichen vom 6. Jh. bis zum 10. Jh., lediglich ein *Terminus ante* (936/48) blieb bisher unbestritten.[21] Kuriosum am Rande: bis heute gehört Castelseprio nicht zum amtlich anerkannten „Weltkulturerbe" (Müstair dagegen längst)!

Zu den echten Neuentdeckungen gehören auch die Malereien im Turm des ehemaligen Klosters Torba (Varese; Abb. 191).

Abb. 174. Oberitalien Mitte/West. Landkarte mit den im Text und in den Anmerkungen (außer Anm. 100) erwähnten Orten und den wichtigsten Provinzhauptstädten (kein vollständiger Überblick über die früh- und hochmittelalterlichen Wandmalereien in diesem Gebiet).

Diese sind allerdings mehr wegen ihrer frühen Datierung (Ende 8. Jh.) als wegen ihrer Qualität bemerkenswert.[22] Torba ist vom Schicksal damit gestraft, in unmittelbarer Nähe von Castelseprio zu liegen, weshalb man beide Monumente meist gemeinsam besichtigt und sofort begreift, daß viele Gelehrte die großartigen Bilder von Castelseprio nicht als Werk eines einheimischen Malers (wie ein solcher in Torba gearbeitet haben mag), sondern eines aus Byzanz oder aus Syrien stammenden Künstlers ansehen.

Ähnlich wie Castelseprio und Torba wurde natürlich eine Vielzahl kleiner Kirchen, Kapellen, Oratorien nach dem Auffinden von Malereien instandgesetzt, dazu gehört Carugo (Como),[23] vor 1955 entdeckt. Mit Genugtuung besucht man diese Kapelle eines kleinen Castrums (heute Bauernhof), deren etwas derbe Malereien (2. H. 11. Jh.) an Ort und Stelle geblieben sind und nicht, wie die eleganten Trecento-Fresken aus dem Oratorium der unweit gelegenen Cascina von Mocchirolo,[24] in die Gemäldegalerie der Mailänder „Brera“ abtransportiert wurden (1949).

In größeren Kirchen ist die mit Abstand „ergiebigste“ Zone für das Auffinden von Wandmalereien der Dachraum oberhalb später eingebauter Wölbungen (Stichwort für Deutschland: Frauenchiemsee). Einige dieser „bemalten Dachböden“ gehören in Oberitalien seit jeher zum Fundus der Forschung: in Aosta S. Orso waren die Malereien im Dachraum nie übertüncht und schon 1833 bekannt (Abb. 199 a-d), dagegen fand ich in der Kathedrale, in absolut gleicher Position, erst 1979 den zweiten Aostaner Zyklus (Abb. 177, 192, 198, 200, 201). Kombiniert man die wenigen historischen Daten mit Stilanalyse und den vorläufigen Ergebnissen der Dendrochronologie,[25] erscheint eine Entstehungszeit für die Malerei der Kathedrale um 1040/50 wahrscheinlich, für Sant'Orso nur kurze Zeit davor.

Leider sind die Akten des Convegno, der 1992 in Aosta stattgefunden hat, noch immer nicht erschienen, sodaß diese Malereien als quasi unveröffentlicht gelten müssen.[26] Dem ständigen Beobachter dieses großen, mehrjährigen *Ricupero* mag eine Zwischenbemerkung zur Problematik des Freilegens erlaubt sein:

Bei jeder Freilegung setzt sich verständlicher Entdeckerdrang – meist diskussionslos – gegen die Grundsätze konservierender Denkmalpflege durch. Obwohl nun die restauratorische Technik in den letzten Jahrzehnten zweifellos Fortschritte gemacht hat, sind auch heute noch Schäden unvermeidlich. Wie sich durch Fotovergleich vorher/nachher demonstrieren ließe, verschwanden in einem Bogenfeld des südlichen Frieses Reste einer Inschrift, die für die (noch immer nicht gelungene) Identifizierung der Figur von Interesse ist. Man muß freilich einräumen, daß es sich hier um eine delikate Angelegenheit handelte. Für die Vor-

Abb. 175. Civate (Lecco), S. Pietro al Monte. Innenansicht nach Osten (Zustand 1978).

zustandsaufnahme hatten wir das Feld (ausnahmsweise!) angefeuchtet. Die Restauratorin – leider ohne dieses Foto – beseitigte so lange weiße Tünche, bis nur noch der dunkle Grund vorhanden war. Der Unfall ist ärgerlich, aber noch verständlich. Weniger Verständnis vermag man bei einem malträtierten Kopf im gleichen Friesabschnitt aufzubringen. Die Malerei war hier nur von einer dünnen, allerdings stark versinterten Schicht bedeckt, Abb. 192 a zeigt den Vorzustand (nicht angefeuchtet! Beim Übertünchen im Spätmittelalter hatte die rechte Gesichtshälfte nur einen Pinselhieb, die linke deren zwei erhalten, daher der unterschiedliche Deckungsgrad). Abb. 192 b zeigt das Ergebnis der Freilegung: an vielen kleinen Stellen ist die schwarze Zeichnung verletzt, die darunterliegende rote Inkarnatfarbe tritt zutage, z. B. in den Augenbrauen.

Die Präzision einer Freilegung ist in beängstigender Weise die einfache Resultante der dafür aufgewendeten Arbeitszeit (oder anders gesagt, der dafür bezahlten Stunden). Sicher konnten sich die Restauratoren in Aosta 1986/92 viel mehr Zeit nehmen als die zwei Stunden, die man 1963 in Novara für diesen Kopf veranschlagt hätte, aber wir sind noch weit davon entfernt, jeden Zentimeter mittelalterlicher Wandmalerei als unwiederbringliches Kulturgut zu behandeln. Dann würden Freilegungen nämlich mit einem noch viel höheren Aufwand an Technik und Zeit ausgeführt, Millimeter für Millimeter mit starker Stirnlupe und optimaler Beleuchtung, wie wenn es um eine Briefmarke vom Wert der Blauen Mauritius ginge, oder zumindest um ein spätgotisches Tafelbild. Angesichts der technischen Schwierigkeit im Falle Aosta (die Malschicht war weicher als die Tünche, trennte sich mit ihr ab) hätte es zu einer mikroskopischen Freilegung nur die Alternative gegeben, auf das Freilegen solcher Partien ganz zu verzichten (leider habe ich diese Meinung damals zu wenig energisch vertreten, aber sie wäre wohl auch nicht durchzusetzen gewesen).

Die Reihe der „ausgemalten Dachböden", deren Besichtigung mitunter mit einigen Schwierigkeiten verbunden ist (die dafür aber oft eine besonders wenig gestörte „Befundlage" bieten[27]), soll nicht abgeschlossen werden, ohne wenigstens auf die ehemalige Klosterkirche S. Calocero in Civate[28] hinzuweisen (Abb. 195). Um 1954 wurden die Malereien im Dachraum entdeckt, in den achtziger Jahren auch die unterhalb der Wölbung liegenden Teile des Obergadens freigelegt. Dieser Zyklus kann nicht nur wegen der hohen Qualität Aufmerksamkeit beanspruchen, sondern auch, weil er – soweit zu erkennen ist – ausschließlich Szenen des Alten Testamentes zeigt.

3. Eine dritte Gruppe von Monumenten gehört sowohl zum „Altbestand" wie zu den Neuentdeckungen: es sind die Weiterfreilegungen längst bekannter Zyklen. In einigen Fällen überraschten die neu zu Tage geförderten Bildflächen derartig, daß

die „Maßnahme" einer Neuentdeckung gleichkam. Am bekanntesten dafür ist sicher die Kirche in Müstair (1947-51 freigelegt: Abb. 59-75).[29] Auch der Abbruch der Gruft in Marienberg (1980)[30] brachte wegen des Erhaltungszustandes der gefundenen Malerei eine Sensation. Die Unterscheidung von Neufund und bloßer Weiterfreilegung erscheint vielleicht haarspalterisch, sie ist für Konservatoren und Restauratoren womöglich unwichtig, wohl aber interessant für die Forschungsgeschichte: manche geistvolle Interpretation kann durch eine rein materielle „Erweiterung des Gesichtskreises" in sich zusammenfallen.[31]

Eine relativ neue Weiterfreilegung ist die in S. Salvatore in Casorezzo, westlich von Mailand (Abb. 178-179). In dieser kleinen Saalkirche hat man eigentlich nur einige Bilder von Übermalung befreit und die übrigen Wände weiter abgesucht, mit gutem Erfolg, – das Ergebnis ist de facto die Neuentdeckung zweier bemerkenswerter Maler: einen kennzeichnet expressive Härte, den anderen routinierte Harmonie.[32] Wer an Grundsätze in der Denkmalpflege glaubt, fühlt sich freilich dadurch irritiert, daß man hier jüngere Fresken (des frühen 16. Jhs.) wie ein Stück Tapete von einer Stelle zur anderen versetzte, mittels *Strappo,* also mit allen damit verbundenen Schäden, – nur um neugierig zu sehen, was sich dahinter befindet, in diesem Falle mit enttäuschendem Ergebnis.[33] Der Beobachter hätte solches Vorgehen in den Jahren 1989/93 nicht mehr für möglich gehalten und war versucht, ein Exemplar der Charta von Venedig danebenzuhängen.

Die bemerkenswerteste Weiterfreilegung der letzten Jahre geschah in Acquanegra sul Chiese (Mantua) (Abb. 187, 189). Daß

Abb. 177. Aosta, Kathedrale, Dachraum des Mittelschiffs, Südseite, Feld S4 während der Freilegung. Um 1040 (Zustand 1988).

sich dort im Dachraum über der späteren Wölbung Malereien erhalten haben, war schon seit 1860[34] bekannt, aber erst 1980 entblätterte man das westliche Langhausjoch des Erdgeschosses, danach die ganze übrige Kirche. Diese besaß bis dahin eine neubarocke Dekoration, die nun zu großen Teilen vernichtet wurde. Heute präsentieren sich die Wände als grausames archäologisches Präparat: die wiederentdeckte romanische Malerei inmitten von Resten des *Barocchetto falso* (Gewölbedekoration), dazu Reste einer Erstfassung und viel lädiertes Ziegelmauerwerk.[35] Die ganze „Ausgrabung" steht im krassen Gegensatz zu den Prinzipien konservierender Denkmalpflege, allerdings ist der kunsthistorische Wert des Fundes beträchtlich: die Architekturmalereien besonders originell und fein, die Köpfe der Figuren beeindruckend, die Ikonographie sogar – bisher – einmalig (s. u.).

Abb. 176. Civate (Lecco), S. Pietro al Monte, nordöstliche Apsis, Detail: Gewandpartie des 6. Apostels von links. Um 1093/97; Freilegung 1961 (Zustand 1996).

Erhaltungszustände, Konservierung, Restaurierung

Bisher habe ich versucht, anhand einiger exemplarischer Fälle die Geschichte der Wiederentdeckung zu skizzieren. Es ist allgemein bekannt, daß die aus dem Mittelalter erhaltenen Zyklen *quantitativ* nur einen Bruchteil des ursprünglich Vorhandenen ausmachen und *qualitativ* bestenfalls an einigen Stellen den ursprünglichen Zustand ahnen lassen.[36] Wo der Eindruck „fürs Auge" besser ist – in öffentlich zugänglichen Räumen – verdanken wir ihn oft ausgiebigen Übermalungen oder zumindest Retuschen, nur sehr selten haben wir wirklich pures Original vor uns.[37]

Andererseits ist dort, wo Wandmalereien freigelegt wurden, die Arbeit oft nicht einmal vollständig zu Ende geführt. In Civate ließ Franco Mazzini 1961 zwar die Ost-Apsiden reinigen, man findet aber noch immer reichlich Reste der schlecht beseitigten Tünchen (Abb. 176). Zu einem baldigen „Intervento" besteht freilich kein Anlaß, solange nicht akute Schadensvorgänge zu beobachten sind. Gleiches gilt für die schon seit Jahrzehnten äußerst restaurierungsbedürftig aussehenden Apsiden in Oleggio.[38] Dort wird jetzt allerdings eine vor Jahren begonnene Restaurierung wieder aufgenommen.

Im Baptisterium von Novara steht Schlimmes zu befürchten. Da der feuchte Raum (Algen am Boden), die meiste Zeit des Jahres verschlossen ist, kommt es im Sommer unter der Kuppel zu tropischem Klima; Kondenswasserschäden sind so gut wie sicher. Wir wissen aus dem Kostenvoranschlag des Restaurators

Abb. 178. Casorezzo (Milano), S. Salvatore, Schiff, Südwand (zweites Register), Detail: Darstellung im Tempel. Anfang 12. Jahrhundert (Zustand 1996).

von 1963, daß er pro Quadratmeter 1 kg. Fixiermittel verwenden wollte, vermutlich Gummi arabicum oder Schellack, beides ein fruchtbarer Nährboden für biogene Attacken.[39] Heute hat man in Novara den Eindruck einer großflächigen Trübung durch einen weißlichen Belag, aber dieser Eindruck kann täuschen, was zählt, ist nur der Vergleich zwischen früheren Fotos und dem aktuellen Zustand, am besten vom Gerüst aus. Noch 1990 war das Ergebnis eines Fotovergleiches an einigen anderen Stellen nicht einmal katastrophal, der Engel in den Aufnahmen bei U. Chierici[40] ließ sich mit einer sorgfältigen Teleaufnahme durchaus wiederfinden (Abb. 202), man kann auf den tatsächlichen Befund vom Gerüst aus neugierig sein, 1997 sollte eine große Restaurierungskampagne beginnen.

Für Castelseprio und Galliano haben wir die Restaurierungsgeschichte und den Zustand der Malerei vor einigen Jahren eingehend recherchiert (und Castelseprio zusammen mit Jürgen Pursche untersucht), zusammenfassend nur dies:

Nach einem Brief des Soprintendenten Chierici (1944) waren in Castelseprio (Abb. 186) beim Freilegen *„alcune delle pitture in parte perdute e in parte deteriorate ... ma la maggior parte appaiono in buono stato di conservazione“*.[41] Die Farben hatte allerdings schon der erste Entdecker Morassi (1934) als *„colori leggerissimi“* bezeichnet.[42] Bei den fotografischen Aufnahmen für die große Monographie (Bognetti 1948) waren die Fresken frisch gereinigt und zusätzlich feuchtete man sie noch an, wie Bognetti später eingestand, – kein Wunder, daß bald darauf ein scheinbares Ausblassen zu diagnostizieren war. Vor allem Gelehrte, die sich zuhause ihre Vorstellung anhand des Buches gebildet hatten, waren dann vom Original enttäuscht. Dies um so mehr, als Bognetti verschwieg, daß ein großer Teil der veröffentlichten Fotos den Zustand *vor* den schweren Beschädigungen wiedergibt, die ein 1946 versuchter Diebstahl (mittels *strappo*) angerichtet hatte.[43] Da in den fünfziger und sechziger Jahren eine der beiden Mailänder Soprintendenzen den ganzen Zyklus in ihr eigenes Haus, die Pinacoteca di Brera, überführen wollte, war es dieser Partei taktisch sogar erwünscht, daß die Malerei an Ort und Stelle möglichst „schlecht aussah“, was um so glaubhafter wirkte, als sich das konkurrierende Amt (die Soprintendenza der „Monumenti“) zeitweilig wenig um den Bau gekümmert zu haben scheint. Der Streit wogte hin und her, die Anzahl der Gutachten ist kaum überschaubar, hohe nationale Gremien schalteten sich ein, für das damalige „Wundermittel“ Paraloid war dennoch kein Geld aufzutreiben.[44] Als nun nach vielen Jahren der Versuche und Proben schließlich Pinin Brambilla Barcilon die Wände restaurierte (seit 1981 bis etwa 1987), war alles halb so schlimm.[45] Der Sockelputz wurde repariert, ein dünner, weißer Belag entfernt, der nur ein Sammelsurium diverser abgelagerter Stoffe ohne wesentlichen Anteil gefährlicher Salze war.[46]

Die schon mehrfach genannte Basilika S. Vincenzo in Galliano (Abb. 181, 185, 190) besitzt in Apsis und Mittelschiff einen umfangreichen Zyklus hervorragender Malereien, insbesondere sind die der Apsiskalotte und am Triumphbogen mit Recht berühmt. Unter zwei Gesichtspunkten gehört Galliano sogar zu den kleineren Weltwundern: 1. Das Bauwerk (wohl ein Umbau) ist nicht nur durch eine Weiheinschrift von 1007 datiert, sondern der im Bild dargestellte Stifter, Aribert von Intimiano, Erzbischof in Mailand, firmierte hier, in seiner Heimatpfarrei, inschriftlich zweimal als *subdiaconus*. Zumindest die Malerei der Apsis muß also noch vor seiner Wahl zum Bischof (1018) entstanden sein; die Datierung in Galliano: „vermutlich um 1007, sicher vor 1018“ ist eine der wenigen, vielleicht die einzige über jeden Zweifel erhabene, des 11. Jahrhunderts.

Das zweite, womöglich noch erstaunlichere Wunder ist, wie diese Fresken die Torturen der Restaurierungen überlebten. Spätestens seit Anfang des Jahrhunderts waren Salzausblühungen[47] zu verzeichnen. 1933 mußte Mauro Pellicioli die Malereien von einer teilweise dichten Kruste befreien, bei einer zweiten Aktion (1955) fixierte er zumindest teilweise mit Schellack. 1987-1989 war wiederum eine Fixierung und Reinigung nötig (ausgeführt mit Primal AC 33 und Ammoniumbicarbonat),[48] natür-

Abb. 179. Casorezzo (Milano), S. Salvatore, Schiff, Nordwand (zweites Register), Detail: Kopf des Engels am Grab Christi. 1. Hälfte 11. Jahrhundert (Zustand 1996).

Abb. 180. Piacenza, S. Antonino, Dachraum des Mittelschiffs, Südwestecke, Westwand (Zustand 1996).

Abb. 182. Acquanegra sul Chiese (Mantova), S. Tommaso, Mittelschiff, Südseite, 2. Arkadenbogen von Westen: Feiner weißer Liniendekor auf rot gestrichenen Keilsteinen und Fugen. Ende 11. Jahrh. (Zustand 1996).

lich verbunden mit Injektionen und neuen Putzflicken.[49] Den Erfolg der Arbeit des Ateliers Brambilla zeigen Abbildungen 190 a und b (vorher – nachher).

Im Langhaus von Galliano hatte man in den sechziger und Anfang der siebziger Jahre sämtliche Malereien von den Wänden abgelöst und auf Trägerplatten aus Kunstfasermaterial übertragen, zwei Jahre später wurden sie remontiert. (Restaurator Ottemi Della Rotta; damals befand man sich wohl auf dem Höhepunkt der Übertragungs-Euphorie). Das Ergebnis dieser

Abb. 181. Galliano (Cantù, Como), S. Vincenzo, Mittelschiff, Südwand vor der letzten Restaurierung (Zustand 1986).

Operation war wenig glücklich: im Laufe der Zeit bogen sich die Platten, Ränder standen auf und an der Oberfläche bildeten sich zahlreiche Blasen (Abb. 181). Noch vor der geplanten neuerlichen Restaurierung ereignete sich ein Betriebsunfall: nach dem Einbau einer Fußbodenheizung (1986) wurde die ganze Kirche verschlossen. Die feuchte Hitze des abbindenden Estrichmörtels und vielleicht zusätzlich ein Probelauf der Heizung erzeugten ein Klima, das ausreichte, alle Wände binnen weniger Tage über und über mit schwarzen Pilzen zu überziehen. Den Nährboden lieferten die vorhandenen organischen Leime der alten Restaurierung. Nach Abtrocknen und Reinigen blieben dann „nur noch" die vorher schon vorhandenen Salzkrusten, die inzwischen auch entfernt wurden. Die Malereien wurden übrigens auf ihren Trägerplatten belassen, man hat sie nicht, wie vorübergehend erwogen, direkt auf die Mauer zurückübertragen.[50]

Zum ordentlichen Abschluß einer Restaurierung gehört in der Regel das abschließende Retuschieren. Italien, das Land, in dem man Retuschen gern „Restauro artistico" nennt, hat zu diesem Thema in den letzten Jahrzehnten sicher am meisten beigetragen, – sowohl in der Praxis wie mit (viel) Theorie.[51] Bei Werken der Wandmalerei verhindert glücklicherweise schon der übliche Betrachterabstand, daß sich die Retuschen als artifizielle Leistung des Restaurators aufdringlich in Szene setzen, wie es bei Werken der Tafelmalerei vorkommt, und selbst bei Nahbetrachtung fand ich an den heute üblichen *Tratteggio*-Retuschen (umgangssprachlich *rigatino* genannt), wenig auszusetzen. Mit kurzen, dünnen, motivangepaßten parallelen Pinselstrichen wird ein optischer Ausgleich versucht (Abb. 197). Gelegentlich bedient man sich auch noch (und wieder) der Lasur (*velatura*), mit der Versicherung, daß diese natürlich nur auf Fehlstellen aufgebracht werde (Dom in Cremona, Malereien der Gotik und Renaissance).

Bei den mittelalterlichen Wandmalereien, von denen wir sprechen, kommen zwei besondere Schwierigkeiten hinzu: derartig fragmentierte Flächen kann niemand mehr komplett „zusammenflicken", ohne ganze Motive frei erfinden zu müssen, jede Retusche muß also „irgendwie irgendwo" aufhören. Die Grenzen zwischen noch retuschierten Stellen und jenen Partien, bei denen man resigniert auf die Retusche verzichtet, verlaufen dann allerdings – bei Nahbetrachtung – mehr oder minder willkürlich. Der Beobachter fragt: warum wird dieses Ornament ergänzt, jene Hand aber nicht? Das zweite Problem liegt darin, daß das Auffüllen der Farbflächen die Malereien nach dem Ausretuschieren wie frisch gewaschen erscheinen läßt, eine neue Vollständigkeit und Farbintensität suggeriert wird, während sich in Wahrheit die optische Information sogar verringert hat (Retusche = optischer Schleier).[52]

Nach den vorübergehend „sanierten" Fällen der Konservierung in Castelseprio und Galliano zwei problematische. Die Malereien im Dachboden von S. Orso in Aosta, müssen 1944 noch sehr gut, 1958 noch leidlich in Ordnung gewesen sein (Abb. 199 a).[53] Aufgabe der Restaurierung 1966/68[54] war es, das schadhafte Dach zu erneuern und danach den Raum über der Wölbung „museal zugänglich" zu machen; dabei ereignete sich ein Betriebsunfall: Früh einbrechendes Winterwetter schüttete große Wassermengen an die offenliegenden Mauern (Abb. 199 b), eine gut gemeinte hölzerne Schutzverkleidung hielt die Feuchtigkeit fest und begünstigte den Schimmel. Verzweifelt reinigte, retuschierte und fixierte (mit Silikon) die Restauratorin A. Beneyton (das Ergebnis in Abb. 199 c). Heute sind die Salze wiedergekehrt, zumindest in einigen Feldern (Abb. 199 d). Eine erneute Restaurierung wird wegen des gummiartigen Silikonüberzuges nicht leicht sein, man zögert mit Grund zu intervenieren; vorerst laufen nur die üblichen Klimamessungen.

Das zweite Beispiel ist die Kirche des Stadtheiligen von Piacenza, Sant'Antonino, eine Basilika des 11. Jahrhunderts. Sie besitzt einen „bemalten Dachboden", dessen Besonderheit darin liegt, daß anstelle der üblichen erzählenden Bilder eine Figurenreihe (Propheten) unter fortlaufenden Arkaden steht, einer Scheinarchitektur, die auch die realen Fenster übergreift.[55] Aus

Abb. 184. Ehem. Como, S. Giorgio in Borgovico, nördliche Seitenapsis (heute Museum der Pfarrei). Neuaufstellung der abgenommenen Wandmalereien. 1082 (Zustand 1996).

Anlaß einer statischen Sanierung der Kirche und ihres gewaltigen Westturmes wurden neuerdings an der (ursprünglichen) Rückwand der Vorhalle zudem Reste einer großen Weltgerichtsdarstellung gefunden und veröffentlicht,[56] Grund genug, diesen Dachboden wieder einmal aufzusuchen. Die Überraschung brachte dann aber weniger das neu gefundene Bild als der sehr schlechte Zustand der schon lange bekannten Malereien

Abb. 183. Ehem. Como, S. Giorgio in Borgovico, Hauptapsis (heute Museum der Pfarrei). Abgenommene Wandmalerei: in die Fläche „gebügeltes" Nischenbild (S. Abundius). Um 1082 (Zustand und Aufbewahrung 1978).

Abb. 185. Galliano (Cantù, Como), S. Vincenzo, Apsis, Südseite, Stifterbild: Archidiakon Aribertus (nach der Rückübertragung der um 1850 abgenommenen oberen Partie). Um 1007, sicher vor 1018 (Zustand 1996).

(Abb. 180), auf den schon Anna Segagni 1984 nachdrücklich aufmerksam gemacht hatte. An den Fehlstellen sind die Ränder des Malputzes primitiv mit Gips befestigt, die Oberflächen starren vor dichtem klebrigem Schmutz, sind teilweise von Zementläufern überzogen. Im Dachraum des Querhauses wurde eine vor Jahren begonnene Restaurierung offensichtlich nicht zu Ende gebracht, lose flattert das Japanpapier der Beklebungen vor der Wand – ein unerfreulicher Anblick. In der relativ üppigen Publikation wurde 1991 außer der statischen Sicherung natürlich die neu gefundene Apokalypsendarstellung eingehend dokumentiert und auch die übrige Malerei nochmals präsentiert. Die bei dieser Gelegenheit „rein kunsthistorisch" benützten Fotos kann ein Restaurator nur als Vorzustands/Schadens-Aufnahmen ansehen.

Einen tatsächlich eingetretenen Verlust an Malsubstanz könnte man auch in diesem Falle allerdings nur durch Vergleich mit alten Fotos oder durch „Mikromonitoring" nachweisen. Hier, und in anderen Fällen, dürfte sich die Malerei kaum merklich durch „schleichende Verluste"[57] vermindern, nur selten werden ganze oder halbe Figuren vermißt.[58]

Aber es steht dem Deutschen, der in Italien forscht, schlecht an, dem Gastland nur mit Kritik zu danken, schon deswegen, weil sich für jeden der geschilderten Fälle auch ein deutscher Parallelfall finden ließe.[59] Was nun gibt es Positives zu berichten?

Mit Sicherheit haben sich die Restaurierungsmethoden sehr verfeinert, die „Begleitung" durch naturwissenschaftliche Labors ist selbstverständlich.[60] Auch das früher so beliebte Ablösen von Wandmalerei findet kaum mehr statt, – im Gegenteil: In Galliano hatte man um 1850 den oberen Teil des Stifterbildes aus der Wand gelöst und nach Mailand gebracht. Mit der letzten Restaurierung ist Aribertus nun in seine Kirche zurückgekehrt (Abb. 185), ein geradezu symbolischer Akt: damit wurde nicht nur ein ästhetisches und ikonographisches Loch gefüllt, sondern zugleich ein denkmalpflegerischer Sündenfall[61] wiedergutgemacht.

Fast noch erfreulicher die Rückkehr der Malerei nach S. Giorgio in Borgovico (Stadt Como).[62] Die Kirche liegt nahe am See und der untere Bereich der Apsis stand (und steht) von Zeit zu Zeit unter Wasser. 1961 nahm man die Malerei ab, wie üblich mit der Begründung konservatorischer Notwendigkeit. Wenn man bedenkt, daß sich die Bilder knapp tausend Jahre in situ gehalten hatten, wird man den Verdacht einer Ausrede nicht los. Offenbar bestand der Wunsch, Material für ein neues Museo Diocesano zu beschaffen.[63] Ein solches Museum kam freilich nie zustande, die Bilder aus S. Giorgio landeten für Jahrzehnte in einem Abstellraum bei S. Abondio (der gelegentlich sogar mit offenem Kaminfeuer beheizt wurde, Abb. 183). In beifallswürdiger Zusammenarbeit zwischen Pfarrer und Denkmalpfleger sind nun alle Bilder in einem kleinen Saal neben der Kirche S. Giorgio versammelt und eine Restaurierung ist begonnen worden. Nach und nach sollen alle Tafeln restauriert und zu 1:1 Modellen der Apsiden zusammengefügt werden (Abb. 184), auch die 1961 brutal in die Fläche „gebügelten" Nischenfiguren (Abb. 183) sollen wieder ihre alte Dreidimensionalität erhalten.

Dokumentation des Bestandes

Die italienischen Denkmalämter geben bekanntlich keine Kunstdenkmälerinventare heraus; auch ein „Dehio" (bzw. ein „Jenny") fehlt. Wer erste Informationen über einzelne Denkmäler sucht, muß zu den roten „Guide del Touring Club" greifen oder prüfen, was an deutschsprachigen Führern vorhanden ist.[64]

Eine behördeninterne Inventarisation, „Catalogo Nazionale", oder „Schedatura Generale" genannt, wurde in erster Linie zur Bekämpfung des Kunstdiebstahls geschaffen. Dieser Katalog – jeweils ein Exemplar befindet sich in Rom und bei der Denkmalpflegebehörde – enthält im günstigsten Falle für jedes einzelne Wandbild einen großen Doppelbogen (kein Blatt für das Monument selbst, keinen Grundriß, keine Übersicht). Auf dem Blatt finden sich Orts- und Größenangabe, Datierung, eine pauschale Angabe zum Erhaltungszustand, dazu ein Schwarzweißfoto. Früher hatte man zusätzlich „händisch" eine relativ eingehende Beschreibung verfaßt (ausführlicher als Dehio), dazu auch Literatur notiert (die bei Dehio ja fehlt). Seit das System „computerisiert" ist, entfallen Beschreibung und Literaturhinweise.[65] Angesichts des riesigen, von den Soprintendenzen theoretisch noch zu erfassenden „Patrimonio" aller Epochen und Kunstgattungen denkt natürlich niemand daran, etwa eine spezielle Datenbank nur der mittelalterlichen Wandmalerei einzurichten, wie sie das Institut für Denkmalpflege in Hannover begonnen hat (und wie sie heute jeder Student aufbauen kann, der eine Dissertation in diesem Fachgebiet vorbereitet).

Lassen wir den „Catalogo nazionale" beiseite, dann bleibt an amtlichen oder halbamtlichen Inventaren fast nichts. Für den Kanton Ticino gibt es außer einigen Bänden der normalen Schweizer Kunstdenkmäler das vorzügliche, wenn auch leicht veraltete Inventar des „Romanico" von Gilardoni.[66] Noch stärker veraltet, aber nach wie vor unentbehrlich ist das Repertorium für Piemont und Valle d'Aosta von Noemi Gabrielli unter dem Titel „Le pitture romaniche".[67]

Mangels offizieller Inventarisation greift der Interessent also zu den vielen Büchern der privaten Verlage und Institutionen. Wenn ich diese hier unter dem Stichwort „Dokumentation des Bestandes" überhaupt anführe und dann teilweise kritisiere, so mit der respektvollen Vorbemerkung, daß solche Bücher vorwiegend anderen Zwecken dienen: es sind illustrierte kunsthistorische Studien, die, selbst wenn sie einen Katalogteil nach Objekten („Schede") bieten, überfordert wären, sollten sie ein Monument so gründlich dokumentieren, wie man es von einem guten Inventar verlangt (Grundriß, Aufrisse, Schemata; Forschungsgeschichte, Restaurierungsgeschichte, Erhaltungszustand).

Manche der Bücher sind in Deutschland schwer erreichbar, so die Publikationen der Banken.[68] Auf Monographien zu einzelnen Monumenten können wir hier nicht eingehen, nur auf die relativ gute Situation im Comasco hinweisen: hier findet man unter dem Autorennamen Oleg Zastrow eine ganze Reihe von Büchern, teils übergreifend inventarisch (mit nützlichen *Schede*), teils monographisch.[69] Gäbe es nur für jede italienische Provinz einen Zastrow! Die Nachbarprovinz Bergamo ist mit einem von M. Boskovits herausgegebenen Band zwar auch sehr seriös bearbeitet, aber dort befinden sich aus frühmittelalterlicher Zeit leider nur einige unbedeutende Wandmalereien,[70] umgekehrt sind die interessanten Werke im Veroneser Gebiet durch das Buch von F. Butturini kaum erschlossen, trotz dessen üppiger Illustration.[71] Im Piemont vertiefte C. Segre Montel in mehr als 30 Jahren die Forschungen N. Gabriellis mit einer ganzen Reihe von Veröffentlichungen.[72]

Seit 1994 existiert nun ein gewichtiges Buch des Verlages Electa mit dem Titel „Pittura in Italia. L'Alto Medioevo", herausgegeben von Carlo Bertelli.[73] Das Buch widmet sich nicht allein

Abb. 186. Castelseprio, S. Maria foris portas, Ostapsis, Mitte: Der Traum Josefs. 9. Jahrhundert (?) (Zustand 1987).

der Wandmalerei, sondern behandelt auch Mosaik, Buchmalerei und die Anfänge der Tafelmalerei. Allerdings versteht der Herausgeber unter dem italienischen Begriff „Alto Medioevo" nicht – wie es früher Brauch war -, unser „Frühmittelalter", sondern gute 600 Jahre von 540 bis 1204, damit reduziert sich das stolze Volumen von 537 Seiten für unser spezielles Thema leider beträchtlich. Für manche wichtigen Werke sucht man Abbildungen vergeblich[74] und auch die Textbeiträge erfüllen die Erwartung an ein Handbuch nur zur Not, – dies nicht Schuld der Autoren, sondern Folge der Entscheidung, auf die in Italien sonst so bewährten „Schede" zu verzichten. Region für Region muß man sich durch fortlaufende, ungegliederte essayistische Texte und hunderte von Anmerkungen (mit ärgerlichen „op. cit."-Verweisen) hindurchkämpfen. Wer nur schnell nachschlagen möchte, was Autor X über das Monument Y schreibt (etwa zur Datierung), wird zum geduldigen Hin- und Herleser umerzogen. Selbstverständlich geben die Bearbeiter auch die neueste Literatur, aber die Lücken sind beachtlich. Stichprobe: Für Südtirol werden in einer Anmerkung die Handbücher angegeben, ausgerechnet Weingartner fehlt. Für Marienberg vermißt man die unentbehrliche Monographie von Stampfer und Walder[75] und schlimmer, in Naturns ignoriert der Bearbeiter die ganze Diskussion um die Früh- oder Spätdatierung, die Dokumentation des Bozener Denkmalamtes[76] wird nicht einmal erwähnt. Noch ärgerlicher sind Fehlleistungen des Verlages bzw. der Bildredaktion: was soll man von einem Abschnitt über die piemontesische Malerei halten, der kein einziges Bild aus dem mit Abstand berühmtesten Codex der Region, dem Sakramentar des Warmundus (um 1000) enthält, dafür aber auf zwei Seiten vier stichige Fotos der provinziellen Wandmalerei in Briga Novarese? Auch in der ganzen Lombardei scheint es keine einzige abbildungswürdige Miniatur zu geben, obwohl der Verfasser des Kapitels ausführlich auf die Buchmalerei eingeht. Die territoriale Einbindung der Kunstwerke wird vom Herausgeber der Buchreihe für unverzichtbar erklärt,[77] zu einem *„preciso e documentato contesto topografico e cronologico"* würden aber auch Landkarten und genauere Ortsangaben[78] gehören, ganz abgesehen von einer ordentlichen Bibliographie und einer Chronologie der Werke (im Anhang), die auf dubiose Datierungen verzichtet.

Trotz dieser Kritik[79] im Einzelnen machen wir gern und nachdrücklich auf das Buch aufmerksam. Im Unterschied zu Werken über die mittelalterliche Wandmalerei anderer europäischer Länder hat es nämlich einen großen Vorzug: es existiert! Für Deutschland oder Frankreich gibt es nichts Vergleichbares, allenfalls für Dänemark.

Dokumentation von Eingriffen („Maßnahmen")

Nebst einer grundlegenden Inventarisation des Bestandes wünscht man natürlich für jedes einzelne Monument die möglichst genaue, laufende Dokumentation aller restauratorischen

„Maßnahmen". Daß der Idealfall einer perfekten Dokumentation so gut wie nie anzutreffen ist, weiß jeder, der einmal versucht hat, die Restaurierungsgeschichte eines Monumentes zu recherchieren, auch in Deutschland.

Die Gründe dafür sind in allen Ländern die gleichen: Das Nichtverfassen eines Berichtes war lange Zeit Gewohnheitsrecht der Restauratoren. Sie lieferten einen mehr oder minder detaillierten Kostenvoranschlag, der in die amtliche *perizia* einging (oder die *perizia* gab umgekehrt vor, was zu tun sei), dann taten sie ihre Arbeit und das übrige war Sache des Amtes, das sich meist darauf beschränkte, Stöße unbeschrifteter Fotos ins Archiv einzulagern. Den Restauratoren war auf diese Weise nicht nur die lästige Schreibarbeit erspart, sondern auch gestattet, ihre Arbeitsverfahren als „Berufsgeheimnisse" zu hüten.

Von den in früheren Jahrzehnten in der Region an vielen Monumenten tätigen Restauratoren (z. B. Mauro Pellicioli, Ottemi Della Rotta), ist uns in den Archiven kein einziger Bericht zu Gesicht gekommen. Das gilt noch für ihre Nachfolger bis in die siebziger und sogar achtziger Jahre, auch bei prominenten Objekten (Castelseprio, Civate). Erst sehr langsam, mit zunehmender „Verwissenschaftlichung" des Faches, mit der Schulwirkung führender Institute (Istituto Centrale del Restauro, Rom; Opificio delle Pietre Dure, Florenz) wird das längst anerkannte Prinzip auch in der Praxis durchgesetzt, daß nämlich stets dokumentiert sein soll, welcher Behandlung ein Monument unterzogen wurde.[80] Unter dem Druck energischer Soprintendenten („Kein Bericht – kein Geld") bequemen sich nun auch RestauratorInnen zu Berichten, die früher nie solche geliefert haben. Für Objekte mit großem Prestige (Domkuppel Florenz; Baptisterium Parma; S. Francesco in Arezzo; Cremona, Dom) werden heute sehr aufwendige Dokumentationen angelegt, unser Interesse gilt allerdings mehr der Frage, wie die Arbeit an früh- oder hochmittelalterlicher Wandmalerei im Normalfall dokumentiert wird.

Befriedigend scheint uns die Dokumentation der Freilegung in Aosta: eine Serie von Fotogrammetrien, die als Basis für Befundzeichnungen hätte dienen können, wurde zwar erst nach der Freilegung angefertigt (was aus anderen Gründen sinnvoller war), aber Giorgio Gioia konnte sich damit behelfen, seine graphischen Einträge auf Kopien von Planfilmaufnahmen zu machen. Über mehrere Jahre hinweg führte er ein Journal, immer wieder wurden aktuelle Zwischenzustandsfotos aufgenommen, teils vom Fotografen, teils vom Restaurator selbst, der überhaupt in jeder Hinsicht von der Soprintendenza (die ein eigenes naturwissenschaftliches Labor betreibt) unterstützt wurde. Im abschließenden Bericht, der auch veröffentlicht werden soll, bespricht G. Gioia dann Feld für Feld die einzelnen Schäden und „Maßnahmen".

Zufälligerweise konnten wir eine jüngere Restaurierung desselben Restaurators studieren, die er im Auftrag einer anderen Soprintendenza ausgeführt hatte: San Fedelino am Lago di Mezzola.[81] Selbstverständlich erhielt das Mailänder Amt 1995 einen schriftlichen Bericht. Im Archiv fiel auf, daß noch immer die schon genannten Stöße unbeschrifteter, im Ausschnitt viel zu weiten Schwarzweißfotos dominieren. Wir sahen die Dokumentation von S. Fedelino nicht vollständig, nehmen auch gern an, daß die Fotos noch beschriftet werden. Es gibt ein graphisches Album, sicher wird außerdem eine Serie von Farbfotos vorhanden sein.

Bei dieser Gelegenheit dennoch ein ketzerischer Vorschlag: Außer einer Großformat-Serie, die als Basis der restauratorischen Kartierung dienen kann, möge man auf die Schwarzweißfotografie ganz verzichten, es ist schade um Geld und Zeit. Farbfotos haben, gerade bei Wandmalerei, einen um Potenzen höheren Informationsgehalt, selbst wenn sie nur mittelmäßig gelingen. Der bisher zutreffende Einwand, daß alle Farbfotos mit der Zeit ausbleichen, kann im Zeitalter der Bilddigitalisierung (Photo-CD) nicht mehr ernsthaft aufrechterhalten werden.

Ein Manko betrifft die Dokumentation vieler Restaurierungen: Die fotografischen Aufnahmen werden häufig nicht vom Restaurator ausgeführt (Ausnahmen bestätigen die Regel), sondern von externen Fotografen, manchmal sogar in Abwesenheit des Restaurators, der dem Fotografen einen Zettel mit Fotowünschen auf dem Gerüst hinterläßt. Diese Fotografen mögen zwar „Profis" in ihrem Fach sein, die wenigsten von ihnen sind aber in der Lage, die Malerei so zu „sehen" wie sie der Restaurator sieht.

Ein zweites Manko ist eine Konsequenz des ersten: Es gibt einige Beobachtungs- und Dokumentationsarten, die zum festen Programm gehören und bis zum Überdruß exerziert werden: wo immer restauriert und „befundet" wird, gelten umfangreiche Kartierungen der Tagewerke (Giornate) als Pflichtübung (wozu?), noch unverzichtbarer scheinen die Klimamessungen zu sein. Häufig aber unterbleibt der notwendige andere Teil des „Monitoring": die wiederholte, überprüfbare visuelle Kontrolle im Nahbereich. Was nützt es, Klimaschwankungen zu registrieren, wenn nicht gleichzeitig objektiv festgehalten wird, was an der Wand tatsächlich passiert? Dazu genügen in der Regel wiederholte Serien einfacher 1:1 Aufnahmen. Solche Fotos „schießt" man beim ersten Mal schnell aus der Hand,[82] nur die notwendigen Wiederholungen sind schwieriger (weil man den gleichen Ausschnitt und die gleiche Beleuchtung „nachstellen" muß). Die Abbildung 204 zeigt eine beliebige 1:1 Aufnahme, es ist offensichtlich, daß sich mit diesem Maßstab auch geringe Veränderungen der Oberfläche objektiv festhalten lassen. Schon im einfachsten Diabetrachter („Gucki") haben 1:1 Aufnahmen den gleichen Vergrößerungsfaktor wie die Stirnlupe des Restaurators (ganz zu schweigen von Nachvergrößerung oder Projektion). Mir ist es unverständlich, weshalb solche Nahaufnahmen nicht viel häufiger gemacht oder sogar vorgeschrieben werden.[83]

Im Prinzip sollte es ausreichen, daß die Dokumentation im Archiv des Amtes zur Verfügung steht, dennoch wird man eine Veröffentlichung immer begrüßen. Sie informiert nicht nur Außenstehende, sondern kann auch als letzte Reserve dienen (Akten können verschwinden, in Fotoarchiven pflegen gerade die besten Aufnahmen auf seltsame Weise zu „verdunsten"). Allerdings: nicht jede Veröffentlichung unter der Überschrift „Restaurierungsbericht" verdient diese Bezeichnung, das gilt vor allem für ältere Texte. Wenn der *direttore dei lavori* (Soprintendente, also ein Architekt oder Kunsthistoriker) „sein" Werk vorstellte, so bot er oft mehr interessante baugeschichtliche oder kunsthistorische Neuigkeiten als handfeste technische Informationen zur Restaurierung.[84] Typisch der Fall Novara, wo der Soprintendente zwar einen großen Aufsatz und dann auch noch ein vielbeachtetes Buch veröffentlichte, die Freilegung aber nur in zwei Sätzen notiert. Ein angekündigter Restaurierungsbericht im amtlichen „Bollettino d'arte" ist niemals erschienen (wenn wir ihn nicht übersehen haben).

Erst in unseren Tagen, da auch Restauratoren eine akademische Ausbildung erhalten können und vom bloßen Handlanger der Architekten und Kunsthistoriker zu selbstbewußten Spezialisten werden, lesen wir Berichte von der Hand desjenigen, der

Abb. 187. Acquanegra sul Chiese (Mantova), S. Tommaso, Mittelschiff, 1. Joch von Westen, Nordseite. Anfang 12. Jahrhundert (Zustand 1997).

Abb. 188. Mailand, S. Nazaro Maggiore, Cappella S. Lino, Detail: gemalte Säule in der Südostecke. 1. Hälfte 10. Jahrhundert (Zustand 1975).

Abb. 189. Acquanegra sul Chiese (Mantova), S. Tommaso, Mittelschiff, 2. Joch von Westen, Detail: Maskenkapitell im Hauptregister. Anfang 12. Jahrhundert (Zustand 1997).

Abb. 190a. Galliano (Cantù, Como), S. Vincenzo, Apsiskalotte, Detail: Prophet Jeremias, vor der letzten Restaurierung. Um 1007, sicher vor 1018 (Zustand 1986).

Abb. 190b. Galliano (Cantù, Como), S. Vincenzo, Apsiskalotte, Detail: Prophet Jeremias, nach der Restaurierung von 1987. Um 1007, sicher vor 1018 (Zustand 1991).

auch die Arbeit vollbrachte. Immer häufiger kommen Restauratoren (und Naturwissenschaftler) im Rahmen kunsthistorischer Veröffentlichungen zu Wort.[85] Noch sind allerdings Rückfälle in schlechte Gewohnheiten möglich: zum Abschluß der Restaurierung in Sant'Angelo in Formis erschien ein ansehnlich bebildertes Buch, geschrieben von zwei Soprintendenten und versehen mit dem Vorwort des Generaldirektors im „Kulturgütermisterium". Unter der Überschrift „Restauri dal 1982 al 1992" erscheinen die Namen von 6 beteiligten Personen und 4 Firmen,[86] – was bei dieser Restaurierung tatsächlich geschah, wird mit keiner Zeile mitgeteilt.

Leider geben nur ganz wenige Soprintendenzen in Italien ein Periodicum heraus, in dem regelmäßig über die Tätigkeit des Amtes berichtet wird.[87] Wie für die Inventarisation gilt auch hier: Von den Möglichkeiten eines deutschen Landeskonservators, in Jahrbüchern, Vierteljahresschriften, Informationsblättern, Arbeitsheften das Publikum und die Kollegen zu informieren, können die italienischen Denkmalpfleger nur träumen.

Häufiger finden wir kleinere oder größere Publikationen ad hoc. Für den fremden Interessenten sind solche, manchmal von Sponsoren finanzierten *Quaderni* natürlich von großem Wert, – so zum Beispiel das Heft über die Arbeiten in Piacenza S. Antonino[88] oder das gelungene Heft über die Restaurierungen im Sacello von S. Satiro in Mailand.[89]

Zur kunsthistorischen Forschung über die Bestandsaufnahme hinaus

Wir haben anfangs skizziert, wie in den letzten Jahrzehnten die Menge der uns bekannten Wandmalereien wuchs, und natürlich vermehrte sich das dazugehörige Schrifttum entsprechend.[90] Es ist unmöglich, hier die Erträge der neueren Forschung in ihrer ganzen Breite zu diskutieren, aber einige Bemerkungen mögen erlaubt sein.

Zu den beliebtesten Forschungsgebieten gehört die früh- und hochmittelalterliche Wandmalerei trotz der Neufunde nicht. Die Suche nach Dissertationen (oder Magisterarbeiten) erbrachte für die letzten zehn Jahre ganze 15 mit Themen aus Italien, darunter 9 für Oberitalien (Einige werden uns entgangen sein, aber die „Größenordnung" dürfte stimmen). Hinzuzurechnen wären die zahlreichen unveröffentlichten „Tesi di laurea" der italienischen Universitäten, deren Ergebnisse aber den Verfassern und ihren Professoren vorbehalten bleiben. Auch die in Italien so beliebten wissenschaftlichen Convegni haben sich selten ausschließlich mit frühmittelalterlicher Wandmalerei beschäftigt, einer widmete sich 1981 Brescia S. Salvatore,[91] ein zweiter fand 1992 in Aosta statt (die Akten, wie schon gesagt, noch unveröffentlicht), in anderen Fällen standen allerdings die Fresken unausgesprochen im Mittelpunkt eines Kolloquiums[92] und an Einzel-

Abb. 191. Torba (Varese), ehem. Kloster, Obergeschoß des Turmes, Westwand, Detail. Ende 8. Jahrhundert (?) (Zustand 1986).

Abb. 192a-b. Aosta, Kathedrale, Dachraum des Mittelschiffs, Südseite, Feld S3, Detail: Kopf eines Geistlichen vor (a) und nach der Freilegung (b). Um 1040 (Zustand 1979 und 1991).

Abb. 193. Civate (Lecco), S. Pietro al Monte, Ostpartie, große Lünette, Detail: rechte Engelgruppe (vgl. Abb. 175). Um 1093/97 (Zustand 1996).

Abb. 195. Civate (Lecco), S. Calocero, Dachraum des Mittelschiffs, Nordseite, 2. Bildfeld von Westen: Moses und Aron. 2. Hälfte 11. Jahrhundert (Zustand 1991).

beiträgen zur Wandmalerei auf zahlreichen Convegni mit „gemischtem Programm“ besteht kein Mangel.

Als Gewinn der neueren Forschung erscheinen mir die zahlreichen Studien zur Maltechnik, bei denen Kunsthistoriker und Restauratoren teils zusammenarbeiten, teils in edlem Wettstreit liegen. Der Convegno in Brescia wurde schon genannt; weitere wichtige Einzelanalysen auch von oberitalienischen Monumenten finden sich in Reclams Handbuch der künstlerischen Techniken (1990, Beiträge von A. Knoepfli und O. Emmenegger),[93] auch in den jüngeren Restaurierungsberichten fehlen Beobachtungen zur Technik natürlich nicht.[94] Manche älteren Angaben wird man heute mit Skepsis aufnehmen, beispielsweise die Mitteilung Chiericis, daß es sich bei der Hintergrundfarbe der Bilder im Baptisterium von Novara um Indigoblau handle,[95] andererseits waren frühere Autoren technologisch nicht so unwissend, wie man heute anzunehmen scheint: die Tatsache, daß wir es mit Malerei zu tun haben, die *a fresco* begonnen und *a secco* zu Ende gebracht wurde, ist schon bei Cennini[96] nachzulesen und der englische Maler William Dyce hat sie 1846 auf die Formulierung gebracht: „Die Definitionen *a fresco* und *a secco* für Wandmalerei bezogen sich nicht auf die Art, in der man die Malerei beendete, sondern auf die Art, in der man sie begann“.[97] Leider fehlt im Italienischen wie im Deutschen ein eindeutiger Terminus für *a fresco* begonnene und *a secco* vollendete Malerei, „Mischtechnik“ ist allzu nichtssagend (gälte auch für eine Mischung von Öl, Aquarell und Acryl).[98]

Abb. 196. Novalesa (Torino), Cappella di S. Eldrado, Ostjoch, Nordwand, Sockelmalerei, Detail: roter und grüner gemalter Porphyr. 1096/97 (Zustand 1991).

Abb. 197. Ehem. Como, S. Giorgio in Borgovico, nördliche Seitenapsis (heute Museum der Pfarrei), Detail: Retusche im Bereich der 2. Figur von links (vgl. Abb. 184; Zustand 1996).

Abb. 194. San Benigno Canavese (Torino), ehem. Klosterkirche Fruttuaria, ergrabene Brüstung im Bereich des Nordquerhauses. 1. Hälfte 11. Jahrhundert (Zustand 1985).

Ohne Anspruch auf Vollständigkeit einige Punkte, bei denen neuere Erkenntnisse über die des 19. Jahrhunderts hinausgehen: Die Farbfassung der Architektur wird überhaupt zum Thema,[99] dabei werden auch weiße Erstputze immer häufiger registriert und diskutiert, für die freilich noch immer eine allgemein anerkannte Erklärung fehlt; Abb. 205 zeigt den Befund in der Kathedrale Aosta.[100] Daß die Kirchen immer sofort vollständig ausgemalt worden seien, gilt nicht mehr als feste Regel,[101] – die Feststellung, der Innenraum von S. Maria fuori Portas in Castelseprio sei ursprünglich „steinsichtig“, dann längere Zeit nur weiß gewesen, hätte vor 20 Jahren das einhellige Kopfschütteln aller Denkmalpfleger hervorgerufen (zumindest der farbenfreudigen deutschen). Auch St. Benedikt in Mals soll schon vor der Ausmalung benützt worden sein.[102] Provisorische Fassungen werden gefunden, so in der Rotonde von Mantua eine einfache Fugenbemalung in Weiß, die auch Terrakottareliefs (Spolien) mit weißen Akzenten versah;[103] Reste einer anderen zeigt Acquanegra (Abb. 182): eine spielerische Dekoration auf rot ge-

Abb. 198. Aosta, Kathedrale, Dachraum des Mittelschiffs, Nordseite, Feld N7: Vision des hl. Eustachius. Um 1040 (Zustand 1991).

Abb. 199a. Aosta, SS. Pietro e Orso, Dachraum des Mittelschiffs, Südseite, Feld S3. Um 1030 (Zustand um 1958).

Abb. 199b. Aosta, SS. Pietro e Orso, Dachraum des Mittelschiffs, Südseite, Feld S3. Um 1030 (Zustand 1967).

Abb. 199c. Aosta, SS. Pietro e Orso, Dachraum des Mittelschiffs, Südseite, Feld S3. Um 1030 (Zustand um 1968).

Abb. 199d. Aosta, SS. Pietro e Orso, Dachraum des Mittelschiffs, Südseite, Feld S3, Ausschnitt. Um 1030 (Zustand 1985).

Abb. 200. Aosta, Kathedrale, Dachraum des Mittelschiffs, Südseite, Feld S5: Die Ägyptische Fliegenplage. Um 1040 (Zustand 1991).

Abb. 201. Aosta, Kathedrale, Dachraum des Mittelschiffs, Südseite, Feld S4: Rundbogenfries mit perspektivisch gemalten Konsolen. Um 1040 (Zustand 1991).

strichenen Bögen, aber nicht einmal in der ganzen Kirche, dazu weiß bemalte Bandfugen der Backsteinsäulen.[104]

Die Dokumentation der *Pontate/Giornate* gehört heute, wie schon glossiert, zum unverzichtbaren Standard. Gelegentlich ergeben sich sogar bei diesem relativ einfachen Thema Differenzen: In Aosta habe ich einige Pontate an anderen Stellen festgestellt als der Restaurator Gioia. Überraschend auch die Widersprüche in Castelseprio und Galliano: In Castelseprio hatte Leveto 1985 Einteilungen gesehen, die den Bildflächen entsprechen, dagegen verneinen Franzini und Gratziù die Existenz von Giornate.[105] In Galliano gibt die Restauratorin Pinin Brambilla für die Apsis eine ganze Landkarte kleiner Pontate.[106] Dagegen opponiert jetzt der Kunsthistoriker Vincenzo Gheroldi.[107] Nach seiner Feststellung sind auch in Galliano nur einige große *pontate* vorhanden, während es sich bei den kleineren Einheiten um Auftragsportionen handelt, von ihm *stesure* genannt, die zu einem zweiten Putz gehören. Auf dem ersten Putz vermutet Gheroldi sogar eine Vorzeichnung; dies würde bedeuten, daß 150 Jahre nach dem Zyklus von S. Salvatore in Brescia (Abb. 49) wieder (noch?) die Technik mit zweilagigem Putz und echten Sinopien praktiziert wurde.

Sicher ist, daß auch zu Zeiten, als man in großen *Pontate* zu arbeiten pflegte, relativ früh, zumindest für einzelne Köpfe der Putz neu eingesetzt wurde, so in Müstair und Mals, dann Anfang 11. Jh. in Galliano,[108] Ende des Jahrhunderts in Civate (Abb. 203).

Sogar Maltechniken, die in Italien unüblich schienen, werden nun beschrieben, etwa Kalksecco in Mailand S. Satiro,[109] auch in Naturns ging einer der Maler „in der Art der Kalkmalerei" vor, ein zweiter in Freskotechnik mit letzten Lichtern a secco.[110]

Mit immer besser erforschten Objekten ergeben sich natürlich auch neue Erkenntnisse von den Pigmenten: das „antike" Ägyptisch Blau fand sich noch in Castelseprio und in Müstair,[111] das „mittelalterliche" Ultramarin schon in Torba, Ende 8. Jh.[112] Geradezu symbolträchtig wäre die Lasur von Ultramarin über Ägyptisch Blau in Müstair.[113] Farblacke werden für Müstair und Mals genannt.[114] Manche Malverfahren lassen sich vereinzelt früher konstatieren als bisher angenommen: Ein merkwürdiger echter *Verdaccio* (Untermalung in Grün, kein „Aufmodellieren" auf die Inkarnatfarbe) in Agliate, S. Pietro (Mailand), dort allerdings nur im Gesicht des Christus, beim Inkarnat der übrigen Figuren ist das Grün, wie üblich, aufgesetzt.[115]

In Verbindung mit den vielen neu gefundenen Malereien kamen zahlreiche gemalte Architekturmotive ans Licht (oder wurden durch Reinigung besser erkennbar), hier nur einige Beispiele: die naiven „Kartoffelmuster" der Sockelmarmorierung in San Benigno Canavese (Abb. 194), dem ehemaligen Kloster Fruttuaria[116] (Prov. Turin, 1. H. 11. Jh.), die dennoch mit hackigen Rahmenlinien einen Plattenversatz darstellen möchten. In Aosta spielt der grau gemalte Sockelmarmor bescheiden auf das lokale Bardiglio-Material an, dagegen „träumen" die raffinierten „Spritzmarmore" im Sockel der Eldradokapelle Novalesa (Turin) von rotem und grünem Porphyr (Abb. 196). Am Tagungsort Lorsch, wo wir im Innern der Torhalle fein gemalten „Spritzmarmor" bewundern, mag der Hinweis auf ein nur wenig später datiertes Mailänder Beispiel angebracht sein: in der Cappella S. Lino bei San Nazzaro (2. H. 10. Jh.) besteht der „Marmor" einer gemalten Säule aus unregelmäßigen weißen und dunkelroten Farbtröpfchen auf rosa Grund (Abb. 188).[117]

Bei den Dekorationsmotiven ist das bekannteste sicher der perspektivische Mäander, in Oberitalien gern mit Bildfeldern bereichert;[118] etwas seltener, doch ebenfalls beliebt die perspektivischen Konsol(bogen)friese in der Tradition Rom – Castelseprio – Brescia S. Salvatore (Abb. 49 a).[119] Ein besonders aufwendiger, dabei „konstruktiv" etwas mißverstandener Konsolbogenfries jetzt auch in der Kathedrale Aosta (Abb. 201). Gemalte Kapitelle sind häufig, faszinierend die Masken- und Blütenkapitelle in Acquanegra (Abb. 189).

Weit über die Dekorationsmotive hinaus haben die Neufunde schließlich unsere Kenntnisse von den Bildinhalten und Themen erweitert, so brachte beispielsweise ein Zufallsfund in Nonantola (Modena) großen Gewinn für die bis dahin wenig bekannte Ikonographie mittelalterlicher Refektorien.[120] Was die Langhausdekoration der Kirchen angeht, wird immer evidenter, daß dort keineswegs stets Altes und Neues Testament „ordentlich" gegenüber oder ringsumlaufend dargestellt waren. Gerade in den frühen Jahren gibt es mehr ungewöhnliche als „gewöhnliche" Bildprogramme! Schon Galliano bietet mit Genesis und Geschichte der hl. Margarete auf der einen, den beiden „Kraftmenschen" Samson und Christophorus auf der anderen Seite eine merkwürdige Konfrontation, Civate S. Calocero läßt (heute) nur Altes Testament erkennen (Abb. 195).[121] In der Kathedrale Aosta begann man im Süden mit den Ägyptischen Plagen (Abb. 200), an die unvermittelt das Gleichnis vom reichen Mann und armen Lazarus anschließt. Auf der Nordseite wird durchgehend die Legende des heiligen Eustachius erzählt (Abb. 198), in dieser Ausführlichkeit der früheste bekannte Eustachiuszyklus überhaupt. Der Fries darüber zeigt die Vorfahren Christi, der Konsolbogenfries auf der Südseite (Abb. 201) eine Reihe namentlich bezeichneter, dennoch bisher nicht identifizierbarer Geistlicher.

Mindestens ebenso ungewöhnliche Themen wie Aosta präsentiert S. Severo in Bardolino (Verona),[122] um 1110. Auf der Südseite des Mittelschiffes ist die Apokalypse, auf der Nordseite die Auffindung des Heiligen Kreuzes dargestellt. Noch verblüffender das Langhaus in Acquanegra, Anfang 12. Jh. (Abb. 187): Die Hochwand zeigt überhaupt keine erzählende Bilderfolge, sondern einzeln stehende Monumentalfiguren, die man sonst nur in Obergaden kennt (Rom, Ravenna, Reichenau). Ilaria Toesca interpretiert sie aufgrund der Inschriften als Personifikationen biblischer Bücher (Ester, Hosea, Malachia).[123] Die Zwickel der Arkadenzone füllen zwei Tiergeschichten, die auch nicht gerade zum geläufigen Repertoire gehören: die Legende vom Löwen des Hieronymus, und die Geschichte der Eselin des Bileam. Aus dem traditionellen Programm übernimmt Acquanegra dagegen das Weltgericht für die innere Westwand.

Summa summarum: die Vielfalt der Programme – und wir haben allein die Mittelschiffe betrachtet – ist beachtlich. Mitunter macht es Mühe, auch nur die Bildinhalte zu enträtseln (Aosta), noch schwerer fällt es, sie unserer Logik anzubequemen oder historisch herzuleiten (Die zur Begründung gern bemühte *„Riforma gregoriana"* bleibt ohne konkrete Nachweise ein Phantom).

Erweisen sich die Schwierigkeiten der ikonographischen Interpretation schon als beträchtlich, so kommen mir die der Datierung, insbesondere der Datierung auf rein stilistischer Basis geradezu unlösbar vor.[124] Die frühen Monumente „schwimmen" noch immer wie unverankerte Flöße auf dem Meer unseres Nichtwissens, für Castelseprio und Naturns kann man sich mehrere Jahrhunderte aussuchen und findet sich immer in Beglei-

◁ Abb. 202. Novara, Baptisterium, Bildzone des Tambours, nördliches Bildfeld (Szene 4 des Apokalypsenzyklus), Detail: posaunenblasender Engel. Um 1000 (Zustand 1990).

tung eines honorigen Kombattanten. Die Verschiebungen um Jahrzehnte innerhalb des 9. Jahrhunderts, die für Müstair, Mals und S. Salvatore in Brescia diskutiert werden, erscheinen im Vergleich dazu schon als „Feinarbeit". Erst für das 11. Jh. gibt es aber drei sicher datierte Werke: Galliano 1007/18, die Apsis von Aquileia 1031,[125] Como S. Giorgio 1081,[126] ferner eine Reihe von wahrscheinlichen Daten: 991, 1031, 1040, 1096 und 1096/97.[127] Alle anderen Malereien müssen stilistisch schlecht und recht zwischen diesen Fixpunkten einsortiert werden, kein Wunder, daß die meisten Autoren anstelle klarer Datierungsvorschläge (die weitgespannt sein mögen) sprachliche Eiertänze in gewundenen Konjunktiven vollführen. Respekt verdient Otto Demus, der 1968 unter jede Abbildung seines Buches „Romanische Wandmalerei" wenigstens eine ungefähre Zeitangabe setzte, heute finden nur wenige Autoren den gleichen Mut zu eindeutigen Aussagen.[128]

Es versteht sich von selbst, daß es in der Frage der „Meister" noch weniger Sicherheit geben kann als bei den Datierungen. Dabei offenbart sich Italien als Land der *personaggi:* kein Pinselzug, der nicht einem *maestro* gehört, sei es auch nur eine Fensterdekoration, ausgeführt durch einen *„anonymo lombardo, sec. XII".* Gibt es zwei Bilder, sind zwei Meister fast obligatorisch, für vier Seiten eines einzigen Ciboriums (Mailand, S. Ambrogio) werden allen Ernstes fünf „Meister" postuliert ... – allerdings, selbst der Spötter kann manchmal nicht bestreiten, daß im gleichen Raum mehrere Maler am Werk waren, z. B. in Galliano (Apsiskalotte : Langhaus) oder Civate (große Lünette : Apsiden). Ob man in Galliano tatsächlich fünf und in Civate bis zu sieben „Hände" unterscheiden kann, möge offen bleiben.[129] Auch in Aosta (Abb. 198, 200) arbeiteten wenigstens zwei, vielleicht drei Maler, und sicher ist, daß der zweite (der Maler des Eustachiuszyklus) aus der Schule des älteren, des S. Orso-Malers (Abb. 199) kam.[130]

Sehr viel schwieriger als die Diagnose der Arbeitsverteilung innerhalb desselben Raumes ist die der Bezüge zu anderen Werken, zu anderen Orten. Mangels besserer Indizien (Quellen) bleibt unser einziges Kriterium die Glaubhaftigkeit der vorgeschlagenen Stilvergleiche – natürlich immer ein heikles Unterfangen. Mir erscheint z. B. der Vergleich möglich, den Noemi Gabrielli zwischen einem Fragment aus Villar S. Costanzo (Cuneo) und den Malereien von S. Orso in Aosta anstellte,[131] weniger dagegen die Zuschreibung des Fragmentes in Bizzozero (Comune Varese) an den Meister der Apsis von Galliano.[132] Nun mag es – im Wortsinne – naheliegen, zwischen den benachbarten Monumenten derselben Region Beziehungen zu suchen (etwa zwischen Civate, Aurogo, Sorengo, Negrentino), es werden aber auch Sprünge vorgeschlagen, die sich mühelos nur in einer Bibliothek machen lassen. In vielen Fällen ist das für Zuschreibungen und Verknüpfungen zitierte (= von den Autoren benützte?) Bildmaterial viel zu wenig aussagekräftig, als daß man auf dieser Basis überhaupt diskutieren könnte.[133]

Vollends schwer durchschaubar werden schließlich die Bezüge, die zwischen Wand- und Buchmalerei, wiederum in ganz entfernten Orten und Kunstkreisen bestehen sollen. Wenn die Malereien des Baptisteriums in Novara mit den Miniaturen der Bamberger Apokalypse verglichen werden, kann sich diese Kombination auf gewisse „ottonische" Stilmerkmale und auch auf den historischen Kontext berufen.[134] Wenn aber die krude Malerei von Credaro (Bergamo),[135] die womöglich erst Anfang 12. Jh. entstand, an das Perikopenbuch Heinrichs II. erinnern soll,[136] kann das nur eine unverbindliche Assoziation sein. Den Gipfel frivoler Spekulation erklimmt zweifellos ein Autor, der annimmt, daß der Maler von Spurano (am Comer See, bisherige Datierungen: Mitte 11. Jh./Anf. 12. Jh.) nicht nur die Südwand in Galliano gemalt, sondern mit seinem Christophorus auch eine Vorlage für das Krönungsbild im Sakramentar Heinrichs II. geschaffen habe.[137] Bei diesem Stand der Diskussion ist man versucht, das stilistische Datieren[138] und Zuschreiben so lange aufzuschieben, bis die Naturwissenschaftler in der Lage sind, uns für jedes einzelne Werk wenigstens das Jahrhundert zuverlässig anzugeben.[139]

Anmerkungen

Dieses Referat wäre nicht möglich gewesen ohne die, über bloße Amtspflichten weit hinausgehende, Hilfs- und Diskussionsbereitschaft vieler. Besonders danken möchte ich Luigi Trevini, Pfarrer in Acquanegra, Nicola Daverio, Pfarrer in Casorezzo und Pierangelo Livio, Pfarrer von S. Giorgio in Como; Don Luigi Garino war lange Zeit unser Gesprächspartner in Aosta; Herrn Marco Carubbi in Piacenza begleitete uns mit unermüdlichem Interesse über die Dachböden von Sant'Antonino. Die Denkmalpfleger Luisa Arrigoni, Daniela Biancolini, Roberto Cecchi, Simonetta Coppa, Germano Mulazzani gaben über Jahre ihren Beistand. Gezielt wegen dieses Referates opferten Zeit für ausgiebige Informationsgespräche: Ruggiero Boschi und Vincenzo Gheroldi in Brescia; M. Teresa Binaghi Olivari, Pietro Petraroia, Sandra Sicoli in Mailand, Carlenrica Spantigati und Paolo Venturoli in Turin. Hilfreiche Mitbeobachter vor Ort waren die Restauratoren Oskar Emmenegger, Alberto Felici, Giorgio Gioia, Jürgen Pursche. Unvergessen auch die Hingabe und Geduld der Custoden und Sakristane!

1 Ein besonders gut überliefertes Beispiel aus Deutschland: In der Klosterkirche Petershausen (bei Konstanz) wurde die Wandmalerei der Zeit um 992 schon von Abt Konrad (1127-1164) beseitigt, weil das Alter ihre Schönheit beeinträchtigt hatte („quoniam antiquitas ei iam decorem abstulerat"): Die Chronik des Klosters Petershausen, neu hgg. u. übersetzt v. Otto Feger (= Schwäbische Chroniken der Stauferzeit, 3), Lindau/Konstanz 1956, S. 58/59.

2 Visita pastorale des Kardinals Federico Borromeo 1606 in S. Pietro a Sureggio (bei Lugano, mit Fresken des 12. Jhs.): „Le pareti sono dipinte con figurazioni talmente non conformi e ridicole, che non sono tollerabili." Pierangelo Donati [et al.], Lugaggia. Chiesa di San Pietro a Sureggio (= Dipartimento dell'ambiente, Ufficio e commissione cantonale dei monumenti storici, Quaderni d'informazione, 2), Bellinzona 1978, S. 38 Anm. 14. – Derselbe Kardinal bewies später in Castelseprio aber bemerkenswerten Respekt vor den alten Malereien. Für das Innere der Basilika S. Giovanni hatte schon 1566 ein Visitator das Tünchen gefordert, 1581 tadelte ein anderer, daß eine Weißelung (noch immer) fehle. Federico Borromeo wiederholt zunächst diese Anordnung, 1621 widerruft er sie aber ausdrücklich, ja befiehlt sogar den Schutz der Malereien (im Langhaus), weil sie mehr als sechshundert Jahre alt seien: „Revocamus et abolemus particulam illam decreti, ubi haec verba leguntur ‚parietes calce incrustentur', expresse prohibentes ne ullo modo attingantur antiquae imagines, quae supra annos sexcentos hic picta fuere; immo in sua antiquitate conserventur, ob idque fenestrae obducantur saltem tela cerata, et sarciatur tectum ne ventus iruat, aut humiditas officiat." (Bognetti 1948 [wie Anm. 19], S. 428 n. 405). Denkmalpflege im 17. Jahrhundert! Für Agliate hatte der Kardinal 1619 sogar Anweisung gegeben, die Bilder zu reinigen („lavari atque abstergi": Zastrow 1991 [wie Anm. 69], S. 20). In Castelseprio blieben die Malereien noch über hundert Jahre sichtbar, sie waren noch 1747 vorhanden, wenn auch „pro vetustate fere decoloratae."

3 Gian Marco Jacobitti u. Salvatore Abita, La Basilica benedettina di Sant'Angelo in Formis, Neapel 1992, S. 30.

4 Ebenso wie für die anderen genannten Monumente, kann Literatur nur in Auswahl zitiert werden: Carlo Annoni, Monumenti e fatti politici e religiosi del borgo di Canturio e sua pieve. Text u. Atlas. Mailand 1835 (bes. S. 59-61, 64-129, 131-135); Pietro Toesca, La pittura e la miniatura nella Lombardia dai più antichi monumenti alla metà del Quattrocento, Mailand 1912. Neudruck (= Biblioteca di storia dell'arte, N. S. 7), Turin 1987, S. 28-39 u. Abb. 27-36; Giulio R. Ansaldi, Gli affreschi della basilica di S. Vincenzo a Galliano, Mailand 1949; Otto Demus, Romanische Wandmalerei. München 1968, bes. S. 111; Sandro Chierici, La Lombardia (= già e non ancora, arte 1; Italia Romanica, 1), Mailand 1978, S. 239-246 u. Abb. 108-113 (dt. Ausg. m. d. Titel: Romanische Lombardei, Würzburg 1978); Paola Tamborini, Pittura d'età ottoniana e romanica, in: Storia di Monza e della Brianza, Vol. 4. L'arte dall'età romana al Rinascimento, Bd. 2, Mailand 1984, S. 186-196 m. Abb. 55-60; Oleg Zastrow, Affreschi romanici nella provincia di Como. Lecco 1984, S. 96-201 u. Fig. 11-45; Beat Brenk, La committenza di Ariberto d'Intimiano, in: Il millennio ambrosiano. A cura di Carlo Bertelli. [2:] La città del vescovo dai Carolingi al Barbarossa. Mailand 1988, S. 124-155; Saverio Lomartire, La pittura medievale in Lombardia, in: La pittura in Italia. L'Altomedioevo, A cura di Carlo Bertelli, Mailand 1994, S. 47-89 (bes. S. 60-63 m. Abb. 78-81); Galliano, 1000 anni di storia. Le vicende e l'evoluzione delle forme della basilica di San Vincenzo e del battistero di San Giovanni con gli atti del Convegno tenuto a Cantù nei giorni 25 settembre e 2 ottobre 1993, Cantù 1995 (S. 195-214 Bibliographie für Galliano, von A. Colombo u. G. Montorfano).

5 Annoni 1835 (wie Anm. 4).

6 Rossano Nistri, La decadenza – dal 1584 al 1801 [und] Dal 1801 al 1907, in: Galliano, 1000 anni (wie Anm. 4), S. 37-45, 47-49. Nistri nimmt an (S. 44), die Malereien seien übertüncht worden, was aber nur zu einem sehr geringen Teil zutreffen kann. Die von Annoni 1831 (Annoni 1835 [wie Anm. 4]) veranlaßten detaillierten zeichnerischen Aufnahmen wären nach einer vollständigen Weißelung ganz unmöglich gewesen.

7 Civate gehört seit kurzem zur neuen Provinz Lecco, bisher Como. – August Feigel, S. Pietro in Civate, in: Monatshefte für Kunstwissenschaft 2, 1909, S. 206-217; Gianpiero Bognetti u. Carlo Marcora, L'abbazia benedettina di Civate, Civate 1957 (überarb. Neuaufl. 1985); Roberto Salvini, Romanico o alto medievo? Il problema cronologico della decorazione di S. Pietro al Monte, in: Arte Lombarda 9, 1964, Nr. 1, S. 61-76; Demus 1968 (wie Anm. 4), bes. S. 112-114, Farbtaf. I-IV, sw-Taf. 11-15; Maria Teresa Binaghi Olivari, Restauri nel complesso di Civate al Monte, in: Arte lombarda N. S., 42/43, 1975, S. 178-181; Chierici 1978 (wie Anm. 4), S. 155-195, Abb. 81-89; Vincenzo Gatti, Abbazia benedettina di S. Pietro al monte pedale sopra Civate. Mailand 1980; Tamborini 1984 (wie Anm. 4), S. 206-230 m. Tav. 2 u. sw-Abb. 61-65; Zastrow 1984 (wie Anm. 4), S. 225-232 m. Abb. 139-162; Carlo Bertelli, Tre secoli di pittura milanese, in: Milano e la Lombardia in età comunale. Secoli XI-XIII. [Kat. Ausst.] Milano Palazzo Reale 15 aprile – 11 luglio 1993, Mailand 1993, S. 174-188 (bes. 181-182); Lomartire 1994 (wie Anm. 4), S. 72-75.

8 Fernand de Dartein (Étude sur l'architecture lombarde et sur les origines de l'architecture romano-byzantine, Paris 1865-82, 2e partie, S. 43-44), druckt eine Beschreibung von 1844 mit folgender Begründung ab: „On voyait, il y a quelques années, sur les murs de l'église, des peintures fort anciennes et très-intéressantes, représentant des sujets symboliques. Elles viennent malheureusement d'être couvertes de badigeon, de sorte que je n'ai pu juger de leur caractère." Vincenzo Barelli schrieb 1881: „[edificio] ricco di stucchi, e lo era anche di affreschi che vennero in gran parte imbiancati, o malamente ristaurati, da pochi lustri." (S. Pietro ai Monti di Civate, in: Rivista archeol. dell'antica provincia e diocesi di Como 6, 1881, S. 3-4).

9 Nach der Beschreibung Magistrettis von 1896 (In: Archivio storico lombardo 23, 2 [= 3. Serie, Bd.. 6] 1896, S. 321-344) waren die Malereien im mittleren östlichen Eingang noch (oder wieder) sichtbar; Feigel (wie Anm. 7) hat vor 1909 auch das große Lünettenbild wieder gesehen.

10 Cristiana Acidini Luchinat, Luciano Serchia u. Sergio Piconi, I restauri del Duomo di Modena 1875-1984. [Zur Ausst. Modena 1984]. Modena 1984. S. 66-67.

11 Acidini 1984 (wie Anm. 10), S. 198-206. Zur Rekonstruktion der beseitigten (zweiten!) Fassung vgl. Hans Peter Autenrieth, Il colore dell'architettura, in: Lanfranco e Wiligelmo. Il Duomo di Modena (Kat. Ausst. Modena 1984), Modena 1984, S. 241-263.

12 De Dartein 1965/82 (wie Anm. 8), 2e partie, S. 152; Francesco Maria Rossi, Cronaca dei ristauri e delle scoperte fatte nell'insigne Basilica di Sant'Ambrogio dall'anno 1857 al 1876, Mailand 1884; Giuseppe Rocchi u. Coopmans de Yoldi, La facciata e le fasi della fabbrica della basilica di S. Ambrogio a Milano, in: La basilica di S. Ambrogio. Il tempio ininterrotto. A cura di Maria Luisa Gatti Perer; Bd. 1 Mailand 1995, S. 148-221 (bes. S. 166-175); Giovanni Valagussa, Affreschi medioevali, ebd., S. 418-443.

13 Diese Verzögerung hatte ihre Ursache weniger darin, daß die frühmittelalterliche Malerei von einer Quadraturmalerei des späten 16. Jhs. zugedeckt war, sondern darin, daß sich diese Quadraturmalerei auch in den Dachraum (über einer Tonnenwölbung des 17. Jhs.) fortsetzte, wo man in der Regel die alten Zustände leichter und schneller diagnostiziert. – Zu Bau und Ausstattung grundlegend: La chiesa di San Salvatore in Brescia. Atti dell'ottavo congresso di studi sull'arte dell'Alto Medioevo (Verona, Vicenza, Brescia 1959), Bd. 2, Mailand 1962 (Beiträge v. Gaetano Panazza u. Adriano Peroni); A. Peroni, San Salvatore di Brescia: un ciclo pittorico altomedievale rivisitato, in: Arte medievale 1, 1983, S. 53-80 m. Abb. 1-19; Ders., Problemi della decorazione pittorica del S. Salvatore. In: Seminario internazionale sulla decorazione pittorica del San Salvatore di Brescia (Brescia 19-20 giugno 1981), Atti. Pavia 1983, S. 17-46; Carlo Bertelli, La pittura a S. Salvatore nel contesto carolingio, in: S. Giulia di Brescia. Archeologia, arte, storia di un monastero regio dai Longobardi al Barbarossa. Atti del Convegno [Brescia 4-5 maggio 1990]. A cura di Claudia Stella e Gerardo Brentegani, Brescia 1992, S. 217-230. Lomartire 1994 (wie Anm. 4), S. 53-54 m. Abb. 71-72 und Beitrag im vorliegenden Band.

14 Umberto Chierici, Il 'Maestro dell'Apocalisse di Novara', in: Paragone 17, 1966, Nr. 201 (Nov.), S. 13-41 m. Taf. I-VI u. Abb. 1-27; Ders.: Il Battistero del Duomo di Novara. Novara 1967; Demus 1968 (wie Anm. 4), S. 59, 111 u. sw-Taf. 1-2. – Vgl. Beitrag von A. Peroni im vorliegenden Band.

15 Archiv der Soprintendenza per i Beni Ambientali e Architettonici, Torino. Fasc. Novara, Battistero, 1 (1962-1963). Perizia vom 24. 1. 1963 (hier der Ansatz von 20 Arbeitsstunden pro qm). Vertrag vom 20. Mai 1963 (mit Terminvorgabe von 180 Tagen, wäre 29. Nov. gewesen), abschließendes „Certificato", demnach die Arbeiten schon am 18. Sept. vollständig beendet.

16 Für Novara schrieb die Turiner Soprintendentin Noemi Gabrielli zwar viele Jahre später, sie habe bereits 1952 zusammen mit dem Restaurator S. Borotti „l'esistenza di antiche pitture" festgestellt (Pitture medioevali piemontesi, in: Civiltà del Piemonte. Studi in onore di Renzo Gandolfo nel suo settantacinquesimo compleanno. A cura di Gianrenzo P. Clivio e di Riccardo Massano, Turin [Centro Studi Piemontesi, Ca dë Studi Piemontèis] 1975, S. 98-108, hier S. 100 Anm. 3). Wenn die Feststellung nur allgemein in der „esistenza di antiche pitture" bestand, war sie bei einem spätantiken, im Mittelalter umgebauten, dann barockisierten Raum eher eine Selbstverständlichkeit. Das Freilegen frühmittelalterlicher Wandmalereien gehörte jedenfalls nicht vorrangig zu den Absichten des Kollegen Umberto Chierici, der – Architekt – erklärtermaßen die „Investigazione" und Rekonstruktion eines frühchristlichen Monumentes vorhatte (Zu seinem Programm vgl. Umberto Chierici, Restauri nell'antico Battistero di Novara, in: Bollettino della Soc. Piemontese di Archeol. e Belle Arti N. S. 14/15, 1960-1961, S. 140-142).

17 Nach Abrechnung des Restaurators Franco Milani hat dieser vom 19. Juni bis 29. Juli gearbeitet (davon 26 Tage zusammen mit einem Gehilfen). Archiv der Soprintendenza per i Beni Ambientali e Architettonici, Milano (Cartella 571, A. V. 216, Abrechnung vom 22.09.1944). – Die von uns nicht überprüfte Flächenangabe stammt aus einer Kostenschätzung des Fotografen Pizzi von 1951.

18 Archiv der Soprintendenza per i Beni Ambientali e Architettonici, Milano. Die originalen Farbaufnahmen sind leider verschollen.

19 Gian Piero Bognetti, Gino Chierici u. Alberto De Capitani d'Arzago, Santa Maria di Castelseprio. Mailand 1948. Diese erste Monographie bleibt nicht zuletzt wegen der frühen Fotos bis heute unverzichtbar. Früh auch die ausgezeichneten Farbtafeln bei Edoardo Arslan, La pittura dalla conquista langobarda al mille (= Parte IX), in: Storia di Milano. Bd. 2, Mailand 1954, S. 623-661. Für aktuelle Farbfotos siehe z. B. Carlo Bertelli, Sant'Ambrogio da Angilberto II a Gotofredo, in: Il millennio ambrosiano. A cura di C. Bertelli. [2:] La città del vescovo dai Carolingi al Barbarossa, Milano 1988, S. 66-67 u. Abb. 77-78, 82-86.

20 Bibliographie bis 1987 bei Roberto Cassanelli, Architettura e decorazione in Santa Maria „foris portas". Quindici anni di studi e ricerche (1972-1987), in: Castelseprio 1287 prima e dopo. Atti del convegno internazionale (Varese, Castelseprio, Torba) 24 – 25 – 26 settembre 1987, in: Sibrium 19, 1989, S. 87-96. In der Folgezeit erschienen u. a.: Carlo Bertelli, Castelseprio e Milano, in: Settimane di Studio del Centro Italiano di Studi sull'Alto Medioevo. XXXIV, Bd. 2: Bisanzio, Roma e l'Italia nell'Alto Medio Evo (1986), Spoleto 1988, S. 869-905, 915-917 (Diskussion). Vgl. ders. 1988 (wie Anm. 19). – Maria Andaloro, Castelseprio, affreschi, in: Enciclopedia dell'arte medievale. Bd. 4, Rom 1993, S. 447-453. Carlo Bertelli, L'Alto Medioevo, in: Pittura tra Ticino e Olona. Varese e la Lombardia nord-occidentale. A cura di Mina Gregori, Milano 1992 (I centri della pittura lombarda), S. 3-9. Anthony Cutler, La „questione bizantina" nella pittura italiana: una visione alternativa della „maniera greca", in: La pittura in Italia 1994 (wie Anm. 36), S. 335-354. – Lomartire 1994 (wie Anm. 4), S. 49-53.

21 Ein Graffito „... temp(ore) dom Arcerici archie(piscopi)" kann auf den 936-948 oder 938-945 amtierenden Mailänder Erzbischof bezogen werden. Bognetti 1948 (wie Anm. 19), S. 345 u. Taf. IX b.

22 Die Existenz frühmittelalterlicher Malereien war spätestens 1967 bekannt. Zuletzt: Carlo Bertelli, Gli affreschi nella torre di Torba, Mailand 1988 (I quaderni del FAI, 1). Wir lesen aus dem sehr verklausulierten Datierungsvorschlag (S. 42 u. 45) Ende 8. Jh. heraus; Saverio Lomartire, Torba, Monastero di Santa Maria, Torre [Scheda], in: Pittura tra Ticino e Olona: Varese e la Lombardia nord-occidentale. A cura di Mina Gregori, Milano 1992 (I centri della pittura lombarda), S. 215-216 m. Abb. u. Farbtaf. 1-2. Hier die Datierung: „a cavallo tra VIII e IX secolo"; Ders. 1994 (wie Anm. 4), S. 49 m. Abb. 65-67 („entro la fine dell'VIII secolo"). Die Restaurierung geschah in den Jahren 1975-76 (so Lomartire 1992, S. 215) oder (nochmals?) in den Jahren 1982-83 (so Bertelli 1988, S. 11).

23 Gian Alberto Dell'Acqua, Affreschi inediti nel medioevo lombardo, in: Bollettino d'arte 40, 1955, S. 289-297; Zastrow 1984 (wie Anm. 4), Abb. 85-106 u. S. 214-217 (Hinweis: in dieser Beschreibung werden durchgehend Norden und Süden verwechselt); Giovanni Valagussa, in: Pittura in Brianza e in Valsassina dall'Alto Medioevo al Neoclassicismo. A cura di Mina Gregori (= I centri della pittura lombarda), Milano 1993, S. 224-226 m. Abb. 10 u. 21; Lomartire 1994 (wie Anm. 4), S. 69.

Abb. 203. Civate (Lecco), S. Pietro al Monte, Krypta, Südwand, westliches Bogenfeld, Detail (Streiflichtaufnahme): der Malputz wurde eigens für den Kopf eingesetzt. Um 1093/97 (Zustand 1996).

24 Fanny Autelli, Pitture murali a Brera. La rimozione: notizie storiche e fortuna critica. Catalogo ragionato, Mailand 1989, S. 152-157, Kat. Nr. 21.

25 In die Unterlagen der dendrochronologischen „Beprobung" und Analyse (die wir schon 1979 vorgeschlagen hatten) gewährte die Soprintendenza Aosta bis heute keinen Einblick, sie gab nur einige mündliche Auskünfte.

26 Einige Fotos bei: Renato Perinetti, Les peintures du XIe siècle découvertes à Aoste (Italie), in: Edifices & Peintures aux IVe – XIe siècles. Actes du 2e colloque C.N.R.S. Archéologie et enduits peints. 7-8 novembre 1992. Auxerre, Abbaye Saint-Germain. Sous la direction de Christian Sapin, Auxerre 1994, S. 157-163; ferner bei Costanza Segre Montel, La pittura medievale in Piemonte e Valle d'Aosta, in: La pittura in Italia. L'Altomedioevo. A cura di Carlo Bertelli (= La pittura in Italia), Mailand 1994 [a], S. 33-47 m. Abb. 39-62; Dies., La pittura monumentale, in: Piemonte romanico. A cura di Giovanni Romano (= Arte in Piemonte, 8), Turin 1994 [b], S. 257-284 (bes. 265-266 u. Taf. 7, 9).

27 Dachräume mit vorgotischer Malerei (außer den im Text erwähnten): Aurogo (Sondrio); Brixen, S. Maria; Susa (Turin), Baptisterium; Pagno (Cuneo); Lugano, Kathedrale S. Lorenzo; Sorengo (Lugano). Es gibt auch „geplünderte" Dachräume (der bekannteste in

Abb. 204. Aosta, SS. Pietro e Orso, Dachraum des Mittelschiffs, Nordseite, Feld N4, Detail mit teils noch geschlossenen, teils bereits aufgeplatzten Salzpusteln: Beispiel für sog. Monitoring mit Kleinbildaufnahmen im Maßstab 1:1 (Größe des Ausschnitts ca. 36 x 24 mm; Zustand 1991).

Müstair, aber auch in der Kathedrale zu Acqui und in Piacenza, S. Savino, wurden einzelne Bilder abgenommen). In manchen Kirchen wird der Besucher kaum ahnen, daß die Malereien nur dank ihrer lange Zeit versteckten Position im Dachraum die Jahrhunderte überdauerten; schon im 19. Jh. begann man mit dem Abbruch solcher späteren Gewölbe (Como S. Abondio) und setzte diese Aktionen bis in unsere Tage fort (nach dem 2. Weltkrieg: Sezzadio [Alessandria]; erst in den letzten Jahren: Muralto [Tessin]). Nicht immer wurde dabei sachgemäß verfahren (Totalverlust der Malerei in Vigolo Marchese [Piacenza]; vgl. Anna Segagni Malacart, La pittura, in: Storia di Piacenza. Vol. II. Dal vescovo conte alla signoria (996-1313), Piacenza 1984, S. 669-724 [S. 671-683]).

28 Bognetti u. Marcora (wie Anm. 7; die Neuaufl. bes. um Fotos von S. Calocero bereichert); Zastrow 1984 (wie Anm. 4), S. 205-212, Fig. 54-76; Tamborini 1984 (wie Anm. 4), S. 197-205; Lomartire 1994 (wie Anm. 4), S. 69-70. Die Datierungen schwanken beträchtlich: Tamborini: nach Anfang 12. Jh., dagegen Zastrow: vor 1050, Lomartire: 2. H. 11. Jh.

29 Josef Zemp u. Robert Durrer, Das Kloster St. Johann zu Münster in Graubünden (= Kunstdenkmäler der Schweiz. [Zugl.:] Mitteilungen d. Schweizerischen Ges. f. Erhaltung Historischer Kunstdenkmäler, N. F. V-VI, 1906; VII, 1910), Genf 1906; Linus Birchler, Zur karolingischen Architektur und Malerei in Münster-Müstair, in: Frühmittelalterliche Kunst in den Alpenländern. Akten zum 3. Internat. Kongreß f. Frühmittelalterforschung [Lausanne, Disentis, Chur 1951], Olten-Lausanne 1954, S. 167-252; Lucas Wüthrich, Wand-

gemälde. Von Müstair bis Hodler. Kat. d. Sammlung des Schweizerischen Landesmuseums Zürich, Zürich 1980, S. 17-41; Caecilia Davis Weyer, Müstair, Milano e l'Italia carolingia, in: Il millennio ambrosiano. A cura di Carlo Bertelli. [1:] Milano, una capitale da Ambrogio ai Carolingi, Milano 1987, S. 202- 237; Marèse Sennhauser-Girard, La decorazione pittorica della chiesa del convento di Müstair in epoca carolingia e romanica, in: Archeologia medievale 17, 1990, S. 35-42.

30 Helmut Stampfer u. Hubert Walder, Die Krypta von Marienberg im Vinschgau. Romanische Fresken – Neufunde und Altbestand, Bozen [3]1991.

31 André Grabar (Fresques d'Aoste et l'étude des peintures romanes, in: La Critica d'arte 8, 1949, S. 261-273) hatte sowohl für Müstair wie für S. Orso in Aosta angenommen, es gäbe dort keine weitere Malerei außer den damals bekannten obersten Bildstreifen im Dachboden. Als Argument diente ihm die scheinbar unsystematische, additive Ikonographie, die den Versuche mache, alles mögliche auf kleinstem Raum unterzubringen. Durch die Neufunde an den Wänden unterhalb der Wölbung wurde die Interpretation in beiden Fällen obsolet.

32 Carlo Bertelli [et al.]: L'Oratorio di San Salvatore a Casorezzo, in: Contrade Nostre 16, Nr. 41, Turbigo 1994, S. 1-48 (Datierung: ältere Malerei an der Nordwand: um 1000/20; jüngere, an der Südwand: um 1100); Lomartire 1994 (wie Anm. 4), S. 67-69 m. Abb. 89-90 (Datierung: „pieno undicesimo secolo" bzw. Anf. 12. Jh.).

33 Freimütiges Bekenntnis: „Con non poca delusione ci è apparso non già il proseguo degli affreschi del XII secolo preannunciati dai frammenti laterali, ma la sinopia della Deposizione [del 1522]" (Paola Zanolini u. Ida Ravenna: Il restauro degli affreschi, in: L'oratorio [wie Anm. 32], S. 35-38. Eine ähnlich unnötige Aktion hatte man 1974 in Civate S. Pietro unternommen. Dort hieß es zur Begründung „è prevalso l'interesse scientifico" (Maria Teresa Binaghi, Civate al Monte. Restauri della Soprintendenza ai Beni Artistici e Storici di Milano dal 1974 al 1978, in: Itinerari. Contributi alla storia dell'Arte in memoria di Maria Luisa Ferrari, Bd. 1, Florenz 1979, S. 243-252 [S. 244].)

34 Hinweis auf die Notiz von 1860 bei Ugo Bazzotti, Acquanegra sul Chiese, San Tommaso [Scheda], in: Pittura a Mantova dal Romanico al Settecento. A cura di Mina Gregori e Chiara Tellini Perina, Mailand 1989, S. 209. Fotos veröffentlichte 1960 Giovanni Paccagnini, Mantova. Le arti, Bd. 1: Il medioevo (= Mantova. La storia, le lettere, le arti), Mantova 1960, S. 199-201, 261-262, Abb. 206-208. Nach der Freilegung: Ilaria Toesca, Notizie sugli affreschi medioevali della chiesa di San Tommaso ad Acquanegra sul Chiese, in: Civiltà mantovana N. S., 27, 1990, S. 1-38.

35 Gesamtaufnahme des heutigen Zustandes (nach Westen) bei Bazzotti 1989 (wie Anm. 34) Taf. 1, S. 65.

36 Für die typisch „reduzierten Oberflächen" genügt ein Blick auf einige beliebige Abbildungen in dem Buch: La pittura in Italia. L'Altomedioevo. A cura di Carlo Bertelli, Mailand 1994, z.B. S. 32-35. Auch was die Ausdehnung der Malerei innerhalb der Räume angeht, fehlt ein vollständig erhaltenes Werk. Eine Vorstellung erlauben am ehesten Galliano und Civate, S. Pietro (wenn man aus dem Schiff nach Osten blickt); Teilansichten auch in Naturns, in Mals und im Tempietto von Cividale, wo man wenigstens das Ensemble aus Stuck und Wandmalerei noch vor sich hat. In Müstair beeindruckt der Umfang der bemalten Flächen, von originaler Malerei sind aber nur noch Schemen vorhanden. Problematisch auch Castelseprio, die Apsismalerei ist zwar fast vollständig erhalten (auch die Rückseite des Apsisbogens), die zarten Farben verlangen aber ein geduldiges „Einlesen".

37 Sehr gut erhalten scheinen uns Teile der großen Ostlünette in Civate S. Pietro sul monte (aber auch diese Malerei wurde freigelegt, wenn wir De Dartein kein ‚falsch' Zeugnis" unterstellen wollen; vgl. Anm. 8). Bisher ohne jede Retusche: Acquanegra (nach Toesca 1990, wie Anm. 34, S. 21 n. 12; demnach nur eine Fixierung mit Paraloid). In der Kathedrale von Aosta wurde weder fixiert noch Paraloid aufgetragen (abgesehen von Probefeldern), hier sind einige Bilder ausgezeichnet erhalten. Auch in S. Orso gibt es ähnliche Partien, allerdings wurde dieser Zyklus im Dachraum systematisch retuschiert, daher bleibt immer Vorsicht geboten. Für den Besucher ist der Vergleich beider Zyklen auch wegen der unterschiedlichen Restaurierungsmethoden („Methodologien") sehr aufschlußreich. Für Marienberg s. Anm. 30.

Abb. 205. Aosta, Kathedrale, Dachraum des Mittelschiffs, Südseite, Feld S3 noch vor der Freilegung: unter dem dicken Malputz (getüncht und verschmutzt) tritt der geweißte und sehr saubere Unterputz zutage (Zustand 1989).

38 Noemi Gabrielli, Le pitture romaniche (= Repertorio delle cose d'arte del Piemonte, 1), Turin 1944, S. 41-50 m. Taf. LVII-LXVIII, Farbtaf. D; Raul Capra, La basilica di S. Michele in Oleggio, Novara 1968; Cristina Mossetti, Oleggio, basilica di S. Michele, in: Problemi di conservazione e tutela nel novarese. [Catalogo della mostra] Borgomanero, settembre-ottobre 1984, Borgomanero 1984, S. 112-121.

39 Perizia 1963, wie Anm. 15.

40 Chierici 1966 (wie Anm. 14), Taf. I; ders. 1967 (wie Anm. 14), S. 141.

41 Brief am 4. Sept. 1944 an das Ministerium Pubbl. Istr. (Archiv der Soprintendenza per i Beni Ambientali e Architettonici, Milano, Cartella 571, A. V. 216).

42 Brief vom 4. Sept. 1934 mit unleserlicher Unterschrift (Archiv und Akte wie Anm. 41). Nach L. Caramella war der Verfasser Antonio Morassi (Lucina Caramella, Santa Maria foris portas. Filologia di un monumento, in: Atti del Convegno 1987-1988 [wie Anm. 20], S. 67).

43 Besonders auffällig ist der teilweise Verlust einer Frauenfigur im Bild der Geburt Christi, ganz links. Die Täter (einer war Gehilfe des Restaurators gewesen) kamen nach einem Prozeß durch drei (!) Instanzen mit einer geringen Geldstrafe davon. – Das Anfeuchten für die fotografischen Aufnahmen geht aus einem undatierten Brief (vor dem 20.9.1951) der Soprintendentin F. Wittgens ans Ministerium hervor (Archiv und Akte wie Anm. 41). 1954 vermutetete Bognetti, daß insbesondere die Inschriften durch wiederholtes Anfeuchten verloren hätten (in: La Prealpina 24.01.1954).

44 Bemerkenswert das Auf und Ab der widersprüchlichen Salzanalysen. Sicher ist, daß sich zwischen 1967 und 1970 eine „generale efflorescenza biancastra" entwickelte (mit Fotovergleichen zu verifizieren), später wird sie als „rosa" beschrieben, die Annahme eines rosa Pilzbefalls erwies sich als Fehlalarm. Die schon 1953 vom Ministerium verweigerte Abnahme der Malerei wird immer wieder ins Gespräch gebracht, obwohl mehrere Gutachten den Zustand als nicht so gravierend bezeichnen. 1976 schrieb die Referentin der Soprintendenza „alle Gallerie" (Binaghi): „Gli affreschi sono effettivamente rovinati", im selben Jahr erscheint einer Kommission des Istituto Centrale di Restauro, Rom, die Situation nicht so schlimm, daß ein Strappo ausgeführt werden müsse. Dasselbe Urteil dann auch von Paolo Mora (Alle Dokumente im Archiv der Soprintendenza per i Beni Artistici e Storici).

45 Man vergleiche unsere Abb. 186 mit den entsprechenden Farbtafeln bei Bognetti 1948 (wie Anm. 19), Taf. XLIII und XLIX. In der ganzen Zeit seit 1952 war kaum mehr unternommen worden als einige Reparaturen des Daches, der Fenster und die Schließung bzw. Entfernung des „pozzo" im Innern der Apsis, schließlich das Legen eines neuen Estrichs. Vielleicht spielte es bei der wundersamen Selbstheilung des Monumentes doch auch eine Rolle, daß die Hauptverantwortung für Castelseprio nun de facto bei der Soprintendenza per i Beni Artistici e Storici lag. Deren Gutachter (Marco Franzini, Pisa) sah schon 1981 keine „perdite rilevanti" mehr (Akten des Amtes). Der Soprintendente beruhigt 1981 in einer Pressemit-

teilung: „aggressione microbiologica ha dimensioni ridotte... miglioramento generale... minore condensazione dell'umidita..." (Archiv der Soprintendenza per i Beni Artistici e Storici, Comunicato stampa, s. d. [Ende 1981]).

46 Das Opificio delle Pietre Dure, Florenz, fand 1982 in der „patina biancastra" Calciumsulfat, Calciumnitrat, Leimreste vom Strappo, aber auch „vernici" und „caseinati" (Bericht s. d., Archiv der Soprintendenza per i Beni Artistici e Storici, Milano). Die Untersuchung einer von uns genommenen Probe durch Elisabeth Kühn, München (21.7.1986), ergab: „Überwiegender Teil der Probemenge besteht nicht aus Salzen". – Ein Restaurierungsbericht fehlt. Vermutlich wandte man die üblichen „impacchi" mit Ammoniumcarbonat an, sicher nicht die 1982 vom Opificio delle Pietre Dure mit Nachdruck vorgeschlagene Bariummethode. Fixiermittel wurden dem Vernehmen nach nicht aufgetragen.

47 Wir vermuten, daß die merkwürdige, schon 1781 von Giuseppe Allegranza beklagte Unlesbarkeit der Figurengruppe links vom Erzengel Gabriel (in der Apsiskalotte) auf einen starken Wasser/Salze-Schaden zurückgeht, hervorgerufen durch ein defektes Dach der Apsis. (Relazione dell'antica Chiesa e Battisterio di Galliano, in: G. Allegranza: Opuscoli eruditi latini ed italiani [...]; Cremona 1781, S. 193-200 (S. 196). Der Zeichner der Tafeln bei Annoni 1835 (wie Anm. 4, Taf. VIII) behalf sich, indem er „Mauerwerk" andeutete, tatsächlich sind diese Figuren aber noch heute vorhanden, nunmehr dank restauratorischer Mühen wieder sichtbar. Die letzten Salzanalysen ergaben Calciumsulfat (Restaurierungsakten).

48 Eine interessante Vorzustandsaufnahme gibt Abb. 185 bei Brenk 1988 (wie Anm. 4): im Bild ganz unten, am Fuß des Jeremias, ist ein tassello („Dübel" = kleines Referenzfeld) von weißem Belag zu erkennen, den Peliccioli 1934 hatte stehen lassen. In unmittelbarer Umgebung dieser Referenzfläche hat sich der weiße Belag nur geringfügig wiedergebildet, dagegen sehr stark im ganzen Oberteil des Bildes (Nimbus).

49 Pinin Brambilla Barcilon, Restauri Galliano, affreschi murali – Abside. Periodo d'intervento sett./dic. 1987 [und weitere Berichte bis 1991]. Archiv der Soprintendenza per i Beni Artistici e Storici, Milano.

50 Den Bericht über diese letzten Arbeiten haben wir nicht gesehen, können daher Näheres nicht mitteilen.

51 Ursula Schädler-Saub, Theorie und Praxis der Restaurierung in Italien. Zur Entwicklung der Gemälderetusche von der Renaissance bis in die Gegenwart, in: Maltechnik Restauro 92, 1986, S. 25-41.

52 Wir wenden uns nicht grundsätzlich gegen Retuschen. Die Narben der zahllosen Verletzungen, die das Aufpicken der Oberfläche für spätere Malereien oft bewirkt hat, sollten sicher retuschiert werden. (Typisches Beispiel bei Giovanni Lorenzoni: La pittura medievale nel Veneto, in: La pittura in Italia [wie Anm. 36], S. 112). In einem störenden, ja lächerlichen Zustand präsentiert sich ein Christuskopf mit Nase aus Zementmörtel in Torba (Foto im selben Buch, hier bei Lomartire [wie Anm. 4], S . 52 Abb. 67). Dieser Zustand inzwischen beseitigt, vgl. Abb. 43 bei Bertelli 1988 (wie Anm. 22). Vorzüglich gelangen die „Ritocchi" in Galliano (Pinin Brambilla), wie einige wenige Nahaufnahmen im Archiv der Soprintendenza Mailand demonstrieren. Offensichtlich überhaupt nicht retuschiert sind die Malereien am Obergaden von Brescia S. Salvatore. Zu Aosta vgl. Anm. 37.

53 André Grabar u. Carl Nordenfalk, Die romanische Malerei vom elften bis zum dreizehnten Jahrhundert (= Die großen Jahrhunderte der Malerei), Genf 1958, Abb. S. 44-45.

54 Domenico Prola, Aoste, La restauration des fresques ottoniennes de l'église collégiale Saint-Pierre-Saint-Ours, in: Congrès archéologique de France 129,1971 (1977), S. 50-68.

55 Anna Segagni, Affreschi inediti della chiesa di S. Antonino a Piacenza, in: Arte Lombarda 15, 1970, S. 9-21 m. Abb.; Segagni Malacart 1984 (wie Anm. 27) S. 684-704.

56 Livia Bertelli u. Luciano Summer, Restauro e consolidamento di S. Antonino antica cattedrale di Piacenza (= Quaderni di Restauro, 4), Bologna 1991; Carlo Bertelli, La pittura medievale nell' Emilia, in: La pittura in Italia, 1994 (wie Anm. 36), S. 150.

57 Das war in Castelseprio der Fall, wie auch Bognetti zugeben mußte (vgl. Anm. 43).

58 In Aosta S. Orso hat einer der Engel im wörtlichen Sinne „sein Gesicht verloren" (Feld N 4). In Dronero und Spigno Monferrato [Alessandria] beklagt Segre Montel starke Verluste (1994b, wie Anm. 26 S. 259 n. 13). Für Pavia S. Maria Gualtieri machte uns S. Lomartire auf schwere Schäden in der südl. Seitenapsis aufmerksam (drei Köpfe so gut wie verloren). Gravierend der Fall Vigolo Marchese (s. Anm. 27). In Torba verschwand bald nach der Freilegung das Gesicht der Maria aus dem Bild der Südwand; vgl. Bertelli 1980 (wie Anm. 22, S. 212 u. Fig. 1) mit Bertelli 1988 (wie Anm. 22, S. 47 n. 1 u. Fig. 44), eine „triste perdita", deren Grund nicht mitgeteilt wird (Verlust nach Abnahme zur restauratorischen Sicherung?). Zu Castelseprio vgl. Anm. 43.

59 Dem schwarzen Pilzbefall in Galliano entspricht ein gleicher, jüngerer „Betriebsunfall" in Eilsum (Niedersachsen). In Bayern sah ich vor einigen Jahren die nördliche Seitenapsis von Regensburg-Prüfening in besorgniserregendem Zustand.

60 Es macht etwas skeptisch, wenn die Analysen von den Labors derjenigen Firmen ausgeführt werden, die dann auch das Restaurierungsmaterial verkaufen (Montedison u. a.). Immerhin war in Galliano P. Brambilla durchaus in der Lage, die empfohlene Jonenaustauschpaste nach einem Test abzulehnen.

61 Dieser „Sündenfall" darf sogar ein gewisses Verständnis beanspruchen, schließlich holte man damals das Bild des Mailänder Erzbischofs als wertvolle Spolie aus einer verwahrlosten Scheune in die „Ambrosiana", ähnlich wie beim Abbruch von S. Dionigi, Ariberts Mailänder Kirche, sein Grabmal in den Dom versetzt worden war (1783).

62 Zastrow 1984 (wie Anm. 4), S. 217-221, Fig. 107-128 – Maria Caldarulo, Affreschi romanici comaschi, in: Storia dell'arte 55, 1985, S. 219-225; Giovanni Valagussa, Affreschi medievali dal Mille alla fine del XIII secolo: i riflessi della tradizione pittorica milanese, in: Pittura a Como e nel Canton Ticino dal Mille al Settecento. A cura di Mina Gregori (= I centri della pittura lombarda), Mailand 1994, S. 245-246 u. Taf. 6.

63 Parallelfall: Die Malereien aus dem Dachraum in Müstair kamen 1908/09 in das neu eröffnete Schweizerische Landesmuseum Zürich, auch dort waren die konservatorischen Argumente nur vorgeschoben; es spricht Bände, daß das Kloster für die „Rettung" der Bilder einen Judaslohn in klingender Münze erhielt.

64 Für jede italienische Region, zusätzlich für einzelne große Kunstzentren (z. B. Turin, Mailand, Venedig) gibt es eine „Guida d'Italia del Touring Club Italiano (TCI)", für Oberitalien insgesamt 11. Sie streben Vollständigkeit an, sind daher besonders nützlich, wenn es gilt, kleinere Orte zu suchen. Die Bände enthalten historische und kunsthistorische Einleitungen, im Anhang findet man Literatur und Künstlerverzeichnisse. Dagegen behandeln die fünf „Reclam Kunstführer" nur eine Auswahl an Orten und das Interesse der Autoren für mittelalterliche Wandmalerei könnte größer sein (sieht man einmal von den „Highlights" im Veneto ab). Für die bedeutenden Fresken der Rocca d'Angera (um 1300) finden wir zweieinhalb Zeilen. Bewährt dagegen: Josef Weingartner, Die Kunstdenkmäler Südtirols, 2 Bde., Bozen – Innsbruck – Wien, [7]1985-91.

65 Für Informationen aus der Praxis danken wir gern Paolo Venturoli, Soprintendenza per I Beni Artistici e Storici, Turin. – Wer sich selbst ein Bild vom aktuellen Stand dieses Inventarwerks machen möchte, sei auf die bisher im Ausdruck edierten Repertorien verwiesen: Provincia di Latina. Beni artistici e storici. A cura di Serenita Papaldo e Sandra Vasco Rocca. (= Repertorio delle schede di catalogo, 1), Rom 1982; Beni artistici e storici, Vol. 1-3. A cura di Benedetta Montevecchi e Serenita Papaldo (= Repertorio delle schede di catalogo, 2), Rom 1986.

66 Virgilio Gilardoni, Il Romanico. Catalogo dei monumenti nella Repubblica e Cantone del Ticino (= Arte e monumenti della Lombardia prealpina, 3), Bellinzona 1967. Trotz des Umfanges werden Informationen über Freilegungen und Restaurierung nicht so konsequent verzeichnet, wie man es von einem Inventar erwarten sollte (sie fehlen z. B. für Riva San Vitale).

67 Gabrielli 1944 (wie Anm. 38). Für ein „Aggiornamento" der Autorin (1975) s. Anm. 16.

68 „Bankenbücher", eine italienische Besonderheit, sind meist sehr aufwendig illustriert und gelangen selten – neuerdings etwas häufiger – in den regulären Buchhandel, daher auch nicht immer in unsere Bibliotheken. Der private Interessent an mittelalterlicher Wandmalerei in Oberitalien wird sich das eine oder andere – meist sehr teuere – Buch leisten, gewiß aber nicht die ganze von Mina Gregori heraus-

gegebene Reihe mit dem Serientitel „I centri della pittura lombarda“ (Mailand, 1987-96). In bisher 10 Bänden wird auch die mittelalterliche Wandmalerei der einzelnen Provinzen behandelt, das Mittelalter erscheint aber immer nur als komprimierter „Vorspann“ zu der nachfolgenden pompösen Galerie von Renaissance- und Barockbildern. Eine Ausnahme bildet der 1997 (ohne den Serientitel) erschienene erste Band für Mailand: Pittura a Milano dall' Alto Medioevo al Tardogotico.

69 Oleg Zastrow, L'arte romanica del Comasco, Como 1972; Oleg Zastrow u. Salvo De Meis, La chiesa di San Martino ad Aurogo in Valchiavenna. I suoi affreschi nella tradizione lombarda protoromanica (= Raccolta di studi storici sulla Valchiavenna, 8), Chiavenna 1974; Zastrow 1984 (wie Anm. 4); Oleg Zastrow, Gli affreschi della basilica e del battistero di Agliate, Missaglia 1991.

70 Miklós Boskovits (ed.), I pittori bergamaschi dal XIII al XIX secolo. [Vol. 1:] Le origini, Bergamo 1992.

71 Francesco Butturini, La pittura frescale dell'anno Mille nella diocesi di Verona, Verona 1987. Das Werk besteht aus einem „durchgeschriebenen“ Text, keine Schede , nicht einmal ein Ortsregister.

72 Zuletzt 1994 (wie Anm. 26).

73 La pittura in Italia (wie Anm. 36).

74 Im Beitrag über die Lombardei vermißt man z.B. Fotos folgender bekannter Wandmalereien: Civate S. Calocero; Mailand, S. Ambrogio, Apsismosaik; Prugiasco und Sorengo (beide Tessin); Carugo (Como); Novate Mezzola (Sondrio), San Fedelino; Aurogo (Sondrio), S. Martino; Como, S. Giorgio.

75 Wie Anm. 30.

76 St. Prokulus, Naturns. Archäologie, Wandmalerei. Hgg. v. Landesdenkmalamt Bozen 1990. Vgl. auch Friedrich Kobler, St. Prokulus, Naturns. Tagung in Naturns (Rathaus und Prokuluskirche) am 21. April 1990. I. Die Tagung, in: Kunstchronik 43, 1990, S. 553-557. Matthias Exner, [...] II. Zu den Ergebnissen von Grabung und Restaurierung, ebd., S. 557-574.

77 („Ambizione primaria, elementare [...] di riproporre le opere d'arte nel loro preciso e documentato contesto topografico e cronologico“: Carlo Pirovano, [editoriale] wie Anm. 36, S. 7.

78 Die interessante Darstellung einer Sirene in Burgeis befindet sich nicht in der Krypta der bekannten Klosterkirche (wie es S. 99 zu Abb. 115 heißt), sondern in der Kirche St. Nikolaus zu deren Füßen; das wird der Besucher an Ort und Stelle rasch herausfinden, wer aber in der Bibliothek Näheres recherchieren möchte, wird wegen dieser Fehlleitung Mühe haben. Umgekehrt war unser Besuch wegen eines schönen Fragmentes in Lenta, Prov. Vercelli (Abb. 49, S. 38) vergeblich, nicht einmal der Pfarrer konnte Auskunft über dessen Verbleib geben. In einem anderen Buch trägt C. Segre Montel (1994b, wie Anm. 26), den tatsächlichen Aufbewahrungsort nach: Turin.

79 Vgl. auch Bespr. von Matthias Exner, in: Kunstchronik 50, 1997, S. 272-275.

80 In Castelseprio mußte das Istituto Centrale del Restauro versuchen, durch eine chemische Analyse herauszubekommen, welche Substanz wenige Jahre zuvor auf die Wand aufgetragen worden war, – entweder durch dieses Institut selbst oder durch eine andere offizielle Instanz der Denkmalpflege. Auch dafür lassen sich Parallelen in Deutschland nennen (Idensen; Köln Taufkapelle St. Gereon).

81 Zum Monument: Zastrow 1972 (wie Anm. 69), S. 186 u. Taf. 137-142; Ders. 1984 (wie Anm. 4), S. 192-194 u. Abb. 3-7. Aufnahmen vom jetzigen Zustand sind m. W. noch nicht veröffentlicht. Kleine „Restaurierungskritik“: Der Betrachter fragt, ob das Entfernen der Übermalung im Gesicht Christi tatsächlich sein mußte – mir wäre irgendein Gesicht, selbst des 20. Jhs. lieber als gar keines.

82 Bei einigen modernen Kleinbildkameras kann man „Autofokusfallen“ einrichten, mit denen – in Verbindung mit TTL-Blitzlichtmessung – in kürzester Zeit fehler- und problemlos ganze Serien von Nahaufnahmen möglich sind, alle im gleichen fest definierten Maßstab. Es versteht sich von selbst, daß zu jeder Nahaufnahme ein orientierender Überblick gehört.

83 In Publikationen sieht man statt dessen häufig Mikroaufnahmen aus dem Labor („Cross sections“). Diese sind natürlich auch wichtig, aber sie können keinesfalls Befundfotos und „in-situ-monitoring“ ersetzen.

84 Beispiel: Prola 1971 (1977), wie Anm. 54. Ein relativ früher Bericht, der wenigstens die verwendeten Chemikalien nennt: Binaghi 1979 (wie Anm. 33), S. 247-248.

85 Beispiele: Beiträge von Pinin Brambilla Barcilon und Antonietta Gallone, in: Il Ciborio della Basilica di Sant'Ambrogio in Milano a cura di Carlo Bertelli [...]. Milano 1981, S. 67-117 bzw. 117-142. – Laura Baraldi, Elisabetta Bossi u. Marinella Della Toffola, Note sulle tecniche pittoriche e sul restauro degli affreschi [in Agliate], in: Zastrow 1991 [wie Anm. 69], S. 108-112 (allerdings kläglich). Bruno Zanardi, L'opera di restauro, in: Battistero di Parma. Bd. 2: Testi di Jacques Le Goff [...], Mailand 1993, S. 217-253. – Zanolini u. Ravenna 1994 (wie Anm. 33), S. 35-38. – Antonio Massarelli u. Augusto Morari in: Matilde, Mantova e i palazzi del Borgo. I ritrovati affreschi del Palazzo della Ragione e del Palazzetto dell'Abate. Hg. Aldo Cicinelli [et al.], Mantua 1995, S. 183-190 bzw. 191-202.

86 Jacobitti u. Abita 1992 (wie Anm. 3). Wir möchten nicht ganz ausschließen, daß nähere Informationen im Bollettino d'arte oder in einer Restaurierungszeitschrift hätten veröffentlicht werden sollen, haben bisher aber vergeblich danach gesucht.

87 Einzelne Hefte bleiben meist ohne Nachfolge. Beispiele: Conoscenze. Rivista annuale della Soprintendenza Archeologica e per i Beni Ambientali Architettonici Artistici e Storici del Molise, Campobasso, hier im Jg. 1, 1984, S. 133-175: Giuseppe Basile, S. Vincenzo al Volturno: Primi interventi conservativi sui dipinti della Cripta e degli attigui ambienti abbaziali. – La conservazione dei beni storico-artistici dopo il terremoto del Friuli (1976-1981) [u.] (1982-1985). Trieste 1983 [u.] 1986 (Relazioni della Soprintendenza per i beni ambientali e architettonici, archeologici, artistici e storici del Friuli – Venezia Giulia, 3 [u. 5]). – Am regelmäßigsten berichten die Archäologen, so für die Lombardei seit 1981 in: Soprintendenza archeologica della Lombardia. Notiziario; hier auch Restaurierungsberichte über Wandmalereien, zumeist römische. Mit starker Verzögerung unterrichtet auch: Denkmalpflege in Südtirol. Tutela dei beni culturali in Alto Adige. Jahrbuch, seit 1984.

88 Bertelli u. Summer 1991 (wie Anm. 56). Unsere oben vorgebrachte Kritik am Zustand der Malerei betrifft nicht den dokumentarischen Wert der Veröffentlichung.

89 Il Sacello di San Satiro. Storia, ritrovamenti, restauri. Cat. della mostra. Milano 1990. A cura di Sandrina Bandera Bistoletti, Mailand 1990. Aus Mailand auch die sehr ausführliche Dokumentation zum Ciborium in S. Ambrogio (wie Anm. 85).

90 Den relativ neuesten Stand findet man in dem genannten „Electa-Band“ (wie Anm. 36).

91 Seminario ... (wie Anm. 13).

92 Castelseprio (Convegno 1987) wie Anm. 20; Kolloquium Naturns 1990, vgl. Anm. 76.

93 Albert Knoepfli u. Oskar Emmenegger, Wandmalerei bis zum Ende des Mittelalters, in: Reclams Handbuch der künstlerischen Techniken. Bd. 2. Stuttgart 1990, S. 1-212 (bes. S. 168-174); falsch allerdings die Angabe S. 157: „Kalkmalerei mit Seccovollendung, also wiederum eine Mischtechnik, kann man mit mehr oder weniger Sicherheit annehmen für [...] Wandmalereien im Dom von Aosta.“ Richtig wäre: Fresko mit Vollendung in Kalksecco.

94 Vgl. Anm. 56, 76, 89. Wichtige neue technologische Erkenntnisse (oder Thesen), die allerdings die Malerei des 13. Jhs. betreffen, bei Bruno Zanardi 1993 (wie Anm. 85); ders., Relazione di restauro della decorazione della cappella del Sancta Sanctorum con due appendici sulle tecniche d'esecuzione dei dipinti murali duecenteschi, in: Sancta Sanctorum, Mailand 1995, S. 230-269 m. Abb. 1-60; ders., Il cantiere di Giotto. Le storie di San Francesco d'Assisi (= Grandi libri Skira), Mailand 1996.

95 Chierici 1966 (wie Anm. 14), S. 20 (nur metaphorisch gemeint?). Die Angabe „sfondo blu cobalto“ für ein Bild des 11. Jhs. im Baptisterium Agliate kann auch nicht ernst genommen werden (Tamborini 1984, wie Anm. 4, S. 185), Zastrow 1991 wiederholte sie für ein Ornamentband in der dortigen Basilica („fondo azzurro cobalto“, wie Anm. 69, S. 35).

96 Im Kapitel LXXVII: „Et nota, che ogni cosa che lavori in fresco vuole essere tratto a fine, e ritoccato, in secco con tempera.“ Cennino Cennini, Il libro dell'arte o trattato della pittura. A cura di Fernando Tempesti (= Biblioteca Longanesi, 19), Mailand 21987, S. 78.

97 William Dyce, Observations on Fresco painting, in: Sixth Report of the Commission [Commissioners?] on the Fine Arts. London 1846, S. 11-19; zit. nach der ital. Übers. bei Alessandro Conti, Michelangelo e la pittura a fresco, Florenz 1986, S. 209. Leider gelang es mir nicht, das engl. Originalzitat zu verifizieren.

98 Juliette Rollier-Hanselmann (D'Auxerre à Cluny: technique de la peinture murale entre le VIIIe et le XIIe siècle en Bourgogne, in: Cahiers de Civilisation médiévale 40, 1997, S. 57-89 [60 n. 22]) beruft sich für den Terminus „technique mixte" auf Mora. Diese (Paolo u. Laura Mora, Paul Philippot, Conservation of Wall Paitings [= Butterworth series in conservation and museology], London 1984, S. 13) wandten sich scharf gegen den Begriff „mezzo-fresco" („lack of understanding"), schlugen selbst aber keinen besseren vor, außer „systematic combination of two or more different techniques [...]" oder „a fresco with a finishing a secco" (S. 20). Die gelegentlich zu hörende Formulierung „fresco secco" wird von italienischen Freunden als sprachlich unschön verurteilt, außerdem soll sie auch für eine neuzeitliche Technik gelten, bei der auf fast abgebundenen Malputz in Kalkmalerei fortgesetzt wird (bevorzugt *mezzo fresco* genannt): Guido Botticelli, Metodologia di restauro delle pitture murali, Florenz 1992, S. 29.

99 Adriano Peroni, Le cattedrali medievali erano bianche?, in: In ricordo di Cesare Angelini. Studi di Letteratura e Filologia, Mailand 1978, S. 10-22; Autenrieth 1984 (wie Anm. 11); ders., Aspetti della policromia romanica in Lombardia e a Pavia, in: Il colore a Pavia. Atti del Convegno di „Italia Nostra" Pavia 1984 (= Annali di Storia pavese 14/15, 1987), S. 15-34, 181-190. Adriano Peroni, In margine alle difficoltà della storia dell'arte sul terreno del Medio Evo: il colore delle cattedrali, in: Il mestiere di storico del Medioevo. Atti del Convegno di Studio dell'Associazione „Biblioteca Salita dei Frari", Lugano 17-19 maggio 1990. A cura di Fernando Lepori e Francesco Santi, Spoleto 1994, S. 99-113.

100 In der Freskotechnik des Cennini ist eine Weißelung des Unterputzes nicht vorgesehen, im Gegenteil, er soll rauh sein: „abbi prima a mente di fare questo smalto bene arricciato, e un poco rasposo." (wie Anm. 96, Kap. LXXVII, S. 78). Im Gegensatz dazu gibt es zahlreiche frühmittelalterliche Bauten, bei denen der Unterputz geweißt und teilweise auch aufgepickt wurde, ehe der Malputz (intonaco) darüber kam. Außer Castelseprio, Mals und Naturns vor allem Brescia S. Salvatore, wo sich die bekannten Sinopien auf einer Weißelung befinden. A. Peroni 1983: „... la scialbatura mi parebbe potersi interpretare non altro che una prima provvisoria finitura, ma sempre in funzione preparatoria, anche forse per rendere più evidenti le spartizioni e le sinopie." (wie Anm. 13, S. 32); die Funktion der Grundierung für die Sinopien gälte allerdings allein für Brescia und erklärt nicht die vielen Weißelungen der anderen Innenräume. V. Gheroldi (mündl.) sieht in der Tünche doch einen Versuch, die Haftung des Intonaco zu verbessern, ein Gedanke, den A. Peroni 1983 ablehnte, ebenso Hermann Kühn (mündl.) und mehrere befragte Restauratoren. – Wir haben diese Frage auch für Aosta recherchiert (in der Kathedrale besitzt die östliche Raumhälfte einen geweißten Unterputz, während im Westen sogleich auf Einschichtputz gemalt wurde, der Figurenzyklus ist aber technisch im ganzen ausgeführt). Meines Erachtens handelt es sich dort um ein begonnenes Weißprovisorium, das durch die Möglichkeit zu einer sofortigen Totalbemalung „überholt" wurde. Da die Veröffentlichung der Kongreßakten noch in weiter Ferne zu liegen scheint, hier wenigstens eine Liste „weißer Räume" ohne bibliographische Nachweise: In der Provinz Brescia die Kirche in Manerba, die Krypten in Cemmo und die im alten Dom von Brescia; im Comasco: Carugo, Barzanò , Lurago Marinone, Krypta in Galliano; im Novarese: Vicolungo, die Krypta von Oleggio; im Piemont Fruttuaria (Ausgrabung), die Kapelle S. Eldrado in Novalesa und die Krypta des Domes von Ivrea. Im Valle d'Aosta finden sich nicht weniger als fünf sichere Beispiele: in Villeneuve, in Saint-Vincent, in S. Orso und in der Kathedrale Aosta, in Arnad (hier als zweiter Zustand). Jenseits der Alpen gab es gleichfalls weiße Innenräume, so in Saint-Martin d'Aime, in anderen Gebieten haben wir nicht recherchiert; für Burgund hat kürzlich Véronique Rossignol drei Fälle genannt, darunter auch Saint-Bénigne in Dijon. In der Rotunde zu Dijon ist die Situation stratigrafisch eindeutig: zwei Halbsäulen des Umgangs haben eine gotische Fugenmalerei, unter der sich eine ältere, weiße Tünche zeigt. In England: Jarrow. In Essen hatte die ottonische Stiftskirche zunächst nur eine Weißelung, ebenso zumindest Teile des neuen Freisinger Domes, Mitte 12. Jh., ferner der Karner in Perschen (Oberpfalz), der erst in einer zweiten Periode die bekannte Ausmalung erhielt.

101 Helmut F. Reichwald, Die ottonischen Monumentalmalereien an den Hochschiffwänden in der St. Georgskirche Oberzell auf der Insel Reichenau. Veränderungen – Bestand – Maltechnik, in: Zeitschrift für Kunsttechnologie und Konservierung 2, 1988, S. 107-170. Eine große zeitliche Differenz zwischen Bau mit einfacher Erst- und reicher Zweitausstattung wird neuerdings auch für Cividale und Brescia S. Salvatore diskutiert. Adriano Peroni, Frühmittelalterlicher Stuck in Oberitalien. Offene Fragen, in: Matthias Exner (Hg.), Stuck des frühen und hohen Mittelalters. Geschichte, Technologie, Konservierung. Eine Tagung des Deutschen Nationalkomitees von ICOMOS und des Dom- und Diözesanmuseums Hildesheim in Hildesheim, 15.-17. Juni 1995 (= ICOMOS, Hefte d. Dt. Nationalkomitees, 19), München 1996, S. 25-36. Vgl. Beitrag S. Lomartire im vorliegenden Band. An die seit langem bekannten Fälle von Sulzburg (Südbaden), um 1000 und Konstanz (Münster), Ende 11. Jhs. sei erinnert. In beiden Kirchen erhielt der getünchte Obergaden nachweislich nur einen gemalten Abschlußmäander. Ein kurioser Fall ist Agliate (Mailand): sowohl im Baptisterium wie in der Basilika wurde die begonnene Ausmalung nicht zu Ende geführt, sondern mitten in der Arbeit abgebrochen. Eindeutiger Befund an den Rändern des Malputzes, der auslaufend abböscht. Gern danke ich Paola Zanolini für den Hinweis. Die Hypothese eines späteren Verlustes durch katastrophalen Brandschaden (bei Zastrow 1981 [wie Anm. 69, S. 17]) ist ein Versuch, das Wunschbild einer komplett ausgemalten Kirche zu retten.

102 Oskar Emmenegger u. Helmut Stampfer, Die Wandmalereien von St. Benedikt in Mals im Lichte einer maltechnischen Untersuchung, in: Die Kunst und ihre Erhaltung. Rolf E. Straub zum 70. Geburtstag gewidmet, Worms 1990, S. 247-268 (247).

103 Zum Bauwerk Chierici 1978 (wie Anm. 4), S. 291-294, Abb. 133-137. Als wir 1989 das Gerüst zum ersten Mal bestiegen, hatten die Restauratoren diese einfache Erstfassung noch nicht einmal bemerkt. Eine weiße Nachkonturierung und „Tüpfelbemalung" frühmittelalterlicher Terracottareliefs (Spolien) wird von S. Lomartire (wie Anm. 4, S. 67) zur farbenreichen figürlichen Ausmalung (auf Putz) gerechnet, sie gehört aber wohl auch zum ersten Zustand. Sw-Foto eines Reliefs in der Baumonographie von Arturo Calzona (La rotonda e il palatium di Matilde, Parma [= Civiltà medievale] 1991, Abb. 251), die aber auf die Erstfassung überhaupt nicht eingeht; dagegen wird sie zumindest erwähnt bei Giannino Giovannoni, La Rotonda di S. Lorenzo e il Palazzo di Matilde, in: Matilde ... 1995 (wie Anm. 85), S. 43-46 (45), dort allerdings mit einer grundlosen Frühdatierung 1054. (Wenn das Bauwerk überhaupt noch im 11. Jh. entstand – ein im 14. Jh. eingeritztes Datum 1083 ist kein Beweis dafür – dann wird man die zweite, komplette Ausmalung ins frühe 12. Jh. datieren müssen). – Eine ähnliche Fugendekoration befindet sich im nahen Pegognaga; sogar die Kathedralen in Modena und Cremona hatten zunächst eine solche (die Hauptpsis in Cremona noch bis ins 16. Jh.): Autenrieth 1984 (wie Anm. 11); über provisorische und Einfachst-Fassungen vgl. ders., Die Farbfassung in der Architektur des Mittelalters. Zum Stand der Forschung, in: L'architettura medievale in Sicilia: La cattedrale di Palermo. Hg. v. Angiola Maria Romanini u. Antonio Cadei (Atti del Convegno internazionale su „I restauri della cattedrale di Palermo" Palermo 1991), Rom 1994, S. 205-240 (233-236).

104 Notiz bei Ilaria Toesca 1990 (wie Anm. 34), S. 20 n. 9.

105 Paula D. Leveto, Castel Seprio: Architecture and painting. Diss. Indiana Univ. 1985. Ann Arbor 1985/1987, S. 76-77. Es soll sich weder um *pontate* noch um *giornate* handeln, aber immerhin um „sections which correspond to the individual scenes". Diese Aufteilung hätte aber doch bei der Putzanalyse durch Franzini und Gratziù nicht entgehen dürfen. Hier heißt es S. 913 nur: „stesura dell'intonaco è continua senza segni di giornate e questo conferma, come d'altronde risulta dall'esame dello strato pittorico, che non siamo in presenza di un affresco in senso stretto." (Marco Franzini u. Corrado Gratziu, Relazione finale sullo studio di malte ed intonaci dell'abside di S. Maria forisportas (Castelseprio). Appendice E, in: Carlo Bertelli, Castelseprio e Milano, in: Settimane di Studio del Centro Italiano di Studi sull'Alto Medioevo. XXXIV, Bd. 2: Bisanzio, Roma e l'Italia nell'Alto Medio Evo. 1986. Spoleto 1988, S. 907-914 [913])

106 Pinin Brambilla Barcilon: Galliano, affreschi murali – Abside. Periodo d'intervento sett./dic. 1987. Unveröffentlichter Restaurie-

rungsbericht o. J. im Archiv der Soprintendenza per i Beni Artistici e Storici, Milano.

107 Vincenzo Gheroldi, Pratiche e tradizioni techniche, in: Galliano, 1000 anni (wie Anm. 4) S. 147-166.

108 Mals und Müstair: Emmenegger 1990 (wie Anm. 102), S. 257, 259-262; Galliano: Beobachtung gleichfalls O. Emmenegger, m. W. unveröffentlicht. Leider wurde uns bei einem gemeinsamen Besuch auf dem Gerüst nicht erlaubt, zu fotografieren, rückwirkend um so bedauerlicher, als dem amtlich beauftragten Fotografen ausgerechnet bei der Apsis die Aufnahmen mißglückten (Die ganze fotografische Restaurierungsdokumentation der Apsis mußte vier Jahre später wiederholt werden, nun ohne Gerüst, daher fehlen fast alle Details).

109 Sandro Baroni u. Barbara Segre, Il restauro dei dipinti murali del sacello di Ansperto, in: Il sacello (wie Anm. 89), S. 58-66. Die Tünche wird bezeichnet als „consistente glassatura, o scialbo, operato ad intonaco già in fase di presa" (S. 65).

110 Emmenegger 1990 (wie Anm. 102), S. 248-253.

111 Franz Mairinger u. M. Schreiner, Deterioration and preservation of Carolingian and medieval mural paintings in the Müstair Convent (Switzerland). Part II: Materials and Rendering of the Carolingian Wall Paintings, in: Case Studies in the Conservation of Stone and Wall Paintings. IIC. Preprints of the Contributions to the Bologna Congress 21-26 September 1986. Ed. by Norman S. Brommelle and Perry Smith, London 1986, S. 195-196. Ägyptisch Blau im 9. Jh. auch noch in Rom: L. Lazzarini, The discovery of Egyptian blue in a Roman fresco of the medieval period (ninth century A. D.), in: Studies in Conservation 27, 1982, S. 84-86.

112 Bertelli (wie Anm. 22), S. 25. Zu den frühesten Verwendungen von Lapislazuli als Pigment der Wandmalerei: Detlef Ullrich, Antike und spätantike Pigmente im vorderen Orient. Vortrag auf der Jahrestagung des Arbeitskreises Archäometrie München 1982, (München) 1982, Ms. Demnach: Ktesiphon, um 620.

113 Knoepfli u. Emmenegger 1990 (wie Anm. 93) S. 48: „Nach den Untersuchungen Franz Mairingers zieht sich ... eine Ultramarinlasur über eine Ägyptischblau-Grundlage"; dafür wird S. 171 als Quelle genannt „... Mairinger 1983", dieser hat jedoch später (1986) als Blau ausdrücklich nur Ägyptisch Blau angegeben (wie Anm. 111).

114 Emmenegger 1990 (wie Anm. 102), S. 256, 268 n. 2.

115 Beobachtung vom Gerüst aus. Bedenken weckt nur, daß das Grün dann vollständig übermalt wurde. Diese Bedenken äußert auch Juliette Hanselmann anläßlich eines ähnlichen Befundes in Torba (I frammenti di affreschi di Torba. Ricomposizione e interpretazione, in: Atti del convegno 1987-1988 [1989], wie Anm. 20, S.165-172 [170]). Die Datierungen für die Malerei in der Basilika Agliate schwanken zwischen Ende 10. Jh. (Tamborini 1984 [wie Anm. 4], S. 183), Anf. 11. Jh. (Zastrow 1991 [wie Anm. 69] und spätem 11. Jh. (Segre Montel u. Zuliani 1991 [wie Anm. 118], S. 72 n. 4 u. S. 113).

116 Luisiella Pejrani-Baricco, L'église abbatiale de Fruttuaria a la lumière des dernières fouilles archéologiques, in: Guillaume de Volpiano et l'architecture des rotondes. Actes du Colloque, Dijon 23/24/25 septembre 1993, sous la direction de Monique Jannet et Christian Sapin, Dijon 1996, S. 75-108. Auf die Marmorierung wird dort trotz eines ganzseitigen Farbfotos (Fig. 9) mit keinem Wort eingegangen. 2. V. 11. Jh.?

117 Sw-Foto bei Arslan 1954 (wie Anm. 19), S. 655.

118 Nützliche Zusammenstellung der „greca abitata" bei Costanza Segre Montel u. Fulvio Zuliani, La pittura nell'Abbazia di Nonantola. Un refettorio affrescato di età romanica (= Collezione di Studi e Ricerche, 1), Nonantola 1991. Daß in der Landkarte Abb. 67 einige italienische Mäander vergessen wurden (Muralto, Genua), ist verzeihlich, bedenklicher dagegen, daß das oberitalienische Gebiet in seiner Bedeutung insgesamt überzeichnet wird, weil nördlich der Alpen wichtige Beispiele fehlen: das Münster in Konstanz, der Augsburger Dom, die Stiftskirche in Essen, die Abteikirche Echternach (umgekehrt die Angabe Köln St. Gereon falsch, und in Regensburg handelt es sich nicht um Prüfening, sondern um den Westbau von St. Emmeram).

119 Zu diesem Motiv zuletzt Janetta Rebold Benton, Antique survival and revival in the Middle Ages: Architectural framing in late Duecento murals, in: Arte medievale 2. Serie, 7, 1993, Nr. 1, S. 129-145.

120 Hélène Toubert, Gli affreschi romanici scoperti recentemente nell'abbazia di Nonantola e l'illustrazione degli Atti degli Apostoli: la Fuga da Damasco e la Prima venuta di Paolo a Gerusalemme, in: Wiligelmo e Lanfranco nell'Europa romanica. Atti del Convegno Modena 24-27 ottobre 1985, Modena 1989, S. 155-170; Segre Montel u. Zuliani 1991 (wie Anm. 118).

121 Fabrizio Mancinelli, Iconografia e livelli di linguaggio nella decorazione del complesso abbaziale di Civate, in: L'Arte 4, 1971, Nr. 15/16, S. 12-53; Carlo Bertelli, Bibbia, breviario, messale nella cultura della chiesa milanese dall'XI al XII secolo, in: Atti dell'11° Congresso internazionale di Studi sull'Alto Medioevo. Milano 26-30 ottobre 1987, Bd. 2, Spoleto 1989, S. 815-853. Auch wenn man – mit Mancinelli – das Programm der Klosterkirche mit dem von S. Pietro al Monte zu einer großen Einheit „zusammendenkt" (kühne Vorstellung angesichts der Entfernung), fehlen die traditionellen NT-Themen (Marienleben, Leben Jesu). Waren sie im Langhaus von S. Pietro? Zur Ostanlage zuletzt: Yves Christe, Traditions littéraires et iconographiques dans l'élaboration du programme de Civate, in: Texte et image. Actes du Colloque international de Chantilly. 1982, Paris 1984, S. 117-135. Für Civate vgl. auch Anm. 28.

122 Yves Christe, Le cycle inédit de l'invention de la croix à S. Severo di Bardolino, in: Académie des Inscriptions et Belles-Lettres [Paris]. Comptes rendus des séances 1978, S. 76-109. Für Fotos: Butturini 1987 (wie Anm. 71) Abb. 101, 196-223; dazu Text S. 56-61.

123 Wie Anm. 34. Für das Motiv der Einzelfiguren verweist die Autorin auf die sog. Riesenbibeln.

124 Der Streit um Datierungen (bloße Zahlen, die das Kunstwerk materiell überhaupt nicht verändern) kann dem Restaurator relativ gleichgültig sein, dem (Kunst-)Historiker sind Zahlen aber das trefflichste Hilfsmittel, historische „Beziehungsgeflechte" und Prioritäten „festzumachen". Kein Wunder, daß neu entdeckte Wandmalereien gern (bewußt oder unbewußt) durch eine frühe Datierung interessant gemacht werden, man erinnere sich an Hans Sedlmayrs „karolingische" Engel in der Torhalle auf Frauenchiemsee; in Oberitalien waren vorschnelle „karolingische" Datierungen: Torre Mondovì" (hierüber zuletzt: Segre Montel 1994a, wie Anm. 26, S. 39 u. Anm. 57) und Madonna di Tirano (referiert bei Lomartire 1994 [wie Anm. 4], S. 79 und 89 n. 238).

125 Maria Cristina Cavalieri, L'affresco absidale della basilica patriarcale di Aquileia, in: Bollettino d'arte 61, 1976, S. 1-11; Karl Schmid, Zum Haus- und Herrschaftsverständnis der Salier, in: Die Salier und das Reich, Bd. 1. Salier, Adel und Reichsverfassung. Hgg. v. Stefan Weinfurter u. Helmuth Kluger (= Die Salier), Sigmaringen 1991, S. 21-54; Poppone. L'età d'oro del patriarcato di Aquileia. Cat. d. mostra, Museo Civico d. Patriarcato, Aquileia 1996/97, Rom 1996.

126 Die Malerei der nördl. Seitenapsis inschriftlich bezeichnet als Stiftung eines Diakons Vvalteramus, im 21. Amtsjahr des Bischofs Rainaldus oder Reginaldus (1061-1084). Gleichzeitig, wenn nicht früher, wohl auch die Malereien der Hauptapsis. Vgl. auch Anm. 62.

127 991: Gründung der Kirche in Spigno Monferrato (zu den Malereien s. Gabrielli 1944 [wie Anm. 26], S. 66-67 m. sw-Taf. LXXXV-LXXXVI; Segre Montel 1994a (wie Anm. 26), S. 33 u. Abb. 39; dies. 1994 b (wie Anm. 26), S. 259 u. Taf. 67. 1031: Weihe in Revello S. Ilario (Fragmente von Wandmalerei, ein besonders eindrucksvolles im Museum Saluzzo); Segre Montel 1994b, Taf. 70 (die Relation zwischen Weihedatum und den Fragmenten wäre noch zu klären). Um 1030/40: eine Serie von Dendrodaten in Aosta (Vorbehalt: Einzelheiten sind unveröffentlicht). 1096: Weihe in Pavia S. Maria Gualtieri (Lomartire 1994 [wie Anm. 4], S. 75 u. Abb. 94-96. – Gut begründet das Datum für die Eldradokapelle in Novalesa 1096/97 („Durchzug" einer Reliquie des in den Bildern dargestellten hl. Nikolaus). Dazu mehrfach Segre Montel, zuletzt 1994b (wie Anm. 26), m. Taf. 13-14. Zu diskutieren bleibt hier, ob das Jahr des Ereignisses nur ein terminus post ist, wie Bertelli 1993 annimmt (wie Anm. 7, S. 182), oder ob die Malerei durch die Amtszeit des als Stifter dargestellten Abtes Aldradus (mit Inschrift) begrenzt werden kann (der Abt nachgewiesen 1060-1093, womöglich 1096 noch im Amt). Wenn der zweite dargestellte, nicht identifizierte Mönch ein Nachfolger des Abtes wäre, hätte Bertelli Recht; die Jugendlichkeit dieser Person spricht aber für einen Prior oder für den Maler (so Annahme Segre Montels).

128 Giovanni Romano, Piemonte Romanico (wie Anm. 26). Außerdem Veröffentlichungen mit „Schede“, so „I centri della pittura lombarda“ (wie Anm. 68) und „I pittori bergamaschi ...“ (wie Anm. 70).

129 R. Salvini hatte 1954 in Galliano drei und in Civate sieben Maler unterschieden, für S. Pietro al Monte allerdings „nur“ sechs (Roberto Salvini, La pittura dal secolo XI al XIII, in: Storia di Milano, Bd. 3, Mailand 1954, S. 603-642 [bes. S. 619-621 u. 630-635]). O. Demus, der 1968 ausdrücklich aus Salvini 1954 referierte, verminderte die Zahl der Maler auf fünf, ein begreifliches Versehen (wie Anm. 4, S. 113-114).

130 Diese Beobachtung und die Priorität des Orso-Malers wurde erstmals von uns auf dem Convegno Aosta 1992 vorgetragen. Sie finden sich wieder bei Segre Montel 1994 (1994a und b, wie Anm. 26), ohne korrekten Nachweis, zusammen mit einer falschen, inzwischen überholten, maltechnischen Beobachtung, die wir 1992 in Auxerre (Diskussion zu Perinetti [wie Anm. 26]) mitgeteilt hatten.

131 Gabrielli 1975 (wie Anm. 16), S. 102 m. Anm. 8 u. Abb. 2.

132 Carlo Bertelli hat diese 1994 erklärt, wie nebenbei, aber sehr bestimmt (wie Anm. 32), S. 27: „Maestro delle absidi di Galliano e di Bizzozzero“; im gleichen Jahr rückte S. Lomartire davon ab, indem er Bizzozero Ende 11./Anf. 12. Jh. datierte (wie Anm. 4), S. 67, hier auch ein Foto, Abb. 88; weitere Fotos bei Lomartire 1992 (wie Anm. 22) Fig. A-B u. Farbtaf. 8 (S. 74).

133 Rom – Galliano – Sarnico (Bergamo) – Spigno Monferrato. Einzelheiten dieser „Reise“: Die Malereien von Sarnico (Bergamo) sollen nach Luisa Tognoli Bardin Ende des 10. Jhs. entstanden sein (Luisa Tognoli Bardin, Secoli X-XII. Le opere. Pittore del X secolo a Sarnico. [Scheda], in: I pittori bergamaschi [wie Anm. 70] S. 35-38). Die Autorin zieht zwei sicher datierte Werke zum Vergleich heran: Galliano und S. Sebastiano sul Palatino in Rom. Für Galliano wird konkret aber nur ein einziges Foto benannt (bei A. Segagni Malacart 1988, in: La città del vescovo [wie Anm. 4], dort Abb. 267; die Ähnlichkeit mit Sarnico beschränkt sich auf allgemeine Stilmerkmale der romanischen Wandmalerei). Auf den für die römische Malerei zitierten Fotos (bei Guglielmo Matthiae, Pittura romana del Medioevo. Bd. 1, Rom [2]1965, Abb. 175-177) kann ich zwar einen „modellato vivo“, aber keinen „linearismo evidenziato“ erkennen und nur dieser wäre allenfalls ein tertium comparationis. Wir kennen die Kirche in Sarnico nur von außen und wollen die frühe Datierung nicht unbedacht abstreiten (Andere datieren Sarnico erst Ende 11./Anf. 12. Jh.: Maria Grazia Albertini Ottolenghi, Sarnico, in: Pittura a Bergamo dal Romanico al Neoclassicismo. A cura di Mina Gregori [= I centri della pittura lombarda], Mailand 1991, S. 219-220; S. Lomartire1994 [wie Anm. 4], S. 79); unsere Kritik richtet sich allein gegen die Begründung mit Hilfe zweier schwacher Fotovergleiche. Noch weniger leuchtet ein, daß eine andere Autorin den Maler von Spigno Monferrato (Prov. Alessandria, um 1000) für so bewandert hält, daß er außer Galliano auch die provinzielle Malerei in Sarnico gekannt habe (Segre Montel 1994a, wie Anm. 26, S. 33).

134 Bischof Petrus III. von Novara war ein treuer Parteigänger Kaiser Heinrichs II. und 1014 an dessen Hof in Pavia; Fedele Savio, Gli antichi vescovi d'Italia dalle origini al 1300 descritti per regioni. [1]. Il Piemonte, Turin 1898-1899, S. 262-263.

135 Albertini Ottolenghi 1991 (wie Anm. 133), S. 219 u. Farbtaf. 1 (S. 63); Laura Polo D'Ambrosio, Secoli X-XII. Le opere. Pittore attivo intorno all'XI secolo a Credaro, in: I pittori bergamaschi 1992 (wie Anm. 70) S. 30, 34 (Farbtaf.), 35, 43 (sw-Abb.); Lomartire 1994 (wie Anm. 4), S. 79 u. Abb. 100.

136 „Le remarquable Ange de l'Annonciation évoque le style des Péricopes d'Henri II tandisque le visage de l'Annoncée préfigure celui de Sorengo.“ Hélène Toubert, Peinture murale romane. Les découvertes des dix dernières années. Fresques nouvelles, vieux problèmes, nouvelles questions, in: Arte medievale 2. Serie, 1, 1987, S. 127-162 (S. 135).

137 Giovanni Valagussa, Spurano di Ossuccio [Scheda], in: Pittura a Como e nel Canton Ticino dal Mille al Settecento. A cura di Mina Gregori (= I centri della pittura lombarda), Mailand 1994, S. 241-242. Die Ernsthaftigkeit der Hypothese ist nicht ganz klar, weil Verf. den Satz mit „Anzi si potrebbe credere ...“ einleitet, danach nennt er das (in Regensburg entstandene) Sakramentar Heinrichs „eseguito probabilmente in Lombardia“. Allein die Frühdatierung der Wandmalerei ist aber schon übermütig, sie müßte zunächst eine neue Baugeschichte vorschlagen: A. K. Porter und M. Magni hatten die Kirche in Spurano nämlich mit guten Gründen (wegen der differenzierten Apsisgliederung) um 1095 bzw. 1050/75 datiert (Mariaclotilde Magni, Architettura romanica comasca, Mailand 1960, S. 59-63). Zur Malerei vgl. Zastrow 1984 (wie Anm. 4), S. 212-213 u. Abb. 77-84.

138 Man versteht, daß sich ein großer Dissens immer dort einstellt, wo nah vergleichbare Werke fehlen, das gilt für Castelseprio ebenso wie für ein viel späteres, ähnlich singuläres Werk der Region: die Ausmalung des Saales der Rocca d'Angera (um 1300). Erstaunlicherweise liegen aber für das 11. und 12. Jh., bei doch sehr reichem Denkmälerbestand, die Datierungen oft weit auseinander (vgl. z. B. Agliate, Anm. 115). Pietro Toesca hatte die Dekoration in Civate S. Pietro al Monte hartnäckig in die „2. Hälfte 12. Jh.“ datiert (zuletzt: Monumenti dell'antica abbazia di S. Pietro al monte di Civate [= Artis monumenta fotografice edita, 1], Firenze 1943, S. 16), dennoch schien sich die Mehrheit der Autoren inzwischen auf das späte 11. Jh. zu einigen (wahrscheinlicher Auftraggeber der 1097 in Civate begrabene Mailänder Erzbischof Arnolfo III.). Nun kehrt C. Bertelli 1993 (wie Anm. 7) wieder ins 12. Jh. zurück (in die Zeit zwischen 1102 und 1162, ohne nähere Eingrenzung). Im gleichen Jahr plädierte Giovanni Valagussa aber für die Zeit 1050-1075 (in: Pittura in Brianza e in Valsassina dall'Alto Medioevo al Neoclassicismo. A cura di Mina Gregori [= I centri della pittura lombarda], Mailand 1993, S. 227-229). Keine der beiden Argumentationen überzeugt, die erste beruht auf ikonologisch-kirchenpolitischen Spekulationen, die zweite auf flüchtigen Stilvergleichen.

139 Sogar die „toleranzenreiche“ C-14-Methode ist neuerdings in der Lage, auf ± 30 Jahre zu datieren, allerdings gilt die Datierung des Calciumcarbonates im Putzmörtel (für Wandmalerei das Desiderat schlechthin) nach wie vor als besonders heikel. Zuletzt: Jan Heinemeier u. Högne Jungner, C-14 datering af kalkmørtel. C-14 Dating of lime mortar, in: Arkæologiske udgravninger i Danmark 1995, S. 23-49. (Auskünfte zum Stand der C-14 Analytik verdanke ich Pieter Grootes, Kiel). Die beste Laboranalyse nützt freilich nichts, wenn Zweifel möglich sind, ob das Probematerial überhaupt zeitgleich mit der Wandmalerei ist, – so bei allen bisher aus Castelseprio veröffentlichten Analysen (Laura della Torre [et al.], Santa Maria foris portas: datazione con termoluminiscenza, in: Atti del convegno 1987 (1989) [wie Anm. 20], S. 135-138; Pierangelo Donati, Alain u. Christian Orcel, Analisi dendrocronologiche a Castel Seprio e Torba, ebd. S. 139-152; Paula Leveto-Jabr, Carbon-14 dating of wood from the east apse of Santa Maria at Castel Seprio, in: Gesta 26, 1987, S. 17-18). Der Mangel dieser Untersuchungen liegt nicht in einigen offensichtlichen „Ausrutschern“, sondern darin, daß der archäologisch-stratigrafische Rapport der Proben (Estrich, Dachziegel, Balken) zur Wandmalerei unbewiesen ist. Mögliche Einwände gegen die Theroluminneszenz-Ergebnisse hat Silvia Lusuardi Siena formuliert (Castelseprio, in: Enciclopedia dell'arte medievale. Bd. 4, Rom 1993, S. 447-453). Für die C-14-Proben versuchte P. Leveto (1987), nachzuweisen, daß die Hölzer gleichzeitig mit der Malerei seien, ihre Darstellung des Befundes ist aber unvereinbar mit der Stratigraphie der Putze bei Franzini und Gratziù, 1986/88 (wie Anm. 105). Was die sonst so genaue Dendrochronologie angeht, fällt auf, daß der Mailänder Gewährsmann von P. Leveto (1985 [wie Anm. 105], S. 55-56 n. 60) in Castelseprio ausschließlich Eichenholz diagnostizierte (welches dann P. I. Kuniholm ohne schlüssiges Ergebnis untersuchte, ebd., S. 36-39), dagegen das Laboratoire Romand de Dendrochronologie (Moudon) nur Kastanienholzproben mitnahm oder erhielt (ein Holz, das im fraglichen Zeitraum überhaupt noch nicht datierbar ist). Der relative Mißerfolg in Castelseprio macht aber naturwissenschaftliche Datierungen ganz gewiß nicht generell wertlos.

Adriano Peroni

Das Baptisterium von Novara. Architektur und Ausmalung

Zusammenfassung

Seit der Denkmalpfleger Umberto Chierici 1967 seine Untersuchungen im Baptisterium von Novara abschloß und in einer Monographie publizierte, wurde der im Tambour des Baptisteriums aufgefundene Apokalypsenzyklus zu einem viel zitierten Hauptwerk der frühmittelalterlichen Wandmalerei (Abb. 202, 209-213). Die Malereien selbst, schon im Freilegungszustand nur fragmentarisch überliefert, haben leider im Laufe der Zeit weiter gelitten und an Lesbarkeit verloren (s. oben, S. 132 f.). Nur spärliche Teile der Hauptfiguren sind gut erhalten und können eine Ahnung von der Qualität der ersten Maltextur geben. Es ist außerdem problematisch, eine Vorstellung der Gesamtkomposition zu gewinnen, da in der Kuppel nur wenige Bruchstücke erhalten sind, und im Obergaden, unter dem Apokalypsenzyklus, der untere Teil der Malereien völlig verlorengegangen ist (Abb. 213). Darum bleibt die von Chierici gesammelte Dokumentation, ein größerer Bestand an Photos, Zeichnungen und architektonischen Aufnahmen, unentbehrlich für jede weitere Beschäftigung mit dem Bestand (Abb. 207-210).

Schon Chierici hatte festgestellt, daß das alte Baptisterium der Kathedrale von Novara, ein im 5. Jahrhundert errrichteter und mit Wandmosaiken ausgestatteter Bau (wichtige Spuren davon sind an zwei Fensterlaibungen erhalten), Ende des 10. Jahrhundert eine wesentliche Umgestaltung erfahren hatte. Der oktogonale Tambour wurde erhöht, und mit einer neuen Eindeckung versehen, um dann im Inneren mit Malereien neu ausgestattet zu werden. Die Bausubstanz dieses Umbaus ist im oberen Bereich ausserordentlich gut erhalten. Unter dem modernen Dach wurde sogar das Originaldach mit der zugehörigen Ziegeleindeckung noch „in situ" wiederentdeckt.[1]

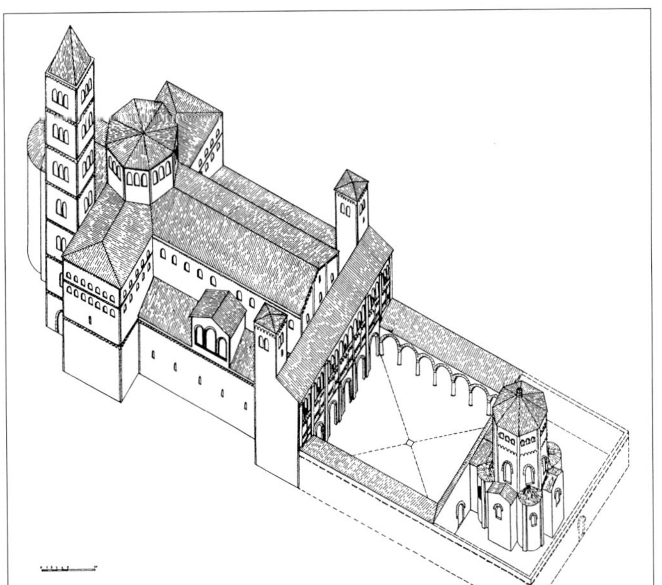

Abb. 206. Novara, Kathedrale mit Baptisterium. Rekonstruktion (isometrische Darstellung) unter Einbeziehung hypothetischer Ergänzungen im Bereich von Apsis, Campanile und Vorhalle (M. Perotti).

Was die Architektur betrifft, ist zu betonen, daß die große Tradition der Baptisterien in Italien nicht zuletzt aus solchen Wiederbelebungen frühchristlicher Bauten erklärt werden kann. Außerdem ist das neue „romanische" System des durch eine am Rand nischenartige Bedachung erleichterten Gewölbes (d. h. die tief nach oben enger werdenden Bögen, die J. Puig i Cadafalch als „niches aveugles" bezeichnete, auf ital. „nicchie a fornice") hier in einem frühen Beispiel überliefert, das später als normale Lösung für die „tiburi" (ebenfalls oktogone Kreuzkuppeln) eingeführt werden sollte.[2]

Was das Programm der Malereien angeht, ist eine Beziehung der monumentalen Reihe der Tuba-Engel (Ap. 8 ff.) zu dem Apokalypsenkommentar von Berengaudus gesehen worden.[3] Dies ist insofern unwahrscheinlich, als dieser Text erst Ende des 11. Jahrhunderts, oder sogar Anfang des 12. Jahrhunderts zu datieren ist.[4] Es bleibt eine offene Frage, ob eine ähnliche frühere Interpretation den Zyklus von Novara inspiriert haben kann. Neuere Forschungen haben die Novara-Fresken mit dem neuentdeckten Zyklus in St.-Hilaire-le-Grand in Poitiers und mit den Vorhallen-Fresken von St.-Savin-sur-Gartempe als „monumentalen" Zweig einer Familie zusammengruppiert, zu der auch eine Reihe von Handschriften gehört, u. a. die Bamberger Apokalypse.[5] Es wurde aber nicht angemessen gewürdigt, daß das Programm von Novara unter Berücksichtigung der besonderen Funktion der Taufkirche gedeutet werden sollte. Apokalyptische Einzelthemen sind früh in Baptisterien vertreten, aber als solche wurden sie noch nicht systematisch untersucht. Es sei nur an die „leeren Throne" im Baptisterium der Orthodoxen in Ravenna erinnert; oder daran, daß die vier Wesen schon im Baptisterium von Neapel weniger als Evangelistensymbole, denn als apokalyptische Vision dargestellt sind.[6]

Die sieben Tuba-Engel (es sind wohl acht Engel, wenn man den ersten Opfer-Engel mitrechnet) künden die Plagen für die Sünden der Menschen an, deren Vergebung die Taufe erteilt. In diesem Sinne wurde das Kind der Achten Szene, der Vision der vom Drachen bedrohten Frau, unter Berufung auf Cassiodor und Ambrosius Autpertus als Bild der Auferstehung interpretiert.[7] Somit ließe sich im Oktogon des Baptisterium eine Übereinstimmung mit der architektonischen Form und Deutung der Zahl acht auf der Basis der lange wiksamen Auffassung des Hl. Ambrosius erkennen, wonach am achtem Tag die Auferstehung gefeiert wird.[8]

Eine Darstellung des Jüngsten Gerichts hat im 15. Jahrhundert die ältere Malerei an der Südseite des Tambours ersetzt, wo der sechste Tuba-Engel stand.[9] Diese neue „Parousia" dürfte an die Stelle einer älteren, vielleicht beschädigten, in der Kuppel ausgeführten Fassung des Thema getreten sein. Nach den Bruchstücken, die dort übrig geblieben sind, wurde ein Zentralmedaillon mit einer nicht identifizierten christologischen Darstellung vermutet. Die Spuren von mit Augen bedeckten Flügeln ließen an Engelfiguren nach Ap. 4, 8 denken. Somit würden Beziehungen zu Apokalypsenthemen in Pavia, S.Maria Gualtieri, und Bardolino, S.Severo, erkennbar.[10]

Im Hinblick auf die Reihe der Tuba-Engel wäre auch eine einführende „recapitulation" nach Ap. 8,2 möglich (eventuell in der Art des Mosaiks von S.Michele in Africisco aus Ravenna, jetzt in Berlin).[11] Unter den wenigen lesbaren Worten der Kuppelinschrift scheint CONTINUATIM mit dem Lobgesang von Ap. 4,8 in Zusammenhang zu bringen zu sein.[12] Man kann tatsächlich RESONAT nach CONTINUATIM (zwischen den Seiten SO und O) lesen, aber dies ist kein wörtliches Zitat aus dem Text der Vulgata. Ich würde eher darin auch einen Hinweis auf das wiederholte Erklingen der Tuba sehen, das ein Leitmotiv der unteren Engelreihe ist. Übrigens muß man davor warnen, die Rekonstruktion von Chierici nach einer regelmäßigen Gratverteilung der Kuppel als gesichert anzunehmen, da die Indizien dazu nicht ausreichen.

Aus stilistischen Gründen wird eine Datierung der Malereien um 1020 oder wenig früher allgemein angenommen, obwohl die Begründung hierzu vielfach im Allgemeinen bleibt und nicht immer auf eine ausreichende Kenntnis des Befundes gestützt scheint. Man hat auf Beziehungen zur Buchmalerei (Bamberger Apokalypse), und zur Goldschmiedekunst (Basler Antependium) hingewiesen, die nur zum Teil treffend sind.[13] Vielfach wurden auch Vergleiche mit der Reichenauer Wandmalerei (St.Georg, Oberzell),[14] oder mit S.Vincenzo in Galliano herangezogen.[15]

Ein dringendes Desiderat wäre die konkrete Aufnahme und Deutung der „tituli", die heute am Ort nicht mehr zu sehen und durch die Fotos nur teilweise zu erkennen sind. Abgesehen von den Schriftrollen der Propheten (die nicht mehr zu lesen sind) sind zwei Hauptinschriften in zwei Niveaus erkennbar, d.h. am Rand der Kuppel (wo man CONTINUATIM ... RESONAT lesen kann) und die „tituli" für jedes Bild am Fuß des Tambours. Mit einer zuverlässigen Bestandsaufnahme dieser Texte dürfte man eine bessere Kenntnis des ikonographischen Programmes erreichen.

Im folgenden Beitrag möchte ich nur einige Überlegungen zur Datierung und zur Beziehung Architektur-Ausmalung vorlegen.

a) Die Ausführung der Malereien läßt sich, wenn auch mit möglichen weiteren Schwankungen, für die Amtszeit Petrus' III., des ungefähr von 993 bis 1030/33 amtierenden Bischofs von Novara sichern.[16] Dieser Bischof hatte mit Otto III., Heinrich II. und Konrad II. urkundlich belegte Beziehungen. Die Unruhen an der Seite des Kaisers in dessen Streit gegen den Markgrafen Arduin von Ivrea lassen so unfangreiche Bau- und Ausstattungsarbeiten im Baptisterium vor 1005 als kaum wahrscheinlich erscheinen. Im Gegenteil weisen mehrere Schenkungen von Heinrich II. an Bischof Petrus, und auch später von Konrad II., eher auf die folgenden Jahrzehnte. Es handelt sich um politische Ereignisse, die schon bekannte und weitererforschte kulturelle Beziehungen bestätigen. Um so mehr, da ähnlich gelagerte Beziehungen in den benachbarten Bischofsitzen, besonders in Ivrea mit Bischof Warmundus (969-1002 c.), und in Vercelli mit Bischof Leo (999 c.-1026) zu beobachten sind. Alle diese Diözesen sind Suffragan-Bistümer des Metropolitensitzes Mailand, und auch dort haben die Erzbischöfe in der Zeit eine besondere Beziehung zum Kaiser entwickelt. Es sei als berühmter Auftraggeber nur Aribert genannt (1018-1044,

Abb. 207. Novara, Baptisterium. Außenansicht von Nordosten (Zustand um 1967).

Abb. 208. Novara, Baptisterium, Schnitt in Nord-Süd-Achse (nach U. Chierici).

Abb. 209. Novara, Baptisterium, Bildzone des Tambours, östliches Bildfeld: Szene 5 des Apokalypsenzyklus (Zustand um 1967).

als Diakon der Mailänder Kirche schon um 1007 Autraggeber der Malereien von Galliano: Abb. 185).[17]

b) Der Apokalypsenzyklus stellt nicht eine zusätzliche Ausstattung eines schon vor länger Zeit ausgeführten Baus dar; vielmehr liegt die Annahme nahe, daß auf den zu diesem Zweck erhöhten Tambourwänden unmittelbar darauf noch mit denselben Gerüsten gemalt wurde. Es handelt sich also um einen Zusammenhang von Umbau und Programm, wobei der Bau aus dem 5. Jahrhundert erhöht und neu eingedeckt, und dann sofort im Gewölbe und am Tambour bemalt wurde. Das Bedachungssystem mit einem direkt auf dem Rücken des Gewölbes aufliegenden Dach bedeutet für sich ein frühes Beispiel für eine technische Erneuerung im Bereich der oberitalienischen Tradition. Die Wandmalerei selbst schafft die beste Verbindung zwischen der alten und der neuen Bausubstanz. Bezüglich einer malerischen Ergänzung der Architektur können Vergleiche mit anderen wichtigen Beispielen der frühmittelaterlichen Wandmalerei angestellt werden (beispielsweise Castelseprio, Cividale, Brescia, Mals, S. Vincenzo al Volturno, Aosta, bis zur Pieve di Acquanegra. Der Vergleich mit der Innenausstattung der Torhalle in Lorsch wurde schon von Chierici herangezogen). Im Rahmen der Problematik der antikisierenden Malereitradition in Rom im XI. Jahrhundert (nach einseitigen Interpretationen als Folge des „Kirchenreformjahrhunderts", oder gar als Zeichen der Kirchenreform gedacht)[18] wurde zum Vergleich auch der Historienzyklus der Heiligen Cecilia und Urban in S. Urbano alla Caffarella herangezogen.[19]

Es sei darauf hingewiesen und besonders betont, daß unterhalb der Szenenreihe durch eine Eckpfeilerordnung an den Scheitelpunkten des Tambouroktogons, im Niveau der weiten, noch dem frühen Bau angehörigen Fenster, gemalte Scheinnischen mit Prophetenfiguren aufeinanderfolgen, die trotz der Lücken eine deutliche perspektivische Anlage zeigen (Abb. 211 f.). Es wird sogar eine überraschende Schattenprojektion der Bogen- und Pfostenlaibung vorgesehen. Übrigens sind die Pfosten selbst kanneliert (vielleicht unter dem Eindruck einiger wiederverwendete Säulen aus der unteren Ordnung des Baptisteriums) und mit Kapitellen versehen. Keine Pfostenbase ist mehr zu sehen, da der untere Teil der Wandmalerei völlig verlorengegangen ist. Die Scheinpfeiler der oberen Ordnung weisen auch Kapitelle und attische Basen auf, obgleich die Gliederung selbst mehr durch die Farbe als durch einen Formenkanon betont scheint.[20] Man kann, angesichts der etwas diffusen Wahrnehmungsmöglichkeiten, nur sagen, daß die Kapitelle doppelte Blätterreihen besitzen. Dieser Typus fußt natürlich auf antiken Mustern. Die projektive Gliederung der Nischenbögen ist wohl gleichfalls auch als ein Überleben der Raumdarstellung der Antike zu sehen.[21]

Es ist interessant, daß die Scheinarchitektur mit dem zweimal in waagerecht wiederholten Abschlußbänden angelegten „perspektivischen Mäandermotiv" kombiniert wird. Dies kommt auch von der Antike her, bleibt aber durch das ganze Mittelalter hindurch von begrenzter Tiefenwirkung.[22] Ein anderes typisches Motiv, das abschließende Konsolgesims wird, unweit von Novara, etwa einige Jahrzehnte später, in der Kathedrale von Aosta gemalt (Abb. 201). In diesem Falle wird auch eine traditionelle Verbindung mit der wirklichen Architektur gesucht, aber die Scheinkonsolen erscheinen ungeschickt profiliert.[23]

In Novara läßt sich der Sinn für Raumdarstellung nicht nur in den Rahmengliederungen, sondern auch in den Apokalypsenszenen feststellen. Die Einzelfiguren der Engel sind in einer seltsamen Monumentalität isoliert. Ihre Gebärden entfalten sich mit leichten Varianten vor einem in waagerechten Streifen angelegten Hintergrund, in den nur ausnahmsweise Landschaftseinzelheiten eingeführt werden (sehr dünne pilzartige Bäume, wenige zerstreute Gestirne). Dabei können manche kubische Formen eine perspektivische Rolle spielen, z. B. der Altar in der Szene der vom Drachen bedrohten Frau, oder in der Grube des Abyssusbrunnens. Damit kann man trotz der vielen Lücken er-

Abb. 210. Novara, Baptisterium, Innenansicht nach Südosten (Zustand um 1967).

Abb. 211. Novara, Baptisterium, Bestandsdokumentation: Fensterzone mit Prophetenzyklus, westlicher Ausschnitt (digitale Montage).

kennen, daß Architektur und Raumgestaltung in einer sehr durchdachten Weise aufeinander bezogen wurden.

Die monumentale Isolierung der Hauptfiguren scheint bewußt auf denselben Effekt zu zielen (Abb. 202). In diesem Sinne läßt sich vielleicht eine Verbindung mit der Bamberger Apokalypse in Ansätzen fassen, wenn nicht doch eine literarische Quelle dahintersteht. Aber der Maler von Novara konnte diese Anregungen unhabhängig in die Richtung einer tiefgreifenden, dem Innern des Baptisteriums angemessenen Raumgestaltung überwinden.[24]

Anmerkungen

Ein herzlicher Dank gilt den Architekten Ombretta Dinelli und Emilio Guazzone, Florenz, für die instruktive graphische und photographische Aufarbeitung des Bildmaterials mit Hilfe der Computersimulation. Diese Versuche wurden finanziert mit Forschungsmitteln des *Ministero per l'Università e la Ricerca Scientifica e tecnologica, Rom.* Für vielfältige Hilfe bin ich Herrn Dr. Giovanni Martellucci und Frau Dr. Ciuzia Nenci, Florenz, zu Dank verpflichtet.

1 U. Chierici, Il Battistero del Duomo di Novara, Novara 1967; Ders., Il „Maestro dell'Apocalisse di Novara", in: Paragone 17, 1966, H. 201, S. 13-41 Abb. 1-27.

2 J. Puig i Cadafalch, La géographie et les origines du premier art roman, Paris 1935, S.152 ff., insbes. S. 163; A. Peroni, L'abside del S.Caprasio di Aulla e il tema architettonico delle nicchie a fornice, in: Società civile e società religiosa in Lunigiana e nel vicino Appennino dal IX al XV secolo, Aulla 1986, S. 265-278.

3 M. B. Mauck, The Apocalypse of the Baptistery in Novara, Italy, Diss. Thulane University, 1975.

4 Dazu G. Schiller, Ikonographie der christlichen Kunst 5, Die Offenbarung des Johannes 1, Textteil, Gütersloh 1990, S. 243; vgl. auch Y. Christe, Le „visiones" dell'Apocalisse dall'undicesimo al tredicesimo secolo: immagini, testi e contesti, in: Schede medievali 18-19, 1990, S. 278-296; P. K. Klein, Stichwort Apocalisse, in: Enciclopedia dell'arte medievale II, 1991, S. 156-157.

5 P. K. Klein, Les cycles de l'Apocalypse du Haut Moyen Age (IXe-XIIIe s.), in: L'Apocalypse de Jean. Traditions exégétiques et iconographiques, IIIe-XIIIe siècles, Genf 1979, S. 177-179.

6 F. W. Deichmann, Ravenna, Kommentar, 3. Teil, Stuttgart 1989, S. 305, 312. Zu dem Baptisterium von Neapel: J. L. Maier, Le Baptistère de Naples et ses mosaiques, Étude historique et iconographique, Fribourg 1964, S. 52-54, Taf. II u. ff.

7 Cassiodor, ed. Migne, P.L. LXX, Sp. 1411. Ausführliche Hinweise

Abb. 212. Novara, Baptisterium, Bestandsdokumentation: Tambourzone nach Westen (digitale Montage).

über ikonographische und kompositionelle Fragen: P. Hoegger, Ottonische Apokalypsen, in: Beiträge zur Kunstgeschichte des Bodenseeraumes und des Oberrheins, A. Knoepfli zugeeignet, Bern 1969, S. 20-32, insbes. S. 21 ff.; B. Al-Hamdani, The Frescoes of Novara and the Bamberg Apocalypse, in: Évolution générale et developpements régionaux en histoire de l'art (Actes du XXIIe congrès international d'histoire de l'art, 1969) I, Budapest 1972, S. 427-448.

8 O. Perler, L'inscription du baptistère de Sainte-Thècle à Milan et le „De sacramentis" de Saint-Ambroise, in: Rivista di archeologia cristiana XXVIII, 1951, S. 147-166.

9 So zuletzt auch G. Schiller, wie Anm. 4, S. 176-177.

10 Y. Christe, L'ange à l'encensoir devant l'autel: à propos de deux decouvertes récentes à Poitiers et à Pavie, in: Arte cristiana LXXX 1992, S. 411-418. Zu S. Maria Gualtieri: S. Lomartire, in: La pittura in Italia. L'Altomedioevo, hg. v. C. Bertelli, Mailand 1994, S. 75. Zur Rolle des Autpertus-Kommentars: C. Leonardi, Spiritualità di Ambrogio Autperto, in: Studi Medievali, ser. 3, IX, 1968, S. 1-131, insbes. S. 36 ff.

11 Zu S. Michele in Africisco: F. W. Deichmann, Ravenna, Hauptstadt des spätantiken Abendlandes 2. Teil, Wiesbaden 1976, S. 35-45, insbes. S. 38-40, Abb. 1.

12 Y. Christe, The Apocalypse in the Monumental Art of the Eleventh through Thirteenth Centuries, in: The Apocalypse in the Middle Ages, ed. R. K. Emerson – B. McGim, Ithaca-London 1992, S. 234-258, insbes. 242.

13 Eine problematische Beziehung zum Basler Antependium wurde von M. B. Mauck angenommen, wie Anm. 3, S. 153 ff.

14 Y. Christe, in: L'Apocalypse de Jean (wie Anm. 5), S. 117.

15 U. a. C. Segre Montel, La pittura medievale in Piemonte e Valle d'Aosta, in: La pittura in Italia. L'Altomedioevo, wie Anm. 10, S. 33-46, insbes. S. 34. Zu Galliano S. Lomartire, ibid. S. 60 ff.

16 G. Schwartz, Die Besetzung der Bistümer Reichsitaliens unter den sächsischen und salischen Kaisern, Leipzig-Berlin, 1913, S. 123. Für die Gesamtanlage Dom-Baptisterium: M. Perotti, L'antico duomo di Novara, Novara 1980.

17 B. Brenk, La committenza di Ariberto d'Intimiano, in: Il millennio ambrosiano, La città del vescovo dai Carolingi al Barbarossa, a cura di C.Bertelli, Mailand 1988, S. 124-155. Nach H. Mayr-Harting (Ottonian Illumination, An Historical Study, P. 2, London 1991, S. 23-24) dürfte die persönliche Beziehung der Bischöfe von Novara und Bamberg die (m.E. nicht ausschlaggebenden) Beziehungen zwischen den Novara-Fresken und der Bamberger Apokalypse erklären.

18 H. Toubert, Réforme gregorienne et iconographie, Un art dirigé, Paris 1990. Der Begriff „art dirigé" eröffnet neue Möglichkeiten einer durchaus anregenden Interpretation, deren Argumentation freilich über die historische Realität hinauszugehen droht; vgl. Gandolfo (wie Anm. 19), hier S. 26.

19 F. Gandolfo, La pittura romana tra XI e XII secolo e l'Antico, in: Roma, centro ideale della cultura dell'Antico nei secoli XV e XVI, Mailand 1989, S. 21-32, insbes. S. 21-22.

Abb. 213. Novara, Baptisterium, Bestandsdokumentation: Bildzone des Tambours nach Westen (digitale Montage).

20 Hier scheint die Vermittlung des alten Kanons räumlicher Projektion weit überzeugender als bei dem Beispiel der Miniatur der Moûtier-Grandval-Bibel („Die Übergabe der Gesetzestafeln an die Juden", British Museum, Add. 10546, fol. 25v.). Dort wurde das alte Schema wiederaufgenommen, aber auch mißverstanden, wie schon W. Koehler und A. A. Schmid ausführlich nachwiesen: E. Panofsky, Perspektive als symbolische Form, Vorträge der Bibliothek Warburg, 1924-25, herausgg.von F.Saxl, [4]Leipzig-Berlin 1927, S. 258-330, insbes. S. 310 Anm. 3 und Abb. 15; W. Koehler, Die Karolingischen Miniaturen I: Die Schule von Tours, Berlin 1933, Bd. 2, S. 109-118; A. A. Schmid, Die Buchkunst, Die Kanontafeln und die Miniaturen, in: Die Bibel von Moutier-Grandval, Faksimile-Ausgabe, Bern 1972, S. 175. Mit ganz anderer Wirkung wird der Raumeffekt im Baptisterium von Novara durch die Koordinierung mit der wirklichen Architektur veranschaulicht.
Mit solchem Vergleich soll kein Zusammenhang verschiedener Ebenen der im frühen Mittelalter relativ seltenen Bildzeugnisse räumlicher Projektion postuliert, sondern lediglich an die kritische Diskussion dieses Themas durch Adolf Weis wieder angeknüpft werden: Ein „Innenraumbild" der ausgehenden Antike im codex Egberti, in: Kunstgeschichtliche Studien für K.Bauch zum 70. Geburtstag von seinen Schülern, München-Berlin 1967, S. 9-16. Zum perspektivischen Mäander s. unten, Anm., 22.

21 J. Wettstein, La fresque romane, Italie, France, Espagne, Genf 1974, S. 10.

22 Zuletzt B. Al-Hamdani, The Fate of Perspective Meander in Roman Mosaics and its Sequels, in: Cahiers archéologiques, 43, 1995, S. 35-46. Vgl. auch für Oberzell, J. und K. Hecht, Die frühmittelalterliche Wandmalerei des Bodenseegebietes, Sigmaringen 1979, S. 332 ff.; K. Koshi, Studien zu den Wandmalereien der St. Georgs-Kirche von Oberzell auf der Reichenau (XX): die Beschreibung der Malereien der Langhaus-Hochschiffwände mit Ausnahme der Historienbilder, in: Bulletin of the Faculty of Fine Arts, Tokio National University of Fine Arts and Music, 28, 1993, S. 3-96, insbes. S. 9 ff.; zum Mäander-Motiv s. ferner C. Segre Montel, Il refettorio di Nonantola e la sua decorazione, in: C. Segre Montel-F. Zuliani, La pittura nell'Abbazia di Nonantola, Modena 1993, S. 111-124.

23 C. Segre Montel (wie Anm. 15), S. 34. Außerdem: H. P. Autenrieth, Gli affreschi scoperti di recente nel sottotetto della Cattedrale di Aosta, und C. Segre Montel, Committenza e programma iconografico nei due cicli pittorici di S. Orso e della cattedrale di Aosta, in: Atti del convegno internazionale, Aosta 15-16 maggio 1992, leider noch im Druck; s. auch oben, S. 130 ff.

24 P. Hoegger und B. Al-Hamdani, wie Anm. 7. Die wirkungsvolle Beziehung der Malerei zur Architektur wurde von A. Segagni Malacart gewürdigt: Affreschi milanesi dall'XI al XIII secolo, in: Il Millennio ambrosiano, La città del vescovo dai Carolingi al Barbarossa, herausgg. von C. Bertelli, Mailand 1988, S. 196-222, insbes. S. 200-201.

Dörthe Jakobs

Die Wandmalereien von St. Georg in Reichenau-Oberzell

Untersuchung – Dokumentation – Kontroversen

Helmut F. Reichwald zum 60. Geburtstag

Untersuchung und Dokumentation

Anfang der 80er Jahre begann das Landesdenkmalamt Baden-Württemberg mit einer umfassenden Untersuchung des Malereibestandes von St. Georg (Abb. 214, 215).[1] Über diese Bestandsaufnahme waren die Entscheidungen für eine anstehende Konservierung vorzubereiten. Im einzelnen sollte die Dokumentation Aufschluß geben über die Ausmalung und deren Veränderungen sowie über die Erhaltungszustände der verschiedenen Malschichtebenen. Mit der Bestandserfassung sollten auch zukünftige Veränderungen am Malereibestand kontrollierbar werden und nicht wie bisher subjektiven Wertungen unterliegen.[2]

Eine wesentliche Auflage für die Voruntersuchung war, daß sie ohne Eingriff am Objekt zu vollziehen sei. Die Verpflichtung auf zerstörungsfreie Untersuchungsmethoden, also primär optische Verfahren, war damals nicht selbstverständlich, sie ergab sich vielmehr aus negativen Erfahrungen mit restauratorisch und bauhistorisch begründeten Untersuchungen, die ihre Informationen über Eingriffe in die historische Substanz erlangten. Oft genug gingen dabei Phasen verloren, bevor ein Bestand erfaßt, geschweige denn seine Analyse und Einordnung möglich gewesen wäre. Bekanntlich sind nicht wenige Ausstattungs- und Veränderungsphasen von Kircheninnenräumen solch unüberlegten und unsachgemäßen Eingriffen zum Opfer gefallen. Der in St. Georg beschrittene Weg suchte dem Einhalt zu gebieten und darüber hinaus von Anfang an den Anspruch zu legitimieren, zukünftigen Projekten als Orientierung dienen zu können.[3]

Seit längerem, konkretisiert aber durch eine Voruntersuchung im März 1978, war bekannt, daß die Malereien mehrfache Veränderungen und Überarbeitungen erfahren hatten. Um nun nicht einer in eine bestimmte Richtung zielenden Restaurierung Vorschub zu leisten, beispielsweise durch Reduzierung einzelner Phasen, die zwangsläufig weitere Maßnahmen zur Folge gehabt hätte, sollte zunächst eine auf die Dauer eines Jahres angesetzte Bestandsaufnahme erfolgen. Für diese galt es eine optimale, der Auffindung und Kontrolle in gleichem Maße dienliche Dokumentationsform zu entwickeln.

Abb. 214. Reichenau-Oberzell, St. Georg, Außenansicht von Südosten (1992).

Die Methodik der Bestandsaufnahme und die Systematik der Dokumentation können hier nur in groben Zügen skizziert werden; die wesentlichen Grundlagen wurden von Helmut F. Reichwald, der das Projekt von der Voruntersuchung 1981 an bis zum Abschluß der Maßnahmen 1990 leitete, erarbeitet und in den Jahren 1985 und 1988 vorgestellt.[4]

Ausgehend vom Grundriß wurden Raumnummern für die verschiedenen Raumteile, wie Vorhalle, Michaelskapelle, Langhaus, Seitenschiffe etc., und eine jeden Raum mit Wandabfolge berücksichtigende, fortlaufende Bereichsnumerierung vergeben. Alle Raumteile und Wandflächen der Kirche wurden auf der Basis photogrammetrischer Pläne[5] und angepaßt an heutige Normgerüste (250 cm x 200 cm) in vier Bereichsfelder pro Gerüstlage unterteilt. Über die Wände des Mittelschiffes konnte somit ein Raster aus jeweils 1,25 m x 1,00 m großen Feldern gelegt werden, variierend lediglich in den Eckbereichen. In diesem System wurden alle Bereiche nach einem vorgegebenen Schema durchnumeriert. Die photographische Erfassung der einzelnen Bereiche richtete sich nach dieser Einteilung. Jeder Bereich wurde unter gleichbleibenden Bedingungen im gleichen Abstand in Schwarzweiß und Farbe im Auflicht und Streiflicht in Mittelformat aufgenommen (Abb. 221). Parallel angefertigte Aufnahmeprotokolle dokumentierten die jeweiligen Aufnahmebedingungen, wie beispielsweise die Standpunkte von Kamera und Beleuchtungskörper, Lampentypen, Beleuchtungsstärke, Kameratyp, Filmmaterial, Entwicklung etc. Über Folien zu den jeweiligen Schwarzweiß-Abzügen sollten alle am Objekt gewonnenen Beobachtungen eingetragen werden, wie beispielsweise Mörtelergänzungen, Übermalungen verschiedener Phasen, Hohlstellen und Risse sowie Einzelbeobachtungen (Abb. 223). Zu jedem Bereichsfeld wurde anhand eines nach gleichen Kriterien geordneten, umfangreichen Fragenkatalogs zum Erhaltungszustand von Mörteln und Malschichten der verschiedenen Phasen ein Bericht verfaßt. Diese für alle Bereiche gleichbleibende systematische Vorgehensweise diente dem Ziel, alle beteiligten Restauratoren an eine einheitliche „Terminologie" zu binden. Alle Teile der Dokumentation, wie Schriftstücke, Zeichnungen, Photographien und Folien erhielten neben der Objektnummer und dem Datum die Bereichsnummer des jeweiligen Dokuments. Nach Raumteilen und in der Bereichsabwicklung numerisch sortiert und beschriftet, ist hiermit ein schneller Zugriff auf kleinste Bildausschnitte und Details möglich, ohne die gesamte Dokumentation in Anspruch nehmen zu müssen. Darüber hinaus erleichterte diese Dokumentationsform eine Fortschreibung auch während der Restaurierung, indem alle Maßnahmen wie z.B. Mörtelreduzierung, Hinterspritzung, Kittung und Reinigung sowie die am Objekt gewonnenen Beobachtungen wiederum über die Folien und die jeweiligen Bereichsaufnahmen eingetragen werden konnten (Abb. 222). Entsprechend den Vorgaben für die Voruntersuchung, lag auch für

Abb. 215. Reichenau-Oberzell, St. Georg, Innenansicht nach Osten mit Blick auf die Nordwand (1988).

die Restaurierung ein Schema für die parallel zu verfassenden Berichte vor. Alle Detailergebnisse wurden abschließend in photogrammetrische Übersichtspläne eingetragen (vgl. Beispiele Abb. 220, 224).[6]

Nach Beendigung der Voruntersuchung im Mittelschiff im Herbst 1983 lag also eine Fülle von Informationen vor, aus denen sich Konsequenzen für ein Restaurierungskonzept ergeben sollten. Die Veränderungen an der Ausmalung wie auch Mörtelergänzungen waren erstmals genau erfaßt und nach Phasen bestimmbar. Mit der Dokumentation konnte der gesamte Bestand beurteilt werden, die maßstabsgerechten Übersichtspläne gaben Auskunft über Originalbestand, Mörtelergänzungen, Malschichtergänzungen und über den für jede Phase ermittelten Erhaltungzustand.

Mit der Kenntnis der aus verschiedenen Zeiten vorliegenden Übermalungen sowie den großflächig vorhandenen Mörtelergänzungen konnte zwingend begründet werden, daß jedem Gedanken an eine etwaige Entrestaurierung, d.h. eine Rückführung auf einen sogenannten „Originalzustand", der Weg versperrt war, wollte man nicht ein insgesamt einheitlich erscheinendes Raumbild zu einem Fragment reduzieren.

War die Bestandserfassung die Voraussetzung für weitere Überlegungen, so gab nun das Abwägen einer internationalen Kommission den Ausschlag für die eigentliche Konzeption.[7] Eine vorrangige Aufgabe sah man in der Erhaltung der historisch gewachsenen Einheit. Die Auflage, daß alle historischen Phasen zu respektieren seien, ließ Eingriffe also nur in engstem Rahmen zu. Solche Fälle konnten sich vor allem ergeben, wo sich moderne Materialien bauphysikalisch negativ auf ihr unmittelbares Umfeld auswirkten und dieses womöglich zu zerstören drohten. Auch am Malereibestand wurde nicht ein „korrigierendes" Eingreifen nach ästhetischen Gesichtspunkten mit partiellen Reduzierungen von optisch störenden Ergänzungen und Übermalungen intendiert. Diese Zurückhaltung bedeutete keineswegs den Verzicht auf weiterführende Forschungen, setzte aber Eingriffen Grenzen, die sich ausschließlich aus diesem Interesse ergaben. Bauhistorische Untersuchungen sollten sich auf die Bereiche beschränken, die aus konservatorischen Gründen – beispielsweise bei der Herausnahme moderner Materialergänzungen – geöffnet werden mußten. Alle Öffnungen wurden photographisch dokumentiert, in Texten beschrieben und, soweit für das Verständnis notwendig, zeichnerisch erfaßt.[8] Der Zugang zu den Dach- und Kellerräumen bot und bietet auch heute noch die Möglichkeit, bauliche Befunde in großem Umfang zu beobachten, ohne Eingriffe in die Substanz vornehmen zu müssen.[9]

Zukünftige Generationen von Forschern und Denkmalpflegern werden mit vermehrtem Wissen und neuen Fragestellungen an das Objekt St. Georg herantreten. Sie können es mit der Sicherheit, daß wenigstens von den Maßnahmen der 80er Jahre keine historischen Spuren mehr verwischt oder gar vernichtet worden sind.

Die Entscheidung, die von den Denkmalpflegern in Zusammenarbeit mit den Kommissionsteilnehmern getroffen wurde, hat auch heute nichts von ihrer Aktualität eingebüßt. Im Hinblick auf Vorbereitungszeit, Methodik und Dokumentation war das Konzept von St. Georg grundlegend. Viele Aspekte mögen aus heutiger Sicht selbstverständlich erscheinen, für die Restaurierung in Baden-Württemberg haben sie zu Beginn der 80er Jahre Maßstäbe gesetzt.

Quellen zur Gründung und älterer Baubestand

Der Betrachtung der Wandmalereien von St. Georg sei ein auf das Wesentliche beschränkter Abriß unseres Wissens über die wechselvolle Geschichte von Bau und Ausstattung vorangestellt. Der Bau wird allgemein mit einer Nachricht des St. Galler Mönchs Notker in dem von ihm angelegten Martyrologium in die Regierungszeit des Abtes Hatto gesetzt, der seit 888 Abt der Reichenau und seit 891 Erzbischof von Mainz war.[10] Notker berichtet, daß Hatto „*hoc anno*" die vom Papst Formosus erhaltenen Reliquien des hl. Georg und anderer Heiliger in sein neues Monasterium[11] nach Alemannien überführt habe, bleibt uns aber die Jahreszahl schuldig.[12] Die Datierung der einschlägigen Nachricht im Zusammenhang mit der Kaiserkrönung Arnulfs im Jahre 896 in Rom konnte bereits Dümmler 1885 zweifelsfrei sichern.[13]

Die Notiz über den Reliquienerwerb ist um eine weitere aus einem Martyrologium in Zürich zu ergänzen, dessen kultgeschichtliches Sondergut von Wolfgang Haubrichs herausgehoben und näherhin aus der Verbindung zwischen Mainz und der Reichenau zur Zeit Hattos erklärt werden konnte. Die Datierung des Martyrologiums vor 899 ist wahrscheinlich, vor 911 sicher.[14] Das Zürcher Martyrologium verzeichnet unter dem 18. November die Weihe von St. Georg, der „sogenannten Hathozelle". Aus der Tageswahl, der Octava S. Martini, läßt sich eine weitere Verbindung nach Mainz erkennen, für die nur Hatto verantwortlich gemacht werden kann.[15] Der hl. Martin von Tours war der Patron der Kathedralkirche in Mainz,[16] das Hochfest am 11. November dürfte Hatto als Erzbischof von Mainz bevorzugt in seiner Metropolitankirche begangen haben. Als Abt von Reichenau verband er sein Oberzell mit seiner Bischofskirche wie die Oktav des Martinsfestes mit dem Hochfest.

Die Hinweise auf Hatto als den Gründer von Oberzell finden auch in späteren Quellen Bestätigung, so in der nach 1048 verfaßten Weltchronik Hermanns des Lahmen,[17] in einem in St. Galler Redaktion vorliegenden Abtskatalog des 13. Jahrhunderts[18] und letzten Endes auch noch in der bald nach 1500 entstandenen Chronik des Gallus Öhem.[19]

Die Überlieferung ist ohne Frage darin ernst zu nehmen, daß St. Georg eine von Hatto initiierte Gründung ist, deren Entstehung um das Jahr 896 mit der Reliquientranslation nahe gelegt wird. Offen ist aber die Frage, inwieweit der Baubestand mit den schriftlichen Überlieferungen zusammengebracht werden kann. Aus Platzgründen müssen hierzu an dieser Stelle wenige Hinweise genügen.

Der singuläre Grundriß von St. Georg hat immer wieder Fragen nach der Einordnung seiner Bauteile aufgeworfen.[20] Jüngstes Beispiel ist die Vorstellung, die Kypta sei erst nach dem Reliquienerwerb im Jahr 896 unter Aufgabe eines ehemaligen Trikonchos konzipiert, eine Interpretation, die allerdings mehr mit schriftlichen Quellen und theoretischen Überlegungen über den Grundriß denn mit Befunden am Bau argumentiert.[21] Für eine Ausgrenzung der Krypta aus dem ältesten Bestand liegen jedoch keine eindeutigen Befunde vor. Die Auswertung der Mörteluntersuchungen wie auch die Beobachtungen bei den restauratorisch-technologischen Untersuchungen vor Ort lassen dagegen Höhenprofile im Bauverlauf vermuten.[22] Aus den mauerungstechnischen Verbindungen und Mörtelbefunden ergeben sich unter anderem Zusammenhänge zwischen Krypta und den nördlich und südlich der Vierung angrenzenden Kellerräumen. Weiterhin ist eine der ersten Bauphase zuzurechnende Balkenlage im nördlichen Keller zu rekonstruieren, die sich durch Balkennegative im Mörtel des hier erhaltenen Konchenfragmentes und der Vierungsnordwand abzeichnet.[23] Dadurch ergibt sich eindeutig der Hinweis auf eine mit den Konchen ausgeführte, höher gelegene Vierungsebene – ein Befund, der zweifelsfrei mit der gleichzeitigen Planung einer Krypta interpretiert werden kann.[24]

Innerhalb der Krypta lassen sich bis auf wenige spätere Eingriffe und Überarbeitungen[25] keine baulichen Veränderungen erkennen. In der gesamten Krypta war ein einheitlicher Deckmörtel zu beobachten, dessen Auftrag vor dem des Mittelschiffs datiert.[26]

Ergeben sich aus diesen Ausführungen bereits klare Konsequenzen für die Stellung der Krypta innerhalb des Gesamtbaus, so erübrigt sich die zuletzt von Ulrich Rosner in Analogie zu Konstanz erwogene Datierung der Krypta in die 2. Hälfte des 10. Jahrhunderts,[27] wenn man man die Stellung der Westapsis miteinbezieht. Unter Berücksichtigung ihrer technologischen Details, der Portalsituation und der Deckmörtelbefunde von Krypta und Langhaus ergibt sich jedenfalls die Datierung der Krypta vor dem Bau der Westapsis.[28] Bereits Zettler hatte in Übereinstimmung mit den Untersuchungsbefunden die Westapsis als späteren Anbau und als Eingangskonche ausgewiesen. Das Portal wie auch die Arkadenfenster sind gleichzeitig mit der Westapsis entstanden und nicht als spätere Einbrüche zu interpretieren.[29] Diese Ergebnisse lassen sich nach Auswertung der dendrochronologischen Untersuchung des inneren Portalsturzes ergänzen. Für die mit der Krümmung der Konche in einem leichten Halbrund verlaufenden Eichenholzbohlen konnte eine Fällung zwischen 925 und 945 ermittelt werden.[30] Zum Verständnis nur summarisch: zum Zeitpunkt der Erbauung der Westapsis

Abb. 216. Reichenau-Oberzell, St. Georg, Nordwand: Die Heilung des Besessenen von Gerasa (Zustand 1988).

Abb. 217. Reichenau-Oberzell, St. Georg, Nordwand, Die Heilung eines Wassersüchtigen (Zustand 1988).

Abb. 218. Reichenau-Oberzell, St. Georg, Nordwand, Die Beruhigung des Sturmes auf dem See Gennesaret (Zustand 1988).

Abb. 219. Reichenau-Oberzell, St. Georg, Nordwand, Die Heilung des Blindgeborenen (Zustand 1988).

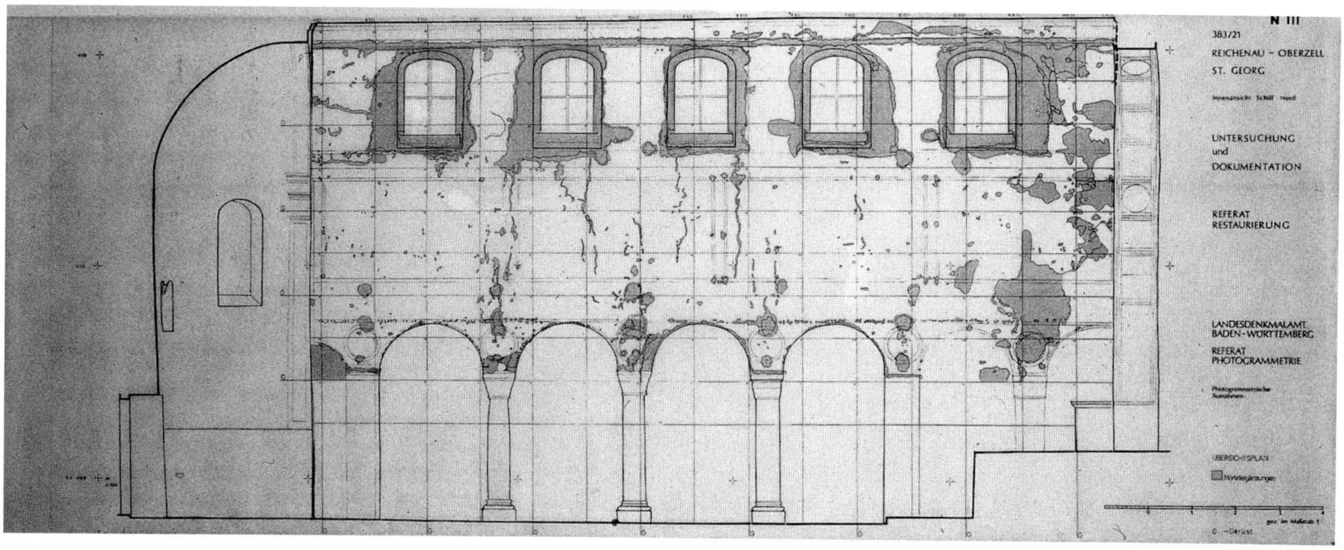

Abb. 220. Reichenau-Oberzell, St. Georg, Nordwand (Photogrammetrie): Kartierung der Mörtelergänzungen.

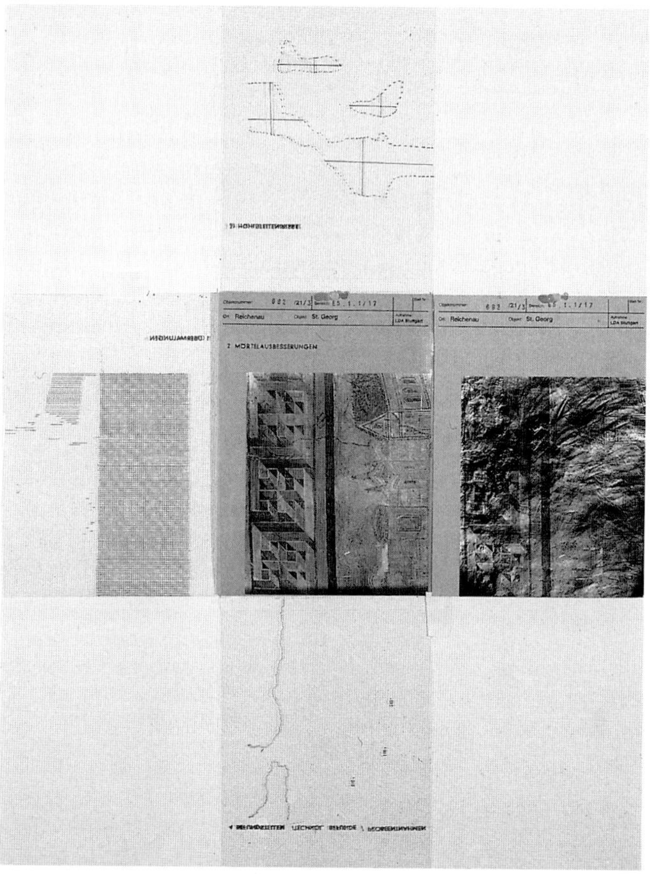

△ 221

223 △

222 ▽

Abb. 221. Reichenau-Oberzell, St. Georg, Dokumentation: Auflicht- und Streiflichtaufnahme auf Karton mit Kartierung der Voruntersuchungen auf Folien; Bezeichnung in der Kopfleiste: 682 (Datum), 21 (Objektnummer), 3 (Raumteil = Langhaus), Bereich E 5.1.1/17 (Nordwand, Heilung des Wassersüchtigen, oben rechts).

Abb. 223. Reichenau-Oberzell, St. Georg, Dokumentation: Auflichtaufnahme auf Karton (wie Abb. 221) mit zusammengefalteten Folien.

Abb. 222. Reichenau-Oberzell, St. Georg, Dokumenation: Auflicht- und Streiflichtaufnahme auf Karton mit Kartierung der Maßnahmen / Befundstellen (Beispiele) auf zusammengefalteten Folien; Bereich C 3.2.1/13 (Südwand, Auferweckung der Tochter des Jairus, Mitte unten).

Abb. 224. Reichenau-Oberzell, St. Georg, Nordwand (Photogrammetrie): Kartierung der Übermalungen verschiedener Phasen.

war der Deckmörtel im Langhaus bereits vorhanden. Das Verhältnis von Langhausdeckmörtel und Krypta zueinander ergab sich aus der Stratigraphie am Übergang von der Krypta zum Mittelschiff. Demnach erfolgte der Auftrag des Malereimörtels im Langhaus erst, nachdem die Krypta bereits einen Deckmörtel und eine Tünche erhalten hatte. Aus dem gesamten Sachverhalt läßt sich die Erstellung der Krypta vor der Erbauung der Westapsis ableiten.

Es sei also für die Zusammenhänge festgehalten, daß schriftliche Quellen und Baubefunde nebeneinander bestehen können. Sieht man von den eindeutig späteren Veränderungen[31] am Kernbau von St. Georg ab, bleibt uns nichts anderes übrig, als einen in manchen Details überraschenden und vielleicht auch nicht bis ins letzte durchdachten Grundriß mit jenem Bauwerk zu identifizieren, in das Hatto seine Georgsreliquie überführte.[32]

Technologische Befunde und Überlegungen zur Ausmalung unter Berücksichtigung der Restaurierungsgeschichte

Nicht der Bau hat St. Georg über die Grenzen hinaus zu Ruhm verholfen, sondern der einzigartige Malereizyklus an den Hochschiffwänden des Langhauses. Zwischen Arkadenzone und Obergaden schmücken je 4 monumentale Bildszenen die Nord- und Südwand. Die Obergadenzone wird von stehenden Apostelfiguren eingenommen, in den Arkadenzwickeln sind Tondi mit männlichen Büstenbildern – vermutlich Äbten – dargestellt. Die horizontale Gliederung erfolgt über verschieden breite Mäander, die vertikale Trennung der Bildszenen wird von reich gestalteten Ornamentfriesen übernommen. Die Bildszenen weisen unterschiedliche Breitenmaße auf, sie variieren zwischen 4 und 4 1/2 m, das Höhenmaß beträgt einheitlich 2,28 m. Bei allen Bildthemen handelt es sich um Wunderszenen aus dem Leben Jesu (vgl. Abb. 216-219, 225-228).[33]

Der Zyklus beginnt an der Nordwand im Westen mit der Darstellung der Heilung des Besessenen von Gerasa (Abb. 216), ihr folgen die Heilung eines Wassersüchtigen (Abb. 217), die Beruhigung des Sturmes auf dem See Gennesaret (Abb. 218) und die Heilung des Blindgeborenen (Abb. 219). Auf der Südwand setzt sich der Zyklus im Osten mit der Heilung eines Aussätzigen fort (Abb. 225), ihr folgen die Auferweckung eines jungen Mannes in Naïn (Abb. 226), die Auferweckung der Tochter des Jaïrus (Abb. 227) und abschließend im Westen die Auferweckung des Lazarus (Abb. 228).

Um das Verständnis für den Malereibestand mit seinen Übermalungen zu erleichtern, müssen wichtige Veränderungen und Eingriffe berücksichtigt werden.[34] Mit dem Bau eines gotischen Lettners erfolgte eine komplette Übermalung des Mittelschiffzyklus.[35] Nach bisherigen Erkenntnissen kann als gesichert gelten, daß die Übermalung einen bis dahin weitgehend intakten Malereibestand abdeckte, also keineswegs als eine „Restaurierung" eines teilzerstörten Bestandes gelten kann.[36] Eindeutig weisen die mit der Übermalung verbundenen Veränderungen sowohl in formaler als auch in farblicher Gestaltung auf eine geschmacksorientierte Erneuerung des Malereizyklus hin. Die Thematik der Vorgängerausstattung wurde im Bereich der Bildszenen, der Aposteldarstellungen und der Büstenbilder in den Tondi der Arkadenzwickel übernommen, aber mit „Korrekturen" und Ergänzungen bedeckt. Die ornamentalen Gliederungen, die Tituli wie auch die Mäander deckte man ab, möglicherweise erhielten sie ein neues Dekorationssystem.[37]

Für die im Detail umfangreichen Abänderungen seien hier nur stellvertretend einige Beispiele genannt. In der ersten Bildszene der Heilung des Besessenen von Gerasa (vgl. Abb. 216) übermalte man die drei sich ins Meer stürzenden Schweine mit Dämonen und ersetzte diese durch drei im Meer liegende, tote Schweine. Da die noch ausführlich zu besprechende Freilegung des 19. Jahrhunderts auf verschiedene Schichtebenen erfolgte, sind heute sechs Schweine sichtbar. Weitere Veränderungen nahm man am Brückengeländer und an der Beinstellung der fliehenden Hirten vor. In der UV-Fluoreszenz tritt dieser Befund nochmals deutlich hervor (Abb. 234), die durch die spätere Freilegung stark gedünnte gotische Malschicht gibt den Blick auf die darunterliegenden Wellen der ersten Ausmalung frei.

Die ursprünglich differenziert gestaltete und von Bildszene zu Bildszene wechselnde Gewandung Christi, weiße Tunika mit blauer Binnenzeichnung (Abb. 232a) sowie roter Mantel mit dunkelroter Binnenzeichnung, im darauffolgenden Bild dann genau umgekehrt, erhielt eine einheitliche hellrote Farbgebung mit dunkelroter Binnenzeichnung. Die im Auflicht durch Reste der Übermalungen etwas diffus erscheinende Binnenzeichnung ließ sich mittels UV-Fluoreszenz wieder klarer hervorheben (Abb. 232b). Detailaufnahmen des Gewandes zeigen die hell-

Abb. 225. Reichenau-Oberzell, St. Georg, Südwand, Die Heilung eines Aussätzigen (Zustand 1988).

Abb. 226. Reichenau-Oberzell, St. Georg, Südwand, Die Erweckung eines jungen Mannes in Naïn (Zustand 1988).

Abb. 227. Reichenau-Oberzell, St. Georg, Südwand, Die Auferweckung der Tochter des Jaïrus (Zustand 1988).

Abb. 228. Reichenau-Oberzell, St. Georg, Südwand, Die Auferweckung des Lazarus (Zustand 1988).

Abb. 229. Reichenau-Oberzell, St. Georg, Südwand, Die Heilung eines Aussätzigen: Zustand mit den Mörtelergänzungen des 19. Jahrhunderts und Resten von Übertünchungen; links davon die Rankenmalerei der gotischen Übermalungsphase; auf den rahmenden Mäandern die Übermalungen von Schilling, 1890 (1907).

rote (rosafarbene) gotische Malschicht, die die azzuritblaue Binnenzeichnung der ersten Ausmalung abdeckt (Abb. 233).

Weitere Beispiele für formale Abänderungen sind in der Bildszene des Sturms auf dem See Gennesaret erkennbar. Hier ergänzte man in der Gotik das linke Ruderblatt (Abb. 235 a). In der ersten Anlage tauchte dieses in die Wellen ab, und nur die obere Spitze unterhalb des Stabes war sichtbar. Auch dieser Befund gibt sich in der UV-Fluoreszenz zu erkennen (Abb. 235 b). Der zweite Ruderstab ist wenige Zentimeter rechts der Schiffsmitte noch vage ablesbar (vgl. Abb. 218). Er gehört in die erste Ausmalungsphase und war durch einen am Schiffsrumpf in Blaugrau mit Weißhöhungen aufgemalten Ring geführt. Mit einer gelben Übermalung des gesamten Schiffes deckte man diesen Ring ab.[38] Auch der Ruderstiel wurde überarbeitet, hier jedoch ohne ein Ruderblatt hinzuzufügen. Zahlreiche gelbe Übermalungsreste auf den Weißhöhungen der Fische zeugen von weiteren Eingriffen. Geringfügige Modifizierungen nahm man an der Seeschlange unterhalb des Schiffes vor. Der untere Teil des Schiffsrumpfes war in der ersten Phase nicht sichtbar, sondern wie das Ruderblatt im Wasser abgetaucht. Mit der gotischen Überarbeitung wurde der Rumpf unten um ca. 19 cm vergrößert und abgerundet.[39]

Die unter den Bildszenen angebrachten Tituli – auf sie wird noch gesondert einzugehen sein – wurden mit Ockerrot abgedeckt. Reste erneuerter Schriftzüge oder eine Behandlung anderer Art waren für diese Phase nicht zu belegen.

Der Zusammenhang dieser Übermalung mit dem Lettner ergibt sich aus der Befundsituation vor Ort. An der Nord- und Südwand lassen sich die durch den Einbau des Lettners verursachten Fehlstellen in den östlichen Bildszenen ablesen (Abb. 229). Die Übermalung des Bildzyklus konnte nur bis zu diesen Fehlstellen nachgewiesen werden, die unmittelbar an den Lettner anschließenden Bildszenen wurden durch diesen entsprechend verkürzt, die hinter dem Lettner gelegenen Bildreste erhielten eine weiße Abtünchung und eine florales Rankenmotiv. Durch spätere Reduzierungen[40] ist das Rankenornament

Abb. 230a. Reichenau-Oberzell, St. Georg, Südwand, Die Heilung eines Aussätzigen, Detail: Kopf Christi (Zustand 1985).

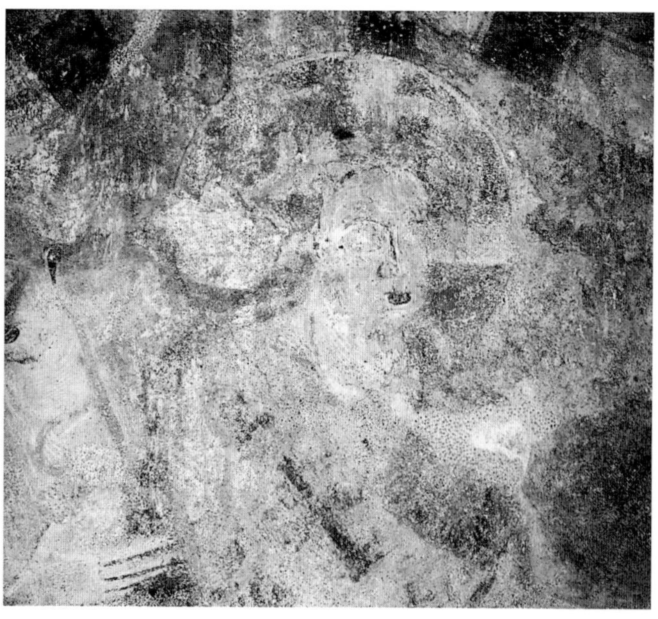

Abb. 231. Reichenau-Oberzell, St. Georg, Südwand, Die Heilung eines Aussätzigen, Detail: Köpfe der Apostel (Zustand 1985).

heute mit bloßem Auge nur schwer zu identifizieren. Auch hier gibt die UV-Fluoreszenz Informationen über den Bestand, die weit über das genannte Rankenmotiv hinausgehen. Der im Auflicht durch Wasserschäden, Sinterspuren, Übertünchung und Freilegeschäden nur noch schwer erkennbare Christuskopf (Abb. 230a) gewinnt in der UV-Fluoreszenz Details der ehemaligen Höhungen zurück (Abb. 230b). Bartzeichnung, Nasenrücken, Mund und strahlenförmige Lichthöhungen an der Mundfalte sowie an Augen und Stirn nehmen wieder Formen an. Dem Wasserschaden sind auch die besterhaltenen Apostelköpfe der ersten Ausmalung „zu verdanken". Die starke Versinterung der Oberflächen widerstand nämlich auch späteren Beanspruchungen verschiedener Restaurierungen (Abb. 231).[41]

Abb. 230b. Reichenau-Oberzell, St. Georg, Südwand, Die Heilung eines Aussätzigen, Detail: Kopf Christi (UV-Fluoreszenz-Aufnahme von 1985).

An allen Christusköpfen konnten anhand der Nagellöcher in den Nimben ehemals angebrachte Applikationen nachgewiesen werden. Zwei feuervergoldete Kupferbleche fanden sich bei der Aushebung des Schutts im nördlichen Zwickel zwischen Nordkonche und nördlicher Seitenschiffapside. Diese Goldbleche kennzeichneten ursprünglich das Kreuz im Nimbus Christi, ihre Anbringung konnte aufgrund der Nagellöcher lokalisiert werden. An allen Christusnimben war im Bereich der ehemaligen Applikationen keine Übermalung der gotischen Phase nachzuweisen. Daraus darf gefolgert werden, daß die Applikationen vermutlich in der Phase der Übermalungen übernommen wurden. Wann man die Goldbleche entfernte, konnte bisher nicht mit Sicherheit geklärt werden.

Im Zuge der jüngsten Auswertung konnten weitere, differenzierte Informationen über Teilveränderungen sowie raumgreifende Eingriffe ermittelt werden. Demnach darf davon ausgegangen werden, daß der Malereizyklus mit der vermutlich vor 1401[42] erfolgten gotischen Übermalung offenbar mindestens bis zum Ende des 15. Jahrhunderts sichtbar blieb. Darauf deutet der in der 2. Hälfte des 15. Jahrhunderts erneuerte, östliche Apostel auf der Südwand.[43] Über Umgestaltungen der darauffolgenden Zeit informieren zahlreiche Fassungen, die sich raumgreifend nachweisen lassen. Spätestens ab 1620 waren die Mittelschiffmalereien mit einem eigenständigen Dekorationsschema vollständig abgedeckt. Mit dieser Phase ging eine umfangreiche Erneuerung der Ausstattung einher. Von 1675 an lassen sich verschiedene Maßnahmen und Veränderungen über die Kirchen und Handwerkerrechnungen[44] zeitlich einordnen. Mit der parallelen Auswertung der Befunde konnte mittlerweile eine komplette Innenerneuerung für das frühe 18. Jahrhundert belegt werden. An die Umgestaltung der Westapsis mit der Aufmauerung der Kalotte, der Neuverputzung und der Ausmalung der Westapsis 1708/09 schloß sich eine komplette Raumerneuerung an, die die gesamte Stuckierung der Decke mit eingelassenen Leinwandbildern beinhaltete.[45] Einhergehend mit einer Renovierungskampagne Ende des 18. Jahrhunderts veränderte man die Positionen der Obergadenfenster im Mittelschiff und übertünchte den Innenraum, einschließlich der Westapsis und der Hochschiffwände.[46] Die nun achsial auf die Arkadenbögen ausgerichteten Lichtöffnungen[47] haben in erster Linie zu weitreichenden Zerstörungen der zwischen den ursprünglichen Fenstern dargestellten Apostelfiguren der ersten Ausmalungsphase geführt.[48]

Die wechselvolle Restaurierungsgeschichte von St. Georg beginnt mit der Entdeckung und Freilegung der Wandmalereien im Langhaus ab 1879 (Abb. 236, 238 a).[49] Für die Aufdeckung der Wandmalereien ergibt sich zusammenfassend der Zeitraum von Juni 1879 bis Mai 1881. Berücksichtigt man die „Winterpausen" und die Zeiten zur Gerüstumstellung, dürfte diese sich in maximal 8-10 Monaten vollzogen haben.[50] Die Arbeit lag weitgehend in den Händen des Maurermeisters Sauter und des Pfarrverwesers Feederle. Der vom Erzbischöflichen Bauamt Freiburg delegierte Architekt Franz Baer fungierte lediglich als Sachverständiger, seine Beteiligung an den Freilegungsarbeiten beschränkte sich auf nur wenige Tage im Jahr. Dagegen ist Baer ein Großteil der damals gefertigten zeichnerischen Dokumentation zu verdanken.[51] Als Folge der Freilegung ergaben sich zahlreiche Schichtvermischungen aus dem Bestand der Erstausmalung, dem der gotischen Überarbeitung und nachfolgenden Fassungsresten. Die Versuche, die Übermalungen soweit wie möglich zu reduzieren, führten zu weitreichenden Zerstörungen der ersten Ausmalung, nicht zuletzt aufgrund der Anwendung unsachgemäßer, grober Werkzeuge. Stark gelitten haben in erster Linie mehrschichtig aufgebaute, pastose Malschichten, insbesondere Lichthöhungen, die mit der Abnahme der Übermalungen weitgehend verloren gingen. Die Schäden reichen bis zu Hackspuren und Kratzern in der Mörteloberfläche mit vollständigem Malschichtverlust.

Erst 1889 begannen die Vorbereitungen zu einer Restaurierung und Neukonzeption, die 1892 abgeschlossen war (Abb. 237).[52] Der Bedeutung des Wandmalereizyklus sollte ein Konzept gerecht werden, das jegliche Übermalung der Bildszenen verbot. Der Kunstmaler Carl Ph. Schilling erhielt den Auftrag zur Anfertigung von Kopien in Form von Bildtapeten, die man vor den Originalen anbrachte (Abb. 238 b). Bei Bedarf ließen sich die Tapeten hochziehen und gaben den Blick auf den Malereibestand frei. Der mit den Kopien entstandene Kontrast zum Umfeld wurde durch komplette Übermalung ausgeglichen, dies betraf die gesamte rahmende Ornamentik, die Mäander, die Obergadenzone, deren Apostel von Schilling weitgehend neu gestaltet wurden,[53] sowie den Vierungsbogen einschließlich der Laibung. Eine völlige Neugestaltung erfuhren weiterhin die Arkadenbögen, die Kapitelle, die Fensterlaibungen des 18. Jahrhunderts und später auch die Seitenschiffe.[54] Nach Entdeckung der Apostel im Chor der Sylvesterkapelle von Goldbach erwog man eine Rekonstruktion dieses Programms für den Chor von St. Georg. Dies scheiterte zunächst an finanziellen Engpässen, später an denkmalpflegerischen Einwänden.

Eine weitere Restaurierung, die mit der jüngsten Dokumentation der Restauratoren aufgedeckt wurde, konnte mittlerweile auch mit Archivalien belegt und zeitlich eingeordnet werden.[55] Demnach beantragte Max Wingenroth, damaliger Direktorialassistent der Großherzoglichen Sammlungen für Altertums- und Völkerkunde in Karlsruhe, im Jahr 1906 eine Restaurierung der Historienbilder, deren Ausführung 1907/08 in der Hand des Kunstmalers Victor Mezger aus Überlingen lag. Diese Restaurierung beschränkte sich ausschließlich auf die Bildszenen. Vordergründig standen Sicherungsarbeiten an den Wandmalereien in Form von Mörtelergänzungen in Graukalk und Gips sowie eine Fixierung der Malschichten an (Abb. 238 c).[56] Der tiefere Sinn dieses Eingriffs, kaum zwei Jahrzehnte nach Abschluß der Instandsetzung, dürfte in der sich allmählich wandelnden Denkmalauffassung zu suchen sein. Die von Wingenroth zurückhaltend formulierte Kritik richtete sich hauptsächlich gegen die damaligen Übermalungen, suchte diese jedoch gleichzeitig aus den vorherrschenden Sehgewohnheiten verständlich zu machen. Mit diesem Ansatz verband sich eine erste Infragestellung der Tapeten, die zwar einerseits eine Lesehilfe darstellten, andererseits aber unabhängig von praktischen Erwägungen die Aussage der Wandbilder verschleierten. Gleichzeitig führte Wingenroth die Konsequenzen für eine Abnahme der Tapeten warnend vor Auge – zwangsläufig notwendige Abstimmung und Abpatinierung der Übermalungen – und nahm damit das Konzept der 1921/22 umgesetzten Restaurierung vorweg.

Der schadhafte Mechanismus zum Aufziehen der Tapeten mag in der Folge der Anlaß für ihre Abnahme gewesen sein, zwischen den Zeilen lassen sich jedoch eher Unmut über einen aus konservatorischer Sicht unbefriedigenden Zustand und der Wunsch nach einer „zeitgemäßen" Restaurierung ablesen. Die nicht mehr funktionierende Mechanik war also ein dankbarer Anlaß, das überholte Konzept des 19. Jahrhunderts einem neuen Zeitgeschmack zu opfern.

Nach dem Entfernen der Bildtapeten sah man sich nun wiederum mit einem kontrastreichen Bestand konfrontiert. Die Bildszenen waren übersät mit Tüncheresten, sichtbaren Mörtelergänzungen verschiedener Phasen und Freilegeschäden, das

Abb. 232a. Reichenau-Oberzell, St. Georg, Nordwand, Die Heilung des Besessenen von Gerasa, Detail: Christus und die Apostel (Zustand 1986).

Abb. 233. Reichenau-Oberzell, St. Georg, Nordwand, Die Heilung des Besessenen von Gerasa, Detail: Gewandpartie Christi mit azzuritblauer Binnenzeichnung der ersten Malschicht unter gotischer Übermalung (Zustand 1986).

Abb. 235a. Reichenau-Oberzell, St. Georg, Nordwand, Die Beruhigung des Sturmes auf dem See Gennesaret, Detail mit ergänztem Ruderblatt der gotischen Übermalung (Zustand 1986).

Abb. 232b. Reichenau-Oberzell, St. Georg, Nordwand, Die Heilung des Besessenen von Gerasa, Detail: Christus und die Apostel (UV-Fluoreszenz-Aufnahme von 1986). ▷

Abb. 234. Reichenau-Oberzell, St. Georg, Nordwand, Die Heilung des Besessenen von Gerasa, Detail: UV-Fluoreszenzaufnahme mit Unterscheidung der von Dämonen besetzten Schweine der ersten Malschicht von den im Wasser liegenden toten Schweinen der gotischen Malschicht.

Abb. 235b. Reichenau-Oberzell, St. Georg, Nordwand, Die Beruhigung des Sturmes auf dem See Gennesaret, Detail mit ergänztem Ruderblatt der gotischen Übermalung (UV-Fluoreszenz-Aufnahme von 1986).

△ 232a

△ 232b

233 ▽

234 ▽

▽ 235a

235b ▽

Abb. 236. Reichenau-Oberzell, St. Georg, Langhaus nach Osten nach der Freilegung von 1879-1881.

Abb. 237. Reichenau-Oberzell, St. Georg, Langhaus nach Osten nach der Restaurierung durch Schilling (1890-92).

Umfeld in einem optisch völlig geschlossenen Zustand (vgl. Abb. 238c). Eine einfache Methode sollte die Einheit des Bestandes „wiederherstellen". Die in Leimfarbe ausgeführten Übermalungen von Schilling ließen sich soweit durch Abrieb reduzieren, daß sie einen gealterten Zustand vortäuschen konnten. Innerhalb der Bildbereiche kam das umgekehrte Verfahren zur Anwendung. Hier erfolgten Nachkonturierungen und farbliche Ergänzungen (Abb. 238d).

Dieser Exkurs macht deutlich, daß der Malereibestand in St. Georg sich aus verschiedensten Übermalungsphasen zusammensetzt und aufgrund der Freilegungsarbeiten in seinem Bestand stark reduziert ist. Erst mit diesem Wissen sind weitere Diskussionen über Datierungsansätze insbesonders im Hinblick auf stilkritische Analysen sinnvoll.

Die Kunstwissenschaft ging in der Zeit der Entdeckung der Wunderszenen davon aus, daß die Malereien unter dem Abt Witigowo am Ende des 10. Jahrhunderts entstanden seien. Diese Vorstellung ist in immer neuen Abklärungen und Präzisierungen vertreten worden, scheinen die Wandmalereien bei allen gattungsimmanenten Unterschieden doch am ehesten Entsprechungen zu der Buchmalerei der reiferen Liuthar-Gruppe und hier insbesondere zum Evangeliar Ottos III. aufzuweisen (München, Bayerische Staatsbibliothek, Clm 4453).[57] Die schlüssigen Belege hierfür fehlen, und spekulativ bleibt auch die Vermutung, daß nur der Verlust einiger Seiten, also die Lücke in dem zeitgenössischen Gedicht Purchards, welches die Taten des Abtes Witigowo auf der Reichenau[58] preist, den direkten Nachweis unmöglich gemacht habe.

In der Nachfolge von Künstle 1906 haben mehrere Forscher aus unterschiedlichen Erwägungen heraus wiederholt für eine Frühdatierung in das Ende des 9. Jahrhunderts, also gleichzeitig mit der Bauentstehung, plädiert.[59] Sie vermochten sich jedoch nicht gegen die vorherrschende Auffassung für eine Datierung in die 2. Hälfte des 10. Jahrhunderts durchzusetzen. Durch Koichi Koshi, der die Entstehung der Wandmalereien Ende des 9. Jahrhunderts noch einmal zu begründen versuchte, kam erneut Bewegung in die Diskussion. Mit dem Namen des Gründers von St. Georg bezeichnete er die Wandmalereien als „hattonisch".[60] Eine überzeugende stilgeschichtliche Begründung blieb er schuldig. Allerdings versuchte Koshi zuletzt auch über ikonographische Analysen und Bildvergleiche mit ottonischen Buchmalereien nachzuweisen, daß diese als Reduktionen der ikonographisch vielschichtigeren Oberzeller Darstellungen und somit als späte Abbilder jener aus frühchristlichen Bildgedanken schöpfenden spätkarolingischen Kunst zu verstehen seien.[61] Für die Argumentation mit ikonographischen wie auch stilistischen Kriterien bedarf es jedoch einer differenzierteren Analyse von Original und Ergänzungen.[62] Dies gilt für die Oberzeller Malereien ebenso wie für die herangezogenen Vergleiche, wie beispielsweise Müstair.[63]

Ausgegangen war Koshi von der These, daß die Erbauung der Kirche mit dem Amtsantritt Hattos, also 888, begonnen habe und die bedeutende päpstliche Reliquienschenkung des Jahres 896 jedenfalls unmöglich an einen noch nicht bestehenden und entsprechend ausgestatteten Bau erfolgt sein könne.[64] Gegen eine Ausmalung nach dem Reliquienerwerb sollte überdies der fehlende ikonographische Bezug zum Georgskult sprechen .

Ein generell gültiges Verhältnis zwischen Bauerstellung und Reliquienschenkung dürfte jedoch kaum anzunehmen sein, und der Einzelfall bedürfte zumindest entsprechender Belege. Problematisch erweist sich auch die Inanspruchnahme eines Bild-

Abb. 238a. Reichenau-Oberzell, St. Georg, Nordwand, Die Heilung eines Wassersüchtigen, nach der Freilegung von 1879-1881.

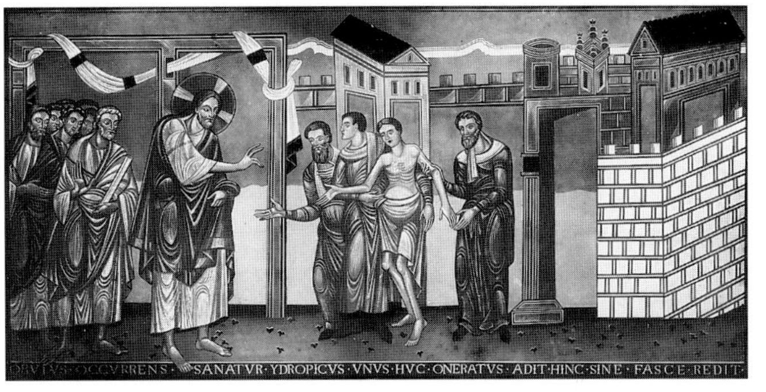

Abb. 238b. Reichenau-Oberzell, St. Georg, Nordwand, Die Heilung eines Wassersüchtigen, Bildtapete von Schilling (1890-92).

Abb. 238c. Reichenau-Oberzell, St. Georg, Nordwand, Die Heilung eines Wassersüchtigen, nach der Restaurierung von Mezger (1907/08): ohne die für diese Aufnahme emporgezogene Bildtapete, jedoch mit dem Umfeld (Mäander, Ornamentrahmungen) in der Übermalung von Schilling (1890-92).

Abb. 238d. Reichenau-Oberzell, St. Georg, Nordwand, Die Heilung eines Wassersüchtigen, nach der Restaurierung von 1921-22.

Abb. 239. Reichenau-Oberzell, St. Georg, Nordwand, Die Heilung des Besessenen von Gerasa, Titulus, Detail mit dem Befund „CVI NOMEN“ und abweichender Übermalung „LEGIO“ von 1921/22 (Zustand 1986).

Abb. 241. Reichenau-Oberzell, St. Georg, Nordwand, Die Heilung des Blindgeborenen, Titulus, Detail mit dem Befund „LV“ und den oberen Spitzen der folgenden Buchstaben „TOQ“ sowie deren verschobener Übermalung „TOQV“ von 1921/22 (Zustand 1994).

programms aus der Georgslegende als Datierungskriterium. Im Gegensatz zu Einzeldarstellungen treten szenische Darstellungen der Georgslegende offenbar selbst in der byzantinischen Kunst erst im 11. Jahrhundert auf.[65]

Andere Sachverhalte aus der Diskussion haben Mittellateiner und Epigraphiker zu verantworten.

Die unter die Bildszenen gesetzten, teilweise nur fragmentarisch erhaltenen Tituli sind ein altes Sorgenkind der Forschung (vgl. Abb. 216-219, 225-228, 239-243). Nach der Freilegung der Wandmalereien erfaßte erstmals Kraus 1883 die Tituli am Original.[66] Im gleichen Jahr lieferte Richard Engelmann eine gesonderte Besprechung mit wesentlichen Korrekturen und Vorschlägen zur Ergänzung der Fehlstellen.[67] Vor allem aber kam Engelmann zu dem Schluß, daß vorliegende Fehler der im Ganzen nach seiner Meinung sprachlich und metrisch vielleicht aus der Karolingerzeit stammenden Tituli möglicherweise auf eine fehlerhafte Übertragung der Vorbilder zurückzuführen seien. Die Lesungen wurden 1884, 1887 und 1894 von Kraus erneut überarbeitet, ohne die Korrekturen von Engelmann hinreichend zu berücksichtigen.[68] Für die Reihe der Monumenta Germaniae Historica stellte Karl Strecker die Inschriften 1923 nach der Erstveröffentlichung von Kraus zusammen und distanzierte sich von den jüngeren interpretierenden Zutaten,[69] urteilte aber in seinem Artikel über karolingische Dichter und die leoninische Versform, daß die Reichenauer Tituli verzweifelt wenig in die Zeit der für die Wandmalereien geltenden Datierung in das Ende des 10. Jahrhunderts passen würden.[70] Einen Ausweg aus dem Dilemma erlaubte ihm die Annahme, die Wandmalereien könnten auch aufgrund ihrer Komposition aus einer früheren Vorlage übernommen sein. Dies schien mit den Inschriften gut übereinzustimmen, die Strecker aufgrund ihres Versmaßes am

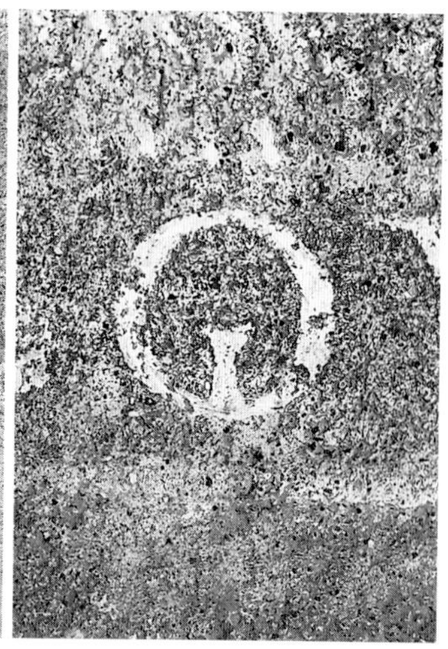

Abb. 242a. Reichenau-Oberzell, St. Georg, Nordwand, Die Beruhigung des Sturmes auf dem See Gennesaret, Titulus, Detail mit originalem Buchstaben „Q“ aus dem Wort „NOTHVSQ“ (Zustand 1986).

Abb. 242b. Reichenau-Oberzell, St. Georg, Südwand, Die Auferweckung des Lazarus, Titulus, Detail mit originalem Buchstaben „Q“ aus dem Wort „QVARTO“ (Zustand 1994).

Abb. 240. Reichenau-Oberzell, St. Georg, Südwand, Die Heilung eines Aussätzigen, Titulus (Fragment), Detail mit dem Wort „SACRA“ (Zustand 1994).

Abb. 243. Reichenau-Oberzell, St. Georg, Südwand, Die Auferweckung des Lazarus, Titulus, Detail mit dem ersten Wort „LAZARE“ (Zustand 1994).

ehesten in der Karolingerzeit entstanden glaubte.[71] Bereits 1925 unternahm dann Joseph Sauer einen neuen Anlauf, um die Tituli nach der jüngsten Reinigung doch noch in ihrem Originalbestand zu erfassen.[72] Auf Anregung Sauers befaßte sich Eduard Arens 1928 mit der Problematik sowohl der Konjekturen als auch der von Strecker vertretenen Datierung,[73] blieb aber im Grunde bei der These von der Übernahme der Tituli aus einer älteren Vorlage und damit bei den alten Erklärungen der Datierungen stehen.[74] Entgegen der Auffassung von Kraus und seinen Nachfolgern wandte sich Kurt Martin entschieden dagegen, die angeblich fehlerhafte Übertragung der Texte den Reichenauer Mönchen anzulasten.[75] In jüngster Zeit befaßte sich Walter Berschin mit den Tituli und kam zu neuen, vielfach auch durch Befunde der Untersuchung gestützten, philologischen Einzellösungen der Tituli.[76] Berschin blieb bei dem bereits bei Strecker anklingenden Tenor, daß die Tituli überwiegend auf klassisch-klassizistische Zitate der karolingischen Schullektüre zurückzuführen seien. Die für die Zeit zwischen 870 und 920 charakteristische Reimtechnik der Tituli[77] gehe seiner Meinung nach darüber hinaus auch mit Befunden zur historisch-paläographischen Analyse der Schrift zusammen.[78] Allerdings sind für die Zeit von 958-985 keine Reichenauer Dichtungen überliefert, die einen Vergleich mit der Reimtechnik der Tituli ermöglichten.[79] Für die Datierung der Wandmalereien ist also auch über die Tituli kein absoluter Zeitansatz zu gewinnen, solange der Rückgriff auf ältere Vorlagen nicht vollkommen ausgeschlossen werden kann. Anderseits bleibt auch diese Einschränkung wenig wert, solange Vorlagen der Tituli nicht namhaft zu machen sind.

Als problematisch erweist sich auch der epigraphische Befund. Ausgangspunkt zukünftiger Analysen wird eine klare Trennung der Originalbuchstaben und der von Mezger 1921/22 erfolgten Überarbeitungen sein müssen, die auch Textergänzungen und -verfälschungen betreffen. Nur einige Beispiele sollen dies erläutern. Im ersten Titulus der Bildszene der Heilung des Besessenen von Gerasa auf der Nordwand zeichnet sich unter der Übermalung „LEGIO" das darunterliegende, originale „CVI NOMEN" ab (Abb. 239). Ähnlich verhält es sich mit der ablesbaren Verschiebung von Befund und Übermalung im Wort „LVTOQVE" im Titulus der Bildszene des Blindgeborenen (Abb. 241). Augenfällig sind darüber hinaus formale Varianten und Größenunterschiede, wie Vergleiche der Buchstaben „Q" oder „A" aus verschiedenen Tituli darlegen. Ein „Q" aus dem Wort „NOTHSQ" des Titulus der Beruhigung des Sturmes auf dem See Gennesaret (Abb. 242 a) weist einen langgezogenen Schweif auf, jenes aus dem Titulus der Lazaruserweckung dagegen eine eingestellte Cauda (Abb. 242 b). Das erste „A" im Wort „SACRA" des Titulus der Aussätzigenheilung zeigt einen eingewinkelten Querstrich (Abb. 240), demgegenüber dominiert in Oberzell das „A" wie im Beispiel des Titulus aus der Auferweckung des Lazarus mit geradem Querstrich. (Abb. 243).

Inwieweit die Epigraphik Aufschlüsse für die Datierung der Tituli zu liefern vermag, ist also noch zu klären. Namhafte Vertreter dieses Faches haben bisher kaum Hoffnungen wecken können, nachdem sich mit den Schriftbefunden mehr Fragen als Antworten verbinden.[80]

Für eine zeitliche Distanz zwischen dem Bau der Kirche und dem Beginn der Ausmalung sprechen nicht zuletzt bautechnische Befunde. Der Mittelschiffzyklus zeigt im Streiflicht waagerechte Mörtelgrenzen mit einem Höhenmaß von ca. 150-165 cm (Abb. 256), was den jeweiligen Gerüsthöhen entprechen dürfte.[81] Die Pontate durchziehen in unregelmäßigem Verlauf die Darstellung, eine Beziehung zur Gliederung der Malerei liegt nicht vor. Kritische Stellen sind insbesondere der mittlere Mäander, der von der Mörtelgrenze dieser Höhe durchschnitten wird, ebenso die Tituli und die Bildszenen – hier durchschneidet die Mörtelgrenze teilweise die Köpfe der Dargestellten. Demnach erfolgte der Deckmörtelauftrag offensichtlich ohne Berücksichtigung der zukünftigen Ausmalung. Alles spricht dafür, daß für den Auftrag des Deckmörtels und für die Ausmalung verschiedene Gerüste verwendet worden sind: An keiner Stelle läßt sich ein nachträgliches Schließen von Gerüstbalken ausmachen, die erste Abrüstung kann demnach nur gleichzeitig mit der Verputzung der Wandflächen erfolgt sein. D. h., mit dem Auftrag des Deckmörtels wurden die Gerüstbalken Ebene für Ebene abgeschnitten und gleichzeitig geschlossen.[82] Ganz eindeutig ist auch der Befund im Verlauf der Malerei, die sich fließend über die genannten Mörtelgrenzen hinwegsetzt. Hier lassen sich keine Unterbrechungen feststellen, die darauf hinweisen würden, daß diese Bereiche jeweils von zwei Gerüstebenen aus bemalt worden wären.[83] Demnach ist für die Ausmalung mit einem eigenständigen Gerüst zu rechnen, das nicht den Pontate entsprach.

Diese Befunde lassen sich auch mit der Maltechnik in Einklang bringen. Es liegt eine mit Bindemitteln ausgeführte Secco-Malerei auf abgetrocknetem Putz vor.[84] Im einzelnen zeigen Detailaufnahmen (Abb. 251, 253), daß die Malschicht eine getrennte, auf der Mörteloberfläche liegende Schicht darstellt, die keine – wie bei freskalem Auftrag und gleichzeitiger Carbonatisierung üblich – Verbindung mit dem Deckmörtel eingegangen ist. Auf einer Testplatte konnten die Reaktionen der in Oberzell analysierten Pigmente bei Anwendung in freskaler Technik und hier insbesondere der Pigmente, die für Freskotechnik nicht geeignet sind, wie beispielsweise Malachit, überprüft werden. Eine freskale Anwendung führte zur kompletten Schwärzung von Malachit. Auch bei Wiederholung des Farbauftrags nach 14 Tagen und nach einem Monat, nachdem täglich Kohlensäure zugeführt worden war, traten Verschwärzungen im Malachit auf. Dieser Sachverhalt wie auch die an Ausbruchstellen von Mörtelgrenzen mikroskopisch erkennbaren Verschmutzungen zwischen Malerei und Mörtel können zunächst nur auf einen nicht näher bestimmbaren Zeitraum zwischen Mörtelauftrag und Ausmalung hinweisen.

Die Diskussion ließe sich mit Überlegungen zu den handwerklichen Fertigkeiten der Reichenauer Malerschule dahingehend lenken, daß Reichenauer Künstler fähig waren, sich mit den jeweiligen Vorgaben zurechtzufinden, dokumentiert am Beispiel der Malereien der Goldbacher Sylvesterkapelle.[85] Mit einer Bauerhöhung erfolgte hier gleichzeitig die zweite Ausmalung (Abb. 264-301). Die Szenen im Bereich der Bauerhöhung wurden freskal begonnen. Im unteren, also dem bereits bestehenden Bauteil übernahm man den Altbestand, indem man die Vorgängerausmalung mit einer Kalkschlemme abdeckte und die Malereien dann mit Bindemitteln auf der Schlemme ausführte. Beide Techniken unterscheiden sich noch einmal von der in Oberzell verwendeten.

Weitere Funde bestätigen die Vielseitigkeit der Reichenauer Maler: Circa 2000 Malereifragmente aus der 1933/34 von Emil Reisser durchgeführten Ausgrabung des Münsters in Mittelzell werden zur Zeit untersucht.[86] Bereits eine erste Durchsicht der Fragmente gab zu erkennen, daß verschiedenste Techniken auf der Reichenau bekannt gewesen sein müssen. Die von Reisser allesamt *„unbedenklich"* in das 8. Jahrhundert[87] datierten Funde gehören mindestens fünf Ausstattungsphasen an. Neben freskal ausgeführten Malereien finden sich Fragmente mit Secco-Malereien auf trockenen Putz, Mischtechniken wie die Bemalung mit Bindemitteln auf trockenen Putz in eine feuchte Kalkschlemme,

Abb. 244. Reichenau-Mittelzell, Münster, Mörtelfragment (23/128/F) aus der Grabung Reisser mit freskaler (?) Malerei auf Tüncheschicht: Buchstabenfragmente (1997).

Abb. 245. Reichenau-Mittelzell, Münster, Mörtelfragment (37/74/K) aus der Grabung Reisser mit mehrschichtigem Fassungsaufbau verschiedener Phasen: über Mörtel und Tünche ockergelbe Fassung, dicke Tünche, Ritzung und hellrotes Buchstabenfragment (1995).

Abb. 246. Reichenau-Mittelzell, Münster, Mörtelfragment (5/21/D) aus der Grabung Reisser mit Secco(?)-Malerei: Fragment eines Mäanders, auf der Rückseite Reste einer Vorgängerfassung (1995).

Abb. 247. Reichenau-Mittelzell, Münster, Mörtelfragmente (12/1/L und 37/52/L) aus der Grabung Reisser mit mehrschichtigem, einphasigem Fassungsaufbau über versinterter Oberfläche: ornamentale Kalkmalerei (?) in grau-grün, hellrot, ockerrot und weiß (1995).

Abb. 248. Reichenau-Mittelzell, Münster, Mörtelfragment (13/35/C) aus der Grabung Reisser mit mehrschichtigem Fassungsaufbau verschiedener Phasen: freskale (?) Malschicht und Tünche mit Zeichnung (1995).

Abb. 249. Reichenau-Mittelzell, Münster, Mörtelfragment (1/25/C) aus der Grabung Reisser mit mehrschichtigem Fassungsaufbau verschiedener Phasen: auf dem Mörtel freskale (?) Malschicht und drei Tünchen mit Fassung (1995).

Abb. 250. Reichenau-Mittelzell, Münster, Mörtelfragment (19/39/C) aus der Grabung Reisser mit freskaler (?) Malerei direkt auf dem Mörtel: Perlbänder mit Punkten in Grau und Weiß (1995).

Abb. 251. Reichenau-Oberzell, St. Georg, Nordwand, Detail aus Abb. 253: Die Malschicht liegt auf der Mörteloberfläche, ohne eine Verbindung mit dieser eingegangen zu sein; im Bereich abgeplatzter Malschichten wird die Mörteloberfläche sichtbar.

Abb. 252. Ehem. Reichenau-Mittelzell, Münster, Mörtelfragmente aus der Grabung von E. Reisser mit figürlicher Malerei: Kopffragment und kleineres, nicht sicher identifiziertes Fragment (seit den 60er Jahren verschollen).

Abb. 253. Reichenau-Oberzell, St. Georg, Nordwand, Die Beruhigung des Sturmes auf dem See Gennesaret, Detail: Architektur im linken Bildteil (Zustand 1986).

Abb. 254. Reichenau-Oberzell, St. Georg, Vierung, Nordwand (Außenseite), Palmettenfries: im Bereich der Bogenlaibung auf einer Tünche, rechts der Ecke ohne Tünche direkt auf dem Mörtel; gerade verlaufende obere Mörtelkante als möglicher Hinweis auf den ehemaligen Deckenabschluß (1996).

Abb. 255. Reichenau-Oberzell, St. Georg, Vierung, Nordwand (Außenseite), Palmettenfries, Detail (1989).

Abb. 256. Reichenau-Oberzell, St. Georg, Nordwand, Die Beruhigung des Sturmes auf dem See Gennesaret: Streiflichtaufnahme zur Darstellung der Mörtelgrenzen (Pontate; 1987).

direkte Übermalung älterer Malereien mit Bindemitteln oder auf dazwischenliegenden Kalktünchen (Abb. 244-250, 263). Das einzige Kopffragment aus dieser Grabung (Abb. 252) gilt seit Ende der 60er Jahre als verschollen. Dies ist besonders schmerzlich, da eine technologische Untersuchung möglicherweise ungeahnte Zusammenhänge herstellen könnte. An einigen Fragmenten der Grabung lassen sich auf der Mörtelrückseite Abdrücke der Vorgängerausmalung erkennen, einige wenige Stücke sind mehrschichtig mit bis zu drei Mörtel- und Malschichtebenen erhalten, anhand derer sich zumindest die relative Chronologie der entsprechenden Phasen rekonstruieren läßt. Ungeachtet der sonstigen Problematik dieser Grabungsfunde[88] ist zumindest die pauschale Datierung aller Funde in das 8. Jahrhundert entschieden zurückzuweisen, und vielleicht müßte auch das Kopffragment unter diesem Aspekt neu bewertet werden.[89]

Dieser Exkurs zeigt jedenfalls, daß in St. Georg eine freskale Ausmalung mit Auftrag des Mörtels möglich gewesen wäre, jedoch – aus welchem Grund auch immer – nicht wahrgenommen wurde. Alle vor Ort ablesbaren Befunde scheinen darauf hinzudeuten, daß eine vorgefundene Gegebenheit hingenommen wurde, wie dies auch in Goldbach der Fall war. In St. Georg wurde der Deckmörtel aufgetragen, noch bevor es ein Konzept für die Malerei gab. Mit einem bereits vorliegenden „Entwurf" zur Ausmalung wäre eine entsprechende Einrüstung und ein Arbeiten Hand in Hand möglich gewesen. Jedenfalls hätte kein Anlaß bestanden, auf eine maltechnische Ausführung auszuweichen, die die Arbeiten unnötig verzögerte. Demnach muß man sich den Kircheninnenraum in einer ersten Phase ohne Ausmalung aber keineswegs als *„Rohbau"* vorstellen.[90] Bedingt durch den beim Glätten an die Oberfläche getriebenen Kalk weist der Deckmörtel in gut erhaltenen Partien ein annähernd weißes Aussehen auf. Jüngste Untersuchungen konnten auch andernorts an mehreren Beispielen nachweisen, daß Bauausführung und Ausmalung keineswegs zwangsläufig miteinander zu verbinden sind.[91]

Ein weiterer Befund gibt zu denken, wenngleich mit ihm mehr Fragen aufkommen als im Moment Lösungen angeboten werden können. Der spätestens seit Kraus 1884 bekannte Palmettenfries (Abb. 254, 255) auf der Rückseite der Vierungsnordwand, der heute allein über den Dachstuhl zugänglich ist, wurde bisher aufgrund technologischer und stilistischer Übereinstimmungen überwiegend als gleichzeitig mit den Langhausmalereien eingeordnet.[92] Innerhalb der Bogenlaibungen und im Innenraum der Vierung befindet sich der Fries jedoch auf einer Kalktünche, nur auf der Rückseite der Vierungsnordwand liegt er direkt auf der Deckmörteloberfläche und entspricht auch nur hier der Maltechnik der Langhausmalereien. Die Malerei auf der Kalktünche ist stark reduziert und scheint nach optischem Befund nicht gleichzeitig mit der Tünche ausgeführt zu sein.[93] Sollte sich der Befund einer von der Malerei unabhängigen und vor dieser ausgeführten Tünchung innerhalb der Vierung und der Bogenlaibungen bestätigen, so wäre in diesem Bereich eine Vorgängerfassung für einen möglicherweise liturgisch bevorzugten Bereich nachgewiesen.

Abschließend seien einige gattungsübergreifende Detailvergleiche vorgetragen, die der kunstwissenschaftlichen Diskussion dienlich sein mögen. Manche Ausschnitte überraschen mit motivischen Parallelen in Elementen der Bildauffassung,[94] wie beispielsweise dem Heraustreten aus der Bildfläche[95] oder den Überschneidungen von Füßen (Abb. 259, 262), wofür sich beispielsweise Parallelen im Codex Egberti[96] finden lassen. Die auf den ersten Blick erkennbaren Berührungen zwischen der Ornamentik des Gerokodex und den bildteilenden Ornamentfriesen in Oberzell (Abb. 257, 258) beschränken sich auf motivische Versatzstücke der in wechselnder Farbgebung gestalteten Rosettenblätter sowie der dazwischen plazierten, in Form von Weißhöhungen ausgeführten, Blattornamente.[97] Bei näherer Hinsicht und nach Abnahme der Übermalung von Mezger 1921/22[98] läßt die Oberzeller Variante eine weitaus differenziertere Ausführung erkennen. Volutenartige Höhungen greifen von den Blattornamenten zwischen den Rosetten über die Bildrahmung hinaus und enden in kleinen hakenförmigen Knoten. Diese Haken weisen neben weiteren Elementen in der Handhabung von Höhungen Übereinstimmungen mit jenen im Widmungsblatt des Egbertkodex auf (Abb. 260, 261), die offensichtlich über motivisch-formelhafte Gemeinsamkeiten hinausgehen.[99] Nicht das starre Kopieren, sondern das Schöpfen, Umsetzen, neu zusammensetzen und das sich über die Gattungen hinaus tradierende und gegenseitig belebende Repertoire bestimmt ihr Verhältnis.

Die Stilanalyse Buddensiegs vor annähernd einem Vierteljahrhundert hat uns nicht nur Einblicke in die Bedeutung der „Falten-Kunstgeschichte" verschafft, sondern darüberhinaus anhand der Präzisierung Reichenauer Stilelemente und Bildformeln „mikroskopisch" jene Zusammenhänge aufgewiesen, die eine stilistische Verbindung der Oberzeller Wandmalereien mit der Buchmalerei der Ruodprechtgruppe nahelegen, und dabei sehr wohl erkannt, daß der Erhaltungszustand der Wandmalereien durchaus eine – künftig noch weiter zu differenzierende – Stilanalyse ermoglicht.[100]

Dagegen überzeugen die bisher für eine Frühdatierung der Oberzeller Wandmalereien vorgetragenen Argumente, die jene an einem Ort enstandenen, künstlerischen Hochleistungen in der Buch- und Wandmalerei gleich um ein Jahrhundert voneinander trennen möchten, nicht.

Das Beispiel von St. Georg zeigt, daß der Bestand sich pauschalen Lösungen oder auf Einzelaspekte fixierten Untersuchungen entzieht. Die technologischen Befunde müssen daher ebenso berücksichtigt werden, wie Zusammenhänge und Überlegungen anderer Fachdisziplinen. So wird man sich auch der Baugeschichte nicht nur über einzelne, aus dem Kontext gegriffene, bauliche Gesichtspunkte nähern können, sondern nur in der Gesamtschau der Befunde zu Bau, Mörteln, Tüncheschichten etc. und letzten Endes auch zur Ausmalung.

Eine Annäherung wird erst durch das Zusammenfügen zahlreicher Mosaiksteine möglich. Forschungsbedarf besteht hier in vielerlei Hinsicht, nicht zuletzt im Bereich der Bezüge zu anderen Objekten, wie Goldbach, Müstair oder Brescia.[101] Von einer abschließenden Wertung kann trotz mancher Fortschritte im Detail keine Rede sein.

Weitere Überlegungen schließen sich noch einmal an die Konzeption der Westapsis als Eingangskonche an, der im Licht der neueren Bewertung einiges Gewicht zukommt. Auf die Konsequenzen für die Bauabfolge wurde bereits verwiesen, aber auch jene für die Ausmalung gilt es zu überdenken.[102] Der Erbauung der Eingangskonche ging ohne Frage der Abriß eines Westabschlusses voraus, dessen Aussehen aber hypothetisch bleibt. Aus der Befundsituation zum Mörtelauftrag im Langhaus ergibt sich, daß der ehemalige Westabschluß und die Hochschiffwände mit demselben Deckmörtel verputzt gewesen sein müssen.[103] Jedenfalls schloß der Bau der Westapsis zwangsläufig zu irgendeinem Zeitpunkt eine Neuverputzung der zum Kirchenraum orientierten Wandflächen und der gestörten Anschlüsse ein. Dieser Putz konnte an zwei Stellen nachgewiesen werden, allerdings ohne einen Befund, der zur Klärung des Verhältnisses von Westkonche und Ausmalung des Langhauses hätte beitragen können, da beide Fundstellen nicht repräsentativ für die gesamte Westapsis sind. Im nördlichen Arkadenfenster der Westapsis weist dieser sehr feinteilige Mörtel überhaupt keine mittelalterlichen Fassungsreste auf, in der nördlichen Portallaibung lediglich Reste einer nicht gleichzeitig entstandenen Schwarzfassung, deren zeitliche Stellung anhand der Stratigraphie innerhalb der relativen Chronologie lediglich auf eine sehr frühe Entstehung hinweist. Für die Einordnung des sehr feinteiligen Mörtels ergab sich aus der Schichtenabfolge am nördlichen Arkadenfenster, daß dieser von dem Malereimörtel der heutigen Michaelskapelle mit der Darstellung der bisher um 1050/60[104] datierten Parusie Christi in der Fensterlaibung überlappt wird. Untersuchungen in der Fortsetzung der Wandfläche nach innen verboten sich aufgrund der hier vorliegenden, barocken Ausmalung. Alle zugänglichen Öffnungen innerhalb der Wandfläche der Westapsis wiesen massive Störungen[105] auf. Belege für die relative Chronologie von Westapsis und Langhausausmalung fehlen also weiterhin.

Dennoch könnte der Bau der Westapsis auch unter diesen Gesichtspunkten noch Anhaltspunkte liefern, wenn man davon ausgeht, daß die Kenntnis von dem ursprünglichen Zugang zur Kirche Rückschlüsse auf ihren kirchen- oder korporationsrechtlichen Status zuließe.[106] Vieles spricht für Betreuung durch eine kleine Klostergemeinschaft von Anfang an, und daraus könnte sich auch das Fehlen (?) von zuzuordnenden Konventsgebäuden erklären. Sicher ist, daß sich die neu konzipierte Westapsis nicht ohne historisch und liturgisch relevante Hintergründe vollzog. Solange aber weder konkrete Vorstellungen vom ersten Westabschluß noch über eventuelle weitere Zugänge zum Kircheninnenraum vorliegen, müssen alle Überlegungen theoretischer Natur bleiben.[107] Ob sich die Planung der Westapsis mit Daten der monastischen Reformbewegung oder eher mit der Verehrung des hl. Georg zusammenbringen läßt, näherhin mit Neuerungen in der Gestaltung liturgischer und kultischer Abläufe und womöglich dadurch auch die Ausmalung des Langhauses als die eines neuen kultischen Weges herausgefordert wurde, solche und andere Fragen[108] richten sich an Historiker.

In der Summe ergeben sich aus dem baulichen, maltechnischen und stilistischen Befund zahlreiche Argumente gegen eine Datierung der ersten Ausmalung des gesamten Kirchenraums vor 925/945. Den historischen Ort dieser Ausmalung in den Jahrzehnten danach näher zu bestimmen, bleibt weiteren Forschungen der verschiedenen Fachdisziplinen vorbehalten.

Anmerkungen

1 Überarbeitete und mit Anmerkungen versehene Fassung eines in Lorsch am 11. Oktober 1996 gehaltenen Vortrags. – Eine umfassende Publikation des Landesdenkmalamtes Baden-Württemberg über Reichenau-Oberzell steht vor dem Abschluß (Bearb. Verf.). Mit zunehmender Objektkenntnis und nach der Auswertung der gesamten Dokumentation über die Untersuchungen der 80er Jahre sowie der einschlägigen Archivalien ist heute offensichtlich, daß sich die Komplexität des Bestandes von St. Georg einer nur Teilaspekten verhafteten Beurteilung entzieht. Aufgrund des Schwerpunktthemas und des an dieser Stelle zu beschränkenden Umfangs können die Ausführungen lediglich Einzelaspekte in Zusammenfassung skizzieren. Für Detailfragen wie auch für den Stand der Forschung muß auf die geplante Publikation verwiesen werden. – Allen Freunden und Kollegen, die mir mit Anregungen und konstruktiver Kritik ihre Unterstützung haben zuteil werden lassen, möchte ich an dieser Stelle von Herzen danken. Nur ihrem ungebrochenen Zuspruch und ihren uneigennützigen Hilfen verdanke ich die sich immer wieder erneuernde Kraft, an dem Projekt St. Georg festzuhalten. Danken möchte ich an dieser Stelle auch Herrn Münsterpfarrer Alfons Weißer und Herrn Pfarrer Stephan Küchler sowie der Reichenauer Gemeinde, die uns nicht nur jahrelang freundschaftlich aufgenommen haben, sondern uns auch jede Unterstützung zutteil kommen ließen. Ein herzlicher Dank gilt auch meinem überaus kritischen Vater, Prof. Dr. Hermann Jakobs (Heidelberg), dessen Diskussionsbeiträge und Korrekturen sowohl zu einer Lösung gedanklicher Knoten als auch zu mancher Straffung in den Manuskripten verhalfen.

2 So wurde beispielsweise gegenüber dem Landesdenkmalamt die Auffassung vertreten, die Wandmalereien seien am Verblassen; vgl. Landesdenkmalamt Baden-Württemberg, Stuttgart, Restaurierung, Gesamtdokumentation zu Reichenau-Oberzell, St. Georg (im folgenden LDA S), 17.8.1981, Ordner 3.1.

3 So z. B. für Goldbach, St. Sylvester (vgl. den Beitrag von H.F. Reichwald in diesem Heft). Die für St. Georg entwickelte Methodik zur Untersuchung und Dokumentation sollte aber keineswegs als starres Schema, vielmehr in Abstimmung auf die Bedürfnisse des jeweiligen Objektes angewendet werden. Auch ergaben sich aus den Erfahrungen selbstverständlich neue Überlegungen zu Verbesserungen: Sehr wichtig ist die kontinuierliche Koordinierung vor Ort durch eine leitende Person. – Daß weder die Bestandsaufnahmen noch die Dokumentation zum Selbstzweck werden dürfen, gilt heute als selbstverständlich; vgl. auch Helmut F. Reichwald, Über Sinn und Unsinn restauratorischer Untersuchungen. Zur Befunderhebung als Teil einer Konzeption, in: Zeitschrift für Kunsttechnologie und Konservierung 1, 1987, S. 25-31.

4 Helmut F. Reichwald, Möglichkeiten der zerstörungsfreien Voruntersuchung am Beispiel der ottonischen Wandmalereien in St. Georg Reichenau-Oberzell, in: Historische Technologie und Konservierung von Wandmalereien, Bern 1985, S. 106-132; Ders., Die ottonischen Monumentalmalereien an den Hochschiffwänden in der St. Georgskirche auf der Insel Reichenau. Veränderungen – Bestand – Maltechnik, in: Zeitschrift für Kunsttechnologie und Konservierung 2, 1988, S. 107-170.

5 Die Pläne erstellte das Referat Photogrammetrie des Landesdenkmalamtes Baden-Württemberg (Günther Eckstein, Hans-Peter Schiele, Renate Reisch).

6 Das Planmaterial konnte anhand der von Joachim Kandzora und Helmut Jung 1948 gezeichneten und handvermessenen Bauaufnahmen von St. Georg vervollständigt werden. Die Anfertigung der Pläne war Teil einer Vorexamensarbeit (1948) bei Karl Gruber, Darmstadt. Die qualitativ hochwertige Handvermessung kann hier aus Platzgründen nicht abgebildet werden, eine Veröffentlichung ist für die Gesamtpublikation vorgesehen (vgl. Anm. 1). Der Hinweis auf die Pläne von 1948 ergab sich aus Archivalien, Kopien fanden sich daraufhin im Stadtarchiv Konstanz. Anhand der Signaturen konnten über die Architektenkammer die Urheber ermittelt werden. Prof. Dipl.-Ing. Joachim Kandzora (Eckernförde) war im Besitz der Originalpläne und hat diese in Absprache mit Prof. Dipl.-Ing. Helmut Jung (Berlin) dem Landesdenkmalamt im Juli 1994 überlassen. Beiden sei an dieser Stelle für ihre Unterstützung herzlich gedankt.

7 Die Kommission war unterteilt in eine „Große Kommission" und eine „Kleine Kommission". Die Leitung der „Großen Kommission" lag in den Händen des damaligen Präsidenten des Landesdenkmalamtes Baden-Württemberg, Prof. Dr. August Gebeßler. Die „Kleine Kommission" wurde von Helmut F. Reichwald, dem Leiter der Restaurierungswerkstatt des Landesdenkmalamtes Baden-Württemberg, geführt. Der „Kleinen Kommission" gehörten überwiegend Restauratoren an, die in der Regel einen Tag vor Zusammenkunft der „Großen Kommission" alle restauratorischen Details vor Ort diskutierten, um ihre Ergebnisse der „Großen Kommission" in konzentrierter Form vorzutragen. Alle Entscheidungen zur Vorgehensweise wurden sodann in der „Großen Kommission" getroffen, der in geringfügig variierender personeller Zusammensetzung das Erzbischöfliche Ordinariat, Pfarrer, Mitglieder der Pfarrgemeinde und der politischen Gemeinde sowie des Landratsamts Konstanz, Mitglieder eines Fördervereins, Denkmalpfleger, Restauratoren, Kunsthistoriker, Archäologen, Bauhistoriker, Historiker und Naturwissenschaftler aus verschiedenen europäischen Ländern angehörten.

8 Die Dokumentation sämtlicher Beobachtungen und Einzelbefunde erfolgte durch die vor Ort tätigen Restauratoren. – Die zeichnerische Dokumentation des durch Abnahme großflächiger Zementergänzungen offenstehenden Mauerwerks übernahmen von 1983 an Alfons und Ursula Zettler, Reichenau, sowie Miriam Geiger, Konstanz; von 1988 an (Krypta) Matthias Schmid, Freiburg; von 1989 an (Michaelskapelle) Reichwald / Jakobs. Alle Bereiche sind daneben photographisch erfaßt (Auf- und Streiflicht, Schwarzweiß und Farbe). – Zur Zeit liegen 156 nach Themenkreisen gruppierte und numerierte Ordner vor, die problemlos eine Fortschreibung ermöglichen. Das Planmaterial und die Kleinbilddiapositive sind gesondert archiviert.

9 Jeder Substanzeingriff setzt zunächst einmal das Verständnis für die Zusammenhänge voraus; die zerstörungsfreie Untersuchung und die Bestandsaufnahme sind eine wesentliche Voraussetzung dafür. D.h. jede Phase, in die ein Eingriff erfolgt, muß zunächst einmal erfaßt und entsprechend eingeordnet werden. Das gilt ebenso für materialfremde jüngere Ergänzungen unseres Jahrhunderts wie für historische Phasen. Weitere Erkenntnisse über Zusammenhänge ergeben sich mitunter erst im Laufe einer Auswertung unter Berücksichtigung ergänzender Materialien wie z. B. Planmaterial, Archivalien, Photographien etc. – Zu welchen Resultaten unüberlegte und unsachverständige Vorgehensweisen führen können, wird u. a. am Beispiel der Freilegung von 1904 im Langhaus von Goldbach offensichtlich (vgl. den Beitrag Reichwald, unten, S. 195 mit Anm. 42). Der Eingriff in historische und vermeintlich „unbedeutende" Substanz als Ausgangspunkt einer Untersuchung dürfte heute im allgemeinen obsolet sein.

10 Das Martyrologium Notkers (St. Gallen, Stiftsbibliothek, Cod. 456 pag. 110/111) ist ediert bei Migne, Patrologia Latina 131, 1835, Sp. 1030-1164, hier: Sp. 1069f. – Zur Datierung des Notker-Martyrologs vgl. Wolfgang Haubrichs, Neue Zeugnisse zur Reichenauer Kultgeschichte des neunten Jahrhunderts, in: Zeitschrift für die Geschichte des Oberrheins 126, N.F. 87, 1978, S. 1-43, hier S. 14 mit Anm. 43 und Hans Haefele, Notker I. von St. Gallen, in: Die deutsche Literatur des Mittelalters. Verfasserlexikon IV, 1987, Sp. 1187-1210, hier Sp. 1201. – Zu Hatto vgl. Konrad Beyerle, Von der Gründung bis zum Ende des freiherrlichen Klosters (724-1427), in: Die Kultur der Abtei Reichenau, hg. von Konrad Beyerle, Bd. 1, München 1925, S. 55-212, hier S. 112/2-112/9; Ders., Das Reichenauer Verbrüderungsbuch als Quelle der Klostergeschichte, in: Die Kultur der Abtei Reichenau, Bd. 2, S. 1174, Nr. 550; Peter Herde, Hatto I., in: Neue Deutsche Biographie, Bd. 8, 1969, S. 60 und Alois Gerlich, Hatto I., in: Lexikon des Mittelalters IV, 1989, Sp. 1957f. – Zur Namensbezeichnung vgl. auch Wolfgang Haubrichs, St. Georg auf der frühmittelalterlichen Reichenau. Hagiographie, Hymnographie, Liturgie und Reliquienkult, in: Herrschaft, Kirche, Kultur. Beiträge zur Geschichte des Mittelalters. Festschrift für Friedrich Prinz zu seinem 65. Geburtstag (Monographien zur Geschichte des Mittelalters 37), Stuttgart 1993, S. 505-537, hier S. 505.

11 Zur Frage des Rechtsstatus vgl. Anm. 106; zur Interpretation der in den Quellen verwendeten Begriffe ausführlich Jakobs (MS, wie Anm. 1). Vgl. auch Alfons Zettler, Die frühen Klosterbauten der Reichenau. Ausgrabungen – Schriftquellen – St. Galler Klosterplan. Mit einem Beitrag von Helmut Schlichterle (Archäologie und Ge-

Abb. 257. Reichenau-Oberzell, St. Georg, Nordwand, Ornamentfries zwischen den beiden ersten Bildszenen, Detail mit partiell abgenommener Übermalung zwischen den Rosetten (1986).

Abb. 258. Darmstadt, Hessische Landesbibliothek, Ms. 1948 (Gero-Codex), fol. 5^r, Detail der Ornamentrahmung.

Abb. 259. Reichenau-Oberzell, St. Georg, Südwand, Die Auferweckung des Lazarus, Detail: Füße der Apostel links außen (1992).

Abb. 260. Reichenau-Oberzell, St. Georg, Südwand, Ornamentfries zwischen der fünften und sechsten Bildszene, Detail (1986).

Abb. 261. Trier, Stadtbibliothek, Ms. 24 (Codex Egberti), fol. 2^r (Widmungsbild), Detail der rahmenden Ornamentik.

Abb. 262. Trier, Stadtbibliothek, Ms. 24 (Codex Egberti), fol. 31^v (Die Heilung des Blindgeborenen), Detail.

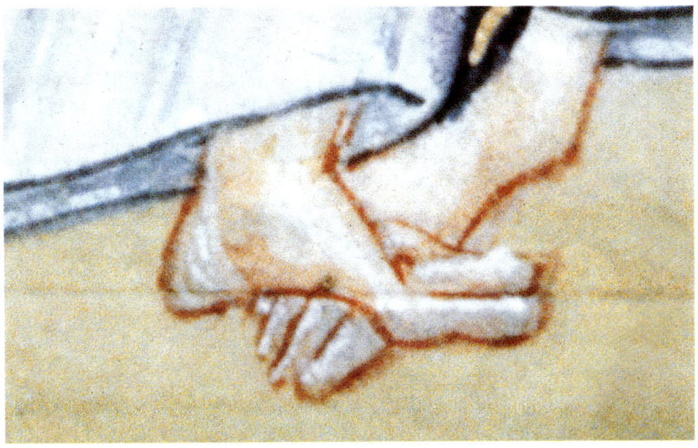

schichte 3), Sigmaringen 1988, S. 45, S. 281, S. 284. – Für die Verhältnisse in der 2. Hälfte des 10. Jahrhunderts vgl. Helmut Maurer, Rechtlicher Anspruch und geistliche Würde der Abtei Reichenau, in: Die Abtei Reichenau, hg. von Helmut Maurer, Sigmaringen 1974, S. 255-275, hier S. 259.

12 Für die folgende Auskunft und für kritische Hinweise im Zusammenhang mit der betreffenden Stelle im Martyrologium Notkers (wie Anm. 10, Abb. bei Alfons Zettler, Die spätkarolingische Krypta von St. Georg in Reichenau-Oberzell, in: Denkmalpflege in Baden-Württemberg 18, 1989, S. 97-105, hier S. 97, Abb. 1) schulde ich Dr. Beat von Scarpatetti, St. Gallen, Stiftsbibliothek, der die Handschrift im April / Mai 1996 einer erneuten Untersuchung unterzog, meinen aufrichtigen Dank (telefonisch Januar 1996, Schreiben vom 22.3.1996 und 3.4.1996; telefonisch am 7.5.1996, LDA S [wie Anm. 2], Ordner 3.2). Nach seiner jüngsten Auskunft vom 7.5.1996 kann die Stelle am Zeilenende nach dem (abgekürzten) Wort *„domini"* (*„hoc anno, id est ab incarnatione domini [...]"*) nicht als eigentliche Lücke bezeichnet werden. Der Text verlaufe paläographisch ohne Unterbrechung. Kleinere Absätze am Zeilenende seien im Textverlauf häufiger zu beobachten, da der Schreiber offensichtlich ungern trenne. Der Absatz sei jedoch in keiner Weise als „Lücke" gekennzeichnet. Da die Formulierung an dieser Stelle eine Jahresangabe oder eine Erklärung erwarten lasse, könnte sie (neben anderen Befunden) für eine Qualifizierung des Textes als Abschrift und gegen eine solche als Autograph Notkers sprechen. Es müsse dann offen bleiben, was in der Vorlage an dieser Stelle gestanden habe, jeder Versuch den Befund näher zu erklären, bleibe spekulativ. – Vgl. auch Peter Ochsenbein, Karl Schmuki, Die Notkere im Kloster Sankt Gallen. Führer durch die Ausstellung in der Stiftsbibliothek St. Gallen (26. November 1991-7. November 1992), 1992, S. 42 f.

13 Ernst Dümmler, Das Martyrologium Notkers und seine Verwandten, in: Forschungen zur deutschen Geschichte 25, 1885, S. 195-220, insbes. S. 202f. – Die Anwesenheit Hattos in Rom ergibt sich aus der Urkunde Arnulfs vom 27. Februar 896 für das Kloster S. Salvatore am Montamiata, in der Hatto zugunsten des Klosters interveniert: MGH, Diplomata Arnolfi, ed. Paul Kehr, 1940, Nr. 140; vgl. auch Codex diplomaticus Amiatinus, Urkundenbuch der Abtei S. Salvatore am Montamiata, ed. Wilhelm Kurze, Bd. 1, Tübingen 1974, Nr. 170. – Zu den Rombeziehungen Hattos bis 3.7.896 vgl. auch Germania Pontificia IV, ed. H. Jakobs, H. Büttner, Göttingen 1978, S. 70 f. Nr. *47-*53. – Zur Quelleninterpretation in der neueren Literatur vgl. Alfons Zettler, Neue Aussagen zur frühen Baugeschichte der Kirche St. Georg in Reichenau-Oberzell, Landkreis Konstanz, in: Archäologische Ausgrabungen in Baden-Württemberg 1987, Stuttgart 1988, S. 224-228; Ders. 1989 (wie Anm. 12), S. 97-105. – Vgl. dagegen: Dörthe Jakobs, Helmut F. Reichwald, Untersuchungsergebnisse und Maßnahmen der jüngsten Restaurierung von St. Georg, Reichenau-Oberzell. I. Michaelskapelle: Baugeschichte – Malereibestand – Maßnahmen. II. Die Wandmalerei in der Krypta und ihr Zusammenhang mit baulichen Gegebenheiten, in: Zeitschrift für Kunsttechnologie und Konservierung 4, 1990, S. 291-332, hier: S. 319 ff. und Dörthe Jakobs, Zum Weihedatum von St. Georg, Reichenau-Oberzell, in: Kunstchronik 49, 1996, S. 141-144.

14 Zürich, Zentralbibliothek, Rheinau hist. 28, fol. 127r – 154v, hier fol. 152r. – Vgl. Haubrichs 1978 (wie Anm. 10), S. 6 ff., S. 14, S. 18, zur Datierung des Martyrologs vor 899 vgl. S. 22; ergänzend neuerdings Haubrichs 1993 (wie Anm. 10), S. 506, S. 511f.; Hartmut Hoffmann, Buchkunst und Königtum im ottonischen und frühsalischen Reich (Schriften der MGH 30), Bd. 1, Stuttgart 1986, S. 350f. mit einer Datierung des Martyrologs vor 911.

15 Zum Festtag (Diözese Konstanz) vgl. Hermann Grotefend, Zeitrechnung des deutschen Mittelalters, Hannover 1892, S. 90; Zur Bedeutung des Weihetags vgl. Jakobs 1996 (wie Anm. 13), 142 ff. – Für hilfreiche Gespräche den Weihetag betreffend wie zu den hier besprochenen Handschriften sei Prof. Dr. Herrad Spilling (Stuttgart, Handschriftenabteilung der Württembergischen Landesbibliothek) herzlich gedankt.

16 Bezeugt spätestens seit der Zeit des Bonifatius († 754) mit der Gruppe der Bischofskirchen von St. Marien, St. Johannes Baptist und St. Martin; vgl. Urkundenbuch des Klosters Fulda, Bd. I, ed. Edmund E. Stengel, Marburg 1958, S. 35, Nr. 18; vgl. auch Mainzer Urkundenbuch, Bd. I, ed. Manfred Stimming, Darmstadt 1932, S. 6, Nr. 13 sowie Germania Pontificia IV (wie Anm. 13), S. 196.

17 Zur Chronik Hermann des Lahmen vgl. Herimanni Augiensis Chronicon, ed. Georg Heinrich Pertz, MGH, Scriptores V, Stuttgart 1844, S. 110. – Zur Datierung vgl. Franz-Josef Schmale, Die Reichenauer Weltchronistik, in: Die Abtei Reichenau, hg. von Helmut Maurer, Sigmaringen 1974, S. 125-158, hier S. 135 und Anm. 44.

18 Abbates monasterii Augiensis chronicon, ed. Georg Heinrich Pertz, MGH, Scriptores II, Stuttgart 1829, S. 37-39.

19 Karl Brandi, Die Chronik des Gallus Öhem (Quellen und Forschungen zur Geschichte der Abtei Reichenau, hg. von der Badischen Historischen Kommission), Heidelberg 1893, S. 35, S. 59.

20 Vgl. die unterschiedlichen Zuordnungen und Grundrißinterpretationen bei: Friedrich Adler, Die Kloster- und Stiftskirchen auf der Insel Reichenau (Baugeschichtliche Forschungen in Deutschland), Berlin 1870, S. 9-14; Otto Gruber, Die Kirchenbauten der Reichenau, in: Die Kultur der Abtei Reichenau (wie Anm. 10), Bd. 2, 1925, S. 826-871, hier S. 863-868; Josef Hecht, Der romanische Kirchenbau des Bodenseegebietes von seinen Anfängen bis zum Ausklingen, Bd. 1, Basel 1928, S. 132-156; Friedrich Oswald (Bearb.), Vorromanische Kirchenbauten. Katalog der Denkmäler bis zum Ausgang der Ottonen (Veröffentlichungen des Zentralinstituts für Kunstgeschichte in München, III), München 1966-1971 (ND München 1990), S. 228f.; Nachtragsband, München 1991, S. 344-346 (Bearb. Werner Jacobsen); Wolfgang Erdmann, Neue Befunde zur Baugeschichte und Wandmalerei in St. Georg zu Reichenau-Oberzell, in: Die Abtei Reichenau 1974 (wie Anm. 11), S. 577-590; Zettler 1988 (wie Anm. 13), S. 224-228; Ders. 1989 (wie Anm 12), S. 97-105; Koichi Koshi, Zu baugeschichtlichen Fragen und architektonischen Analysen der St. Georgskirche von Oberzell auf der Bodensee-Insel Reichenau, in: Zeitschrift für Schweizerische Archäologie und Kunstgeschichte 51, 1994, S. 173-212.

21 Zettler 1988 (wie Anm. 13), S. 224-228; Ders. 1989 (wie Anm 12), S. 97-105. – Ihm folgte Ulrich Rosner, Die ottonische Krypta (40. Veröffentlichung der Abteilung Architekturgeschichte des Kunsthistorischen Instituts der Universität Köln), Köln 1991, S. 54 f. und S. 247-249 mit einer an der Konstanzer Krypta orientierten Datierung in die 2. Hälfte des 10. Jahrhunderts, vermutlich aufgrund eines Mißverständnisses (vgl. dort S. 55, Anm. 15). – Zur Untersuchung der Krypta vgl. Karl-Heinz Alber, Dörthe Jakobs, Robert Lung, Cornelia Marinowitz, Ulrike Piper 1988-1990, LDA S (wie Anm. 2), Ordner 28.1.-28.10. – Die von Zettler 1989 (wie Anm. 12), S. 102 für seine Trikonchosthese beanspruchten helleren Mörtelfunde im Mauerwerk der Kryptahalle sind eher als zufällig denn als signifikant zu betrachten (der größte *„Brocken"* mißt ca. 2x2 cm). Bereits eine unregelmäßige Verteilung des Bindemittels (Kalk) vermag eine entsprechende Aufhellung des Mörtels zu verursachen, so daß dem Befund kaum Bedeutung beigemessen werden kann. Bei Zweitverwendung des Baumaterials einer ehemaligen Ostkonche hätte erheblich mehr Material zur Verfügung stehen müssen. Lediglich an zwei Stellen in der Kryptahalle haftete der Mörtel unmittelbar an einem Wackenstein. Für diese Wacken ist eine „Zweitverwendung" offensichtlich. Eine Bewertung dieses Befundes ist jedoch erst aus einer Übersicht zum gesamten Baubefund sinnvoll, vordergründig lassen sich daraus kaum Spekulationen zu großflächigen Umbaumaßnahmen ableiten. Hier müssen auch technologische Aspekte mit einbezogen werden, wie die parallele Nutzung verschiedener Kalk-/Sandgruben, die Aushärtungsphasen der überwiegend in Wacken und Bruchsteinen hochgezogenen Mauerungen und insbesonders die im Bauverlauf zu vermutenden Höhenprofile (vgl. folgende Anmerkung und Text). So bedarf es nicht viel, Mörtel an einen Wackenstein zu bringen, der aushärtet und später an anderer Stelle versetzt wird.

22 Vgl. Matthias Patzelt 12/85 zu A 10.5, LDA S (wie Anm. 2), Ordner 21.1; Lung 12/85 zu G 7.2.2/4 und G 7.2.1/5, LDA S (wie Anm. 2), Ordner 18.21; Patzelt 12/85 zu G 7.6, LDA S (wie Anm. 2), Ordner 21.2; Jakobs MS (vgl. Anm. 1). – Der in der gesamten Krypta vorliegende, einheitliche Mauermörtel unterscheidet sich von dem der Langhaushochschiffwände / Seitenschiffe / Konchen ab einer bestimmten Höhe. Dagegen ist der Mauermörtel der Sockelbereiche (Langhaus, östliche Mauerzungen / Seitenschiffe / Konchen / Vierung Kellerbereiche) optisch (mikropskopisch) mit dem Mauermörtel der Krypta vergleichbar.

23 Vgl. vorläufig: Befunduntersuchung und Beobachtungen im nördlichen Keller und in der nördlichen Zwickelsituation (zwischen Nord-

konche und nördlicher Seitenschiffapside), Jakobs/Reichwald 6/94, LDA S (wie Anm. 2), Ordner 29.1. mit umfangreicher Photodokumentation zu den Balkennegativen und zu mauerungstechnischen Details und Mörtelsituation. – Im südlichen Keller Balkenlage vermutlich in Zweitverwendung im Zuge der Konchenbegradigung, vgl. Berichte der dendrochronologischen Auswertung von Burghard Lohrum, Ettenheimmünster, 9.5.1993 und März 1997, LDA S (wie Anm. 2), Ordner 7.1.

24 Bereits Friedrich Oswald verwies im Zusammenhang mit der Baueinheit von Krypta und Langhaus berechtigterweise auch auf die Verlängerung der östlichen (und vom Befund her ursprünglich immer geschlossenen) Mauerzungen am Aufgang zum Vorchor; vgl. Oswald (wie Anm. 20), S. 228f. – Zu Untersuchungen in der Krypta vgl. auch Erdmann 1974 (wie Anm. 20), S. 578-582.

25 Z. B. Fenstergewände, Zumauerung von Sepulcrum und Fenestella, Altaraufstellung, Abarbeitung der Säulen und Kapitelle, mehrfache Austünchungen und Reparaturphasen etc. – Zur baulichen Einheit der Krypta bereits Zettler 1989 (wie Anm. 12), S. 100. Zu bautechnischen Abläufen hinsichtlich der Einwölbung und der als Auflager des Gewölbes im Querstollen eingestellten Seitenwände sowie zu allen anderen technologischen Fragen vgl. ausführlich Alber / Jakobs / Lung / Piper 1988-1990, LDA S (wie Anm. 2), Ordner 28.1.-28.10.

26 Stratigraphisch gesichert am Übergang von der Krypta zum Langhaus, Bericht Lung 1985, Nachuntersuchung 1988/89, LDA S (wie Anm. 2), Ordner 28.2 und Zettler 1989 (wie Anm. 12), S. 102. – Zur Ausmalung der Krypta, die nach bisherigen Untersuchungsergebnissen nicht gleichzeitig mit dem Deckmörtel und der Kalkschlemme erfolgte, vgl. Jakobs / Reichwald 1990 (wie Anm. 13), S. 319-332; zur Einordnung, Ikonographie und Datierung der Ausmalung (Frühzeit des letztes Drittels des 10. Jhs.) vgl. Matthias Exner, Die Wandmalereien der Krypta von St. Georg in Oberzell auf der Reichenau, in: Zeitschrift für Kunstgeschichte 58/2, 1995, S. 153-180. – Dagegen Koichi Koshi, Die Wandmalereien in der Krypta der St. Georgskirche zu Reichenau-Oberzell (XXII), in: Aachener Kunstblätter 60, 1994 (Festschrift für Hermann Fillitz), S. 87-96, mit einer Datierung um 890. Ausgangspunkt der Argumentation Koshis ist der in den Fuldaer Annalen verzeichnete Besuch König Arnulfs auf der Reichenau im Jahr 890, vgl. Friedrich Kurze (Hg.), Annales Fuldenses sive Annales regni Francorum orientalis (MGH, Scriptores rerum Germanicarum in usum scholarum separatim editi, 7), Hannover 1891, S. 119. – Vgl. neuerdings auch Koichi Koshi, Studien zu den Wandmalereien der St. Georgskirche von Oberzell auf der Reichenau (XXVI): Die Krypta, in: Bulletin of the Faculty of Fine Arts Tokyo National University of Fine Arts and Music 32, 1997, S. 3-50, wo Koshi die jüngsten Forschungsergebnisse kompiliert und im Sinne seiner spätkarolingischen Datierung uminterpretiert.

27 Rosner 1991 (wie Anm. 21), S. 55.

28 Diese Wertung wäre um zahlreiche Einzelbefunde zu den verschiedenen Bauteilen, auch hinsichtlich anderer, früher Veränderungen und daraus resultierender Zusammenhänge zu ergänzen, die der Publikation (wie Anm. 1) vorbehalten bleiben. – Zur folgenden Interpretation vgl. auch Anm. 26 und Text.

29 Vgl. Zettler 1988 (wie Anm. 13), S. 224-228; Ders. 1989 (wie Anm. 12), S. 97-105 und Jakobs / Reichwald 1990 (wie Anm. 13), S. 291-318, hier auch zu der als Tympanonrahmung zu bewertenden Bogenmauerung über dem Portal. Ausführlich Jakobs / Reichwald 1989, LDA S (wie Anm. 2), Ordner 15.3 und Lung 1/87 zu A 10.2./2, LDA S (wie Anm. 2), Ordner 16.1. – Zur Interpretation als Eingangskonche mit abweichender Datierung bereits Erdmann 1974 (wie Anm. 20), S. 583f. und 590. – Die in Ziegelsteinen gemauerte Kalotte wurde im Zuge der Neuausmalung der Westapsis spätestens 1708/09 ausgebildet. – Dagegen wurde die Westapsis von Koshi 1994 (wie Anm. 20), S. 186-191 immer noch als bauzeitlicher Bestand aufgefaßt und die barocke Kalotte als bautechnische und auf römische Vorbilder zurückgehende Besonderheit ausgewiesen.

30 Zur dendrochronologischen Auswertung vgl. Burghard Lohrum, Ettenheimmünster, Bericht vom 9.5.1993 und Bericht von März 1997, LDA S (wie Anm. 2), Ordner 7.1. Die Datierung der mächtigen und nach Befund primär eingebauten Eichenholzbohlen auf 935 +/- 10 (Splintgrenze vorhanden im Jahr 915, letzter Ring im Jahr 923). Eine Zweitverwendung der Eichenholzbohlen scheidet aufgrund ihrer in die Konchenmauerung eingepaßten Krümmung ebenso aus, wie eine spätere Behandlung der gebeilten Oberflächen, die in dieser Form nur im frisch gefällten Zustand erfolgen kann.

31 Als Auswahl zu nennen (alle im folgenden erwähnten Berichte LDA S (wie Anm. 2) mit umfassender Photodokumentation zum jeweiligen Berichtsdatum): „Begradigungen" (Abbruch?) der Konchen (nördlich und südlich der Vierung) nach Osten, im jetzigen Bestand nicht zeitgleich, vgl. Jakobs / Reichwald zu mauerungstechnischen Beobachtungen in den Kellerräumen u. a. 6/94 und 3/96, Ordner 29.1; Neuaufmauerung des östlichen Teils der nördlichen Seitenschiffnordwand (einschl. östl. Seitenschiffenster) – gleichzeitig Ausführung der nördlichen Seitenschiffapside (Zettler, mündlich; Bericht Lung 5/87-10/87, Ordner 29.1); mehrere Phasen einer südlichen Seitenschiffabschlußkonstruktion, erst die letzte, heute sichtbare, barocke (?) Konstruktion mit Ziegelkalotte als Apside anzusprechen, die Vorgängerkonstruktion nur im Dachbereich einsehbar (vgl. Jakobs 2/95, Ordner 29.1). – Weitere, summarisch zu nennende Veränderungen betreffen wie erwähnt die gesamte Westlösung (Eingangskonche, Vorhalle, Michaelskapelle), Hochaltar, Turm und Glockenstuhl, Schließung der Vierungsbögen nach Norden und Süden, Teilung der südlichen Sakristei, Veränderung der Vierungsbögen nach Westen und Osten ab ca. 670/75 cm H., Vierungsgewölbe, untere Chorfenster, Obergadenfenster Langhaus; vgl. Jakobs MS (wie Anm. 1).

32 Aus der Kombination der Überlieferungen ist eine Weihe von St. Georg im Jahr der Reliquientranslation 896 nach wie vor vertretbar; zur Argumentation vgl. Jakobs (wie Anm. 13), S. 143f. Eine Weihe nach dem Tod Hattos (913) ist wegen des Weihetages und den dahinter stehenden Beziehungen nach Mainz ohnehin unwahrscheinlich und mit den Eingrenzungen, die sich aus der Nachricht Notkers von St. Gallen (vgl. Anm. 10) und aus der Datierung des Zürcher Martyrologs (vgl. Anm. 14) ergeben, auch auszuschließen.

33 Zu den Wandmalereien vgl. Franz Xaver Kraus, Die Wandgemälde in der St. Georgskirche zu Oberzell auf der Reichenau. Aufgenommen von Franz Baer, Freiburg 1884; Karl Künstle, Die Kunst des Klosters Reichenau im IX. und X. Jahrhundert und der neuentdeckte karolingische Gemäldezyklus zu Goldbach bei Überlingen, 2. Aufl., Freiburg im Breisgau 1924; Joseph Sauer, Die Monumentalmalereien der Reichenau, in: Die Kultur der Abtei Reichenau 1925 (wie Anm. 10), S. 902-955; Kurt Martin, Die ottonischen Wandbilder der St. Georgskirche Reichenau-Oberzell, Sigmaringen [2]1975; Josef und Konrad Hecht, Die frühmittelalterliche Wandmalerei des Bodenseegebietes, 2 Bde., Sigmaringen 1979; Koichi Koshi, Neue Aspekte zur Erforschung der Wandmalereien in Reichenau-Oberzell, in: Wiener Jahrbuch für Kunstgeschichte 44, 1991, S. 47-62 u. Abb. S. 217-228; Matthias Exner, Ottonian art, IV.1: Wall Painting, in: The Dictionary of Art, Bd. 23, London 1996, S. 649-651.

34 Hierzu grundlegend Reichwald 1988 (wie Anm. 4).

35 Bau des Lettners vor der Überbauung des südlichen Seitenaltars im Vorchor (vgl. weiter unten Anm. 42), zu Details MS Jakobs (wie Anm. 1) und Befundberichte Alber 9/87, Lung 8/87, LDA S (wie Anm. 2), Ordner 23.1 und Lung 10/87, LDA S (wie Anm. 2), Ordner 22.3. Abbruch des Lettner 1819, ausführlich Jakobs MS (wie Anm. 1). – Bei der Untersuchung konnten die in den Eckbereichen zur Ostwand liegenden, abgearbeiteten Konsolen (Auflager für das Lettnergewölbe) nachgewiesen werden. – Zu den Übermalungen vgl. bereits Reichwald 1988 (wie Anm. 4), S. 113-121.

36 Nur vereinzelt konnte die Übermalung in Ausbruchstellen der ersten Malschicht festgestellt werden. Zu Details ausführlich, Reichwald 1985/87 Technologie, LDA S (wie Anm. 2), Planmappen .

37 Der flächige, malachitfarbene Grundton der gotischen Übermalung hat sich an zahlreichen Stellen erhalten, von Koichi Koshi fälschlicherweise der Erstausmalung zugeschrieben, vgl. Studien zu den Wandmalereien der St. Georgskirche von Oberzell auf der Reichenau (XX): Die Beschreibung der Malereien von den Langhaushochschiffwänden mit Ausnahme der Historienbilder, in: Bulletin of the Faculty of Fine Arts. Tokyo National University of Fine Arts and Music 28, März 1993, S. 3-96, hier S. 4, S. 8, ebenso an den Tondi S. 18. – Zu Resten einer darauf liegenden Ornamentik vgl. Reichwald 1988 (wie Anm. 4), S. 121.

38 Am linken Ruderstiel konnte ein solcher Ring nicht nachgewiesen werden.

39 Mit der Freilegung des 19. Jahrhunderts erfolgte eine Reduzierung der gotischen Malschicht, so daß der Befund heute nur schwach ablesbar ist.

40 Die Rankenmalereien wurden mit der Restaurierung von 1921/22 reduziert, vgl. Brief von Joseph Sauer (seit 1910 Großherzoglicher Konservator der kirchlichen Denkmäler der Kunst und des Altertums) vom 13. Dezember 1922, in: Staatsarchiv Freiburg, Archivalien zu Reichenau-Oberzell, Bestand C 25/1-172.

41 Sauer führte die gute Erhaltung der Köpfe in dieser Bildszene auf eine Übermalung *„in den harten derben Farben der Spätgotik"* zurück. Vgl. Joseph Sauer, Die Instandsetzung der alten Malereien in St. Georg auf Reichenau-Oberzell, in: Denkmalpflege und Heimatschutz 26, 1924, S. 23-30, hier S. 27. Während sich die Rankenmalereien und Übertünchungen nach seiner Aussage weitgehend entfernen ließen, beklagte er, daß *„die Auffrischung der Köpfe allen Versuchen einer Tilgung Widerstand geleistet"* habe (!); vgl. Sauer, 13. Dez. 1922, Staatsarchiv Freiburg, Bestand C 25/1-172. – Die Einordnung der Köpfe als spätere Übermalung auch anfänglich bei Koichi Koshi, Studien zu den Wandmalereien der St. Georgskirche von Oberzell auf der Reichenau (XI): Die Beschreibung des Erhaltungszustandes vom Bild der Heilung des Aussätzigen, in: Bulletin of the Faculty of Fine Arts and Music 22, Mai 1987, S. 5-70, hier S. 17 ff. – Dagegen bei Reichwald 1988 (wie Anm. 4), S. 156f. erstmals als Malereibestand der ersten Ausmalung identifiziert.

42 Die Einordnung ergibt sich aus der Stratigraphie am südlichen Seitenaltar. Die Datierung des südlichen Seitenaltars, der einen romanischen Vorgängeraltar überbaut (vgl. Lung 8/87, LDA S [wie Anm. 2], Ordner 23.1), konnte anhand einer Urkunde über die Reliquienrekondierung wahrscheinlich gemacht werden. Dr. Harald Drös (Inschriftenkommission, Heidelberger Akademie der Wissenschaften) sei an dieser Stelle für die Transkription der Urkunde und die Identifizierung des Weihbischofs gedankt. Zu Details vgl. Jakobs MS (wie Anm. 1).

43 Der Apostel liegt auf einer Mörtelergänzung dieser Phase. Er weist Übermalungen und Ergänzungen des 19. Jahrhunderts auf, insbesonders im zweiten Teil des Credo-Artikels auf dem beigegebenen Schriftband. Für die stilistische Datierung ist die Gesichtszeichnung relevant. Der Schrifttyp im ersten Teils des Glaubensbekenntnisses *„Ich glob in got [...]"* spricht nach freundlicher Auskunft von Prof. Dr. Renate Neumüllers-Klauser (Heidelberg) für eine Entstehung gegen Ende des 15. Jahrhunderts; vgl. LDA S (wie Anm. 2), Ordner 3.2, Schreiben vom 20.9.1996. – Dagegen ging Koshi 1993 (wie Anm. 35), S. 41 von einer Ergänzung des 19. Jahrhunderts aus. Die von Koshi beschriebenen Reste von Faltenlinien der ersten Ausmalung und Spuren der gotischen Übermalung sind an diesem, einschließlich der Deckmörtelschicht völlig erneuerten Apostel nicht vorhanden. – Die Bezeichnungen der Apostel (hier Petrus) entstammen alle dem 19. Jahrhundert.

44 Erzbischöfliches Archiv Freiburg, Depositum Pfarrarchiv Reichenau-Oberzell, Sign. 020 – 167 nach Jahrgängen; Sign. 168 (Kirchenfabrikrechnungen, Extrakte zur Baugeschichte) und 169 (Handwerkerrechnungen, Extrakte zur Baugeschichte). – Frau Monika Ritter, ermöglichte mir die Einsicht in die jüngst von ihr verfaßte und bisher nur handschriftlich vorliegende Liste zur Neusignierung der Archivalien (Reichenau-Oberzell).

45 Zum Maler der Leinwandbilder (Johann Rudolph Mohr), der Stuckausführung und der Datierung (1710) sowie einem erhaltenen, oktogonalen Leinwandbild (Reichenau-Mittelzell, Pfarrhaus, Inv. ROZ 21/20.16) vgl. ausführlich Jakobs MS (wie Anm. 1).

46 Beginn der Maßnahme in der Westapsis, Einbruch der Fenster und Übertünchung des Jüngsten Gerichts 1787. Fortführung der Maßnahmen im Langhaus bis 1792, vgl. EAF (wie Anm. 44).

47 Zu Einmessung sämtlicher Kantenmaße der ursprünglichen Fenster der Nordwand vgl. Reichwald 1986; zur Einmessung der Laibungswinkel innen und außen, Lung 1986, LDA S (wie Anm. 2), Planmaterial 21/3, Obergadenfenster. – Bisher nur schematisch abgebildet bei Reichwald 1988 (wie Anm. 4), S. 129, Abb. 19. – Umfangreiche Untersuchungsmöglichkeiten ergaben sich hier nach Herausnahme der in den 50er Jahren eingebrachten Zementergänzungen im Bereich der Wasserauffangrinnen.

48 Zum Nachweis der Darstellung stehender Figuren zwischen den ehemaligen Obergadenfenstern vgl. Reichwald 1988 (wie Anm. 4), S. 153 f.

49 Im folgenden nur in summarischer Zusammenfassung, ausführlich Jakobs MS (wie Anm. 1) mit Texttauszügen aus den wichtigsten Archivalien zur Restaurierungsgeschichte und zum Denkmalverständnis. Vgl. vorläufig Reichwald 1988 (wie Anm. 4). – Genaugenommen begann die Freilegungskampagne bereits 1846 in der Michaelskapelle und 1856/57 in der Westapsis innen.

50 Für die Berechnungen und die folgenden Ausführungen vgl. Jakobs MS (wie Anm. 1). – Alle maßgeblichen Schriftstücke/ Pläne aus den verschiedenen Archiven sind im Landesdenkmalamt in Kopie oder in Photographien archiviert, ebenso alle für den Abdruck vorgesehenen Transkriptionen, LDA S (wie Anm. 2), Ordner 2.1-2.6. Den Mitarbeitern der Archive (Erzbischöfliches Archiv Freiburg; Staatsarchiv Freiburg; Generallandesarchiv Karlsruhe; Archiv des Erzbischöflichen Bauamtes Konstanz; Pfarrarchiv Reichenau-Oberzell; Stadtarchiv Überlingen; St. Gallen Stiftsbibliothek; Zürich, Zentralbibliothek, Handschriftenabteilung) sei an dieser Stelle für ihre Unterstützung gedankt. Eine Bestandsaufnahme der Archivalien mit Kurzfassung der jeweiligen Inhalte wurde von der Verf. ab 1993 erstellt (unter jeweiliger Angabe der Provenienz). Markus Maisel M. A. hat im Zuge der redaktionellen Betreuung der Publikation ein Sachregister erstellt und die Kurzfassungen nach inhaltlichen Gesichtspunkten dem nach Stichworten gegliederten Katalog zugeordnet. Damit war eine entsprechend schnelle Auffindung aller Schriftstücke möglich.

51 Teile davon publiziert bei Kraus 1884 (wie Anm 33), Taf. I-XIV.

52 Diesem Konzept ging eine umfangreiche Debatte zur Behandlung und zur kunstwissenschaftlichen Stellung der Wandmalereien voran, die von höchstem Interesse für das Denkmalverständnis der Beteiligten ist. – In der Phase der Ausarbeitung eines Konzepts kam es weiterhin zu erheblichen baulichen Eingriffen, die weitreichende Konsequenzen auch für zukünftige, archäologische Fragestellungen haben. Erwähnt sei hier lediglich die komplette Ausschachtung von Langhaus und Vorhalle zwecks Verlegung einer Drainage. Vgl. ausführlich mit Maßen und Abbildungen Jakobs MS (wie Anm. 1). – Folgen für die kunstwissenschaftliche Bearbeitung mancher Details können hier nur gestreift werden. Sämtliche Säulenbasen wurden in der Folgezeit ohne Anlehnung an Befunde mit Zementgußprofilen ummantelt. Dagegen interpretierten Hecht 1928 (wie Anm. 20), S. 146 und Erdmann 1974 (wie Anm. 20), S. 581, Anm. 18 die Basen als bauzeitlichen Bestand. Auf diesem Forschungsstand fußt vermutlich die Rekonstruktion von Kölner Fragmenten in Anlehnung an die Oberzeller Säulen unter Einbeziehung der Basen und ohne Erwähnung des hier vorliegenden neuzeitlichen Befundes durch Dorothea Hochkirchen, Ein Kapitellfragment aus der Domgrabung. Neue Erkenntnisse zu Bau VI., in: Kölner Domblatt 59 (1994), S. 225-250, hier S. 236. Zum Befund vgl. Jakobs MS (wie Anm. 1).

53 Schilling versah alle Apostel mit Schriftbändern und Namensbeischriften über deren Köpfen. Bis auf den fragmentarisch erhaltenen Credo-Artikel auf dem Schriftband des ersten Apostels von Osten auf der Südseite (Ende 15. Jahrhundert), liegen weder für die von Schilling hinzugefügten Schriftbänder noch für die Namensbeischriften Befunde vor. Inwieweit eine einzelne Zeichnung eines Apostels aus der Dokumentation von Baer mit Schriftrolle (!) (vgl. Kraus 1884 [wie Anm. 33], Taf. XIII) dem überlieferten Bestand näher kommt, muß aufgrund fehlender Belege offen bleiben. Man ist geneigt, für die Erstausmalung eher Schriftrollen denn Schriftbänder anzunehmen. Die Erneuerung des Apostels auf der Südwand („Petrus") Ende des 15. Jahrhunderts orientierte sich vermutlich an einem bereits vorliegenden Bestand. Eine formale Änderung (Schriftrolle zu Schriftband) könnte bereits im Zuge der ersten Übermalung (Lettnereinbau) vorgenommen worden sein. Immerhin würden mit dieser These die Zeichnungen von Baer verständlicher. Ein Nachweis wäre allein über Eingriffe in den Bestand der Schilling-Ausmalung zu erbringen, worauf aus besagten Gründen (vgl. Einleitung) verzichtet wurde.

54 Die Rekonstruktionen fußen auf verschiedenen Zitaten aus Mittelzell und der Reichenauer Buchmalerei, zu Details Jakobs MS (wie Anm. 1).

55 LDA S (wie Anm. 2), Ordner 17.1-17.33 und 18.1.-18.23 mit der Bezeichnung als *„Kratt-Phase"* aufgrund der wenig später erfolgten Dokumentation durch den Karlsruher Hofphotographen W. Kratt. Vgl. ausführlich Jakobs MS (wie Anm. 1).

56 Vgl. auch Sauer 1924 (wie Anm. 41), S. 23-30. Sauer faßte diese Maßnahme möglicherweise mit der Restaurierung 1921/22 zusammen, andernfalls wäre mit einer nochmaligen Fixierung zu rechnen. Zu den verschiedenen Fixierungen und Hinweisen auf eine Festigung mit einer verdünnten Kaseinemulsion vgl. Jakobs MS (wie Anm. 1). – Mezger fertigte zum damaligen Zeitpunkt bereits Aquarellkopien der östlichen Bildszenen an, sie sind m.W. nur in Photographien überliefert.

57 Aus der umfangreichen Literatur seien hier nur folgende grundlegende Werke herausgegriffen: Kraus 1884 (wie Anm. 33), S. 14; Arthur Haseloff, Der Bildschmuck des Psalters Erzbischof Egberts von Trier in Cividale (Codex Gertrudianus). Kunstgeschichtliche Untersuchung, in: Heinrich V. Sauerland, Arthur Haseloff, Der Psalter des Erzbischof Egberts von Trier. Codex Gertrudianus in Cividale, Trier 1901, S. 45-171, hier S. 160ff; Hans Jantzen, Ottonische Kunst, München 1947, S. 70 (Hamburg ²1959, ND Berlin 1990, S. 61-64 mit Dat. in das 3. Viertel des 10. Jahrhunderts); Tilmann Buddensieg, Egberts linkes Knie, in: Intuition und Kunstwissenschaft. Festschrift für Hanns Swarzenski zum 70. Geburtstag, Berlin 1973, S. 101-114 (überzeugende Stilanalyse mit Vorschlag einer Datierung in die Zeit der Ruodprecht-Gruppe und dem Hinweis, daß die ikonographischen Parallelen zur Liuthar-Gruppe den Weg für stilistische Analysen verstellt haben); Florentine Mütherich, Die ottonische Malerei, in: Die Zeit der Ottonen und Salier, München 1973, S. 88-162, hier S. 117; Martin ²1975 (wie Anm. 33), S. 31-34; Adolf Weis, Die Hauptvorlage der Reichenauer Buchmalerei. Zugleich ein Beitrag zur Lokalisierung der Schule, in: Jahrbuch der Staatlichen Kunstsammlungen in Baden-Württemberg IX, 1972, S. 3-64; Ders., Die spätantike Lektionar-Illustration im Skriptorium der Reichenau, in: Die Abtei Reichenau 1974 (wie Anm. 11), S. 311-362; Ders., Die ottonischen Wandmalereien der Reichenau, in: Zeitschrift für die Geschichte des Oberrheins 124, N.F. 85, 1976, S. 43-61; Exner 1995 (wie Anm. 26), S. 176 ff.

58 Vgl. die jüngste Edition von Walter Berschin und Johannes Staub, Die Taten des Abtes Witigowo von der Reichenau (985-997). Eine zeitgenössische Biographie von Purchart von der Reichenau (Reichenauer Texte und Bilder 3), Sigmaringen 1992. – Zu Inhalt, Lagenzählung und Einordnung vgl. auch Johanne Autenrieth, Purchards Gesta Witigowonis im Codex Augiensis CCV, in: Studien zur mittelalterlichen Kunst 800-1250. Festschrift für Florentine Mütherich zum 70. Geburtstag, hg. von Katharina Bierbrauer, Peter K. Klein und Willibald Sauerländer, München 1985, S. 101-106.

59 Künstle ²1924 (wie Anm. 33), S. 11; Emil Reisser, Die frühe Baugeschichte des Münsters zu Reichenau (Forschungen zur deutschen Kunstgeschichte 37), aus dem Nachlaß hg. von Hans E. Kubach, Berlin 1960, S. 63; Hans-Martin Wehrhahn, Karolingische Wandmalerei in Reichenau-Oberzell? In: Bibliotheca docet. Festschrift Carl Wehmer, Amsterdam 1963, S. 335-355, hier S. 347.

60 Koshi 1991 (wie Anm. 33), S. 62 mit Anm. 55.

61 Koichi Koshi, Ikonographische Betrachtungen zu den Wunderszenen in der St. Georgskirche von Oberzell auf der Bodensee-Insel Reichenau, in: Aachener Kunstblätter 59, 1993, S. 9-69.

62 In die Publikationen von Koshi fanden zahlreiche Untersuchungsbefunde der Restauratoren Eingang. Er hatte während seiner Aufenthalte in Oberzell Zugang zu der gesamten Dokumentation. Dennoch finden sich vielfach unkorrekte Phaseneinordnungen, die entweder auf Mißverständnissen beruhen oder darauf, daß die Bereiche noch nicht abschließend untersucht waren. – So gehört z. B. das Ruderblatt des linken Ruders im Sturm auf dem See in die gotische Übermalungsphase. Der rechte Ruderstiel wird nicht innen auf den Schiffsboden gestemmt, sondern verläuft außen am Rumpf durch einen Ring und endet im Wasser (ohne Ruderblatt). Vgl. dagegen Koichi Koshi, Studien zu den Wandmalereien der St. Georgskirche von Oberzell auf der Reichenau (X): Die Beschreibung des Erhaltungszustandes vom Bild des Sturmes auf dem See, in: Bulletin of the Faculty of Fine Arts and Music 21, 1986, S. 1-85, hier S. 11f., S. 19; Ders. 1993 (wie Anm. 61), S. 21.

63 Vgl. z. B. Koichi Koshi, Studien zu den Wandmalereien der St. Georgskirche von Oberzell auf der Reichenau (XV): Stilistische Beobachtungen zur Darstellung der Köpfe als Kriterium für die Datierungsfrage, in: Bulletin of the Faculty of Fine Arts and Music 25, 1990, S. 3-82, hier S. 26 ff. und Abb. 43, 45-46. – Koshi zieht hier u. a. Beispiele aus Müstair heran, die gravierende Übermalungen erfahren haben. – Vgl. dagegen Linus Birchler, Zur karolingischen Architektur und Malerei in Münster-Müstair, in: Akten zum 3. internationalen Kongreß für Frühmittelalterforschung, Olten/Lausanne 1954, S. 167-252; s. auch den Beitrag von Oskar Emmenegger in diesem Band.

64 Koshi 1991 (wie Anm. 33), S. 50 ff.

65 Vgl. Wolfgang Haubrichs, Georgslied und Georgslegende im frühen Mittelalter. Text und Rekonstruktion (Theorie – Kritik – Geschichte 13), o.O. 1979, S. 315 f. – Zu den frühesten westlichen Georgszyklen gehört nach Klaus J. Dorsch, Georgszyklen des Mittelalters. Ikonographische Studie zu mehrszenigen Darstellungen der Vita des hl. Georg in der abendländischen Kunst unter Einbeziehung von Einzelszenen des Martyriums (Europäische Hochschulschriften Reihe Kunstgeschichte 28), Frankfurt a.M. / Bern / New York 1983, S. 253f. der um 1250 enstandene Wandmalereizyklus von Untergermaringen.

66 Franz Xaver Kraus, Die Wandgemälde von Oberzell auf der Reichenau, in: Deutsche Rundschau 35, 1883, S. 37-56, hier S. 44-49.

67 Vgl. Richard Engelmann, Die Inschriften der Wandgemälde von Oberzell auf der Reichenau, in: Kunstchronik 19, 1884, Sp. 7-9 und Sp. 22-24. Demnach unternahm er die Lesungen nach einer Faksimile-Vorlage (?), die ihm Pfarrer Feederle übermittelt haben soll. Ob es sich dabei um historische Aufnahmen handelt, ist fragwürdig. Die frühesten mir bekannten Aufnahmen von Wolf und Kratt lassen die Tituli kaum erkennen. Soweit nachvollziehbar, wurden die Tituli der Schilling-Tapeten nach den Vorgaben Engelmanns rekonstruiert.

68 Vgl. Kraus 1884 (wie Anm. 33), S. 7-11; Ders., Die Kunstdenkmäler des Kreises Konstanz (Die Kunstdenkmäler des Großherzogtums Baden, Bd. 1), Freiburg i.B. 1887, S. 364-374; Ders., Die christlichen Inschriften von der Mitte des 8. bis zur Mitte des 13. Jahrhunderts (Die christlichen Inschriften der Rheinlande 1,2), Freiburg i.B. / Leipzig 1894, S. 35 f., Nr. 73/ 1-8.

69 Vgl. Karl Strecker, Versus Augienses V, in: MGH, Poet. lat. 4,3, Berlin 1923, S. 1116.

70 Karl Strecker, Studien zu den karolingischen Dichtern. V. Leoninische Hexameter und Pentameter im 9. Jahrhundert, in: Neues Archiv der Gesellschaft für ältere deutsche Geschichtskunde zur Beförderung einer Gesamtausgabe der Quellenschriften deutscher Geschichte des Mittelalters 44, 1922, S. 213-251, hier S. 248.

71 Vgl. Strecker 1922 (wie Anm. 70), S. 251.

72 Vgl. Strecker 1922 (wie Anm. 70), S. 251.

73 Vgl. Eduard Arens, Die Inschriften der Wandgemälde in Reichenau-Oberzell, in: Kunstwissenschaftliches Jahrbuch der Görresgesellschaft 1, 1928, S. 89-94.

74 Vgl. Arens 1928 (wie Anm. 73), S. 94.

75 Obgleich Josef und Konrad Hecht das Manuskript ihrer großen Monographie über die frühmittelalterlichen Wandmalereien des Bodenseegebietes (vgl. Anm. 33) zur Verfügung gestellt hatten und kein Geringerer als Bernhard Bischoff für die Analyse der Tituli Kurt Martin zur Seite stand, brachte dessen Publikation (1961, ²1975) über die Wandbilder keinen durchgreifenden Fortschritt, vgl. Martin 1975 (wie Anm. 33) S. 99-110. – Speziell zur Bildszene der Beruhigung des Sturmes auf dem See Gennesaret hatte dann 1974 Bernd Bader eine Textergänzung vorgeschlagen, die m.W. bis heute allgemeine Akzeptanz gefunden hat; vgl. Bernd Bader, Zu einer ottonischen Inschrift auf der Reichenau, in: Deutsches Archiv für Erforschung des Mittelalters 30, 1974, S. 527-528. – Mit geringfügigen Abweichungen von der bei Kurt Martin (vgl. S. 102-108) wohl unkorrekt übertragenen Lesart banden J. und K. Hecht die Tituli in ihre umfangreiche Monographie über die frühmittelalterliche Wandmalerei des Bodenseegebietes ein, vgl. Hecht 1979 (wie Anm. 33), S. 81f. und S. 137, Anm. 26.

76 Vgl. Walter Berschin, Die Tituli der Wandbilder von Reichenau-Oberzell St. Georg, in: Mittellateinisches Jahrbuch 29, 1994, S. 3-17. – Berschin standen die Untersuchungsergebnisse der 80er Jahre sowie die Ergebnisse der Nachuntersuchung im Zuge einer Wartung zur Verfügung, vgl. Bericht zu den Tituli, Jakobs / Reichwald 28.-30.6.1994, LDA S (wie Anm. 2), Ordner 1.10.

77 Vgl. Berschin 1994 (wie Anm. 76), S. 16: *„Unter Berücksichtigung der Gründungsdaten von Reichenau-Oberzell werden die Tituli „um 900" zu datieren sein, also in den Abbatiat Hattos III. (888-913), des Erbauers von Reichenau-Oberzell. Aber auch die Abbatiate von Hugo (913), Thieting (913-916) und Heribrecht (916-926) kommen in*

Frage. Aus dem Abbatiat Liutharts (926-934) ist eine etwas anders strukturierte Bauinschrift überliefert [...]", die jedoch eine gleichzeitige Entstehung nicht völlig ausschließe.

78 Vgl. Berschin 1994 (wie Anm. 76), S. 7 mit Anmerkung 12, und S. 17 Abb. 1-2; demnach epigraphisch von besonderer Bedeutung das „Q" aus „QVARTO" (Titulus unter der Bildszene der Auferweckung des Lazarus) *„mit eingestellter Cauda"*.

79 Vgl. Berschin 1994 (wie Anm. 76), S. 16: Während für die Abbatiate Ekkeharts I. (958-972) und Ruodmanns (972-985) keine Reichenauer Dichtungen überliefert sind, die einen Vergleich ermöglichten (!), sieht Berschin keine Verbindungen der Tituli zu den literarischen Zeugnissen der Zeit Alawichs (934-958) und der Zeit Witigowos (985-997).

80 Prof. Dr. Renate Neumüllers-Klauser hat sich dankenswerterweise sowohl mit der Dokumentation als auch mit den Befunden vor Ort (3.5.1995) auseinandergesetzt. Abgesehen von der Frage, wie exakt eine Datierung allein nach graphischem Befund der Capitalis Quadrata überhaupt sein kann, besteht weder Klarheit darüber, ob die Tituli aus älteren Vorlagen übernommen sind, noch über die mögliche Verwendung von Musterbüchern als graphischen Vorlagen. Der markante Befund des „Q" mit eingestellter Cauda findet sich auch noch in späteren Handschriften (Sog. Kostbares Evangeliar, Hildesheim um 1015, vgl. Bernward von Hildesheim und das Zeitalter der Ottonen, Hildesheim 1993, Bd. 2, S. 570-578, VIII-30, Abb. S. 577 fol. 17r) und in Grabplatten der Zeit um 1100 (vgl. R. Neumüllers-Klauser, Fragen der epigraphischen Schriftentwicklung in Westfalen (1000-1300), in: Nordrhein-Westfälische Akademie der Wissenschaften, Bd. 94, 1995, S. 47-84, hier S. 49f.). Was die Unterschiede in Schriftform und Größe der Tituli betrifft, könnten sie auf Variationsreichtum angelegt sein, wie aber auch verschiedene und der jeweiligen individuellen Tradition verhaftete Handschriften widerspiegeln. Ob der Maler mit dem Schreiber identifiziert werden darf, muß selbstverständlich ebenfalls offen bleiben, weist doch die Situation in Oberzell darauf hin, daß erst nach Abschluß der Malerarbeiten die Tituli eingefügt wurden. Durch das Übergreifen einzelner Darstellungen in das Schriftband waren dem Schreiber Vorgaben mit dem zur Verfügung stehenden Platz gemacht. Dies hatte Kürzungen zur Folge oder auch die über das Bildfeld hinausgehende Fortsetzung des Textes, z.B. im Titulus der Lazaruserweckung („PATRIS"). – Der Nachweis der Schriftquellen und Zitate (zuletzt Berschin 1994, wie Anm. 76) ist für sich gesehen eine bedeutende Untersuchung über den Umgang der Reichenauer Klosterschule mit antiken Vorlagen; aber die zeitliche Eingrenzung bevorzugter Anwendung dieser Dichtungen wird man wegen der Lücken in der Reichenauer Überlieferung mit Zurückhaltung beurteilen müssen. Solange eine Anwendung von Versform und -typ für die Zeit fehlender Überlieferungen nicht ausgeschlossen werden kann, bleibt auch eine Datierung spekulativ. Die Schriftanalyse aber scheint die Situation ebenfalls nicht bessern zu können. – Dem jüngst von Walter Berschin wiederentdeckten und in den entscheidenden Zusammenhang gebrachten Widmungstitulus Walhafrid Strabos für die Goldbacher Kapelle verdanken wir eine gesicherte Datierung der ersten Goldbacher Ausmalungsphase zwischen 825 und 850 (Voll Neid erhob Satan die Waffen. Die karolingische Inschrift der Wandmalereien von Goldbach am Bodensee, in: Frankfurter Allgemeine Zeitung, Nr. 201, 30.8.1997, S. 31). Anhaltspunkte für die Datierung der jüngeren Malschicht von Goldbach und deren Verhältnis zu Oberzell sind damit jedoch ebensowenig gewonnen wie Argumente für eine Frühdatierung der Oberzeller Wandmalereien. – Zum Verhältnis Buchmalerei / Wandmalerei, wenngleich in anderem Zusammenhang, vgl. auch Ernst Kitzinger, The Role of Miniature Painting in Mural Decoration, in: The Place of Book Illumination in Byzantine Art, hg. von Kurt Weitzmann u.a., Princeton, New York 1975, S. 99-142, hier insbes. S. 109 ff.

81 Vgl. ausführlich Reichwald 1988 (wie Anm. 4), S. 135-141.

82 Dies würde auch die Gerüsthöhen erklären. Sowohl beim Aufmauern als auch beim Abrüsten kann jeweils nur eine Ebene „genutzt" worden sein – sofern man ein Arbeiten in gebückter Haltung ausschließen kann. D. h. nachdem ca. 150/160 cm aufgemauert waren, was mauerungstechnisch einer noch handhabbaren Höhe entspricht, folgte die Nutzung der nächsthöheren Gerüstebene. Ebenso ist der Ablauf der Abrüstung von oben nach unten vorstellbar. Nach Auftrag des Deckmörtels in der obersten Ebene wurde diese Ebene entfernt (Balken abgeschnitten), so daß von der darunterliegenden Ebene eine weitere Verputzung ohne räumliche Einschränkung möglich war.

Abb. 263. Reichenau-Mittelzell, Münster, Mörtelfragment (44/66/G, E, B) aus der Grabung Reisser mit Mörteln und Fassungen mehrerer Phasen (1997).

83 Vgl. hierzu ausführlich Reichwald 1988 (wie Anm. 4), S. 151-159.

84 Hierzu ausführlich Dr. Hermann Kühn, Analyseberichte 30.9.1982, 30.1.1984, 22.11.1985, 7.11.1987, LDA S (wie Anm. 2), Ordner 7.3 und Reichwald 1988 (wie Anm. 4), S. 159-163, hier auch zum folgenden Sachverhalt.

85 Vgl. den Beitrag von Reichwald in diesem Heft. – Demnach war die erste Ausmalungsphase von Goldbach ebenfalls freskal ausgeführt; zur Datierung dieser ersten Schicht (825-850) vgl. Berschin 1997 (wie Anm. 80), S. 31.

86 Ulrike Piper-Wölbert, Stuttgart, in Zusammenarbeit mit dem Referat Restaurierung und dem Referat Mittelalterarchäologie des Landesdenkmalamtes Baden-Württemberg (1996/1997).

87 Reisser 1960 (wie Anm. 59), S. 105f.: *„Putzreste mit Bemalung. Sie wurden auf den Böden der Bauzustände des 8. Jahrhunderts, hauptsächlich des zweiten, gefunden und haben sich dort in großen Mengen erhalten durch die Höherlegung des Fußbodens in der Kreuzbasilika (Abb. 225-228). Da sich über den Böden der letzteren so gut wie nichts erhalten hat – mit Ausnahme von Stücken, die durch spätere Grabungsausschachtungen nach oben befördert sind, aber im Charakter mit den genannten übereinstimmen -, so darf man die im Boden gefundenen Bruchstücke bemalten Verputzes dem 8. Jahrhundert unbedenklich zuschreiben [...]"*

88 Vgl. ausführlich Landesdenkmalamt Stuttgart, Restaurierung, Ordner Reichenau-Mittelzell, D. Jakobs, Bericht und Photodokumentation zur mikroskopischen Untersuchung der Mittelzeller Malereifragmente (in Bearbeitung) und U. Piper-Wölbert, Bericht zur Untersuchung der Malereifragmente aus der Grabung von E. Reisser (in Bearbeitung). – Die Fundstücke sind offenbar mehrfach umgelagert, einzelne Fragmente bereits von Hecht entnommen worden (vgl. Hecht 1979, wie Anm. 35, Bd. 2, Zeichnungen S. 357, S. 359), ohne den Fundkomplex anzugeben. Anhand der Vergleiche mit Photographien von Reisser ergab sich der Nachweis, daß einige Fragmente in andere Fundgruppen einsortiert wurden. Andere Fragmente, bei Hecht als ein Stück gezeichnet (z.B. Nr. 48), waren gebrochen und fanden sich in zwei verschiedenen Fundgruppen. Manche Stücke wurden bereits aus dem abtransportierten Grabungsschutt von Reisser geborgen. Für einige Fundgruppen waren keine Fundnummern mehr vorhanden, ein von Hecht beschrifteter Zettel mit den Resten von Papierfetzen verweist auf die von Mäusen zerfressenen Beschriftungen. Durch abgefallene Beschriftungen fanden sich in einer Gruppe verschiedene Fundstellenbezeichnungen. Einige Fragmente waren zu Ausstellungs oder Untersuchungszwecken (?) aus dem Fundkomplex genommen und in einer Vitrine ausgelagert (Fundstellenzusammenhänge ungeklärt). Zahlreiche Stücke fehlen nachweislich (rekonstruiert anhand der bis heute vorliegenden Abbildungen). – Mit der jüngsten Untersuchung wurden alle noch vorhandenen Fundstücke durchnumeriert (Grabungsort / Jahr, Fundstellennummer [sofern vorhanden, ansonsten 100er Nummern fort-

laufend für bisher nicht rekonstruierbare Fundgruppen], laufende Nummer innerhalb eines Fundkomplexes, Grabungsort und Jahr). Nach der Sortierung und Untersuchung erhielten die Fundstücke zusätzlich eine Gruppenbezeichnung (Buchstaben) als Hinweis auf technologische Zusammenhänge (Mörtelschichten, Malschichten, Übermalungen etc.).

89 Die beiden abgebildeten Fragmente gehören auf keinen Fall unmittelbar zusammen, wie Koshi glaubhaft machen möchte. Dagegen empfiehlt es sich, die Fotos auf den Kopf zu stellen und zu drehen, das kleinere Fragment könnte ein Ausschnitt aus einem Gesicht (?Nase und Mund oder Ohr und Wangenansatz?) darstellen. Vgl. dagegen Koshi 1990, Studien XV (wie Anm. 63), S. 25 f., der Reisser bedenkenlos folgt und das Fragment *„nachweislich"* einer karolingischen Schicht des Marienmünsters zuschreibt. – Dr. Harald Drös (Inschriftenkommission, Heidelberger Akademie der Wissenschaften) verdanke ich die Durchsicht der leider nur spärlich vorhandenen Schriftfragmente. Demnach weist beispielsweise ein Fragment mit einem unzialen „A" (vgl. Abb. 40 im Text und Hecht 1979 [wie Anm. 35], Bd. 2, Zeichnungen S. 357, Nr. 19, neue Nr: RMZ – /23/128/F) aus epigraphischer Sicht in das 11. Jahrhundert.

90 So Koshi 1991 (wie Anm. 33), S. 52: *„Außerdem ist nicht anzunehmen, daß ein mit einer derart prominenten Reliquie ausgestatteter, daher sicherlich liturgisch intensiv genutzter Sakralbau, hundert Jahre lang quasi als Rohbau, ohne die offensichtlich a priori vorgesehenen Fresken, stehen geblieben wäre."*

91 Vgl. die Beiträge zu Regensburg und Fulda in diesem Heft sowie Jakobs / Reichwald 1990 (wie Anm. 13), S. 325-332 mit parallelen Befunden zur Krypta von St. Georg.

92 Die Zusammengehörigkeit von Langhausmalereien und Palmettenfries wurde unabhängig von der Bewertung der zeitlichen Stellung der Wandmalereien konstatiert, vgl. Kraus 1884 (wie Anm. 33), S. 7 und Sauer 1924 (wie Anm. 41), S. 26 sowie Koichi Koshi, Studien zu den Wandmalereien der St. Georgskirche von Oberzell auf der Reichenau (XXIII): Die Frage der Ausmalung des Kircheninneren und ihre erhaltenen Malereien ohne Krypta und Langhaus-Hochschiffwänden, in: Bulletin of the Faculty of Fine Arts. Tokyo National Universitiy of Fine Arts and Music 29, 1994, S. 3-74, hier S. 25 ff. – Dagegen Hecht 1979 (wie Anm. 33), S. 73 f. und Anm. 16 mit Verweis auf seine Befunderhebung von 1951 (Deckenfries der von Hatto erbauten Kirche, Datierung um 900).

93 Hier stehen noch weiterführende Untersuchungen und Analysen aus. Auch das Verhältnis von Mörtel zu Tünche konnte bisher nicht abschließend geklärt werden. Im Langhaus konnte keine Tünche unter der Malschicht festgestellt werden.

94 Bereits Florentine Mütherich verwies im Rahmen des Arbeitskreises für frühmittelalterliche Wandmalerei am 4./5./6. Juli 1984 in Reichenau-Oberzell, St. Georg, auf die Parallelen zwischen der Oberzeller Ausmalung und der ottonischen Buchmalerei der Reichenau im Hinblick auf Details in der Bildauffassung, wie beispielsweise das Heraustreten der Figuren aus dem Bildrahmen und Überschneidungen innerhalb der Bildszenen.

95 Vgl. z. B. in St. Georg die 1. Bildszene (Heilung des Besessenen von Gerasa): hier wurde der aus dem Bildfeld ragende Fuß des Apostels links außen von Mezger 1921/22 mit der roten Rahmung übermalt, ebenso in der 2. Bildszene (Heilung eines Wassersüchtigen).

96 Stadtbibliothek Trier, Ms. 24; Dr. Reiner Nolden, Stadtbibliothek / Stadtarchiv Trier stellte mir freundlicherweise die von Anja Runkel aufgenommenen Ektachrome aus dem Codex Egberti (Widmungsblatt und fol. 31^{v}) zur Anfertigung von Detailvergrößerungen zur Verfügung.

97 Darmstadt, Hessische Landes- und Hochschulbibliothek, Ms. 1948, fol. 5^{r}; abgebildet bei Adolf Schmidt, Die Miniaturen des Gerokodex. Ein Reichenauer Evangelistar des 10. Jahrhunderts, Handschrift 1948 der Landesbibliothek zu Darmstadt, Leipzig 1924, Taf. VIII. – Für die ausgezeichneten Bildvorlagen danke ich Andreas Kahnert, Darmstadt.

98 Diese wurde nach Absprache mit den Beteiligten nur an einer Rosette durchgeführt, um den Bestand auch für die kunstwissenschaftliche Einordnung klären zu helfen.

99 Ganz anders zeigen sich die motivisch vergleichbaren Höhungen karolingischer Zeit, wie beispielsweise in den Ornamenten des Kryptagewölbes in Corvey oder im Evangeliar aus Saint Médard in Soissons, Paris Bibl. Nat. Cod. lat. 8850, fol. 11^{v}; vgl. Abb. bei Wilhelm Koehler, Die karolingischen Miniaturen, Bd. II, Die Hofschule Karls des Großen, Berlin 1958, Taf. 78. – Für den Hinweis auf das Evangeliar aus Saint Médard in Soissons bin ich Prof. Dr. Hilde Claussen zu Dank verpflichtet. – Zu Corvey vgl. Hilde Claussen, Karolingische Wandmalereifragmente in Corvey. Vorbericht über neue Funde, in: Westfalen 55, 1977, S. 298-308, Abb. 184 und Farbtafel II sowie Dies. und Matthias Exner, Abschlußbericht der Arbeitsgemeinschaft für frühmittelalterliche Wandmalerei, in: Zeitschrift für Kunsttechnologie und Konservierung 4, 1990, S. 261-290.

100 Buddensieg 1973 (wie Anm. 57), S. 101-114.

101 Vgl. die Beiträge von Lomartire, Wyss, Emmenegger und Reichwald in diesem Heft sowie Adriano Peroni, Frühmittelalterlicher Stuck in Oberitalien. Offene Fragen, in: Stuck des frühen und hohen Mittelalters. Geschichte, Technologie, Konservierung (Hefte des deutschen Nationalkomitees XIX), München 1996, S. 25-36.

102 Jedenfalls schließen sich eine Frühdatierung der Wandmalereien noch in das 9. Jahrhundert und die Annahme einer gleichzeitigen Ausmalung der Westapsis gegenseitig aus. Dies gegen die Vorstellung von Koshi 1994 (wie Anm. 92), S. 7-13.

103 Vgl. hierzu die Ausführungen oben zum technologischen Ablauf. Darüber hinaus konnte der Langhausdeckmörtel mit Malerei (erste Ausmalung) in den Eckausbildungen am Übergang der Mittelschiffwände auf die Westwand durchweg nachgewiesen werden. Er setzt sich auf die Westwandansätze fort (mit Malerei) und bricht dann ab. Die Störungen an den Abbruchkanten wurden an allen zugänglichen Stellen direkt vom Mörtel des frühen 18. Jahrhunderts überlappt und waren von diesem verursacht.

104 Auf die Fragen, die sich aus der Diskrepanz zwischen der Datierung der Westapsis und der Datierung der Wandmalereien in der Michaelskapelle ergeben, sowie auf die Befunde zur Vorhalle kann hier nicht weiter eingegangen werden.

105 Mit den barocken Veränderungen an der Westapsis um 1708/09 erfolgten zahlreiche Eingriffe in den Bestand der Westapsismauerung und der Deckmörtel. Die möglicherweise ursprünglich flach gedeckte (?) Westkonche erhielt eine in Backsteinen gemauerte Kalottenausbildung. Für die darauffolgende Ausmalung wurde ein neuer Deckmörtel aufgetragen. Inwieweit damit Zerstörungen der Vorgängerschichten einhergingen, kann nur vermutet werden. In allen Öffnungen zeigten sich Störungen, zum Teil waren diese auch durch den späteren Einbau einer Orgelempore verursacht. Ältere Mörtelebenen mit Malschichten konnten nur punktuell nachgewiesen werden, keine davon wies im Fassungsaufbau und in technologischen Details Zusammenhänge mit den Langhausmalereien auf. Die barocken Eingriffe haben darüberhinaus das architektonische Gleichgewicht zerstört, wie das Verhältnis von Portal und Arkadenfenstern zur Kalotte aufzeigt. Das mit der Teilung der Vorhalle in zwei Geschosse vermauerte Tympanon über dem Westapsisportal (vgl. Jakobs / Reichwald 1990 [wie Anm. 13], S. 297-306, Abb. 11-14) weist in einer zum Langhaus orientierten, tiefer gelegenen Ebene eine fragmentarisch erhaltene Heiligendarstellung (?) auf. Vor dem Auftrag des barocken Deckmörtels wurde die tieferliegende Nische zugemauert.

106 Die zum Bau von St. Georg vorliegenden Quellen benennen die Institution und das Bauwerk ganz unterschiedlich: *„novum monasterium"* (Notker Martyrolog, wie Anm. 10, pag. 110/111), *„aecclesia(e) sancti Georgii martyris in cella, quae dicitur Hathonis"* (Martyrolog Zürich, wie Anm. 14, fol. 152^{r}), *„cella et basilica sancti Georgii"* (Weltchronik Hermanns des Lahmen, ed. Pertz, MGH SS 5, 1844, S. 110), *„cella Hathonis in insula Sindleozesowa"* (Diplom Arnulfs Nr. † 182, Fälschung des 12. Jahrhunderts, vgl. Böhmer-Mühlbacher, [2]Regesta imperii, 1908, S. 739 Nr. 1815 und ed. Kehr 1940, MGH DD Arnolfi, S. 67 f. und 277 f.), *„ecclesia sancti Georgii in Superiori cella"* (Abtskatalog der Reichenau in St. Galler Redaktion, vgl. ed. Waitz 1881, MGH SS 13, S. 331 f. und Pertz 1829, MGH SS 2, S. 37 f.), *„[...] zu Oberzell [...] pfarrkilch [...] uff ainen brobst und sechs korherren gestifft [...]", „[...] zell und kilchen [...] zů sant Jörgen", „[...] zelg Hattonis [...] gen Oberzelg"* (Chronik des Gallus Öhem, ed. Brandi 1983 (wie Anm. 19), S. 35, S. 59, S. 50). Wenngleich Stift und Kloster allein nach mittelalterlicher Terminologie zu unterscheiden, ein hoffnungsloses Unterfangen ist und Öhem sicher ihm geläufige Rechtsverhältnisse auf die Kirchengründung übertrug, so ist jedoch das Verständnis von *„pfarrkilch"* als Rechtsbezeichnung auf der Schwelle

zum 16. Jahrhundert leichter aus der Geschichte eines Stifts denn eines Klosters zu verstehen. Tatsächlich lassen sich Elemente einer Stiftsgeschichte durchaus bereits früher belegen (vgl. die Rekonstruktion eines Urkundentextes von 1008 durch Karl Brandi, Die Reichenauer Urkundenfälschungen [Quellen und Forschungen zur Geschichte der Abtei Reichenau I, hg. von der Badischen Historischen Kommission], Heidelberg 1990, S. 21, Nr. 94 unter Punkt 3 Privaturkunden; vgl. auch Brandi 1893, S. 80 f.). Auch wenn unklar ist, welches lateinische Wort Vorgabe für Öhems *„korherren"* war (*„fratres"?*, kaum schon *„domini"* oder *„canonici"*), ist nach dem Sachzusammenhang kaum zu bezweifeln, daß an St. Georg im Jahr 1008 Kanoniker lebten. Demnach bliebe zu klären, ob man die Stifts- oder Kanonikerordnung des Jahres 1008 auf die Frühzeit von St. Georg übertragen darf oder ob anfänglich die benediktinische Ordnung des Mutterklosters in Mittelzell auch die Prägung einer Gemeinschaft in St. Georg in Oberzell bestimmte. Sichere Anhaltspunkte fehlen. Daß die Nebenkirchen in die Liturgie des Mutterklosters einbezogen waren (vgl. Zettler 1988, wie Anm. 11, S. 284) ist ein Aspekt, aus dem sich jedoch nicht der kirchenrechtliche Status von Oberzell erkennen läßt. Für die Hattozelle mit ihrer Hauptreliquie ist eine kleine, dem gemeinsamen Chorgebet verpflichtete Gemeinschaft gemäß der Institutio Canonicorum der Aachener Synode von 816 nicht auszuschließen. Wo die Gemeinschaft wohnte, ist nicht bekannt, über bauliche Zusammenhänge liegen bisher keine Anhaltspunkte vor. Der Zugang zur Kirche war allem Anschein nach immer nur von Westen möglich (vgl. auch folgende Anmerkung).

107 Im östlichen Teil des nördlichen Seitenschiffes, dort, wo sich heute die Taufsteinnische befindet, war ein Zugang einer Vorgängerphase nachzuweisen (18. Jahrhundert ?). Ob dieser eine ältere Situation übernimmt, konnte wegen umfassender Veränderungen und Störungen (u. a. Wiederaufmauerung der Seitenschiffnordwand im östlichen Bereich) nicht konkretisiert werden. – Die Deutung der von Hecht 1928 (wie Anm. 20), S. 147 und von Erdmann, 1974 (wie Anm. 20), S. 583 f. mit Anm. 28 und 36 als Zugänge interpretierten Öffnungen in den Westwänden der Seitenschiffe ist weiterhin unklar. Im Innenraum waren die Öffnungen, die keine Laibungsschrägen aufweisen, nicht bis auf Bodenhöhe zu verfolgen (Lung 6/87-11/87, LDA S, wie Anm. 2, Ordner 21.2). Der Scheitelpunkt der westlichen, ehemaligen Halbarkadenöffnungen lief vor der Zumauerung exakt auf den Scheitelpunkt der Westwandöffnungen in ca. 414 cm Höhe zu.

108 Etwa die, ob nicht doch ein bedeutender Anlaß zur Datierung der Ausmalung verhelfen kann.

Helmut F. Reichwald

Die Sylvesterkapelle in Goldbach am Bodensee

Bestand – Restaurierungsgeschichte – Maßnahmen – Technologie

Dekan Fridolin Dutzi † zum Gedenken

Nur wenige Kilometer vom Zentrum der ehemaligen Reichsstadt Überlingen entfernt liegt die Gemarkung Goldbach. Unmittelbar am Ufer des Bodensees steht auf einer geringen Anhöhe die Kapelle St. Sylvester (Abb. 264, 272).[1] Bis Anfang des 19. Jahrhunderts war die Kapelle nur über den Bergrücken oder von der Seeseite her zugänglich. Zwei Bergrücken, die bis zum Seeufer ihre Ausläufer hatten, sind bis zur heute noch bestehenden Straßenverbindung abgetragen worden, erst seit dieser Zeit gibt es eine Verbindung entlang des Ufers von Sipplingen nach Überlingen direkt an der Kapelle vorbei.

Durch mehrfache Umbauten in ihrem Äußeren stark verändert, wurde die Kapelle 1887 von Franz Xaver Kraus noch als gotisch eingestuft und mit einer Stiftung Eberhards von Frickenweiler 1353 in Verbindung gebracht.[2]

Stützte sich die Gründungsfrage der Kapelle bis vor kurzem noch auf unterschiedliche Vermutungen,[3] so gelang es Walter Berschin unlängst wesentlich zur Klärung der Verhältnisse ihrer Entstehung beizutragen.[4] Berschin konnte die fragmentarisch erhaltenen Tituli der Goldbacher Kapelle (Abb. 275 a-d und Abb. 289) auf einen Widmungstext Walahfrid Strabos – 842 bis 849 Abt von Reichenau – zurückführen und somit die Gründung der Goldbacher Kapelle mit der literarischen Laufbahn Walahfrid Strabos verknüpfen und ihre Entstehung zwischen 825 und 850 glaubhaft machen.[5] Folgt man dem nun wiederaufgefundenen und in den entscheidenden Zusammenhang gebrachten Widmungstext, so hat ein Graf Alpger die Kapelle in Goldbach errichtet und sie dem hl. Marcianus,[6] dem ersten Bischof von Tortona geweiht.

Der bauliche Bestand

Der heutige Baubestand der Sylvesterkapelle in Goldbach, mit einem quadratischen Chor, einem rechteckigen Schiff und einem Westvorbau, ist das Ergebnis einer über mehrere Perioden gehenden baulichen Entwicklung (Abb. 265 a-b).[7]

Abb. 264. Goldbach, Sylvesterkapelle, Außenansicht von Nordwesten (um 1910).

Der Kernbau, ein saalartiger Raum von 10,24 m Länge und 6,18 m Breite, entspricht im Grundriß dem heutigen Schiff. Der ehemalige Deckenabschluß des später erhöhten Bauwerkes war im aufgehenden Mauerwerk in Höhe von ca. 4,50 m nachzuweisen.[8] Die Untersuchungen von Künstle[9] und jüngste – im Zuge der Bodenerneuerung vorgenommene – Grabungssondagen[10] konnten ein Fundament im Bereich der ehemaligen Westwand belegen. Nicht gesichert ist der von Hecht vermutete westliche Zugang, den er mit einem Vorbau verband.[11] Dagegen fand sich bei der jetzigen Untersuchung ein ehemaliger Zugang in der Nordwand an Stelle der heutigen östlichen Bogennische (Abb. 266).[12] Der östliche Abschluß des ursprünglichen Kernbaus ist in der Forschung umstritten. Künstle vermutete eine Apside,[13] J. und K. Hecht gingen von einem geraden Abschluß aus, ohne diesen näher zu begründen.[14] Wegen mehrfacher Veränderungen der Ostwand und der gestörten Bodenzone fehlt bisher für beide Thesen der Beleg. Zur ersten Ausstattung dieser Saalkirche gehören mehrere Malereifragmente an der Nord- und Südwand, anhand derer ein gerader Deckenabschluß von Bau I anzunehmen ist.[15]

Das aufgehende Mauerwerk besteht aus geschichteten Bruchsteinen und Wacken, die mit einem graugelben Mörtel vermauert sind. Im Außenbereich an der Nordseite haben sich Reste eines Fugenmörtels mit eingedrücktem Kellenstrich erhalten. Hinweise auf einen Mörtelauftrag zur Bedeckung des Mauerwerks sind außen am Versprung an der ehemaligen Ostwand des Kernbaus und in der Fortsetzung nach innen an der Chorwestwand belegt. Dieser Deckmörtel ist auch zwischen Kernbau und westlichem Anbau erhalten.[16]

Rückschlüsse auf die ursprüngliche Fensteranordnung des Raumes gibt eine 1904 geöffnete Vermauerung in der Mitte der Südwand, die heute als Fenster mit schräg verlaufender Laibung und einem oberen Bogenabschluß ausgebildet ist (Abb. 267). Es befindet sich in der Achse eines zweiten, darüberliegenden Fensters der nachfolgenden Bauperiode. Die östliche Laibungskante eines weiteren Fensters der ersten Bauperiode befindet sich in der Verlängerung des westlichen Fensters an der Südwand. Damit sind zwei Fenster gesichert und die von J. u. K. Hecht rekonstruierten drei Fenster auf jeder Seite für die erste Bauperiode plausibel.[17]

Nach den jüngsten Forschungsergebnissen dürfte dieser Kernbau in der Zeit zwischen 825 und 850 entstanden sein, eine nähere Eingrenzung in den Abbatiat Walahfrids von 842-849 bleibt der zukünftigen Forschung vorbehalten.[18]

In einer zweiten Bauperiode wurde das Schiff um 1,46 m bis auf die heutige Raumhöhe von ca. 5,96 m erhöht.[19] Im Obergaden der Nord- und Südwand erhielt der Raum je drei kleine Rundbogenfenster, von denen jeweils die mittleren heute sichtbar sind (Abb. 268). Die beiden anderen sind durch spätere Eingriffe gestört, jedoch mit ihrem oberen Bogenabschluß mit roter Bänderung auf beiden Seiten ablesbar (vgl. Abb. 279, 289, 292). Die Fenster der ersten Bauperiode vermauerte man im Zuge der Bauerhöhung (vgl. Abb. 267). Im Osten fügte man zur Phase der Erhöhung den leicht eingezogenen, quadratischen

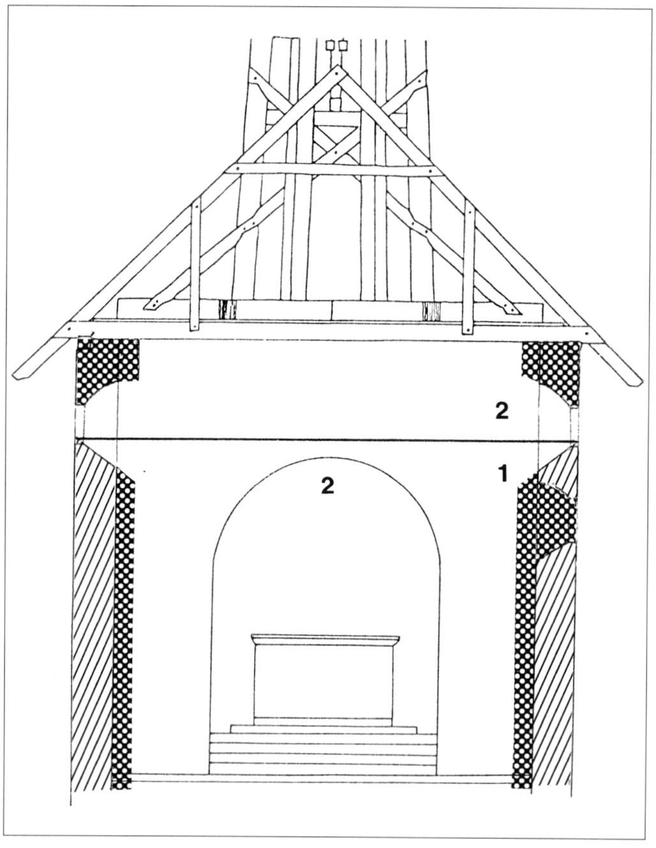

Abb. 265a. Goldbach, Sylvesterkapelle, Aufriß nach Osten mit schematischer Darstellung der Bauphasen im Schiff (Reichwald; Zeichnung Hasenmeier): Kernbau (1. Hälfte 9. Jahrhundert) und Erhöhung der Wände im Schiff (Vermauerung der Fenster der Phase I).

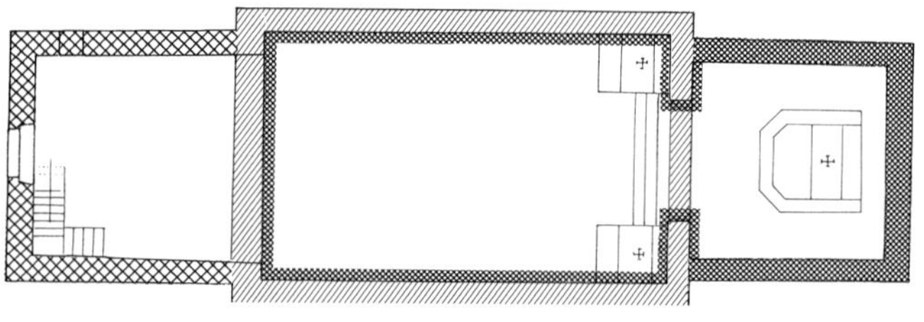

Abb. 265b. Goldbach, Sylvesterkapelle, Grundriß (nach Künstle) mit schematischer Darstellung der drei Hauptbauphasen (Reichwald; Zeichnung Hasenmeier): Kernbau (1. Hälfte 9. Jahrhundert), Anbau des Chores und Erhöhung des Schiffs, westlicher Anbau (und Teilabbruch der Westwand aus Phase I).

Chorraum an, der mit einem Grundmaß von 4,84 x 4,92 m und einer Raumhöhe von ca. 4,15 m keinen Mauerverband zum Schiff aufweist.[20] Die heutigen Chorfenster in der Nord- und Südwand sind Rückführungen unseres Jahrhunderts, an ihrer Stelle waren vermutlich ehemals kleinere Fenster vorhanden.[21] Die Westwand des Langhauses blieb in dieser Bauphase als gerader Abschluß bestehen. Schiff und Chor erhielten eine neue Ausmalung, die Bildprogramme sind in Resten an den erhaltenen Zonen ablesbar. Die bei der jüngsten Restaurierung aufgefundenen Malereifragmente geflügelter Figuren an den seitlichen Anbindungen der Langhauswestwand (Abb. 285) weisen auf ein vermutlich vollflächig angelegtes Bildprogramm hin. Denkbar wäre die Darstellung eines Jüngsten Gerichtes oder einer Parusie, wie sie bereits mehrfach in der Forschung vermutet wurde.[22]

Eine dritte Bauperiode im Westteil der Kapelle steht in Zusammenhang mit Veränderungen im Schiff. Ob es einen Vorgängerbau, wie Hecht annahm,[23] gegeben hat, läßt sich mit der jüngst geöffneten Bodenzone nicht belegen. Außer dem zur ehemaligen Westwand gehörenden Fundamentstreifen von ca. 70 cm Breite gab es keine Hinweise für einen gemauerten Baukörper. Der bestehende Westbau ist wie der Chor etwas eingezogen an das Schiff angefügt. An der Baunaht zum Schiff verläuft ein mit Tünche bedeckter Mörtel seitlich in verschiedenen Höhen sowohl an der nördlichen wie an der südlichen Anbindung hinter das Mauerwerk der ehemaligen Westwand vom Kernbau und im Bereich der Bauerhöhung.[24] Mit diesem Anbau gab man die Westwand auf. Der Deckmörtel des Westanbaus überzieht innen die Abbruchkanten der ehemaligen Westwand. Mit dieser Veränderung gingen auch weitere Maßnahmen im Schiff einher.

Eine Veränderung der Fenstersituation im Schiff läßt sich am westlichen Fenster der Südwand belegen. In der östlichen Laibung dieses Fensters liegt eine Mörtelschicht auf der Malerei der Erhöhungsphase, die sich nach unten auf das hier ausgebrochene Mauerwerk fortsetzt. Demnach wurde das Fenster unter Beibehaltung des oberen Laibungsbogens nach unten vergrößert.[25] Die an das veränderte Fenster im unteren Teil angrenzenden Malereien sind gestört, die Fehlstellen sind mit dem Laibungsmörtel geschlossen und mit einer hellen Tünche abgedeckt.[26] Für die gleichzeitige Aufgabe der Malereien sprechen zwei Kalkschlemmen, die die Malereien vor der gotischen Fensterveränderung abdeckten. Da bei den jüngsten Untersuchungen im westlichen Anbau keinerlei Malereien oder Farbigkeiten gefunden wurden und hier nur helle Kalkschlemmen anzutreffen sind, dürften diese Schichtebenen im Westanbau im Zusammenhang mit den Veränderungen im Schiff stehen. Zu diesem Zeitpunkt wurde der ehemalige Zugang (?) auf der Nordseite vermutlich aufgegeben (vgl. Abb. 266) und durch den weiter westlich noch heute bestehenden Zugang ersetzt.[27]

Eine weitere bauliche Veränderung fand in gotischer Zeit statt. Der Chorbogen wurde erhöht und erhielt einen spitzbogigen Abschluß.[28] In die Chorostwand brach man ein Fenster ein, das heute von außen im vermauerten Zustand ablesbar ist. Die seitlichen Chorfenster wurden vergrößert und in eine schlanke Rechteckform an der Nordwand und in einer zweiten gotischen Umbauphase in ein spitzbogiges Fenster in der Südwand umgestaltet.[29] Im Schiff brach man die vier großen, heute noch beste-

Abb. 266. Goldbach, Sylvesterkapelle, Schiff, Nordwand, östlicher Bereich nach Abnahme der Zementmörtel (September 1989): Bogenöffnung der Phase I (Zugang ?) mit späterer Verkleinerung der Öffnung und neuzeitlicher Schließung mit Ziegelsteinen (19. Jahrhundert).

Abb. 267. Goldbach, Sylvesterkapelle, Schiff, Südwand, Fenstersituation nach der Freilegung (Aquarellzeichnung von Mezger, 1905): das untere, zur ersten Bauphase gehörige Fenster mit Resten der angetroffenen Vermauerung.

henden, gotischen Fensteröffnungen ein. Zu dieser Phase gehört vermutlich ein Sakristeianbau, wie ein Durchgang im westlichen Teil der Chornordwand belegt.[30] Auch das Sakramentshaus und die Mensen der Seitenaltäre dürften zu dieser Zeit entstanden sein.[31] Mit den Fensterumbauten im Schiff ging das Aufspitzen der Nord- und Südwand und der Auftrag einer neuen, ca. 2 – 5 cm dicken Mörtelschicht einher. Von dieser Maßnahme blieben der Chor und die Chorbogenwand verschont, die lediglich eine neue Tünchung erhielten. Anschließend erfolgte eine Neuausmalung mit Ornamenten und Ranken an den Architekturgliederungen, die Sockelzone im Chor erhielt einen gemalten Vorhang. Reste dieser Ausmalung sind an der Rückseite der Chorbogenwand und im Chor noch sichtbar. Die Fragmente einer Darstellung des Jüngsten Gerichts an der Chorbogenwand (vgl. Abb. 271) sind später eingefügt, lediglich die Kreuzigung auf der Südseite gehört in diese Phase. Ob hierzu noch weitere Malereien im Chor gestanden haben, ist nicht mehr nachzuvollziehen, da diese Schichten bei der Freilegung 1899 bis 1904 verlorengingen.[32] Aufzeichnungen über den Schichtenbestand sind nicht vorhanden. Anhand der verbliebenen gotischen Bauteile ist davon auszugehen, daß zu dieser Zeit eine komplette Umgestaltung in der Kapelle stattfand. Zeitlich wäre diese Phase dem 14. Jahrhundert zuzuordnen.[33]

Zu Beginn des 17. Jahrhunderts führte man den Chorbogen auf sein heutiges Maß zurück, die Chorbogenwand erhielt eine Neubemalung mit einem Jüngsten Gericht. Die Fenster im

Abb. 268. Goldbach, Sylvesterkapelle, Schiff, Nordwand, mittleres Fenster der Phase II / Erhöhung des Schiffs (Zustand 1994).

Abb. 269. Goldbach, Sylvesterkapelle, Innenansicht nach Osten mit Kanzel und bemalter Holzdecke im Schiff (Zustand um 1920).

Schiff stattete man mit einer reichen Rollwerkbemalung mit Figuren aus, im Chor weisen geringe Reste am Sakramentshaus ebenfalls auf eine Neugestaltung. Diese Neuausmalung wird mit dem Einbau der Kanzel in Verbindung gebracht, an deren Schalldecke sich die Jahreszahl 1615 befand.[34]

Über weitere, nennenswerte Veränderungen liegen keine Anhaltspunkte vor, die verbliebenen Resttünchen auf den späteren Malereien des Chorbogens weisen keine Dekorationen auf, sie bestehen aus hellen und zum Teil farbigen Tünchen.

Offen bleiben muß die Zuordnung der heute als Nischen ausgebildeten, ehemaligen Öffnungen an der Nord-/Südwand. In einer Bauzeichnung von 1898 sind auf der Südseite der Kirche Fundamente eingezeichnet, die auf ehemalige Anbauten hinweisen.[35] Bisher deutete man diese Nischen als Zugänge zu kleinen Kapellen.[36] Durch mehrfache Veränderungen in den Anschlußbereichen im Boden wie auch am aufgehenden Mauerwerk der Schiffswände waren keine Anschlüsse zu den innen erhaltenen Mörtelphasen vorhanden.[37]

Restaurierungsgeschichte

Als 1885 die Bahnlinie nach Überlingen unmittelbar an der Nordseite der Sylvesterkapelle vorbeigeführt wurde, erwog man ernsthaft ihren Abbruch. Allein der Initiative des damaligen Bauleiters ist ihr weiterer Erhalt zu verdanken.[38] Die Nutzung seit dem 18. Jahrhundert war eher sporadisch, immer wieder finden sich Hinweise in den Archivalien, die auf den Verfall der Kapelle aufmerksam machen.

Abb. 271. Goldbach, Sylvesterkapelle, Chorbogenwand mit Fragmenten verschiedener Ausmalungsphasen nach der Freilegung von 1904 (Zustand um 1920); Blick in den Chor mit den Aposteldarstellungen auf bemalten Bildtapeten (rechts) und ohne die Bildtapeten (links).

Abb. 270. Goldbach, Sylvesterkapelle, Chor, Ansicht nach Nordosten mit den 1905 von Mezger auf Bildtapeten (beweglichen, mit Leinwand bespannten Rahmen) bzw. direkt auf der Wand (Säulen, Mäander) rekonstruierten Wandmalereien (Zustand 1933).

Die Entdeckung der Malereien im Chor 1899 ging auf einen Zufall zurück und stand keinesfalls im Zusammenhang mit einer systematischen Forschung. Anläßlich einer Taufe entdeckten die Gebrüder Mezger aus Überlingen[39] im Chor unter abplatzenden Tüncheschichten farbige Flecken. Sie brachten in der Folgezeit die Freilegung in Gang und meldeten den Fund den zuständigen Behörden.[40] Die Freilegung wurde von dem damaligen Großherzoglichen Konservator Karl Kraus kunstwissenschaftlich begleitet. Entgegen der Aussagen der Beteiligten, lag der Malereibestand im Chor nicht unter mehreren Deckenputzschichten, sondern war von mehreren Tüncheschichten und zwei Malereiphasen abgedeckt. Auf diesen Umstand wird noch einzugehen sein. Metzger selbst deckte die Wandmalereien durch Ab-

Abb. 272. Goldbach, Sylvesterkapelle, Innenansicht nach Osten (Zustand Juli 1995).

schaben der Tünchen auf. Die dabei zutage tretenden Apostel und Mäander wurden von ihm schon damals mit dem Malereibestand in St. Georg auf der Reichenau in Verbindung gebracht, was Kraus in seiner Bearbeitung näher begründete.[41] Eine Untersuchung an den Wänden im Schiff führte zunächst zu keinem Ergebnis. Lediglich über dem Chorbogen stieß man auf weitere Malschichten, die auf verschiedene Schichtebenen freigelegt wurden und das heute sichtbare Konglomerat bilden (Abb. 269, 271).

Erst 1904, als man an der Südwand im Schiff nach dem bereits von außen festgestellten, zugemauerten Mittelfenster der ersten Phase suchte, stieß man unter einer 2 – 5 cm dicken Mörtelschicht auf eine Malereiebene, die mit dem Bestand im Chor vergleichbar war. Künstle, der vor Ort die weitere Aufdeckung mitverfolgte und diese Arbeiten von Metzger ausführen ließ, beschrieb den Freilegungsprozeß sehr instruktiv.[42]

Bis auf die am Chorbogen erhaltenen Malereiebenen verschiedener Phasen und den Resten im Chor ist der spätere Ausstattungsbestand der Kapelle durch die Freilegung weitgehend zerstört worden. Mit der Freilegung von 1904 im Schiff wurde die Entdekungsreise, nachdem sie nichts Wesentliches mehr für die Kunstwissenschaft versprach, beendet.[43] Wegen Geldmangel verzögerten sich seit 1904 die weiteren Restaurierungsarbeiten in der Kapelle. In Anlehnung an das Konzept von 1890/92 auf der Reichenau,[44] fertigte Mezger für die Chormalereien in Goldbach Kopien des Bildprogramms auf Leinwand an und spannte diese in Form von beweglichen Flügeltüren auf Rahmen vor den Originalbestand (Abb. 270). Die Sockelzone wurde flächig auf dem Malereibestand rekonstruiert. Wenn auch die Kopien nicht annähernd den originalen Bestand wiedergaben, so vermittelten sie doch einen Gesamteindruck der ehemaligen Ausstattung, zumal Mezger die durch das Ostfenster zerstörte Mittelfigur eines thronenden Christus in den Apostelzyklus eingefügte. Die flache Holzdecke erhielt eine dem Zeitgeschmack entsprechende Dekoration, der Altar einen neuen Aufsatz mit Kreuzigungsgruppe und Sakramentshaus.

Im Schiff beschränkte sich die Neuausstattung auf die Bemalung der Decke (vgl. Abb. 269) und die Behandlung aller nicht bemalten Flächen mit einfachen Wanddekorationen. Der unter der Holzdecke verlaufende Mäander wurde im Schiff teilweise rekonstruiert und ohne Befund im Westteil fortgeführt. Alle durchfeuchteten Mörtel der Sockelzonen ersetzte man durch Zementmörtel. Größere Fehlstellen im Malereibestand wurden mit grob ausgeführten Gipsplomben geschlossen und mit farbigen Lasuren eingetönt (Abb. 273 a-d, 276 a-b).[45]

Die aus dem 17. Jahrhundert erhaltene Ausstattung auf den zwei Seitenaltären sowie die Kanzel von 1615 verblieben vorläufig an ihrem Platz. 1910 waren die Arbeiten abgeschlossen und die Kapelle wurde wieder ihrer sakralen Nutzung zugeführt.

Abgesehen von kleineren Reparaturen fanden keine weiteren Eingriffe statt, der Bestand blieb bis Ende der 50er Jahre weitgehend unberührt.[46] Im Juli 1916 legte die Münsterbauhütte von Überlingen eine detaillierte Kostenberechnung zur Herstellung des Außenwandputzes und zur Entwässerung der Kapelle vor,[47] zu der Sauer im Mai 1917 ausführlich Stellung bezog.[48] Die in Aussicht gestellten Maßnahmen kamen in der Folgezeit jedoch nicht zur Ausführung, so daß sich der Zustand der Kapelle bis in die 50er Jahre zunehmend verschlechterte.[49]

Der Restaurierung Ende der 50er Jahre gingen verschiedene Gutachterzusammenschlüsse voran.[50] Einen ersten Maßnahmenkatalog beinhaltete das Protokoll des Erzbischöflichen Bauamtes Konstanz nach einem gemeinsamen Ortstermin im Februar 1957.[51] Demnach war man bei dem gemeinsamen Termin übereingekommen, die Bemalung der Decken zu entfernen und nach Abschluß der bautechnischen Instandsetzung am Boden und an den Fenstern die Verkleidung der Chormalereien und des Altarretabels abzunehmen. Noch im gleichen Jahr legte die Restauratorin Margarete Eschenbach einen Bericht über den Zustand der Chormalereien mit Restaurierungsvorschlägen vor.[52]

Im darauffolgenden Jahr wurden Dach, Dachreiter und Außenputz erneuert.[53] Denkmalpflegerische Bedenken verhinderten zur damaligen Zeit die Anbringung von Dachrinnen und Fallrohren.[54] Somit konnte das herablaufende Regenwasser vom Dach ringsum die unteren Zonen weiter durchfeuchten. Von Juni bis Oktober 1958 restaurierte Eschenbach die Chormalereien, in ihrem Abschlußbericht verwies sie erneut auf die dringend notwendige Trokenlegung der Wände.[55] Neben einer Oberflächenreinigung und der Abnahme von Putzresten, der Entfernung der Bemalung an den Fenstern und der Decke aus dem 20. Jahrhundert erfolgte als Erhaltungsmaßnahme zur „*Härtung und Festigung des abbröckelnden Verputzes und der abbröckelnden Farbe*" ein Einlassen der Bilder mit Sinterwasser.[56] Gegen dieses Verfahren wandte sich ein Gutachten, das die tatsächlich wenig später eintretenden Schäden bereits voraussagte.[57]

Im Dezember des gleichen Jahres wies das Erzbischöfliche Bauamt Konstanz auf einen schimmelartigen, weißen Belag hin, der als watteähnliche Ausblühung auf der Malerei liege.[58] Nach der restauratorischen Begutachtung soll im Außenbereich unmittelbar an der Chormauer Wasser in Gräben gestanden haben, das nicht abfließen konnte. Dadurch seien die Innenwände im Chor bis zur halben Höhe durchfeuchtet. Den weißlichen Belag erkannte Eschenbach als Schimmel, der sich nach ihrer Meinung leicht abnehmen lasse, ohne der Malerei zu schaden. Weiterhin empfahl sie Lüftungsflügel im Chor einzubauen.[59] Nach erneuter Überprüfung der Sachlage im Januar 1959 war offenbar keine neue Schimmelbildung aufgetreten.[60]

Im März 1961 lag ein Maßnahmenkatalog mit Kostenberechnungen vor, der im Mai des gleichen Jahres genehmigt wurde.[61] Geplant war, das Fundament 80 – 100 cm auszuschachten und mit Inertol zu streichen. Der gesamte Kirchenboden sollte aufgenommen werden, um eine Kiesschüttung einzubringen und eine wandbündige Betonplatte zur Aufnahme des Plattenbelags zu schaffen. Neben Maßnahmen an den Fenstern, der Entfernung des Tabernakels und der Kanzel, der Erhöhung des Altars im Chor um drei Stufen sowie der Abnahme der Deckenbemalung im Schiff kam noch die Behandlung der nicht bemalten Wandflächen zur Ausführung. Am schwerwiegendsten waren die Eingriffe in der Bodenzone, da diese im Chor und Schiff ohne archäologische Untersuchungen erfolgten. Dabei gingen vermutlich im Chor wichtige Informationen verloren, die Aufschluß über eine vermutete Ostapsis hätten geben können. Bauphysikalisch waren weitere Schäden durch den Einbau einer Betonplatte im Chor und Schiff zur Aufnahme der Bodenplatten vorgegeben, die wandbündig anschloß und die Bodenfeuchte zwangsläufig über das Mauerwerk abführen mußte. Mit dem Einbau einer Drainage im Außenbereich im Sommer 1962, die keine kanalisierte Entwässerung hatte, war keine Verbesserung zu erwarten.[62] Die Malereien im Schiff blieben bei den Maßnahmen unberührt, die bauliche Instandsetzung war somit bis zum Jahr 1963 abgeschlossen.

Eine Gesamtrestaurierung der sich zusehends verschlechternden Malerei erwog man in den 70er Jahren. Auslöser waren mehrere Begutachtungen von kunstwissenschaftlicher Seite und die Planung einer monographischen Behandlung der Wandmalereien.[63] Das gesamte Vorhaben blieb trotz mehrfacher Ortstermine in der Planung stecken und scheiterte zuletzt auch wegen fehlender Mittel.[64]

Die Restaurierungsgeschichte zeigt auch hier, wie sehr das Denkmalverständnis einem kontinuierlichen Wandel unterliegt. Um die Jahrhundertwende stand mit der Konzeption der Wandverkleidungen, die auch für das Schiff vorgesehen waren, primär das „Raumerlebnis" im Vordergrund (vgl. Abb. 270). Immerhin verband sich damit die Möglichkeit, den eigentlichen Malereibestand – abgesehen von der Sockelzone – nicht unnötig zu strapazieren, da die Kopien auf eingenständige Träger aufgebracht waren. An den Wandmalereien erfolgten „nur" Mörtelausbesserungen und eine Kaseinfixierung. Dagegen zeigt die Behandlung der Langhausmalereien, daß hier – nachdem die konsequente Weiterführung des Chorkonzeptes im Schiff aus finanziellen Gründen scheiterte – weiterreichende Eingriffe erfolgten, um dem Streben nach einem ästhetisch geschlossenen Gesamtbild zu entsprechen. Aus der Abnahme der Tapeten im Chor 1958, die wie in Oberzell weniger praktischen Erwägungen denn dem gewandelten Denkmalverständnis zum Opfer fielen, ergaben sich umgehend neue Eingriffe, die zu erheblichen Schäden am Malereibestand geführt haben. Die schon bald auftretenden Vergrauungen auf den Malereien im Chor und die weitere Durchfeuchtung waren ab den 70er Jahren Anlaß, diesmal mit wissenschaftlichen Methoden unter Hinzuziehung von Experten, ein Konzept zur Instandsetzung zu entwickeln. Außer Frage stehen die damaligen Bemühungen der Kunstwissenschaft und der Denkmalpflege mit Hilfe einer Kommission die anstehenden Probleme aufzugreifen und zu diskutieren, um mit deren Kompetenz ein Konzept für weitere Erhaltungsmaßnahmen einzuleiten. Mit dem Scheitern dieser Planungen geriet die Kapelle in Goldbach über ein weiteres Jahrzehnt wieder in Vergessenheit.

Das Konzept zur Instandsetzung der Sylvesterkapelle 1987

Mit der Einrichtung einer Restaurierwerkstatt am Landesdenkmalamt in Stuttgart im Jahr 1978, ergab sich die Möglichkeit verschiedene Projekte und Erhaltungs maßnahmen direkt zu betreuen. Noch während der in St. Georg, Reichenau-Oberzell durchgeführten Konservierung[65] fanden in Goldbach mehrfach Untersuchungen und Beobachtungen statt, die sich im wesentlichen auf technologische Vergleiche mit St. Georg beschränkten. Der bedenkliche Zustand des Malereibestandes im Chor und im Schiff und die anhaltende Durchfeuchtung der Wände waren Anlaß, noch vor der Fertigstellung der Arbeiten in Krypta und Michaelskapelle von St. Georg die ersten Untersuchungen in Goldbach einzuleiten. Nach den Vorgaben der Restaurierwerkstatt begannen 1988 bauphysikalische, naturwissenschaftliche und restauratorische Voruntersuchungen. Zum einen bedurften die über Jahrzehnte diskutierten Feuchtigkeitsprobleme einer Klärung, des weiteren mußte die Ursache der Vergrauung auf dem Malereibestand im Chor analysiert werden. Die restauratorische Voruntersuchung diente der Vorbereitung zur Bestandsaufnahme.[66] Wesentlich war die Erarbeitung eines Fragenkatalogs und die Festlegung des methodischen Ablaufs einer Bestandsaufnahme. Wie bereits an den Wandmalereien von St. Georg, sah auch in Goldbach das Konzept eine Bestandsaufnahme ohne Eingriff in die Substanz vor. Zur Erfassung und Doku-

Abb. 273a-b. Goldbach, Sylvesterkapelle, Schiff, Nordwand, Heilung eines Besessenen: angetroffener Zustand (a) mit Hacklöchern der gotischen Phase und Gipskittungen der Restaurierung von 1905 durch Mezger (1990; Streiflicht) und nach der Restaurierung im Auflicht (b; 1995).

Abb. 273c-d. Goldbach, Sylvesterkapelle, Schiff, Nordwand, Heilung eines Besessenen: Zustand nach der Restaurierung im Streiflicht (c) und in der UV-Fluoreszenzaufnahme (d; 1995).

Abb. 274a-b. Goldbach, Sylvesterkapelle, Chor, Nordwand, Detail: die zwei westlichen Apostel im angetroffenen Zustand (a) mit den durch die Kalksinterfixierung von 1958 verursachten Vergrauungen und verfärbten Mörtelkittungen (1992) und nach der Restaurierung (b; 1995).

mentation wurden die für Reichenau-Oberzell festgelegten Kriterien beibehalten und auf die Erfordernisse von Goldbach abgestimmt. So bezieht sich z. B. das Erfassungsraster in Goldbach auf vorgegebene Bildeinteilungen und Architekturgliederungen und nicht auf ein starres Rastermaß. Dies war möglich, weil in Goldbach die Bildregister um ein Vielfaches kleiner sind als in St. Georg. Alle Wandflächen im Chor und Schiff wurden in Bereiche unterteilt, um alle Dokumente entsprechend kennzeichnen zu können.[67] Grundlage der Dokumentation waren auch hier von der Photogrammetrie des Landesdenkmalamtes erstellte, maßstäbliche Wandabwicklungen, in die die Bildszenen als Einzeichnung projeziert wurden.[68]

In einem ersten Vorbericht vom Mai 1989 sind die wesentlichen Schritte und Vorleistungen anderer Fachdisziplinen zur Erarbeitung eines Konservierungskonzeptes erfaßt, die im folgenden nur kurz skizziert werden können:[69]

Eine erste Untersuchung der schadhaften Sockelzonen zur Klärung der Salz- und Feuchtebelastung erfolgte im November 1989 durch die Forschungs- und Materialprüfanstalt (FMPA) Stuttgart.[70] Parallel zu diesen Untersuchungen wurden in mehreren Kampagnen thermografische Messungen zur Feststellung der Feuchteverteilung vor und nach der Abnahme der Zementputze im Innenraum durchgeführt.[71] Probeentnahmen an den Wandmalereien im Chor sollten Aufschluß über die Reaktionsschicht auf der Malereioberfläche geben.[72] Es standen Proben von Mörtel und Farbschichten der Phasen II und III zur Verfügung sowie eine Probe vom Ausbesserungsmörtel der Restaurierung von 1958. Bis auf den Ausbesserungsmörtel wiesen die Proben, abgesehen von variierendem Schichtenaufbau, vergleichbare Ablagerungen an den Oberflächen auf. Die von Mezger 1905 aufgebrachte Kaseinfixierung war fest mit dem Untergrund verbunden, eine im Labor versuchte Anlösung war wegen der geringen Probemenge nicht möglich. Der Materialnachweis der Fixierung konnte durch die sich abzeichnende grau-grüne UV-Fluoreszenz bestimmt werden. Das Ergebnis geht auch mit den Angaben von Mezger einher sowie mit den bei der Voruntersuchung gemachten Beobachtungen im Oktober 1988.[73] Die auf der Oberfläche abgelagerte weiß-graue Schicht ist auf eine Calciumcarbonatbildung zurückzuführen, die ursächlich mit der Kalksinterwasserfixierung von 1958 verbunden ist (Abb. 274 a-b).[74] Wegen der von Mezger aufgebrachten Fixierung mit einer emulgierten Kaseinlösung war eine Behandlung mit Kalksinterwasser von vorneherein sinnlos. Weitere Proben zu Analysezwecken dienten der qualitativen und quantitativen Bestimmung der Mörtel.[75] Weiterführende Untersuchungen

Abb. 276a. Goldbach, Sylvesterkapelle, Schiff, Südwand, Christus im Streitgespräch mit den Pharisäern (?): angetroffener Zustand mit Hacklöchern der gotischen Phase und Gipskittungen der Restaurierung von 1905 durch Mezger (1990).

waren zum damaligen Zeitpunkt nicht vorgesehen, da zunächst allein die Klärung jener Fragen im Vordergrund stand, die der Entwicklung eines Restaurierungskonzeptes dienten.

Eine umfassende Bestandsaufnahme von Mörtel- und Malschichten begann im September 1989.[76] Mit der Bestandsaufnahme einhergehend kamen alle weiteren zur Konzeptfindung notwendigen restauratorischen Untersuchungen zur Ausführung. Der unterschiedliche Erhaltungszustand der Malereien machte es notwendig, die einzelnen Schadensbilder differenziert zu erfassen, um so den Umfang und späteren Aufwand zur Konservierung möglichst genau festlegen zu können. Im Schiff hatte sich der malereitragende Mörtel großflächig vom Mauerwerk gelöst, ein Umstand, der auf die vielen Hacklöcher zurückzuführen war, die mit dem gotischen Mörtelauftrag zur Ausführung kamen. Nach der Freilegung von 1904 hatte man weitgehend auf eine Schließung der Hacklöcher verzichtet, so daß sich durch die ständige „Hinterlüftung“ des Mörtels Hohlräume gebildet haben. Weitere Schäden waren durch die anhaltende Durchfeuchtung der Wandflächen im Chor entstanden und durch den Feuchtetransport hinter dem Zementmörtel an den Langhauswänden. Hier kam es zu den bekannten Schadensbildern, die bei erheblichen Temperaturschwankungen

Abb. 275a. Goldbach, Sylvesterkapelle, Schiff, Südwand, Titulus der ersten Ausmalung, Detail (Juli 1994).

Abb. 275b. Goldbach, Sylvesterkapelle, Schiff, Südwand, Titulus der ersten Ausmalung, Detail (Juli 1994).

Abb. 276b. Goldbach, Sylvesterkapelle, Schiff, Südwand, Christus im Streitgespräch mit den Pharisäern (?), Detail (Christus): angetroffener Zustand im Streiflicht (1990).

zur Auskristallisierung der Salze und zu Schichtsprengungen an Tünchen und Malerei führten. Weitere Schäden waren durch die Restaurierungen von 1904 und 1958 verursacht. Die unregelmäßig aufgetragene Fixierung hat zur Oberflächenspannung geführt und die Malschicht von der Mörtelschicht gelöst. Mit zunehmender Alterung ist die aufgebrachte Kaseinfixierung von 1904 verbräunt. Durch die Fixierung mit Kalksinterwasser traten die beschriebenen Vergrauungen an den Chormalereien auf, die zum Zeitpunkt der Bestandsaufnahme nur noch schemenhaft lesbar waren (vgl. Abb. 274 a-b). Alle 1958 eingebrachten Mörtelergänzungen hatten sich verfärbt und zeichneten sich als gelb-braune Flächen innerhalb der grau-weißen Fixierungsschleier ab. In der Südostecke des Chores zeigten sich braunschwarze Flecken, die auf Schimmelbildung zurückzuführen waren. Diese Pilzrasen verliefen in einer Breite von ca. 40 cm unterhalb der Decke und zogen sich bis ca. 150 cm rechts und links von diesem Eckbereich bis zur Bodenzone. Dazwischen lagen in Trockenzonen ab ca. 240 cm nach oben weiß auskristallisierte Salzrasen. Diese Phänomene waren auch in anderen Eckbereichen anzutreffen. Messungen hatten ergeben, daß es in den Eckzonen zu höheren Feuchtekonzentrationen je nach Witterung und Jahreszeit kam.[77] Ein am Südfenster eingebauter Lüftungsflügel stand bis auf wenige Zeit das ganze Jahr über offen, demnach konnte warme beziehungsweise mit hoher Feuchte angereicherte Luft ständig in den Chorraum eindringen. Eine Zwangsentlüftung war nicht vorhanden. Diese denkbar ungünstigen bauphysikalischen Bedingungen, nicht nur im Chor, sondern auch im Schiff, haben mit dazu beigetragen, daß sich der Zustand der Malereien seit ihrer Aufdeckung ständig verschlechtert hat.

Maßnahmen

Nach Auswertung der Untersuchungsergebnisse war es möglich, ein Konzept zur Erhaltung des historischen Bestandes zu entwickeln.[78] Dabei mußten drei Hauptgruppen der Instandsetzung aufeinander abgestimmt werden:

1. die bauliche Sicherung des Dachstuhls und des Mauergefüges in Teilbereichen
2. die Verbesserung der bauphysikalischen Bedingungen mit Reduzierung der ständigen Durchfeuchtung der Wandzone
3. die Sicherung des Mörtel- und Malereibestandes.

Die zuerst genannten Schäden konnten durch handwerkliche Gewerke am Dachstuhl, Dach und Mauerwerk behoben werden. Um die bauphysikalischen Verbesserungen zu erreichen, waren längerfristige Abläufe während der gesamten Maßnahme notwendig. Im Kircheninneren wurden zunächst alle zementhaltigen Mörtel entfernt, zur Austrocknung blieb das Mauerwerk über zwei Jahre offen stehen. Im Außenbereich mußte der Mörtel von 1963 bis in eine Höhe von ca. 1,80 m abgenommen werden, am Westgiebel wegen extrem starker Flechtenbildung der gesamte Verputz. Auch hier blieb das Mauerwerk offen stehen. Als Sofortmaßnahme diente die Anbringung einer Dachrinne mit Fallrohren, um das Oberflächenwasser abzuführen. Die Drainage erhielt eine Wasserführung mit Kanalanschluß. Der wandbündige Bodenbelag mit der Betonplatte im Chor und Schiff wurde herausgenommen. Wiederholte Untersuchungen am Mauergefüge ergaben bereits nach einem Jahr eine deutliche Reduzierung der Wandfeuchte.[79] Im zweiten Jahr hatten sich die Werte in fast allen Bereichen auf den Bestand der oberen Wandzone eingependelt. Mit den später eingebauten Lüftungsflügeln und Entlüftungen über dem Deckenbereich ließ sich das Raumklima stabilisieren.[80] Der Boden erhielt eine Kiesschüttung mit einer aufgefüllten Blähtonschicht, darüber verlegte man im schwachgebundenen Sandbett die Tonplatten.

Abb. 275c. Goldbach, Sylvesterkapelle, Schiff, Südwand, Titulus der ersten Ausmalung, Detail (Juli 1994).

Abb. 275d. Goldbach, Sylvesterkapelle, Schiff, Südwand, Titulus der ersten Ausmalung, Detail (Juli 1994).

△ 277a

△ 277b

277c ▽

277d ▽

Abb. 277a-d. Goldbach, Sylvesterkapelle, Schiff, Südwand, Die Erweckung eines jungen Mannes in Naïn: angetroffener Zustand (a) mit Hacklöchern der gotischen Phase und Gipskittungen der Restaurierung von 1905 durch Mezger (1990; Auflicht) und nach der Restaurierung im Auflicht (b), im Streiflicht (c) und in der UV-Fluoreszenzaufnahme (d; 1995).

Abb. 278a-d. Goldbach, Sylvesterkapelle, Schiff, Südwand, Die Erweckung eines jungen Mannes in Naïn, Detail: angetroffener Zustand (1990) mit Hacklöchern der gotischen Phase und Gipskittungen der Restaurierung von 1905 durch Mezger im Auflicht (a) und im Streiflicht (b), Zwischenzustand mit gekitteten Fehlstellen (c) sowie Zustand nach der Restaurierung (d; 1994).

△ 278a

△ 278b

278c ▽

278d ▽

Alle offen liegenden Wandzonen konnten nach der über zwei Jahre dauernden Austrocknung mit Kalkmörtel geschlossen werden. Zum Abschluß erhielt die Kapelle eine digital gesteuerte Bankstrahlerheizung, die nur bei Benutzung der Kapelle eingeschaltet wird. Die im Innenraum verwendeten historischen Materialien wie z.B. reiner Kalkmörtel, verhalten sich bisher auch in ehemals stark durchfeuchteten Bereichen stabil.

Für die Bestandssicherung an den Malereien und den Trägerschichten wurde ein Team von drei Fachrestauratoren eingesetzt.[81]

Nach genauer Kenntnis des Mörtel- und Malereibestandes sah das Konzept zur Konservierung vor, alle Zutaten des 20. Jahrhunderts, soweit diese negative Auswirkungen auf den Altbestand hatten, zu entfernen. Sämtliche Mörtelplomben der Restaurierung von 1958 mußten herausgenommen werden. Durch ein aufwendiges Kompressenverfahren ließ sich die durch die Kalksinterfixierung im Chor gebildete Reaktionsschicht abnehmen (vgl. Abb. 274 a-b). Dabei konnte auch die Kaseinfixierung von 1904 soweit angequollen werden, daß eine Abnahme möglich war. Nach dieser Maßnahme trat nicht nur eine differenziertere Farbigkeit an den Malereien im Chor zum Vorschein, sondern auch das Schadensbild, das durch die Freilegung von 1898 entstanden war: durch das Abschaben der Tüncheschichten sind fast sämtliche Binnenzeichnungen und Höhungen der Inkarnate verloren gegangen, erhebliche Reduzierungen erfuhren die Streifenhintergründe und die Gewänder der Figuren. Dennoch läßt der wiedergewonnene Bestand in vielen Details eine Wertung – auch hinsichtlich technologischer Gegebenheiten – der bedeutenden und qualitätvollen Malereien zu.

Im Schiff beschränkte sich die Abnahme auf Gipskittungen und Übermalungen von 1904/05 sowie auf ein Entfernen der unzähligen Tüncheinseln, die noch auf den Malereien lagen (Abb. 273, 277, 278). Durch Feuchtreinigung[82] ließen sich die Ablagerungen auf der Malerei entfernen, so daß der Malereibestand auch hier wieder farbiger hervortrat.

An der Chorbogenwand sind bei der Freilegung von 1904 verschiedene Malereiebenen aufgedeckt worden, die sich heute nebeneinander präsentieren (vgl. Abb. 271). Da es sich technologisch um unterschiedliche Maltechniken handelt, mußte die Behandlung und Konservierung auf den jeweiligen Bestand abgestimmt werden. An der Nord- und Südwand sowie an den westlichen Wandstreifen im Schiff konnten nach Abnahme überlappender Mörtelschichten weitere Malereifragmente aufgedeckt werden. Bis auf ein größeres Malereifragment an der Nord-Westecke (Abb. 288) beschränkten sich die Funde auf kleinere Anschlußfragmente zum bereits aufgedeckten Bestand.

Nach der Sicherung des malereitragenden Mörtelbestandes zum Untergrund durch Injektionen wurden die Fehlstellen mit farbigen Sandgemischen und Sumpfkalk geschlossen (vgl. Abb. 273, 277, 278). Dies geschah in der jeweiligen Malereiebene randbündig, die Oberflächenstruktur des feinteiligen Ergänzungsmörtels konnte durch Abschaben der Umgebung angeglichen werden. Um die verschiedenen Malereiphasen und Mörtelebenen besser kenntlich zu machen, erfolgte an den angrenzenden Zonen zur überlappenden nächsten Malereiphase die Schließung der Fehlstelle unter Niveau und nicht mit angeböschten Rändern. Durch das Schließen der zahlreichen Hacklöcher, die dem gotischen Mörtel als Haftbrücke gedient hatten, konnte die Mörtelebene in sich gesichert und verspannt werden.

Soweit sich die Kittstellen durch die verschiedenfarbigen Mörtel integrierten, blieben sie ohne weitere Behandlung stehen. Die kleinteiligen Hacklöcher innerhalb der Bildszenen im Langhaus wurden nach verschiedenen Vorversuchen mit einer feinteiligen Strichretusche geschlossen (vgl. Abb. 278, 280-284, 293-295).

Im Chor blieben die Kittungen weitgehend im Mörtelton stehen, nur in optisch stark störenden Bereichen erfogte auch hier eine Retusche in der Art wie im Schiff (Abb. 298 b).

Der Kernbau und die erste Ausmalung

An Nord- und Südwand im Schiff haben sich Malereireste der ersten Ausmalung erhalten. Während sich dieser Malereibestand an der Nordwand auf kleinere Fragmente beschränkt, läßt sich auf der Südwand ein Teil eines perspektivischen Mäanders mit darunterliegendem Titulus erschließen (vgl. Abb. 275 a-d, 289). Es handelt sich um einen zweifachen, gleichförmigen Mäanderzug, der in den Farben rot, hellrot-dunkelgrau, blaugrau mit schwarzen Gründen angelegt ist. Die Höhe des Mäanderstreifens beträgt 34 cm. Das Ornament wird von jeweils 5 cm breiten gelben Bordüren eingefaßt. Mäander und Bordüren sind an den Kanten weiß abgesetzt. Auf der Südseite verläuft der Mäander nur knapp über dem Fenster von Bau I, er wird durch die späteren Fenstereinbauten gestört. An der Chorbogenwand konnte er unter der gotischen Mörtelschicht im Rißbereich über dem südlichen Seitenaltar nachgewiesen werden.

Unterhalb des Titulus wird die Malerei von einer grobkörnigen, hellen Schlemme abgedeckt, auf der die Ausmalungsreste der zweiten Phase liegen.[83] Punktuelle Untersuchungen ergaben, daß zu dem Mäander der ersten Phase farbige Flächen standen,[84] die nicht näher bestimmt werden können, will man nicht die darüberliegende Malschicht zerstören. Im unteren Teil der Chorbogenwand liegen unter dem gotischen Mörtel noch größere Mörtelflächen dieser Phase, sie sind von der Schlemme der zweiten Phase abgedeckt. An dem vertikal verlaufenden Riß und den dadurch verursachten Öffnungen im südlichen Teil der Chorbogenwand war eine Untersuchung möglich. Demnach konnten auch hier Farbschichten sowohl auf der Mörtelschicht der Phase I als auch auf der Schlemme der Phase II festgestellt werden.

Der Mäander der ersten Ausmalung ist auf einem geglätteten Mörtel in freskaler Ausführung angelegt und mit Weißhöhungen versehen. Die einzelnen Farbanlagen folgen einer gelben Vorzeichnung und horizontalen roten Schnurschlägen. Sie sind in der Regel gegeneinander beschnitten, in Teilbereichen kommt es zur Überlagerung einzelner Farbflächen, die über der freskal angelegten Farbigkeit in einem zweiten Arbeitsgang aufgetragen sind. Der mit weißer Farbe aufgemalte Titulus liegt auf einem durchgehenden dunkelgrau-schwarzem Band, für die punktuell unter der Schlemme der Phase II ermittelte Malerei konnte ebenfalls eine freskale Ausführung bestätigt werden.[85]

Mit der zeitlichen Einordnung dieser Malereiphase zwischen 825 und 850 und den Bezügen zum Patrozinium des hl. Marcianus verband Walter Berschin jüngst auch Spekulationen über einen möglichen Marcianus-Zyklus der ersten Ausmalungsphase.[86] Es sei daher nochmals darauf hingewiesen, daß sich bei den Untersuchungen keine Anhaltspunkte über formale Zusammenhänge der zu dem Mäander stehenden Malereien ergeben haben. Grundsätzlich konnten Farbigkeiten festgestellt werden, womit farblose oder im Putz stehende Flächen ausgeschlossen werden können. Dagegen ist auch eine rein ornamentale Dekorationsmalerei, beispielsweise in Form eines imitierten Wandbehangs oder gemalter Inkrustationen in Erwägung zu ziehen.[87]

Abb. 279. Goldbach, Sylvesterkapelle, Schiff, Südwand, Ostecke, Zustand nach der Restaurierung (1995).

▽ 280a

280b ▽

△ 281a

281c ▽

△ 281b

281d ▽

Abb. 281a-d. Goldbach, Sylvesterkapelle, Schiff, Südwand, Heilung eines Aussätzigen, Details mit dem Kopf Christi im Zwischenzustand (a; Musterachse 1989), Apostelköpfen (b und d) und der segnenden Hand Christi (c) nach der Restaurierung (1994).

Abb. 282a-b. Goldbach, Sylvesterkapelle, Schiff, Südwand, Heilung eines Aussätzigen, Details im Zustand nach der Restaurierung (1994).

Abb. 283a-b. Goldbach, Sylvesterkapelle, Schiff, Südwand, Christus im Streitgespräch mit den Pharisäern (?), Details: mittlere Figur (a) und Hände Christi (b) nach der Restaurierung (1994).

◁ Abb. 280a. Goldbach, Sylvesterkapelle, Schiff, Chorbogenwand, Nordseite, Detail mit Kopf der Stifterin nach der Restaurierung (Juli 1994).

Abb. 280b. Goldbach, Sylvesterkapelle, Schiff, Chorbogenwand, Südseite, Detail mit Kopf des Stifters nach der Restaurierung (Juli 1994).

▷

Abb. 284. Goldbach, Sylvesterkapelle, Schiff, Südwand, Heilung eines Aussätzigen, Detail: Apostelköpfe im Zwischenzustand (Musterachse 1989).

Bauveränderung und zweite Ausmalung im Schiff

Wie schon zu Anfang erwähnt, bestehen zwischen dem Kernbau, der Erhöhung im Schiff und dem Choranbau vom Mauergefüge her keine auffälligen Unterschiede. Sie sind als Bauabfolge nachweislich durch Baunähte und wechselnde Mauer- und Fugenmörtel zu belegen,[88] unterscheiden sich aber in der Mauertechnik nicht wesentlich. Beide Bauphasen weisen überwiegend Bruchsteine unterschiedlicher Größe und vereinzelten Wacken auf, selten Kalktuffsteine. Ein bestimmtes System, zum Beispiel ein Materialwechsel zu Kalktuff an den Eckausbildungen, wie es in Reichenau-Oberzell anzutreffen ist, liegt nicht vor. Es handelt sich durchweg um ein Vollmauerwerk mit unterschiedlichen Steingrößen, die Eckausbildungen weisen lediglich längere oder größere Steine auf. Das verwendete Material besteht überwiegend aus grünem Molassesandstein.[89]

Mit der Bauerhöhung erhielt der Raum eine neue Ausmalung mit Szenen aus dem Wirken Jesu. In der bisherigen Forschung wurden 16 kleinteilige Bildszenen rekonstruiert. Nur einige davon sind soweit erhalten, daß eine Identifizierung der Darstellung möglich ist (Abb. 279, 289, 292):[90] Auf der Südwand von Ost nach West im oberen Bildregister: Die Heilung eines Aussätzigen und die Auferweckung eines jungen Mannes in Naïn. Die dritte Bildszene erfuhr unterschiedliche Interpretationen, Künstle erwog die Darstellung Christi im Streitgespräch mit den Pharisäern, Hecht dagegen sah hier die Darstellung Christi mit der Sünderin. Die sich nach Westen anschließende Bildszene interpretierte Hecht als die Heilung des Gichtbrüchigen.[91] Die gegenüberliegende Darstellung auf der Nordwand konnte bisher nicht entschlüsselt werden, da sich hier lediglich zwei Kopffragmente erhalten haben. Nach Osten schließen auf der Nordwand die Beruhigung des Sturmes auf dem See Gennesaret und die Heilung eines Besessenen an, das letzte Bildfeld im östlichen Teil ließ sich nach Künstle nicht freilegen, da beim Abklopfen immer die ganze Putzschicht mit der ursprünglichen Malschicht abfiel [...]. Hecht vermutete hier vage eine Szene aus dem öffentlichen Wirken Christi. Für die unteren Bildregister der Südwand rekonstruierte Hecht aus ikonographischen Erwägungen von Ost nach West die Heilung eines Wassersüchtigen und die Auferweckung des Lazarus (?) als letzte Szene der Wunderheilungen, da in der darauffolgenden Bildszene Christus am Ölberg folgt. Alle weiteren Bildszenen auf der Süd- und Nordwand sind zerstört.

Abb. 286. Goldbach, Sylvesterkapelle, Schiff, Chorbogenwand, Nordseite: Hl. MARTI(NVS ?) (Martin von Tours ?) und Stifterin IHLTEPVR(G ?) im Freilegungszustand (1904).

Für das untere Bildregister konnten jüngst im westlichen Teil der Nordwand Malereifragmente der zweiten Ausmalungsphase mit Resten einer figürlichen Darstellung aufgedeckt werden (Abb. 288).[92]

Auf der Chorbogenwand befinden sich unterhalb der Decke die vieldiskutierten Fragmente der Stifterbildnisse, die anhand ihrer Namensbeischriften als „VVINIDHERE“ und „IHLTEPVR(C)“ gekennzeichnet sind (Abb. 286, 287).[93] Sie werden von je einer Heiligenfigur geleitet, die fürsorglich ihren Arm um die Stifter legt. Auf der Südseite darf man nach den neuesten Forschungsergebnissen[94] mit Sicherheit die fragmentarisch überlieferte Inschrift „[...]CIANVS“ mit St. Marcianus ergänzen. Dies schließt allerdings ikonographisch entschieden eine Interpretation des Pendants auf der Gegenseite als Marcianus

Abb. 285. Goldbach, Sylvesterkapelle, Schiff, nördlicher Teil der Westwand mit neu aufgedecktem Fragment einer Figur mit Flügeln (Engel ?) nach der Restaurierung (1994).

Abb. 287. Goldbach, Sylvesterkapelle, Schiff, Chorbogenwand, Südseite: Hl. (MAR)CIANVS und Stifter VVINIDHERE im Freilegungszustand (1904).

aus.[95] Die Namensbeischrift des nördlichen Heiligen „ST. MARTI[...]" wies zwar lasierende Übermalungen der Restaurierung von Mezger auf, ist jedoch in ihrem inhaltlichen Bestand als ursprünglich anzusehen. Demnach dürfte die Deutung zugunsten des hl. Martin von Tours weiterhin Bestand haben.

Auf der gegenüberliegenden Westwand konnten, wie bereits erwähnt, Reste geflügelter Figuren aufgedeckt werden (vgl. Abb. 285), die vermutlich auf eine ehemals geschlossene Darstellung der Westwand hinweisen.[96] Im Zuge der Grabungssondage im Bereich der Westwand wurden zahlreiche Mörtelfragmente mit Farbresten geborgen, die nach mikroskopischen Untersuchungen der zweiten Ausmalungsphase zuzuordnen sind. Fragmente der Erstausmalung konnten in diesem Zusammenhang nicht aufgefunden werden.

Zur Technologie der Malereien

Um die Abläufe der Ausmalung verständlicher zu machen, sollen im folgenden einige technologischen Aspekte Berücksichtigung finden. Unsere heutige Kenntnis der damals angewandten Maltechniken ist durch die vergleichenden Untersuchungen von Goldbach, St. Georg-Oberzell und den Malereifunden von Mittelzell[97] umfangreicher geworden. Technologische Untersuchungen – auch in Verbindung mit naturwissenschaftlichen Untersuchungen – lösen zwar keine sich in dieser Zeitspanne bewegenden Datierungsfragen, sie können aber dazu beitragen, den Schaffensprozeß der ausführenden Künstler zu differenzieren.

Die erste Ausmalung, von der sich die beschriebenen Mäanderfragmente mit Titulus erhalten haben, kam freskal zur Ausführung. Diese Technik wird zum Teil in der zweiten Ausmalung wieder aufgegriffen. Im Bereich der Bauerhöhung erfolgte der Auftrag eines neuen Mörtels, dessen freskale Bearbeitung jedoch im Bereich der unteren, also bereits bestehenden Mörtelflächen aus der ersten Phase in eine mit Bindemittel versetzte Maltechnik auf einer dicken Kalkschlemme übergeht. Die direkten Anschlüsse und Übergänge sind durch die Freilegung von 1904 zerstört. Der Niveauversprung von der oberen Mörtelebene zur darunterliegenden Malereiebene mit Schlemme beträgt ca. 1-1,5 cm. Im Bereich des freigelegten Mäanders der ersten Phase lag demnach eine dünn auslaufende Mörtelschicht, die entsprechend leichter abzuschlagen war, als die sich nach unten auf die Malerei fortsetzende Kalkschlemme. Um die im oberen Teil etwas rauhere Oberfläche zu erreichen, ist für die Schlemme ein verunreinigter Kalk mit Sand und ungelöschten Kalkteilchen verwendet worden. Mit einem solchen Untergrund war es möglich, die in zwei Maltechniken ausgeführte Malerei optisch anzugleichen. Der schlechte Erhaltungszustand der noch verbliebenen unteren Bildebene ist wechselseitig durch die unsachgemäße Freilegung und die technologische Ausführung der Malereien bedingt, da die Malerei auf der Kalkschlemme weit weniger strapazierfähig ist als eine freskal aufgetragene und mit dem Mörtel fest verbundene Malschicht. Mit der in späteren Phasen erfolgten Abdeckung der Malereien entstand in den unteren, technologisch „schwächeren" Bereichen eine Haftbrücke zwischen dem Malereibestand und den darauffolgenden

Abb. 288. Goldbach, Sylvesterkapelle, Schiff, westlicher Teil der Nordwand, unteres Register mit neu aufgedeckten Malereiresten nach der Restaurierung (1994).

Schichten. Bei der Freilegung der unteren Bildbereiche blieb die Malschicht auf der Rückseite der darüberliegenden, abgeklopften Schichten haften. Diese Gefahr bestand auch bei den freskal ausgeführten Partien in der oberen Bildzone für die zuletzt aufgetragene Binnenzeichnung und die Lichthöhungen, die bei freskaler Malweise je nach Pastosität der Farbaufträge eine entsprechend schlechtere Bindung zum Untergrund aufweisen. Das heute voneinander stark abweichende Erscheinungsbild der Malereien (vgl. Abb. 279, 289 unten) in der oberen und unteren Bildzone ist folglich das Ergebnis technologischer Unterschiede und einer darauf keine Rücksicht nehmenden Freilegung und nicht, wie jüngst propagiert, auf Ausmalungen verschiedener Phasen zurückzuführen.[98]

Der Deckmörtel der freskal ausgeführten Malerei der oberen Bildzonen im Schiff ist portionsweise aufgetragen worden, im Streiflicht markieren sich deutlich unregelmäßig verlaufende Überlappungen. Das figürliche Programm, die Bildflächengliederung und der obere Mäander sind mit gelben und roten Vorzeichnungen unterlegt, gerade Konstruktionslinien – sowohl senkrechte wie auch waagerechte wurden mit Schnurschlag ausgeführt. Auf gelb unterlegten Inkarnaten folgte die Zeichnung der Gesichter und Hände mit kräftigen roten und schwarzen Konturen, mit einem falschen Verdaccio sind die Gesichter modelliert. Abschließend erfolgte der Auftrag weißer Lichthöhungen (vgl. Abb. 280, 281, 284, 293, 294). Das für die Reichenauer Malerei typische, strahlenförmige Anlegen der Lichter an Augenwinkeln, Nase und Mund findet sich durchgängig an den Malereien im Schiff.[99] Eine weitere Besonderheit im Detail sind die herzförmig angelegten Lichter auf den Nasenbeinen der einzelnen Figuren. Ebenfalls flächig gelb angelegt ist der Nimbus Christi, die Kreuzform der Binnenfläche wurde mit einer schwarz-grauen Zeichnung markiert, ebenso die äußere Rahmung. Eine weitere Differenzierung erfolgte mit den Weißhöhungen. Das System der Nimbenrahmung, außen schwarzgrau, nach innen zur Fläche weiß gehöht, wiederholt sich im gesamten Bildzyklus und ist auch deutlich im unteren Bildregister abzulesen (vgl. Abb. 289). Die Farbigkeit der Gewänder ist im jeweiligen Grundton angelegt, die Modellierung der Faltenwürfe erfolgte mit dunklen und hellen Linien in der Farbigkeit der Grundtönung. Dunkle bis schwarze Konturen sind vereinzelt als Schattenlinien angelegt, die Lichthöhung erfolgte in Weiß. Christus wird mit farblich wechselnden Gewändern dargestellt. Während die Farbigkeit der Tunika durchgängig in allen Bildszenen gelb angelegt ist, die Faltenzeichnung in einem dunkeln Gelb und einer grünen Modellierung erfolgte, wechselt die Farbigkeit des Umhangs. Beginnend an der Südwand in Ostwestrichtung im oberen Bildfeld mit der Heilung eines Aussätzigen ist Christus mit einem blauen Umhang dargestellt (Abb. 291), in der darauffolgenden Szene der Auferweckung eines jungen Mannes in Naïn mit einem roten (Abb. 277 a-d, vgl. auch Abb. 289) und in der Darstellung des Gespräches mit den Pharisäern (?) wieder mit einem blauen Umhang (vgl. Abb. 289 und Umschlag). Die blau angelegten Grundfarben sind wie in St. Georg grau unterlegt. Die Faltenzeichnung erfolgte in kräftigen roten und blauen Binnenlinien. Auf der Nordwand korrespondieren die Farbigkeiten jeweils mit der gegenüberliegenden Bildszene. In Oberzell wechselt die Farbigkeit der Bekleidung von Christus: roter Mantel-weiße Tunika, weißer Mantel-rote Tunika. Als einzige Person der Bildszenen wird Petrus in immer gleichbleibenden Gewandfarbigkeiten dargestellt. In Goldbach trägt er eine weiße Tunika mit blauen Falten und weißen Höhungen, dazu einen gelben Umhang mit grüner Modellierung, gelben Faltenlinien und weiß gehöhten Lichtern. In der gleichen Farbanlage wird Petrus auch in St. Georg dargestellt.

Von dem unteren Bildregister an der Südwand sind die Bildszenen nur noch schemenhaft erhalten. Nur vereinzelt sind noch farbige Reste vorhanden, die sich mit den darüberliegenden Bildern vergleichen lassen. Der gesamte Bildaufbau mit weißen Hintergrundflächen enspricht dem System der oberen Bildregister. Der zunächst im Mörtelton stehen gelassene Hintergrund in den oberen Bildfeldern wurde nach Anlegen der Figuren und der Architekturrahmung nochmals mit einer dünnen weißen, zur Malschicht gehörenden Tünche übergangen. Die architektonische Gliederung weist einen Wechsel von gelber Architektur im oberen Register zu einer roten im unteren auf. Beide Bildebenen werden von einem schmalen, im einfachen Bandverlauf in gelbrot und schwarz angelegten perspektivischen Mäander getrennt. Auf den schwarzen Gründen liegen jeweils drei weiße Punkte. Der obere Abschlußmäander über der zweiten Bildebene ist formal aufwendiger konstruiert, seine Grundfarbigkeit ist im Wechsel gelb, rot und schwarz, die Rücklagen sind ebenfalls mit weißen Punkten und zusätzlich mit Rosettenpunkten versehen. Die Grundfarben sind nochmals aufgehellt und werden im Wechsel mit den Grundtönen in den einzelnen Mäanderzügen verwendet. Die Mäanderzüge werden in den Leerfeldern von gegenläufigen, perspektivisch anmutenden Quadraten besetzt, auch hier im Zentrum mit je einer Punktrosette.[100]

Der untere Abschluß der Bildregister fehlt, Hecht hat in seinen Rekonstruktionsversuchen analog zu den Säulen in den beiden oberen Registern eine weitere Säulenreihe mit Kapitellen für den unteren Wandbereich angenommen, auf denen ein weiterer Mäander die untere Bildreihe begrenzt.[101] Wegen der mehrfach ausgewechselten Mörtelschichten in diesen Zonen, sind sämtliche Hinweise verloren gegangen, lediglich ein Mäanderstreifen von ca. 5 cm an dem neu aufgefundenen Malereifragment auf der Nordwand könnte hier als Anhaltspunkt dienen (Abb. 288).

Die malerische Bildanlage der figürlichen Darstellung wie auch der architektonischen Gliederung erfolgte in freier Pinselführung, sie ist von sicherer Hand ausgeführt und zeigt keinerlei Korrekturen. Obwohl die Figuren kleiner als im Bildzyklus von St. Georg-Oberzell ausgeführt sind, haben die Lichter und Konturen proportional einen breiteren Pinselduktus. Sie folgen nicht immer den Kanten der Grundfarbigkeiten, sondern sind frei aufgesetzt und wirken dadurch etwas plakativ. Im Vergleich mit St. Georg wird eine unterschiedliche malerische Ausführung sowie ein abweichender, technologischer Aufbau offensichtlich. Auf diese Unterschiede wird noch im Vergleich mit der Chorausmalung einzugehen sein.

Der Choranbau und seine Ausmalung

Der ohne Mauerverband angefügte Chor erhielt einen einschichtigen Mörtelauftrag, auf dem die Ausmalung erfolgte. An der Westwand des Chors muß, wenn nicht schon vorher ein Anbau (Apsis) bestand, die Wand geöffnet worden sein, um einen heute in seinen Ausmaßen nicht mehr belegbaren Chorbogen aufzunehmen. An der Westwand hat sich in den oberen Nord- und Südecken der ehemalige Außenmörtel des Kernbaus erhalten, er verläuft zwischen Westwand und davor gesetzter Chormauerung. Die Mörtelflächen der Nord-, Ost- und Südwand sind portionsweise angelegt, die Malerei selbst ist freskal auf diesen Flächen begonnen. Auf der Westwand erfolgte die

Abb. 289. Goldbach, Sylvesterkapelle, Schiff, Südwand. Zustand nach der Restaurierung (1995).

Abb. 290. Goldbach, Sylvesterkapelle, Schiff, Nordwand, Heilung eines Besessenen, Detail: Christus. Zustand nach der Restaurierung (1994).

Abb. 291. Goldbach, Sylvesterkapelle, Schiff, Südwand, Heilung eines Aussätzigen, Detail: Christus. Zustand nach der Restaurierung (1994).

Ausmalung auf einer Kalkschlemme des in Teilen weiterbestehenden Außenmörtels. Von diesen Malereien haben sich nur Spuren erhalten, da sie technologisch wie die unteren Bildregister im Schiff aufgebaut sind. Die nur grob geglättete Oberfläche des Mörtels in den anderen Wandbereichen weist zahlreiche Vertiefungen und Unebenheiten auf, die von der Verwendung kleiner Kellen herrühren. Der Mörtelauftrag erfolgte von der Südwestecke entgegen dem Uhrzeigersinn, die vertikal unregelmäßig verlaufenden Überlappungen sind im Streiflicht abzulesen. Horizontal überlappen sich die Mörtelflächen in einem schmalen Streifen von ca. 50-60 cm unterhalb der Decke und nochmals in einer Höhe von ca. 150 cm vom heutigen Boden, jeweils von unten nach oben. Auch hier verlaufen die Überlappungen der Mörtel nicht in einer gleichbleibenden Linie, sondern verspringen. Ein durchgängig der Malerei folgender Mörtelauftrag ist nicht zu erkennen. Auch fehlen unter den überlappenden Mörteln Hinweise auf eine zuvor fertiggestellte Malfläche, die Grenzzonen werden von der Malschicht abgedeckt. Somit ergeben sich keine Arbeitsgrenzen für den Malereiablauf, es hat den Anschein, daß jeweils die Flächen in einer Größe angelegt wurden, die eine freskale Bemalung unter zusätzlicher Verwendung von Bindemitteln in einem bestimmten Zeitraum zuließ (Abb. 296, 297).

Den oberen Abschluß der Aposteldarstellungen bildet ein gestrecktes Mäanderband mit rot-violetten, rotbraunen und gelben bis hellgelben Zügen. Die schwarz angelegten Zwickelfelder sind mit jeweils drei weißen Punkten gefüllt. Oben wie unten wird der Deckenfries von roten Bändern gerahmt, die durch weiße Höhungen getrennt sind. Ein dunkler Schattenstrich trennt das Band vom grünen Streifengrund. Im Malprozeß stand die Gestaltung dieses Mäanders auf einem dafür angelegten Mörtelstreifen am Anfang. Ob die Bemalung wandweise oder durchgängig ringsum zur Ausführung kam, läßt sich nicht rekonstruieren. Einteilung und Unterzeichnung des Mäanders sind nur an wenigen Resten auszumachen, da die gelb angelegte Konstruktion nur noch schwach sichtbar ist und von den Deckfarben überlagert wird. Im freien Pinselauftrag sind die Farbfelder angelegt, alle Weißhöhungen verlaufen unregelmäßig, so daß davon auszugehen ist, daß für gerade Linien bei der malerischen Anlage keinerlei Hilfsmittel zur Anwendung kamen.

Nach unten schließt sich die ca. 170 cm hohe Bildzone an. Die Zentralfigur (thronender Christus ?) wurde durch den gotischen Fenstereinbau zerstört. Auf einer durchgängigen Sitzbank, die nur durch die Fenster unterbrochen wird und jeweils im Westen perspektivisch geschrägt abschließt, sitzen in Zweiergruppen, der ehemaligen Zentralfigur zugewandt, die Apostel. Die Sitzbank steht auf einer gelben Bodenzone und ist mit Ornamenten an der Blendseite versehen. Konturen und Ornamente sind gelbbraun angelegt. Die sitzenden Apostel sind zwischen 150 und 154 cm groß, sie tragen farbig wechselnde Kleidung in weiß, gelb und rot. Entsprechend der Grundfarbe der Gewänder wechseln Licht und Schatten. Mit Weiß kontrastiert eine blaue Faltenzeichnung, zu Gelb gehören grüne Schattierungen und weiße Binnenlinien, bei roten Gewändern erfolgte eine dunkelrote Abschattierung, ebenfalls mit weißen Binnenlinien als Falten. Jeder dritte Apostel auf der linken wie auch auf der rechten Seite trägt einen gelben Umhang mit teilweise dunkelgelber und grüner Faltenzeichnung mit einzelnen weißen Höhungen. In den Händen halten die Apostel weiße oder gelbe Schriftrollen oder Bücher mit roten bzw. geschwärzten Buchdeckeln, die ehemals gemalte Verzierungen trugen. Die Inkarnate sind wie im Langhaus durchgängig gelb angelegt, schwarz und rot gezeichnet beziehungsweise konturiert und mit einem falschen Verdaccio modelliert (Abb. 299 a-d). Die Lichter sind weiß aufgesetzt, auch hier sind die strahlenförmig angelegten Weißhöhungen an Augen, Nase und Mund anzutreffen. Die Haare wechseln in ihrer Farbigkeit, sie sind dunkel bis schwarz oder weiß gezeichnet. Hände und Füße sind rot, rotbraun oder grau-schwarz konturiert und weiß gehöht (Abb. 300 a-b, 303 a-b). Die Apostel tragen einfache Sandalen, die durch einen am großen Zeh gehaltenen und um die Fesseln geschwungenen Riemen verbunden sind. Die Nimbenscheiben mit einem Durchmesser von 35 – 37 cm sind gelb angelegt, schwarz konturiert und zwischen Kontur und Binnenfläche weiß gehöht, entsprechen also genau dem im Schiff beobachteten System.

Oberhalb der Apostelbank ist der Hintergrund mit einem blauen und grünen Streifengrund gegliedert, beide Farbflächen sind grauschwarz unterlegt. Die farbigen Streifen sind an der Ostwand durch einen 2 cm breiten, dunklen Strich getrennt, an der Nord- und Südwand ist diese Trennung weiß.[102] Der graue Grund der Streifengründe ist freskal angelegt, in einem zweiten Arbeitsgang erfolgte der Auftrag von Blau und Grün mit der Beschneidung der bereits fertig gemalten Figuren (Abb. 298, 301).

Der Bildaufbau in dieser Zone begann mit der zeichnerischen Anlage der Sitzbank, diese ist gelb angelegt und weist partiell Ritzungen auf. Die waagerecht verlaufende Einteilung der Sitzbank, die durch die Apostel unterbrochen ist, war in der Vorzeichnung vermutlich durchgängig angelegt. Der gelbe Grundton der Sitzbank verläuft seitlich wenige cm unter die Farbanlage der Gewänder, während die gelbbraune Kontur der Sitzbank zu den Gewändern hin ausläuft.

Die Figuren sind mit einer schwach gelben, vereinzelt durch rote Linien verstärkten Unterzeichnung, konstruiert. Ein systematischer Arbeitsablauf zur Anlage der Inkarnate und der farbigen Bekleidung läßt sich nicht belegen, da die Grenzzonen sich wechselseitig überlappen. Köpfe und Beinstellungen im gelben Inkarnatton sind überwiegend vor der Bekleidung angelegt, da diese von der Grundfarbigkeit begrenzt oder überlappt werden. An den Händen, die innerhalb der Bekleidung liegen, überdeckt der gelbe Grundton der Inkarnatfarbigkeit die bereits fertiggestellte Bekleidung (Abb. 303 a-b). Der Malprozeß der Tunika mit weißen, gelben oder roten Grundtönen ist durchgängig flächig angelegt, die Faltenzeichnung freskal in blau, dunkelgelb oder weiß aufgetragen. Die Modellierung erfolgte in einem weiteren Arbeitsgang, z. B. bei den gelb angelegten Gewändern in einem Grünton. Zuletzt entstanden die Lichter und Konturen. Die Gewänder sind unterschiedlich angelegt, bei dunklen Farbigkeiten ist die Faltenzeichnung ausgespart und im ersten und zweiten Arbeitsgang nachmodelliert. Weiße und gelbe Gewän-

Abb. 292. Goldbach, Sylvesterkapelle, Schiff, Nordwand. Zustand nach der Restaurierung (1995). ▷

Abb. 293a-b. Goldbach, Sylvesterkapelle, Schiff, Nordwand, Die Beruhigung des Sturms auf dem See Gennesaret, Details: Apostel (Zustand 1994).

Abb. 294. Goldbach, Sylvesterkapelle, Schiff, Nordwand, oberes Register, Detail: Kopffragmente einer nicht identifizierten Szene (Zustand 1994).

Abb. 295a-b. Goldbach, Sylvesterkapelle, Schiff, Heilung eines Besessenen, Details (Zustand 1994).

△ 292

293a ▽

293b ▽

▽ 294

295a ▽

295b ▽

Abb. 296. Goldbach, Sylvesterkapelle, Chor, Nordwand. Zustand nach der Restaurierung (1995).

der erhielten einen durchgängigen Farbauftrag mit anschließender Faltenzeichnung (vgl. Abb. 298, 303 a-b). Die Anlage von Kontur und Lichthöhungen erfolgte nach Fertigstellung der malerischen Gestaltung.

Die Sockelzone wird bis in eine Höhe von ca. 145 cm wandweise von je drei gemalten Säulen mit Blattkapitellen auf einem weißen Grundton gegliedert. Die Säulenschäfte sind unterschiedlich ausgebildet, es wechseln weiß geäderte und in sich gedrehte rote Säulenschäfte (Abb. 303 d) mit leicht bauchigen graublauen Säulenschäften ab, die mit weißen Bändern versehen sind. Sie stehen vor einem gelben, ca 30 cm breiten Hintergrund, der rechts und links von Licht- und Schattenkante begrenzt ist.[103] Die gelben Blattkapitelle weisen rote Konturen auf, der obere Blattkranz weiße Höhungen. Die Säulenbasen sind zerstört.[104] Zwischen der Säulenstellung hängen Weihekronen, eine davon ist im nördlichen Teil der Ostwand fast vollständig erhalten (Abb. 303 c). Die übrigen, bis auf diejenige im Bereich der später eingebrochenen Sakristeitüre, lassen sich in Resten belegen.

Die Säulenreihe in der unteren Wandzone ist freihändig angelegt, die jeweiligen Abstände variieren. Eine Vorzeichnung ließ sich wegen des reduzierten Bestandes nicht mehr ermitteln, auch Einritzungen oder Schnurschläge sind nicht mehr zu finden. Nachvollziehen läßt sich nur die farbige Anlage von Hintergrund und Säulen, indem zuerst der gelb hintelegte Streifen als erste Malanlage anzusehen ist, die geraden und gedrehten Säulen überlappen den gelben Hintergrund.[105] Die Rücklagen zwischen den Säulen sind nachträglich mit einem dünnen, hellen Farbton hinterlegt, auf denen freskal abgebunden in rot gemalt die Weihekronen liegen .

Über den Säulen schließt sich ein linksläufiger, perspektivischer Mäander in hellrot-roten und hellgelb-gelben Zügen mit weiß gehöhten Kanten an. Auf schwarzen Gründen in den Zwickeldreiecken sitzen jeweils drei weiße Punkte. Das Ornament wird durch mehrläufige Bänder mit schwarzen Konturen gefaßt. Technologisch ist dieser Mäander wie der Deckenfries aufgebaut.

In der roten Bänderung des Mäanders auf der Südwand befindet sich eine eingeritzte Inschrift (Abb. 304 b), die in den Tiefen Malschichtreste der ersten Chorausmalung aufweist. Eine weitere Inschrift befindet sich auf der Ostwand im nördlichen Säulenschaft der Sockelzone (Abb. 304 a). Diese Inschrift dürfte ebenfalls zeitglich mit der Malerei entstanden sein, die Buchstaben scheinen in den noch feuchten Mörtel eingedrückt zu sein, in den Vertiefungen befindet sich die Grundfarbigkeit des Säulenschaftes. Während die Inschrift auf der Südseite bereits bei Kraus zitiert wird, ist für die Inschrift an der Ostwand weder die Bedeutung noch der Zusammenhang zur Malerei geklärt.[106]

Zusammenfassung

Eine Auswertung aller untersuchten Bereiche ist in diesem Rahmen nicht vorgesehen, es konnte nur auf Besonderheiten

Abb. 297. Goldbach, Sylvesterkapelle, Chor, Südwand. Zustand nach der Restaurierung (1995).

eingegangen werden, die für bestimmte Aussagen von Bedeutung sind.

Die Bauerhöhung eines im Grundriß des heutigen Schiffes ehemals bestehenden Kernbaus hat sich auch bei den jüngsten Untersuchungen bestätigt. West- und Ostabschluß von Bau I sind bis heute nicht überzeugend geklärt. Ein Zugang im östlichen Bereich der Kapellennordwand dürfte in die erste Bauphase gehören. Anhand der Malereireste der ersten Ausstattung mit einem fragmentarisch erhaltenen Mäander und Titulus konnte jüngst eine Einordnung von Bau I in die Zeit zwischen 825 und 850 plausibel gemacht werden.[107]

Mit der Bauerhöhung in einer zweiten Phase ging der Anbau des Chorquadrates einher sowie eine komplette Neuausmalung. Die im Schiff noch erhaltenen Malereien dieser Phase weisen aufgrund technologischer, an den baulichen Gegebenheiten orientierten Abweichungen und einer unsachgemäß durchgeführten Freilegung ein optisch voneinander abweichendes Erscheinungsbild auf, zeitlich sind sie jedoch nicht voneinander zu trennen. Wiederaufgefundene Malereireste an den fragmentarisch erhaltenen Mauerzungen der Westwand des Schiffs sowie zahlreiche Mörtelfragmente mit Farbresten in einer Grabungssondage im Umfeld der ehemaligen Westwand konnten der zweiten Ausstattungsphase zugewiesen werden und lassen auf eine ehemals umfangreichere Darstellung schließen. Ein westlicher Anbau ist für diese Zeit nicht belegt.

Die Malereien im Chor gehören nach Auswertung aller Untersuchungen, einschließlich der Deckmörtelschichten und Malschichtabläufe, in die zweite Ausmalungsphase, sind also gleichzeitig mit den Malereien nach der Erhöhung im Schiff entstanden. Ihre auf den ersten Blick völlig unterschiedliche Bildwirkung beruht auf mehreren Ursachen. Im Langhaus handelt es sich um kleinteilige Bildfelder mit einer geringen Höhe von ca. 145 cm, in der eine ganze Figurengruppe Platz fand. Im Chor stand dagegen eine 170 cm hohe Bildebene zur Verfügung in der sitzende Figuren mit 150-154 (!) cm,[108] also lebensgroß dargestellt wurden.

Die Malereien im Schiff zeigen auf engem Raum eine sichere Pinselführung und eine durchgängig zügige Malweise ohne Korrekturen. Das Problem der Größenverhältnisse schlägt sich im Schiff eindeutig in der gesamten Linienführung nieder. Konturen, Binnenzeichnungen, Modellierungen und Höhungen wirken proportional zur Größe der Figuren zu massiv. Soweit der jetzige Zustand eine abschließende Beurteilung zuläßt, erfolgte die malerische Umsetzung nach einem klaren Konzept von der Vorzeichnung bis hin zur Modellierung. Dagegen sind die Malereien im Chor weitaus statischer, was nicht nur auf die Bildinhalte zurückzuführen ist, sondern sich in Zeichnung, Kontur und aufgesetzten Lichtern bemerkbar macht, die bei weitem nicht an die Spontanität der Ausmalung im Schiff heranreichen (Abb. 298 a-b).

Wegen der erheblichen Reduzierung der Malereioberflächen stehen uns heute nicht mehr alle Details zur Verfügung, um Unterschiede beider Werkprozesse aufzeigen zu können. Dennoch spricht vieles dafür, daß hier in Goldbach die Ausführen-

Abb. 298a. Goldbach, Sylvesterkapelle, Chor, Nordwand, Detail: 1. Apostel von Westen (Zustand 1995).

Abb. 298b. Goldbach, Sylvesterkapelle, Chor, Nordwand, Detail: 4. Apostel von Westen (Zustand 1995).

Abb. 299a-b. Goldbach, Sylvesterkapelle, Chor, Nordwand, Details: Köpfe des 1. (a) und 2. (b) Apostels von Westen (Zustand 1995).

Abb. 299c-d. Goldbach, Sylvesterkapelle, Chor, Ostwand, Details: Köpfe des 1. (c) und 2. (d) Apostels von Norden (Zustand 1995).

Abb. 300a. Goldbach, Sylvesterkapelle, Chor, Ostwand, Detail: Füße des 1. Apostels von Norden (Zustand 1995).

Abb. 300b. Goldbach, Sylvesterkapelle, Chor, Südwand, Detail: Füße des 3. Apostels von Westen (Zustand 1995).

Abb. 301. Goldbach, Sylvesterkapelle, Chor, Nordwand, Detail: 4. Apostel von Westen (Zustand 1995).

Abb. 302. Reichenau-Oberzell, St. Georg, Südwand, Heilung eines Aussätzigen, Detail: Priester (Zustand 1985).

Abb. 303a. Goldbach, Sylvesterkapelle, Chor, Nordwand, Detail: 3. Apostel von Westen (1995)

Abb. 303b. Goldbach, Sylvesterkapelle, Chor, Südwand, Detail: 3. Apostel von Westen (1995).

Abb. 303c. Goldbach, Sylvesterkapelle, Chor, Ostwand, Nordseite, Detail: Weihekrone (1995).

Abb. 303d. Goldbach, Sylvesterkapelle, Chor, Nordwand, Detail: 3. Säule von Westen (1995).

Abb. 304a. Goldbach, Sylvesterkapelle, Chor, Ostwand, Detail: linke Säule mit eingeritzten Buchstaben (Zustand 1994).
◁

▷
Abb. 304b. Goldbach, Sylvesterkapelle, Chor, Südwand, Detail: in den Mörtel geritzte, mit den Malereien vermutlich gleichzeitige Inschrift (Zustand 1994).

den zwar auf einen vergleichbaren Wissensstand zurückgriffen, die Malereien in Chor und Schiff aber allem Anschein nach nicht von einer Hand ausgeführt wurden.

Stellt sich abschließend die Frage, welche Entwicklung die Monumentalmalerei von der Reichenau ausgehend genommen hat. Die Ausmalung im Chor von Goldbach weist im Vergleich zu den Malereien in St. Georg auf der Reichenau erhebliche qualitative und maltechnologische Unterschiede auf. Mit St. Georg-Oberzell ist ohne Zweifel eine Stilstufe erreicht, die in jeder Hinsicht ihresgleichen sucht, sei es in der Sicherheit der Linienführung oder der vom kleinsten Detail bis zur gesamten Bildkomposition reichenden Perfektion. Hier macht sich die Beherrschung aller technologischen und im Werkprozeß notwendigen Kenntnisse bemerkbar, um auf einem bestehenden Untergrund ein Bildprogramm dieses Formats umzusetzen.

Die Verbindungen zwischen der zweiten Ausmalungsphase von Goldbach und den Oberzeller Wandmalereien sind gleichwohl nicht zu bestreiten (vgl. Abb. 301, 302), ihr Verhältnis zueinander ist jedoch noch zu präzisieren, woraus Anhaltspunkte für eine überzeugende Datierung zu gewinnen wären. Grund zur Hoffnung bieten für Goldbach nach wie vor die Stifterfiguren am Chorbogen.

Anmerkungen

1 Erweiterte und mit Anmerkungen versehene Fassung eines in Lorsch am 11. Oktober 1996 gehaltenen Vortrags.

2 Franz Xaver Kraus, Die Kunstdenkmäler des Kreises Konstanz (Die Kunstdenkmäler des Großherzogthums Baden, Bd. I.), Freiburg im Breisgau 1887, S. 496. – Wenige Jahre später wurden die Malereien im Chor aufgedeckt und Kraus widmete Goldbach unter dem neuen Gesichtspunkt eine Monographie: Franz Xaver Kraus, Die Wandgemälde der St. Sylvesterkapelle zu Goldbach am Bodensee, München 1902.

3 Karl Künstle, Die Kunst des Klosters Reichenau im IX. und X. Jahrhundert und der neuentdeckte karolingische Gemäldezyklus zu Goldbach bei Überlingen, Freiburg 1906, [2]1924, S. 58-62 vermutete eine karolingische Entstehung (im folgenden zitiert nach der 2. Auflage). – Josef und Konrad Hecht, Die frühmittelalterliche Wandmalerei des Bodenseegebietes, Sigmaringen 1979, S. 37-62 verwiesen auf fehlendes Quellenmaterial und nahmen ihre Entstehung anhand der baulichen Befunde und der Ausstattung um 875 an. – Zu den Erwähnungen Goldbachs um 1100 und 1155 *[„ecclesia"]* vgl. Hermann Schmidt, Der Zwergsprengel Goldbach im Landkapitel Stockach aus der Sicht seines letzten Pfarrers, des Überlinger Exminoriten Lorenz Bregenzer, im Jahr 1809, in: Freiburger Diözesan-Archiv 112, 1992, S. 117-131, hier: S. 117f.

4 Walter Berschin, Voll Neid erhob Satan die Waffen. Die karolingische Inschrift der Wandmalereien von Goldbach am Bodensee, in: Frankfurter Allgemeine Zeitung vom 30. August 1997, Nr. 201, S. 31.

5 Vgl. Berschin 1997 (wie Anm. 4), S. 31: Der vollständige Widmungstitulus befindet sich in einer vatikanischen Sammelhandschrift mit Gedichten Walahfrid Strabos (Fuldaer Abschrift, Vat. Reg. lat. 469) und wurde bereits 1884 von Ernst Dümmler ediert, der jedoch die letzten beiden Worte der Überschrift *„in ecclesia sancti martiani. In golhdbah"* nicht entziffern konnte, wodurch der Bezug zu Goldbach verloren ging, MGH Poetae Latini aevi Carolini II, 1884, S. 409. Die Entzifferung erfolgte durch den Verfasser des Kataloges der lateinischen Handschriften aus dem Fonds der Königin Christine von Schweden im Vatikan, der jedoch wiederum den Namen Goldbach in keinen Zusammenhang bringen konnte, vgl. Andreas Wilmart, Codices Reginenses latini, Bd. II, Codices 251 – 500 (Bibliothecae Apostolicae Vaticanae), Vatikan 1945, S. 629f., hier S. 630 (3. Inscriptiones, fol. 27[v]), der die Schreibweise *„In Golhdbah"* mit *„sic enim certe legendum"* ausdrücklich betont. – Anne Schmid M.A., Rom, hat die Handschrift Vat. Reg. lat. 469 im Oktober 1997 freundlicherweise eingesehen und die Schreibweise *„golhdbah"* (nicht *„goldhbah"*) bestätigt.

6 Bereits Künstle schlug aufgrund der vorliegenden Beischrift der südlichen Heiligenfigur am Chorbogen „[...] CIANUS" die Patrozinien Marcianus, Lucianus oder Priscianus vor, entschied sich aber nach weiteren Überlegungen zur Reichenauer Reliquienverehrung für Priscianus, vgl. Künstle 1924 (wie Anm. 3), S. 52. – Zum Stifter Alpger / Alpcar vgl. Eduard Hlawitschka, Franken, Alemannen, Bayern und Burgunder in Oberitalien (774-962) (Forschungen zur oberrheinischen Landesgeschichte VIII), Freiburg i. Br. 1960, S. 120-122.

7 Diese kann hier nur in groben Zügen skizziert werden. Eine Bauuntersuchung im Sinne einer klassischen Bauforschung fand zum Zeitpunkt der letzten Restaurierung nicht statt. Alle Ergebnisse beruhen auf restauratorischen, im Zuge anderer Fragestellungen durchgeführten Untersuchungen. Wie in St. Georg, Reichenau-Oberzell (vgl. die Ausführungen von D. Jakobs in diesem Heft) ergaben sich Einblicke in das Mauerwerk auch in Goldbach ausschließlich im Bereich abgenommener Zement- und Gipsergänzungen.

8 Der bereits von Künstle 1924 (wie Anm. 3), S. 39 dargelegte Befund fand allgemein Eingang in die spätere Forschung, vgl. Josef Hecht, Der romanische Kirchenbau des Bodenseegebietes von seinen Anfänge bis zum Ausklingen, Bd. I, Basel 1928, S. 364-371, hier S. 365; Hecht 1979 (wie Anm. 3), S. 38. – Dagegen sprach sich Koichi Koshi in widersprüchlichen Ausführungen zuletzt gegen eine Bauerhöhung aus, vgl. Koichi Koshi, Bemerkungen zu den frühmittelalterlichen Wandmalereien der Sylvesterkapelle von Goldbach, in: Bulletin of the Faculty of Fine Arts. Tokyo National University of Fine Arts and Music 30, 1995, S. 3-58, hier S. 7 f. Andererseits nahm Koshi eine den Zyklus (Mäander Phase I?) erweiternde Ausmalung der oberen Bildregister an (?). – Der Befund der Erhöhung konnte bei der jetzigen Untersuchung zweifelsfrei bestätigt werden, vgl. Landesdenkmalamt Baden-Württemberg, Stuttgart, Restaurierung, Dokumentation zu Goldbach, St. Sylvester, 1990-1994 (im folgenden LDA S, Goldbach), hier: Robert Lung, Juli 1993: Untersuchung im Außenbereich der Südwand; Jakobs/-Reichwald 15.6.1993: Untersuchung im Innenraum (Südwand) und Reichwald 18.9.1997: mikroskopische Untersuchung der Mörtelproben.

9 Künstle 1924 (wie Anm. 3), S. 38. Von Künstle wurde das Fundament mit einem Atrium im Westen in Verbindung gebracht. So auch in der Nachfolge bei Hecht 1928 (wie Anm. 8), S. 367 und J. u. K. Hecht 1979 (wie Anm. 3), S. 37.

10 Untersuchung des Ref. Mittelalterarchäologie, Landesdenkmalamt Baden-Württemberg, Außenstelle Tübingen, Erhard Schmid, Dez. 1994. – Die jetzige Bodenerneuerung wurde durch die Anfang der 60er Jahre bündig an das Mauerwerk eingebrachten Betonplatten und die daraus resultierenden, bauphysikalischen Schäden notwendig.

11 Hecht 1928 (wie Anm. 8), S. 367 f.

12 Die ehemalige Rundbogenöffnung wies eine Breite von ca. 120 cm und eine Höhe (Scheitelpunkt) von ca. 195 cm auf. Die Laibung des ehemaligen Zugangs war mit einem sehr feinen Mörtel und abgefasten Kanten ausgestattet. Im Außenbereich zeichnete sich die ehemalige Öffnung nach Abnahme der neuzeitlichen Mörtel ab, ein Steingewände ist nicht vorhanden.

13 Künstle 1924 (wie Anm. 3), S. 39 leitete diese These von dem Stifterbild des Winidhere ab, der das Kirchenmodell darbringt. – Wohl in Anlehnung an Künstle: Hecht 1928 (wie Anm. 8), S. 365, 370, der die Apside jedoch zum damaligen Zeitpunkt noch für Phase I und II beanspruchte.

14 J. u. K. Hecht 1979 (wie Anm. 3), S. 37.

15 Auf die Malereifragmente wird zurückzukommen sein.

16 Vgl. Lung / Reichwald, Untersuchung 1993, in: LDA S, Goldbach (wie Anm. 8). Als Baumaterial wurde hauptsächlich Molassesandstein und weniger Kalktuff verwendet.

17 Hecht 1928 (wie Anm. 8), S. 370. Hecht erschloß die drei Fenster in Analogie zu Bau II. – Die heute sichtbare Form des mittleren Fensters (Bau I) wurde während der Restaurierung 1905 von Victor Mezger gestaltet, auf den auch die Laibungsmalerei zurückgeht. Auf einem Aquarell wie auch in der bei Künstle abgebildeten Zeichnung (Künstle 1924, wie Anm. 3, S. 57) stellte Mezger die Öffnung ohne Kanten dar. Dagegen gibt eine Aufnahme um 1910 (?) des Photographen German Wolf (vgl. Konstanz, Stadtarchiv, Wolf-Nachlaß) in Schrägansicht von West nach Ost eine gerade seitliche Kante wieder. – Künstle 1924 (wie Anm. 3), S. 37f. erwähnt nur, daß die übrigen Fenster nach Losschlagen des Verputzes gefunden wurden, nennt aber keine Anzahl.

18 Vgl. oben die Einleitung und Berschin 1997 (wie Anm. 4).

19 Vgl. oben Anm. 8. – Die Erhöhung war durch eine horizontale Baufuge mit eindeutigem Mörtelwechsel zu belegen. Die noch näher zu besprechenden Malereifragmente bestätigen den Befund auf ihre Art.

20 Vgl. Lung / Reichwald, Untersuchung 1993, in: LDA S, Goldbach (wie Anm. 8). Dagegen verläuft zwischen der Langhausostwand und dem Choranbau der ursprüngliche Deckmörtel des Außenbaus. Er läßt sich an der Nord- und Südecke der Chorwestwand sowohl innen wie auch außen nachweisen. Die Oberfläche ist geglättet und mit einer Kalkschlemme abgedeckt, die erst mit der neuen Innengestaltung aufgebracht wurde. – Auf den fehlenden Mauerverband verwies bereits Künstle 1924 (wie Anm. 3), S. 38.

21 Die Rekonstruktion der Fenster geht auf Maßnahmen von 1904-1905 zurück; zur gotischen Fensterveränderung vgl. Anm. 29 und Text.

22 Vgl. Joseph Sauer, Die Monumentalmalerei der Reichenau, in: Die Kultur der Abtei Reichenau, hg. von Konrad Beyerle, München 1925, S. 902-955, hier S. 923 ff.; Kurt Martin, Die ottonischen Wandbilder der St. Georgskirche Reichenau-Oberzell, Sigmaringen [2]1975, S. 63; Hecht 1979 (wie Anm. 3), S. 303; Koshi 1995 (wie Anm. 8), S. 17.

23 Hecht 1928 (wie Anm. 8), S. 367.

24 Vgl. Lung 1993, Befunde zum Westbau, Außenuntersuchung, in: LDA S, Goldbach (wie Anm. 8).

25 Reichwald, Untersuchung vom 15.6.1993, in: LDA S, Goldbach (wie Anm. 8). – Die Mörtelschicht beträgt 10-12 mm. Das vergrößerte Fenster wies ein Kantenmaß von 225 cm x 85 cm auf.

26 D.h. mit der Tünchung erfolgte auch die Abdeckung der Malereien. – An anderen Fenstern läßt sich dieser Befund wegen der in der Gotik verbreiterten Fenster nur noch in Resten belegen, so am östlichen Fenster der Südwand am oberen Bogen.

27 Vgl. Lung, Untersuchung 1993, in: LDA S (wie Anm. 8). – Ob man zu diesem Zeitpunkt auch die Malereien im Chor aufgab, läßt sich nur vermuten, da hier die wesentlichen Schichten zur Einordnung und zum Vergleich seit der Freilegung von Mezger verloren sind.

28 Die Chorbogenphasen sind noch heute anhand der verschiedenen Malereiebenen nachvollziehbar.

29 Vgl. das Aquarell von Mezger (angefertigt nach der Freilegung, ohne Datum), Landesdenkmalamt Baden-Württemberg, Außenstelle Karlsruhe, Graphiksammlung, Altsignatur Ca 2726b. – In der Laibung des gotischen Fensters an der Nordwand befanden sich offensichtlich noch Malereireste aus der gleichen Zeit. Am Ostfenster sind die Laibungsmalereien noch unter der Vermauerung erhalten.

30 Vgl. Untersuchung Lung/ H. Marinowitz 1993 im Außenbereich und dendrochronologische Auswertung des Türsturzes. Der Balken konnte nicht fest datiert werden, der letzte erhaltene Ring stammt von 1334. Geht man von den umfangreichen Baumaßnahmen am Chordach in der zweiten Hälfte des 14. Jahrhunderts aus, könnte auch dieser Durchgang zu dieser Phase gehören, vgl. die dendrochronologische Untersuchung von Burghard Lohrum, Ettenheimmünster, September 1993, in: LDA S, Goldbach (wie Anm. 8).

31 Zur späteren Veränderung der Dachneigung und dem Einzug einer Brettertonne vgl. Hecht 1928 (wie Anm. 8), S. 367.

32 J. u. K. Hecht 1979 (wie Anm. 3), S. 42 ff. gingen von einer gotischen Umgestaltung in Form von stehenden Aposteln aus und verwiesen auf gotische Übermalungsreste sowie Namensbeischriften auf der die Bildszene abschließenden Bandelierung des Mäanders. Diese Angaben fußen vermutlich auf dem Bericht Mezgers (abgedruckt bei Kraus 1902, wie Anm. 6, S. 24ff). Auf den von Mezger angefertigten Aquarellen sind noch Reste der Apostelnamen und Ornamente zu sehen, die den oberen Mäander abdecken, vgl. Anm. 29. – Von dieser Überarbeitung konnten bei der letzten Restaurierung nur schemenhafte Reste nachgewiesen werden. – Zur gotischen Ausmalung vgl. auch Jürgen Michler, Gotische Wandmalerei am Bodensee, Friedrichshafen 1992, S. 170f. Die zeichnerische Darstellung der Phasen am Chorbogen (Grundzeichnung nach Hecht 1979, Anm. 3, S. 401) entspricht mit geringfügigen Abweichungen den ab 1991 in der Sylvesterkapelle aufgestellten Dokumentationstafeln.

33 Umfangreiche Umbauten im Dachstuhl sind durch dendrochronologisch ermittelte Daten zu belegen. Demnach datiert das Chordach in die Zeit um 1365/67, das Langhausdach von 1366 bis 1362/83, das Dach des Westbaus um 1378/79. Für die Datierung des Dachreiters konnten mehrere Daten in der Zeit von 1447/49 ermittelt werden, vgl. Lohrum 1993 (wie Anm. 29), in: LDA S, Goldbach (wie Anm. 8).

34 Vgl. J. u. K. Hecht 1979 (wie Anm. 3), S. 63, Anm. 8. Die Kanzel wurde 1963 entfernt. Angeblich war sie heruntergebrochen und sollte wegen des freien Blicks auf die Sylvesterfigur auf dem nördlichen Seitenaltar nicht mehr wiederangebracht werden. Ginter erklärte sich damit einverstanden, sofern die Wiederanbringung der Kanzel in Aufkirch garantiert werde, vgl. Erzbischöfliches Archiv Freiburg, Ginter-Nachlaß II, Ortsakten, Sign. 386, 1956-1965 (im folgenden EAF Ginter 386), Schreiben vom 4. Januar 1963 und vom 16. Januar 1963.

35 Konstanz, Erzb. Bauamt; Bauaufnahme Goldbach, St. Sylvester von 1898,

36 Vgl. Joseph Sauer, Kirchliche Denkmalkunde und Denkmalpflege, in: Freiburger Diözesanarchiv N.F. 10, 1909, S. 273f. Sauer vermutete hier Grabkapellen wie am Felixbau zu Nola (Cimitile).

37 Die Nischen sind heute mit modernen Ziegelsteinen und Zementmörtel geschlossen, vermutlich öffnete man die früheren Zumauerungen zu Anfang unseres Jahrhunderts, um deren Funktion zu klären. Dabei wurden sämtliche Anschlüsse zerstört. Da das Material der Zumauerungen nach Aufgabe der Zugänge nicht bekannt ist, läßt sich ihre Nutzungsdauer auch nicht belegen. Als einziger Anhaltspunkt liegt an der Nordwand der östliche Zugang vor, der von dem später eingefügten Bogenfeld (= Durchgang zum Anbau? – vgl. Abb. 266 im Text) beschnitten wird. An die Stelle des Zugangs trat, etwas nach Westen versetzt, die neue Öffnung, die heute als Nische ausgebildet ist. Geht man davon aus, daß es vier dieser Öffnungen gegeben hat, die fehlende müßte sich an der Stelle des heutigen nördlichen Zugangs befunden haben, so fällt eine Zuordnung nur in die Zeit nach der dritten Bauperiode (Westbau) und vor die gotischen Umbauten des 14. Jahrhunderts. Sofern der heutige Zugang an der Nordwand zeitgleich mit der gotischen Umbauphase anzusetzen ist, dürfte nur diese Zeitspanne in Frage kommen. – Zur Bestätigung der vermuteten Kapellen bedürfte es weiterer archäologischer Untersuchungen im Außenbereich, die bei der jüngsten Instandsetzung nicht vorgesehen waren.

38 Der Bauleiter setzte sich für die Kapelle ein, weil *„sie alt sei"*, vgl. Gustav Rommel, Goldbach, ein Beitrag zur Orts- und Kulturgeschichte der ehemaligen Reichsstadt Überlingen, Überlingen 1949, S. 94-109, hier: S. 94.

39 Ehemals eine bekannte Künstlerfamilie, die in Überlingen eine große Werkstätte zur Ausstattung von Kirchen führte. Der Bekanntheitsgrad dieser Werkstatt basiert hauptsächlich auf ihren künstlerischen und kunsthandwerklichen Fähigkeiten. Im Wandel der Zeit, als Ausstattungen und Kirchenausmalungen „im historischen Stil" um die Jahrhundertwende nicht mehr so häufig gefragt waren, verlegte sich die Werkstatt mehr und mehr auf „Restaurationen" im damaligen Sinn. Für die Kunstwissenschaft waren die künstlerisch geprägten Werkstätten die einzigen in Frage kommenden Partner, weil sie nach damaliger Auffassung mit Kunstwerken umgehen konnten. Dies erklärt auch, warum viele im späten 19. Jahrhundert und danach freigelegten Wandmalereien nach einer kunstwissenschaftlichen Auswertung mittels Übermalungen im historisch „richtigen" Stil wiederhergestellt wurden. – Vgl. auch Victor Mezger, Vom alten Kirchlein in Goldbach, in: Linzgau-Chronik (Beilage zum Linzgau-Boten), 1911, S. 1-5.

40 Dabei ist anzumerken, daß die von ihnen gesichteten Farbigkeiten wohl kaum den Erstbestand betrafen, da der Chor vermutlich mehrfach ausgemalt war. Wie damals üblich, galt immer nur die unterste Schicht als original, spätere Veränderungen mit entsprechenden Ausstattungen an Malerei und Dekoration hatten keinen bedeutenden Stellenwert.

41 Kraus 1902 (wie Anm. 6), S. 27 ff. – Kraus hatte sich zuvor schon umfassend dem Bau und dem Malereibestand von St. Georg auf der Reichenau gewidmet und stellte die Darstellungen im Chor auf eine Stilstufe mit den Wandmalereien von Oberzell um 990: Franz Xaver Kraus, Die Wandgemälde von Oberzell auf der Reichenau, in: Deutsche Rundschau 35 (1883), S. 37-56.; Ders., Die Wandgemälde in der St. Georgskirche zu Oberzell auf der Reichenau. Aufgenommen von Franz Baer, Freiburg im Breisgau 1884.

42 Künstle 1924 (wie Anm. 3), S. 40ff.: Die abgenommene Putzschicht gehöre in die gotische Veränderungsphase, bei der die Kapelle im Chor und im Schiff größere Fensteröffnungen erhalten hat. Die auf dieser Mörtelschicht liegenden Malereiphasen fanden keine Berücksichtigung, alle Flächen an der Nord- und Südwand sind, soweit man damals fündig wurde, auf die unterste Malereischichtebene „freigeklopft" worden. Künstle beschrieb diesen Vorgang euphorisch und läßt uns wissen, welches Mißgeschick, wenn auch zu spät, von ihm bemerkt wurde. Unter dem oberen Bildregister an der Südwand überlagern zwei Mäander die untere Bildszene, von der Schichtenabfolge gehört der grau-rot gemalte Mäander mit dem darunter auf einem Streifenband angelegten Titulus zu einer noch älteren Phase. Dieser prachtvolle Fund hatte den Verlust des unteren Bildabschlusses der oberen Bildszene zur Folge, so daß alle Figuren im zweiten Bildregister auf der Südwand heute ihrer Beine und Füße beraubt sind. Künstles Beschreibung belegt, in welchem Eifer die Freilegung vonstatten ging, zumal auch an anderen Stellen dieser Publikation von erheblichen Verlusten beim Abtragen des Mörtels die Rede ist.

43 Max Wingenroth hat 1905 den Bestand der Malereifunde erstmals im Zusammenhang vorgestellt, vgl. Max Wingenroth, Die in den letzten zwanzig Jahren aufgedeckten Wandgemälde im Grossherzogtum Baden, in: Zeitschrift für die Geschichte des Oberrheins. N.F. 20, 1905, S. 293-309. – Wenig später erschien die grundlegende Monographie Künstles (wie Anm. 3).

44 Vgl. den Beitrag von Jakobs im vorliegenden Heft.

45 Vgl. Voruntersuchung Jakobs/Reichwald 10. – 13. Oktober 1988 und Bestandsaufnahme Peter Volkmer 1989/90, in: LDA S, Goldbach (wie Anm. 8).

46 Berichte über weitere Vorgänge nach der Fertigstellung der Restaurierung an der Goldbacher Kapelle verfaßte der damalige Großherzogliche Konservator Joseph Sauer, vgl. Erzbischöfliches Archiv Freiburg, Akten Provenienz Finanzkammer, Sign. 12294, 1849-1937, hier: Schreiben vom 23. Juli 1915 (im folgenden EAF FK 12294). Demnach sei nach einem wohl jüngeren Erdbeben am Chorbogenscheitel ein Stück Verputz mit Malerei abgestürzt und über dem Kopf des Richters vom Jüngsten Gericht habe sich ein breiter Spalt geöffnet. Sauer erwähnte die praktische Handhabung der Tapetenverkleidung im Chor, merkt aber an, daß man in Zukunft an anderen Orten diesem Beispiel nicht folgen werde, die Öffentlichkeit habe sich daran gewöhnt, fragmentierte und verblaßte Malereien in einem Kirchenraum zu ertragen. – Sauer, der nach Aktenlage kontinuierlich die Kirche in Goldbach besuchte, weist in seinen Berichten an das großherzogliche Ministerium des Kultus und des Unterrichts, Karlsruhe, immer wieder auf von ihm beobachtete Zustände hin und gibt Anweisungen, wie diese zu beseitigen sind. So verwies er mit Schreiben vom 16. Juni 1916 auf Schäden der in neuerer Zeit durchgeführten Putzausbesserungen im Außenbereich und verlangte eine gründliche Entfernung der Verputzes und ein gutes Auskratzen der Fugen bis auf das Mauerwerk.

47 EAF FK 12294 (wie Anm. 46), 27. Juli 1916.

48 Vgl. EAF FK 12294 (wie Anm. 46), Schreiben vom 9. Mai 1917. Sauer gab Anweisungen, auf eventuelle Bemalungen zu achten, wie sie sich beispielsweise an der seitlichen Eingangstüre erhalten haben. Weiterhin solle die Tünche und das Korn des neuen Putzes dem alten Charakter des Baues angepaßt werden. Ausführlich nimmt er Stellung zu den vorgeschlagenen Entfeuchtungsmaßnahmen und will diese auf das Notwendigste beschränken.

49 Vgl. EAF FK 12294 (wie Anm. 46), *„regelmäßige Gebäudeschau bezüglich kirchlicher Gebäude"*, November 1937, in der alle bereits 1917 aufgeführten Mängel wieder genannt werden.

50 Anläßlich der Jahrestagung der Landesdenkmalpfleger 1956 in Freiburg fand eine Besichtigung der Kapelle in Goldbach statt. Der damalige Vorsitzende Prof. Dr. Grundmann, Hamburg, äußerte in einem Schreiben an den Konservator der kirchlichen Kunstdenkmäler, Prof. Dr. Ginther, Freiburg, daß die Bedeutung des Objekts ein Anliegen der gesamtdeutschen Denkmalpflege sei und er sich für Mittel bei den Bundesinstanzen einsetzen werde. Er schlug die Bildung einer Kommission vor, die einen Plan über Art und Umfang der Instandsetzung der Goldbacher Kapelle erarbeiten sollte. Dieser Plan sollte dann an das Bundesministerium gerichtet werden. Ein besonderes Anliegen war ihm die Entfernung der Verkleidung im Chor, *„die ja der Wand die Möglichkeit zum Atmen nimmt"*, vgl. EAF Ginter 386 (wie Anm. 34), Schreiben vom 19. Juli 1956. – Gemeint waren die auf Leinwand von Mezger gefertigten Kopien der Wandbilder im Chor, die als nicht mehr zeitgemäß und denkmalpflegerisch irrelevant, geopfert werden sollten.

51 EAF Ginter 386 (wie Anm. 34), Schreiben vom 20. März 1957. Der Ortstermin fand unter Beisein von Prof. Dr. Grundmann, Prof. Dr. Ginter, Landeskonservator Dr. Lacroix, Geistl. Rat Höfler, Restauratorin Margarete Eschenbach und Baurat Schätzle vom Erzbischöflichen Bauamt Konstanz statt. Letzterer verfaßte das Protokoll.

52 EAF Ginter 386 (wie Anm. 34), Schreiben vom 24. September 1957. Ihr Bericht führt auch Arbeitsproben zur Reinigung und Festigung der Malereien mit Kalksinterwasser an. Nach ihren Vorschlägen könnte die Malerei in 14 Tagen gereinigt werden, hinzu käme, nach Abnahme der Bildtapeten, der Aufwand für die Restaurierung. Weiterhin weist sie auf die Durchfeuchtung der Wände im Chor hin, da diese den Malereibestand erheblich gefährde.

53 Zu Kenntnissen, die nach Abnahme der Mörtelschicht am Außenbau über den Bestand Auskunft geben könnten, liegen keine Angaben vor. Es wurden zu dieser Zeit, wie auch bei der Abnahme des Außenputzes von St. Georg in den 50er Jahren, keine bauhistorischen Untersuchungen durchgeführt, so daß in dieser Hinsicht bis heute keine Kenntnisse oder Ergebnisse vorliegen.

54 LDA Freiburg / Tübingen, Ortsakten zu Goldbach.

55 EAF Ginter 386 (wie Anm. 34), Bericht vom 12. Oktober 1958.

56 EAF Ginter 386 (wie Anm. 34), Bericht vom 12. Oktober 1958.

57 Vgl. EAF Ginter 386 (wie Anm. 34), Gutachten des Kunstmalers W. Mollweide, veranlaßt vom Denkmalamt Freiburg. In seinem Schreiben erhob er chemisch-maltechnisch begründete Bedenken: *„Es ist äußerst unwahrscheinlich, daß mit Sinterwasser eine Schutzwirkung für die zu erhaltenden Farbreste zu erhalten ist"*. Nach seiner Begründung kann 1 Liter Wasser über den eingesumpften Kalk nur 0,036 Gramm Calciumcarbonat lösen. Es wären demnach 80 Liter Lösung auf 1 m^2 zu sprühen, um überhaupt eine Sättigung zu erreichen. Weiterhin wies er darauf hin, daß das aufgesprühte Calciumcarbonat ein trübes Medium über der Malschicht bildet, was zu einem scheinbaren Verblassen führt, eine Reaktion, die sich schon bald nach dieser Restaurierung eingestellt hat.

58 Vgl. EAF Ginter 386 (wie Anm. 34), Schreiben vom 3. Dezember 1958. Dieser Belag habe sich nur auf den Wänden im Chor gebildet, nicht aber im Schiff. Vom Bauamt wird das Auftreten der Schimmelbildung auf die bei der Restaurierung verwendeten Präparate zurückgeführt. Es wird eine dringende Behandlung nahegelegt, da sich an der am stärksten befallenen Stelle bereits eine graugrüne Farbe zeige.

59 Vgl. EAF Ginter 386 (wie Anm. 34), Schreiben vom 8. Dezember 1958.

60 Vgl. EAF Ginter 386 (wie Anm. 34), Schreiben vom 11. Januar 1959. Weiterhin berichtete Frau Eschenbach von den baulichen Unzulänglichkeiten im unteren Wandbereich und der weiterhin anhaltenden Feuchtigkeit.

61 Vgl. EAF Ginter 386 (wie Anm. 34), Kostenberechnung vom 16. März 1961, Genehmigung durch das Erzbischöfliche Ordinariat am 4. Mai 1961.

62 Eine bereits von Sauer geforderte Trockenlegung war erstmals 1917 vorgesehen, sie ist in allen Details beschrieben, wurde aber zur damaligen Zeit nicht realisiert, vgl. EAF FK 12294 (wie Anm. 46), Schreiben vom 9. Mai 1917.

63 Vgl. die Anfrage des Kunsthistorischen Instituts der Universität Heidelberg (Prof. Dr. Hans Belting) an das Staatliche Amt für Denkmalpflege, Freiburg vom 27. September 1971, in: Landesdenkmalamt Baden-Württemberg, Außenstelle Freiburg, Akten zu Goldbach, St. Sylvester (im folgenden LDA FR, Goldbach). Anlaß war ein Dissertationsvorhaben, dessen Realisierung Belting nur in Kooperation mit dem Denkmalamt befürwortete, da zum einen eine zeichnerische Dokumentation (Durchzeichnung) geplant war, wie auch die Bestandsaufnahme der Schichtensituation im Schiff von restauratorischer Seite begleitet werden sollte. – An dieses Vorhaben knüpfte sich aufgrund des festgestellten Zustandes von Kapelle und Wandmalereien schnell der Wunsch nach einer Gesamtrestaurierung und damit verbunden an die Einberufung einer Kommission, vgl. Schreiben des Erzbischöflichen Bauamtes Konstanz vom 16. Februar 1972, Schreiben von Belting vom 16. März 1972.

64 Neben den finanziellen Schwierigkeiten dehnte sich die Projektplanung u.a. auf Grabungen und Bauforschung aus, für die sich kein geeigneter Bearbeiter fand, das Dissertationsvorhaben wurde aufgegeben und zuletzt gab die Gebietsreform mit wechselnden Zuständigkeiten den Ausschlag für das Scheitern des Vorhabens. Anfang 1973 kam der Kreis Überlingen an Südwürttemberg, wodurch Goldbach in den Zuständigkeitsbereich des Landesdenkmalamtes Tübingen fiel, vgl. LDA FR, Goldbach (wie Anm. 63), Schreiben vom 30. August 1972 (Belting), 22. September 1972 (Erzbischöfliches Bauamt Konstanz), 13. Oktober 1972 (Belting), 25. September 1973 (Erzbischöfliches Bauamt Konstanz), 8. April 1974 (Denkmalamt Freiburg).

65 Vgl. den Beitrag Jakobs im vorliegenden Heft.

66 Jakobs / Reichwald, Untersuchungen vom 10. – 13. Oktober 1988 und Mai 1989, in: LDA S, Goldbach (wie Anm. 8).

67 Zu Details vgl. den Beitrag von Jakobs in diesem Heft. – Das System folgte grundsätzlich dem für Oberzell festgelegten Schema. Auch für Goldbach wurde ein Fragenkatalog erstellt, der im wesentlichen folgende Punkte beinhaltete: Bestand, Zustand, Fragen zu den Schäden und Schadensarten, Veränderungen und technologische Besonderheiten. Der Fragenkatalog bezog sich sowohl auf die Malschichten als auch auf die Trägerschichten, soweit diese zugänglich waren. Mit Beginn der Bestandsaufnahme entstand eine Materialsammlung, die zunächst einmal von den Oberflächen und deren optischer Erfassung ausging und erst während der Maßnahmen entsprechend der kontinuierlich gewonnnen Erkenntnisse ergänzt wurde. Wie in Oberzell ergaben sich auch in Goldbach durch Herausnahme der jüngeren Mörtelergänzungen entsprechende Einblicke in das Mauerwerk. Darüberhinaus ist im Außenbereich der aus den 50er Jahren stammende und in den Sockelzonen extrem salzbelastete Mörtel bis in eine Höhe von ca. 2 m entfernt. Auf zusätzliche Eingriffe auch während der Maßnahmen wurde weitgehend verzichtet. Alle Erkenntnisse zu Schichtensituationen und baulichen Abfolgen ergaben sich als „Nebenprodukt“ der restauratorischen Untersuchungen. Zur Klärung und Zuordnung verschiedener Malereiebenen gehören alle Schichten bis zum Mauerwerk, weil sie als Trägerschichten fungieren. Dadurch ergeben sich bei der Auswertung auch Zusammenhänge, die für eine weiterführende Bauforschung wichtige Erkenntnisse erbringen, ohne massiv in den Bestand eingreifen zu müssen. – Vgl. ausführlich, Helmut F. Reichwald, Möglichkeiten der zerstörungsfreien Voruntersuchung am Beispiel der ottonischen Wandmalereien in St. Georg Reichenau-Oberzell, in: Historische Technologie und Konservierung von Wandmalereien. Vortragstexte der 3. Fach- und Fortbildungstagung der Fachklasse Konservierung und Restaurierung, Schule für Gestaltung Bern, 5. und 6. November 1984, Bern 1985, S. 106-132.

68 Die photogrammetrischen Pläne verfaßte das Ref. Photogrammetrie, Landesdenkmalamt Baden-Württemberg, Stuttgart (Hans-Peter Schiele, Andreas Stiene, Gerhard Würtele). Die Projektion der Zeichnungen führte Frau Heike Hasenmaier Syed-Gulam durch, die das von Hecht erarbeitete Zeichenmaterial (vgl. Hecht 1979, wie Anm. 2, S. 362, 401, 412, 431) überarbeitete und vor Ort korrigierte.

69 Vgl. Bericht Reichwald vom 12. Mai 1989, in: LDA S, Goldbach (wie Anm. 8).

70 Vgl. Bericht vom 5.4.1990, Dr. G. Grassegger, Dr. F. Grüner, in: LDA S, Goldbach (wie Anm. 8). – Zur Feuchtegehaltsbestimmung und Salzbelastung wurden Bohrkerne gezogen. Ein Teil der Proben kam zur Bestimmung der leicht löslichen Anionen zum chemisch-technischen Prüfamt der FMPA. Die Feuchtegehalte in den Messungen der Bohrkerne ist als naß bis sehr naß bezeichnet. Die Auswertung der Mörtelproben ergab einen sehr hohen Chlorid- und Nitratgehalt, die Mörtel im Außenbereich wiesen Vergipsungen des Kalkes mit sehr hohen Nitrat- und Sulfatkonzentrationen auf. Insgesamt zeigten die Ergebnisse eine sehr hohe Belastung von Schadstoffen im Mörtelsystem des 20. Jahrhunderts, die in den Randzonen in das Mörtelgefüge des Originalbestandes eingedrungen waren.

71 Vgl. Gunter Krüger, Thermographische Untersuchung der Kapelle St. Sylvester in Goldbach vom 6.12.1991, in: LDA S, Goldbach (wie Anm. 8); Ders.: Anwendung der Infrarot-Thermographie: Ortung von verdeckten Strukturen und Feuchte am Beispiel der Kapelle St. Sylvester in Goldbach bei Überlingen, in: Denkmalpflege und Naturwissenschaften im Gespräch, Sonderheft aus der Publikationsreihe des Verbundforschungsprojektes Steinzerfall und Steinkonservierung (Workshops in Fulda am 6. und 7. März 1990), Fulda 1991, S. 106-107. – Die erste Untersuchung fand im Oktober 1989 statt, eine Überprüfung im Dezember 1991. Die Untersuchung beruht auf einem qualitativen Feuchtenachweis. Der Nachweis ergibt sich durch die unterschiedliche Wärmeleitfähigkeit von trokenem und feuchtem Wandmaterial. Um solche Messungen durchführen zu können, muß ein quasi stationärer thermischer Zustand geschaffen werden, der im Fall Goldbach bei einer Raumtemperatur um 10° C lag. Die relative Luftfeuchte lag bei 80%. Durch einen Ventilator wird die Luftzirkulation erhöht, was insgesamt zu einer Erwärmung an feuchten Stellen, aber zu einer relativen Temperaturabsenkung durch verstärkte Verdunstung führt. In den Falschfarbdarstellungen zeichnen sich diese Zonen dunkel ab, während die trockenen Zonen wegen der erhöhten Wärmeleitfähigkeit farbig bis hell wiedergegeben sind. Nach Auswertung beider Meßkampagnen konnten die Ergebnisse verglichen werden. In den Eckbereichen Ost-Süd und Nord-Ost war nach der zweiten Messung eine merkliche Besserung eingetreten, eine gleichmäßige Abtrocknung der Wandflächen war zu diesem Zeitpunkt noch nicht gegeben.

72 Vgl. Prof. Dr. E. Jägers, Bericht von Februar 1990, in: LDA S, Goldbach (wie Anm. 8).

73 Vgl. Bericht Jakobs/Reichwald, Untersuchung vom 10. – 13. Oktober 1988, in: LDA S, Goldbach (wie Anm. 8).

74 Vgl. Bericht von Margarete Eschenbach vom 12. Oktober 1958, ins: EAF Ginter 386 (wie Anm. 34).

75 Die Anfertigung von Siebkurven war aufgrund der geringen Probemenge nicht möglich. Soweit auf den Mörtelsplittern Pigmentreste vorhanden waren, wurden diese bestimmt. Weiterhin war zu klären, ob die weißlich-grauen Ablagerungen auf der Malschicht möglicherweise auch auf eine Wasserglasfixierung zurückzuführen sein könnten. Letzteres hat sich nicht bestätigt, es ließen sich nur geringe Mengen von Natrium und Kalium nachweisen. Die Ablagerung bestand hauptsächlich aus Calciumcarbonat, Silikaten und Kieselsäure, vgl. Bericht von Prof. Dr. Hermann Kühn, in: LDA S, Goldbach (wie Anm. 8).

76 Die Bestandsaufnahme verfaßte Restaurator Peter Volkmer in Zusammenarbeit mit der Restaurierungswerkstatt des Landesdenkmalamtes. Entsprechend der Bereichseinteilung wurden die Malereien in verschiedenen Aufnahmetechniken photographisch erfaßt, eine schriftliche Bestandsaufnahme ergänzte die vor Ort gewonnenen Erkenntnisse, vgl. Dokumentation zu Goldbach, in: LDA S, Goldbach (wie Anm. 8).

77 Vgl. Krüger 1990 und 1991 (wie Anm. 71).

78 Die gesamte Konservierung der Sylvesterkapelle erfolgte in enger Zusammenarbeit mit dem Erzbischöflichen Ordinariat Freiburg, Herrn Oberrechtsdirektor Dr. Bernd Mathias Kremer, dem Erzbischöflichen Bauamt Konstanz, Herrn Baudirektor Johannes Georg Schäfers, der Goldbacher Kirchengemeinde und dem Landesdenkmalamt Außenstelle Tübingen, Herrn Dipl.- Ing. Volker Caesar. – Zu besonderem Dank sind wir Herrn Dipl.-Ing Wolfgang Woerner verpflichtet, der sich über seine Amtszeit als Stadtbaumeister von Überlingen hinaus unermüdlich für die Erhaltung der Sylvesterkapelle eingesetzt hat. – Ein besonderes Anliegen ist mir das Gedenken an Herrn Dekan Fridolin Dutzi †, der kurz vor der Wiederein-

weihung der Kapelle schwer erkrankte und im Juli 1997 allzu früh verstarb.

79 Vgl. Bericht vom 25.11.1992, Dr. G. Grassegger / Dr. F. Grüner, FMPA, in: LDA S, Goldbach (wie Anm. 8).

80 In mehreren Kampagnen kamen darüberhinaus Entfeuchtungsgeräte zur Anwendung.

81 Die Projektleitung vor Ort hatte Peter Volkmer. Dem Team gehörten weiterhin Robert Lung und Holger Marinowitz an. Zeitweise nahmen Studenten der Hoch- und Fachhochschulen von Dresden und Köln an den Arbeiten teil.

82 Mit demineralisiertem Wasser getränkte Wattestäbchen.

83 Zur Stratigraphie vgl. unter dem folgenden Kapitel.

84 Es erfolgten nur punktuelle, kleinstteilige Sondagen in unbemalten und nur getünchten Bereichen. Hierbei konnten jeweils kräftige Farbigkeiten erfaßt werden, die der Gestaltung des Mäanders ähnlich sind. Aufgrund der Kleinteiligkeit der Sondagen konnten jedoch keinerlei Zusammenhänge festgestellt werden.

85 Von der weiteren Bewertung der ersten Ausmalung ist die mit Ornamenten bemalte untere Fensterleibung in der Mitte der Südwand auszunehmen. Metzger hat bei der Restaurierung 1905 die Leibung neu verputzt, die Ornamente neu gemalt und künstliche Hacklöcher geschaffen, die einen älteren Bestand vortäuschen. – Zum Titulus sei an dieser Stelle noch folgende Überlegung ergänzt. Faßt man die Maße des ersten saalartigen Raumes zusammen (Nordwand / Südwand je ca. 10,27m + Ostwand / Wetswand je ca. 6,18 m) kommt man auf ein Maß von 32,87 m für die umlaufende Wandfläche. Dies entspricht nach Berechnungen an den erhaltenen Titulusfragmenten (sed satanas .... concitus arma levat = 3,99m) exakt dem erforderlichen Platz für den gesamten Widmungstitulus (ca. 32 m).

86 Berschin 1997 (wie Anm. 4), S. 31; zu ikonographisch begründeten Vorbehalten vgl. Matthias Exner, Gemalte monumentale Inschriften. Kunsthistorische Einordnung ausgewählter frühmittelalterlicher Denkmäler aus Bayern, in: Inschrift und Material. Fachtagung für mittelalterliche und neuzeitliche Epigraphik (Ingolstadt 1997), München 1998 (in Vorbereitung).

87 Für diese Kombination spräche nicht zuletzt die relativ ungewöhnliche Anordnung der Tituli, die im Falle einer szenischen Darstellung oberhalb derselben verliefe; vgl. hierzu auch die aus verschiedenen Zeiten erhaltenen Beispiele in Rom, S. Maria Antiqua und in Bardolino, S. Severo.

88 Die Mauermörtel unterscheiden sich auffällig voneinander. Während der Kernbau einen gelblich-braunen Mauermörtel aufweist mit einem sehr hellen, dichten und fetten Ausgleichsmörtel, erfolgte die Mauerung der Erhöhung wie auch der Choranbau mit einem sehr feinteiligen, weißgrauen Mörtel mit bunten Sanden relativ gleichbleibender Korngröße. In gleichem Maße unterscheiden sich die Deckmörtel, die bei der Erhöhung und im Chor eine sehr dichte Einmischung von ungelöschten Kalkteilchen aufweisen. – Der Mäander der ersten Phase schließt nach oben mit einem gelben Band ab. Die sich daraus ergebende Raumhöhe von ca. 450 cm entspricht der im Außenbereich gefundenen, horizontal verlaufenden Baunaht, auf der die Wanderhöhung folgt.

89 Untersuchungsbericht FMPA vom 5.4.1990, Grassegger / Grüner.

90 Vgl. J. u. K. Hecht 1979 (wie Anm. 3), S. 50 ff., S. 54 ff., 56, S. 60ff. und S. 64, Anm. 23; Künstle 1924 (wie Anm. 3), S. 40 ff., S. 46 f., S. 50.

91 Diese Szene steht offensichtlich in Verbindung mit der Vorgängerszene. Christus wendet sich im Gespräch den beiden Pharisäern (?) zu, sein Segensgestus ist jedoch in die Richtung der darauffolgenden Szene gewendet, wo sich fragmentarische Reste eines Bettgestells befinden; diese sprechen für die von Hecht vorgeschlagene Interpretation als Heilung des Gichtbrüchigen.

92 Dieser neue Fund weist einige Besonderheiten auf. Der Deckmörtel enspricht dem der Erhöhungsphase und war nur an dieser Stelle im unteren Bereich nachzuweisen. Unterhalb der Bildszene setzt ein Fragment (ca. 5 cm) mit einem grau-gelb angelegten Mäander an. Die Begrenzung der Bildszene liegt ca. 232 cm oberhalb des heutigen Bodens. – Alle im Zuge dieser Restaurierung aufgedeckten Malereifragmente befanden sich unter nachmittelalterlichen, unbemalten Mörtelschichten. Die Frage der Freilegung wurde mehrfach vor Ort diskutiert und nach einer umfassenden Untersuchung der Schichtensituation in einem kritischen Abwägungsprozeß zugunsten der Malereifragmente entschieden.

93 Vgl. ausführlich Künstle 1924 (wie Anm. 3), S. 51 ff. und J. u. K. Hecht (wie Anm. 3), S.37 f. und S. 48 f. Die Identifizierung der Stifter bereitet bis heute Schwierigkeiten, da ihre Nennung in den Reichenauer Verbrüderungsbüchern mehrfach erfolgt und eine zeitliche Eingrenzung bisher nicht überzeugend geglückt ist.

94 Vgl. Berschin 1997 (wie Anm. 4), S. 31.

95 So Berschin 1997 (wie Anm. 4), S. 31, der mit Recht die Inschrift auf der Südseite als Marcianus ergänzte, gleichzeitig jedoch für die Nordseite ebenfalls eine Darstellung des Marcianus erwog (?): „*Ob im anderen Chorbogenzwickel mit den Buchstaben MARTI nicht derselbe Matianus (statt Martin wie Künstle konjizierte) gemeint ist? Oder ist falsch restauriert worden und Marcus (so Dehio) zu lesen?*“ – Die doppelte Darstellung des hl. Marcianus scheint aus ikonographischen Erwägungen unwahrscheinlich, umso mehr als damit zwei verschiedene Schreibweisen verbunden wären. Der Befund der Namensbeischrift auf der Nordseite ist authentisch, wie auch die Aufnahmen kurz nach der Freilegung und vor der Restaurierung aufzeigen (!, vgl. Abb. 286, 287). – Die Interpretation dieser Figur als Martin von Tours dürfte gemessen an der Bedeutung dieses Heiligen für das Frankenreich kaum anzuzweifeln sein.

96 Vgl. oben Anm. 22.

97 Vgl. den Beitrag Jakobs im vorliegenden Heft.

98 Koshi 1995 (wie Anm. 8), S. 13 ff. – Koshi zählt den Mäander der ersten Phase zu einer untergegangenen Malerei, die sich im Bereich der Erhöhung als Phase I zeigt. Die gesamte Zuordnung ist bei Koshi schwer verständlich, so führt er beispielsweise auch die unteren Bildszenen auf der Südwand als zur Phase I gehörig an, zieht aber dann im folgenden (S. 17) wieder alle Bildszenen der beiden Register zusammen (?). Ebenso diffus zur Zuordnung der Mäander S. 18.

99 Die Ausführung ist im Detail erheblich gröber als an den Gesichtern in St. Georg, Reichenau-Oberzell.

100 Zu den Mäanderzügen vgl. Hecht 1979 (wie Anm. 3), S. 40f., S. 46f.

101 J. u. K. Hecht 1979 (wie Anm. 3), S. 449, Abb. 118.

102 Hecht hat den Hintergrund als einen grau-weißen Putzgrund beschrieben, da der Restaurator diese Streifen ergänzt und erneuert habe, die als gelbe und grüne Streifen auf einer gotischen Üntermalungsschicht lagen. Er folgert daraus, daß die Malerei ursprünglich auf einem farblosen Putzgrund stand, vgl. J. u. K. Hecht 1979 (wie Anm. 3), S. 42. – Die Untersuchung hat eindeutig ergeben, daß die Streifengründe zum Malereibestand der ersten Chorausmalung gehören. Nach der Reinigung, bei der die von Mezger aufgebrachten Lasuren abgenommen wurden, traten diese wieder farbkräftiger hervor.

103 Die glatten Schäfte sind ca. 20 cm breit und in der Mitte leicht gebaucht, die gedrehten verlaufen gerade und sind ca. 18 cm breit.

104 Der untere Abschluß ist durch die verschiedenen Bodenauswechslungen nicht mehr genau zu ermitteln, in diesen Zonen ist der Mörtel wund geschabt.

105 Hecht 1979 (wie Ann. 3), S. 41 beschreibt die Säulen als ergänzt bzw. erneuert. Bis zur Restaurierung 1958 waren die Säulen und die Zwischenräume komplett übermalt. Mezger hatte die gesamte Sockelzone im Zusammenhang mit den darüberliegenden Bildtapeten überarbeitet. Durch die Reinigung und weitere Freilegung der jüngsten Restaurierung konnte der Säulenwechsel und die Farbigkeit belegt werden.

106 Kraus 1902 (wie Anm. 6), S. 31 führte bereits die Inschrift auf der Südwand an. Sie ist heute nicht mehr in dem genannten Bestand erhalten, das Ende des Textes (nach NRI) ist durch eine Mörtelergänzung der 50er Jahre zerstört. Der Text lautete nach Kraus: „QUIS SIM VOS SCITIS NRI MEMOrES VELiTIS“ und wurde von Kraus aufgelöst als „*quis sim vos scitis, nostri memor [es?] [esse] velitis*“. – Nach freundlicher Auskunft von Dr. Harald Drös (Heidelberg) dürfte es sich bei den letzten beiden Zeilen der Inschrift an der Ostwand mit hoher Wahrscheinlichkeit um die Namen „ud[a]lric [...]“ und „Berthal [d...]“ handeln (die Buchstaben „u“ und „c“ im ersten Namen sind schlecht lesbar).

107 Vgl. oben Einleitung und Anm. 4 und 5.

108 Gemessen von der Oberkante des Nimbus bis zur Fußspitze.

Ulrich Haroska – Christine Kenner

Die Wandmalereien in der Krypta der St. Andreaskirche zu Fulda-Neuenberg.

Bestand, Konservierung und erste Ergebnisse zur Maltechnik

Die Wandmalereien in der Krypta der Kirche St. Andreas zu Fulda Neuenberg wurden 1932 anläßlich einer umfangreichen Innen- und Außenrestaurierung der gesamten Kirche unter weißen Tüncheschichten entdeckt, freigelegt und überarbeitet.[1] Zwar wurde im Zuge der Renovierung der Verputz mit Malerei an den unteren Wandflächen bis in eine Höhe von ca. 2 Metern abgeschlagen, trotzdem darf die Kryptaausmalung aufgrund der an den Gewölben flächenhaft vorhandenen Malerei als seltenes Beispiel für eine nahezu komplett erhaltene Raumgestaltung aus der Mitte des 11. Jahrhunderts gelten. Während nach der Freilegung die Bedeutung der Wandmalereien für den deutschen Kunstraum hervorgehoben wurde,[2] fanden sie nach dem zweiten Weltkrieg in der Literatur kaum Beachtung.[3] Dies ist auf die immer schlechter werdende Ablesbarkeit der Malereien zurückzuführen, zudem galt der mittelalterliche Bestand als flächenhaft überarbeitet und ergänzt.

Im Jahre 1990 wurden vom Hessischen Landesamt für Denkmalpflege und dem Bauamt des Bischöflichen Generalvikariates Fulda umfangreiche, sich über mehrere Jahre erstreckende Untersuchungen eingeleitet,[4] die dann im April 1994 in die Entscheidung für eine im direkten Anschluß begonnene Restaurierung der Wandmalereien mündeten. Derzeit sind die Arbeiten soweit fortgeschritten, daß erste Ergebnisse zum vorhandenen Bestand und zur Maltechnik vorgestellt werden können. Da für das Verständnis der formalen Gestaltung und technischen Ausführung der Wandmalereien der Zusammenhang mit den Architekturformen[5] unabdingbar ist, diese wiederum sehr eng mit dem Gesamtbau und dessen Gründungsgeschichte verknüpft sind, wird die Ausmalung der Krypta in diesen komplexen Zusammenhängen vorgestellt. Diese Punkte sind den Beschreibungen zum Bestand, zur Vorgehensweise bei der Konservierung und zur Maltechnik vorangestellt.[6]

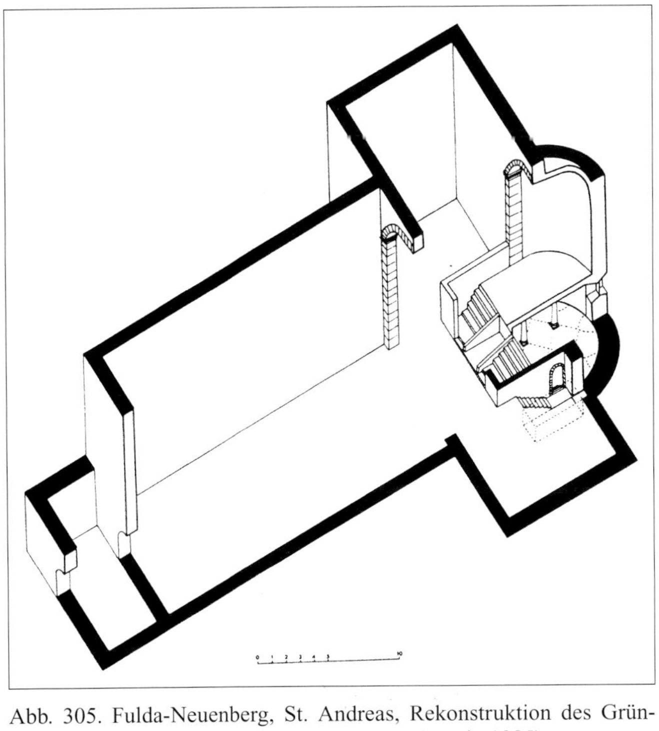

Abb. 305. Fulda-Neuenberg, St. Andreas, Rekonstruktion des Gründungsbaues. Isometrische Darstellung (G.K. Stasch, 1985).

Gründungsgeschichte des Klosters und Architektur der Kirche

Zu Gründung und Baugeschichte des Andreasklosters sind bisher keine direkten zeitgenössischen Quellen bekannt.[7] Das in der Literatur häufig genannte Weihejahr 1023[8] gilt nach einer Überprüfung der vorhandenen Quellen als nicht gesichert.[9] Die erste Erwähnung des Klosters findet man in der „Vita Bardonis Maior", einer Lebensgeschichte des heiligen Bardo, des damaligen Probstes von Neuenberg und späteren Erzbischofes von Mainz.[10] Darin wird unter anderem die Gründung und Auswahl des Klosterstandortes zur Erweiterung des Ensembles der Nebenklöster um das Fuldaer Hauptkloster in Form eines Kreuzes durch Abt Richart beschrieben.[11] Mit den Bauarbeiten wurde vermutlich in den ersten Jahren des zweiten Jahrzehnts des 11. Jahrhunderts begonnen.[12] Diese zeitliche Eingrenzung ist anhand verschiedener geschichtlicher Eckdaten möglich. Neben der Amtszeit von Abt Richart (1018-1039) sind hier u. a. der Besuch des späteren Kaisers Konrad II. in der Klosterkirche (1025) und der Weggang Bardos nach Hersfeld (1030) zu nennen. Die Gründung dieses neuen Nebenklosters resultierte nicht nur aus den von Abt Richart in Fulda veranlaßten Reformbewegungen des Benediktinerordens,[13] sondern auch aus dem Bestreben der Abtei Fulda, ihre Position im damaligen Reich zu betonen.[14] Bonifatius, der Gründer der Abtei, hatte sich bereits im 8. Jahrhundert für diese Sonderstellung eingesetzt,[15] indem er Fulda als die römischste Abtei vorsah und bezeichnete.[16] Neben den Rückgriffen auf fuldische Traditionen spielte eine Orientierung direkt an der Stadt Rom, die sich beispielsweise bei der Wahl des Standortes für das neue Kloster zur Herausbildung einer sakralen Landschaft und in der Auswahl der Patrozinien wiederspiegelt, eine nicht unbedeutende Rolle.[17]

Diese Aspekte finden auch ihren Niederschlag in der architektonischen Gestaltung der Kirche.[18] Der Bau besteht aus einem einschiffigen gestreckten Langhaus mit ausladendem östlichen Querhaus, an das im Osten die halbkreisförmige Apsis anschließt (Abb. 305). Der große Bau mit einer Gesamtlänge von ca. 50 m, einer Querhausbreite von ca. 23,5 m und einer Höhe von ca.12 m war ehemals flach gedeckt.[19] Der Chor und der davorliegende Bereich des Querhauses sind aufgrund der darunterliegenden, die halbkreisförmige Apsis ausfüllenden Krypta um fünf Stufen erhöht. Zwischen dem nördlichen und südlichen Treppenlauf der Chortreppe befindet sich die 1985 wieder freigelegte, in ihren Ausmaßen erhalten gebliebene rechteckige confessio-ähnliche Grablege des Abtes Richart. Diese Anlage gehört zum Gründungsbau, wobei bisher nicht geklärt werden konnte, ob dieser Platz von Anfang an als Grablege vorgesehen war, oder erst nachträglich dafür ausgewählt wurde.[20]

Richarts Bestattung an solch herausragender Stelle ist entweder als Zeichen großer Wertschätzung zu betrachten,[21] oder, falls er die Ruhestätte selbst auswählte, eine Verdeutlichung seines Selbstverständnisses.[22]

Diese Grabanlage ist durch eine ehemals runde,[23] heute rundbogige Öffnung in der Westwand der Krypta mit derselben verbunden.

Architektur der Krypta

Die bis in eine Tiefe von ca. 1,5 m unter dem Erdreich liegende halbkreisförmige Vierstützenkrypta ist noch in ihrer ursprünglichen Form erhalten und wird dem Gründungsbau zugerechnet.[24] Sie ist über gewinkelte seitliche Treppenabgänge vom jeweils nördlichen und südlichen Querhaus aus durch Rundbogenöffnungen in den Resten der ehemaligen, ebenfalls bauzeitlichen Chorschrankenwände[25] zu erreichen (Abb. 306).

Der kleine Raum besitzt mit einer Länge von ca. 6,30 m, einer Breite von ca. 6,50 m und einer Scheitelhöhe von knapp 3 Metern ausgewogene Proportionen. Von den fast in den Ecken zur Westwand hin gelegenen Zugängen aus gehen die Nord- und Südwand nahezu unmerklich in einen Halbkreis über, der den östlichen Abschluß bildet. In diesem Bereich befinden sich drei große Fensternischen mit kleinen rundbogigen Fensteröffnungen, geschrägten Gewänden und Sohlbänken.

An der Westwand unterhalb der Rundbogenöffnung zum Grab des Abtes Richart hin befindet sich eine kleine bauzeitliche Nische im Mauerwerk, die als Reliquiennische gedeutet wird,[26]

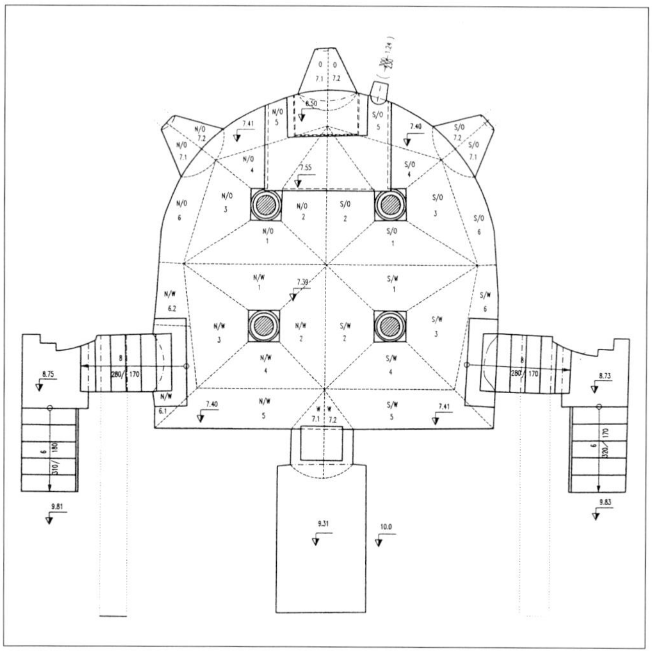

Abb. 306. Fulda-Neuenberg, St. Andreas, Krypta, Grundriß mit Darstellung der Treppenzugänge und der Grabanlage Abt Richarts sowie mit Nummerierung der einzelnen Gewölbebereiche (Zeichnung Kreller, 1991).

ansonsten sind die Wände, abgesehen von den Fensternischen und Zugängen, ungegliedert.

Das Gewölbe wird von vier Säulen auf attischen Basen, monolithischen Schäften und flachen Korbkapitellen im Zentrum der Krypta getragen (Abb. 310). Es wird als eine komplizierte Konstruktion einander durchdringender Tonnengewölbe mit unterschiedlichen Richtungen oder einer Kombination aus Tonnen- und gurtlosen Kreuzgratgewölben beschrieben.[27] Die Betonung des mittleren Raumkompartimentes[28] wird zusätzlich durch die axiale Staffelung von Abtsgrab, ehemaligem Okulus und Reliquiennische akzentuiert.[29] In der Neuenberger Krypta sind demnach die einzelnen Raumbereiche von Hallen- und Umgangskrypta[30] miteinander verschmolzen.[31]

Der architektonisch ausgezeichnete Bereich zwischen dem Säulenquadrum kann, ebenso wie bei anderen Krypten dieses Bautypes als Ziborium,[32] und damit als eigener besonderer Raum oder Überbau, der Schutz spendet und die Bedeutung und Heiligkeit des Umbauten hervorhebt,[33] verstanden werden.

Ausmalung der Krypta

Die durch die Architektur vorgegebenen Raumteile, Wand- und Gewölbeflächen werden mit der Ausmalung betont und gegliedert (Abb. 307). So lassen sich folgende, durch breite Ornamentbänder und schmale Begleitstreifen begrenzte Malereibereiche unterscheiden:[34]

- eine Reihe von 22 Engeln an den Wand- und Gewölbeflächen der Umgangstonne
- 11 Bildnisse von Frauen mit Nimben und Krönchen in Medaillons in den Kreuzgratgewölben
- Christusbildnisse mit szenischen Darstellungen in den Fensterlaibungen
- Gestaltung der vier Stützen und der unteren Wandflächen. (Diese entzieht sich jedoch einer genauen Kenntniss, da der Verputz bis auf wenige Reste bei der Renovierung von 1932 zerstört wurde.[35])

Die zwei mittleren Kreuzgratgewölbe werden durch aufgemalte Gurtbögen in Form von breiten Ornamentbändern ausgeschieden, womit ihr Mittelschiffcharakter noch zusätzlich betont wird.[36] Das von Begleitstreifen gerahmte Ornamentband setzt oberhalb der Kämpferplatten der Säulen an und besteht aus jeweils vier aufeinander gestaffelten palmetten- oder muschelförmigen, differenziert angelegten Blattmotiven, die im Scheitel der Gewölbe zusammenstoßen.[37]

Die Größe der Blattformen ist sehr unterschiedlich, jedoch ist zumeist das unterste Blatt das größte und vereinzelt nimmt die Höhe der Blätter nach oben hin immer mehr ab, wodurch vielleicht, ähnlich einer illusionistischen Architekturmalerei, eine Erhöhung des Raumes erreicht werden sollte. Dies würde eine weitere Abgrenzung des mittleren, zudem breiteren Bereiches durch die Andeutung einer gesteigerten Raumhöhe zur Folge haben. An der Westwand enden die gemalten Gurtbögen in der Höhe etwas tiefer liegend als die Kämpferplatten der Säulen auf einem roten Begleitband. Hier stoßen im Gewölbebereich auch nicht zwei vollständige Blätter zusammen (obwohl der Platz durchaus dafür gereicht hätte), sondern es verschmelzen vielmehr die zwei Blätter zu einem (Abb. 307). Diese Lösung wirkt zunächst zwar etwas unbeholfen, verdeutlicht man sich aber, wie differenziert diese Blattformen angelegt und ausgeführt sind (vgl. die Ausführungen zur Maltechnik), läßt sich durchaus eine bestimmte Gestaltungsabsicht dahinter vermuten. Möglicherweise wird dadurch eine geringere räumliche Höhe des westlichen im Vergleich mit dem Joch im Zentrum zwischen den vier Säulen angedeutet, womit dessen ziborienähnlicher Charakter[38] noch einmal zusätzlich hervorgehoben wird.

Das im Scheitel des Umgangsgewölbes laufende Ornamentband aus aneinandergereihten Blättern mit dunkler Binnen-

Abb. 307. Fulda-Neuenberg, St. Andreas, Krypta, Grundriß mit schematischer Darstellung der Gewölbemalereien (Zeichnung C. Kenner, 1997).

zeichnung stößt im Westen an die gemalten Gurtbögen an und betont so die Abtrennung des Umganges von dem westlichen Joch.[39] Ein weiteres breites von Begleitstreifen gerahmtes Ornamentband mit geometrisch angeordneten Bogensegmenten, als Diamantfries[40] bezeichnet, schließt den rundbogigen Durchblick zum Kirchenraum in der Westwand der Krypta ab.

Auf der Wölbung der Rundtonne und den auf den Säulen ansetzenden, äußeren Gewölbewangen befinden sich über einem gereihten, nach unten hin durch einen breiten roten Begleitstreifen abgetrennten Wolkenband insgesamt 22 Engel, mit farblich abgestuften Flügeln und Nimben. Die Engel sind mit Tunika und musterverziertem Pallium bekleidet und mit mindestens einem,

Abb. 308. Fulda-Neuenberg, St. Andreas, Krypta, Nordwand, Ausschnitt. Zustand nach Freilegung und Restaurierung von 1934.

manchmal auch zwei Attributen in Form von unterschiedlich gestalteten Stäben und Sphairen ausgestattet. Die leichte Körperwendung der Engel, unterstützt durch die Flügelstellung mit einem angewinkelten und einem ausgestreckten Flügel, ist an der Westwand auf die Reliquiennische, an den übrigen Wänden nach Osten zur mittleren Fensternische hin, ausgerichtet. So erwecken die Engel den Eindruck in eine bestimmte Richtung zu ziehen, was den Umgangscharakter dieses Raumteiles verdeutlicht.[41]

Im Gewölbebereich der Krypta sind insgesamt 11 gekrönte und nimbierte Frauen in von Begleitbändern gerahmten Rundbildern dargestellt. Sie tragen teilweise einen Mantel über der Schulter, jedoch immer eine Tunika, die mit einem breiten über die Schultern und die Brust geführten Zierstreifen besetzt ist (Abb. 309).[42]

Die Frauenbüsten sind in den Rundbildern offensichtlich bewußt nach einem bestimmten System angeordnet worden. So weisen im Zentrumsbereich über den vier Säulen die Krönchen zum Schnittpunkt der Gewölbegrate. Die Köpfchen der drei Medaillons in den Gewölbekappen des Umganges, die auch dem mittleren Bereich zugerechnet werden können, zeigen ebenfalls zu diesem Punkt. Im Medaillon in der östlichen Gewölbekappe des westlichen Joches ist die Frauenbüste als einzige in diesem Gewölbe so plaziert, daß ihr Krönchen nicht auf den dortigen Kreuzungspunkt ausgerichtet ist, es zeigt vielmehr zum Mittelpunkt des mittleren Joches. Das Medaillon erfüllt somit eine Doppelfunktion, räumlich ist es dem westlichen Joch zuzuschreiben, der Ausrichtung nach jedoch dem Zentrum zwischen den Säulen. So ergibt sich, daß das zentrale Joch zusätzlich zu den vier Medaillons über dem Säulenquadrum, von vier weiteren umrahmt wird (Abb. 307).

Die Ausmalung der nördlichen und südlichen Fensternische ist aus jeweils drei Einzelmotiven zusammengesetzt, nämlich einer Christusbüste in einem von wolkenähnlichen Gebilden umgebenen Rundbild und zwei seitlich unterhalb davon angeordneten erzählenden Szenen.

So befinden sich in der nördlichen Fensternische nördlich Kain mit einer Getreidegarbe und Abel mit einem Schaf, während der südliche Teil die Erschlagung Abels durch Kain zeigt. In der südlichen Nische ist an den Seitenwänden jeweils ein vermutlich bärtiger Mann mit Nimbus, der als Melchisedek gedeutet wird und links einen Kelch, rechts eine Hostie zu dem Christusbild emporhält. In der mittleren, stark zerstörten Fensternische befinden sich die Reste einer vermutlich sitzenden Figur in einer mit Zacken verzierten Mandorla, in der häufig eine weitere Christusdarstellung vermutet wird.[43]

Alle bisherigen Datierungen der Malereien in einen Zeitraum um 1025[44] lehnen sich, irrtümlich auch davon ausgehend, daß die Malereien in einer Freskotechnik und in lediglich einer Ausmalungsphase ausgeführt wurden, an das von Schannat genannte, mittlerweile als nicht gesichert geltende Weihedatum der Kirche 1023 an.[45] Aufgrund stilistischer und historischer Zusammenhänge dürfte eine Einordnung in den Zeitraum zwischen 1025-1040 korrekt sein.[46]

Untersuchungen zum Malereibestand und Erhaltungszustand

Vorgehensweise bei den Untersuchungen ab 1991

An den Wandmalereien in der Krypta mußte etwa ab 1988 eine deutliche Verschlechterung des Erhaltungszustandes festgestellt werden, die sich in der Zunahme von aufstehenden Farbschichten und in der starken Verbräunung der Oberflächen, verbunden mit einer immer schlechter werdenden Ablesbarkeit der Malereien zeigte. Diese Beobachtungen führten 1990 zu der Entscheidung, erste Untersuchungen auf der Grundlage eines vom Landesamt für Denkmalpflege entwickelten Konzeptes[47] einzuleiten, die dann im Frühjahr 1991 in enger Zusammenarbeit mit dem Bauamt des Bischöflichen Generalvikariates Fulda begonnen und in mehreren aufeinander abgestimmten Schritten vorgenommen wurden.

Ziel war es, durch eine die Substanz des Objektes schonende Vorgehensweise möglichst viele Informationen über die Malereien zu erhalten. Hierbei lagen die Hauptschwerpunkte auf der Klärung des Bestandes und der Erforschung der auftretenden

Abb. 309. Fulda-Neuenberg, St. Andreas, Krypta, Gewölbe, Ausschnitt. Zustand vor Beginn der Restaurierung (1993).

Abb. 310. Fulda-Neuenberg, St. Andreas, Krypta, Ansicht nach Nordosten (1985). ▷

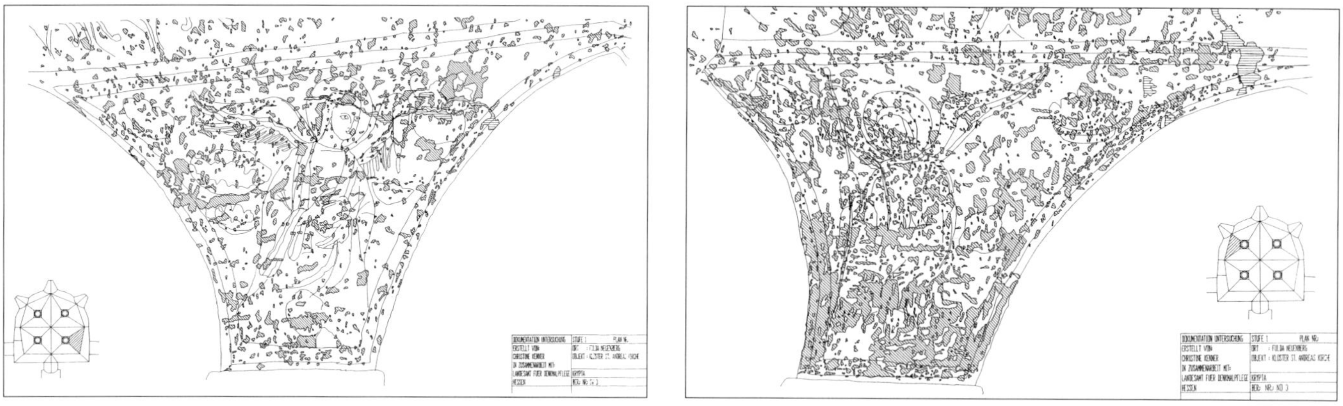

Abb. 311a-b. Fulda-Neuenberg, St. Andreas, Krypta, Bestands- und Zustandskartierung an zwei ausgewählten Bereichen der Süd- (a) und der Nordwand (b): Fehlstellen in der malereitragenden Schlämme (C. Kenner).

Schadensbilder und Schadensursachen, wobei man die Alterungserscheinungen und die Wechselwirkungen des komplexen Materialgefüges von mittelalterlicher Malerei mit den darüberliegenden Renovierungsphasen sowohl miteinander, als auch im Zusammenhang mit bauphysikalischen und klimatischen Gegebenheiten betrachtete. Anhand dieser Ergebnisse sollte geklärt werden, ob und in welchem Umfange eine Gefährdung der Malerei vorlag, die konservatorische Maßnahmen zur Substanzerhaltung notwendig erscheinen lassen, für die es dann ein entsprechendes Konservierungskonzept zu entwickeln galt.

Als erster Schritt wurde mit einer Sichtung und systematischen Auswertung des vorhandenen Text- und Bildmateriales zur gesamten Krypta begonnen. Die so gewonnenen Erkenntnisse zum mittelalterlichen Bestand und zu den Renovierungsmaßnahmen der Krypta bildeten die Grundlage für die restauratorischen und naturwissenschaftlichen Untersuchungen, die dadurch mit einem relativ hohen Informationsstand begonnen werden konnten. Als zweiter Schritt erfolgten die zunächst rein optischen restauratorischen Untersuchungen in verschiedenen Lichtsituationen (Auflicht, Streiflicht, Untersuchungen im Ultraviolett- und Infrarotbereich) und unter Zurhilfenahme eines Mikroskops mit bis zu 40facher Vergrößerung. Sie beinhalteten eine genaue schriftliche, fotografische und zeichnerische Erfassung der einzelnen Bestands- und Zustandssituationen. Um einen flächenmäßigen Überblick über den vorhandenen mittelalterlichen Bestand und das Ausmaß und die Verteilung der auftretenden Schadensbilder zu erhalten, wurden sämtliche bemalten Bereiche der Krypta auf großformatigen Fotoabzügen[48] unter verschiedenen Gesichtspunkten kartiert, das Ergebnis anschließend teilweise mit Hilfe eines Computerprogrammes graphisch umgesetzt.

Nach Auswertung der Ergebnisse der ersten beiden Untersuchungsschritte ergab sich die Notwendigkeit für verschiedene naturwissenschaftliche Untersuchungen mit Probenentnahme, die aufgrund der bisherigen Befunde auf ein notwendiges Minimum[49] begrenzt und mit konkret formulierten Fragestellungen vorgenommen werden konnten. Durchgeführt wurden mikrochemische Analysen zu den Zusammensetzungen der bei der mittelalterlichen Ausmalung und den einzelnen Renovierungen verwendeten Materialien, bauphysikalische und bauchemische Untersuchungen zur Frage des Aufbaues der unteren Wandflächen und des Fußbodens, einschließlich der Klärung der Mörtelzusammensetzungen und der Salz- und Feuchtebelastungen in den Verputzen. Daneben erfolgte eine Erfassung der klimatischen Verhältnisse über einen längeren Zeitraum hinweg, wobei neben Lufttemperatur und Luftfeuchtigkeit an ausge-

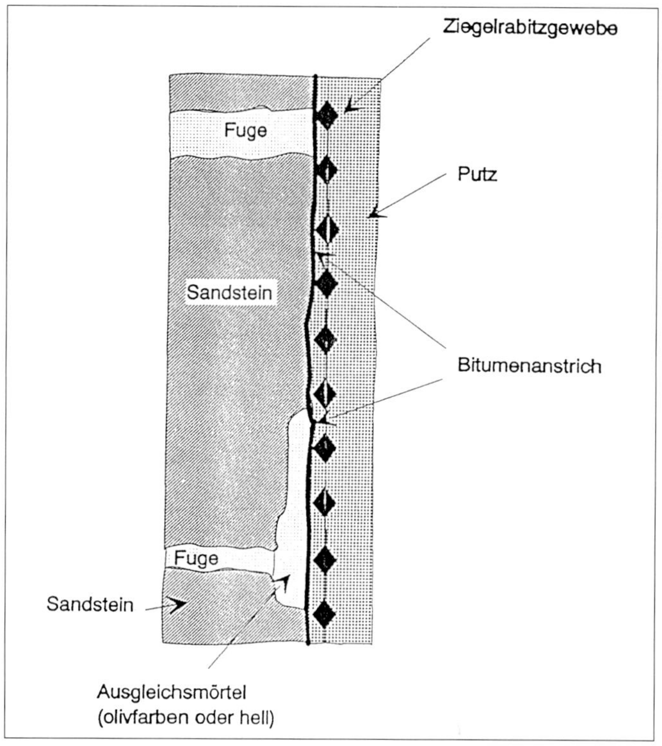

Abb. 312. Fulda-Neuenberg, St. Andreas, Krypta, schematische Skizze des unteren Wandaufbaus nach 1932 (H. Ettl und H. Schuh).

Abb. 313. Fulda-Neuenberg, St. Andreas, Krypta, schematische Skizze aller in der Krypta vorkommenden Ausmalungs- und Renovierungsphasen (U. Haroska).

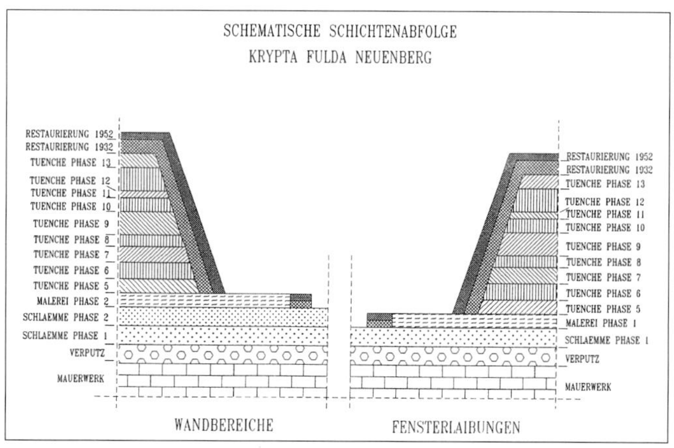

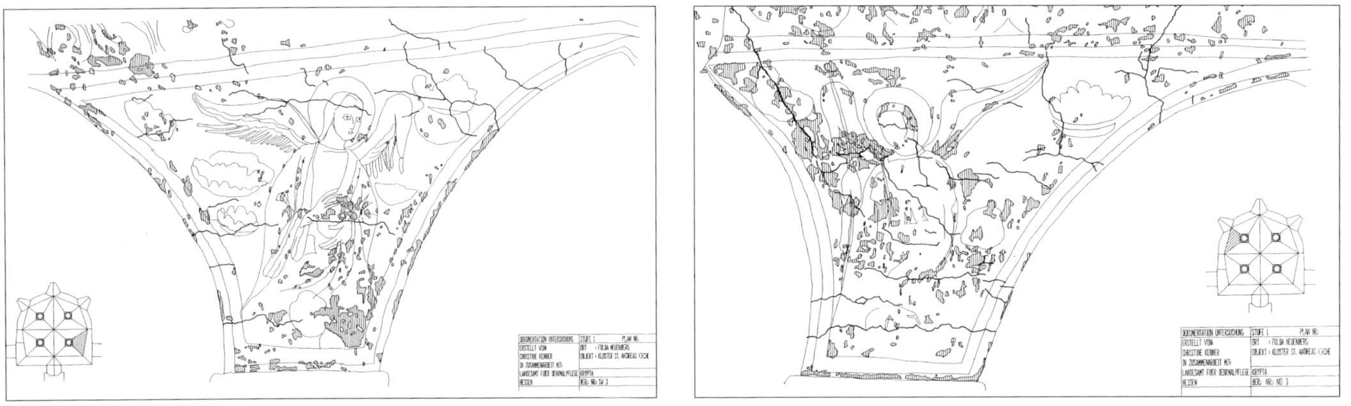

Abb. 314a-b. Fulda-Neuenberg, St. Andreas, Krypta, Bestands- und Zustandskartierung an zwei ausgewählten Bereichen der Süd- (a) und der Nordwand (b): Risse und pudernde Malschichten (C. Kenner).

wählten Stellen die Oberflächentemperatur und die Feuchtigkeit im Verputz gemessen wurden. Einen weiteren wichtigen Aspekt bildeten die mikrobiologischen Untersuchungen zur Frage des von Zeit zu Zeit auftretenden weißlichen Schimmelbelages auf der Oberfläche der Malereien.

Den letzten Schritt bildeten kleinteilige arbeitstechnische Versuche.

Zur Erleichterung der Entscheidungsfindung und zur Begleitung der Untersuchungen und durchgeführten Maßnahmen, unter Einbeziehung des derzeitigen Kenntnis- und Forschungsstandes zur Konservierung von Wandmalereien, wurde eine Kommission einberufen. Dieser gehören neben den Vertretern des Landesamtes für Denkmalpflege und des Bischöflichen Generalvikariates die jeweiligen naturwissenschaftlichen Gutachter, die ausführenden Restauratoren, sowie Experten aus den Bereichen Kunstgeschichte und Restaurierung an.

Renovierungen und bauliche Veränderungen[50]

Zum jetzigen Zeitpunkt sind in der Krypta insgesamt neun Umgestaltungsphasen mit baulichen Veränderungen nachweisbar (Abb. 313). Die erste Renovierung erfolgte vermutlich 1647 im Zuge einer Instandsetzung der gesamten Kirche nach den Zerstörungen während der Bauernkriege.[51] Als bauliche Eingriffe sind die Vergrößerungen der Fensteröffnungen und der Einbau von neuen Sandsteingewänden in der mittleren und südlichen Fensternische zu nennen.[52] Daran schlossen sich sechs weitere Renovierungen mit Ausbesserungsarbeiten im Verputz und Tünchungen des gesamten Raumes mit gebrochen weißen, bis leicht rötlichen und hellgrauen Kalkungen an.[53] Anläßlich der barocken Umgestaltung der Kirche 1766 wurde die ehemals runde Öffnung an der Westwand zu einer rundbogigen erweitert[54] und die Krypta hellblau gestrichen.

Die letzte Übertünchung vor der Freilegung erfolgte in einem hellbraunen Farbton, vermutlich im Zuge von Renovierungsarbeiten im Kirchenraum im Jahre 1889, in deren Verlauf der Durchblick zur Krypta und die Grabanlage des Abtes Richart geschlossen und eine zum erhöhten Chor führende breite Treppenanlage eingebaut wurde.[55]

Die Ausbesserungsmörtel und Tüncheschichten der neun Renovierungsphasen sind bei den Freilegungsarbeiten 1932 bis auf inselartige Reste reduziert worden.

1929 begannen umfangreiche Instandsetzungsarbeiten im Innen- und Außenbereich der Kirche.

Obwohl geplant war, den gesamten alten Verputz in der Krypta flächenhaft zu entfernen und diese neu zu verputzen,[56] wurde 1931 der Kunstmaler Otto Kienzle aus Darmstadt beauftragt, Untersuchungen vorzunehmen, in deren Verlauf er die Wandmalereien entdeckte.[57] Während der sich anschließenden Freilegung und Konservierung in den Jahren 1932/33 entfernte Kienzle die Tüncheschichten an den oberen Wandflächen, führte Putzausbesserungen mit einem Kalkmörtel und Retuschen in einer wasserlöslichen Temperatechnik aus und überzog abschließend, wie er selbst schrieb „... um die Klarheit der alten Farben zum Vorschein ...“ zu bringen, die Oberfläche der Malereien mit einer Wachsschicht.[58]

Der Verputz an den unteren Wandflächen wurde bis in eine Höhe von ca. 2,10 m mit der Begründung von Feuchtigkeitsschäden, die Maßnahmen zur Trockenlegung des Mauerwerkes erforderten, abgeschlagen,[59] obwohl sich hier noch größere Reste der Wandmalereien befunden haben müssen.[60] Die im Barock vergrößerten Fensteröffnungen wurden wieder verkleinert, wobei man sich an dem Gewände des nordöstlichen Fensters[61] orientierte. Die Sohlbänke der drei Nischen mauerte man zu einer einheitlichen Höhe auf.[62]

Ferner wurden der Fußbodenbelag aus Sandsteinplatten entfernt, das Erdreich ausgehoben[63] und ein Betonestrich ausgegossen, auf welchem die alten Steinplatten in Kalkmörtel verlegt[64] wurden. In der Hoffnung auf eine Trockenlegung und Isolierung der Wandflächen vor eindringender Feuchtigkeit baute man Belüftungsröhrchen im Sockelbereich ein; die Wände erhielten einen flächigen, im unteren Bereich tief in die Fugen des Mauerwerkes reichenden, sehr harten zementhaltigen Verputz mit abschließendem zweilagigen Teeranstrich. Auf diesen Aufbau nagelte man ein Ziegeldrahtgewebe fest, auf das ein ca. 1 cm starker Kalkmörtel aufgebracht wurde. Zuletzt erhielten die unteren Wandflächen einen gelblichen Anstrich (Abb. 312).[65]

Im Außenbereich wurden ebenfalls Maßnahmen zur Trockenlegung durchgeführt, so hob man einen Drainagegraben (allerdings ca. 40 cm höher als das Fußbodenniveau der Krypta liegend) aus und brachte einen Isolierverputz mit Teeranstrich an.[66]

Zwar sind zahlreiche mechanische Beschädigungen der Malereioberfläche auf die Freilegung von 1932 zurückzuführen, jedoch dürfte sich das Ausmaß in Grenzen halten, da die Malereien bereits zum Zeitpunkt der ersten Übertünchung in einem reduzierten Zustand vorlagen. Die von Kienzle ausgeführten Putzausbesserungen wurden mit einem sehr weich eingestellten Kalkmörtel vorgenommen, allerdings großzügig über den mittelalterlichen Malereibestand gespachtelt und an der Oberfläche nicht entsprechend strukturiert. Die Retuschen beschränkten sich auf Lasuren im Bereich der Fehlstellen zur Vervollständigung der Formen. Übermalungen wurden nur partiell, insbesondere an den gelb-roten Bändern und an Konturen der figürlichen Malereien vorgenommen. Da keine flächenhaften Übermalungen und Rekonstruktionen verlorengegangener Bereiche erfolgten, handelte es sich bei der Maßnahme um keine die originale Ausmalung interpretierende Neufassung des Raumes; sie ist daher auch vom heutigen Standpunkt aus betrachtet, als zurückhaltend einzustufen. Der flächig aufgetragene, ehemals transparente Wachsüberzug[67] steigerte die Leuchtkraft der Farben, aber vor allen Dingen wurde dadurch eine Transparenz der von den Kalktünchen verbleibenden Weißschleier erreicht[68] (Abb. 308).

Allerdings währte dieser Zustand nicht allzu lange, denn bereits 1938 wird eine Vergrauung und schlechte Ablesbarkeit der Malereien bemängelt,[69] die vermutlich auf eine Krepierung des Wachsüberzuges durch die Feuchtigkeit und möglicherweise auch auf einen massiven Schimmelbefall zurückzuführen sind.

Als in den Jahren 1951/52 umfangreiche Renovierungsarbeiten in der Kirche stattfanden, wurde in deren Verlauf der Wunsch laut, die Malereien in der Krypta zu restaurieren.[70] Man zog wiederum Otto Kienzle hinzu.[71]

Nach einer Oberflächenreinigung und teilweisen Entfernung der Retuschen und des Wachsüberzuges von 1932[72] führte Kienzle Ergänzungen und Übermalungen, zwar dünnschichtig in Lasuren, trotzdem weitaus weniger zurückhaltend als bei der 1932 erfolgten Maßnahme aus. Abschließend überstrich er die gesamten Flächen mit einem tranparenten Kaseinüberzug,[73] der so satt aufgetragen wurde, daß er an der Malereioberfläche herunter gelaufen ist. Er diente weniger zum Schutz der Ausmalung, wie Kienzle schrieb, sondern sollte vermutlich dem bereits beschriebenen Weißschleier und der krepierten Oberfläche des Wachses wieder zu einer neuen Transparenz verhelfen.

Kritik an der Durchführung der Maßnahme und Vermutungen, Kienzle habe Übermalungen vorgenommen, wurden bereits im unmittelbaren Anschluß an die Beendigung der Arbeiten laut.[74]

Mittelalterlicher Bestand

Zu den wesentlichsten Ergebnissen der Voruntersuchungen gehört der Nachweis, daß die Wandmalereien in Seccotechniken auf einer Kalkschlämme ausgeführt wurden und in unterschiedlichen Erhaltungszuständen in der Krypta vorliegen (eingehendere Beschreibungen zur Maltechnik siehe unten, S. 229 ff.).

Da eine flächenmäßige Erfassung der Malschichten aufgrund der geschlossenen Überzüge der Renovierungsphasen und der daraus resultierenden schlechten Ablesbarkeit nicht möglich war, entschloß man sich, die malereitragenden Schlämmen zu kartieren, wodurch es zusammen mit den anderen Untersuchungsmethoden gelang, einen Überblick über den vorhandenen Malereibestand zu erhalten. Während Nord- und Südwand sehr gute bis nahezu komplett erhaltene Malereibereiche aufweisen, gibt es Zonen, in denen nur noch sehr wenig Malerei vorhanden ist (Abb. 311b). An den meisten Flächen liegt ein relativ umfangreicher Bestand vor (Abb. 311a), bei dem es sich jedoch hauptsächlich um die ersten flächigen Anlagen mit Vorzeichnungen und um die Lokalfarbtöne handelt; die zahlreichen weiteren Differenzierungen sind bis auf kleine Reste verloren. Ursachen hierfür sind in den verlustreichen Eingriffen älterer Renovierungsphasen, aber auch bereits in der Technologie der mittelalterlichen Malerei zu suchen, die in einer wenig haltbaren Seccotechnik auf der überwiegend abgebundenen Schlämme ausgeführt wurde.

Trotz der fehlenden unteren Wandbereiche und der Zerstörungen in der östlichen und südlichen Fensternische liegt in der Krypta ein vergleichsweise umfangreicher frühmittelalterlicher Malereibestand mit allen seinen wesentlichen Programmteilen vor.

Zustand der Wandmalereien

Während das Mauerwerk in der Krypta intakt ist, treten an den unteren Wandbereichen bis in eine Höhe von ca. 80 cm Schäden am Verputz von 1932 in Form von Salzausblühungen[75] und absandenden Mörteloberflächen auf. Die Schadensursachen hierfür sind in der Hauptsache in der Verrostung des Ziegeldrahtgewebes unter dem Verputz zu suchen. Am malereitragenden Mörtel im oberen Wand- und Gewölbebereich sind, abgesehen von kleineren Rissen, die sich jedoch seit 1932 nicht verändert haben, und einigen wenigen Hohlstellen im Verputz keinerlei Schäden zu beobachten.

Problematischer stellt sich der Zustand der mittelalterlichen Malschichten und der bei den Renovierungen 1932 und 1952 aufgebrachten Retuschen und Überzüge dar. Das angetroffene Erscheinungsbild der Wandmalereien wird von den geschlossen vorhandenen Überzügen der Renovierungen bestimmt, die an der Oberfläche aufgrund von Spinnweben, Ruß- und Staubablagerungen stark verschmutzt sind. Neben einer in Teilbereichen auftretenden Glanzbildung sind beide Überzüge im Verlauf ihrer

Abb. 315a. Fulda-Neuenberg, St. Andreas, Krypta, nördliche Fensternische, Detail (Scheitelbereich): hellrosafarbene pudernde mittelalterliche Malerei unter sich einrollenden dunkelroten Überzügen von 1932 und 1952 (Zustand 1991).

Abb. 316a. Fulda-Neuenberg, St. Andreas, Krypta, nördliche Fensternische, Detail (südliche Laibung): blasenförmig aufstehende Malschichten im Bereich der Rahmenbänder (Zustand 1994).

Abb. 316c. Fulda-Neuenberg, St. Andreas, Krypta, Detail aus Abb. 316a (Makroaufnahme): Malereiblase im gefestigten, niedergelegten (noch feuchten) Zustand mit unter den Überzügen von 1932/1952 erkennbarer leuchtend gelber Farbschicht.

Abb. 317a. Fulda-Neuenberg, St. Andreas, Krypta, südliche Fensternische, Detail: Kopf des Melchisedek. Vorzustand.

Abb. 317c. Fulda-Neuenberg, St. Andreas, Krypta, südliche Fensternische, Detail: Kopf des Melchisedek. Freigelegter Zustand mit erkennbarer Vorritzung des Nimbus (Streiflichtaufnahme).

Abb. 315b. Fulda-Neuenberg, St. Andreas, Krypta, nördliche Fensternische, Detail (Scheitelbereich): massive Schimmelbildung auf der Oberfläche der Überzüge von 1932 und 1952 sowie gefestigte freigelegte Bereiche ohne Schimmel (Zustand 1995). ▷

Abb. 316b. Fulda-Neuenberg, St. Andreas, Krypta, Schadens- und Maßnahmendokumentation, Detail aus Abb. 316a (Makroaufnahme): Malereiblase (Vorzustand).

Abb. 316d. Fulda-Neuenberg, St. Andreas, Krypta, Schadens- und Maßnahmendokumentation, Detail aus Abb. 316a (Makroaufnahme): Malereiblase nach Abnahme der Überzüge.

Abb. 317b. Fulda-Neuenberg, St. Andreas, Krypta, südliche Fensternische, Detail: Kopf des Melchisedek. Zustand nach Abnahme der Überfassungen und weißen Tünchereste.

Abb. 317d. Fulda-Neuenberg, St. Andreas, Krypta, südliche Fensternische, Detail: Kopf des Melchisedek. Freigelegter Zustand des Gesichts (Auflichtaufnahme).

△ 315a

△ 315b

316a ▽

316b ▽

△ 316c

△ 316d

317a ▽

317b ▽

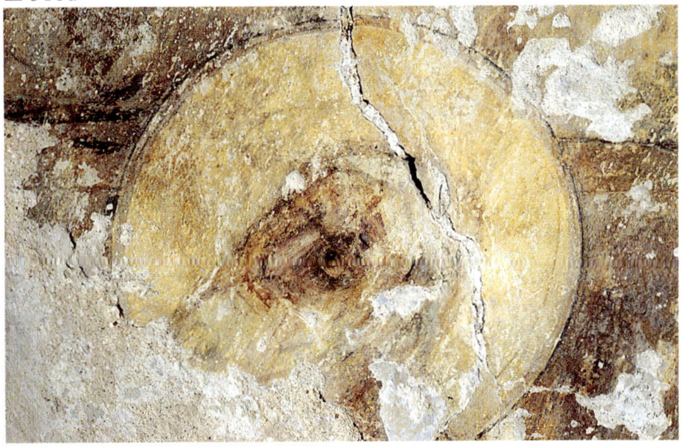

△ 317c

317d △

Alterung vergraut und verbräunt, wobei insbesondere der großzügig aufgetragene, ehemals vermutlich transparente Kaseinüberzug von 1952 sehr stark gedunkelt ist. Die übereinanderliegenden, sehr dünnen Schichten beider Phasen sind in den meisten Bereichen derartig fest miteinander verbunden, daß man sie optisch nicht mehr unterscheiden kann. Ihr Erhaltungszustand reicht von völlig intakten zu stark gefährdeten Zonen mit in Form kleiner Pusteln aufbrechenden Oberflächen und sich hochrollenden Schichten (Abb. 315 a). Anhand einer Kartierung und mit Hilfe von Fotoaufnahmen im Makrobereich konnte nachgewiesen werden, daß als erste Stufe ein pustelförmiges Aufbrechen von Überzug und Oberfläche zu beobachten ist. Dieser Krater vergrößert sich allmählich, so daß im Anschluß eine größere gelöste Schilbe der Überzüge entsteht, die an den Rändern konkav hochsteht, sich mehr oder weniger einzurollen beginnt und schließlich abfällt. Innerhalb des Untersuchungszeitraums von ca. 2,5 Jahren konnte eine deutliche Zunahme der Schäden beobachtet werden.

In jenen Bereichen, an denen sich die Überzüge hochgerollt haben oder bereits abgefallen sind, kommt die an der Oberfläche pudernde und teilweise in kleinen Bläschen aufgeworfene, mittelalterliche Malerei zum Vorschein (Abb. 315 a). Die Malschicht wird beim Hochrollen der Überzüge jedoch nicht mit abgerissen, so konnten selbst bei Untersuchungen mit dem Mikroskop an der Unterseite der eingerollten Überzüge nur vereinzelt Pigmentkörner gefunden werden.[76] Bei dem zweiten, weniger häufig auftretenden Schadensbild wölbt sich die gesamte mittelalterliche Malschicht zusammen mit den Überzügen blasenförmig auf, wobei bis zu 1,5 mm starke Hohlräume entstehen können (Abb. 316 a-b). Diese beiden Schadensbilder sind ausschließlich auf den jeweiligen Oberflächenbereich beschränkt, reichen bis maximal 1,5 mm tief in die Substanz hinein und treten verstärkt in den Scheitelzonen der Fensternischen, aber auch in den Scheiteln der übrigen Gewölbe auf (Abb. 314 a-b). Ursachen liegen einerseits in der besonderen klimatischen Situation in den Fensternischen, andererseits in der ohnehin schwächeren Bindung der mittelalterlichen Malschicht in den oberen Bereichen. Die Schadensursachen bestehen aus einem komplexen Zusammenspiel der unterschiedlichen Materialeigenschaften und der Alterungsreaktionen von Kasein, Wachs und mittelalterlicher Malerei in Abhängigkeit von den innerhalb des Gebäudes zwangsläufig wechselnden klimatischen und bauphysikalischen Bedingungen.[77] Das verwendete Kasein reagiert aufgrund seiner hygroskopischen Eigenschaften sehr stark auf Feuchtigkeitsschwankungen. Ständige Quell- und Schrumpfungsprozesse im Wechsel führen, gekoppelt mit anderen Alterungseigenschaften, zu einer Ablösung des Kaseinfilmes.

Das hydrophobe Wachs wiederum verursacht eine Störung der Wasserdampfdiffusion und bildet so eine Verdunstungssperre für die im Mauerwerk und imVerputz enthaltene Feuchtigkeit, wodurch es zu einer Anreicherung derselben unter der Bindemittelschicht kommt.

Ein weiterer besorgniserregender Zustand ist der jährlich im späten Frühling und Frühsommer in mehr oder weniger starkem Umfang auftretende massive Schimmelbefall in Form eines flächigen weißen Flaumes, der sich bevorzugt an den Kratern der Pusteln und entlang der Schilbenränder auf dem Überzug bildet, was auf einen erhöhten Feuchtehaushalt in diesen Zonen schließen läßt (Abb. 315 b). Als Nährboden dient vor allen Dingen der Kaseinfilm, jedoch ist davon auszugehen, daß das in der mittelalterlichen Malschicht vorhandene Protein ebenfalls abgebaut wird.[78]

Die bauphysikalischen Untersuchungen zu den Feuchteverhältnissen und der Salzverteilung im Mauerwerk und Verputz hatten ergeben, daß die Problemzonen überwiegend an den unteren Wandflächen im Sockelbereich zu finden sind.Aufsteigende Boden- und Mauerfeuchte und erhöhte Salzkonzentrationen im oberen Wandbereich konnten nicht festgestellt werden.[79]

Die klimatischen Verhältnisse in der unbeheizten Krypta sind – in Abhängigkeit zu der Heizung im Kirchenraum und zu den jahreszeitlich bedingten Temperatur- und Luftfeuchtigkeitsschwankungen – indessen so konstant, daß Eingriffe zur Klimaregulierung nicht notwendig werden.[80]

Die Restaurierung der Wandmalereien[81]

Die vorangegangenen Untersuchungen haben gezeigt, daß einerseits ein noch relativ umfangreicher mittelalterlicher Malereibestand in der Krypta vorhanden ist, andererseits derselbe in größeren Teilbereichen in einem stark gefährdeten Zustand vorliegt, der dringend konservatorische Maßnahmen zur Substanzerhaltung erfordert.

Darüber hinaus wurde deutlich, daß eine Entfernung der Übermalungen und Überzüge der beiden Restaurierungsphasen von 1932 und 1952 zu befürworten ist, da somit die wesentlichen schadensverursachenden Faktoren für die Zermürbung der mittelalterlichen Malschicht beseitigt werden und die berechtigte Hoffnung besteht, dadurch den Zerfallsprozeß deutlich zu verlangsamen.[82]

Es war allen Beteiligten bewußt, daß diese Maßnahme, auch bei noch so behutsamer Vorgehensweise, als ein Eingriff zu betrachten ist, obgleich sich die Überzüge auch nach einer Festigung der Malschichten, wie anhand arbeitstechnischer Versuche ermittelt werden konnte, vergleichsweise problemlos mit unterschiedlichen organischen Lösungsmitteln entfernen lassen.

Weitere Diskussionspunkte bildeten die durch die Restaurierung aufgeworfenen Fragen zum Erscheinungsbild der Malereien nach der Freilegung und zur Gesamtpräsentation des Raumes nach Abschluß der Arbeiten. Wurde der angetroffene Raumeindruck im wesentlichen von den flächenhaft vorhandenen gedunkelten Überzügen bestimmt und wirkte er daher relativ geschlossen – die darunterliegenden mittelalterlichen Malereien waren gleichermaßen schlecht bis gar nicht mehr ablesbar – so wird sich dem Betrachter nach der Abnahme,[83] der Kontrast zwischen den unterschiedlichen Erhaltungszuständen sehr eklatant präsentieren. Aufgeworfen werden dadurch Fragen nach der weiteren denkmalpflegerischen Vorgehensweise bezüglich der ästhetischen Gestaltung und des Umfanges von Kittung und Retusche, die einerseits den unterschiedlichen Erhaltungszuständen, andererseits der religiösen, historischen und kunstwissenschaftlichen Bedeutung der Malereien und dem Gesamteindruck des Raumes gerecht werden sollte.[84]

Diese aus dem folgenschweren Schritt der Restaurierung sich ergebenden Aspekte wurden bereits im Vorfeld berücksichtigt und in die Diskussionen miteinbezogen, jedoch standen bei der Entscheidung, die durch den erfreulich umfangreichen mittelalterlichen Bestand erleichert wurde, eindeutig die konservatorischen Gesichtspunkte im Vordergrund.

Im Herbst 1993 wurden als erster Arbeitsschritt die Verputze und Teeranstriche von 1932 vollständig entfernt,[85] da eine Konservierung des Oberputzes aufgrund der ständig fortschreitenden Korrosion des darunterliegenden Ziegeldrahtgewebes auf Dauer zu keinem befriedigenden Ergebnis führen würde. Zudem war es auch aus bauphysikalischen Gründen empfehlenswert, den abdichtenden Wandaufbau abzunehmen, da hierdurch die Verdunstungszone für die im Mauerwerk vorhandene Feuchtigkeit niedriger gelegt und somit ein Feuchtetransport in die oberen Wandzonen unterbunden werden konnte.[86] Am Fußbodenaufbau sind keinerlei Eingriffe zur Reduzierung und Regulierung der Feuchteverhältnisse notwendig.[87]

Die Restaurierungsarbeiten an den Wandmalereien wurden im Sommer 1994 auf der Grundlage arbeitstechnischer Versuche begonnen. Sie beinhalten als wichtigste Arbeitsschritte die Festigung der mittelalterlichen Malschichten und die Entfernung der Übermalungen und Überzüge der beiden letzten Renovierungen von 1932 bzw. 1952.

Da die Malschichten sehr empfindlich sind, muß eine Festigung vor der Abnahme der Überzüge stattfinden und das Festigungsmaterial sollte nicht von den dabei verwendeten Lösungsmitteln erweicht oder angelöst werden. Die Festigungswirkung sollte nur so stark eingestellt werden, wie es für die Abnahme der Überzüge ohne Beschädigung der Malschicht notwendig ist. Von dem Festigungsmittel werden eine gute Alterungsbeständigkeit, eine gewisse Reversibilität und eine hohe Wirksamkeit der festigenden Eigenschaften bei mengenmäßig möglichst geringem Anteil an eingebrachtem Feststoffgehalt gefordert. Für die Malereien in der Krypta entschied man sich in Absprache mit den betreuenden Naturwissenschaftlern, nach verschiedenen arbeitstechnischen Versuchen für einen mittelviskosen wasserlöslichen Celluloseether.[88] Dieses Material entspricht nach dem derzeitigen Erkenntnisstand am ehesten den verlangten Anforderungen. Es neigt im Zuge seiner Alterung im Gegensatz zu vielen Kunstharzen nicht zu Quervernetzungen und der daraus resultierenden schlechteren Löslichkeit und Versprödung.[89] Zum Einsatz kommen je nach Grad der Schädigung Lösungen mit einer Konzentration von 1,5 bis maximal 3 Prozent. Eine gewisse Beständigkeit gegen den in großem Umfang an den Wandmalereien auftretenden Schimmelbewuchs ist gegeben. Auf den gefestigten und freigelegten Bereichen konnte innerhalb der letzten fünf Jahre kein Schimmelbewuchs beobachtet werden (Abb. 315 b). Da die Malschichten sehr wasserempfindlich sind, sollte die Lösung möglichst wenig Wasser enthalten. Aus diesem Grund verdünnt man einen hochprozentigen Ansatz des Celluloseethers in Wasser mit Ethanol auf die gewünschte Konzentration, so daß der Wasseranteil in der Festigungsmittellösung bis auf 20% reduziert werden kann, ohne die festigenden Eigenschaften zu beeinträchtigten.[90] Die durch das Ethanol bedingte höhere Viskosität der Lösung kam der Forderung nach einem hauptsächlich an der Oberfläche der Malschichten wirksamen Mittel entgegen. Die Festigung und Niederlegung der pudernden, blasenförmig aufstehenden Malschichten erfolgte schrittweise. Die gefährdeten Bereiche wurden zunächst mit einer 1,5%igen Festigungsmittellösung vorfixiert. Nach der Trocknung wurden sie mit einem Ethanol/Wassergemisch (im Verhältnis 1:5) befeuchtet und ließen sich in diesem erweichten Zustand mit einem angefeuchteten Wattestäbchen andrücken. Die auf diese Weise niedergelegten Schichten wurden noch einmal mit einer 1,5%igen Lösung gefestigt; nach der Trocknung konnten die Überzüge durch ein vorsichtiges Abrollen mit einem in Lösungsmittel getränkten Wattestäbchen (s. u.) entfernt werden (Abb. 316 a-d).

Es handelt sich dabei zwar um eine sehr aufwendige Vorgehensweise, jedoch ist es so möglich, die stark gefährdeten Malschichten zu sichern und zu erhalten. Bei der Festigung ist das wichtigste Kriterium, nur so viel Material in das Gefüge einzubringen, wie unbedingt notwendig ist, da ja gerade, wie die Ausführungen zu den Überzügen der beiden letzten Renovierungen gezeigt haben, in den neu eingebrachten Materialien oftmals die Ursachen für später auftretende Schäden zu suchen sind.

Der zweite Arbeitsschritt ist die vollständige Entfernung der Überzüge und Retuschen der Renovierungsphasen von 1932 und 1952 mit in Flüssigkeiten getränkten Wattestäbchen. Es werden hierbei reines Ethanol, destilliertes Wasser und Gemische aus Testbenzin/Isopropanol (im Verhältnis 3:1), Ethanol/Methylenchlorid (im Verhältnis 4:1) und Ethanol/Wasser (im Verhältnnis 2:1) verwendet. Während in den gefährdeten Bereichen auch im Hinblick auf das ausgewählte Festigungsmittel der Einsatz von Wasser nicht empfehlenswert ist, kann in stabilen Bereichen problemlos damit gearbeitet werden. In besonders empfindlichen Zonen mit schwerer löslichen Überfassungen wird das Lösungsmittelgemisch aus Ethanol und Methylenchlorid eingesetzt.[91] Die Abnahme geschieht in den farbigen Flächen durch vorsichtiges Abrollen mit einem getränkten Wattestäbchen, da die Malschicht insbesondere in den weniger stabilen Bereichen sehr empfindlich gegenüber mechanischer Reibung reagieren würde (Abb. 317, 319, 320). In intakten Hintergrundsbereichen werden die Übermalungen auch mit Hilfe von kleinen Schwämmchen und weichen Pinseln entfernt. Die Löslichkeit der Überzüge kann sich selbst innerhalb kleinster Flächen ändern. Dies ist nicht alleine mit der Löslichkeit der durch die naturwissenschaftlichen Untersuchungen ermittelten Materialien zu begründen, vielmehr scheinen dabei Vorgänge bei der Alterung, die möglicherweise bereits zu einem Abbau des Bindemittels geführt haben, eine nicht unwesentliche Rolle zu spielen. Die Entfernung von gealterten Kaseinfilmen auf Wandmalereien verursachen bei Restaurierungsmaßnahmen aufgrund ihrer schweren Löslichkeit erhebliche Probleme, so kann oftmals keine Abnahme mit reinem Wasser oder organischen Lösungsmitteln erfolgen. Für die Wandmalereien in der Krypta ist die gute Löslichkeit der Überzüge als Glücksfall zu bewerten, da ein Einsatz von Alkalien oder auch Enzymen aufgrund des empfindlichen Zustandes der Seccomalereien nicht möglich wäre.

Der dritte Arbeitsschritt ist die Herausnahme der sehr weichen Mörtelkittungen von 1932. Dies ist zwar aus konservatorischen Gründen nicht notwendig,[92] wegen der großzügig über den mittelalterlichen Malereibestand gespachtelten Kittungen und deren Oberflächenstruktur jedoch aus ästhetischen Gründen angezeigt. Die inselartigen Reste von Überkalkungen der unterschiedlichen Renovierungsphasen werden so weit als möglich entfernt. Die Freilegung der darunter erhaltenen mittelalterlichen Malerei erfolgt vorsichtig mit einem feinen Skalpell unter Zurhilfenahme einer Lupenbrille. In Bereichen in denen eine Spaltung der geschwächten Seccomalschicht zu befürchten ist, wird auf eine Abnahme der Tünchen verzichtet. Hier erfolgt eine Reduzierung auf die erste dünne, leicht rosafarbene Überkalkung.

Parallel zur Durchführung der Maßnahmen werden die mit Celluloseether gefestigten Bereiche und die belassenen Tüncheresté in die Kartierungen eingetragen.

Die mittelalterliche Maltechnik

Im Verlauf der Freilegungsarbeiten wurden ergänzende detaillierte Untersuchungen zum vorhandenen Bestand und zum Aufbau der mittelalterlichen Maltechnik durchgeführt. Bis zum Frühjahr 1997 wurde etwa die Hälfte der bemalten Wand- und

Abb. 318a. Fulda-Neuenberg, St. Andreas, Krypta, Nordwand, Ausschnitt: 1. und 2. Engel von Westen (Zustand während der Freilegung).

Abb. 318b. Fulda-Neuenberg, St. Andreas, Krypta, Nordwand, Detail: Kopf des 2. Engels (freigelegter Zustand) mit zum Teil vollständig erhaltener Malschicht (1996).

△ 319a 319c ▽ △ 319b

△ 320a △ 320b 320c ▽

Abb. 321. Fulda-Neuenberg, St. Andreas, Krypta, Ostwand, Detail: Kopf des 1. Engels von Süden mit hellroter Vorzeichnung (die eigentliche Malschicht bis auf geringe Reste im Bereich der Augen verloren; 1996).

Abb. 323. Fulda-Neuenberg, St. Andreas, Krypta, Gewölbebereich, Ausschnitt (freigelegter Zustand).

△ 322

Abb. 322. Fulda-Neuenberg, St. Andreas, Krypta, Nordwand, Detail aus Wolkenband unterhalb des 1. Engels mit Malerei der Phase II in Fehlstelle der Phase I (1996).

△ 324a 324c ▽ △ 324b 324d ▽

▽ 3224e 3224f ▽

◁◁ Abb. 319a-c. Fulda-Neuenberg, St. Andreas, Krypta, Nordwand, Detail: Hand und Sphaira des 2. Engels während der Abnahme von Überzügen und jüngeren Tüncheresten. Zwischen- (a-b) und Endzustand (c).

◁ Abb. 320a-c. Fulda-Neuenberg, St. Andreas, Krypta, Nordwand, Detail (Makroaufnahme): Sphaira des 2. Engels während der Abnahme von Überzügen und jüngeren Tüncheresten. Zwischen- (a-b) und Endzustand (c).

▷

Abb. 324a-f. Fulda-Neuenberg, St. Andreas, Krypta, Rekonstruktionsversuche zum Aufbau der frühmittelalterlichen Malerei am Beispiel eines Ornamentbandes am Gewölbe: Auswahl aus den insgesamt 11 nachweisbaren Arbeitsschritten (C. Kenner).

Gewölbefläche bearbeitet, aus diesem Grund sind die folgenden Beschreibungen als Zwischenergebnisse zu bewerten.[93]

Wichtigstes Ergebnis der bisherigen Untersuchungen ist, daß aufgrund des unterschiedlichen technologischen Aufbaues mindestens zwei zeitlich zu trennende, in Seccotechniken ausgeführte Ausmalungsphasen in der Krypta nachweisbar sind,[94] die jedoch alle aufgrund stilistischer Zusammenhänge mit anderen Objekten in die erste Hälfte des 11. Jahrhunderts datiert werden[95] und zweifelsohne über einen langen Zeitraum zusammen sichtbar gewesen sind.[96]

Zur Phase I erfolgte eine Tünchung der gesamtem Krypta mit einer weißen Schlämme und eine Ausmalung der Fensternischen, vermutlich im Anschluß an die Verputzarbeiten, da die Ritzungen in den Fensternischen in den zumindest noch feuchten Verputz eingedrückt wurden.[97]

Die auf einer weiteren weißen Schlämme ausgeführte Malerei der Phase II konnte in zahlreichen Fehlstellen der ersten Phase nachgewiesen werden (Abb. 322). Die Gestaltung der nördlichen und südlichen Fensternische wurde bei der Ausmalung übernommen und integriert, wobei es zahlreiche Hinweise für eine teilweise Überarbeitung dieser Bereiche gibt.[98]

In der mittleren, stark zerstörten Fensternische ist eine besondere Situation anzutreffen, hier erfolgte eine Ausmalung direkt auf einem Ausbesserungsputz, die vermutlich zeitgleich mit der Kryptaausmalung der Phase II entstanden ist.[99]

Die Anschlüsse zwischen den einzelnen Phasen wurden werktechnisch so exakt ausgeführt, daß sie nur sehr schwer anhand der Überlappungen einzelner Schichten zu greifen sind.

Phase I

Das Mauerwerk an den unteren, nach der Entfernung der Verputze von 1932 einsehbaren Wandflächen besteht aus kleinen bis mittelformatigen Bruchsteinen einer hellgrauen bis leicht rötlichen Sandsteinvarietät und grauem Kalkstein. In den Eingangsbereichen erfolgte die Vermauerung von großformatigen, wenigstens zweiseitig behauenen Sandsteinquadern. Die Basen, Schäfte und Kapitelle der Stützen wurden, ebenso wie das einzige Rundbogenfenster aus der Erbauungszeit in der nordöstlichen Fensternische und das kleine halbrunde Becken rechts unterhalb der mittleren Fensternische aus jeweils einem Werkstück der gleichen hellen Sandsteinvarietät gefertigt. Der Mauermörtel mit zahlreichen, bis zu 1 cm großen Kalkspatzen[100] hat eine hellbraune Farbe und enthält neben grobkörnigen sandigen bis kieselgroßen Zuschlagstoffen noch Holz- und Holzkohlestückchen. Die Nische an der Westwand konnte aufgrund der Anschlüsse im Mauerwerk eindeutig der baulichen Entstehungszeit der Krypta zugeordnet werden. An ihren Seitenwänden wurden die Reste von Holzdübeln in Vertiefungen im Mauerwerk gefunden.[101]

Die Schichtstärke des vermutlich überwiegend einlagig aufgetragenen Verputzes schwankt je nach Untergrund zwischen 0,4 – 4 cm, Putz- oder Arbeitsgrenzen sind zum jetzigen Zeitpunkt nicht nachweisbar. An den zahlreichen Fehlstellen in der Malschicht ist erkennbar, daß es sich um eine sehr sorgfältig geglättete und verdichtete Mörteloberfläche handelt. Der Verputz mit zahlreichen unterschiedlich großen Kalkspatzen[102] enthält neben einem feinkörnigen rötlich-braunen Sand, noch vereinzelt Holz- und Holzkohlestückchen als weitere Zuschlagstoffe. Auffallend an den untersuchten Proben war der hohe Kalkanteil von fast 50% Gewichtsprozent des Gesamtmörtels.[103]

Nach dem Fertigstellen der Verputzarbeiten erfolgte die Tünchung der gesamten Krypta mit einer dicken weißen Kalksandschlämme, die eine unregelmäßige streifige Oberfläche hat, wie sie durch das Auftragen mit einem borstigen Pinsel oder einem Strohquast entsteht.[104] Sie enthält kleine Kalkklümpchen und geringe Anteile von feinem Sand, die eine körnige Struktur bewirken, ihre Schichtstärke beträgt ca. 0,3 bis max. 1 mm.

Im Anschluß erfolgte die Ausmalung der drei Fensternischen. Zunächst wurden in den noch feuchten Verputz und in die feuchte Schlämme die kreisrunden Nimben der dargestellten Figuren und die Rundbilder der Christusdarstellungen eingeritzt bzw. eingedrückt. Diese Ritzungen sind sehr flach und bis maximal 2 mm breit, möglicherweise wurde hierzu eine Art Schnurzirkel verwendet, der im Mittelpunkt mit dem Finger festgehalten wurde (Abb. 317 c). Bisher sind keine Einstichlöcher nachweisbar, vielmehr befinden sich leichte Vertiefungen in dem sonst sehr planen Verputz, wie sie durch das Eindrücken mit einer Fingerkuppe entstehen können. Vereinzelt sind feine, in dünnem Ocker ausgeführte Vorzeichnungen zu erkennen. Darüber erfolgte die in feinen Pinselstrichen dünnschichtig übereinandergelegte, in einer Seccotechnik ausgeführte Malerei. Neben Calciumcarbonat konnten noch deutliche Proteinanteile im Bindemittel nachgewiesen werden, als Pigmente fanden verschiedenfarbige Ocker Verwendung.[105] Die Feinteiligkeit der Ausführung wird besonders an dem im Durchmesser nur ca. 10 cm großen Köpfchen des Melchisedek deutlich. Auffallend sind die dunkelgrünen Abschattierungen unter den Augen und die dünnen dunklen Pinselzeichnungen zur Betonung der Nasenwurzelfalte, der Nasenspitze und der Augen (Abb. 317 b, d).

Auf der weiß geschlämmten Fläche der übrigen Krypta konnten bisher keinerlei Hinweise für eine farbige Gestaltung gefunden werden.

Phase II

Zur Phase II erfolgte die Ausmalung der übrigen Krypta mit verschiedenen Ornamentbändern, Engeln und Bildnissen von gekrönten Frauen in Medaillons.

Die gesamte Fläche wurde zunächst mit einer zwischen 0,5 bis maximal 1,5 mm dicken Kalktünche geschlämmt, die aus Kalk mit Proteinzusatz und geringen Anteilen an feinem Sand besteht[106] und eine unregelmäßige und streifige Oberfläche hat, wie sie durch das Auftragen mit einem groben Borstenpinsel oder einem Strohquast entsteht.

Die Malerei ist in einer Seccotechnik ausgeführt, als Bindemittel wurde neben Kalk noch ein deutlicher Anteil an Protein nachgewiesen. Bei den verwendeten Pigmenten handelt es sich um rote, gelbe und grüne Eisenoxidpigmente.[107]

Malerei und Schlämme sind in vielen Bereichen bereits in kleinen Beschädigungen und Fehlstellen von Verputz und Schlämme der ersten Phase zu finden, was auf einen längeren Zeitraum zwischen den beiden Ausmalungsphasen hinweist (Abb. 322).

Die auf die Oberfläche der Schlämme aufgetragene, dünne, transparente und bindemittelreiche Schicht hat einerseits die Funktion, die Saugfähigkeit des Untergrundes herabzusetzen, andererseits wurde die dabei erzielte gelbliche Tönung möglicherweise bewußt als Gestaltungsmittel eingesetzt. So sind Hintergründe der einzelnen Malereibereiche farblich unterschiedlich gestaltet, zu den hellgelben Flächen im Umgangsbereich stehen die dunkelgelb-grünen in den Fensternischen, die rosafarbenen in den Ornamentbändern und die vermutlich flächenhaft hellgrau ausgelegten beiden mittleren Joche,[108] die so zusätzlich noch einmal betont werden.

Bei dem Aufbau der figürlichen Malerei ist die Anzahl der Vorzeichnungen und ersten flächenhaft farbigen Entwürfe auffallend, die eigentliche Malerei ist ebenfalls sehr vielschichtig in Form von Lokaltönen, verschiedenen farblichen Differenzierungen, Höhungen und dunklen Konturen ausgeführt worden (Abb. 318 b).

Nach einer ersten, in Ockerlasuren skizzenhaft angelegten Vorzeichnung wurden die Figuren flächig in dünnem Gelb und Rot gemalt. Darauf erfolgte eine feine Binnenzeichnung zur Anlage von Gewandfalten, Händen und Gesichtern in dünnem Rot (Abb. 321). An der Nordwand hatten drei Engel bei diesem Entwurf zunächst jeweils zwei ausgestreckte Flügel, wobei es zu Überkreuzungen der Flügelspitzen kam. Bei der eigentlichen Ausführung wurde der jeweils rechte Flügel abgeknickt gemalt und die verworfene Skizze durch eine weiße Schicht abgedeckt. Bei der Freilegung 1932 wurde diese Abdeckschicht z. T. entfernt, so daß die Engel an der Nordwand an ihrer rechten Körperseite, sowohl einen ausgestreckten als auch einen eingeknickten Flügel aufweisen (Abb. 308, 318 a). Diese Konzeptionsänderung und die Tatsache, daß die Malerei an der Nordwand in die noch feuchte Schlämme ausgeführt wurde, lassen den Schluß zu, daß an dieser Wand mit der Kryptaausmalung begonnen wurde.

Hier sind die Malereien aufgrund der Einbindung in die feuchte Schlämme außerordentlich gut bis hin zu den letzten Differenzierungen in Weiß und Schwarz erhalten geblieben (Abb. 318 a-b, 319 c). Die technologischen und auch stilistischen Unterschiede der beiden Ausmalungsphasen werden insbesondere bei dem Aufbau der Inkarnate deutlich. So fehlt bei den Engeln im Vergleich zu dem Gesicht des Melchisedek in der Fensternische die extrem dunkle Abschattierung der Augen und die Betonung der Nasenwurzelfalte (Abb. 318 b).

Die vielschichtig angelegte Ausführung der Malerei soll anhand von Rekonstruktionssversuchen der einzelnen Arbeitsschritte am Beispiel eines Ornamentbandes mit Hilfe von aquarellierten Skizzen vorgestellt werden (Abb. 324 a-f). Diese Rekonstruktionen dienen als Diskussionsgrundlage während der Bearbeitung der Ornamentbänder und werden je nach Befundlage erweitert, korrigiert und ergänzt. Besondere Befundsituationen in den einzelnen Bereichen werden – neben der üblichen Dokumentation – zur Verdeutlichung zusätzlich in farbig angelegte Skizzen eingetragen.

Die Palmettenblätter sind in Größe und Form so unterschiedlich ausgebildet, daß die Verwendung von Schablonen zur Anlage der Konturen nach den bisherigen Erkenntnissen auszuschließen ist. Die ehemals differenziert ausgeführten Ornamentbänder liegen in den bisher bearbeiteten Bereichen in einem reduzierten Zustand vor, so daß das heutige Erscheinungsbild im wesentlichen durch die ersten farbigen Anlagen und die Lokalfarbtöne gebildet wird.[109] Im Verlauf der Restaurierung ist es anhand von Kleinstbefunden jedoch möglich, den maltechnischen Aufbau zu erfassen und das ursprüngliche Aussehen der Blätter zu rekonstruieren. Die Palmettenblätter sind in ihrer Wirkung durchaus mit in Stein oder Stuck plastisch gestalteten und farbig gefaßten Gurt- oder Arkadenbögen vergleichbar.

In der mittleren Fensternische befinden sich nur noch zwei kleinere Flächen mit Malerei, der Rest wurde bei früheren baulichen Veränderungen zerstört.

Die Malerei wurde ohne Schlämme direkt auf den noch feuchten Ausbesserungsverputz in einer Seccotechnik ausgeführt, so daß sie z. T. freskal in den Verputz eingebunden ist. Unter diesem Verputz sind an wenigen Anschlußsituationen die Schichten der Phase I mit Malerei erkennbar, die mit den untersten Schichten der beiden anderen Fensternischen vergleichbar sind. Dieser Verputz wurde offensichtlich auf die erste Ausmalungsphase aufgebracht. Während zum Fenster hin seine Schichtstärke maximal 1 cm erreicht, läuft er im Anschluß der Fensternische zur Krypta hin aus. Die Putzausbesserung wurde mit einem sehr feinkörnigen zuschlagreichen Mörtel werktechnisch sehr exakt ausgeführt und ist an der Oberfläche sorgfältig geglättet.[110]

Soweit es an den noch vorhandenen geringen Resten der Malerei erkennbar ist, handelt es sich um eine figürliche Darstellung in einer Ellipse oder Mandorla (im Gegensatz zu den Rundbildern in den beiden anderen Fensternischen). Von der Figur sind lediglich zwei ausgestreckte Arme erhalten geblieben. Eine Deutung als Christusfigur, wie sie in der Literatur immer wieder auftaucht, ist anhand so geringer Reste nicht belegbar; sie kann daher nur aus inhaltlichen Zusammenhängen erfolgen.[111]

Die Gründe, die zur Neuausmalung der mittleren Fensternische führten sind unklar, entweder wies sie so große Beschädigungen auf, daß sie im Vergleich zu den beiden anderen Fensternischen nicht eingegliedert werden konnte oder sie wurde in Bezug auf das Gesamtprogramm der Kryptaausmalung zur Phase II umgestaltet.[112]

Zusammenfassung

Die Krypta von St. Andreas zu Fulda-Neuenberg darf aufgrund der flächenhaft vorhandenen Ausmalung als seltenes Beispiel für eine nahezu komplett ablesbare Raumgestaltung des 11. Jahrhunderts gelten.

Die Entstehung der Wandmalereien in mindestens zwei zeitlich unterschiedlichen Phasen weist auf eine sich möglicherweise über mehrere Jahre erstreckende Auseinandersetzung mit einem Raum hin, die wahrscheinlich aus seiner zum Teil übernommenen, zum Teil erweiterten Nutzung und Bedeutung resultierte. So fügen sich die deutlich später anzusetzenden Malereien der Phase II in die ältere Architekturanlage ein und integrieren dabei die älteren Ausmalungen in den Fensternischen. Besonders hervorzuheben sind der teilweise recht gute Erhaltungszustand und die Feinteiligkeit der Darstellungen. Der Wunsch, eine Vielzahl von unterschiedlichen Motiven auf engstem Raume zu zeigen und dabei räumlich-plastische Wirkungen zu erzielen, wurde durch die Ausführung in aufwendigen und vielschichtig angelegten Seccotechniken[113] erreicht.

Aufgrund dieser angewandten Technik reagieren die Malereien sehr empfindlich auf mechanische Beanspruchungen, sowie klimatische und bauphysikalische Bedingungen. Neben den daraus resultierenden Alterungserscheinungen, sind die Subtanzverluste an der Ausmalung im wesentlichen auf die Eingriffe während der unterschiedlichen Renovierungsphasen, insbesondere denen des 20. Jahrhunderts, zurückzuführen.

Im Zuge der derzeit laufenden Restaurierung wird versucht, mit allen heute zur Verfügung stehenden Kenntnissen, Techniken und Möglichkeiten den Zerfallsprozeß zu verlangsamen und so zu einer Erhaltung der Wandmalereien beizutragen.

Daneben bilden die im Verlauf dieser Arbeiten gewonnenen Erkenntnisse zur Malerei und ihrer Ausführung neue Grundlagen für eine wissenschaftliche Bearbeitung dieses Raumes.

So wird durch die Klärung des mittelalterlichen Malereibestandes die enge Verknüpfung von Architekturform und Ausmalung, beide vermutlich im engen Kontext mit der ehemaligen, bisher nicht wirklich geklärten liturgischen Nutzung[114] stehend, noch einmal besonders deutlich.

In dem daraus resultierenden komplexen und wechselseitigen Zusammenspiel, gibt die Architektur die Form und Größe der zu gestaltenden Flächen vor, die Wandmalerei ihrerseits betont und interpretiert die Architektur und erweitert dadurch den Raumeindruck.

Bemerkenswert ist, daß gleichzeitig zur axialen Ausrichtung von West nach Ost eine Ineinanderschachtelung der einzelnen Raumkompartimente sowohl innerhalb der Kirche, als auch in der Krypta selbst wahrgenommen werden kann. So gelangt man durch die Öffnung in den Chorschrankenwänden in die Krypta und von deren Umgangsbereich aus in das zwischen den Säulen gelegene Zentrum. Denkt man sich an den unteren Wandflächen ein gemaltes Vorhangmotiv,[115] so wird der Eindruck der Geschlossenheit und völligen Abgeschiedenheit dieses kleinen Raumes, in welchem architektonische Formen, farbige Gestaltung und religiöse Bedeutung eine faszinierende Verbindung eingehen, vervollständigt.

Anmerkungen

1 Vgl. Gregor K. Stasch, Die Andreaskirche zu Fulda-Neuenberg, Fulda o. J. (1988).

2 Vgl. Alfred Stange, Wandmalereien des 11. Jahrhunderts in der Krypta von Neuenberg bei Fulda, in: Jahrbuch der Denkmalpflege im Regierungsbezirk Kassel II, 1936, S. 25-27.

3 Die einzige umfassendere Publikation, die sich mit einer stilistischen Einordnung der Ausmalung in einen größeren Zusammenhang beschäftigt, ist die Abhandlung Buddensiegs (Tilman Buddensieg, Die Baseler Altartafel Heinrichs II. – Beiträge zu ihrer Lokalisierung und Interpretation ; in: Wallraf-Richartz-Jahrbuch 19, 1957, S. 133-192). Zur Gestaltung und stilistischen Einordnung der Kryptaarchitektur vgl. Ulrich Rosner, Die ottonische Krypta, Veröffentlichungen der Abteilung Architekturgeschichte des kunsthistorischen Institutes der Universität Köln, Bd. 40, Köln 1991.

4 Die Klärung des mittelalterlichen Bestandes bildete zudem die Grundlage für eine umfassendere kunstgeschichtliche Bearbeitung, die in einer Magisterarbeit erste Ansätze erfuhr und im Rahmen einer Dissertation vervollständigt werden soll: Renate Köchling-Dietrich, Die Krypta von Sankt Andreas in Fulda – Neuenberg und ihre Ausmalung, unveröffentlichte Magisterarbeit an der Johann Wolfgang von Goethe Universität Frankfurt, Dezember 1994.

5 So schreibt Ulrich Rosner „Im Bereich der ottonischen Krypta stellt sich die wechselseitige Beziehung von Form, Funktion und Bedeutung besonders vielschichtig dar." (Rosner, wie Anm. 3, S. 194-195). Im Falle der Neuenberger Krypta wäre noch die malerische Ausgestaltung zu ergänzen.

6 Auf die zum Teil sehr unterschiedlichen Ansätze für eine stilistische Einordnung und Deutung der Malereien kann dagegen aus Gründen des Umfanges nicht näher eingegangen werden.

7 Renate Köchling Dietrich, Die Andreaskirche in Fulda – Neuenberg, in: Archiv für mittelrheinische Kirchengeschichte 48, 1996, S. 11.

8 U.a. bei Stasch (wie Anm. 1), S. 30

9 Köchling-Dietrich (wie Anm. 7), S. 11 -17. Dieses Jahr wird zuerst bei Johann Friedrich Schannat, einem Historiker aus dem frühen 18. Jahrhundert genannt (Dioecesis Fuldensis cum annexa sua hierarchia, Frankfurt am Main 1727), wobei nicht ausgeführt wird, ob es sich um eine Teil- oder Schlußweihe handelt. Die Herkunft seiner Kenntnisse nennt Schannat nicht; das Jahr 1023 wurde seitdem ungeprüft immer wieder als zuverlässiger Datierungsansatz zitiert.

10 Vita Bardonis Archiepiscopi Moguntini Maior, hrsg. Wilhelm Wattenbach, in: Monumenta Germaniae Historica. Scriptores, XI, hrsg. Georg Heinrich Pertz, Hannover 1854 (ND Stuttgart 1994), S. 317-342.

11 Vita Bardonis (wie Anm. 10). Einige darin aufgeführte Jahresangaben konnten im Vergleich mit weiteren erhaltenen schriftlichen Quellen bestätigt werden: Köchling-Dietrich (wie Anm. 7), S. 11-17.

12 Köchling-Dietrich (wie Anm. 7), S. 17.

13 Die Bezeichnung Reformkloster findet sich unter anderem bei Stasch (wie Anm. 1, S. 3) und Erwin Sturm, Bau- und Kunstdenkmäler in Fulda, Fulda 1984, S. 968.

14 Köchling-Dietrich (wie Anm. 7), S. 22-25.

15 So erlangte er beispielsweise „751 ein päpstliches Privileg, womit das Kloster Fulda der Gerichtsbarkeit jeder anderen Kirche, mit Ausnahme der päpstlichen, entzogen wurde. Mit diesem Exemtionsprivileg wurde eine über Bonifatius' persönliche Verbundenheit mit Rom hinausgehende enge und zu diesem Zeitpunkt einzigartige Bindung des Klosters Fulda an Rom begründet." (Köchling-Dietrich, wie Anm. 7, S. 26).

16 Arnold Angenendt, Das Frühmittelalter, Stuttgart 1990, S. 273 f.

17 Köchling-Dietrich (wie Anm. 7), S. 51 und 52.

18 Stasch (wie Anm. 1), S. 6-13; Köchling-Dietrich (wie Anm. 7), S. 37.

19 Werner Jacobsen, Leo Schaefer, Hans Rudolf Sennhauser, Vorromanische Kirchenbauten. Katalog der Denkmäler bis zum Ausgang der Ottonen, Nachtragsband (= Veröffentlichung des Zentralinstitutes für Kunstgeschichte in München III, 2) München 1991, S. 304.

20 Stasch (wie Anm. 1), S. 9.

21 Zu einem Grabgedicht für Abt Richart aus dem 2. Viertel des 11. Jahrhunderts, vgl. Josefine Dietl, Das lothringische Reformkloster St. Andreas zu Neuenberg als Propstei des Hochstifts Fulda, in: Fuldaer Geschichtsblätter 41, 1965, S. 20 f.

22 Eine Bestattung an solch exponierter Stelle war ungewöhnlich und sehr hochgestellten, geschätzten Persönlichkeiten vorbehalten; vgl. die Grablege Kaiser Konrads II zwischen den beiden Schachttreppen des Speyerer Domes und eine des Markgrafen Gero in der Vierung der Stiftskirche St. Cyriakus in Gernrode: Köchling-Dietrich (wie Anm. 7), S. 48 f.

23 Bei der Umgestaltungsphase 1766 wurde das Grab des Abtes Richart geöffnet und die ehemals runde vergitterte Öffnung zur Krypta durch einen Rundbogen erweitert: Rosner (wie Anm. 3), S. 302.

24 Anhand der Untersuchungen der Putzanschlüsse zu den Querhäusern und im Bereich der confessio – ähnlichen Anlage konnten keinerlei Hinweise für einen nachträglichen Einbau der Krypta gefunden werden: Josef Weimer, Restauratorische Voruntersuchung von „Confessio" und Chorschranken, Untersuchungsbericht 1985 (unveröffentlicht). Dies deckt sich mit den von Stasch gemachten Beobachtungen bei der Untersuchung des Baues 1985: Rosner (wie Anm. 3), S. 301.

25 Diese Reste wurden bei der Umgestaltungsmaßnahme des Chores 1985 entdeckt und freigelegt, sie tragen Reste von Wandmalereien, die in das frühe 13. Jahrhundert datiert werden. Stasch (wie Anm. 1), S. 30.

26 Köchling-Dietrich (wie Anm. 7), S. 44.

27 Stasch (wie Anm. 1), 30 – 31; Köchling-Dietrich (wie Anm. 7), S. 44.

28 Rosner (wie Anm. 3), S. 151-152.

29 Köchling-Dietrich (wie Anm. 7), S. 45-46.

30 Rosner (wie Anm. 3), S. 152.

31 Köchling-Dietrich (wie Anm. 7), S. 47.

32 Rosner (wie Anm. 3), S. 181, 189.

33 Lexikon der Christlichen Ikonographie, hrsg. Engelbert Kirschbaum, Sp. 239-241, Freiburg 1994.

34 Köchling-Dietrich (wie Anm. 4), S. 104; Rosner (wie Anm. 3), S. 151-152; Stasch (wie Anm. 1), S. 30-31.

35 Die Farbigkeit der Stützen wurde bei der Renovierung 1932 flächig überarbeitet, inwieweit sie der mittelalterlichen Gestaltung entspricht, kann erst im Laufe der derzeitigen Restaurierung geklärt werden. Während der Renovierungsarbeiten 1932 hat S. Stricker noch eine vermutlich ältere Bemalung an den unteren Wandflächen gesehen, so beschreibt er einen Wandteppich oder Vorhang auf grauem

Grund: Simon Stricker, Die Darstellung des christlichen Opfermysteriums in der Krypta zu Neuenberg bei Fulda, in: Liturgie und Mönchtum – Laacher Hefte, 1948, S. 67. Diese Beschreibung dürfte zutreffend sein, bilden doch gemalte Vorhänge den bei romanischer Wandmalerei sehr häufig anzutreffenden unteren Abschluß.

36 Köchling-Dietrich (wie Anm.4), S. 104; Rosner (wie Anm. 3), S. 151-152; Stasch (wie Anm. 1), S. 30-31.

37 Köchling-Dietrich (wie Anm. 4), S. 106.

38 Vgl. Rosner (wie Anm. 4), S. 181-184 und 152.

39 Köchling-Dietrich (wie Anm. 4), S. 104; Rosner (wie Anm. 3), S. 151-152; Stasch (wie Anm.1), S. 30-31.

40 Köchling-Dietrich (wie Anm. 4), S. 106.

41 Köchling-Dietrich (wie Anm. 4), S. 104; Rosner (wie Anm. 3), S. 151-152; Stasch (wie Anm.1), S. 30-31.

42 Köchling-Dietrich (wie Anm. 4), S. 104; Rosner (wie Anm. 3), S. 151-152; Stasch (wie Anm. 1), S. 30-31.

43 Köchling-Dietrich (wie Anm. 4), S. 104; Rosner (wie Anm. 3), S. 151-152; Stasch (wie Anm. 1), S. 30-31.

44 Stasch (wie Anm. 1) S. 30.

45 Vgl. Anm. 9.

46 Köchling-Dietrich (wie Anm. 4) S. 134-136.

47 Grundlage für die Erstellung dieses Konzeptes bildeten die Überlegungen des Landesamtes zu einer einheitlichen, systematisch aufgebauten Vorgehensweise und Dokumentation von Untersuchungen und Maßnahmen an historischen Objekten, die in einer eigens dafür gegründeten Arbeitsgruppe entwickelt wurden. Daneben fanden die Untersuchungs- und Dokumentationsmethodik, die für die Konservierung der Wandmalereien von St. Georg in Oberzell auf der Reichenau entwickelt wurden und die Ergebnisse des BMFT Forschungsprojekts Wandmalereischäden zusätzlich Berücksichtigung. (Helmut F. Reichwald, Möglichkeiten der zerstörungsfreien Voruntersuchung am Beispiel der ottonischen Wandmalereien in St. Georg Reichenau – Oberzell, in: Historische Technologie und Konservierung von Wandmalerei, Vortragstexte der dritten Fachklasse für Konservierung und Restaurierung, Schule für Gestaltung Bern 1985, S. 106-132. Ders., Über Sinn und Unsinn restauratorischer Untersuchungen. Zur Befunderhebung als Teil einer Konzeption, in: Zeitschrift für Kunsttechnologie und Konservierung, 1, 1987, S. 25-31; Niedersächsisches Landesverwaltungsamt, Institut für Denkmalpflege, Schäden an Wandmalereien und ihre Ursachen, ein Forschungsprojekt des Bundesministers für Forschung und Technologie, aktuelle Vorberichte zu den ersten interdiziplinären Befunden, Arbeitshefte zur Denkmalpflege Niedersachsen 8, Hannover 1990).

48 Die Krypta wurde hierzu in Bereiche eingeteilt (vgl. Zeichnung), die genau vermessen und dann mit einer Großbildkamera (13x18 cm) aufgenommen und anhand der Abmessungen nachträglich entzerrt wurden. Die Fotoabzüge bildeten die Grundlage für die Kartierungen.

49 Im Rahmen der Untersuchungen wurden nur sehr wenige, unmittelbar für die Klärung bestimmter Zustandsphänomene notwendige Materialproben entnommen. Analysen zum gesamten maltechnischen Aufbau wurden nicht vorgenommen.

50 Die im folgenden vorgestellten Untersuchungsergebnisse basieren, sofern nicht anders angegeben, auf den Ergebnissen der restauratorischen Voruntersuchungen, die von den Restauratoren Gerd Belk (Fulda) und Hans-Michael Hangleiter (Ortzberg) in Zusammenarbeit mit dem Landesamt für Denkmalpflege (Ulrich Haroska und Christine Kenner) 1991/92 durchgeführt wurden; vgl. hierzu den unveröffentlichen Untersuchungsbericht (MS. Landesamt für Denkmalpflege).
Im Rahmen dieses Aufsatzes kann nicht auf die zum Teil sehr umfangreichen Einzelergebnisse eingegangen werden, es muß hier eine zusammenfassende Beurteilung, in die alle Untersuchungsergebnisse miteinfließen, genügen.

51 Anhand der Anschlußsituationen von der Kryptaausmalung zu den Bogendurchgängen und den Chorschranken nachweisbar.

52 Die nördliche Fensternische blieb von dieser Maßnahme verschont, da sich zu diesem Zeitpunkt vor dem Fenster im Außenbereich noch der Anbau der gotischen Sakristei befand.

53 Eine farbige Gestaltung konnte bisher nur auf der hellgrauen zweiten Tünche im unteren Bereich der Ostwand festgestellt werden, es handelt sich um in einem hellroten Farbton aufgemalte Buchstaben.

54 Stasch (wie Anm. 1), S. 14.

55 Stasch (wie Anm. 1), S. 14. Diese Treppenanlage wurde anläßlich der Gesamtrenovierung der Kirche 1985 entfernt und so der Durchblick von der Krypta in den Kirchenraum wieder hergestellt. Im Zuge dieser Maßnahme wurden zudem die Reste der 1647 abgebrochenen Chorschranken wieder entdeckt, und konserviert: Weimer (wie Anm. 24).

56 Archiv des Bischöflichen Generalvikariates, Schreiben des Staatsbauamtes Fulda vom 9.1.1931.

57 Archiv des Bischöflichen Generalvikariates, Schreiben Kienzles vom 2.8.1931, 12.12.1932 und 26.1.1933.

58 Archiv des Bischöflichen Generalvikariates, Schreiben Kienzles vom 12.03.1933.

59 Archiv des Bischöflichen Generalvikariates, Schreiben von der Fa. Jean Stein vom 4.4.1932.

60 Vgl. hierzu Anm. 35.

61 Archiv des Bischöflichen Generalvikariates, Schreiben von der Fa. Jean Stein vom 3.8.1933.Der Sakristeianbau wurde so weit verkleinert, daß eine Öffnung der nordöstlichen Fensternische nach außen hin möglich war.

62 Untersuchungen zur ursprünglichen Schräge und Gestaltung der Sohlbänke sind im Verlauf der derzeitigen Maßnahme vorgesehen.

63 Hinweise auf Untersuchungen zu eventuell vorhandenen Gräbern, älteren Fußböden oder Altarfundamenten konnten in den Archiven nicht gefunden werden.

64 Archiv des Bischöflichen Generalvikariates, Schreiben von der Fa. Jean Stein vom 10.12 1932; zu den neueren naturwissenschaftlichen Untersuchungen s. Hans Ettl – Horst Schuh, Untersuchungsbericht zum Aufbau des Fußbodens in der Krypta von St. Andreas zu Fulda-Neuenberg (unveröffentlichter Untersuchungsbericht, München 1994), S. 13-16.

65 Archiv des Bischöflichen Generalvikariates, Schreiben Kienzles vom 1.4.1933.

66 Archiv des Bischöflichen Generalvikariates, Schreiben der Fa. Jean Stein vom 4.4.1932.

67 Archiv des Bischöflichen Generalvikariates, Schreiben Kienzles vom 1.4.1933.
Bienenwachs und Paraffin konnte auch bei den 1992 durchgeführten naturwissenschaftlichen Untersuchungen nachgewiesen werden: Elisabeth und Erhard Jägers, Mikrochemische Untersuchungen zu den Wandmalereien in der Krypta von St. Andreas in Fulda Neuenberg (unveröffentlichter Untersuchungsbericht 1992).

68 Anhand der zahlreichen Farbdias von 1934 ist nachzuweisen, daß die Farben der Malereien kräftig und klar wirkten und die Oberflächen einen sanften Glanz hatten.

69 Archiv des Bischöflichen Generalvikariates, Schreiben des Landesamtes für Denkmalpflege vom 3.5.1938.

70 Archiv des Bischöflichen Generalvikariates, Schreiben des Landesamtes für Denkmalpflege vom 23.7.1952.

71 Vgl. Anm. 70.

72 Archiv des Bischöflichen Generalvikariates, Schreiben Kienzles vom 14.10.1952.- Im Zuge dieser Reinigung ist es in Teilbereichen, wie anhand der Archivaufnahmen gut nachzuvollziehen ist, zu weiteren Substanzverlusten am Malereibestand gekommen.

73 Archiv des Bischöflichen Generalvikariates, Schreiben Kienzles vom 14.10.1952; Kasein konnte auch bei den 1992 durchgeführten naturwissenschaftlichen Untersuchungen nachgewiesen werden: Jägers (wie Anm. 66).

74 Archiv des Bischöflichen Generalvikariates, Schreiben des Landesamtes für Denkmalpflege vom 12.7.1953.

75 H. Ettl und H. Schuh, Untersuchungsbericht zur Feuchtigkeit und Salzverteilung im Mauerwerk der Krypta von St. Andreas in Fulda-Neuenberg (unveröffentlichter Untersuchungsbericht 1992).

76 Dies weist darauf hin, daß das Hochrollen nicht alleine durch die spannungsreichen Filme verursacht wird, sondern die Lösung derselben vom jeweiligen Untergrund durch die Zermürbung der darunterliegenden Schichten begünstigt, ja ermöglicht wird.

77 Die nur in sehr geringem Umfang in der Oberflächenzone nachweisbaren Salze dürften aufgrund ihrer niedrigen Konzentration nur untergeordnet zu den Zerstörungsprozessen beitragen.

78 K. Petersen, Ergebnisse der Untersuchungen auf mikrobielle Besiedelung/Schädigung an den Wandmalereien in der Krypta des

Klosters St. Andreas, Fulda Neuenberg (unveröffentlichter Untersuchungsbericht, Oldenburg 1994).

79 Ettl und Schuh (wie Anm. 75), S. 14-16.

80 Institut für Steinkonservierung e. V. (Herr Jürgen Legrum), Raumklimatische Untersuchungen in der Krypta der St. Andreas Kirche in Fulda Neuenberg (unveröffentlichter Untersuchungsbericht, Wiesbaden 1994).

81 Die Arbeiten werden von einem zumeist dreiköpfigen Team aus überwiegend freiberuflich tätigen Diplom – Restauratoren unter der Leitung der Verfasser ausgeführt.

82 Beschränkt man sich auf eine bloße Sicherung der gefährdeten mittelalterlichen Bereiche ohne Abnahme der Überzüge, hätte dies zur Folge, daß derartige Arbeiten in regelmäßigen Abständen wiederholt und erweitert werden müssen, da ja die Schäden, wie bereits in dem Untersuchungszeitraum zwischen 1991 und 1994 deutlich wurde, unaufhaltsam zunehmen.

83 Eine teilweise Reduzierung der Überfassungen unter Beibehaltung der Retuschen von Otto Kienzle ist einerseits aus arbeitstechnischen Gründen nicht durchführbar, da sich Überzüge und Retuschen gleichermaßen leicht in den verwendeten Lösungsmittel anlösen, andererseits sind die Retuschen so stark nachgedunkelt, daß diese Lösung ästhetisch nicht befriedigend wäre.

84 In diesem Zusammenhang ist auch die Gestaltung der unteren Wandflächen in der Krypta wichtig, die nach der Entfernung der Verputze von 1932 (siehe dazu die einzelnen Restaurierungschritte) neu verputzt werden müssen und die wesentlich zum Gesamtraumeindruck beitragen.

85 Ausgeführt wurden die Arbeiten von der Fa. Jean Kramer aus Fulda.

86 Ettl – Schuh (wie Anm. 64), S. 9.

87 Ebenda.

88 Es handelt sich um einen Methyl – Hydroxy – Ethyl- Celluloseether mit der Handelsbezeichnung Tylose MH 300 der Fa. Hoechst. Die wasserlöslichen Celluloseether zeigen im allgemeinen bessere Alterungseigenschaften als die in Lösungsmittel löslichen.

89 Dies birgt den Vorteil, daß es sich wieder leichter entfernen ließe, zudem bleibt somit die Möglichkeit für eine Nachbehandlung in späteren Jahren durchaus offen.

90 Merkblätter der Fa. Höchst zu den unterschiedlichen Cellulosetypen und freundliche telefonische Auskunft des Labores der Fa. Hoechst. Ein in organischen Lösungsmitteln löslicher Celluloseethertyp schied einerseits aufgrund der schlechteren Alterungseigenschaften aus, andererseits werden ja überwiegend Lösungsmittel für die Abnahme der Überzüge verwendet.

91 Es hat sich im Verlauf der Arbeiten jedoch gezeigt, daß die Verwendung dieses aus toxikologischen Gründen sehr bedenklichen Lösungsmittels auf kleinere Teilbereiche beschränkt werden kann.

92 Bei dem Kittmörtel handelt es sich um einen reinen, weichen Kalkmörtel der keinerlei schädigende Wirkung auf den umgebenden mittelalterlichen Mörtel hat: Ettl und Schuh (wie Anm. 75), S. 15.

93 Eine zusammenfassende Beurteilung aller Untersuchungsergebnisse ist erst nach Beendigung der Freilegungsarbeiten möglich, in deren Anschluß noch gezielt Nachuntersuchungen im Hinblick auf konkrete Fragestellungen erfolgen sollen.

94 Neben dem unterschiedlichen technologischen Aufbau der zwei Phasen sind auch deutliche stilistische Unterschiede in der Gestaltung der Inkarnate und Gewänder zu beobachten. In der bisher veröffentlichten Literatur wird von lediglich einer Ausmalungsphase in Freskotechnik ausgegangen.

95 Köchling-Dietrich (wie Anm. 4), S. 135. – Der Zeitraum zwischen den Ausmalungsphasen ist aufgrund restauratorischer Befunde nicht näher einzugrenzen, denkbar sind jedoch durchaus mehrere Jahre. Hier kann eine weitere kunstgeschichtliche und historische Bearbeitung vermutlich eher Aufschluß bringen.

96 Der Zeitpunkt der ersten flächenhaften Übertünchung wird aufgrund der Anschlußsituationen zu den Chorschranken während der Renovierung der Kirche um 1647 angesetzt.

97 Eine spätere flächenhafte Neuausputzung der Fensternischen ist aufgrund der Anschlußsituationen auszuschließen. Der Verputz blieb in den Gebäuden lange in einem weichen Zustand, so daß über den Zeitraum zwischen Verputzung und Schlämmung keinerlei Aussagen gemacht werden können. Die Schlämme hat keine deutliche freskale Verbindung zum Untergrund.

98 So ist beispielsweise der dunkel grünbraune Hintergrund in der nordöstlichen Fensternische vielschichtig angelegt, was im Gegensatz zu der Ausführung der Figuren steht. Die grünbraune Hintergrundsfarbe liegt in einigen Bereichen auf der figürlichen Malerei, so daß eindeutig eine Überarbeitung des Hintergrundes nach Fertigstellung der Malereien festzustellen ist.

99 S. unten, S. 233.

100 Kalkspatzen entstehen bei dem im Mittelalter gebräuchlichen Löschverfahren, das zerstoßene Calciumoxid, vermischt mit Sand zu löschen; vgl. hierzu: Karin Kraus, Stefan Wisser und Dietbert Knöfel, Über das Löschen von Kalk vor der Mitte des 18. Jahrhunderts – Literaturauswertung und Laborversuche, in: Arbeitsblätter für Restauratoren 22, Mainz 1989, Heft 1.

101 Diese Dübel weisen möglicherweise auf eine Auskleidung der Nische mit Holzbrettern, vergleichbar mit der erhaltenen, ebenfalls frühmittelalterlichen Nische für die Aufbewahrung der Reliquien der heiligen Lioba auf dem Petersberg bei Fulda hin; vgl. hierzu: Hilde Claussen, Eine Reliquiennische in der Krypta auf dem Petersberg bei Fulda, in:Frühmittelalterliche Studien 21, 1987, S. 245-273.

102 Vgl. Anm. 100.

103 Untersuchungen durch das Labor Ettl und Schuh an einer sehr kleinen Probe: Ettl – Schuh (wie Anm. 75), S. 16. Weitere Untersuchungen auf eventuell vorhandene hydraulische Zusätze sind vorgesehen.

104 Nach den naturwissenschaftlichen Untersuchungen besteht die Schlämme überwiegend aus Calciumcarbonat mit geringen Proteinzusätzen: Jägers (wie Anm. 67).

105 Ebenda.

106 Ebenda.

107 Ebenda.

108 In den bisher bearbeiteten Bereichen konnten zahlreiche Reste dieser Farbschicht gefunden werden, eine endgültige Aussage ist jedoch erst nach Abschluß der Maßnahme möglich.

109 Die Ursachen liegen zum einen in der großen Empfindlichkeit der in einer Seccotechnik auf einer in diesem Bereich weitestgehend abgebundenen Schlämme ausgeführten Malerei, zum anderen in den Zerstörungen während der unterschiedlichen Renovierungsphasen.

110 An dem südlichen Eingang der Krypta konnte in den rahmenden Begleitbändern des Bogens ebenfalls eine sehr exakt ausgeführte, auf Null auslaufende Putzausbesserung nachgewiesen werden, die eindeutig der Kryptaausmalung zur Phase II zuzuschreiben ist, da die Malschicht auf Ausbesserungsverputz und Schlämme der Phase II liegt. Dies bedeutet, daß diese Ausbesserung zwischen dem Vorgang des zweiten Schlämmens der Krypta und der Ausmalung ausgeführt worden ist.

111 Im Übrigen war zu keiner Zeit nach der Freilegung der Malereien mehr zu erkennen, wie anhand der Archivaufnahmen sehr gut nachzuvollziehen ist. Vorstellbar ist aufgrund der erhaltenen Reste jedoch durchaus eine sitzende Figur, möglicherweise ein thronender Christus in einer Mandorla. So wurden die vorhandenen Reste u. a. bei Stasch (wie Anm. 1, S. 31), mehrfach als Maiestas Domini gedeutet.

112 Diese Umgestaltung der mittleren Fensternische wird erklärbar, deutet man die Malereireste als thronenden Christus und die achtzehn nach Osten auf diese Darstellung hin gewandten Engel als die neun Engelschöre. Inhaltliche Verbindungen zwischen mittlerer Fensternische und übriger Kryptaausmalung wurden bereits von Anton Schmitt vermutet. (Die St. Andreaskirche zu Fulda-Neuenberg, Fulda 1965, S. 45). Das in der Romanik beliebte Apsismotiv des thronenden Christus umgeben von Engelschören findet sich an den Wandmalereien aus dem späten 11. Jahrhundert in der Stiftskirche von Bad Hersfeld, wo die achtzehn Engel um ein Rundbild des thronenden Christus angeordnet sind (Otto Demus, Die romanische Wandmalerei, München 1968 S. 179-180). Zwischen diesen Malereien und der Neuenberger Ausmalung wurden desöfteren mögliche Zusammenhänge erwähnt (u. a. bei Hermann Schnitzler, Fulda oder Reichenau, in: Wallraf-Richartz-Jahrbuch, Bd. XIX, 1957, S. 69).

113 Die komplexe Technologie konnte im Rahmen diese Aufsatzes nur angerissen werden, eine detaillierte Beschreibung, Einordnung und Bewertung im Vergleich mit anderen Objekten kann erst nach Abschluß der Arbeiten erfolgen.

114 Vgl. dazu Rosner (wie Anm. 3), S. 176 und 177.

115 Vgl. dazu Anm. 35.

Karl Ludwig Dasser

Erhaltung historischer Wandmalereien. Ergebnisse eines Forschungsprojekts an der Fachhochschule Köln.

Das vom Bundesministerium für Bildung, Wissenschaft, Forschung und Technologie unterstützte und 1991 begonnene Forschungsprojekt der Fachhochschule Köln widmet sich einem Teilaspekt der umfangreichen Problematik bei der Konservierung historischer Wandmalereien. Ein besonderes Anliegen war die Einbindung der Studentinnen und Studenten des Fachbereichs Restaurierung und Konservierung von Kunst- und Kulturgut in das Projekt, um die gewonnenen Erkenntnisse und Erfahrungen in der Ausbildung weitergeben zu können.[1] Das im Sommer 1996 beendete Forschungsvorhaben hatte vier Schwerpunkte:

1. Erfassung von gebräuchlichen und neuen Untersuchungsmethoden und Überprüfung der Relevanz ihrer Aussagen für die wissenschaftlich qualifizierte Beantwortung von Fragestellungen für die Konservierung und Restaurierung in der Denkmalpflege.
2. Übernahme, Anwendung und Weiterentwicklung von relevanten Feld- und Laboruntersuchungsmethoden.
3. Informationstransfer zwischen Naturwissenschaft und denkmalpflegerischer Praxis als Basis für die gemeinsame Erarbeitung von Konservierungs- und Restaurierungskonzepten.
4. Untersuchung der Auswirkung ausgewählter Mittel und Methoden zur Reinigung und Konservierung von Wandmalereien.

In folgenden Objekten konnten Wandmalereien für das Vorhaben untersucht werden: Gemünden (Westerwald), Ev. Pfarrkirche; Knechtsteden, ehem. Prämonstratenser-Stiftskirche; Köln: Dom, St. Maria im Kapitol, St. Gereon; Lübeck, Heiligen-Geist-Hospital; Mußbach (Neustadt),Simultankirche St. Johannes; Remagen, Kath. Pfarrkirche St. Apollinaris.[2] Dem Thema der Tagung entsprechend wurden hier drei Objekte mit mittelalterlichen Wandmalereien und unterschiedlichen Problemstellungen ausgewählt: in Köln die Krypta von St. Maria im Kapitol und die Taufkapelle in St. Gereon sowie die ehem. Prämonstratenser-Abteikirche Knechtsteden.

Die Krypta von St. Maria im Kapitol

Unter der Ostkonche der salischen Dreikonchenanlage befindet sich die um 1040 begonnene Hallenkrypta, die von Kapellen umgeben ist und aufgrund der Hanglage Außenfenster hat.In den Kapellen haben sich Reste mittelalterlicher Gewölbemalereien erhalten, die nach Paul Clemen ins 12. – 14. Jahrhundert zu datieren sind. Die schweren Luftangriffe von 1942 und 1945 zerstörten die Kirche weitgehend. Der Mittelteil der Krypta war eingestürzt und die noch aufrechtstehende Ostkonche brach 1948 infolge von Brückensprengungen zusammen. Im Herbst 1989 habe ich mit einer Studentengruppe in der Apsidiole der nördöstlichen Seitenkapelle mit der Untersuchung und Dokumentation der Wandmalereien begonnen. Aufgrund des katastrophalen Zustandes und der schwierigen Problematik einer Konservierung wurde das Objekt in das Forschungsvorhaben aufgenommen. Heute ist die Darstellung nur noch schwer erkennbar. Ob die Malereien einmal übertüncht waren, ist nicht bekannt. In einer Aquarelldokumentation von Schoofs um 1900 sind zwei übereinanderliegende Malereien zu erkennen. Die ältere, wohl noch aus dem 12. Jahrhundert, zeigt Christus mit den Aposteln beim Abendmahl. Darauf weist auch die erst jetzt ganz entzifferte Inschrift auf dem Schriftband hin: „Beati qui ad coenam agni vocati sunt“.[3] Darunter befinden sich Architekturdarstellungen mit nicht näher identifizierbaren Heiligenfiguren. Von der Krönung Mariens, dem 14. Jahrhundert zugeordnet, sind nur noch Reste sichtbar: In der Bildmitte, über der linken Hand von Christus, der Kopf Mariens, rechts oben ein Teil der Mandorla, und rechts am Bildrand eine Rankenmalerei.Davon ist heute nichts mehr erhalten.

Als originales Baumaterial für die Krypta wurden Drachenfels-Trachyt, Kordeler Sandstein aus der Trierer Gegend und Kalkstein verwendet. Da die Gewölbe verputzt sind, läßt sich hier der vorherrschende Stein nicht feststellen. In der untersuchten Kalotte liegt die romanische Malerei auf einer einlagigen, 1– 1,5 cm dicken Putzschicht, die mit einer Kalkschlämme überdeckt ist. Der rötlichbraune Putz enthält Quarzsand, Calciumcarbonat und tonige vulkanische Partikel als Zuschlag. Putzgrenzen konnten nicht gefunden werden. An der Architektur und den Nimben sind Ritzungen zu erkennen, deren Form, es sind keine Grate und Ausbrüche festzustellen, auf eine noch feuchte Schlämme hinweisen. Inwieweit der Putz bereits abgebunden hatte, ist nicht mehr feststellbar. An einigen Stellen sind noch Reste der Unterzeichnung in rotem und gelbem Ocker vorhanden. Als Pigmente sind die üblichen Erdfarben, sowie Azurit, Malachit und Paratacamit (basisches Kupferchlorid) nachgewiesen. Der derzeitige Zustand von Putz, Schlämme und Malschicht ist äußerst desolat. Der Putz ist mürbe, sandet, bildet Schollen und hat teilweise die Haftung zum Untergrund verloren. Die Kalkschlämme und die Malschicht sind insgesamt in ihrem Bestand gefährdet. Sie haben ihre Bindung verloren und pudern, oder lösen sich in kleinen Partikeln von unterschiedlicher Größe ab. Schäden entstanden auch durch konservatorische Maßnahmen nach dem Krieg. In den sechziger Jahren wurde eine Festigung mit Kaliwasserglas und 1978 mit Mowilith DM 55 vorgenommen. Vergrauungen und stellenweise Abplatzungen der Malschicht waren die Folge. Parallel zu den Untersuchungen an der Wandmalerei wurden die übrigen Bereiche der Krypta systematisch erfaßt und ein Untersuchungs- und Beobachtungsprogramm zum Verhalten des Stein- und Putzmaterials durchgeführt, begleitet von regelmäßigen Klimamessungen. Hier sind ebenfalls gravierende Schäden, besonders am Drachenfels-Trachyt zu beobachten. Durch das Abplatzen von Gesteinstücken bis zu 10 cm Länge, vor allem auch an den Säulen, ist langfristig sogar mit statischen Problemen zu rechnen. Die Wände und die Gewölbe ohne Malereien tragen einen 1976 aufgebrachten Sanierputz, der teilweise mit Salzrasen übersät ist und in weiten Bereichen keine Haftung mehr zum Stein hat oder bereits abgefallen ist. Quantitative Salzanalysen ergaben eine Versalzung des Mauerwerks bis zu 2 Gew. %, sogar bis in eine Tiefe von 20 cm, während an den Steinoberflächen bis zu 6 Gew. % Salzionen ermittelt wurden.Es handelt sich hauptsächlich um die hygroskopischen Salze Halit ($NaCl$) und Nitronatrit ($NaNO_3$), was nicht verwundert, da nach der Säkularisation die Krypta zunächst als Lagerraum und dann bis 1851 als Salzdepot gedient hat. Die weiter festgestellten Salze Thenardit (Na_2SO_4), Mirabilit ($Na_2SO_4.10H_2O$), Trona ($Na_3H(CO_3)_2.2H_2O$), Epsomit ($MgSO_4.7H_2O$) und Gips ($CaSO_4.2H_2O$) spielen eine untergeordnete Rolle. Anfang der siebziger Jahre wurde in die Krypta eine Fußbodenheizung eingebaut, die 1987 stillgelegt wurde. Seitdem besteht eine instationäre Luftheizung, die von Oktober bis April mit ca. 3 – 6 Stunden pro Tag betrieben wird. Die Temperaturen in der Krypta schwanken in der Regel zwischen 13 °C und 20 °C. Wird das Klima in der Krypta im Sommer vom Außenklima bestimmt, so wird es im Winter von der Luftheizung geprägt, d.h. die relative Luftfeuchtigkeit liegt von Juni bis Anfang Oktober zwischen 60 % und 75 %, während im Winter die Werte zwischen 35 % und 65 % betragen. In dieser Zeit kommt es zur Salzkristallisation und damit zu den starken Schäden. Die Beobachtungen haben auch gezeigt, daß es zu keiner Kondensationsfeuchte kommt. Eine wenn auch untergeordnete Rolle spielt die Grundfeuchte, die den Sockelbereich des Mauerwerks und auch den Feuchtegehalt des Raumklimas beeinflußt. Zunächst war überraschend, daß in dem noch erhaltenen originalen Wandmalereibestand keine sichtbaren Salzausblühungen festzustellen waren, obwohl die Untersuchungen von Putzproben eine starke Versalzung bis zu 5 Gew. % durch Halit und Nitronatrit wie in den übrigen Bereichen der Krypta ergaben. Um die extremen Malereiverluste sowohl quantitativ wie auch jahreszeitlich besser beurteilen zu können, wurde auf dem Gerüst eine in Feldern eingeteilte Plastikfolie ausgebreitet und periodisch die abgefallenen Malerei- und Putzpartikel gesammelt und auf ihren Salzgehalt hin untersucht. Das Ergebnis steht in Korrelation zu den übrigen Beobachtungen in der Krypta. In denselben Wintermonaten, in denen geheizt wird und am Stein und am Putz die extremen Salzschäden auftauchen, sind die Malereiverluste festzustellen. Die stark poröse Struktur des mürben Originalputzes und die die Oberfläche abdichtende Wasserglasfixierung der sechziger Jahre verlegen den Kristallisationsprozeß der Salze in das Putzgefüge. Deshalb sind hier an der Oberfläche der Malereien keine Salzausblühungen direkt sichtbar. Bei derart fragilen Wandmalereien ist sowohl eine Festigung wie auch eine Entsalzung höchst problematisch. Nach einer Reihe von Testversuchen im Labor ist vor Ort der Versuch einer strukturellen Festigung mit Kieselsäureester Funcosil 300 nach der Methode Mirowski/Domaslowski erfolgversprechend verlaufen. Bei dieser Methode wird durch eine bestimmte Geräteanordnung über ein Kontaktschwämmchen zum Original nur soviel Festigungsmaterial ins Objekt gebracht wie es der zu festigende Bereich erfordert. Jetzt konnten auch lose Malschichtschollen im Schnellhydrolyse-Verfahren gesichert werden. Verwendet wurde Kieselsäureester Motema 28 und zur Reaktionsbeschleunigung 25 %iger Ammoniak. Aufgrund der weißen Schlämme wurde etwas Marmormehl zugegeben. Eine anschließende Entsalzung durch die übliche Kompressenmethode (Arbocel BC 1000 und deionisiertes Wasser) – hier wurden wegen guter Erfahrungen dauernasse Kompressen gewählt – brachte im Versuchsfeld ebenfalls, soweit dies bisher beurteilt werden kann, gute Ergebnisse. Ein besonderes Problem ist die Reinigung. Die Oberfläche ist durch die Fixierung mit Wasserglas weitgehend vergraut. Ein Versuch mit dem Laserschockverfahren, der im Zusammenhang mit einem Seminar für Studenten durchgeführt wurde, brachte ein überraschendes Ergebnis. Allerdings müssen mögliche Gefahren, wie z.B. Pigmentveränderungen, noch überprüft werden. Bevor jedoch mit Maßnahmen, die über das Versuchsstadium hinausgehen, begonnen werden kann, das haben die bisherigen Untersuchungen und Beobachtungen gezeigt, muß mit dem Eigentümer und der Denkmalpflege eine Lösung der klimatischen Verhältnisse gefunden werden, um die Salzkristallisation als Hauptschadensursache zu verhindern.[4]

Die beiden folgenden Objekte, Knechtsteden und die Taufkapelle in St. Gereon, wurden aufgrund dringender konservatorischer Fragestellungen ins Projekt aufgenommen.[5] Die seit Jahren laufenden umfangreichen Sanierungsmaßnahmen am Tuffsteinmauerwerk und die Behebung statischer Schäden in Knechtsteden erforderte vorab dringend eine Untersuchung der Wandmalereien in der Westapsis, wo ein ausgedehntes Rißbild auf lose Putzbereiche schließen ließ. In St. Gereon schien der Zustand der Malereien aufgrund der bisher verwendeten Restaurierungsmaterialien von Wasserglas, Paraloid und Mowilith äußerst bedenklich.

Knechtsteden, ehem. Prämonstratenser-Abteikirche

Im Jahre 1138 war die Grundsteinlegung der Prämonstratenser-Abteikirche in Knechtsteden, einer dreischiffigen Gewölbebasilika mit östlichem Vierungsturm und einem Turmpaar am Chorjoch. Das zweischalige Mauerwerk besteht aus Tuffstein, Gliederungen und der Sockelbereich sind in Trachyt ausgeführt. In der Westapsis hat sich teilweise die romanische Ausmalung um 1160 erhalten. Dargestellt ist in der Kalotte die Majestas Domini mit den Evangelistensymbolen und Petrus und Paulus sowie zu Füßen die Stifterfigur Propst Albert von Sponheim. Zwischen den Apsisfenstern befinden sich elf Apostelfiguren. 1975 entstand der neue Sockelvorhang nach mittelalterlichen Vorbildern. Die Westapsis besteht aus zweischaligem Tuffmauerwerk. Ob der Putz mehrschichtig aufgebaut ist, konnte bisher nicht eindeutig geklärt werden, da bei der jetzigen Untersuchung keine Proben entnommen wurden. Die Putzoberfläche ist buckelig, verdichtet und glatt abgekellt. In Anlehnung an untersuchte rheinische Beispiele dürfte es sich um einen ausgleichenden Unterputz und einen einlagigen Malputz handeln. Eine Tünchschicht fehlt. Die Malerei liegt direkt auf dem Putz, der in Pontate und Giornate aufgetragen wurde, und ist freskal ausgeführt, was eine Fertigstellung von Teilbereichen in secco nicht ausschließt. An einigen Stellen sind rote und ockergelbe Unterzeichnungen sichtbar, Ritzungen sind selten.Am Kopf des Christus ist ein Schnurschlag als senkrechte Achse gut erkennbar. Die Malereien wurden 1882 entdeckt und in den folgenden fünf Jahren von der barocken Übertünchung befreit und restauriert. Eine weitere umfassende Restaurierung wurde 1950 bis 1952 von Franz Stiewi aus Aachen durchgeführt. Trotz vieler und weitgehender Übermalungen und Retuschen ist vom originalen Bestand wesentlich mehr als bisher angenommen erhalten, bzw. ließe sich durch Restfreilegung und Abnahme von Retuschen wieder sichtbar machen.

Die Westapsis zeigt mehrere senkrecht und schräg verlaufende Risse im Mauerwerk, die sich zum Teil auch am Außenbau deutlich abzeichnen. Zugleich ist die Kalotte von einem feingliedrigen Rißnetz überzogen. Die Haftung des Putzes wurde durch die übliche Perkussionsmethode überprüft. In der Kalotte zeigen sich erschreckend große hohlklingende Bereiche, die wohl nur noch durch die Kompaktheit der gesamten Putzschale und der Spannung aufgrund der Gewölbeform vor dem Abfallen gesichert sind. Um neue Möglichkeiten als Ersatz für die Klopfmethode und der damit verbundenen direkten Berührung der Maloberfläche zu erproben, wurden die neuen Untersuchungsmethoden der Thermographie und der Mikrowellenmessung eingesetzt.[6] Die Infrarotthermographie ging von folgender Überlegung aus: Bei guter Putzhaftung wandert die Wärme schneller nach außen ab als an losen Stellen mit sog. Luftpolstern. So werden sich Hohlstellen im Bild heller abzeichnen. Ein erster Vergleich mit der Perkussionsskizze zeigt eine grobe Übereinstimmung, in einigen wenigen Bereichen allerdings sogar gegensätzliche Aussagen. Dies kann auf unterschiedliche Wandstärken oder Materialeigenschaften, oder auf andere Ursachen, wie z.B. unterschiedliche Obrflächentemperaturen (Randbereiche,Gewölbezonen) zurückzuführen sein. Jedenfalls kann die Thermographie ohne Gerüst bereits eine gute Orientierungshilfe leisten. Eine in die Zukunft weisende Methode scheint die Mikrowellenmessung zu sein, die von Herrn Dr. Rainer Blum und Herrn Dipl. Phys. Uwe Rahm, Laboratorium für Dynamik und Optik in Leonberg, durchgeführt wurde. In drei ausgewählten Malereibereichen wurden über ein Rastersystem punktuell die Meßwerte bestimmt. Mit Hilfe von Methoden der Frequenzanalyse wird ein Impuls-Echo-Signal erstellt, aus dem die Angaben für den Verbund zwischen der Trägerschicht des Freskos und dem Untergrund zu ermitteln sind. Die Ergebnisse entsprechen nach ersten Vergleichen der durchgeführten Perkussion. Die Untersuchungen sollten nach Blum in folgenden Punkten weitergeführt werden:

1. Kalibrierung der Ausbreitungseigenschaften der Mikrowellen in unterschiedlichen Putzen mit unterschiedlicher Feuchte mit Variation der Porenverteilung.
2. Genauere Signalverarbeitung bei Luftspalten zur Erhärtung der mit der reflektierten Energie gekoppelten Aussagen.
3. Sammeln weiterer Erfahrungen an realen Fresken zur Beurteilung der Variationsbreite der zu detektierenden Phänomene.

Für die endgültige Auswertung beider Untersuchungen sind noch weitere Messungen erforderlich. Erst dann kann eine Graphik erstellt werden, in der die Perkussionsskizze mit den Thermogrammen und den Mikrowellenmeßbildern überlagert wird. Jedenfalls sollten beide Methoden im Blickfeld einer Weiterentwicklung bleiben. Einen ersten Versuch zur graphischen Darstellung der Überlagerung der Ergebnisse der Perkussion und der Mikrowellenmessung hat Herr Autenrieth unternommen. Bis auf kleinere Abweichungen stimmen die beiden Verfahren überein. Neben den von Blum geforderten weiteren Untersuchungen wäre vor allem die Justierung der Mikrowellenmeßwerte nach unten zu korrigieren. Nach der jetzigen Tabelle ist ein Peakverhältnis von unter 0,2 wohl als fest zu definieren. Um die Ergebnisse zu verbessern und zu modifizieren, sollten in enger Zusammenarbeit von Naturwissenschaftlern und Restauratoren weitere Objekte untersucht werden.[7]

Die Taufkapelle von St. Gereon

Die Wandmalereien in der Taufkapelle, einem Anbau an der Südseite des Dekagons von St. Gereon, sind um 1240 entstanden. In den Wandnischen sind unter gemalten Arkaden die Standfiguren von Heiligen dargestellt Die jetzige Untersuchung hat sich eingehend mit der Maltechnik befaßt. Wegen fehlender Öffnungen gibt es keine Aussagen zum Putz. Nach 1962 angefertigten Aufnahmen von einigen Schadstellen ist auf einen einlagigen Putz zu schließen, der auf einer Ausgleichsschicht des Tuffsteinmauerwerks liegt. Aufgetragen wurde er in großen horizontalen Teilflächen als Pontate. Die Malerei liegt auf einer Kalktünche. Die roten Unterzeichnungen, freskal eingebunden, bestimmmen wegen verlorengegangener Malschichten weitgehend das Bild. Ritzungen sind an Architekturteilen und an den Nimben zu finden. Bei der Betrachtung unter UV-Licht konnte eine ehemals reiche Vergoldung besonders der Nimben, von Schmuckteilen und an Gewandborten festgestellt werden. Die übertünchten Wandmalereien wurden in den zwanziger Jahren des 19. Jahrhunderts entdeckt, in den folgenden Jahren teilweise und von 1855 bis 1859 vollständig freigelegt. Große Schäden entstanden durch Feuchtigkeitseinwirkung infolge der Kriegszerstörungen: das Dach war abgebrannt und die Fenster waren lange ohne Verglasung. Für die Sicherung von Putz- und Malschicht wurde bei der Restaurierung 1962/63 das damals im Rheinland übliche Kaliwasserglas verwendet, was in der Folgezeit zu einer zunehmenden Vergrauung der Malereien führte. Erneut auftretende Schäden in fast allen Malereibereichen, vor allem wiederum aufstehende und abplatzende Putz- und Malschichten haben zu den Maßnahmen von 1983 geführt. Neben Hinterfüllen und Hinterspritzen von Blasen und Beulen mit Mowilith DM 771 und Marmormehl erfolgte eine Fixierung der Malereien mit einer 5 %igen Paraloidlösung (Paraloid B 72 in Ethanol), was zu den unansehnlichen Glanzstellen und teilweisen Farbveränderungen im Blau führte. Die jetzt durchgeführte mikroskopische Untersuchung der Schadstellen und ein Vergleich mit den Dokumentationsfotos der letzten Restaurierungen schließt eine derzeit akute Gefährdung aus. Die Beruhigung der früher eklatanten Schadensvorgänge ist auch auf einen allmählichen Rückgang der Mauerfeuchte und ein stabileres Raumklima zurückzuführen. Salzkristallisation ist derzeit nur noch im unteren Sockelbereich feststellbar. Der sich aus ästhetischen Gründen stellenden Frage einer Reduzierung des glänzenden Paraloidüberzugs ohne die sichernde Wirkung aufzugeben wurde in einer Diplomarbeit zu dem ähnlich gelagerten Fall im Kapitelsaal in Brauweiler nachgegangen. Gelkompressen (4 %iges Klucel H) mit einem Lösemittelgemisch aus Aceton und Ethanol (1:1) führten zum Erfolg.[8]

Schlußbemerkung

Sind in St. Maria im Kapitol in erster Linie Verfahrensweisen und Konservierungsmaterialen zur Erhaltung schwer geschädigter mittelalterlicher Wandmalereien entwickelt und getestet worden, so stand in der Taufkapelle von St. Gereon und in Knechtsteden die Weiterentwicklung der Mikroskopie und der UV-Fluoreszenz-Untersuchung im Vordergrund. In Knechtsteden wurden mit Hilfe der Thermographie und der Mikrowellenmessung neue Untersuchungsmethoden zur Feststellung von Putzhohlräumen erprobt. Im Labor sind spezifische Analyseverfahren zur Salz-, Putz-, Pigment- und Bindemittelbestimmung weiterentwickelt worden. Eine Literaturdatenbank, eine Vergleichspräparatesammlung, eine Salz- und Pigmentdatei wurden angelegt.

Anmerkungen

1 Besonderer Dank gilt hier Herrn Dr. Hartmut Schulze vom Bundesministerium für Bildung, Wissenschaft, Forschung und Technologie, der maßgeblich am Zustandekommen des Projekts beteiligt war und es mit großem persönlichen Engagement bis zum Abschluß gefördert und begleitet hat.

2 Projektleitung: *Prof. Dr. Karl Ludwig Dasser; Prof. Dr. Elisabeth Jägers.*
Restauratoren: *Klaus Häfner, Jochen Seebach, Peter Turek*
Naturwissenschaftler: *Dr. Christine Bläuer Böhm, Dr. Steffen Laue*
Chemotechnische Assistentinnen: *Birgit Anheier, Margret Hirsch*
Kunsthistoriker: *Beate Autenrieth, Hans Peter Autenrieth MA, Dr. Regine Dölling, Dr. Marion Feld*
Objektbetreuung: *Gerd Bauer,* Ltd. Restaurator, Rheinisches Amt für Denkmalpflege; *Dr. Regine Dölling,* Kunsthistorikerin, Landesamt für Denkmalpflege Rheinland-Pfalz; *Reinhold Elenz*, Ltd. Restaurator, Landesamt für Denkmalpflege Rheinland-Pfalz; *Georg Maul,* Restaurator.

3 „Selig, die gerufen sind zum Mahl des Lammes", APK 19,9. VollständigeEntzifferung der Inschrift durch Herrn Pater Eutenauer, Remagen.

4 Die kunsthistorischen und archivalischen Recherchen zur Krypta in St. Maria im Kapitol wurden von Frau Dr. Marion Feld geleistet. Die naturwissenschaftlichen Untersuchungen wurden von Frau Dr. Christine Bläuer Böhm und von Herrn Dr. Steffen Laue und die restauratorischen Maßnahmen von Herrn Klaus Häfner, Restaurator, durchgeführt.

5 Veranlaßt durch Dr. Gerd Bauer vom Rheinischen Amt für Denkmalpflege ; beide Objekte wurden von Herrn Hans Peter Autenrieth MA und Herrn Peter Turek, Restaurator, bearbeitet. Die Sichtung der Literatur, der Archivalien und der Restaurierungsakten wurde von Frau Beate Autenrieth vorgenommen.

6 Die Infrarotthermographie wurde von Herrn Dr. Jürgen Frick von der FMPA Stuttgart durchgeführt. Er hat die Apsis in 24 Felder eingeteilt und entsprechende Thermogramme erstellt.

7 Zu diesem Thema wird derzeit an der Universität Oldenburg unter Leitung von Herrn Prof. Dr. K. Hinsch ein Projekt „Entwicklung eines Verfahrens der optischen Sondierung der Wandhaftung historischer Putzmörtel zur speziellen Anwendung bei Wandmalereischäden" durchgeführt, das bereits jetzt sehr gute Ergebnisse vorweisen kann.

8 Sigrun Heine, Untersuchungen zum Problem der Festigung wasserglasgeschädigter Wandmalerei mit Acrylharz Paraloid B 72 am Beispiel der Gewölbemalereien im Kapitelsaal der Abtei Brauweiler. Diplomarbeit Fachhochschule Köln 1995.

Autoren

Hans Peter Autenrieth M.A.
Luitpoldstr. 18
D - 82152 Krailling

Prof. Gian Pietro Brogiolo
Via Ronchi 22
I - 25080 Polpenazze del Garda (BS)

Emmanuelle Cadet
CNRS - Groupement de Recherche 952
3, place du Coche d'Eau
F - 89000 Auxerre

Prof. Dr. Karl Ludwig Dasser
Fachhochschule Köln
Fachbereich Restaurierung
Ubierring 40
D - 50678 Köln

Prof. Oskar Emmenegger
Stöcklistraße
CH - 7205 Zizers

Dr. Matthias Exner
Bayerisches Landesamt
für Denkmalpflege
Postfach 100203
D - 80076 München

Hans Michael Hangleiter
Bismarckstr. 13
D - 64853 Otzberg

Ulrich Haroska
Landesamt für Denkmalpflege Hessen
Schloß Biebrich
D - 65203 Wiesbaden

Prof. Dr. Elisabeth Jägers
Hemberger Str. 75
D - 53332 Bornheim

Dörthe Jakobs M.A.
Landesdenkmalamt Baden-Württemberg
Mörikestr. 12
D - 70178 Stuttgart

Christine Kenner
Untere Judengasse 8
D - 97799 Zeitlofs

Dr. Saverio Lomartire
Via Lovati 52
I - 27100 Pavia (PV)

Dr. Thomas Ludwig
Verwaltung der Staatlichen Schlösser
und Gärten
Schloß
D - 61348 Bad Homburg vor der Höhe

Prof.Dr. Adriano Peroni
Università degli studi di Firenze
Dipartimento di storia delle arti e dello
spettacolo
Via della Pergola 48
I - 50121 Firenze

Jürgen Pursche
Bayerisches Landesamt für Denkmalpflege
Postfach 100203
D - 80076 München

Helmut F. Reichwald
Landesdenkmalamt Baden-Württemberg
Mörikestr. 12
D - 70178 Stuttgart

Prof. Christian Sapin
CNRS - Groupement de Recherche 952
3, place du Coche d'Eau
F - 89000 Auxerre

Dr. Hermann Schefers
Museumszentrum Lorsch
Nibelungenstr. 32 und 35
D - 64653 Lorsch

Klaus-Peter Schmid
Verwaltung der Staatlichen Schlösser
und Gärten
Schloß
D - 61348 Bad Homburg vor der Höhe

Stefan Schopf
Restaurierungswerkstatt Hangleiter
Bismarckstr. 13
D - 64853 Otzberg

Dr. Alfred Wyss
Solothurnerstr. 88
CH - 4053 Basel

Abbildungsnachweis

Museumszentrum Lorsch: Abb. 1; Verwaltung der staatlichen Schlösser und Gärten in Hessen, Bad Homburg: Abb. 2, 3 (Foto F. Behn), 4, 5, 21 (Foto L. Bauer), 83-85a (Fotos Th. Ludwig), 85b (Foto Ch. Krienke), 86 (Foto O. Müller / E. Kirsten), 87/88 und 110 (Fotos E. Kirsten), 89 (Foto H. Velte), 94 (nach dem Original), 111-116; F. Behn, 1934 (vgl. S. 32 Anm. 1), Taf.bd. Plan 23: Abb. 9, Plan 24: Abb. 7/8, Plan 26: Abb. 6, Plan 27: Abb. 10; Hans M. Hangleiter, Otzberg: Abb. 11-20, 22, 24-35, 38-42, 90-93, 95-99, 100-103 (Graphik: S. Lang), 104-109; Landesamt für Denkmalpflege Hessen, Wiesbaden: Abb. 23, 36, 37, 306, 307/311/314/324 (Zeichnungen: Ch. Kenner), 308, 309 (Foto A. Mattes), 310 (Foto Ch. Krienke), 312 (Graphik: H. Ettl / H. Schuh), 313 (Graphik: U. Haroska), 315a (Foto G. Belk), 315b/316a-d/317a-d/319a-c/320a-c/322 (Fotos Ch. Kenner), 318a-b/321/323 (Fotos U. Haroska); G. P. Brogiolo, Polpenazze del Garda: Abb. 43, 45; Associazione Amici dei Musei, Brescia: Abb. 44; Alberto Luisa, Brescia: Abb. 46a; Saverio Lomartire, Pavia: Abb. 46b, 47-58; Büro Sennhauser, Zurzach: Abb. 59a (Foto A. Hidber); Eduard Widmer, Zürich: Abb. 59b; Suzanne Fibbi-Aeppli, Grandson: Abb. 60, 62, 63; Eidgen. Archiv für Denkmalpflege, Bern: Abb. 61; Ruffino Emmenegger, Zizers: Abb. 64, 66, 69-71, 73-75, 82; Oskar Emmenegger, Zizers: Abb. 65, 67, 68, 72, 76-78, 80, 81; Helmut F. Reichwald, Stuttgart: Abb. 79, 230a-b, 232, 234, 235; Centre National de la Recherche Scientifique, Groupement de Recherche 952, Auxerre: Abb. 117-122 und 129-131 (Graphik: E. Cadet), 123-126 und 133a-b (Fotos E. Cadet), 128 (C. Castillo), 132 (Graphik: F. Delamare); Centre de Civilisation Médiévale, Poitiers: Abb. 127; Bayerisches Landesamt für Denkmalpflege, München: Abb. 134 (Foto H. Glanz), 135 (Graphik: A. Arasli - Th. Hacklberger), 137a/b (Fotos Kliesch-Groh), 138 (Foto Hacklberger), 139 (Foto Exner), 141 (Foto Meixner, Regensburg), 142 (Foto A. Porst), 143, 144 (Foto F. Buchenrieder), 145a/146a/157/165a-b/168a (Fotos A. Bunz), 147a/154/158/159/166/167/168b/169/170/172/173 (Fotos J. Pursche), 145b/146b/147b (Graphik M. Vaeßen), 149/150 (Fotos E. Wiegerling), 161/163 (Fotos S. Oehmig), 164 (Foto D. Komma), 171a-c (Fotos S. Hundbiß); Prähistorische Staatssammlung, München: Abb. 136 (Foto M. Eberlein); Peter Marzolff, Heidelberg: Abb. 140; Ch. Bonnet, Genf: Abb. 148; W. Chr. von der Mülbe, Dachau: Abb. 151; Stiftsbibliothek Einsiedeln: Abb. 152; Bayerische Staatsbibliothek, München: Abb. 153, 155; Fotoarchiv Hirmer, München: Abb. 156; Ingeborg Limmer, Bamberg: Abb. 160; Pierpont Morgan Library, New York: Abb. 162; Hans Peter Autenrieth, Krailling: Abb. 174-198, 199d, 200-205; A. Grabar - C. Nordenfalk, Die romanische Malerei, Genf 1958, S. 45: Abb. 199a; Archiv der Soprintendenza per i Beni Culturali, Aosta: Abb. 199b-c; M. Perotti, L'antico Duomo di Novara, Novara 1980, S. 35: Abb. 206; Adriano Peroni, Florenz: Abb. 207/209/210 (Foto Giovetti, Novara), 208 (Umzeichnung nach U. Chierici), 211-213 (digitale Montage: E. Guazzone, Florenz); Landesdenkmalamt Baden-Württemberg, Stuttgart: Abb. 214/222/240/241/242b/243-250/254/259/263/275a-d/282a-b/283b/303c, 304a-b (Fotos D. Jakobs), 220, 221/223/224/231/233/239/251/253/257/260/266/273a/276a-b/277a/278a-b/281a-d/283a/284/285/288/293-295/299a-d/300a-b/303a, b, d (Fotos H. F. Reichwald), 255 (R. Lung), 256 (Foto I. Geiger), 265a (Zeichnung Hasenmeier, 1998, nach Planvorlage Erzb. Bauamt Konstanz 1931), 265b (Zeichnung Hasenmeier, 1998, nach Künstle, 1924, S. 31 Abb. 17), 268/278c-d (Fotos H. Marinowitz), 272/273b-d/274b/277b-d/279/289/292/296-298/301/302 (Fotos J. Jeras), 274a/280a-b/290/291 (Fotos P. Volkmer); Theo Keller, Reichenau: Abb. 215-219, 225-228, 238d, 252; Archiv des Landesdenkmalamts Baden Württemberg, Außenstelle Karlsruhe: Abb. 229/238c/271 (Fotos W. Kratt), 267 (Graphiksammlung; Foto B. Hausner); Stadtarchiv Konstanz: Abb. 236, 237, 238a-b, 264, 286, 287 (Fotos G. Wolf); K. Koshi, Studien X, 1986 (wie S. 187 Anm. 62), Abb. 105: Abb. 242a; Hessische Landes- und Hochschulbibliothek, Darmstadt: Abb. 258 (Foto A. Kuhnert); Stadtbibliothek, Trier: Abb. 261, 262 (Fotos A. Runkel); Landesbildstelle Württemberg, Stuttgart: Abb. 269 (Neg.nr. 44280), 270 (Neg.nr. 25816); G. K. Stasch, Die Andreaskirche zu Fulda-Neuenberg, Fulda 1985, S. 7: Abb. 305.